U0826294

樊崇义教授八十华诞著作系列 11

刑事证据制度发展与适用

樊崇义　兰跃军　潘少华　著

中国人民公安大学出版社
·北　京·

图书在版编目（CIP）数据

刑事证据制度发展与适用／樊崇义，兰跃军，潘少华著.—北京：中国人民公安大学出版社，2020.1

（樊崇义教授八十华诞著作系列；11）

ISBN 978-7-5653-3789-5

Ⅰ.①刑… Ⅱ.①樊… ②兰… ③潘… Ⅲ.①刑事诉讼-证据-司法制度-研究-中国 Ⅳ.①D925.213.4

中国版本图书馆 CIP 数据核字（2019）第 218732 号

刑事证据制度发展与适用

樊崇义　兰跃军　潘少华　著

出版发行：中国人民公安大学出版社
地　　址：北京市西城区木樨地南里
邮政编码：100038
经　　销：新华书店
印　　刷：天津盛辉印刷有限公司

版　　次：2020 年 1 月第 1 版
印　　次：2020 年 1 月第 1 次
印　　张：37.5
开　　本：787 毫米×1092 毫米　1/16
字　　数：635 千字

书　　号：ISBN 978-7-5653-3789-5
定　　价：159.00 元

网　　址：www.cppsup.com.cn　www.porclub.com.cn
电子邮箱：zbs@cppsup.com　zbs@cppsu.edu.cn

营销中心电话：010-83903254
读者服务部电话（门市）：010-83903257
警官读者俱乐部电话（网购、邮购）：010-83903253
公安业务分社电话：010-83905672

总 序

樊崇义教授是我国著名法学家，是刑事诉讼法学、证据法学的领军者，在国际上享有崇高声誉和威望。在长期的法学教育和科研工作中，樊崇义教授笔耕不辍，著述鸿博，成果丰硕，他出版著作、教材近四十部，发表论文三百五十余篇，主持国家级、省部级以上科研课题十余项，有多部著作获司法部、教育部等省部级以上科研奖。他主编的《迈向理性刑事诉讼法学》一书获得第一届中国出版政府奖提名奖；主编的《刑事诉讼法学》和《证据法学》多次再版，被司法部、教育部列为法学高等教育国家级规划教材。

追求真理是樊崇义教授的学术使命。樊崇义教授拥有认知事物、辨别真理的大智慧，在长期的法学理论和实务研究中，积极主张我国刑事诉讼程序的科学化与民主化，证据法学的哲理化与现代化，开创性地提出了许多奠定我国刑事诉讼法学和证据法学学科及其理论基础的重要学术理论和研究方法，在法学界和实务界得到了广泛的认同。早在 1996 年，他在证明标准上提出了“法律真实观”；2000 年年初，提出了“诉讼认识论”和“刑事诉讼法律观的转型”；2002 年，提倡“刑事诉讼人本主义”，倡导实证研究方法；近年来，又率先提出部门法学哲理化，首倡刑事诉讼法哲理思维。这些都对我国刑事诉讼和证据理论及其应用产生了深远影响。

学以致用体现了樊崇义教授的使命担当。樊崇义教授长期投身于我国法治现代化建设，积极参与刑事诉讼法修改和司法体制改革，为国家立法建言献策，将自己的学术主张变为立法现实，为我国法治建设作出了杰出贡献。例如，樊崇义教授主持了侦查讯问中的录音、录像和律师在场等三项制度项目研究，其成果——全程录音、录像制度在 2012 年刑事诉讼法修改时被正式确立为一项诉讼制度；2018 年刑事诉讼法修正案确立的值班律师制度也是该项目研究成果——律师在场的重要体现。2012年刑事诉讼法修改时将“证据确实、充分”的证明标准解释为“排除合理怀疑”，这是对樊崇义教授提出的“法律真实观”的接受和肯认。此外，樊崇义教授还经常走出校门，到实务部门讲学，播撒最前沿的法学知识，提升司法人员业务素质，直接推动我国法治文明的进步。

适逢樊崇义教授八十华诞之际，应学界同仁及同门弟子盛情相邀，获中国人民公安大学出版社鼎力支持，我们编辑出版了“樊崇义教授八十华诞著作系列”，该著作系列共二十部，包括四部分：

一是樊崇义教授近年来独著、合著或主编的理论价值较高、在法学界和实务界影响较大的学术著作的重新编辑出版，共十四部，包括《刑事诉讼法实施问题与对策研究》《刑事诉讼法再修改理性思考》《正当法律程序研究——以刑事诉讼程序为视角》《刑事审前程序改革实证研究——侦查讯问程序中律师在场（试验)》《迈向理性刑事诉讼法学》《侦查讯问程序改革实证研究——侦查讯问中律师在场、录音、录像制度试验》《部门法学哲理化研究》《检察制度原理》《诉讼原理》《刑事诉讼法哲理思维》《刑事证据制度发展与适用》《论检察》《刑事证据规则研究》《底线——刑事错案防范标准》。这些著作的重新出版基本上保持了书稿原貌，只是校正原书中的错字、漏字、衍字及明显有误的标点符号，订正错误的引注。这些著作出版时间跨度较大，其间刑事诉讼法经过两次大修，《宪法》《律师法》和其他法律法规、司法解释也有修改，为避免不必要的混乱，原书中涉及或者援引的法律条文序号及内容保持不变。一方面，书中有很多内容是针对原法条的不足和缺陷提出的分析和修改完善意见，保持原样可以更好地体现当时的学术讨论与争鸣的原貌；另一方面，读者可以从法条内容的前后变化和书中修改完善意见的比较中发现樊崇义教授对于我国刑事诉讼和证据立法的贡献。

二是樊崇义教授近十年来发表的主要学术论文，按照研究的内容及其内在的逻辑关系，整理编辑形成四部新的学术专著，包括《刑事诉讼法学方法论》《刑事诉讼程序的改革与发展》《证据法治与证据理论的新发展》《司法制度与司法改革》。所选论文均是樊崇义教授七十华诞后至今公开发表的论文，具有很强的思想性、时代性和创新性，反映了樊崇义教授的理论思想、创新思维和研究范式，同时也展现了樊崇义教授最近十年的学术历程。所选论文原则上保持了发表时的原貌，对于有些论题相同或者相近的论文，为避免内容重复，在充分考虑原文整体性和逻辑性的前提下，对部分论文进行了内容整合、适当删节和编辑加工；有些论文发表时有中英文“摘要”“提要”“关键词”等，收录本书时全部予以删除；部分论文是樊崇义教授与学生合作发表的成果，收录本书时均标有题注，标明了合著作者的姓名、论文发表的报刊或其他出版物的名称、时间等。

三是樊崇义教授主编的一部新作《法律援助制度研究》。该书围绕我国法律援助制度及其实施过程中的历史发展、基本理论、性质定位、功能设置、制度建设、立法建言等若干重大问题展开研究，旨在进一步推动我国当前正在进行的法律援助立法工作、法律援助制度的现代化发展及其优化实施。

四是樊崇义教授指导的学生为其八十华诞撰写的庆贺文集《刑事诉讼法哲理思考》。该文集收录七十一篇文章，内容涉及樊崇义教授学术思想、理论贡献、为人师表以及长期关注或者当前司法改革的重要理论和实践问题等方面，同门弟子以各自不同的方式表达了对樊崇义教授杰出的学术成就、高尚的品格和他对高级法学人才培养等方面所作贡献的崇高敬意！

樊崇义教授是始终走在时代前列的法学家，在学术上所取得的成就是巨大的，对于我国刑事诉讼法学和证据法学的理论贡献是有目共睹的，而谦虚谨慎的人格和锐意进取的精神更能展示出他作为一个真正学者的伟大品质。老骥伏枥，志在千里。八十高龄的樊崇义教授依然身先士卒地活跃在刑事诉讼法学研究的前沿，躬行求索在推进中国刑事诉讼法治化进程的道路上，以不倦的学术追寻引领中国法学前行！

衷心祝愿樊崇义教授学术人生不老，思想之树常青！

樊崇义教授八十华诞著作系列编辑小组

2019 年 8 月

出版说明

2012年5月，针对《刑事诉讼法》的修改以及司法改革中关于证据制度的改革与完善，人民法院出版社出版了《刑事证据制度发展与适用》一书，并深得广大读者的喜爱。

党的十八大及十八届三中、四中、五中、六中全会提出关于全面深化司法体制改革，党的十九大和十九届二中、三中、四中全会又提出关于深化司法体制综合配套改革，其间关于刑事证据制度的改革亮点多多。尤其是在习近平总书记主持下的中央全面深化改革领导小组审议通过，并于2017年6月由最高人民法院、最高人民检察院、公安部、国家安全部、司法部联合印发的《关于办理刑事案件严格排除非法证据若干问题的规定》，把我国刑事证据制度的发展大大向前推进了一步。此外，最高人民法院、最高人民检察院、公安部、国家安全部、司法部2016年7月联合印发了《关于推进以审判为中心的刑事诉讼制度改革的意见》，最高人民法院2018年出台了《人民法院办理刑事案件庭前会议规程（试行）》《人民法院办理刑事案件排除非法证据规程（试行）》和《人民法院办理刑事案件第一审普通程序法庭调查规程（试行）》，持续深化以审判为中心的刑事诉讼制度改革。最高人民法院、最高人民检察院、公安部2016年11月联合印发了《关于办理刑事案件收集提取和审查判断电子数据若干问题的规定》，以及最高人民法院2017年2月印发了《关于全面推进以审判为中心的刑事诉讼制度改革的实施意见》等司法解释，都大大丰富了我国刑事证据制度。学界关于刑事证据的理论研究也呈现百花齐放、百家争鸣的繁荣局面。司法实践中出现的新问题、新情况和新经验推动了立法发展。2018年3月，宪法修正案通过和《监察法》发布，2018年10月，《刑事诉讼法》再次修改，都深刻影响了我国刑事司法制度尤其是刑事证据制度。为适应上述变化，《刑事证据制度发展与适用》一书对刑事证据制度的最新研究成果进行梳理，增加许多新内容，再次出版。这次出版得到中国人民公安大学出版社的大力支持，特此致谢！在修订过程中，李思远博士、刘文化博士协助对一些章节做了修改，在此一并致谢！

本书撰写、修改大致分工如下：樊崇义，导论、第一章、第六章、第十章；兰跃军，第二章、第三章、第四章、第五章、第七章、第八章、第九章；潘少华，第十一章、第十二章、第十三章。刑事证据理论和实务博大精深，涉及问题繁多，囿于笔者理论水平和实践经验所限，书中难免存在不足之处，敬请读者批评指正！

樊崇义教授八十华诞著作系列小组

2019 年 8 月

目　录
CONTENTS

导论　我国刑事证据制度的新发展

党的十八届四中全会通过了《中共中央关于全面推进依法治国若干重大问题的决定》，深入推进新一轮的司法体制改革，党中央的重大决定也成为推进我国司法民主进程的行动纲领。该决定提出了推进以审判为中心的诉讼制度改革，构建以审判为中心的刑事诉讼新格局，确保侦查、审查起诉的案件事实证据经得起法律的检验。全面贯彻证据裁判规则，严格依法收集、固定、保存、审查、运用证据，完善证人、鉴定人出庭制度，保证庭审在查明事实、认定证据、保护诉权、公正裁判中发挥了决定性作用。为了落实这一重大部署，2016 年 7 月，最高人民法院、最高人民检察院、公安部、国家安全部、司法部（以下简称“两高三部”）印发《关于推进以审判为中心的刑事诉讼制度改革的意见》（以下简称《审判中心改革意见》）；2017 年 2 月，最高人民法院印发《关于全面推进以审判为中心的刑事诉讼制度改革的实施意见》（以下简称《审判中心改革实施意见》），这两个意见很大一部分内容都是与刑事证据制度有关的。为了规范电子数据证据的收集提取与审查判断，2016 年 11 月，最高人民法院、最高人民检察院、公安部印发《关于办理刑事案件收集提取和审查判断电子数据若干问题的规定》（以下简称《电子数据证据规定》）。2017 年 6 月，“两高三部”联合印发《关于办理刑事案件严格排除非法证据若干问题的规定》（以下简称《严格排除非法证据规定》），从侦查、起诉、辩护、审判等各个环节规范非法证据排除程序，从源头上防范冤假错案。2018 年宪法修正案通过、《监察法》制定和《刑事诉讼法》再次修改，国家监察体制改革全面推行。这些规范性文件进一步促进了我国刑事证据制度的发展与适用。

近年来，在中共中央上述决定的指导下，中央各政法部门广泛深入调查研究，按照中央关于深化司法体制和工作机制改革的总体部署，认真总结了适用刑事证据的经验，尤其是吸收一些冤错案件的教训，最高人民法院、最高人民检察院、公安部、国家安全部、司法部2010年6月联合制定《关于办理死刑案件审查判断证据若干问题的规定》（以下简称《办理死刑案件证据规定》）和《关于办理刑事案件排除非法证据若干问题的规定》（以下简称《非法证据排除规定》）（它们简称“两个证据规定”），于2010年7月1日正式实施。在“两个证据规定”贯彻实施的基础上，按照全国人大关于修改《刑事诉讼法》的立法规划，对“两个证据规定”中的许多内容，立法者给予高度关注。《刑事诉讼法》总结了我国公安司法机关长期以来严禁刑讯逼供，排除非法证据的经验，吸收了《非法证据排除规定》的主要内容。2013年最高人民法院《关于建立健全防范刑事冤假错案工作机制的意见》进一步明确了非法证据不再仅是刑讯逼供，通过冻饿晒烤疲劳审讯得来的证据，也被明确为非法证据。2017年4月18日，习近平总书记主持召开的中央全面深化改革领导小组第三十四次会议审议通过了《严格排除非法证据规定》，于2017年6月由最高人民法院、最高人民检察院、公安部、国家安全部、司法部联合印发。该规定覆盖了刑事诉讼的三大阶段，重点规范与引导侦查阶段的取证行为，同时对审查逮捕、审查起诉、审判阶段排除非法证据的程序进行了细化，包括非法证据的界定、非法取证行为的判断、非法证据排除的标准和程序等，都进行了明确规定。我国刑事证据制度改革的力度和向前推进发展之势，同1996年《刑事诉讼法》关于证据制度原则性的八条规定相比，已经大大地向前发展了一步！

一、证据概念和种类的新发展

1996年《刑事诉讼法》第42条第1款规定：“证明案件真实情况的一切事实，都是证据。”对于这一规定普遍认为缺陷有二：一是关于“真实”二字的称谓，证据材料进入诉讼，有真有假，所以，第42条最后一项还规定：“以上证据必须经过查证属实，才能作为定案的根据。”因此，把“证据”笼统地定位为“真实”，与客观情况不符，所以，这次《刑事诉讼法》的修改，已达成共识，把“真实”二字从概念中删去；二是将“证据”说成是“一切事实”，也已落后于时代的发展了，社会之进步，科学技术水平之提高，尤其是电子数据证据的出现，各类各种信息资料在诉讼中的运用，大家一致认为要把“一切事实”修订为“各种信息资料”。基于以上两点变化，应当由“事实说”走向“材料说”，因此，2012 年《刑事诉讼法》把证据的概念修订为“可以用于证明案件事实的材料，都是证据”。2018 年《刑事诉讼法》第 50 条保留了这一概念。

鉴于科学技术的发展，各种信息资料在诉讼中的运用，证据的表现形式及种类呈不断扩大之势，在 2012 年《刑事诉讼法》修改的过程中，将电子数据和视听资料列为一种独立的证据，把刑事证据由“封闭式”的 7 种形式增至“开放式”的 8 种。另外还考虑到，辨认笔录、搜查笔录、庭审笔录等诉讼进程中现成的各种资料，还有侦查讯问、录音录像等，在刑事诉讼中广泛适用。因此，关于证据种类的规定不易封死。另外，关于“鉴定结论”证据的称谓，鉴于司法实务中，鉴定人怎么说就怎么定，重鉴定意见轻其证据的适用，把鉴定意见神秘化、绝对化，还鉴于鉴定意见的科学性、准确性受到科学技术发展和设备的制约，因此，2012 年《刑事诉讼法》将鉴定结论的名称修订为“鉴定意见”。综上，关于证据的概念和种类的修订意见，使我国刑事证据的概念更加科学，种类更加齐全而又完备，这是我国刑事证据制度的一大发展。

二、我国刑事证据规则体系的框架初步形成

“没有规矩，不成方圆；没有规则，无以证明。同日常生活中的证明相比，司法证明的重大不同在于有着丰富的人为规则。无论是取证、举证、质证，还是认证，无不是在既定规则的框架下进行。英美法系国家的证明规则迄今为止已经蔚为大观；大陆法系国家自 20 世纪中期以来也确立了不少证明规则；我国则仍处在初创证明规则的阶段，未来构建证据规则任重道远。”①

中央关于司法改革的决定中，把证据规则特别是非法证据排除规则的确立，作为证据改革的一项重要任务。“两个证据规定”根据中央司法改革的决定，总结了我国刑事司法的经验，以及实务工作的客观所需，比较系统地初步建构了我国刑事证据规则体系。笔者认为可以将这一体系分为两类：一是“两个证据规定”中明确规定、已经形成条文化的证据规则；二是审查判断证据的程序中所体现出的证据规则。

① 何家弘主编：《证据法学》，法律出版社 2008 年版，第 343 页。

第一类证据规则有四项：（1）非法证据排除规则。“两个证据规定”之一就是《非法证据排除规定》，它不仅明文确立了“非法证据排除”规则，而且还对什么是“非法”、非法证据排除的范围和排除的程序一一作了明确具体的规定。（2）证据裁判原则。《办理死刑案件证据规定》第2条规定：“认定案件事实，必须以证据为根据。”（3）程序法定原则。《办理死刑案件证据规定》第3条在1996年《刑事诉讼法》第3条规定的基础上，增加规定：“侦查人员、检察人员、审判人员应当严格遵守法定程序，全面、客观地收集、审查、核实和认定证据。”（4）证据质证原则。《办理死刑案件证据规定》第4条规定：“经过当庭出示、辨认、质证等法庭调查程序查证属实的证据，才能作为定罪量刑的根据。”以上四项规则，在“两个证据规定”中已经条文化，此四项规则不仅是我国刑事司法运用证据经验的科学总结和升华，更重要的是在立法上有突破、有创新，证据裁判原则是对1996年《刑事诉讼法》第3条“人民法院、人民检察院和公安机关进行刑事诉讼，必须严格遵守本法和其他法律的有关规定”的突破。因为程序法定原则，不仅包含“严格遵守法律问题”，更重要的内容是要充分地认识到“证据问题也是程序问题”，以及证据的收集、保管、保全、移送、返还、出示、质证、认定等各个环节都是一个严格的行为规范和法定程序问题，这一原则的确立把诉讼证据的立法、守法、执法全部囊括其中，它是正当法律程序原理在证据法中的具体运用和体现。非法证据排除规则的形成和确定，如前所述更是我国民主与法治史上的一个重要里程碑，它标志着我国司法程序的进步、文明、民主进入一个新的历史阶段，其现实意义和历史意义不可低估；庭审交叉询问的质证规则，突出规定了证据的出示、辨认、质证等环节，并明确规定只有经过法庭调查程序查证属实的证据，才能作为定罪量刑的根据。这一规定主要针对当前在证据的运用中“重庭下，轻庭上”，“重庭外，轻庭内”的偏向，庭审程序异化，法庭审判走过场、形式主义的一些错误做法，把质证规则作为诉讼进行的一项重要的证据规则，以确保证据的质量。另外，质证规则的确立，对证人出庭难、律师辩护难、书面审理盛行等种种诉讼痼疾的医治，将会起到更大的作用，以促进刑事审判方式的改革。

第二类证据规则是在运用证据的程序规定中体现出来的，有以下五项，这五项规则均在各种证据的审查判断的程序中有所体现或明示。

（一）关联性规则

《办理死刑案件证据规定》第6条第（4）项规定："物证、书证与案件事实有无关联。对现场遗留与犯罪有关的具备检验鉴定条件的血迹、指纹、毛发、体液等生物物证、痕迹、物品，是否通过DNA鉴定、指纹鉴定等鉴定方式与被告人或被害人的相应生物检材、生物特征、物品等作同一认定。"第（5）项规定："与案件事实有关联的物证、书证是否全面收集。"第23条第（8）项规定的"鉴定意见与案件待证事实有无关联"，第24条第（4）项规定的"鉴定意见与证明对象没有关联的"不能作为案件的根据。第27条规定，内容与案件事实无关联性的视听资料不能作为定案的证据等，都充分明确地体现了证据关联性规则。笔者认为，关于证据关联性规则，无论从立法还是到司法实务，必须加以高度的重视，因为证据事实与案件事实之间的关联性问题，是认定案件事实的生命之所在，它直接关系到案件的质量，从某种意义上讲，关联性决定着证据的可采性，关联性决定着定罪量刑案件事实的质量，而且这一规定的运用，不仅涉及案件的每一个证据，而且还与全案证据的运用息息相关，因此，从立法到实务，必须对关联性规则倍加重视。

（二）意见证据规则

《办理死刑案件证据规定》第12条第3款规定："证人的猜测性、评论性、推断性的证言，不能作为证据使用，但根据一般生活经验判断符合事实的除外。"1996年《刑事诉讼法》没有关于意见证据的规定。这次增加这一规定，有利于规范证人如实提供他们所感知的案件事实的证明活动，以避免将自己主观的推断、评论、猜测、估计、假设、想象作为证言适用，从而对案件事实作出错误的判断。

（三）原始证据优先规则

《办理死刑案件证据规定》第8条规定："据以定案的物证应当是原物。只有在原物不便搬运、不易保存或者依法应当由有关部门保管、处理或者依法应当返还时，才可以拍摄或者制作足以反映原物外形或者内容的照片、录像或者复制品。物证的照片、录像或者复制品，经与原物核实无误或者经鉴定证明为真实的，或者以其他方式确能证明其真实的，可以作为定案的根据。原物的照片、录像或者复制品，不能反映原物的外形和特征的，不能作为定案的根据。据以定案的书证应当是原件。只有在取得原件确有困难时，才可以使用副本或者复制件。

书证的副本、复制件，经与原件核实无误或者经鉴定证明为真实的，或者以其他方式确能证明其真实的，可以作为定案的根据。书证有更改或者更改迹象不能作出合理解释的，书证的副本、复制件不能反映书证原件及其内容的，不能作为定案的根据。”第 9 条规定：“……不能证明物证、书证来源的，不能作为定案的根据”。把原始证据优先规则引入刑事诉讼，其目的在于促使侦查机关更加努力地收集具有真实性的原始证据，从而更准确及时地查明案件事实，实现实体正义。

（四）补强证据规则

《办理死刑案件证据规定》第 22 条规定：“对被告人供述和辩解的审查，应当结合控辩双方提供的所有证据以及被告人本人的全部供述和辩解进行。”“被告人庭前供述一致，庭审中翻供，但被告人不能合理说明翻供理由或者其辩解与全案证据相矛盾，而庭前供述与其他证据能够相互印证的，可以采信被告人庭前供述。”“被告人庭前供述和辩解出现反复，但庭审中供认的，且庭审中的供述与其他证据能够印证的，可以采信庭审中的供述；被告人庭前供述和辩解出现反复，庭审中不供认，且无其他证据与庭前供述印证的，不能采信庭前供述。”这些规定明确地按照补强证据规则的要求，不能只靠口供定案，所有的口供必须与其他证据相互印证，用其他证据加以补充和强化，才能认定案件事实。

（五）直接言词规则

“两个证据规定”确立了有限的直接言词规则，规定了证人应当出庭作证的情形。《办理死刑案件证据规定》第 15 条规定：“具有下列情形的证人，人民法院应当通知出庭作证；经依法通知不出庭作证证人的书面证言经质证无法确认的，不能作为定案的根据：（一）人民检察院、被告人及其辩护人对证人证言有异议，该证人证言对定罪量刑有重大影响的；（二）人民法院认为其他应当出庭作证的。证人在法庭上的证言与其庭前证言相互矛盾，如果证人当庭能够对其翻供作出合理解释，并有相关证据印证的，应当采信庭审证言。对未出庭作证证人的书面证言，应当听取出庭检察人员、被告人及其辩护人的意见，并结合其他证据综合判断。未出庭作证证人的书面证言出现矛盾，不能排除矛盾且无证据印证的，不能作为定案的根据。”这一规定针对当前我国证人出庭难、质证难的现状与问题，而确立了有限的直接言词规则，即控辩双方有异议的和对定罪量刑有重大影响的证人应当出庭接受质证。这一规定完全符合我国当前的实际情况，也解决了实际问题。从实体上说有利于保障正确认定案件事实，从程序上说更有利于保障当事人的质证权。

以上所涉及的九大证据规则的出台，之所以称为刑事证据规则体系初步形成，主要是因为这些证据规则有运用证据的基本原则——证据裁判原则和程序法定原则；有审查判断证据的排除规则——非法证据排除规则、意见证据规则；有审查判断证据的运行规则——质证规则、关联性规则、原始证据优先规则、补强证据规则、有限的直接言词证据规则。从基本原则到证据排除再到证据审查判断的运行过程已经涵盖了运用证据认定案件事实的全过程，反映了办案的客观规律。所以，笔者认为，虽然还尚不健全，"以程序法定原则的规定而言，其未能凸显'正当法律程序'的意蕴。程序法定原则是刑事证据法中的中心原则，它需要靠具体的证据规则、收集、审查判断证据的具体程序加以体现"，[①] 但已具备了刑事证据规则的初步框架或体系。任何一个法治国家，关于证据制度的形成与发展，尤其是证据规则的确立和规则体系框架的形成，都要经历一个从无到有，从初步确立到逐步完善的过程，我国正沿着这一发展轨迹向前推进！

三、证据适用规范中的程序法定

"两个证据规定"确立和破解了"证据问题也是程序问题"的科学命题，实实在在地把刑事证据的适用程序法定化、条文化。它不仅明确规定了程序法定原则，而且还比较详细、具体地规定了适用证据的三大程序：一是非法证据的排除程序；二是对法定的物证、书证、证人证言等九种证据（包括新增加的电子数据证据）的收集、审查、核实、判断真伪的具体程序；三是规定了对全案证据的综合审查判断程序。这些规定的出台，充分说明了证据问题说到底也是个程序问题，只有严格按照法定程序适用证据，才能保证案件的质量，才能防止冤假错案。另外，在《办理死刑案件证据规定》中，对司法实务中经常适用的辨认程序、间接证据的运用程序、量刑证据的适用等都作了具体规定。这些规定的出台，使人们清楚地看到证据的收集、运用，认定案件事实的过程，每一步和每一环节都是程序问题。告诫人们脱离法定程序去收集运用证据，必然会漏洞百出，

---

① 熊秋红：《刑事证据发展中的阶段性进步》，载《证据科学》2010年第5期。

甚至会走偏方向。

《办理死刑案件证据规定》第3条规定："侦查人员、检察人员、审判人员应当严格遵守法定程序，全面、客观地收集、审查、核实和认定证据。"这一规定把程序法定原则列为收集、审查、判断和认定证据的基本规则，它标志着证据问题说到底也是个程序问题，对证据的运用离不开法定的程序。这是近现代证据法学的一项重要特征与内涵，把法律正当程序理念引入证据法，这是司法文明、民主进步的一个重要标志。但是，对这个问题的认识，学界并不是一致的，个别学者认为在证据法中规定程序法定原则有点不伦不类，也有人认为，"程序法定原则是刑事证据法中的核心原则，它需要靠具体的证据规则、收集、审查判断证据的具体程序加以体现。在我国，沉默权规则、自白任意性规则等的缺失，将会直接影响非法证据排除规则的功效；实物证据的获取委诸于侦查机关的自我决定，证据'合法'的条件过低，不符合程序法定原则的内在要求。有学者认为，笼统地将《办理死刑案件证据规定》第3条的规定直接界定为程序法定原则不是十分准确。"[①] 笔者认为，这些看法是值得商榷的。首先，作为刑事证据的收集、审查、核实、判断和认定，由于其关系到人身自由和生命财产，事关重大，每一个环节都必须依法推进，尤其是死刑案件，把程序法定原则列为证据规则，不是不伦不类，而是名正言顺和应有之义；其次，由于某些配套措施的缺失或不完备，而否定程序法定原则进入证据法的看法也是没有根据的。如前所述，就"两个证据规定"中非法证据排除程序、法定各种证据的适用程序、全案证据的判断程序的详细规定，它正是程序法定原则的具体体现，更是正当法律程序理念的具体运用。由于"程序法定原则是近现代以来世界法治国家刑事诉讼制度发展的基本态势和趋势，它是现代宪政民主政治对刑事诉讼程序设计和运作的基本要求，它反映的是，刑事诉讼中国家权力的运作应当受到法律的限制以及涉讼公民的基本人权应当受到法律保障和救济的目标。正是基于程序法定原则在现代刑事诉讼中的重要地位，有学者将其称为'帝王'原则，并称没有'程序法定'原则，就没有现代刑事诉讼法。"[②] 当然也可以说，没有程序法定原则，就没有现代证

① 熊秋红：《刑事证据发展中的阶段性进步》，载《证据科学》2010年第5期。

② 万毅、林喜芬：《现代刑事诉讼法的"帝王"原则：程序法定原则重述》，载《当代法学》2006年第1期。

据法。

《办理死刑案件证据规定》第二部分和第三部分用了36个条款详细地规定了各类各种证据的审查、认定和证据的综合审查与运用的程序。其突出的特点是彰显程序，反映过程，联系实际，解决问题，体现正义。

1996年《刑事诉讼法》关于证据的规定只有八个条款，包括：（1）证据及其种类；（2）证据收集的一般原则；（3）运用证据的原则；（4）向单位和个人收集证据；（5）重证据、重调查研究、不轻信口供的原则；（6）证人证言的审查判断；（7）证人的资格和义务；（8）证人及其近亲属的保护等。就以上八条规定的内容而言，原则、笼统、可操作性极差，由于它是我们历年来办案经验的原则性总结，加上当时的立法背景，这些规定多数是一般性的指导性口号，与办案的实际过程和具体运用存在相当的距离，公、检、法工作人员总结了一句话：不好用。新出台的规定针对刑事证据的收集、审查、定案等诉讼各个环节的运用，作了比较详细的规定，一改过去的原则、笼统之弊，从这个意义上说它是对《刑事诉讼法》的修改和发展，是《刑事诉讼法》再修改的前奏。

对法定的各种证据的审查和认定。《办理死刑案件证据规定》紧紧抓住对各种证据审查的内容、范围、来源、关联性，以及对瑕疵证据和非法证据的处理等，通过审查程序来确定各种证据的证据能力和证明力。即每一种证据进入诉讼的资格、条件是否合法，每一种证据对案件事实的证明作用、功能是什么。例如，关于物证、书证的审查与认定，该规定第6条规定了审查的内容；第7条规定了生物物证（血迹、指纹、足迹、字迹、毛发、体液、人体组织等痕迹和物品）审查的方法；第8条强调原始物证优先原则；第9条规定非法物证之排除以及瑕疵物证之补正；第10条规定了对物证的辨认和存疑物证、书证的处理。再如，关于证人证言的审查和证明力的确定。该规定第11条规定了对证人证言审查判断的内容，亦即如何确定证人证言的证明力，即“对证人证言应当着重审查以下内容：（一）证言的内容是否为证人直接感知。（二）证人作证时的年龄、认知水平、记忆能力和表达能力，生理上和精神上的状态是否影响作证。（三）证人与案件当事人、案件处理结果有无利害关系。（四）证言的取得程序、方式是否符合法律及有关规定：有无使用暴力、威胁、引诱、欺骗以及其他非法手段取证的情形；有无违反询问证人应当个别进行的规定；笔录是否经证人核对确认并签名（盖章）、捺指印；询问未成年证人，是否通知了其法定代理人到场，其法定代理人是否在场等。（五）证人证言之间以及与其他证据之间能否相互印证，有无矛盾。”第 12 条规定了非法证言和证人提供的意见证据的排除；第 13 条规定了证言取得的形式不合法应予排除；第 14 条规定了瑕疵证言的补正；第 15 条规定了证人的出庭质证问题；第 16 条规定了对证人作证的保护措施。如证人出庭作证，必要时，人民法院可以采取限制公开证人作息、限制询问、遮蔽容貌、改变声音等保护性措施。受篇幅文字所限，对于其他各种证据的审查和运用，在此不再一一列举。值得提出的是，该规定还有对实际工作中所出现的电子证据这一新型证据的运用，该规定第 29 条总结了实际工作的经验，作出了规定：“对于电子邮件、电子数据交换、网上聊天记录、网络博客、手机短信、电子签名、域名等电子证据，应当主要审查以下内容：（一）该电子证据存储磁盘、存储光盘等可移动存储介质是否与打印件一并提交；（二）是否载明该电子证据形成的时间、地点、对象、制作人、制作过程及设备情况等；（三）制作、储存、传递、获得、收集、出示等程序和环节是否合法，取证人、制作人、持有人、见证人等是否签名或者盖章；（四）内容是否真实，有无剪裁、拼凑、篡改、添加等伪造、变造情形；（五）该电子证据与案件事实有无关联性。对电子证据有疑问的，应当进行鉴定。对电子证据，应当结合案件其他证据，审查其真实性和关联性。”

《办理死刑案件证据规定》还针对侦查工作中使用辨认这种侦查手段经常出现的问题，以及辨认的程序和结果作出具体规定。第 30 条规定：“侦查机关组织的辨认，存在下列情形之一的，应当严格审查，不能确定其真实性的，辨认结果不能作为定案的根据：（一）辨认不是在侦查人员主持下进行的；（二）辨认前使辨认人见到辨认对象的；（三）辨认人的辨认活动没有个别进行的；（四）辨认对象没有混杂在具有类似特征的其他对象中，或者供辨认的对象数量不符合规定的；尸体、场所等特定辨认对象除外；（五）辨认中给辨认人明显暗示或者明显有指认嫌疑的。有下列情形之一的，通过有关办案人员的补正或者作出合理解释的，辨认结果可以作为证据使用：（一）主持辨认的侦查人员少于二人的；（二）没有向辨认人详细询问辨认对象的具体特征的；（三）对辨认经过和结果没有制作专门的规范的辨认笔录，或者辨认笔录没有侦查人员、辨认人、见证人的签名或者盖章的；（四）辨认记录过于简单，只有结果没有过程的；（五）案卷中只有辨认笔录，没有被辨认对象的照片、录像等资料，无法获悉辨认的真实情况的。”

关于间接证据的适用规则，就办案实际而言，比较混乱，什么是间接证据；如何运用间接证据；适用时应遵循什么样的规则等，都是需要认真回答的问题。《办理死刑案件证据规定》对间接证据适用的条件和规则在第33条有针对性地作出了规定：“没有直接证据证明犯罪行为系被告人实施，但同时符合下列条件的可以认定被告人有罪：（一）据以定案的间接证据已经查证属实；（二）据以定案的间接证据之间相互印证，不存在无法排除的矛盾和无法解释的疑问；（三）据以定案的间接证据已经形成完整的证明体系；（四）依据间接证据认定的案件事实，结论是唯一的，足以排除一切合理怀疑；（五）运用间接证据进行的推理符合逻辑和经验判断。”

关于全案证据的综合审查和运用，尤其是法官如何准确地行使自由裁量权，怎样才能做到公正、公平，实现实体正义，《办理死刑案件证据规定》结合我国的情况，总结了具有中国特色的实际经验，要求办案人员从各个证据与待证事实的关联程度，各个证据之间的联系等方面进行审查判断，并规定了一个判断的标准，即合理排除矛盾，才能作为定案的根据；还规定了法官对存疑证据的处理程序。“法庭对证据有疑问的，可以告知出庭检察人员、被告人及其辩护人补充证据或者作出说明；确有核实必要的，可以宣布休庭，对证据进行调查核实。法庭进行庭外调查时，必要时，可以通知出庭检察人员、辩护人到场。出庭检察人员、辩护人一方或者双方不到场的，法庭记录在案。”（第38条第1款）。

鉴于量刑程序改革的成果即将在全国各级人民法院推广，量刑证据的调查和运用是当前实务部门亟须解决的一个问题。《办理死刑案件证据规定》第39条对被告人有立功、自首情节的证据，如何调查和运用也作了具体规定：“被告人及其辩护人提出有自首的事实及理由，有关机关未予认定的，应当要求有关机关提供证明材料或者要求相关人员作证，并结合其他证据判断自首是否成立。”“被告人是否协助或者如何协助抓获同案犯的证明材料不全，导致无法认定被告人构成立功的，应当要求有关机关提供证明材料或者要求相关人员作证，并结合其他证据判断立功是否成立。”“被告人有检举揭发他人犯罪情形的，应当审查是否已经查证属实；尚未查证的，应当及时查证。”

“两个证据规定”为了确保死刑案件的质量，进一步规定了死刑案件的证明标准。1996年《刑事诉讼法》第162条规定：“在被告人最后陈述后，审判长宣布休庭，合议庭进行评议，根据已经查明的事实、证据和有关的法律规定，分别作出以下判决：（一）案件事实清楚，证据确实、充分，依据法律认定被告人有罪的，应当作出有罪判决；（二）依据法律认定被告人无罪的，应当作出无罪判决；（三）证据不足，不能认定被告人有罪的，应当作出证据不足、指控的犯罪不能成立的无罪判决。”根据这一规定，对被告人作出有罪判决，必须做到“事实清楚，证据确实、充分”，特别是死刑案件，人命关天，死刑刑罚又具有不可逆转性。因此，在认定事实和采信证据上绝对不容许有任何差错，必须把好死刑案件的事实关、证据关、程序关、适用法律关，使办理的每一起死刑案件都经得起历史的检验。但是，我国《刑事诉讼法》的上述规定过于原则、笼统，对什么是“证据确实、充分”，什么是“案件事实清楚”？在实践中很难把握，人们对“事实”、“情节”、“确实”、“充分”的理解也不统一，各有各的认识，各有各的说法。为此，《办理死刑案件证据规定》第5条首先对“证据确实、充分”予以细化，进一步规定：“办理死刑案件，对被告人犯罪事实的认定，必须达到证据确实、充分。证据确实、充分是指：（一）定罪量刑的事实都有证据证明；（二）每一个定案的证据均已经法定程序查证属实；（三）证据与证据之间、证据与案件事实之间不存在矛盾或者矛盾得以合理排除；（四）共同犯罪案件中，被告人的地位、作用均已查清；（五）根据证据认定案件事实的过程符合逻辑和经验规则，由证据得出的结论为唯一结论。”其次对案件“事实”、“情节”这一证明的对象也在第5条作了具体规定：“办理死刑案件，对于以下事实的证明必须达到证据确实、充分：（一）被指控的犯罪事实的发生；（二）被告人实施了犯罪行为与被告人实施犯罪行为的时间、地点、手段、后果以及其他情节；（三）影响被告人定罪的身份情况；（四）被告人有刑事责任能力；（五）被告人的罪过；（六）是否共同犯罪及被告人在共同犯罪中的地位、作用；（七）对被告人从重处罚的事实。”根据上述规定，对死刑案件犯罪事实、情节的证明，以及证据达到“确实、充分”的标准，做到了有章可循，有了法律规定的准则，就可以防止在事实的认定和证据的运用上的任意性，就可以确保死刑判决的公正性，实现程序公正与实体公正的统一。

综上，笔者认为，“两个证据规定”是全面准确执行《刑法》和《刑事诉讼法》，贯彻党和国家的刑事政策，依法惩治犯罪，切实保障人权，维护司法公正的重大举措，更是我国司法改革的重要成果，也是我国刑事诉讼制度进一步科学化、民主化、法制化的重要标志。

四、以审判为中心与证据规则的贯彻

党的十八届四中全会提出要推进以审判为中心的诉讼制度改革，习近平总书记在《关于〈中共中央关于全面推进依法治国若干重大问题的决定〉的说明》中强调，全会决定提出推进以审判为中心的诉讼制度改革，目的是促使办案人员树立办案必须经得起法律检验的理念，确保侦查、审查起诉的案件事实证据经得起法律检验，保证庭审在查明事实、认定证据、保护诉权、公正裁判中发挥决定性作用。推进以审判为中心的诉讼制度改革，构建以审判为中心的刑事诉讼新格局，中央方向明确，思路清晰，决心大，指出了我们刑事诉讼中关于证据的发展道路上存在的一系列问题。其中，证据制度的改革、完善是核心。笔者认为，庭审实质化，证据制度的改革和发展集中在以下四个问题。

（一）关于证据规则的发展

在“两个证据规定”出台以后，特别是中央政法委关于防范冤假错案的八项标准公布以后，《最高人民法院关于执行〈中华人民共和国刑事诉讼法〉若干问题的解释》中明确了四个法定的证据规则，即证据裁判规则、程序法定规则、质证规则、非法证据排除规则。除这几条以外，还在“证据审查的程序”当中体现了五个规则，第一个是关联性规则，第二个是意见证据排除规则，第三个是口供补强规则，第四个是原始证据优先规则，第五个是有限的直接言词原则。这一司法解释虽然不是人大的立法，但是作为司法解释，基本上确立了一个证据规则的基本框架，这就是证据制度的一个发展。它给立法者提出了一个基本思路、基本框架。特别是非法证据排除规则，2012 年《刑事诉讼法》修改实施以后，又经过六年的实施，关于非法证据排除规则有了新的发展。

（二）关于证据运用的九个环节

党的十八届四中全会决定中明确指出，证据的收集、保管、保全、移送、辨认、返还、出示、质证、认证九个环节，如何走向法制化，如何走向规范化，四中全会的决定和习近平总书记的说明当中，都指出了这个方面的问题。特别是关于涉案的一些赃款赃物的扣押和冻结这些程序问题，无论是理论界还是实务界都已经注意到了这些问题，现在最高人民法院和最高人民检察院都在积极地制定相应的文件来解决这九个环节的问题。对于证据规范化和非法证据排除，这也给我们提供了理念上和程序上的建构与做法，可以说是一个大发展。

（三）以审判为中心的刑事诉讼制度改革①

2015年，在南宁举办的第十一届国家检察官高级论坛上，有人说，庭审实质化了，辩护有效化了，公诉怎么办？对于公诉，笔者认为，也要走向实质化，走向有效化。控辩审三方关于庭审的实质和有效，核心是什么呢？以审判为中心的诉讼制度改革，以证据为核心，这是一个重要的命题。就是以审判为中心的刑事诉讼制度改革，彰显庭审的决定作用。如何决定？就是要以证据为核心而展开。这一命题的提出很有针对性。其针对性就是解决庭审虚化和质证形式化的问题。司法实际工作中的法庭质证，就是念材料，念完以后，“辩护人有什么意见没有？”“没有。”“公诉人有意见没有？”“没有。”“被告有什么意见吗？”“没有。”整个质证过程，可以把它概括成“有有有，对对对，是是是”，这样就算质证了吗？现在公检法各家，都在按照证据裁判原则和质证规则，按照证据是改革的核心在解决质证形式化问题。这是一个方面。

以审判为中心的第二个方面，主要在解决以证据为核心质证规则的前提下，关于证人的出庭问题。这个问题现在已经是个老大难的问题。最近我们从司法改革当中也看见一点曙光。现在的发展趋势，对证人今后出庭问题的解决，从程序的设置上要求证人每案都出庭，即使在西方也解决不了，我们国家更解决不了。大家都认为是个老大难问题，那么我们怎么解决呢？近年来速裁程序的改革，在我国的程序体系上，构建一个完整的速裁、简易、普通程序体系，包括被告人认罪认罚从宽程序。这个诉讼模式体系的建立，最后我们计算了一下，真正拿到法庭上要开庭的案件只占到15%～20%。今后真正要开庭，要证人到庭上作证的案件，可能要缩小到15%～20%。多数试点已经证明：速裁程序占20%，简易程序占40%，这就60%了，普通程序中被告人认罪认罚的还占5%～10%，这样一来，真正要到法庭上出庭的问题，也就是要集中反映在15%～20%的案件。今后工作的重点要放在重罪案件的出庭程序上。当然各试点单位提出的关于犯罪划分，我们国家要不要划分三类，第一类是微罪，第二类是轻罪，第三类是重罪。不同的罪适用不同的程序。我们真正到法庭上要出庭的，要解决这15%～20%的

① 详细研究，参见兰跃军：《以审判为中心的刑事诉讼制度改革》，社会科学文献出版社2018年版。

重罪案件。这样工作量就小了，这是一个问题。证人出庭还有一个问题，在一次中美非法证据排除的演示会上，中方开一个庭，美方开一个庭，结果中美开庭结束以后，美国人提出，你们对证人的调查三问两问，左问右问，把开庭的时间弄得这么长啊。真正解决证人出庭问题，不是出庭的范围问题，不是说你强制到庭问题，更不是说你不来我要罚你的问题，是什么问题呢？要建立在庭前的沟通上。也就是说，谁出庭不出庭，愿不愿意出庭，用我们自己的话讲，要加强思想方面的发动和说服工作。就像薄熙来这样的案件，我们能把那些重要的证人发动到庭上来作证，这就昭示着我们公检法人员，特别是控方，要对证人以思想发动为主，制裁为辅。美国人现在已经做到了这一步，他们说我们的证人为什么都到法庭上呢？我们是"强化庭前沟通"。沟通在我国可以理解为发动群众，就是发动证人。所以刑事诉讼法的修改和实施，应当把依靠群众、发动群众原则恢复起来。因为法律有规定，这几年我们编书也都把它删了。我们年轻的公诉人员也好，审判长也好，就是只知道运用法条来惩罚，而忽视了庭前的工作。还有一个律师的辩护问题，不在于在法庭上竞技如何，开庭技术怎么样，法条知识怎么样，现在美国并不看重竞技，要转移到协商上，就是看你谈判能力和协商能力。我想我们搞证据法学的同志，都应该要看到这个新的动向。

（四）关于无罪推定和疑罪从无定案的标准

证据标准问题是目前实践办案中需要逐步走向的一个新常态，一个什么新常态呢？疑罪就要从无，如福建念斌案件、河南平顶山李怀亮案件等。最近吉林的雍奎魁案件中，控方怀疑雍奎魁杀人的理由和证据主要是在楼道里发现的装橘子的塑料袋上有他的指纹。这箱橘子与杀人现场散落的橘子是同一认定，就把他抓起来了，判了两次死刑，两次死缓，最后关了七年之后，疑罪从无释放了。原因就是虽然已发现了橘子，但和现场的橘子的关联性在什么地方呢？在装橘子这个塑料袋上有指纹，这一个指纹和本案的案件事实的关联性是什么呢？这个问题都没有解决。大家想想，从念斌案到这几个典型的案件，疑罪从无的案例不断地出现，跟前几年相比，简直是不可想象的，现在就是无罪推定、疑罪从无的运用已经开始迈上了新常态。如何使无罪推定、疑罪从无成为中华民族的一种诉讼标准或曰诉讼文化，当然，要以证据制度的完备和完善为前提，就现实的情形可以看出，这种发展和完善在进行中！

第一章 “两个证据规定”的历史地位

“两高三部”2010年6月发布关于刑事证据规则的“两个证据规定”，于2010年7月1日生效实施。但是，从发布和实施之日起，无论是司法机关还是社会各界，对于“两个证据规定”的理解和适用，提出的问题多多，质疑种种。诸如，有人说中央发布“两个证据规定”，是由于河南赵作海案件的出现，不得不作出这样的规定；还有人说“两个证据规定”的内容超前，脱离中国实际，没法执行；更有甚者对“两个证据规定”中的一些做法从个人的片面理解出发，歪曲执行，把排除非法证据的证明责任转嫁到被告人身上，而架空了非法证据排除规则，等等。笔者认为，对“两个证据规定”的理解与适用，只有认识到位、理解正确，才能很好地贯彻执行。

一、从历史发展的高度认识“两个证据规定”

我们要从历史发展的高度，正确而充分地认识“两个证据规定”出台的背景和意义。在刑事司法领域里，确立非法证据排除规则，完善刑事证据规则体系，这是世界上任何一个法治国家都必须做的一件大事，更是依法治国的一个重要条件和里程，只是时间的早晚而已。在新中国成立60年后确立非法证据排除规则，我国可以说是比较早又快的国家之一。同美国相比，美国于1776年7月4日发表独立宣言，于1914年通过威克斯案正式在联邦确立了非法证据排除规则，该规则认为，通过违反宪法第四修正案的不合理的搜查、扣押所取得的证据不能提交法庭上去反对被告人。这一规定直至1961年的马普案中，美国最高法院将违反宪法第四修正案而导致的非法证据排除规则全面适用于联邦和各州。直到1964年通过马修案，又进一步明确在对抗诉讼中，如果未经被告同意在律师不在场下进行讯问所取得的口供，则侵犯了律师帮助权，视为非法证据，要予以排除。1966年“米兰达规则”产生：（1）你有权保持沉默；（2）你所讲的一切都可在法庭上作为不利于你的证据使用；（3）你有权获得律师帮助，讯问时律师可以在场；（4）如果没有钱委托律师，我们将为你指定一名律师。违背以上四条之一的，均为非法证据。美国的非法证据排除规则从产生到真正推广执行，经历了一百多年的历史。

除美国之外，在英国、加拿大、澳大利亚、德国、法国、日本等国，有关非法证据规则的形成和确立，有关刑事证据规则的完善和适用，都有一个历史发展的过程。但是，一个共同的特点就是非法证据排除规则和其他刑事证据规则的出台与适用，都是本国历史发展到一定阶段的产物，都是国家法治进程的一个必备条件，尤其是“尊重和保障人权”原则在刑事司法领域得以贯彻的必然要求，它是历史发展的必然，更是司法规律的必然，绝非某一个或某几个冤假错案的要求和反馈。

我国虽然并未在宪法和基本法律中明确规定非法证据排除规则，但对非法取证行为始终持否定态度。1979年《刑事诉讼法》第32条规定：严禁刑讯逼供和以威胁、引诱、欺骗以及其他非法的方法收集证据。这一条款所保障的公民基本权利在1982年《宪法》中得以明确。1982年《宪法》第37条规定：“中华人民共和国公民的人身自由不受侵犯。任何公民，非经人民检察院批准或者决定或者人民法院决定，并由公安机关执行，不受逮捕。禁止非法拘禁和以其他方法非法剥夺或限制公民的人身自由，禁止非法搜查公民的身体。”这就保障了公民的人身自由权。第39条规定：“中华人民共和国公民的住宅不受侵犯。禁止非法搜查或者非法侵入公民的住宅。”这确认了公民的住宅权免受非法搜查。第40条规定：“中华人民共和国公民的通信自由和通信秘密受法律的保护。除因国家安全或者追查刑事犯罪的需要，由公安机关或者检察机关依照法律规定的程序对通信进行检查外，任何组织或者个人不得以任何理由侵犯公民的通信自由和通信秘密。”这就保障了公民的通信自由权。以上规定在之后的历次修改中均得以保留，表明在我国，公民的人身自由权、住宅权以及通信自由权属于宪法基本权利，即使是国家机关，未经法定程序不得侵犯公民的合法权益，为认定非法取证行为提供了宪法基础。之后，我国于1988年9月批准加入《禁止酷刑公约》，这一公约明确要求各缔约国排除非法证据，这意味着排除非法证据已经成为我国的国际法义务。1996 年《刑事诉讼法》第 43 条规定："审判人员、检察人员、侦查人员必须依照法定程序，收集能够证实犯罪嫌疑人、被告人有罪或者无罪、犯罪情节轻重的各种证据。严禁刑讯逼供和以威胁、引诱、欺骗以及其他非法的方法收集证据……"虽然没有直接规定排除非法取得的证据，但是体现了这样的要求。1998 年发布的《最高人民法院关于执行〈中华人民共和国刑事诉讼法〉若干问题的解释》第 61 条中明确了排除非法证据的要求："严禁以非法的方法收集证据。凡经查证确实属于采用刑讯逼供或者威胁、引诱、欺骗等非法的方法取得的证人证言、被害人陈述、被告人供述，不能作为定案的根据。"最高人民检察院不仅在《人民检察院刑事诉讼规则》中对讯问方法作出了规定，并且针对这一问题于 2001 年发布了《最高人民检察院关于严禁将刑讯逼供获取的犯罪嫌疑人供述作为定案依据的通知》，其中指出："……各级人民检察院要严格贯彻执行有关法律关于严禁刑讯逼供的规定，明确非法证据的排除规则。"1996 年《刑事诉讼法》第 43 条规定，严禁刑讯逼供和以威胁、引诱、欺骗以及其他非法的方法收集证据。《人民检察院刑事诉讼规则》第 140 条也重申了这一原则，并在第 265 条明确指出，以刑讯逼供或者威胁、引诱、欺骗等非法的方法取得的犯罪嫌疑人供述、被害人陈述、证人证言，不能作为指控犯罪的根据。各级人民检察院必须严格贯彻执行这些规定，发现犯罪嫌疑人供述、被害人陈述、证人证言是侦查人员以非法方法收集的，应当坚决予以排除，不能给刑讯逼供等非法取证行为留下任何余地……刑讯逼供是一种严重的司法腐败行为，必须进行严厉打击，这是遏制和预防其发生的重要措施。由此可以看出，"两个证据规定"的出台，绝非偶然，而是有其历史发展的必然性。一方面，是我国已经具备确立非法证据排除规则的立法条件；另一方面，也是国内外人权斗争潮流的必然要求；更重要的是我国民主与法治的进程，人民群众权利意识的增强，保障诉讼权利的呼声越来越高。为适应这一发展形势，确立非法证据排除规则，规范诉讼证据的适用行为，完全是客观所需，大势所趋，历史的必然。正如最高人民法院常务副院长沈德咏所指出："'两个证据规定'在我国司法史上具有里程碑式的重大意义，对遏制刑讯逼供、加强人权保障、维护司法公正发挥了重要作用。"[1]

---

① 沈德咏：《我们应当如何适用非法证据排除规则》，载中国法院网 2017 年 6 月 27 日。

二、“两个证据规定”的程序价值

“两个证据规定”的出台，标志着我国刑事司法关于证据的运用，进入了一个新的里程，它从办案证据方面，亦即案件的质量方面保障了司法公开、公正、公平，为在全社会实现公平正义提供了重要的程序保障，更是促进社会和谐的一个重大举措。党的十七大报告指出：“实现社会公平正义是中国共产党人的一贯主张，是发展中国特色社会主义的重大任务。”① 我国刑事司法领域，特别是办理死刑案件和普通刑事案件，关于证据的运用，刑讯逼供屡禁不止，适用非法证据定案导致的冤假错案时有出现。在刑事诉讼过程中，对各种证据的运用，不讲规则，不讲程序，严重地干扰着诉讼的进行，导致案件质量下滑，一些案件经不得法庭质证的检验，更经不得法律和历史的考验。因此，一些当事人及其家属，上访、告状、翻案，社会不安定因素在不断膨胀，社会的公平、正义以及司法的公信力出现了危机。“两个证据规定”就是针对这些问题，凸显程序的价值，利用司法程序排除非法证据，公开、公平、公正地审查判断和核实各种证据，把公平体现在程序之中，使公众和当事人看得见正义：

（1）“两个证据规定”确立了公平正义的证据规则。如证据裁判规则、程序法定规则、交叉询问的质证规则，以及非法证据排除规则，等等。

（2）“两个证据规定”确立和破解了“证据问题也是程序问题”的科学命题，实实在在地把刑事证据的适用程序法定化、条文化。它不仅明确规定了程序法定原则，而且还比较详细、具体地规定了适用证据的三大程序：一是非法证据的排除程序；二是对法定的物证、书证、证人证言等九种证据（包括新增加的电子数据证据）的收集、审查、核实、判断真伪的具体程序；三是规定了对全案证据的综合审查判断程序。这些程序的出台充分说明了证据问题说到底也是个程序问题，只有严格按照法定程序适用证据，才能保证案件的质量，才能防止产生冤假错案。另外，在《办理死刑案件证据规定》中，对司法实务中经常适用的辨认程序、间接证据的运用程序、量刑证据的适用等，都作了具体规定。这些程序的出台，使人们清楚地看到，证据的收集、运用，认定案件事实的过程，每一步

① 胡锦涛：《高举中国特色社会主义伟大旗帜 为夺取全面建设小康社会新胜利而奋斗》，人民出版社2007年版，第17页。

和每一环节都是程序问题，告诫人们脱离法定程序去收集运用证据，必然会漏洞百出，甚至会走偏方向，有失正义。

(3) 在坚持程序正义的价值目标下，对于办案人员，尤其是法官的自由裁量权，如何对待经验判断和逻辑推理的问题，“两个证据规定”也作出了原则性的规定，要求办案人员“根据证据认定案件事实的过程符合逻辑和经验规则，由证据得出的结论为唯一的结论”。由于经验判断和逻辑推理的适用是一个比较复杂的问题，它和法官的自由裁量权关系极为密切，所以，在证据规则中只作出了一个原则性的规定，在这一规定中确立了一个法官自由裁量和运用经验判断、逻辑推理的标准和规格，即“由证据得出的结论为唯一的结论”，这对规范法官的自由裁量权意义重大，对保证案件的质量会起到重要的作用。

三、“两个证据规定”对我国刑事证据规则体系的意义

构建证据规则，尤其是确立非法证据排除规则，是中央关于司法改革的决定中证据改革的一项重要任务。“两个证据规定”总结了我国刑事司法的经验，以及实务工作的客观所需，初步建构了我国刑事证据规则体系，涉及九大证据规则的出台，虽然还尚不健全，但已具备了刑事证据规则的初步框架或体系。笔者在导论第二部分已经作了详细论述，在此从略。

四、被告方是否承担排除非法证据的证明责任

关于被告人及其辩护人提供的线索和证据启动非法证据排除程序，是否属于应当承担的证明责任问题？《非法证据排除规定》第 6 条规定：“被告人及其辩护人提出被告人审判前供述是非法取得的，法庭应当要求其提供涉嫌非法取证的人员、时间、地点、方式、内容等相关线索或者证据。”这一规定出台后，人们有种种议论和理解，有人说这是让辩方负证明责任；有人说“谁主张，谁举证”，被告方主张证据非法，就得负责证明；更有甚者，说什么“就应当实行证明责任倒置原则，这一规定就是这一原则的体现”，如此等等。笔者认为，这些理解和说法，都是值得商榷的。这里的启动程序，让辩方提供线索和证据，不是证明责任的分担，更不是证明责任“倒置”，我们认为这是辩方辩护的权利而不是责任。其理由有：一是把证明责任转嫁到被告人身上是不现实的，也是无法实

现的，因为诉讼正在进行，多数被告人已失去人身自由，他没法取证证明，即使是律师，其调查权的施行也困难重重；二是把证明责任转嫁到被告一方，如果确实取证非法，并已造成严重后果，如肢体已留下伤痕，如果被告证明不了，找不出证据，是否非法取证的行为就不存在了？三是实行证明责任“倒置”，或“谁主张，谁证明”，这是有悖于行使证明责任原理的，刑事案件的证明责任承担问题，按照证明责任理论，有别于民事诉讼，被告人一方是永远不负证明责任的，案件所涉及事实证明责任是由控方承担的，这是世界各国的通例，更是司法从野蛮走向文明，从专横走向民主的诉讼规律。因此，我们不能随意适用证明责任倒置原则，立法规定，辩方提供线索和证据只能说是一个权利而不是责任。

五、审查批捕和审查起诉阶段的非法证据问题

《非法证据排除规定》第 3 条规定：“人民检察院在审查批准逮捕、审查起诉中，对于非法言词证据应当依法予以排除，不能作为批准逮捕、提起公诉的根据。”这一规定体现了我国在非法证据排除上的中国特色。因为，“国外非法证据排除规则中的‘排除’指用非法的方法所采集到的证据不能够在刑事诉讼中用作指控犯罪嫌疑人、被告人的证据，即不能作为法院定罪的证据使用。这意味着国外非法证据排除规则主要是在法庭审理阶段进行的，通过审理结果影响侦查和起诉工作”①。即使在审前程序中对非法证据的排除，也是通过司法审查程序，由法官主持进行。而我国关于非法证据排除，凸显了中国司法体制的特点，人民检察院是国家的法律监督机关，虽然专司公诉权，但它也履行着一定的司法机关的职责，兼有司法机关的性质，所以把检察机关也作为排除非法证据的主持者，赋予其在审查批捕和审查起诉中排除非法证据之职责。但是，检察机关如何主持，按照什么程序排除非法证据，以及排除非法证据所适用的排除模式，适用的法律文书等，已经形成贯彻“两个证据规定”的难题，在“两个证据规定”下达之后，一些地方的检察机关，对于如何在审查批捕和审查起诉阶段排除非法证据的问题，已经在积极地探索和试验中。例如，2010 年 11 月 23 日《检察日报》第二版刊登的《非法证据不能留在法庭上再排除》，反映了苏州市平江区检察院

① 参见杨宇冠：《执行〈非法证据排除规定〉应澄清两个问题》，载《检察日报》2010 年 8 月 11 日第 3 版。

的做法。该报道称：目前，江苏省苏州市平江区人民法院开庭审理高某涉嫌非法出售、购买假币案，经过审理，法院一审判处高某有期徒刑八个月。值得关注的是：庭审时，控辩双方对于高某进入看守所之前的重要供述没有进行举证、质证。因为，此前平江区检察院检察官在审查起诉时，已将这部分供述作为非法证据予以排除。“我腰疼，抓我的时候有人打了我。”2011 年 9 月 14 日，在审查公安机关随案移送的讯问犯罪嫌疑人同步录音录像时，高某的一句话引起了平江区人民检察院办案检察官邓学平的注意。根据该院制定实施的《关于捕诉工作中排除非法证据细则》的相关规定，邓学平提审了高某，询问了办案民警，并调阅高某进入看守所时的体检材料，认为公安机关侦查过程中可能有非法取证的情况。随后，邓学平重新讯问高某并进行同步录音录像，补强证据。10 月 28 日，平江区人民检察院将该案起诉至法院，并同时向公安、法院送达《排除证据函》，告知“被告人高某进入看守所之前的供述将予以排除，不作为提起公诉的根据”。这一做法笔者把它概括为“审查排除法”。它的优点是效率比较高，缺点是仍沿用行政审查的排除方法，其公开性、透明性、程序性较差。因此，笔者对解决庭前非法证据排除程序的问题，有如下看法：（1）关于检察机关主持排除非法证据的名称和模式，为了区别于法院的诉讼排除程序，即采用听证的方式方法，对非法证据进行排除，可取名为“听证排除”。（2）关于适用的程序，可以参照“两个证据规定”中所规定的法庭排除非法证据的程序进行，如启动程序也可交由被告人及其辩护人；由侦查机关负举证责任证明证据的合法性；证明方法也可由侦查机关提供讯问笔录、原始讯问的讯问过程录音录像或者其他证据，提请听证庭通知讯问时其他在场人员或者其他证人出席作证，仍不能排除刑讯逼供嫌疑的，提请听证庭通知讯问人员出庭作证，对该供述取得的合法性予以证明。侦查机关当庭不能举证的，可以决定延期听证。经依法通知，讯问人员或者其他人员应当作证。（3）听证后的处理程序，可以使用“决定”，以裁决本证据是否属于非法证据。总之，检察机关主持的非法证据排除程序，同样坚持“公开、透明”原则，坚持控辩双方平等参与原则，针对被告人的供述的合法性问题进行质证、辩论，据实裁决。

六、关于“非法证据”的科学界定问题

关于“非法证据”的科学界定问题。何谓非法证据？世界各国的答案及排

除范围的大小，都是不一致的，它不仅涉及“非法”手段的界定，还涉及非法手段的严重程度，更关系到证据的内容与形式的关系，等等。

关于“非法”手段的界定，1996年《刑事诉讼法》第43条规定：“严禁刑讯逼供和以威胁、引诱、欺骗以及其他非法的方法收集证据。”把刑讯逼供、威胁、引诱、欺骗，以及其他非法方法列为非法手段，这是一个非常广泛的界定，《非法证据排除规定》第1条规定：“采用刑讯逼供等非法手段取得的犯罪嫌疑人、被告人供述和采用暴力、威胁等非法手段取得的证人证言、被害人陈述，属于非法言词证据”。把非法手段限制在刑讯逼供、暴力、威胁等。该规定发布以后，学界及实务工作者纷纷发表不同意见，有的认为非法手段越来越少了；有人认为只规定以上三种，那么精神折磨的手段、不人道的取证方法、虐待的方法等是否属于非法手段？的确如此，看似新的规定比《刑事诉讼法》的规定范围缩小了，另外，非法手段，就刑讯逼供而言，变相刑讯逼供的做法种种，形形色色，也很难用列举的方法一一列出，基于此，只列出了比较明显又比较突出的三种习惯用语（刑讯逼供、暴力、威胁），在三种用语后又加上“等”字。笔者认为，全部列出实属困难，其他的非法手段，可根据个案情况，由检察官和法官自由裁量。但是，这种裁量必须掌握一个标准，区分两个界限，即以是否侵犯了《宪法》所规定的公民的基本权利为标准，认真区分与把握一般违法同严重违法的界限，以及瑕疵证据同非法证据的界限，不能施之过宽，也不能施之过窄。因为就非法证据排除规则，在人类历史上的产生与发展，其基本精神是围绕着人权保障的理念和精神而展开的，按照宪法修正案所规定的“国家尊重和保障人权”的基本原则，来权衡违法取证的行为，以区分违法之程度，决定是否属于非法证据。在区分证据瑕疵与非法证据的界限时，不能把一般违法行为所导致的形式不合法的证据，也当成非法证据加以排除。例如，《办理死刑案件证据规定》第9条第2款规定：“物证、书证的收集程序、方式存在下列瑕疵，通过有关办案人员的补正或者作出合理解释的，可以采用：（一）收集调取的物证、书证，在勘验、检查笔录，搜查笔录，提取笔录，扣押清单上没有侦查人员、物品持有人、见证人签名或者物品特征、数量、质量、名称等注明不详的；（二）收集调取物证照片、录像或者复制品，书证的副本、复制件未注明与原件核对无异，无复制时间、无被收集、调取人（单位）签名（盖章）的；（三）物证照片、录像或者复制品，书证的副本、复制件没有制作人关于制作过程及原物、原件存放于何处的说明或者说明中无签名的；（四）物证、书证的收集程序、方式存在其他瑕疵的。”这一规定就是要求必须区分瑕疵证据与非法证据的界限，有些形式不合法的证据，或者更一般的程序违法证据，不一定都是非法证据。瑕疵证据可能采用退回补正的方法，或者要求办案人员作出合理解释，以消除瑕疵和疑问。当然，“对物证、书证的来源及收集过程有疑问，不能作出合理解释的，该物证、书证不能作为定案的根据”。再如，第7条规定：“对在勘验、检查、搜查中发现与案件事实可能有关联的血迹、指纹、足迹、字迹、毛发、体液、人体组织等痕迹和物品应当提取而没有提取，应当检验而没有检验，导致案件事实存疑的，人民法院应当向人民检察院说明情况，人民检察院依法可以补充收集、调取证据，作出合理的说明或者退回侦查机关补充侦查，调取有关证据。”采用补正或退查的方法，解决瑕疵证据的问题，这是符合我国当前实际情况的，因为我们还不能把一般的程序违法证据，统统视为非法证据，全部排除。更重要的是，大部分瑕疵证据是由于证据形式不合法，“形式不合法的证据可能是缺乏形式要件，没有达到法律对证据的形式要求，形式上不合法的证据取证过程中并没有侵犯被取证人的权利。非法证据通过排除规则解决，形式不合法的证据应当通过证据的可采性解决”①。它和非法证据的排除是两种性质完全不同的范畴，我们不能混淆适用。

① 杨宇冠：《执行〈非法证据排除规定〉应澄清两个问题》，载《检察日报》2010年8月11日第3版。

第二章　非法证据排除规则的确立与发展

证据作为证明案件事实的材料，本身没有合法与非法之分。但是，根据程序法定原则，一切诉讼行为都必须遵守法定的诉讼程序，违反法定诉讼程序应当承担相应的诉讼法律责任。任何人不得从违法行为中获取利益。违反法定程序收集的证据，即非法证据，不具有证据资格，应当予以排除，这就是非法证据排除规则。因此，非法证据排除规则作为贯彻落实程序法定原则的一种程序性制裁机制，目的在于遏制侦查人员的非法取证行为，督促其严格依照法定程序收集证据，从而保障公民的宪法性权利。

一、非法证据排除规则的产生

世界上任何一个法治国家，确立非法证据排除规则，严格依法办案，都是必须做的一件事，是依法治国的一个重要条件和历程，只是时间早晚而已。我国在新中国成立 60 年后确立这一规则，是比较快的国家之一。

美国 1776 年 7 月 4 日发表《独立宣言》，1914 年通过威克斯案正式确立了非法证据排除规则，认为通过违反宪法第四修正案的不合理的搜查、扣押所取得的证据不能在联邦法庭上使用去反对被告人。直至 1961 年的马普案，美国联邦最高法院将违反宪法第四修正案而导致的非法证据排除规则全面适用于联邦和各州。1964 年通过马修案明确在对抗诉讼中，如果未经被告同意在律师不在场进行讯问所取得的口供侵犯了律师帮助权，为非法证据，要予以排除。直至 1966 年“米兰达规则”产生，确认了非法证据排除规则也适用于非法取证的言词证据。美国的非法证据排除规则，从 1914 年产生到真正推广执行经历了一百多年的历史，真正执行也是近 50 年的事情，即从 20 世纪 50 年代的“正当程序革命”

开始，重申了“人权保障原则”而展开的。根据美国联邦最高法院的判例，凡是违反美国联邦宪法第四修正案、第五修正案和第六修正案而取得的证据，不得在刑事诉讼中被采纳用于证明被告人有罪。具体而言，警察以非法搜查、扣押的方法收集的实物证据，以侵犯犯罪嫌疑人的沉默权、律师帮助权的方法收集的供述，以及违反正当法律程序所获得的证据，除法定的例外情形外，一律予以排除，不得在审判中用作不利于被告人的证据。

非法证据排除规则并非美国独有。英美法系其他国家和大陆法系的主要国家，如德国、法国、意大利、俄罗斯、日本、我国台湾地区、香港特别行政区、澳门特别行政区等，也相继确立了非法证据排除规则。1984 年 12 月 10 日，第 39 届联合国大会第 93 次全体会议通过了《禁止酷刑和其他残忍、不人道或有辱人格的待遇或处罚公约》，其第 15 条要求：“每一缔约国应确保在任何诉讼程序中，不得援引任何业经确定系依酷刑取得的口供为证据，但这类口供可用作被控施行酷刑者刑讯逼供的证据。”但在美国的定义和要求有所不同，2003 年美国《乔治敦大学法律杂志》第 32 版刑事诉讼年度评论认为，排除规则的具体要求是：通过直接或者间接违反第四、第五或者第六修正案而获得的证据，控方不得在审理中用来证明被告人有罪。当法庭不恰当地采纳了违反排除规则的证据，将会导致判决的撤销，除非能够排除合理怀疑的证明该错误属于无害错误。根据这一定义，美国非法证据排除的法律依据是美国联邦宪法第四、第五和第六修正案，其适用范围仅限于刑事诉讼，并在刑事诉讼中也只是“不得在审理中”作为“用来证明被告人有罪”的实体证据，但是这一规则不仅适用于违反宪法权利所直接获得的证据，也适用于通过违法证据得到的其他证据，即“毒树之果”。

由此可以看出，任何一个法治国家，在刑事诉讼法中确立非法证据排除规则，势在必行。非法证据排除规则的确立，标志着民主与法治的进程和进步，更是诉讼民主，诉讼文明的必然要求。

二、非法证据排除规则在我国的确立

就我国民主与法治的进程而言，确立非法证据排除规则，其历史意义和现实意义更为明显。人民群众关心的刑讯逼供问题屡禁不止，导致冤假错案时有发生。从云南的杜培武案到河南的赵作海案，还有湖北的佘祥林案、内蒙古呼格吉

列图案、河北聂树斌案等，党的十八大以来，全国法院已依法纠正40多件重大冤错案件。一个根本原因就是由侦查讯问时的刑讯逼供引起的，刑事诉讼中的刑讯逼供问题已经形成一种顽症，关系到公安司法机关的公信力问题，关系到执政党的公信力问题。

我国1979年、1996年、2012年和2018年《刑事诉讼法》第3条第2款都规定，[①] 法院、检察机关和公安机关进行刑事诉讼，必须严格遵守法定的诉讼程序。《刑事诉讼法》第32条、第43条、第50条、第52条都有取证禁止性规定，严禁刑讯逼供和以威胁、引诱、欺骗以及其他非法的方法收集证据。为了落实该规定，遏制刑讯逼供等各种非法取证行为，刑法规定了刑讯逼供罪和暴力取证罪，最高人民法院和最高人民检察院（以下简称“两高”）1998年在各自司法解释中以具体条款规范非法证据排除问题（以下简称“非法证据排除条款”），[②] “两高三部”2010年联合印发《办理死刑案件证据规定》和《非法证据排除规定》。《非法证据排除规定》明确了非法证据的范围，排除非法证据的阶段、程序和证明等问题，开启了构建我国非法证据排除规则体系的进程。2012年《刑事诉讼法》吸收了《非法证据排除规定》的相关内容，第54条至第58条正式确立了中国模式的非法证据排除规则。“两高”2012年分别修订的《关于适用〈中华人民共和国刑事诉讼法〉的解释》（以下简称《高法解释》）第95～103条和《人民检察院刑事诉讼规则（试行）》（以下简称《高检规则》）第65～75条又对非法证据排除规则作了一些补充解释，从而奠定了我国非法证据排除规则的基本框架。

近年来，随着非法证据排除规则的确立，《刑事诉讼法》已经形成治理刑讯逼供这一顽疾的证据科学体系，主要包括三个方面：一是赋予任何人不被强迫自证其罪的权利；二是确立非法证据排除规则；三是实施侦查讯问时全程同步录音、录像。其中，非法证据排除规则在我国严禁刑讯逼供机制中起着重要的作

---

① 除非特别说明，本书中使用的《刑事诉讼法》条文和内容都是指2018年修改后的《刑事诉讼法》。

② 最高人民法院《关于执行〈中华人民共和国刑事诉讼法〉若干问题的解释》第61条规定：“严禁以非法的方法收集证据。凡经查证确实属于采用刑讯逼供或者威胁、引诱、欺骗等非法的方法取得的证人证言、被害人陈述、被告人供述，不能作为定案的根据。”最高人民检察院《人民检察院刑事诉讼规则》第265条规定：“严禁以非法的方法收集证据。以刑讯逼供或者威胁、引诱、欺骗等非法的方法收集的犯罪嫌疑人供述、被害人陈述、证人证言，不能作为指控犯罪的根据。”

用，它不仅告知办案人员如何收集和运用证据，还是对非法取证行为的一种程序性制裁机制。总之，随着非法证据排除规则的确立和实施，我国刑事证据制度可以称为“有了一个跨越式”的发展，其历史意义不可低估。

我国《刑事诉讼法》规定的非法证据排除规则主要包括四个方面内容：

（一）科学地界定了非法言词证据的内涵及外延

非法证据包括非法言词证据和非法实物证据。何谓非法言词证据，《刑事诉讼法》第 56 条规定：“采用刑讯逼供等非法方法收集的犯罪嫌疑人、被告人供述和采用暴力、威胁等非法方法收集的证人证言、被害人陈述，应当予以排除。……”非法言词证据概念的核心问题是如何界定“非法”。“非法”有轻有重，有一般违法和严重违法，所取得的证据有非法证据与瑕疵证据。[①] 笔者认为，关键是要紧紧抓住是否侵犯了被讯（询）问人的宪法所规定的基本权利，即宪法性权利，不能把一般的程序违法的证据统统称为非法证据加以排除。例如，《办理死刑案件证据规定》第 14 条规定：“证人证言的收集程序和方式有下列瑕疵，通过有关办案人员的补正或者作出合理解释的，可以采用：（一）没有填写询问人、记录人、法定代理人姓名或者询问的起止时间、地点的；（二）询问证人的地点不符合规定的；（三）询问笔录没有记录告知证人应当如实提供证言和有意作伪证或者隐匿罪证要负法律责任内容的；（四）询问笔录反映出在同一时间段内，同一询问人员询问不同证人的。”

另外，关于“非法手段”的内涵和表述问题，也是界定非法证据概念的一个关键问题。我们习惯于把“非法”界定为“刑讯逼供”和威胁、引诱、欺骗以及其他非法方法。其实这种界定与我国参加并批准实施的一些国际条约对“非法”所规定的内容相比，仍不够明确。综合一些国际条约关于“非法”的界定，一般包括：1. 暴力取证；2. 精神折磨的方法取证；3. 用不人道的方法所获取的证据；4. 使用药品取证，等等。这样规定会更加完备。

（二）明确规定了排除非法证据的诉讼阶段

《刑事诉讼法》第 56 条第 2 款规定：“在侦查、审查起诉、审判时发现有应

① 非法证据与瑕疵证据的本质区别在于违法的严重程度，前者具有严重违法性，而后者仅具有轻微违法性。瑕疵证据是指侦查人员收集证据的程序或方式存在轻微违法情形，通过补正或者作出合理解释后，可以作为定案根据的证据。它主要规定在《办理死刑案件证据规定》中，涉及物证、书证、证人证言、被害人陈述、被告人供述与辩解、辨认笔录等方面。

当排除的证据的，应当依法予以排除，不得作为起诉意见、起诉决定和判决的依据。”我国对非法证据排除的一个重要特征就是在整个诉讼过程中，侦查、起诉、审判的各个阶段都可以排除非法证据。对于在侦查阶段和起诉阶段对非法证据的名称、启动、参与人员、适用程序等，《刑事诉讼法》并未作明确规定。自“两高三部”联合印发《两个证据规定》以来，不少公安和检察机关适用了“听证排除”或“审查排除”的程序和方法，许多学者有不同的看法。有关这方面的做法，尚须我们通过实践和实证研究加以总结，以完善立法。

（三）明确界定了排除非法证据的范围

《刑事诉讼法》第 56 条规定：“采用刑讯逼供等非法方法收集的犯罪嫌疑人、被告人供述和采用暴力、威胁等非法方法收集的证人证言、被害人陈述，应当予以排除。收集物证、书证不符合法定程序，可能严重影响司法公正的，应当予以补正或者作出合理解释；不能补正或者作出合理解释的，对该证据应当予以排除。”也就是说，对于非法言词证据，包括犯罪嫌疑人、被告人的供述、证人证言、被害人陈述，适用绝对排除原则。对于不符合法定程序收集的物证、书证，适用裁量排除，即可补正排除原则。收集物证、书证不符合法定程序，可能严重影响司法公正的，必须予以补正或作出合理解释。否则，对该证据应当予以排除。这里以是否严重影响司法公正和能否补正或者作出合理解释作为排除不符合法定程序收集的物证、书证的条件。这样规定是由于物证、书证作为实物证据，不同于言词证据，当前我国取得实物证据的手段、条件尚不完备，因为我国刑事侦查的科学技术手段和秘密侦查手段，无论从立法还是科学技术的发展程度，还远远落后于同刑事犯罪斗争的实际需要，落后于刑事犯罪智能化水平。所以，我们对非法证据排除的范围还不能像美国等那样，全部实行绝对排除，对不符合法定程序收集的物证、书证，只能实行有限排除，可补正排除。

（四）比较详细具体地规定了排除非法证据的程序

对于如何排除非法证据，《刑事诉讼法》规定了具体的操作规程，这些具体的程序对于避免因为采纳非法证据而导致冤假错案的发生将起到非常重要的作用。同时，通过排除程序，可以使诉讼当事人和人民群众看得见、摸得着公平、公正、正义的人民司法。这些程序包括五个步骤：（1）程序启动。《刑事诉讼法》第 58 条第 2 款规定：“当事人及其辩护人、诉讼代理人有权申请人民法院对以非法方法收集的证据依法予以排除。申请排除以非法方法收集的证据的，应当提供相关线索或者材料。”这一规定表明，启动非法证据排除的主体包括当事人及其辩护人、诉讼代理人。启动的形式可以是书面申请，也可以是口头申请。启动的时间可以在开庭审理前，也可以在庭审期间。根据《刑事诉讼法》第187条第2款规定，在庭前会议程序中，审判人员应召集控辩双方，对“非法证据排除等与审判相关的问题，了解情况，听取意见”。据此规定，申请人当然有权在开庭审理前提出。启动的内容“应当是提供相关的线索或者证据”。即涉嫌非法取证的人员、时间、地点、方式、内容等相关线索或者证据。对于由辩护方启动说明以上各项内容，笔者认为，这是当事人行使辩护权的一项重要诉讼权利，不能混同为举证责任，更不能随意提什么“证明责任倒置”。（2）法庭初步审查。《刑事诉讼法》第58条规定：“法庭审理过程中，审判人员认为可能存在本法第五十六条规定的以非法方法收集证据情形的，应当对证据收集的合法性进行法庭调查。”这说明，法庭受到排除非法证据的申请后，并非一律启动非法证据调查程序，而是先要进行审查。只有经过法庭初步审查，审判人员认为可能存在本法第54条规定的以非法方法收集证据情形的，才会启动证据收集合法性的调查程序。(3）控诉方证明。《刑事诉讼法》第59条规定：“在对证据收集的合法性进行法庭调查的过程中，人民检察院应当对证据收集的合法性加以证明。”这一规定把排除非法证据的证明责任，明确由作为控诉方的检察机关承担。《非法证据排除规定》第7条第1款规定了公诉人证明证据收集合法性的方法，《刑事诉讼法》第59条第2款补充规定，如果“现有证据材料不能证明证据收集的合法性的，人民检察院可以提请人民法院通知或者其他人员出庭说明情况；人民法院可以通知有关侦查人员或者其他人员出庭说明情况。有关侦查人员或者其他人员也可以要求出庭说明情况。经人民法院通知，有关人员应当出庭。”进一步完善了侦查人员和其他人员出庭说明情况制度。(4）双方质证。《非法证据排除规定》第7条第4款和第8条规定，控辩双方可以就被告人审判前供述取得的合法性问题进行质证、辩论。如果法庭对于控辩双方提供的证据有疑问的，可以宣布休庭，对证据进行调查核实。必要时，可以通知检察人员、辩护人到场。（5）法庭处理。《刑事诉讼法》第60条规定：“对于经过法庭审理，确认或者不能排除存在本法第五十六条规定的以非法方法收集证据情形的，对有关证据应当予以排除。”根据该规定，经过庭审，即当事人等的申请、法庭调查、控诉方举证、双方质证和辩论，如果法庭能够确认是非法证据的，应当予以排除；不能排除或存疑确认，即该证据的合法性，控诉方不能提供证据加以证明，或者已提供的证据不够确实、充分的，该证据也不能作为定案的根据，应当依法予以排除。该条也明确了非法证据排除的证明标准是证据确实、充分，与法院作出有罪判决的证明标准相同。

三、非法证据排除规则在我国的发展

党的十八届三中全会通过《中共中央关于全面深化改革若干重大问题的决定》，将“严格实行非法证据排除规则”作为国家尊重和保障人权，严禁刑讯逼供、体罚虐待，完善人权司法保障制度的具体措施之一。十八届四中全会通过《中共中央关于全面推进依法治国若干重大问题的决定》，提出加强人权司法保障，健全非法证据排除等法律原则的法律制度，加强对刑讯逼供和非法取证的源头预防。为了落实中央决策部署，“两高三部”2016 年联合印发《审判中心改革意见》第 4 条和第 5 条，最高人民法院 2017 年制定发布《关于全面推进以审判为中心的刑事诉讼制度改革的实施意见》（以下简称《审判中心改革实施意见》）第 2 条、第 21 条至第 28 条，以及最高人民法院 2013 年制定《关于建立健全防范刑事冤假错案工作机制的意见》第 8 条和第 9 条、最高人民检察院 2015 年制定《职务犯罪侦查工作八项禁令》第 7 条等都涉及非法证据排除问题。2017 年 4 月，中央全面深化改革领导小组第三十四次会议审议通过《严格排除非法证据规定》，“两高三部”2017 年 6 月联合印发了该规定，分为“一般规定”“侦查”“审查逮捕、审查起诉”“辩护”“审判”五个部分，共 42 条。它细化了非法证据的范围和认定标准，明确了刑事诉讼各个阶段排除非法证据的职责和程序，“对非法证据排除规则作了系统性规定，在完善非法证据排除制度方面迈出了新的步伐”[①]。“是我国刑事司法改革的又一重大突破”。[②] 为了贯彻落实《审判中心改革意见》《严格排除非法证据规定》等，最高人民法院 2017 年 6 月又出台庭审实质化“三项规程”，即《人民法院办理刑事案件庭前会议规程（试行）》《人民法院办理刑事案件排除非法证据规程（试行）》和《人民法院办理刑事案件第一审普通程序法庭调查规程（试行）》，并确定上海市（二中院）等 17 个中级人民法院及其所辖的部分基层人民法院作为试点法院，进一步推进审判阶段非法证

① 熊秋红：《非法证据排除规则的体系性建构》，载中国法院网，2017 年 6 月 27 日。

② 沈德咏：《非法证据排除规则是刑事司法改革的重大突破》，载《光明日报》2017 年 7 月 3 日。

据排除程序的实践，促进非法证据排除规则的发展。

（一）非法证据范围的扩大

1. 非法证据的概念

《严格排除非法证据规定》虽然由中央全面深化改革领导小组第三十四次会议审议通过，并由“两高三部”联合印发，但是，从该规定内容看，它仍然只是具体适用刑事诉讼法规定有关取证和非法证据排除规则的一个补充解释或细化规定，以刑事诉讼法规定的非法证据排除规则为基础，适当吸收了有关非法证据排除的规范性文件的内容。第一部分采用总则规定加具体列举相结合的方式界定了非法证据的范围，其中第1条作为界定非法证据范围的总则性规定，重申了《刑事诉讼法》第52条中的取证禁止性规定和第55条规定的对待口供的基本立场，第2条至第7条具体列举了司法实践中常用的非法言词证据和不符合法定程序收集的物证、书证，共六种情形，是对《刑事诉讼法》第56条规定的细化。它将“威胁”“限制人身自由”和“重复性供述”纳入非法证据的范围，区分不同非法方法和不同证据种类，采用不同标准界定非法言词证据，增强了法条的可操作性。笔者认为，该规定第1条总则规定是我国界定非法证据的基本依据，第2条至第7条仅仅有限列举了非法言词证据的五种情形和非法实物证据的一种情形，并没有也不可能穷尽非法证据的所有情形。换言之，虽然第2条至第7条没有列举，但符合第1条总则规定的也是非法证据，应当予以排除。或者说，凡是采用刑讯逼供，或者以威胁、引诱、欺骗以及其他非法方法收集的证据，或者强迫任何人证实自己有罪的供述，都是非法证据，不具有证据能力，应当予以排除。只有这样，才能全面理解非法证据排除规则的内涵，严格实行非法证据排除规则。正如前最高人民法院副院长沈德咏大法官指出，非法证据排除规则不同于一般的证据规则，它承载着特殊的历史使命，既是一项法律制度，又是一项以保障人权为根本宗旨的政策性规则，其核心价值是加强公民人身权的司法保障。在公权力行使领域，公民人身权面临的最大威胁，就是刑讯逼供等非法取证行为，它不仅严重侵犯公民的人身权利和意志自由，也是导致司法不公和冤假错案的重要原因。[①] 因此，凡是侵犯公民的宪法性权利，影响陈述的真实性和自愿性的言

① 参见沈德咏：《非法证据排除规则是刑事司法改革的重大突破》，载《光明日报》2017年7月3日第3版。

词证据，都应当予以排除。凡是收集实物证据不符合法定程序，严重影响司法公正的，应当补正或者作出合理解释。不能补正或者作出合理解释的，也应当予以排除。只有这样对立法进行实质解释，适当扩大非法证据的范围，才能激活司法实践中几乎处于休眠状态的非法证据排除规则。《办理死刑案件证据规定》第 24 条、第 26 条、第 28 条和第 30 条分别规定的鉴定意见、勘验/检查笔录、视听资料和辨认笔录的排除规则，《电子数据证据规定》第 27 条、第 28 条规定的电子数据证据的排除规则，最高人民法院《关于建立健全防范刑事冤假错案工作机制的意见》第 8 条、第 9 条和最高人民检察院《职务犯罪侦查工作八项禁令》第 7 条规定等，都是我国非法证据排除规则体系的重要组成部分。严格实行非法证据排除规则，要求侦查机关严格按照法定程序和方法收集证据，司法机关以正当程序证明犯罪，不是偏袒犯罪嫌疑人、被告人，更不是放纵犯罪。

2. 以刑讯逼供的方法收集的供述

《非法证据排除规定》第 1 条和《刑事诉讼法》第 56 条都规定，采用刑讯逼供等非法方法取得的供述，应当予以排除。对于这里的“刑讯逼供等非法方法”，学界和实务界有不同理解，在解释上引起了“等内等”与“等外等”之争。最高人民法院《关于建立健全防范刑事冤假错案工作机制的意见》第 8 条规定，采用刑讯逼供或者冻、饿、晒、烤、疲劳审讯等非法方法收集的被告人供述，应当排除，这属于“等内等”的解释。“两高三部”联合印发的《审判中心改革意见》第 4 条规定，对采取刑讯逼供、暴力、威胁等非法方法收集的言词证据，应当依法予以排除，这属于“等外等”的解释。[①]《高法解释》第 95 条[②]和《高检规则》第 65 条[③]都对“刑讯逼供等非法方法”作出解释，采用行为（或手段）与结果相结合的方法，强调犯罪嫌疑人、被告人供述的自愿性，保障他们不受强迫自证其罪的权利。为此，有学者主张进行实质解释，认为刑事诉讼法之所以排除刑讯逼供取得的供述，是因为它侵犯了第 52 条规定的“不得强迫任何人

① 参见熊秋红：《非法证据排除规则的体系性建构》，载中国法院网 2017 年 6 月 27 日。

② 该条规定，使用肉刑或者变相肉刑，或者采用其他使被告人在肉体上或者精神上遭受剧烈疼痛或者痛苦的方法，迫使被告人违背意愿供述的，应当认定为刑事诉讼法第 54 条规定的“刑讯逼供等非法方法”。

③ 该条规定，刑讯逼供是指使用肉刑或者变相使用肉刑，使犯罪嫌疑人在肉体或者精神上遭受剧烈疼痛或者痛苦以逼取供述的行为。其他非法方法是指违法程度和对犯罪嫌疑人的强迫程度与刑讯逼供或者暴力、威胁相当而迫使其违背意愿供述的方法。

证实自己有罪”的权利。除不受刑讯逼供的权利以外，犯罪嫌疑人的其他基本权利也应得到尊重。因此，凡是以侵犯基本权利的方式获得的供述，都必须予以排除。①《严格排除非法证据规定》第 2 条吸收了司法解释和学界观点，采用行为（或手段）和结果相结合的方法，相对概括地列举了司法实践中常用的刑讯逼供方法，引入“常人”标准，规定：“采取殴打、违法使用戒具等暴力方法或者变相肉刑的恶劣手段，使犯罪嫌疑人、被告人遭受难以忍受的痛苦而违背意愿作出的供述，应当予以排除。”这里的“殴打、违法使用戒具等暴力方法”即肉刑，属于狭义的刑讯逼供。而“难以忍受的痛苦”延续了“痛苦规则”之内核，“违背意愿”则显现出“自白任意性”的元素。二者并非是孤立适用的，所遵循的是因“痛苦”而“违背意愿”的因果关系。换言之，非法言词证据的判断要件逐步从“痛苦规则”转向以“痛苦规则”为主、兼具“自白任意性规则”要素。② 至于其他非法方法之所以没有列入，有学者认为，鉴于“冻、饿、晒、烤等恶劣手段”“体罚虐待”“疲劳讯问”等缺乏明确的认定标准，与刑讯逼供的手段是否相当，各部门意见分歧较大，“指供”“诱供”等方法与侦讯策略难以区分，“催眠”“施用药物”等逼供方法在实践中问题不突出，因此未作列举规定。③

笔者认为，《严格排除非法证据规定》第 2 条适当增加了排除以刑讯逼供的方法收集的供述的可操作性，值得肯定。但是，这种做法要求非法取证行为（或手段）与结果同时具备，采用刑讯逼供或相当的酷刑手段取证，必须使犯罪嫌疑人、被告人遭受难以忍受的痛苦而违背意愿作出的供述，才能排除。虽然体现了其严格性，但也限制了可排除供述的范围，而且该条中的“恶劣”“难以忍受的痛苦”和“违背意愿的供述”缺乏清晰的量化标准，主观性太强，既给司法实践中准确界定增加难度，也与《联合国禁止酷刑公约》第 1 条规定要求不一致。为此，笔者主张将该条修改为：“采取殴打、违法使用戒具等暴力方法或者变相肉刑的恶劣手段收集的供述，或者采用其他使犯罪嫌疑人、被告人遭受难以忍受的痛苦而违背意愿作出的供述，应当予以排除。”只要具备刑讯逼供或相当的行

---

① 参见易延友：《非法证据排除规则的立法表述与意义空间》，载《当代法学》2017 年第 1 期。
② 参见卞建林：《我国非法证据排除规则的新发展》，载中国法院网 2017 年 6 月 27 日。
③ 参见万春：《刑事案件非法证据排除规则的发展》，载《中国刑事法杂志》2017 年第 4 期。

为（或手段），或者结果之一即可，这样就可以将故意采取冻、饿、晒、烤、体罚虐待、疲劳审讯等非法方法，甚至催眠、施用药物、夜间讯问等逼供方法收集的供述囊括进去。有的方法目前在实践中问题不突出，并不意味着没有，或者将来就不突出，立法需要一定前瞻性。《德国刑事诉讼法典》第 136 条 a 和《英国 1984 年警察与刑事证据法》第 76 条的做法值得我国研究借鉴。①

3. 以威胁的方法收集的供述

《非法证据排除规定》第 1 条和《刑事诉讼法》第 56 条规定的排除以威胁的方法收集证据，适用对象仅限于证人和被害人，不包括犯罪嫌疑人、被告人。最高人民检察院《职务犯罪侦查工作八项禁令》第 7 条禁止将以威胁、引诱、欺骗等非法方法获取的犯罪嫌疑人供述和证人证言作为证据使用，首次将威胁的方法扩大适用于犯罪嫌疑人。《严格排除非法证据规定》第 3 条充分吸收了这一做法，采用行为（或手段）与结果相结合的方法，规定："采用以暴力或者严重损害本人及其近亲属合法权益等进行威胁的方法，使犯罪嫌疑人、被告人遭受难以忍受的痛苦而违背意愿作出的供述，应当予以排除"，从而将威胁方法的适用对象扩大到犯罪嫌疑人、被告人，并对威胁的内容和程度进行了规定。正如学者指出，使用亲情、家庭关系等进行威胁、引诱与欺骗的做法，已经触动了人类良知的底线，超出了公众伦理道德的可接纳边界，应当通过适用非法证据排除的方式坚守人类良知的底线，捍卫亲情伦理关系这一社会存在的基本运转条件。② 我国 1911 年《刑事诉讼律》第 66 条就禁止使用"威吓""诈罔"的手段获取供述，③当时的"威吓"，是指告诉被告人即将面临危险从而使他产生畏惧恐怖心理的手段；"诈罔"是指虚构事实使人陷于错误的手段，分别相当于现代的"威胁""欺骗"。根据《严格排除非法证据规定》第 3 条规定，以威胁的方法收集的供述必须同时具备两个条件：一是"威胁"的内容，既包括使用暴力，也包括实践中常见的严重损害本人及其近亲属合法权益等，如限制人身自由，查封、冻结、扣押合法财产，不定期对犯罪嫌疑人、被告人的近亲属非法进行传唤等。二是"威胁"的程度，使犯罪嫌疑人、被告人遭受难以忍受的痛苦而违背意愿作

① 详细研究，参见兰跃军：《论言词证据之禁止》，载《现代法学》2009 年第 1 期。

② 参见程雷：《非法证据排除规则规范分析》，载《政法论坛》2014 年第 6 期。

③ 该条规定："讯问被告人，禁用威吓及诈罔之言。"

出供述。在司法实践中，有许多案件排除了以威胁方法收集的供述。例如，广东省高级人民法院办理的郑祖文贪污、受贿、滥用职权案中，法院认为，郑祖文辩称在侦查阶段之所以承认受贿是受侦查人员以抓捕其子女相威胁，该辩解有其他证据相印证，这种以针对被告人本人及其亲属的重大不利相威胁，产生的精神强制力达到了严重的程度，极大可能导致被告人精神痛苦并违背意志进行供述，依法应当予以排除。①

笔者认为，“威胁”本身是一个主观概念，缺乏明确的量化标准，在具体的司法实践中进行认定具有一定的难度。待该规定实施一定时间积累经验后，有关部门应适时总结实践做法，将可以判断“威胁”的客观标准采用具体列举的方式进行规定，以增强可操作性。此外，《刑事诉讼法》第 52 条和《严格排除非法证据规定》第 1 条明确禁止以“引诱”“欺骗”的方法收集证据，这次仍然没有列入非法证据的范围，有待继续研究。

4. 以非法拘禁等限制人身自由的方法收集的供述

人身自由是指公民身体在不受强制约束的条件下，按照自己的意志，在任何时间、空间自由支配自己的行动。人身自由权是宪法规定的公民基本权利之一。我国《刑法》第 238 条规定了非法拘禁罪，非法拘禁他人或者以其他方法非法剥夺他人人身自由的行为构成该罪。以非法拘禁等限制人身自由的方法收集供述自然属于“其他非法方法”的范畴。党的十八届四中全会决定提出“完善对限制人身自由司法措施和侦查手段的司法监督”，作为加强人权司法保障的具体措施之一，《严格排除非法证据规定》第 4 条将以非法拘禁等限制人身自由的方法收集的供述纳入非法证据的范围，契合了上述要求。该行为的基本特征是限制人身自由，以此保障公民人身自由权，非法拘禁仅仅是列举的一种具体行为。笔者认为，这里的“等”字也应当做实质解释，凡是以限制人身自由的方法收集的供述和其他言词证据，都属于强制性排除范围。司法实践中经常出现不经任何程序即限制人身自由，在刑事拘留期限届满后继续非法羁押，或者在逮捕期限届满后不变更强制措施等方法收集供述，也出现过此类判例。例如，在宁夏银川市西夏区人民法院办理的黄金东受贿、陈玉军行贿案中，在 2013 年 1 月 13 日银川市人

---

① 参见最高人民法院刑事审判庭：《刑事审判参考》2015 年第 5 期，法律出版社 2012 年版，第 178 页。

民检察院对黄金东宣布拘留前，已经将其传唤到案并限制人身自由达 90 个小时。法院认为，该做法明显违反法律对传唤期限的规定，超出法定传唤期限，对被告人黄金东的羁押属于非法限制人身自由。通过此种非法限制人身自由的方法取得供述，明显违反法定程序，且严重侵犯犯罪嫌疑人、被告人的人权，应当被视为《刑事诉讼法》第 56 条规定的与刑讯逼供和威胁、引诱、欺骗并列的“其他非法方法”。因此，有关供述应当予以排除，不得作为定案的根据。[①]

需要注意的是，《严格排除非法证据规定》第 4 条规定的非法拘禁等限制人身自由的方法，与第 3 条规定的威胁方法不同，它不要求达到使犯罪嫌疑人、被告人遭受难以忍受的痛苦而违背意愿作出供述作为结果，只要有以非法拘禁等限制人身自由的方法收集供述的行为即可。

5. 重复性供述及其例外

重复性供述又称重复自白，是指犯罪嫌疑人、被告人在作出有罪供述之后，再次作出与前面供述完全相同的供述。重复性供述是否排除，是一个争议很大的问题，刑事诉讼法和其他非法证据排除规范都没有涉及。概括起来，主要有三种意见。[②] 在实践中，司法机关由于担心排除重复供述会影响查明案件事实，总的倾向是不排除。然而，近几年来随着理论研究的深入，重复性供述原则上应予排除的观念逐渐被司法实务界所认可。心理学理论揭示并得到实践反复验证，侦查机关采用刑讯逼供的方法迫使犯罪嫌疑人供述，势必对犯罪嫌疑人造成严重的心理影响，以至于此后讯问即使不采用刑讯逼供手段，犯罪嫌疑人仍会在前述心理影响下继续供述，因为他们害怕再次遭受难以忍受的痛苦折磨。况且绝大多数侦查人员对犯罪嫌疑人实施刑讯逼供获取供述后，往往都会警告他们不要翻供，否

---

① 参见戴长林、罗国良、刘静坤：《中国非法证据排除制度：原理 · 案例 · 适用》，法律出版社 2016 年版，第 205 页。

② 第一种意见认为，犯罪嫌疑人、被告人之所以后来即使合法讯问也会作出与刑讯逼供获取的供述相同的重复性供述，通常是由于之前受到刑讯逼供而产生恐惧心理所致，对于这种受到刑讯逼供影响而作出的重复性供述，在理论上属于“毒树之果”，应当排除，否则将使非法证据排除规则的目的落空。第二种意见认为，犯罪嫌疑人在后来没有受到刑讯逼供的情况下作出的有罪供述并不是先前侦查人员靠刑讯逼供获得的供述的派生证据，不符合“毒树之果”的法理。刑事诉讼法并没有规定将此类供述一并排除，排除重复性供述没有法律依据，并且不利于打击犯罪。第三种意见认为，对刑讯逼供后再次讯问获取的重复性供述是否应当排除，不应一概而论。如果重复性供述仍然受先前刑讯逼供的影响，则应当一并排除；如果重复性供述是在刑讯逼供的影响消除后自愿作出的，则不应当一并排除。参见万春：《刑事案件非法证据排除规则的发展》，载《中国刑事法杂志》2017 年第 4 期。

则会遭受更加残忍的刑讯。如果允许采纳重复性供述，不仅不利于遏制刑讯逼供，而且将架空整个非法言词证据排除规则。笔者调研还发现，随着侦查人员广泛使用计算机来制作讯问笔录，审判阶段出现大量的“孪生证据”，前后几次笔录的内容完全相同，一字不差，很显然是计算机复制、粘贴的结果，法官不知道如何处理。而很多犯罪嫌疑人反映，侦查人员拿给他签字按手印的都是空白纸。这种现象也亟待规范。笔者认为，重复性供述作为“毒树之果”之一，同样适用“毒树之果”原理，[①] 原则上应当排除，但允许例外。《严格排除非法证据规定》第5条采取原则加例外的方式，将重复性供述纳入非法言词证据的范围，同时规定了两种例外情形。

根据《严格排除非法证据规定》第5条规定，采用刑讯逼供方法使犯罪嫌疑人、被告人作出供述，之后犯罪嫌疑人、被告人受该刑讯逼供行为影响而作出的与该供述相同的重复性供述，应当一并排除。这是原则性规定。适用这一规定需要同时具备两个条件：一是第一次非法取证行为只能是刑讯逼供行为；二是犯罪嫌疑人、被告人后来作出的重复性供述必须与前面的刑讯逼供行为有直接的因果关系，并且与前面供述相同，是受到前面刑讯逼供的“余威”所慑。如果后来取得的供述没有受到前面刑讯逼供的影响，包括：（1）在侦查期间，侦查机关根据控告、举报或者自己发现等，确认或者不能排除以非法方法收集证据而更换侦查人员，其他侦查人员再次讯问时告知诉讼权利和认罪的法律后果，犯罪嫌疑人、被告人仍然是自愿供述的。（2）在审查逮捕、审查起诉和审判期间，检察人员、审判人员讯问时告知诉讼权利和认罪的法律后果，犯罪嫌疑人、被告人仍然是自愿供述的。这两种例外情形，前者属于侦查阶段主体变更，后者属于诉讼阶段变更，就不是“应当一并排除”，而是裁量排除——既可以排除，也可以不排除。是否排除应当根据个案具体情况裁量确定。在司法实践中，关于犯罪嫌疑人、被告人所作的重复性供述是否受到之前刑讯逼供行为的影响，涉及很多因素，需要结合刑讯逼供的严重程度以及给犯罪嫌疑人、被告人造成的身体和心理

---

① “毒树之果”原理起源于美国。根据该原理，只要是由于违法行为取得的证据，无论它与违法行为存在直接因果关系还是间接因果关系，都属于毒树之果，应当予以排除。美国联邦最高法院在认可“毒树之果”原理的同时，又确认了“稀释的例外”等例外情形。See Ronald Jay Allen, William J. Stuntz, Joseph L. Hoffmann, Debra A. Livingston, Andrew D. Leipold, Criminal Procedure, Second Edition, Wolters Kluwer, 2011, pp. 680 - 692.

伤害，再次讯问距离刑讯逼供的时间间隔，再次讯问的人员是否参与过刑讯逼供、是否有语言或者行为上的威胁，再次讯问时办案人员是否按照规定告知被讯问人诉讼权利和认罪的法律后果等进行综合判断。[①] 至于前面提到的"孪生证据"，符合重复性供述条件的，应当作为重复性供述予以排除。不符合或者不完全符合重复性供述条件的，检察机关、法院应当通过讯问犯罪嫌疑人、被告人予以核实，原则上不得作为定案的根据。

重复性供述排除是一个很复杂的问题，《严格排除非法证据规定》第 5 条设立的两种例外情形是否合理，有待实践检验并不断完善。该条继续使用的"刑讯逼供"这个口袋词汇，有必要根据第 2 条规定进一步明确化。此外，《刑事诉讼法》第 56 条规定了行政执法证据与刑事证据的转换，言词证据不包括在内。换言之，言词证据在刑事诉讼中必须按照法定程序重新收集，不得直接转换。在实践中，有的犯罪嫌疑人辩称在纪委办案阶段遭到刑讯逼供，在侦查阶段收集的重复性供述是否排除，实践中有不同意见。笔者认为，纪委办案阶段不属于刑事诉讼程序范畴，不存在第 5 条规定的重复性供述的适用空间。侦查人员以退回纪委相威胁逼取犯罪嫌疑人供述，符合第 3 条规定的威胁方法的，可以适用第 3 条规定予以排除。至于监察委员会调查职务犯罪案件是否适用刑事诉讼法，有待正在起草制定的国家监察法予以明确。

6. 采用暴力、威胁以及非法限制人身自由等非法方法收集的证人证言、被害人陈述

在司法实践中，对证人、被害人非法取证，不仅严重损害司法的公正性和公信力，而且由此刻意制造的虚假印证难以有效识别，所谓"统一口径就是事实"，极易导致冤假错案。[②] 这也是实践中广受诟病的证据相互印证规则的一大局限性。为此，《严格排除非法证据规定》第 6 条适当扩大了非法证人证言、被害人陈述的范围，明确将非法限制人身自由与暴力、威胁并列作为非法取证方法加以规定。与前文第五部分论述的非法供述一样，这是非法证据的应有之义。这里的"暴力""威胁"，可以分别参照适用前文第二、三、四部分有关非法供述

① 参见万春：《刑事案件非法证据排除规则的发展》，载《中国刑事法杂志》2017 年第 4 期。

② 参见戴长林、刘静坤、朱晶晶：《〈关于办理刑事案件严格排除非法证据若干问题的规定〉重点解读》，载《人民法院报》2017 年 7 月 26 日第 6 版。

的规定，以侵犯公民基本权利作为判断标准。但需要注意的是，与排除以非法拘禁等限制人身自由的方法收集的供述一样，排除以暴力、威胁以及非法限制人身自由等非法方法收集的证人证言、被害人陈述，也只需要有实施暴力、威胁等非法方法收集证据的行为（或手段）即可，不需要达到使证人、被害人遭受难以忍受的痛苦而违背意愿作出陈述作为结果。

7. 不符合法定程序收集的物证、书证

与《刑事诉讼法》第56条规定一致，《严格排除非法证据规定》第7条对不符合法定程序收集的物证、书证适用可补正的排除，即裁量排除。根据该规定，排除不符合法定程序收集的物证、书证，必须同时具备三个条件：（1）收集物证、书证不符合法定程序，不仅包括未经依法批准，还包括不符合法律对于取证主体、取证手续、取证方法的规定。违法收集物证、书证的情况比较复杂，物证、书证本身是客观证据，取证程序的违法一般不影响证据的可信度。而且许多物证、书证具有唯一性，一旦被排除就不可能再次取得。所以，英国、德国、日本等大部分国家和地区对于违法取得的实物证据，没有规定绝对排除，而是区分情况作不同的处理。（2）可能严重影响司法公正，具有严重违法性，是指收集物证、书证不符合法定程序的行为明显违法或者情节严重，可能对司法机关办理案件的公正性造成严重损害。（《高检规则》第66条第3款）认定时应当综合考虑物证、书证违反法定程序以及所造成后果的严重程度等情况。（《高法解释》第95条第2款）需要注意的是，这里的"可能严重影响司法公正"与《非法证据排除规定》第14条中使用的"可能影响公正审判"的表述不同，后者被认为是"影响实体上的公正审判"，而前者更能反映非法证据排除制度的功能，即使非法取得的物证、书证本身不影响实体公正，但取证手段严重损害司法公正的，也应当予以排除。[①]（3）不能补正或者作出合理解释。"补正"是指对取证程序上的非实质性瑕疵进行补救。"合理解释"是指对取证程序的瑕疵作出符合常理及逻辑的解释。（《高检规则》第66条第3款）证据的补正与合理解释应当严格按照刑事诉讼法规定的取证程序和方法进行，"通过补正与合理解释尽量减轻程

① 参见最高人民法院刑事审判庭：《刑事审判参考》2012年第5期，法律出版社2012年版，第108页。

序违法的侵权性，消除、淡化或弥补非法取证行为给司法公正造成的不良影响。”① 对于收集物证、书证不符合法定程序，可能严重影响司法公正的，首先必须允许侦查机关补正；在无法补正的情况下，应当允许他们作出合理解释。只有在既不能补正，又不能作出合理解释的情况下，才予以排除。“收集物证、书证不符合法定程序”为补正或者作出合理解释提供了可能性，但它不等于违法收集物证、书证，或者非法取证。“收集物证、书证不符合法定程序，可能严重影响司法公正”说明补正或者作出合理解释具有必要性。只有收集物证、书证不符合法定程序，可能严重影响司法公正，并且既不能补正，又不能作出合理解释的，才能称为非法物证、书证，对有关证据应当予以排除。在制止犯罪、实施抓捕、避免证据灭失等紧急情况下，未经依法批准，采用搜查、扣押等措施收集物证、书证，在作出补正或合理解释后，有关物证、书证就可以作为证据使用。因此，笔者认为，《严格排除非法证据规定》第 7 条规定仅仅适用于不符合法定程序收集的物证、书证，不能适用于所有实物证据（如视听资料、电子数据等），它不能被称为非法实物证据排除规则。最高人民法院《关于建立健全防范刑事冤假错案工作机制的意见》第 9 条对指纹、血迹、精斑、毛发等证据实行绝对排除。②《办理死刑案件证据规定》第 28 条规定的视听资料的排除规则，也实行绝对排除，③《电子数据证据规定》第 27 条、④ 第 28 条⑤分别规定了电子数据证据的排除规则，前者实行可补正的排除，后者实行绝对排除。它们都是非法实物证据排除规则的重要组成部分。

---

① 陈卫东主编：《刑事诉讼法学》，高等教育出版社 2017 年版，第 178 页。

② 该条规定：“现场遗留的可能与犯罪有关的指纹、血迹、精斑、毛发等证据，未通过指纹鉴定、DNA 鉴定等方式与被告人、被害人的相应样本作同一认定的，不得作为定案的根据。涉案物品、作案工具等未通过辨认、鉴定等方式确定来源的，不得作为定案的根据。”

③ 该条规定，视听资料具有下列两种情形之一的，不能作为定案的根据。一是视听资料经审查或者鉴定无法确定真伪的；二是对视听资料的制作和取得的时间、地点、方式等有异议，不能作出合理解释或者提供必要证明的。其中后者排除前允许作出合理解释或者提供必要证明，具有可补正排除性质。

④ 该条规定，电子数据的收集、提取程序有下列瑕疵，经补正或者作出合理解释的，可以采用；不能补正或者作出合理解释的，不得作为定案的根据：（1）未以封存状态移送的；（2）笔录或者清单上没有侦查人员、电子数据持有人（提供人）、见证人签名或者盖章的；（3）对电子数据的名称、类别、格式等注明不清的；（4）有其他瑕疵的。

⑤ 该条规定，电子数据具有下列两种情形之一的，不得作为定案的根据：（1）电子数据系篡改、伪造或者无法确定真伪的；（2）电子数据有增加、删除、修改等情形，影响电子数据真实性的；（3）其他无法保证电子数据真实性的情形。

此外，上述“两高”司法解释仍然缺乏清晰的判断标准，如“明显违法或者情节严重”“严重损害”“非实质性瑕疵”和“符合常理及逻辑”等，不易掌握，容易带来司法实践滥用，有待积累实践经验予以细化。而“不符合法定程序”的前提是各种物证、书证的收集都实现程序法定，要求我国立法进一步完善相关物证、书证的取证规范。

（二）侦查讯问程序的改革

讯问犯罪嫌疑人作为我国法定侦查行为之一，是使用最广泛的一种侦查措施，也是侦查阶段所有问题的根源。为了严格实行非法证据排除规则，从源头上杜绝刑讯逼供等非法取证行为，防止“起点错”，《严格排除非法证据规定》第8条重申依法取证和全面取证原则，主要从五个方面对侦查讯问程序进行改革。

1. 看守所提讯登记和收押体检

看守所作为未决羁押场所，负有保障犯罪嫌疑人基本权利不受非法侵犯的羁押监管职责，应当根据有关规范性文件规定严格执行提讯登记和收押体检制度，保证犯罪嫌疑人不因忍受讯问义务而遭受刑讯逼供等非法取证行为侵害。这是讯问犯罪嫌疑人依法进行，保障犯罪嫌疑人自愿供述的前提，也是加强羁押过程中人权司法保障的根本要求。看守所的提讯登记和体检记录等证据材料能够直接反映提押、讯问和采取有关措施的法律手续是否完备，尤其是体检记录，能够直观反映犯罪嫌疑人身体是否有伤或者存在异常，是审查判断证据收集合法性、遏制刑讯逼供等非法取证行为的重要依据，也是辩护方申请启动非法证据排除程序的线索或材料的主要来源。《严格排除非法证据规定》第13条要求看守所应当对提讯进行登记，写明提讯单位、人员、事由、起止时间以及犯罪嫌疑人姓名等情况，在供述合法性存在争议时供有关机关进行核实。看守所收押犯罪嫌疑人，应当进行身体检查。检查时，人民检察院驻看守所检察人员可以在场。如果检查发现犯罪嫌疑人有伤或者身体异常的，看守所应当拍照或者录像，分别由送押人员、犯罪嫌疑人说明原因，并在体检记录中写明，由送押人员、收押人员和犯罪嫌疑人签字确认。这意味着保存完整的提讯登记和收押体检记录是看守所的法定职责。驻看守所检察人员对收押体检履行监督职责，有利于检察机关及时发现提押过程中可能存在的各种非法取证行为，扩大侦查监督信息来源，及早发现并纠正非法取证，排除非法证据。为了进一步监督提讯登记和收押体检制度落实，该规定第21条赋予辩护律师查阅、摘抄、复制提讯登记、收押体检记录的权利，以辩护权制约羁押监管权。但是，笔者认为，该规定赋予驻看守所检察人员在场监督收押体检的权利，应当要求他们在体检记录中签字确认，并且看守所和检察机关应当及时对提押过程中犯罪嫌疑人有伤或身体异常的来源进行调查核实，在收押记录中详细说明原因。

2. 讯问场所。《刑事诉讼法》第85条、第93条和第118条对羁押地点和讯问场所作出强制性规定，要求拘留、逮捕犯罪嫌疑人后，应当立即送看守所羁押(拘留后至迟不得超过24小时)。一旦犯罪嫌疑人被送交看守所羁押后，讯问应当在看守所内进行。立法没有规定例外情形。《严格排除非法证据规定》第9条重申拘留、逮捕犯罪嫌疑人后，应当按照法律规定送看守所羁押。犯罪嫌疑人被送交看守所羁押后，讯问应当在看守所讯问室进行。这里将讯问场所明确限制为看守所讯问室，有利于避免实践中侦查人员以各种理由在看守所内选择讯问地点，逃避监视。但要求进一步规范各地看守所讯问室的设置，明确讯问室的基本要求，具体包括：[①]（1）对讯问室大小的要求，20平方米左右比较合适。心理学研究表明，空间的大小对个体心理有制约关系。空间的三维量（长、宽、高）是引起个体心理感受压抑与否的主要原因。如果讯问室过大，使空间显得松散，容易分散讯问双方的注意力；而讯问室太小，空间显得狭窄，形成过于紧张的讯问气氛，就会给犯罪嫌疑人的情绪产生不良影响，容易造成心理障碍。（2）对讯问室布置的要求，室内色调、灯光、陈设应与讯问气氛相适应，以产生最佳讯问效果。讯问室布置的总体要求是从简从洁，除必要的办公用品外，桌椅应尽量减少；色调应以光洁度较弱的乳白色为主，墙壁最好浅色；而且光线应当明亮而不刺眼，以便给人神圣、庄严、洁净、明快的心理效应。此外，讯问室应当有专门的录音录像设备，设置闭路监视系统。（3）讯问室必须通风、透气，适于普通人陈述和回答问题。（4）讯问室内不应设置或存放任何刑具或可用于实施刑讯的其他工具，如老式的手摇电话机等。此外，除非有医生指示，讯问时不能让犯罪嫌疑人、被告人处于醉酒状态，或者受其他药物刺激，而影响其自由陈述。

但是，《严格排除非法证据规定》第9条规定，因客观原因侦查机关在看守所讯问室以外的场所进行讯问的，应当作出合理解释。该规定允许在看守所讯问室以外进行讯问，虽然有满足侦查需要的合理理由，但是，明显违反刑事诉讼法

① 参见兰跃军：《刑事讯问制度研究》，中国方正出版社2008年版，第113～116页。

的强制性规定，按照《立法法》第 96 条规定，应予改变或撤销。实践中它可能成为程序性辩护的重要理由。而且这里的“客观原因”包括哪些情形，未作列举。“合理解释”包括哪些内容，由谁审查批准，也未见说明，极易被某些侦查人员滥用，从而使在看守所讯问室以外进行讯问成为一种新常态。实践中也出现此类判例。海南省第一中级人民法院办理的冯善顺故意伤害案件中，侦查机关违反法律和有关规定将被告人冯善顺提押到看守所外进行讯问，并将被告人冯善顺在看守所外羁押过夜，而被告人冯善顺此前并不认罪，正是此次所外讯问后才开始认罪，后又在审查起诉阶段否认犯罪事实。为此，法院认为，鉴于法律和有关规定明令禁止将犯罪嫌疑人提押到看守所外讯问，对于侦查机关违反法律规定将犯罪嫌疑人提押到看守所外讯问的情形，如果被告方对供述的合法性提出质疑，侦查机关不能证明取证合法性的，对有关供述应当予以排除。① 笔者认为，鉴于维护侦查需要与人权保障的平衡，《严格排除非法证据规定》第 9 条第 2 句规定目前具有一定合理性。但是，应当从严掌握。只有涉及准备或正在实施危害国家安全、公共安全以及严重危害人身安全等重大案件，经过严格的批准手续，才能允许在看守所讯问室以外的场所进行讯问。并且将“客观原因”和“合理解释”的审查批准权赋予检察机关，由人民检察院驻看守所检察人员审查批准并监督实施，这也有利于收押体检时检察人员在场监督权的落实。

3. 讯问同步录音录像

《非法证据排除规定》第 7 条将“原始的讯问过程录音录像”规定为证明证据合法性的方法之一。《刑事诉讼法》第 123 条规定了讯问同步录音录像制度。②《审判中心改革意见》第 5 条提出逐步实行对所有案件的讯问过程全程同步录音录像。最高人民检察院《职务犯罪侦查工作八项禁令》第 6 条严禁在未全程同步录音录像的情况下进行讯问，③ 对检察机关职务犯罪案件讯问录音录像提出更高要求。《审判中心改革实施意见》第 24 条进一步规定，如果讯问笔录记载的内容

① 参见戴长林、罗国良、刘静坤：《中国非法证据排除制度：原理 · 案例 · 适用》，法律出版社 2016 年版，第 27 页。

② 该条规定：“侦查人员在讯问犯罪嫌疑人的时候，可以对讯问过程进行录音或者录像；对于可能判处无期徒刑、死刑的案件或者其他重大犯罪案件，应当对讯问过程进行录音或者录像。录音或者录像应当全程进行，保持完整性。”

③ 该条规定：“严禁在未全程同步录音录像情况下进行讯问。对于讯问活动没有执行全程同步录音录像的案件，不得移送审查起诉；已经移送审查起诉的，公诉部门有权拒绝受理或者退回侦查部门。”

与讯问录音录像存在实质性差异，以讯问录音录像为准。该规定明确讯问录音录像作为证明讯问程序合法性的一种程序性证据，相对于讯问笔录具有优先效力。笔者认为，这是由讯问录音录像的特点决定的。与讯问笔录相比，讯问录音录像具有客观性、直观性、动态性的优点，能够通过声音和图像完整地反映讯问的全过程，通过在法庭上播放讯问录音录像能够生动地再现审讯过程，观察犯罪嫌疑人在接受讯问过程中的身体状况、精神状态、语气语调、表情神态等，进而判断侦查人员有无刑讯逼供行为，从而为非法证据排除提供判断依据。① 美国的一份调查显示，87%的被调查机构认为，与讯问笔录等方式相比，采用录音录像方式固定的口供更令人信服（占22.2%），或者非常令人信服（占64.8%）。② 笔者认为，这里的“实质性差异”，是指讯问笔录记载的内容与讯问录音录像中犯罪嫌疑人的供述根本不同，完全曲解了犯罪嫌疑人供述的本意。

《严格排除非法证据规定》从五个方面完善了讯问同步录音录像制度。第一，重申侦查人员在讯问犯罪嫌疑人时，可以对讯问过程进行录音录像；而对于可能判处无期徒刑、死刑的案件或者其他重大犯罪案件，应当对讯问过程进行录音录像。（第10条）检察机关在重大案件侦查终结前对讯问合法性进行核查时，应当同步录音录像。（第14条）这两条都将刑事诉讼法规定的“录音或者录像”改为“录音录像”，要求既录音又录像，没有选择性。这对讯问录音录像提出了更高的要求。第二，鉴于讯问录音录像全程进行和保持完整性是该制度发挥作用的前提，要求讯问过程录音录像不间断进行，保持完整性，不得选择性地录制，不得剪接、删改。（第11条）第三，要求讯问必须依法制作讯问笔录。（第12条）第四，明确讯问同步录音录像资料不需要随案移送。犯罪嫌疑人、被告人及其辩护人可以向法院、检察院申请调取侦查机关收集但未提交的讯问录音录像资料。但是否调取，决定权在法院、检察院。法院、检察院经审查认为犯罪嫌疑人、被告人及其辩护人申请调取的证据材料与证明证据收集的合法性有联系的，应当予以调取；认为与证明证据收集的合法性没有联系的，应当决定不予调取并向犯罪嫌疑人、被告人及其辩护人说明理由。（第22条）该规定得以落实，有助

① 关于讯问同步录音录像的详细研究，参见兰跃军：《讯问全程同步录音录像哲理之维》，载孙谦主编：《检察论丛》（第16卷），法律出版社2011年版，第40～60页。

② See G. Daniel Lassiter, Jennifer J. Ratcliff, Lezlee J. Ware, Clinton R. Irvin. Videotape Confessions: Panacea or Pandora' s Box? Law & Policy, (2006), 28 (4), p. 194.

于解决辩护律师阅卷权和调查取证权的若干问题，增强程序性辩护效果。第五，将“有针对性地播放讯问录音录像”规定为证明证据合法性的方法之一，同时赋予被告人及其辩护人申请法庭播放特定时段讯问录音录像的权利。（第31条）该规定有助于提高讯问录音录像的使用效率，增强辩护对抗性。但是，《严格排除非法证据规定》没有重申，《审判中心改革实施意见》第24条规定，明确讯问录音录像相对于讯问笔录的优先效力。笔者认为，该规定有利于解决实践中讯问录音录像与讯问笔录记载内容差异时的争议，应当补充确认。此外，为了更好地保障犯罪嫌疑人供述的自愿性，保证讯问程序的正当性，研究确立符合我国国情的律师在场制度，也是完善讯问同步录音录像的一种有效措施。

4. 重大案件侦查终结前讯问合法性核查

《审判中心改革意见》第5条第2款首次提出探索建立重大案件侦查终结前讯问合法性核查制度。对于重大案件，由人民检察院驻看守所检察人员询问犯罪嫌疑人，核查是否存在刑讯逼供、非法取证情形，并同步录音录像。经核查，确有刑讯逼供、非法取证情形的，侦查机关应当及时排除非法证据，不得作为提请批准逮捕、移送审查起诉的根据。《严格排除非法证据规定》第14条第3款重申了该制度，确认检察机关在重大案件侦查终结前可以介入侦查，对讯问合法性进行核查，从而强化检察机关对侦查活动的监督，对侦查工作形成倒逼机制，提高重大案件的办案质量，对采取非法方法收集的证据早核查、早发现、早排除，防止“有病证据”作为提请批准逮捕、移送审查起诉的根据。而相对于《高检规则》第69条规定由侦查监督部门或公诉部门调查核实非法证据，《严格排除非法证据规定》赋予刑事执行检察部门调查核实非法证据的权力。检察机关调查核实非法证据的措施主要包括讯问犯罪嫌疑人，询问办案人员，询问在场人员及证人，听取辩护律师意见，调取讯问笔录、讯问录音、录像，调取、查询犯罪嫌疑人出入看守所的身体检查记录及相关材料，进行伤情、病情检查或者鉴定，等等。（《高检规则》第70条）

建立重大案件侦查终结前对讯问合法性核查制度，保证移送起诉的证据合法，对于防止案件“起点错、跟着错、错到底”具有重要作用。但是，笔者认为，与该制度相配套，侦查机关应当落实《刑事诉讼法》第116条规定，恢复侦查预审程序，完善侦查预审职能，在侦查终结前由专门的预审人员对前期侦查中收集、调取的证据材料予以核实，从而健全侦查机关内部案件统一审核、统一出口工作机制。这是其一。其二，对于“重大案件”的范围，刑事诉讼法没有明确规定，有关司法解释和规范性文件认定标准不一致。笔者认为，这里的“重大案件”应与《刑事诉讼法》第123条规定的应当讯问录音录像的“重大犯罪案件”一致。《公安机关办理刑事案件程序规定》第203条第2款和《公安机关讯问犯罪嫌疑人录音录像工作规定》第4条规定，“重大犯罪案件”包括五类案件：(1) 可能判处无期徒刑、死刑的案件；(2) 致人重伤、死亡的，严重危害公共安全犯罪、严重侵犯公民人身权利犯罪案件；(3) 黑社会性质组织犯罪案件，包括组织、领导黑社会性质组织，入境发展黑社会组织，包庇、纵容黑社会性质组织等犯罪案件；(4) 严重毒品犯罪案件，包括走私、贩卖、运输、制造毒品，非法持有毒品数量大的，包庇走私、贩卖、运输、制造毒品的犯罪分子情节严重的，走私、非法买卖制毒物品数量大的犯罪案件；(5) 其他故意犯罪案件，可能判处十年以上有期徒刑的。除此之外，其他社会影响面大，公众关注度高，以及受羁押的犯罪嫌疑人、被告人否认犯罪的案件，笔者认为，也应当列入“重大案件”。《人民法院办理刑事案件排除非法证据规程（试行)》将可能判处无期徒刑、死刑或者黑社会性质组织犯罪、严重毒品犯罪等列为重大案件，与上述规定基本一致。此外，对讯问合法性进行核查的程序节点、核查的方式、结果，以及与审查逮捕、审查起诉的衔接等，有待最高人民检察院会同公安部、国家安全部等联合制定可操作性的规范。其三，与《审判中心改革意见》第5条提出的重大案件侦查终结前讯问合法性核查制度相衔接，《审判为中心改革实施意见》第22条规定，被告人在侦查终结前接受检察人员对讯问合法性的核查询问时，明确表示侦查阶段不存在刑讯逼供、非法取证情形，在审判阶段又提出排除非法证据申请，应当说明理由。法院经审查对证据收集的合法性没有疑问的，可以驳回申请。相应地，检察人员在侦查终结前未对讯问合法性进行核查，或者未对核查过程全程同步录音录像，被告人在审判阶段提出排除非法证据申请，并提供相关线索或者材料，法院经审查，对证据收集的合法性存在疑问的，应当依法进行调查。笔者认为，该规定作为一种程序性制裁机制，使重大案件侦查终结前讯问合法性核查制度对检察机关和犯罪嫌疑人、被告人都具有约束力，可以促使辩护方尽早提出非法证据排除申请，也有待《严格排除非法证据规定》予以吸收。

5. 侦查人员出庭作证

为了证明供述取得的合法性，《非法证据排除规定》第7条首次规定了侦查人员和其他在场人员（以下统称“侦查人员”）出庭作证制度。这里的“其他人员”主要是指侦查人员以外的能够证明证据收集合法性的人员，如在场的看守所监管人员、驻看守所检察人员、值班律师、同监室的在押人员，等等。《刑事诉讼法》第59条第2款确认了该制度，但将“出庭作证”改为“出庭说明情况”，并且明确了侦查人员出庭的前提条件，即现有证据材料不能证明证据收集的合法性，而有必要出庭，裁量决定权在法院。同时赋予侦查人员自行申请出庭说明情况的权利。《高法解释》《高检规则》和《公安部规定》沿用刑事诉讼法规定，区分实体法事实和程序法事实，将侦查人员出庭证明证据收集的合法性规定为“出庭说明情况”，而将警察就其执行职务时目击的犯罪情况出庭规定为“出庭作证”。《审判中心改革意见》第12条提出“落实证人、鉴定人、侦查人员出庭作证，提高出庭作证率”，又将侦查人员出庭与证人、鉴定人出庭一样，界定为一种作证行为。《审判中心改革实施意见》第25条重申了《刑事诉讼法》第59条第2款，并补充规定，不得以侦查人员签名并加盖公章的说明材料替代侦查人员出庭。经人民法院通知，侦查人员不出庭说明情况，不能排除以非法方法收集证据情形的，对有关证据应当予以排除。这里明确了侦查人员不出庭的法律后果。《严格排除非法证据规定》第31条仍然将侦查人员出庭说明情况作为公诉人证明证据收集合法性的方法之一，并补充规定了侦查人员出庭的作证义务，即他们应当向法庭说明证据收集过程，并就相关情况接受发问。与此同时，第27条赋予被告人及其辩护人申请侦查人员出庭的权利，如果法院认为现有证据材料不能证明证据收集的合法性，确有必要通知侦查人员出庭作证或者说明情况的，可以通知出庭。

随着我国侦查人员出庭制度不断完善，立法和规范性文件出现了许多不一致的规定，亟待明确。第一，侦查人员出庭说明情况属于就程序法事实出庭作证，他们作为程序性证人，也应当适用证人作证规范，与《非法证据排除规定》第7条、《审判中心改革意见》第12条，以及《刑事诉讼法》第192条第2款规定的警察作为“目击证人”就实体法事实出庭作证保持一致，统一称为“出庭作证”。侦查人员出庭应当履行法律规定的证人作证义务，向法庭说明证据收集过程，并就相关情况接受控辩双方的发问。对发问方式不当或者内容与证据收集的合法性无关的，法庭应当制止。第二，侦查人员出庭既可以基于控辩双方申请，也可以自行要求，但只能作为一种最后手段和补救措施，即现有证据材料不能证明证据收集的合法性。如果公诉人通过出示讯问笔录、提讯记录、体检记录、批准采取强制措施或者侦查措施的法律文书等证据材料，以及有针对性地播放讯问录音录像，能够证明收集的合法性，被告人及辩护人也认可的，就没有必要再提请侦查人员出庭作证。第三，严格限制书面情况说明的使用，促使更多的侦查人员出庭。《高法解释》第 101 条第 2 款①和第 108 条②应当修改，与《审判中心改革实施意见》第 25 条规定保持一致，避免司法实践中执行混乱。虽然目前还不可能全面禁止书面情况说明的使用，但是，在现有证据材料不能证明证据收集合法性时，应当适用《审判中心改革实施意见》第 25 条规定，由侦查人员出庭作证，不得以侦查人员签名并加盖公章的书面情况说明替代。经法院通知，侦查人员不出庭说明情况，不能排除以非法方法收集证据情形的，对有关证据应当予以排除。而且根据《非法证据排除规定》第 7 条第 3 款和《高法解释》第 101 条第 2 款规定，公诉人提交的书面情况说明，必须经有关侦查人员签名，并加盖公章，同时得到其他证据印证，才能作为证明取证过程合法的证据。第四，《严格排除非法证据规定》第 27 条赋予被告人及其辩护人申请侦查人员出庭的权利，但赋予法院太大的自由裁量权，导致控辩不平等，应当严格限制。根据该规定，被告人及其辩护人申请人民法院通知侦查人员或者其他人员出庭，即使现有证据材料不能证明证据收集的合法性，法院认为确有必要通知上述人员出庭作证或者说明情况的，仍然是“可以”通知，而不是“应当”。这样，与《刑事诉讼法》第 192 条第 1 款规定的证人出庭作证一样，侦查人员是否出庭的决定权完全由法院裁量决定。不仅与《审判中心改革实施意见》第 25 条规定不一致，而且“确有必要”显得过于模糊，其要求明显高于《刑事诉讼法》第 59 条第 2 款规定的检察机关申请侦查人员出庭的条件。笔者认为，立法不能以侦查人员办案任务繁重，警力普遍不足，过多出庭可能影响正常工作等作为理由，限制其出庭。侦查人员作为执行职务时了解证据收集情况的人，根据《刑事诉讼法》第 62 条第 1 款规定，有作证的义务。他们出庭作证证明其证据收集的合法性，也是其工作的一部分，因为其取证行

① 该款规定：“公诉人提交的取证过程合法的说明材料，应当经有关侦查人员签名，并加盖公章。未经有关侦查人员签名的，不得作为证据使用。上述说明材料不能单独作为证明取证过程合法的根据。”

② 该条规定：“对侦查机关出具的被告人到案经过、抓获经过等材料，应当审查是否有出具该说明材料的办案人、办案机关的签名、盖章。对到案经过、抓获经过或者确定被告人有重大嫌疑的根据有疑问的，应当要求侦查机关补充说明。”

为的合法性受到质疑。通过出庭作证可以促使侦查人员依法取证，避免采用刑讯逼供等非法方法收集证据，从而逐渐减少出庭。如果立法对侦查人员不出庭作证缺乏相应的程序性制裁，那么，实践中侦查人员就可能与证人一样，不出庭成为一种常态。立法精心设计的侦查人员出庭作证制度将成为一种摆设。

（三）非法证据排除程序的完善

非法证据排除程序是排除非法证据的关键，其设置是否科学不仅影响当事人及其辩护人、诉讼代理人的权利保障，而且影响到非法证据排除的效果。《严格排除非法证据规定》从非法证据排除的权利告知、辩护方申请排除非法证据、非法证据排除的调查程序和非法证据排除的救济机制四个方面进一步完善了非法证据排除程序。

1. 非法证据排除的权利告知

强化权利告知，尽早排除非法证据是《严格排除非法证据规定》的一大特色，贯穿非法证据排除的全过程。该规定将申请排除非法证据作为一项诉讼权利赋予犯罪嫌疑人及其辩护人，并明确公权力的告知义务，鲜明地体现了非法证据排除规则通过遏制公权力行使来保障公民个人权利的本质。主要包括三个方面。（1）告知讯问录音录像。侦查人员必须将讯问过程录音录像告知犯罪嫌疑人，并在讯问笔录中写明。（第10条第2款）这不仅有利于犯罪嫌疑人在讯问过程中保持清醒的意识，自愿选择供述与否，而且有利于核实讯问录音录像的真实性，避免发生证据收集合法性争议。（2）告知不予调取证据材料的理由。犯罪嫌疑人、被告人及其辩护人向人民法院、人民检察院申请调取公安机关、国家安全机关、检察机关收集但未提交的讯问录音录像、体检记录等证据材料，法院、检察机关经审查，认为与证明证据收集的合法性没有联系时，应当决定不予调取并向犯罪嫌疑人、被告人及其辩护人说明理由。（第22条）这有利于落实辩护方申请调取证据权，保障辩护方更好地准备程序性辩护，增强辩护效果。（3）告知申请排除非法证据的权利及其处理结果。这涉及侦查、审查起诉和审判三大诉讼阶段。在侦查期间，如果犯罪嫌疑人及其辩护人向检察机关申请排除非法证据，并且提供相关线索或者材料，检察机关必须调查核实，并将调查结论以书面形式告知犯罪嫌疑人及其辩护人。（第14条）该规定有利于保障辩护方在侦查期间申请排除非法证据权利的落实，从而避免实践中有的检察机关推诿或者接受申请后不作为，挫伤辩护方申请排除非法证据的积极性。同时，要求以书面形式告知，为犯罪嫌疑人及辩护人不服调查结论申请救济提供了依据。在审查逮捕、审查起诉期间，检察机关讯问犯罪嫌疑人，应当告知其有权申请排除非法证据。如果犯罪嫌疑人及其辩护人申请排除非法证据，并且提供相关线索或者材料，检察机关必须调查核实，并将调查结论以书面形式告知犯罪嫌疑人及其辩护人。（第 16 条和第 17 条）该规定有利于鼓励犯罪嫌疑人及其辩护人及时行使申请排除非法证据的权利，让检察机关尽早发现非法证据，从而启动调查核实程序，排除非法证据，避免影响审查批捕或审查起诉。这里的告知内容包括申请排除非法证据的时间、提交材料和调查处理程序等，并在讯问笔录中写明。在审判期间，法院向被告人及其辩护人送达起诉书副本时，应当告知其有权申请排除非法证据。（第 23 条）这有利于辩护方在开庭审理前及时提出排除非法证据的申请，从而尽量在庭前会议中就非法证据排除事宜达成合意，提高庭审效率。这里的告知内容也包括提出排除非法证据申请的时间、需要提交的材料和调查处理机制等，并在送达回执中注明。法院对证据收集合法性的审查、调查结论，应当在裁判文书中写明，并说明理由。（第 36 条）将证据收集合法性的审查、调查结论与案件事实、证据一并写入裁判文书，便于控辩双方全面了解非法证据排除的程序及结果，为当事人申请救济提供依据。同时，它也为学者们研究非法证据排除规则提供实证资料。笔者认为，这有利于完善刑事诉讼程序性裁判机制，明确程序性裁判的法律地位，是以审判为中心的刑事诉讼制度的要求。有学者认为，在非法证据的问题上，只要当事方提出非法证据排除申请，法院就应当在判决书中详细记载以下九个方面事项：A. 哪一方当事人提出申请；B. 当事人申请排除的是什么证据；C. 当事人提出申请的理由；D. 当事人是否提供了线索或者证据，如果提供了，包含什么内容；E. 法院是否就非法证据排除申请进行了审查，即是否启动了非法证据调查程序；F. 如果没有启动非法证据调查程序，理由是什么；G. 如果启动了非法证据调查程序，控诉方以何种方式向法庭就取证程序的合法性进行了证明；H. 法院认为控诉方的证明是否达到足以排除取证程序不合法的可能性的程度及其理由；I. 法院对争议证据最终的裁决是什么。[①] 笔者赞同这些做法，认为应当区分庭前会议和庭审程序，对审查、调查的内容与处理程序分别作出规定，强化用证据证明事实，阐释结论，对辩护方申请作出明确回应，并详细说明作出

---

① 参见易延友：《非法证据排除规则的中国范式》，载《中国社会科学》2016 年第 1 期。

决定的理由。

2. 辩护方申请排除非法证据

非法证据排除的启动包括依申请启动和依职权启动。虽然《刑事诉讼法》第56条第2款明确规定侦查机关、检察机关、法院在侦查、审查起诉、审判阶段都有启动非法证据排除的权力和职责，但实践中他们行使该权力非常谨慎，依职权启动极其罕见。《非法证据排除规定》仅赋予被告人及其辩护人在审判阶段申请排除非法证据的权利。《刑事诉讼法》第58条在赋予被告人及其辩护人在审判阶段申请排除非法证据权利的同时，还赋予被害人及其诉讼代理人在审判阶段申请排除非法证据的权利,[①] 第57条明确了被告人及其辩护人、被害人及其诉讼代理人，以及其他单位和个人在审前程序中向检察机关报案、控告和举报非法取证行为的权利。《严格排除非法证据规定》第23条继续保留了被告人及其辩护人在审判阶段申请排除非法证据的权利，同时补充规定，犯罪嫌疑人及其辩护人在侦查和审查逮捕、审查起诉期间有权向检察机关申请排除非法证据，（第14条和第17条）并赋予他们一系列诉讼权利，进一步完善了辩护方申请排除非法证据的制度。主要包括四个方面：（1）引入法律援助值班律师制度。一旦犯罪嫌疑人、被告人在非法证据排除过程中申请提供法律援助的，公安司法机关应当按照有关规定指派法律援助律师。法律援助值班律师可以为犯罪嫌疑人、被告人提供法律帮助，对刑讯逼供、非法取证情形代理申诉、控告。（第19条）该规定将法律援助值班律师制度引入非法证据排除程序，保障犯罪嫌疑人、被告人获得法律帮助，及时申请排除非法证据，推进非法证据排除程序，具有重要意义。但该条仅规定法律援助值班律师可以为犯罪嫌疑人、被告人提供法律帮助和对刑讯逼供、非法取证情形代理申诉、控告两方面职能，没有明确法律援助值班律师的辩护人地位，他们无法享有《刑事诉讼法》第38条规定的辩护律师在侦查阶段的其他诉讼权利。这样限制了他们为犯罪嫌疑人、被告人提供法律帮助的效果。2017年8月，最高人民法院、最高人民检察院、公安部、国家安全部、司法部联合制定《关于开展法律援助值班律师工作的意见》，就法律援助值班律师的基本职责、运行模式、工作管理和保障等问题作出具体规定，为犯罪嫌疑人、被告人

① 关于被害人及其辩护人申请排除非法证据，参见兰跃军：《被害人申请排除非法证据：法理、程序与证明》，载《中南大学学报（社会科学版）》2014年第5期。

提供及时有效的法律帮助。2018 年《刑事诉讼法》第 36 条明确增设了法律援助值班律师制度，明确了值班律师的四项基本职责。（2）强化辩护律师诉讼权利保障。辩护律师自审查起诉之日起，有权查阅、摘抄、复制讯问笔录、提讯登记、采取强制措施或者侦查措施的法律文书等证据材料。（第 21 条）犯罪嫌疑人、被告人及其辩护人有权申请法院、检察机关申请调取侦查机关收集但未提交的讯问录音录像、体检记录等证据材料。（第 22 条）这在一定程度上有助于解决目前非法证据排除过程中困扰辩护方的取证难问题，为非法证据排除规则更好地贯彻落实创造条件。（3）明确辩护方的初步证明责任。刑事诉讼法和有关规范性文件都规定，证据收集合法性的证明责任由检察机关承担，但申请方（辩护方或被害方）需要提供相关线索或者材料，承担启动证据收集合法性调查程序的初步证明责任。这主要是为了保证对非法证据调查的顺利进行，避免申请和启动非法证据排除程序的随意性。这里的“线索”是指可以显示刑讯逼供等非法取证确实存在的比较具体的事实，如关于刑讯逼供的时间、地点、方式及涉嫌刑讯逼供的人员等信息。“材料”包括被告人出示的血衣、伤痕照片、医疗证明、伤残证明，同监人的证言等能够证明存在刑讯逼供等非法取证事实的证据材料。由于侦查不公开、高羁押率、律师在场权未确立等，要求辩护方提供非法取证的线索或材料确有现实困难，因此，法律仅仅规定了辩护方承担初步证明责任的最低要求，即提供相关线索或者材料均可，而且线索的范围比较广泛，申请人提供应当不困难，这不仅是应当的，而且是能够做到的。① 有学者认为，“线索或者材料”不能要求太高，只要线索、材料比较具体，感觉有一定的真实性和可信性，足以对证据收集的合法性产生疑问就可以了，不能将线索材料提高到要求提供具体证据的程度。② 笔者认为，申请方承担的这种初步证明责任，是当事人对自己提出排除非法证据申请的诉讼主张，提供证据加以证明的一种诉讼权利，只要足以形成争点，使裁判方对证据收集合法性产生疑问，抱有大体上的心证程度，达到“表面上成立”的证明标准即可，它并不是证明责任倒置，也不需要达到证据确

---

① 参见最高人民法院刑事审判庭：《刑事审判参考》2012 年第 5 期，法律出版社 2012 年版，第 109 页。

② 参见陈光中：《对〈严格排除非法证据规定〉的几点个人理解》，载《中国刑事法杂志》2017 年第 4 期。

实、充分的程度。[①] 如果被告人及其辩护人在开庭审理前申请排除非法证据后，没有提供相关线索或者材料，不符合法律规定的申请条件，法院将不予受理。（第24条）对相关线索或者材料要求过高，就可能导致很多申请得不到受理。同理，《刑事诉讼法》第58条第1款和《严格排除非法证据规定》第26条都将法官“认为可能”，即“有疑问”，规定为启动非法证据调查程序的证据标准。而对证据收集的合法性产生疑问是一种主观心理状态，涉及法官的自由裁量权，有赖于法官的自由心证。因此，对于“有疑问”也不能要求过高，只要通过辩护方提供线索、材料以及控诉方的解释说明，使法官感觉存在非法取证的可能性，就应当视为“有疑问”，也即“表面上成立”，就应该启动非法证据排除的调查程序。[②] 此时设置过高要求违背诉讼规律，不仅给法官滥用启动非法证据排除调查程序的裁量权提供依据，而且挫伤辩护方申请排除非法证据的积极性。（4）要求辩护方尽可能在开庭审理前提出申请。被告人及其辩护人申请排除非法证据，应当在开庭审理前提出，（第23条第2款）贯彻尽早排除原则。只要被告人及其辩护人在开庭审理前申请排除非法证据，并且按照法律规定提供相关线索或者材料，法院就必须召开庭前会议进行初步审查。（第25条）但是，有的案件辩护方因各种主客观因素未能在开庭审理前提出申请，直到庭审期间才发现涉嫌非法取证的线索或材料，如果完全禁止其当庭提出申请，不利于保障辩护方的诉讼权利，维护司法公正。为此，第23条第2款规定了开庭审理前提出申请的例外情形。如果被告人及其辩护人在开庭审理前未申请排除非法证据的申请，可以在法庭审理过程中提出，但应当说明理由。对此，法庭经过审查，对证据收集的合法性有疑问的，应当进行调查；没有疑问的，应当驳回申请。法庭驳回排除非法证据申请后，被告人及其辩护人没有新的线索或者材料，以相同理由再次提出申请的，法庭不再审查。（第29条）相应地，如果辩护方在一审程序中没有申请排除非法证据，他们可以在二审中提出申请，但也应当说明理由。（第38条第2款）笔者认为，这里的“说明理由”也不能要求过高，只要辩护方能解释其据以申请排除非法证据的线索或材料是开庭审理后或一审后发现的即可。此外，辩

① 关于“表面上成立”证明标准的详细分析，参见本书第五章第三部分“刑事证明标准的种类”。

② 参见陈光中：《对〈严格排除非法证据规定〉的几点个人理解》，载《中国刑事法杂志》2017年第4期。

护方在开庭审理前提出排除非法证据申请后，为了便于检察机关在开庭前做好举证证明证据收集合法性的准备，避免庭审突袭，法院在开庭审理前应当将申请书和相关线索或者材料的复制件送交检察机关。（第 23 条第 2 款）

上述四方面完善能否改变目前司法实践中非法证据排除的启动难问题，有待实践检验。此外，《严格排除非法证据规定》没有明确被害人及其诉讼代理人申请排除非法证据的权利，仅仅规定法院对证人证言、被害人陈述等证据收集合法性的审查、调查，参照犯罪嫌疑人、被告人供述的相关规定进行。（第 37 条）但是否允许被害人及其诉讼代理人在侦查、审查起诉阶段向检察机关申请排除非法证据，有待明确。最高人民法院刑事法官们认为，只有那些被侵权者（犯罪嫌疑人、被告人及其法定代理人）才有权提起为权利救济而设立的“程序性裁判”程序。检察机关作为控诉方，出于查明案件真相，正确认定事实的需要，如果认为辩护方提供的证人证言、被害人陈述是非法取得的，也可以提出申请，由举证方对其证据收集的合法性予以证明。至于证明标准，检察机关应达到“证据确实、充分”的程度，而被告人达到“优势证据”程度即可。①《非法证据排除规定》第 13 条规定，在庭审中，如果检察人员、被告人及其辩护人提出未到庭证人的书面证言、未到庭被害人的书面陈述是非法取得的，应当由举证方对其取证的合法性予以证明。这两条规定与非法供述也不完全一致。笔者认为，立法应当赋予被害人及其诉讼代理人、证人在侦查、审查起诉阶段向检察机关申请排除非法证据的权利，但申请排除对象限于控诉方运用公权力收集的证据。被告人及其辩护人申请排除非法的证人证言、被害人陈述，只要达到“优势证据”程度即可。

3. 非法证据排除的调查程序

《刑事诉讼法》第 56 条第 2 款规定，非法证据排除涵盖侦查、审查起诉和审判三个阶段，排除主体包括侦查机关、检察机关和法院。《严格排除非法证据规定》对检察机关和法院依申请排除非法证据的调查程序作了补充规定。（1）检察机关调查核实非法证据。《严格排除非法证据规定》确立了由检察机关主导审前程序调查核实非法证据的制度。无论在侦查还是审查逮捕、审查起诉环节，一旦犯罪嫌疑人及其辩护人申请排除非法证据，并提供相关线索或者材料，检察机

① 参见张军主编：《刑事证据规则理解与适用》，法律出版社 2010 年版，第 340 页。

关都应当调查核实，并且将调查结论书面告知犯罪嫌疑人及其辩护人。（第 14 条和第 17 条）调查核实非法证据是检察机关侦查监督职能的应然内容，检察机关没有裁量余地。此时，检察机关被设计成一个中立的裁判者，犯罪嫌疑人及其辩护人是原告，申请排除非法证据是一种行使诉权的行为，应当采取三方组合的诉讼形态解决。那么，被告是谁？检察机关按照什么程序进行调查核实？由检察机关哪一个部门主持调查核实？等等，立法并没有明确。《刑事诉讼法》第 55 条规定检察机关调查核实非法证据，仅适用于其接到报案、控告、举报或者自行发现非法取证的情形，《高检规则》第 69 条规定的调查核实部门和第 70 条规定的调查核实方式也是以此为前提设计的，是一种以满足检察机关办案需要为目的的行政形态，不符合以审判为中心的刑事诉讼制度的要求。而且无论是侦查阶段的侦查监督部门，还是审查起诉、审判阶段的公诉部门，都与案件处理存在利害关系，无法中立地履行证据收集合法性争议的裁判职能。为此，有学者实证研究认为，我国非法证据排除规则在审查起诉阶段的实施更多地发挥证据把关作用，而不是真正意义上的证据排除。① 构建以审判为中心的刑事诉讼新格局，要求法院（通过审前法官）进入审前程序履行司法审查职能，包括对证据收集合法性争议的裁判职能，② 通过一种相对独立的证据排除程序，使那些不具有证据能力的证据能够真正被排除在事实裁判者的视域之外。③ 在目前司法体制下，检察机关调查核实非法证据的方式应当因案而异。对于绝大多数比较明显、争议不大的案件，可以采用《高检规则》第 70 条规定的一种或多种方式；对于双方争议较大或者具有较大社会影响的案件，应当采取实践中广泛试点的听证排除等更加司法化的方式，在听证时，组成听证庭，由提出排除非法证据申请的犯罪嫌疑人及其辩护人作为原告，由涉嫌实施非法取证行为的侦查机关作为被告；为了避免利害冲突，吸收《严格排除非法证据规定》第 13 条和第 14 条规定的做法，听证应由刑事执行检察部门负责主持。听证程序可以参照《非法证据排除规定》和《严

---

① 参见吴洪琪：《证据排除抑或证据把关：审查起诉阶段非法证据排除的实证研究》，载《法制与社会发展》2016 年第 5 期。

② 参见兰跃军：《审判中心视野下刑事审前程序诉讼化改造》，载陈兴良主编：《刑事法评论》（第 38 卷），北京大学出版社 2016 年版，第 499～518 页。

③ 参见［美］米尔建·R·达马斯卡：《漂移的证据法》，李学军、刘晓丹、姚永吉、刘为军译，中国政法大学出版社 2003 年版，第 65 页。

格排除非法证据规定》有关庭审调查非法证据的五个步骤，即程序启动、初步审查、控诉方证明、双方质证和听证庭处理进行。当然，这只能是一种“相对合理”的审前程序排除非法证据的机制。(2) 庭前会议初步审查非法证据。《刑事诉讼法》第 187 条第 2 款在庭前准备程序中增设了庭前会议程序，作为连接起诉和庭审之间的“中间程序”。审判人员在开庭前可以召集公诉人、当事人和辩护人、诉讼代理人，对非法证据排除问题了解情况，听取意见，从而尽量在庭前处理证据收集合法性争议，保障庭审集中持续进行。《高法解释》第 183 条和第 184 条、《高检规则》第 430 条至第 432 条、《审判中心改革意见》第 10 条，以及《审判中心改革实施意见》第 5 条至第 10 条等都对庭前会议程序作了一些补充规定。《严格排除非法证据规定》第 25 条从四个方面完善了庭前会议初步审查非法证据制度。一是取消了法院召开庭前会议的裁量权，只要被告人及其辩护人在开庭审理前申请排除非法证据，并提供相关线索或者材料，召开庭前会议成为一个必经程序。这体现了对被告人及其辩护人申请权的程序保障。《人民法院办理刑事案件庭前会议规程（试行)》规定，公诉人、辩护人应当参加庭前会议。如果被告人申请参加庭前会议或者申请排除非法证据，法院应当通知其到场。对于被告人申请排除非法证据，但没有辩护人的，法院可以通知法律援助机构指派律师协助被告人参加庭前会议。这样就为庭前会议程序构建了一种三方组合的诉讼形态。二是明确了检察机关的证明责任，一旦召开庭前会议，检察机关应当通过出示有关证据材料等方式，有针对性地对证据收集的合法性作出说明。这里的“有关证据材料”可以参照第 31 条第 1 款规定，“有针对性”是指辩护方提出的存在非法取证的情形。但该条仍然使用“说明”，而不是“证明”，有欠科学。因为审判人员主持召开庭前会议，检察机关作为被告方，应当根据《刑事诉讼法》第 59 条第 1 款规定，对证据收集的合法性予以证明。三是明确法院在庭前会议中可以核实情况，听取意见，而不仅仅是了解情况，听取意见。笔者认为，这里的“核实情况，听取意见”，应当限于可能导致庭审中断的程序性事项，包括证据收集合法性争议等，但不得处理定罪量刑等实体性问题，也不应对证据合法性进行实质审查，以维护庭前会议作为庭前准备程序的性质，避免庭前会议弱化庭审，甚至取代庭审，给庭审实质化造成不利影响。四是明确了庭前会议的效力，控辩双方可以就非法证据排除问题达成合意。通过庭前会议，检察机关可以决定撤回有关证据；撤回的证据，应当随案移送并写明为撤回的证据，没有新的理由，不得在庭审中出示。被告人及其辩护人也可以撤回排除非法证据的申请；撤回申请后，没有新的线索或者材料，不得再次对有关证据提出排除申请。（第25条第2款、第3款）为确保证据合法性争议解决在法庭，对于庭前会议中控辩双方对证据合法性达成一致意见的，法庭向控辩双方核实后当庭予以确认。公诉人宣读起诉书后，法庭应当宣布开庭审理前对证据收集合法性的审查及处理情况，（第28条）从而将庭前会议与庭审衔接起来。在此基础上，再开展后续的法庭调查。与此规定一致，《审判中心改革实施意见》第9条和第10条规定，审判人员主持召开庭前会议后，应当制作一份庭前会议报告，主要内容包括庭前会议的基本情况、程序性事项的处理结果、控辩双方的争议焦点以及就相关事项达成的一致意见。一旦控辩双方在庭前会议中对证据收集是否合法达成一致意见后，又在庭审中提出异议的，除有正当理由外，法庭一般不再进行审查。（3）庭审调查非法证据。庭审调查非法证据是非法证据排除的关键环节，也是非法证据排除规则发挥作用的核心阶段。《非法证据排除规定》第7条至第10条对庭审调查非法证据的程序作了规定，包括程序启动、法庭初步审查、控诉方证明、双方质证和法庭处理五个步骤。《刑事诉讼法》第57条明确了非法证据排除的证明责任，细化了侦查人员出庭说明情况制度。笔者查阅了2013年以来网上公开的各高级人民法院年度工作报告，只有上海、北京、重庆、江苏等地提供了有关非法证据排除情况的数据。其中，上海自2014年以来每年都公开全市三级法院启动非法证据排除情况的数据，作为推进以审判为中心的诉讼制度改革，加强人权司法保障的具体成果。上海市三级法院2014年全年一审审结刑事案件3.19万件，启动证据收集合法性调查程序15件，而排除非法证据仅2件；2015年全年一审审结刑事案件3.27万件，启动证据收集合法性调查程序12件（排除数据不详）；2016年全年一审审结刑事案件2.86万件，启动证据收集合法性调查程序16件，排除非法证据也只有2件。[①] 从数据分析可知，庭审启动非法证据排除程序的情

① 北京市2015年全年一审审结刑事案件22335件，启动证据收集合法性调查程序114件，排除非法证据9件；2016年全年一审审结刑事案件19494件，排除非法证据18件。重庆市2015年全年一审审结刑事案件24982件，启动证据收集合法性调查程序96件；2016年全年一审审结刑事案件25667件，启动非法证据排除程序50次。江苏省2013年全年一审审结刑事案件66584件，启动证据收集合法性调查程序143件；2013年全年一审审结刑事案件80196件，启动证据收集合法性调查程序224件。具体数据参见各地高级人民法院年度工作报告。

况很不乐观，启动比例极低，排除证据数量更是凤毛麟角。学者实证研究结果也印证了这一点。有学者发现，作为学界、立法与司法机关及社会各界持续关注的热点话题，非法证据排除规则在司法实践中相当冷清，几乎是一条处于休眠状态的“死”规则。不仅法院很少依职权启动非法证据排除程序，而且被告方提出启动程序申请的比例也比较低。而即使依被告方申请启动程序，法官展开合法性调查的兴趣也不高。从调查结果看，很少有证据被认定为非法并排除，而即或排除也难以对案件处理产生实质影响。① 还有学者在北大法宝司法案例网络数据库中以“非法证据”为检索词搜索到2005～2015年间刑事裁判文书1567份，其中真正有关非法证据排除的案例只有1459例，每个省每年平均不到5例。而在这些申请排除非法证据的案件中，还有155件没有启动非法证据排除程序。在启动非法证据排除程序的案件中，法院最终决定不排除的案件高达1168件，决定将非法证据予以排除的案件只有136件。②

为了改变这种庭审调查非法证据的冷清状况，激活休眠的非法证据排除规则，《严格排除非法证据规定》第26条至第33条对庭审启动非法证据调查程序作了补充规定，主要包括五个方面。第一，明确了庭审启动非法证据调查程序的前提条件和证据标准。公诉人、被告人及其辩护人在庭前会议中对证据收集是否合法未达成一致意见，公诉人提供的相关证据材料不能明确排除非法取证，法院经过审查，对证据收集的合法性有疑问，应当启动调查程序。经法院审查，对证据收集的合法性没有疑问，且没有新的线索或者材料表明可能存在非法取证的，可以决定不再进行调查。（第26条）该条虽然仅仅重申了《非法证据排除规定》第7条的内容，但比《刑事诉讼法》第58条规定的“可能存在”标准更容易操作。第二，明确赋予被告人及其辩护人申请侦查人员出庭作证的权利。（第27条）第三，重申先行当庭调查原则，并增加了例外情形。在庭审期间，如果法庭决定对证据收集的合法性进行调查，应当先行当庭调查。（第30条）该规定体现了证据能力优先于证明力的原则，说明证据收集合法性的程序性审查相对于案件实体审理具有优先性。“非法证据排除一旦启动，就具有中止案件实体裁判程序

① 参见左卫民：《热与冷：非法证据排除规则适用的实证研究》，载《法商研究》2015年第3期。

② 参见易延友：《非法证据排除规则的中国范式》，载《中国社会科学》2016年第1期。

的效果，直到法院作出是否排除有关证据的决定后，才能恢复案件的实体审理活动。”① 该条后半句“但书”考虑到法庭审理期限和司法实践需要，规定为防止庭审过分迟延，非法证据调查也可以在法庭调查结束前进行。笔者认为，这种例外情形应当严格掌握，防止滥用。在对证据合法性的法庭调查程序结束前，不得对有关证据出示、宣读。因为非法证据排除规则涉及证据能力问题，只有先解决证据合法性争议后，才能对有关证据进行宣读、质证，解决证据的证明力问题。《人民法院办理刑事案件排除非法证据规程（试行)》将这种“例外情形”限定为“对于多名被告人及其辩护人申请排除非法证据，或者其他犯罪事实与被申请排除的证据没有关联等情形”，笔者认为比较合理。第四，重申了庭审调查非法证据的五个步骤，同时细化了公诉人举证的证明方法，增加了辩护方的参与权，细化了侦查人员出庭说明情况的内容与规则。与前文论及的侦查讯问程序改革相一致，将出示讯问笔录、提讯登记、体检记录、采取强制措施或者侦查措施的法律文书、侦查终结前对讯问合法性的核查材料等证据材料规定为公诉人对证据收集合法性的证明方法。(第 31 条）这里的“出示讯问笔录”，是为了证明供述的证据能力，基于讯问笔录显示的讯问时间、地点、提问内容、笔录篇幅等事项，审查讯问过程的合法性。只有在确认讯问笔录具有证据能力的情况下，才能“对讯问笔录宣读、质证”，解决供述的证明力问题，决定能否将它作为定案的根据。② 同时，将“提供原始的讯问过程录音录像”改为“有针对性地播放讯问录音录像”，更符合实践做法。公诉人可以针对辩护方申请中提出异议的供述内容，有针对性地播放相应时段的讯问录音录像加以证明即可，而不需要全程播放，占用大量庭审时间，影响庭审效率，而且没有必要。此外，第 2 款明确赋予被告人及其辩护人出示相关线索或者材料，和申请法庭播放特定时段讯问录音录像的权利，扩大了辩护方的参与权，体现了控辩平等原则要求，有利于充分发挥辩护职能在非法证据排除中的作用，实现法庭审理的实质化。但是，该条没有明确侦查人员出庭说明情况的前提条件，与《刑事诉讼法》第 59 条第 2 款规定不一致，在实践中容易导致滥用。笔者认为，无论是控诉方申请还是辩护方申请，《刑事

---

① 陈瑞华：《新非法证据排除规则的八大亮点》，载中国法院网 2017 年 6 月 27 日。

② 参见戴长林、刘静坤、朱晶晶：《〈关于办理刑事案件严格排除非法证据若干问题的规定〉重点解读》，载《人民法院报》2017 年 7 月 26 日第 6 版。

诉讼法》第59条第2款是侦查人员出庭的共同条件。第五，确立了当庭裁决原则，并禁止在作出决定前对有关证据宣读、质证。与先行当庭调查原则一致，法庭启动证据收集合法性的调查程序后，必须当庭作出是否排除相关证据的决定，这是原则。因为，只有先解决证据合法性争议，即证据能力问题，才能确定有关证据能否作为证据使用。但有的案件，由于案情疑难、重大、复杂，加之争议证据又是关键证据，合议庭短时间内难以达成一致意见，或者合议庭认为难以作出决定，可以宣布休庭，由合议庭进行评议或者提交审判委员会讨论，待再次恢复开庭时宣布合议庭或审判委员会作出的决定。而且在法庭作出是否排除有关证据的决定之前，法庭不得对有关证据进行宣读和质证。(第33条）这有利于避免那些没有证据能力最终被排除的证据在庭审中影响法官的心证。

4. 非法证据排除的救济机制

有权利就要有救济。排除非法证据作为一种程序性制裁，对人对物具有约束力，在一定程度上直接或间接影响案件实体裁判。[①]《严格排除非法证据规定》主要从三个方面完善了非法证据排除的救济机制。(1) 排除非法证据的效力。《严格排除非法证据规定》第34条重申了《刑事诉讼法》第60条规定，检察机关对证据收集合法性的证明需要达到与定罪相同的标准，即“证据确实、充分”。确认或者不能排除存在本规定所规定的以非法方法收集证据情形的，对有关证据应当予以排除。这种排除包括确认排除和存疑排除，后者是有利被告原则的体现。最高人民法院《关于建立健全防范刑事冤假错案工作机制的意见》第8条第2款也属于这种情形，[②] 通过将不能排除以非法方法取得的供述推定为程序违法，体现有利被告原则。

至于排除非法证据的效力，在《刑事诉讼法》第56条第2款的基础上，《严格排除非法证据规定》区分不同诉讼阶段分别作了规定，包括实体性制裁和程序性制裁：A. 在侦查阶段，依法排除的非法证据，不得作为提请批准逮捕、移送

---

① 有学者实证研究发现，通过排除非法证据，个别案件被告人获得无罪释放，包括因排除非法证据致全案被告人均被宣告无罪、因排除非法证据使部分共同被告人被宣告无罪、因排除非法证据促使人民检察院撤回公诉、因排除非法证据使部分犯罪事实不能认定，以及因排除非法证据使被告人获得较轻认定五种情形。参见易延友：《非法证据排除规则的中国范式》，载《中国社会科学》2016年第1期。

② 该款规定：“除情况紧急必须现场讯问以外，在规定的办案场所外讯问取得的供述，未依法对讯问进行全程录音录像取得的供述，以及不能排除以非法方法取得的供述，应当排除。”

审查起诉的根据；排除非法证据后，证据不足的，不得移送审查起诉；（第 14 条）侦查机关发现办案人员非法取证的，应当依法作出处理，并可另行指派侦查人员重新调查取证。（第 15 条）这里的“依法作出处理”主要是侦查机关内部的纪律处分，实践中完全由侦查机关自行决定，缺乏透明度。笔者认为，应当引入检察监督机制，改进制裁效果。这里的“另行指派侦查人员重新调查取证”属于取证主体变更，是对原来侦查人员非法取证行为的彻底否定。B. 在审查逮捕、审查起诉阶段，依法排除的非法证据，不得作为批准或者决定逮捕、提起公诉的根据。排除非法证据后，证据不足，不符合逮捕、起诉条件的，不得批准或者决定逮捕、提起公诉。但是，被排除的非法证据仍然必须随案移送，并写明为依法排除的非法证据。（第 17 条和第 18 条）这种“留有余地”的规定，与前文提到庭前会议中检察机关撤回的证据一样，未能彻底切断被排除的非法证据与审判阶段的关联性，尤其在我国《刑事诉讼法》第 176 条恢复全案卷宗移送，庭前法官与庭审法官没有区分的情况下，它将会对法官的心证产生影响，从而削弱了检察机关排除非法证据的实际效果。因此，笔者认为，鉴于有些被撤回和被排除的非法证据对量刑有价值，可以作为量刑证据使用。为了防止他们对事实裁判者认定事实产生影响，立法可以借鉴意大利的多重卷宗制度，由检察机关（或审前法官）将那些依法被撤回和被排除的非法证据放置一个专门的卷宗，并写明为依法撤回的证据或排除的非法证据，原则上只允许作为量刑证据使用，禁止事实裁判者接触。在审判阶段，依法排除的非法证据，不得宣读、质证，不得作为判决的根据。（第 34 条）排除非法证据后，案件事实清楚，证据确实、充分，依据法律认定被告人有罪的，应当作出有罪判决；证据不足，不能认定被告人有罪的，应当作出证据不足、指控的犯罪不能成立的无罪判决；案件部分事实清楚，证据确实、充分的，依法认定该部分事实。（第 35 条）如果一审法院对依法应当排除的非法证据未予排除，二审法院依法排除非法证据后，原判决认定事实和适用法律正确、量刑适当的，应当裁定驳回上诉或者抗诉，维持原判；原判决认定事实没有错误，但适用法律有错误，或者量刑不当的，应当改判；原判决事实不清楚或者证据不足的，可以裁定撤销原判，发回原审人民法院重新审判。（第 40 条第 2 款）排除非法证据彻底否定该证据的证据能力，不能作为诉讼行为或定案的根据。但是，它作为一种程序性制裁，效力具有相对独立性，对案件实体裁判没有必然影响。因为，非法证据排除规则解决的是特定证据的证据能力问题，排除非法证据并不意味着案件一定要宣告无罪。案件最终如何处理，还要取决于其他证据的情况。(2) 对检察机关排除非法证据的救济。《严格排除非法证据规定》规定，对于检察机关排除有关证据导致对涉嫌的重要犯罪事实未予认定，从而作出不批准逮捕、不起诉决定，或者对涉嫌的部分重要犯罪事实决定不起诉的，公安机关、国家安全机关可要求复议、提请复核。(第 18 条第 2 款) 该款赋予侦查机关复议、提请复核权，对检察机关排除非法证据的决定予以救济。但何为“重要犯罪事实”，这里并没有明确，刑法、刑事诉讼法及其司法解释和有关规范性文件也没有解释。从《刑事诉讼法》第 64 条第 1 款关于作证保护对象的规定，第 75 条第 1 款关于指定居所监视居住适用对象的规定，第 150 条关于技术侦查措施适用对象的规定，以及第 298 条第 1 款关于违法所得没收程序适用对象的规定，笔者认为，这里的“重要犯罪事实”应当理解为我国刑事诉讼法重点打击的犯罪，主要包括危害国家安全犯罪、恐怖活动犯罪、黑社会性质的组织犯罪、重大毒品犯罪、重大贪污贿赂犯罪，以及其他严重危害社会的犯罪案件。此外，《严格排除非法证据规定》虽然赋予辩护方在审前程序向检察机关申请排除非法证据的权利，而且要求检察机关将调查结论书面告知犯罪嫌疑人及其辩护人，但并没有赋予他们对调查结论不服的救济权，这是一个疏漏。当然，犯罪嫌疑人及其辩护人在审前程序对检察机关调查结论不服，他们进入审判阶段后可以继续申请排除非法证据。但是，这样不仅增加法院的负担，而且还可能导致一些无辜的犯罪嫌疑人被批准逮捕、提起公诉，侵犯他们的合法权益，甚至导致冤假错案，所谓“起点错、跟着错、错到底”。况且，既然该规定赋予犯罪嫌疑人及其辩护人以诉权形式来启动非法证据排除程序，就应当通过诉讼途径为他们提供救济。因此，笔者认为，如果犯罪嫌疑人及其辩护人对检察机关的书面调查结论不服，有权向同级法院（或审前法官）申请司法审查，法院应当进行审查并作出最终裁定。在法院对非法证据排除作出裁定前，侦查机关或检察机关不得将该证据作为移送审查起诉、审查批准或决定逮捕、或者提起公诉的根据，也不得宣读、质证。(3) 对法院排除非法证据的救济。《严格排除非法证据规定》第 36 条要求法院将证据收集合法性的审查、调查结论写入裁判文书，并说明理由。作为裁判的一部分，检察机关认为确有错误，有权抗诉；上诉人不服，有权上诉。但是，由于证据收集合法性的审查、调查结论并不是一个独立的裁判，只能依附于实体裁判，根据刑事诉讼法规定，检察机关、被告人及其法定代理人不能单独就证据收集合法性裁判提出抗诉、上诉，只能将它作为上诉、抗诉的部分理由。《高法解释》第103条规定，具有下列三种情形之一的，二审法院应当对证据收集的合法性进行审查，并根据有关规定作出处理。[①]《严格排除非法证据规定》第38条和第40条对此作出补充规定。同时，第41条将证据收集合法性的审查、调查程序推广适用于审判监督程序和死刑复核程序。检察机关、被告人及其法定代理人依法提起抗诉、上诉，启动二审程序，如果对一审法院有关证据收集合法性的审查、调查结论提出异议，根据《刑事诉讼法》第233条规定的全面审查原则，二审法院应当对一审判决认定事实、适用法律和诉讼程序进行全面审查，包括有关证据收集合法性的争议，从而为一审裁判提供救济。如果被告人及其辩护人在审判前和一审程序中没有提出排除非法证据的申请，通常表明其对证据合法性没有异议。为了维护二审法院对有关证据收集合法性审查、调查的救济功能，避免虚假诉讼，如果被告人及其辩护人在一审程序中未申请排除非法证据，而在二审程序中提出申请，并且说明理由的，二审法院也应当进行审查。（第38条第2款）这体现了我国刑事诉讼追求实质真实的诉讼理念，有利于保障被告人及其辩护人申请排除非法证据的权利和其他辩护权。但被告人及其辩护人必须有正当理由证明他们不是在一审程序中怠于申请，二审法院才能受理。这可以在一定程度上限制被告人及其辩护人滥用非法证据排除申请权，督促他们在审前程序和一审程序中提出排除非法证据的申请，尽早排除非法证据。这里的“正当理由”包括被告人审前程序和一审程序缺乏律师帮助，未能及时行使申请权；或者被告人及其辩护人在一审庭审后才发现涉嫌非法取证的相关线索或材料等。相应地，第38条第3款对检察机关在二审程序中的举证范围进行了限制，如果检察机关在一审程序中未出示证据证明证据收集的合法性，一审法院依法排除了有关证据，视为检察机关没有证据证明证据收集的合法性，那么，他们在二审程序中就不得出示之前未出示的证据，除非该证据是在一审程序后才发现的。这样，可以避免检察机关在一审程序中怠于举证而引发不必要的程序争议。

二审法院对证据收集合法性的调查，参照一审程序的有关规定进行。（第39

① 这三种情形是：（1）一审法院对当事人及其辩护人、诉讼代理人排除非法证据的申请没有审查，且以该证据作为定案根据的；（2）检察机关或者被告人、自诉人及其法定代理人不服一审法院作出的有关证据收集合法性的调查结论，提出抗诉、上诉的；（3）当事人及其辩护人、诉讼代理人在一审结束后才发现相关线索或者材料，申请法院排除非法证据的。

条）二审法院经过审查、调查，区分不同情形对非法证据进行处理。第40条规定了两种处理方法。一是裁定撤销原判，发回原审法院重新审判，适用条件是一审法院对被告人及其辩护人排除非法证据的申请未予审查，并以有关证据作为定案根据，可能影响公正审判的。这里“可能影响公正审判的”参照《刑事诉讼法》第238条第5项规定，是指如果不对排除非法证据的申请进行审查，可能影响一审裁判正确认定案件事实，正确适用法律。二是排除非法证据。二审法院依法对有关证据收集的合法性进行审查、调查后，认为一审法院对依法应当排除的非法证据未予排除的，可以依法排除非法证据。排除非法证据后，二审法院按照《刑事诉讼法》第236条规定，分三种情形对一审裁判进行处理：A. 原判决认定事实和适用法律正确、量刑适当的，应当裁定驳回上诉或者抗诉，维持原判；B. 原判决认定事实没有错误，但适用法律有错误，或者量刑不当的，应当改判；C. 原判决事实不清楚或者证据不足的，可以裁定撤销原判，发回原审人民法院重新审判。但是，该条使用的三个“可以”，赋予二审法院自由裁量权，笔者认为值得商榷。关于第一个“可以”，一审法院对被告人及其辩护人排除非法证据的申请未予审查，并以有关证据作为定案根据，可能影响公正审判的，明显违反《刑事诉讼法》第238条第3项、第5项和《严格排除非法证据规定》第25条、第26条规定，是一种程序性违法行为，根据《刑事诉讼法》第238条规定，二审法院“应当”裁定撤销原判，发回原审人民法院重新审判，而不是“可以”。关于第二个“可以”，一审法院对依法应当排除的非法证据未予排除的，二审法院“可以”依法排除，似乎还可以不排除，通过裁定撤销原判，发回原审人民法院重新审判等其他方式处理，这与《刑事诉讼法》第60条和《严格排除非法证据规定》第34条直接矛盾。它和第一个“可以”一样，放纵一审法院不履行排除非法证据的职责，也是一种程序性违法行为，应当改为“应当”。关于第三个“可以”，直接援引《刑事诉讼法》第236条第1款第3项规定，但去掉了“可以在查清事实后改判”，只有“裁定撤销原判，发回原审人民法院重新审判”这种处理方式，没有裁量余地了。因此，也只能改为“应当”，或者增加规定“可以在查清事实后改判”的处理方式。

第三章　刑事证据概念、种类和分类的新发展

完善刑事证据制度是“两高三部”2010年出台“两个证据规定”的宗旨，也是2012年《刑事诉讼法》修改的主要内容之一，其中很重要的一个方面就是更加科学地界定了刑事证据的概念，补充和完善了刑事证据的种类，从而大大提高了我们通过证据“从历史碎片中拼凑事实”的能力。学者们据此研究提出刑事证据新的分类方法，进一步丰富了刑事证据理论。

一、证据概念

对于什么是证据，或者说证据是什么？世界各国（地区）学者有不同的解释并在各自的基础上形成了不同的学说。日本学者田口守一认为，“证据”一词是多义词，具有各种各样的含义，包括证据方法和证据资料的区别、直接证据和间接证据的区别，以及实质证据和补助证据的区别。① 我国学者的观点概括起来，主要包括原因说、方法说、结果说、反映说、统一说、信息说、事实说、根据说、材料说九种。② 其中比较主流的观点是后面三种。“事实说”认为，证据是能够证明案件真实情况的一切事实，此观点长期以来是我国学术界的通说，其

---

① 田口守一教授认为，证据方法是作为认定事实素材的人或物，分为人证、物证和书证三种；证据资料是通过证据方法所获得的内容，分为言词证据和非言词证据，证据方法与证据资料的关系是，如果对证据方法进行调查，就能获得证据资料。直接证据与间接证据是根据证据与证明对象之间的距离来区别的。直接证据是直接证明案件主要事实的证据，间接证据是证明主要事实的间接事实（推定主要事实存在的事实）的证据。实质证据是证明主要事实及其间接事实的证据，补助证据是证明补助事实（有关实质证据的可信性的事实）的证据。参见［日］田口守一：《刑事诉讼法》，张凌、于秀峰译，中国政法大学出版社2010年版，第267～268页。

② 详细介绍参见宋英辉主编：《刑事诉讼法学研究述评（1978—2008）》，北京师范大学出版社2009年版，第530～533页。

代表人物是王国枢、陈一云教授。“根据说”认为，证据是证明案件事实的根据，此观点被认为是证据的“基本定义”，其代表人物是樊崇义、何家弘。“材料说”认为，证据是能够证明案件事实的各种材料，其代表人物是陈光中、卞建林。① 正是由于理论界对证据概念的争论比较大，国外相关立法除俄罗斯外没有对证据的概念作出规定，而且我国《民事诉讼法》和《行政诉讼法》也没有给证据下定义，因此，陈光中教授主持的《刑事诉讼法再修改专家建议稿》第69条和徐静村教授主持的《刑事诉讼法（第二修正案）学者拟制稿》第90条都取消了证据的定义，他们认为在立法中给证据下定义没有多大意义。②

然而，正如俄罗斯学者指出的，刑事诉讼中的证据概念属于具有理论意义和实践意义的基本原理之一。刑事诉讼中的证明是一种回溯性证明，它确定犯罪事实、刑事被告人的罪过和其他过去发生的而且不可能全部细节都复制出来的情况有着自己的特点，证据是对客观实际发生的事实进行回顾认知的唯一可能性。③在这方面刑事诉讼与民事诉讼、行政诉讼存在一定差异。如果立法明确了法定证据种类而不对证据概念作出界定，在司法实践中可能出现混乱，不利于规范刑事司法机关的取证行为和证据使用。因此，虽然1922年和1923年通过的最早的两部《苏俄刑事诉讼法典》中没有证据的规范性定义，但1958年《苏联和各加盟共和国刑事诉讼纲要》（第15条）和1960年《苏俄刑事诉讼法典》（第69条）都明确地提出了刑事证据的定义，即“刑事案件的证据是调查机关、侦查员和法院据以判明危害社会的行为是否存在和实施该行为的人是否有罪的任何事实材料，以及对正确解决案件具有意义的其他情况。这些材料包括：证人的证言、被害人的陈述、犯罪嫌疑人的陈述、刑事被告人的陈述、鉴定人的意见书、各种审查和文件检查报告、物证、侦查行为的笔录和审判行为的笔录以及其他文件”。上述定义在刑事执法中起到了良好的作用，并由此使证据问题的学术研究活跃起来。但对于什么是“事实材料”“证据来源”以及对《苏俄刑事诉讼法典》第

① 参见汪建成：《刑事证据制度的重大变革及其展开》，载《中国法学》2011年第6期。

② 参见陈光中主编：《中华人民共和国刑事诉讼法再修改专家建议稿与论证》，中国法制出版社2006年版，第320～321页；徐静村主编：《中国刑事诉讼法（第二修正案）学者拟制稿及立法理由》，法律出版社2005年版，第73页。

③ 参见［俄］K·ф·古岑科主编：《俄罗斯刑事诉讼教程》，黄道秀等译，中国人民公安大学出版社2007年版，第203页。

69条第1款和第2款的相互关系的理解等问题的争论，时至今日仍没有平息。2002年《俄罗斯联邦刑事诉讼法典》第74条这样规定了证据的概念，即“刑事案件的证据是法院、检察长、侦查员、调查人员依照本法典规定的程序，据以确定在案件办理过程中存在还是不存在应该举证证明的情况的任何信息材料以及对于刑事案件有意义的其他情况。允许作为证据的有：（1）犯罪嫌疑人、刑事被告人的陈述；（2）被害人陈述、证人证言；（3）鉴定人的结论和陈述；（4）物证；（5）侦查行为的笔录和审判行为的笔录；（6）其他文件”。从而使俄罗斯刑事证据的概念从“事实材料说”走向“信息材料说”。这是因为，在俄罗斯刑事诉讼理论中，“事实材料”有时被解释为客观现实中的事实，这种意见与唯物主义反映论背道而驰。根据唯物主义反映论，存在于人的意识中的不是物，而是物的形象，即物的信息材料（сведения）。而客观实际中的事实具有不可辩驳的属性。如果将证据定义为“事实材料”，那么就没有必要研究证据是否真实可信和是否允许采信了。但在实践中，进行刑事诉讼的机关和公职人员却作出巨大的努力去确定证据品质的优劣和是否真实可信。可能受到争议、被推翻的只是关于那些对刑事案件有意义的情节的“信息材料”，而不是或者可能存在或者可能不存在的“事实材料”。审前调查机关、检察长和法院只能在赋予这种信息以诉讼形式之后才能对它加以利用。为此，多数俄罗斯学者认为，《俄罗斯联邦刑事诉讼法典》第74条第2款中列举的证据种类可以理解为“关于事实的信息材料来源”，也就是保存和传递材料（信息）的诉讼形式。《俄罗斯联邦刑事诉讼法典》第74条使用“证据”这个题目，说明立法者承认刑事证据包含“信息材料”和“信息材料来源”这两个不可分割的组成部分，即该条第1款提出的信息材料可以用来证明或推翻刑事案件中应该证明的情况，以及第2款所列举的获取上述信息材料的来源具有同样的意义。换句话说，法律规定，无论是信息材料，还是信息材料的来源（种类），都同样可能具有诉讼证据的地位。其中，信息材料构成证明或推翻正确解决刑事案件中所必需的情况的那些证据的内容，即它们是关于过去情况（事实、行为、现象、事件）的信息，这些情况在相应的客体（物体、人的记忆）上留下痕迹（或得到反映）。而信息材料来源就是这些信息的载体，是信息的来源（种类），它由两个要素组成：信息载体及保存和传递信息的诉讼形式。因为任何证据的形成表现在时间上是分开的但相互联系的两个过程。第一个过程是痕迹形成阶段，即客观世界的物体相互作用的结果使它们相互改变，从而构成各种信息可能传递的前提。但是，痕迹、反映本身还不是证据。为了使它们成为证据，必须发生证据形成的第二个阶段——赋予痕迹、反映以诉讼形式。依法有权进行此项工作的机关，遵照法律规定的要求搜集它们，从而使它们具有刑事诉讼法典规范所规定的陈述、物证、笔录、文件或其他种类陈述笔录的形式。由此可以得出结论，在俄罗斯，刑事证据是一个统一的概念，它包括相互联系的两个要素——关于未知情节的信息材料和含有这些信息材料并且作为证据诉讼形式的来源。① 我国台湾地区学者也认为，“证据”一词至少包含两层意思：一是作为“证据方法”，二是作为“证据资料”。证据资料，是指所有可能与待证犯罪事实直接或间接相关的信息内容，其来源可能是任何一种相关的人、地、物，证据方法即探求证据资料内容的调查手段。证据资料必须通过特定的方法才能呈现。②

俄罗斯刑事诉讼理论包括刑事证据理论对我国刑事诉讼产生过巨大影响，从某种意义上说，我国《刑事诉讼法》关于证据的概念“移植，或者干脆说就是照搬了原苏联的刑事诉讼理论的”③。1979 年《刑事诉讼法》第 31 条借鉴前苏联的做法，规定：“证明案件真实情况的一切事实，都是证据。证据有下列六种：(1) 物证、书证；(2) 证人证言；(3) 被害人陈述；(4) 被告人供述和辩解；(5) 鉴定结论；(6) 勘验、检查笔录。以上证据必须经过查证属实，才能作为定案的根据。”这是我国法律首次给“证据”一词下定义，它提出了“不属实者非证据”和“证据就是事实”的“事实说”观点，后来为《民事诉讼法》和《行政诉讼法》所接受。有学者认为：“在当时的社会历史条件下，对证据概念作出那种界定和解释是完全可以理解的。从某种意义上讲，那也是一种历

---

① 参见［俄］М·А·科瓦廖夫、Л·Т·乌里扬诺娃：《俄罗斯联邦新刑事诉讼法典中的证据法问题》，黄道秀译，载《中国法学》2002 年第 5 期和［俄］К·ф·古岑科主编：《俄罗斯刑事诉讼教程》，黄道秀等译，中国人民公安大学出版社 2007 年版，第 203～206 页。

② 参见林钰雄：《严格证明与刑事证据》，法律出版社 2008 年版，第 8～9 页。

③ 郑禄：《证据概念素说——兼论中国特色社会主义证据理论的国学文化基石》，载《证据科学》2008 年第 5 期；参见林钰雄：《严格证明与刑事证据》，法律出版社 2008 年版，第 8～9 页。

史的必然。”[①] 1996年修改《刑事诉讼法》仅仅作了两点细微变化：一是将第2款第（4）项的“被告人供述和辩解”修订为“犯罪嫌疑人、被告人供述和辩解”；二是在第2款中增加了“视听资料”这一证据种类，其他全部保留了原貌。该法第42条规定：“证明案件真实情况的一切事实，都是证据。证据有下列七种：（一）物证、书证；（二）证人证言；（三）被害人陈述；（四）犯罪嫌疑人、被告人供述和辩解；（五）鉴定结论；（六）勘验、检查笔录；（七）视听资料。以上证据必须经过查证属实，才能作为定案的根据。”为此，学者们对该证据概念进行过深入分析，几乎异口同声地讨伐其非科学性，认为它理论上逻辑荒谬，实践中不可实现，而本质上又犯了定义不相称的错误。还有学者认为，1996年《刑事诉讼法》对证据的定义及其分类存在一系列缺陷，以至于在司法实践中，有不少与案件有关的证明材料，未列入七种证据形式中，如扣押物品清单、搜查笔录、提取笔录、有关案件的情况说明、抓获犯罪嫌疑人经过和受案、破案登记表等。有的把它们归入书证一类，随案移送；有的把它们另立为“其他证据”。而在某些情形下，这些材料是定罪量刑不可或缺少的，在实践中，由于侦查机关、公诉机关和审判机关对证据概念认识的不同，导致对这些材料应否随案移送产生争议。[②] 从相关研究看，大家普遍认为现行证据概念主要存在两大缺陷：一是关于“真实”二字的称谓，证据材料进入诉讼，有真有假，所以，1996年《刑事诉讼法》第42条最后一款规定，以上证据必须经过查证属实，才能作为定案的根据。因此，把证据笼统地定位为“真实”，与客观情况不符。这次《刑事诉讼法》修改，已达成共识，把“真实”二字从概念中删去。二是把证据说成“一切事实”，也已落后于时代的发展，随着科学技术水平的提高，尤其是电子数据证据的出现，各类信息资料在诉讼中的运用，大家一致要把“一切事

① 首先，该观点是长期以来在我国人民的思想中形成的片面强调“客观”和片面追求“唯物”的思维习惯的产物。1979年是我国历史上一个非常重要的转折时期，在当时的历史条件下，让人们接受证据可以不是客观事实的观点确实是非常困难的，如果不是不可能的话。其次，该观点是我国理想主义的民族心理传统的体现。从民族心理的角度来分析，中华民族与欧美等西方民族的一个差异就表现在我们较为推崇理想主义，而西方人较为推崇实用主义。所以法律中规定的证据便带有了理想主义的色彩，使它成为一种口号，一种目标，甚至是一种大大高于实践的口号，一种高得无法达到的目标。最后，该观点是我们已经习惯的非黑即白的思维定式的体现。在给证据下定义时，人们不能接受假的和错的，便很容易地接受了“不属实者非证据”的观点。参见何家弘：《让证据走下人造的神坛——试析证据概念的误区》，载《法学研究》1999年第5期。

② 参见刘长春：《刑事诉讼法证据概念质疑》，载《检察日报》2000年5月22日，第3版。

实”修订为可以包含各种信息资料的“材料”。[①] 基于以上两点变化，2012 年《刑事诉讼法》第 48 条将证据概念修改为“可以用于证明案件事实的材料，都是证据。证据包括：（一）物证；（二）书证；（三）证人证言；（四）被害人陈述；（五）犯罪嫌疑人、被告人供述和辩解；（六）鉴定意见；（七）勘验、检查、辨认、侦查实验笔录；（八）视听资料、电子数据。证据必须经过查证属实，才能作为定案的根据。”这样，与俄罗斯一样，我国证据概念也从“事实说”走向了“材料说”。2018 年《刑事诉讼法》第 50 条保留了该规定。

笔者基本赞同立法对证据概念的这种表述方式，正如有的学者指出的：“只有‘材料说’能够准确反映诉讼证据和一般证据的区别，能够表明个体诉讼证据上的客观和主观统一性，能够显示在刑事诉讼过程中对各种证据进行审查、判断和认定的必要性。”[②] 这是其一。其二，该定义与汉语习惯相符。从价值论上分析，证据是用来证明案件事实的，是公安司法人员认识案件事实的工具或方法，包括证实和证伪。《菲律宾证据规则》规则 128“总则”第 1 条将“证据概念”规定为“证据是本规则认可的在司法程序中就事实问题查明真相、辨明真伪的方法”。在古汉语中，“证据”二字往往是分开使用的。其中“证”字犹如现代的证据，但多指人证；“据”字则意为依据或根据，汉语中“证据”一词的基本定义就是“证明的根据”。法律上对“证据”下定义离不开对“事实”一词的认识。关于“事实”，《现代汉语辞海》的解释是“事情的真实情况”，《古今汉语实用词典》的解释是“事情的实际情况”，因此，“事实”即事情的真相，这是汉语通常的理解。为此，《现代汉语辞海》将“证据”一词解释为“法律用语，据以认定案情的材料”。《刑事诉讼法》使用“材料”这一中性词给“证据”下定义，可以在证据概念的层面上回避证据真实性问题，增强证据概念的包容性。我国有的学者提出：“证据是指法定人员依法收集调取的能够证明案件事实情况的法律存在”[③]“证据是蕴含了证据信息的物质载体”[④]“证据是从证据载体中得出的，用来证明案件真实情况的命题”[⑤] 等证据定义，其实都可以归纳为

---

① 参见樊崇义：《我国刑事证据制度的新发展》，载《法学》2011 年第 7 期。
② 汪建成：《刑事证据制度的重大变革及其展开》，载《中国法学》2011 年第 6 期。
③ 参见闵春雷：《证据概念的反思与重构》，载《法制与社会发展》2003 年第 1 期。
④ 参见徐静村：《证据新论》，载《甘肃社会科学》2005 年第 1 期。
⑤ 参见张继成：《事实、命题与证据》，载《中国社会科学》2001 年第 5 期。

“材料说”。其三，使用“材料说”或“信息材料说”给证据下定义，已经得到包括俄罗斯在内的许多国家立法确认和学理解释。印度《1872 年证据法》第 3 条对“事实”和“证据”作了解释。“事实”是指并包括：（1）能够通过感觉感受到的事物、事物的状态或者事物之间的联系；（2）任何人可以意识到的一切精神状态。“证据”是指并包括：（1）法庭许可或要求证人在法庭面前作出的、与所调查事实问题有关的一切陈述；（2）提交法庭审查的一切文书。《美国加州证据法典》第 140 条对“证据”的定义是“证据是被提供用以证明某一事实存在或者不存在的证言、文书、物品或其他可感知物”。《阿尔巴尼亚刑事诉讼法》第 149 条规定的“证据”的定义是“证据是与犯罪行为相关情况和事实方面的信息，这种信息是由刑事诉讼法所确认的，并且有助于证明犯罪行为是否已经发生、犯罪后果是否已经产生、被告人是否有罪以及他的责任范围”。由此可见，这些立法都将“证据”解释为包含案件事实信息的材料，尽量扩大证据概念的包容度。在学理解释方面，美国《布莱克法律辞典》对“证据”一词的解释是“有助于肯定或否定某一主张事实存在的任何材料（包括证词、文件和有形物）”。[①] 英国证据法学家墨菲也认为：“证据是能够说服法官认定某个案件事实为真实或者可能的任何材料。”[②] 英国学者 Steve Uglow 认为：“证据在广义上是指当事人向法庭提交的旨在说服法庭相信他们的观点是正确的信息，换句话说，就是当事人为证明他们的案件而提出的任何信息。”[③] 日本学者松尾浩也教授认为，证据是多种多样的，但所有的证据有一个共同特点，它们都是反映特定事实的信息载体。从有形物的范围考虑，这种媒体就是人或物（包括文书、录音带、电影胶片等）；从无形物的范围考虑，这种媒体还包括间接事实，即情况证据。[④] 其四，借鉴俄罗斯学者的观点，正确理解我国现行《刑事诉讼法》第 50 条所规定的证据概念。1979 年、1996 年、2012 年和 2018 年四部《刑事诉讼法》都是借鉴前苏联或俄罗斯的法条构造方法给出了证据的概念，明确了证据是证据内容和证据形式的统一体。但是，除了前苏联或俄罗斯法条构造的两部分——材

---

① Black's Law Dictionary (Eighth Edition), 2004 West, a Thomson business, p. 595.

② Peter Murphy, Murphy on Evidence (ninth edition), Oxford University Press, 2005, pp. 1 – 2.

③ Steve Uglow, Evidence: Text and Materials, London Sweet & Maxwell, 1997, p. 14.

④ 参见［日］松尾浩也：《日本刑事诉讼法》（上、下），丁相顺译，中国人民大学出版社 2005 年版，第 26 ~ 27 页。

料和材料来源外，我国《刑事诉讼法》还增加了法院查证属实的要求，这样就使证据概念包括相互联系的三个要素——关于案件事实的材料、含有这些材料并且作为证据诉讼形式的来源，以及法院查证属实的要求。这三个要素是一个有机的统一体，缺一不可。证据概念的三要素组合既明确区别了证据和定案根据，又使以材料形式存在的证据转变为定案根据符合逻辑规则，体现了程序法定原则和证据裁判原则的要求，从而更加具有科学性。但为了进一步完整地贯彻程序法定原则要求，确立和破解“证据问题也是程序问题”的科学命题，笔者建议在《刑事诉讼法》第 50 条第 3 款中“查证属实”一词前增加“法定程序”四个字。其五，立法改用“材料说”来定义“证据”一词，《刑事诉讼法》其他相关规定还应当进一步配套完善。这包括：（1）由于所有可以用来证明案件事实的材料都是证据，这就可能使得刑事案件中可以作为证据使用的信息材料大大增加，需要刑事司法人员审查判断时具有一定的自由裁量权，根据个案实际具体判断，以确定某个材料是否包含可以证明案件事实的信息。这就要求立法进一步明确确立自由心证原则和证据裁判原则这两大证据法乃至刑事诉讼法基本原则。（2）《刑事诉讼法》有关条文对“证据”“证据材料”“定案根据”等术语的使用应当规范。在使用“材料说”定义“证据”后，“证据材料”其实就是“证据”，其本身没有继续存在的必要。为此，建议根据上下文，将《刑事诉讼法》第 41 条、第 115 条、第 116 条、第 175 条中“证据材料”一词改为“证据”，将第 54 条中“证据材料”一词改为“有关材料”，避免引发“证据”与“证据材料”之间是否具有等同关系的疑问，从而保证条文术语的规范与统一。（3）《刑事诉讼法》第 50 条第 2 款规定的证据分类还应当适当调整，以适应第 1 款证据概念变化的要求。笔者将在下文结合证据种类进行讨论。

二、证据种类

随着《刑事诉讼法》第 50 条第 1 款规定的证据概念从“事实说”改为“材料说”，第 2 款对法定证据种类也进行了一定调整，从而使我国刑事证据种类体系从封闭走向一定程度的开放。这主要包括六个方面：一是将“证据有下列七种”改为“证据包括”，不再明确限定种类数量；二是将第（1）项中的“物证、书证”分开，列为两种独立的证据种类，从而与《民事诉讼法》《行政诉讼法》

规定一致；三是将第（5）项中的“鉴定结论”改为第（6）项“鉴定意见”；四是将第（6）项“勘验、检查笔录”扩大为“勘验、检查、辨认、侦查实验等笔录”，使之与《俄罗斯刑事诉讼法典》第74条第2款第（5）项规定一致，可以将它解释为包括所有侦查行为和审判行为的笔录，作为一类笔录类证据，具有一定开放性；五是在第（7）项“视听资料”之后增加了“电子数据”这一证据种类，作为第（8）项。这种调整进一步丰富了刑事证据的种类，适应了现代科学技术发展的趋势，有助于各种包含案件事实的信息材料在刑事诉讼中运用，从而适当减轻刑事诉讼对言词证据尤其是口供的依赖，具有重要的理论和实践意义。但是，该款八类证据的分类依据和理由并不统一，因此，笔者认为，这种证据分类方法的科学性与合理性仍值得商榷。

（一）鉴定意见

鉴于1979年和1996年《刑事诉讼法》使用“鉴定结论”这一类证据称谓，在司法实务中，往往是鉴定人怎么说，公安司法人员就怎么定，从而导致多头鉴定、多次鉴定、重复鉴定等现象大量出现，当事人、其他诉讼参与人、普通社会公众乃至有的公安司法人员都把鉴定结论神秘化、绝对化，赋予鉴定结论预先的证明效力。[①] 由于全国各地司法鉴定机构条件存在差异，鉴定人的素质也参差不齐，鉴定结论的科学性、准确性越来越多地受到科学技术发展和设备的制约，在司法实践中，鉴定结论的证据能力和证明力问题越来越多地成为诉讼争议的焦点，因此，2005年全国人大常委会通过《关于司法鉴定管理问题的决定》首次将“鉴定结论”改为“鉴定意见”，2010年7月实施的《办理死刑案件证据规定》也使用了“鉴定意见”的提法，并且明确了“鉴定意见”的审查与认定要求，2012年《刑事诉讼法》再次肯定了这一提法，明确地将“鉴定结论”修改为“鉴定意见”，笔者认为，这具有多方面价值。首先，它明确了鉴定结果的意见性证据属性，便于科学认识和运用该类证据。鉴定作为一种科学的证据调查方法，它是鉴定人运用科学技术和专门知识对案件中的专门性问题发表意见和看法

---

① 在司法实践中，由于鉴定意见具有专业性、技术性特点，办案人员往往把它奉为权威，只要有一纸鉴定，即将其视为“尚方宝剑”，有时也不审查就拿来直接作为定案的依据，自认为“即使鉴定意见错了也是鉴定部门的事，跟自己无关”。而且，也往往认为这是专业权威部门作出的，自己也说不出反驳的理由，只能服从。参见李启光：《检察机关应强化对鉴定结论的审查》，载《检察日报》2007年1月29日，第3版。

的活动，鉴定结果是鉴定人依法进行鉴定和判断后对案件中的专门性问题所提供的个人意见和看法，并非案件事实本身，也绝非完全准确无误的科学结论。2002年《俄罗斯联邦刑事诉讼法典》第74条第2款第（3）项将“鉴定结论”称为“鉴定人的结论和陈述”，包括鉴定人的结论和鉴定人的陈述两种证据。在俄罗斯，鉴定人的结论可以是绝对的也可以是推测性的。鉴定人的绝对结论才是证据，鉴定人的推测结论不具有证据意义，即不能根据这种结论认定对刑事案件有意义的情况或者反之推翻这种情况。而鉴定人的陈述是鉴定人在鉴定结论提出后为了说明或进一步明确鉴定结论而进行询问时所提供的信息材料。① 可见，在俄罗斯，无论鉴定人的结论还是鉴定人的陈述，其实就是一种鉴定意见，或鉴定人意见，属于意见性证据之一。因此，我国《刑事诉讼法》将“鉴定结论”改为“鉴定意见”，更能反映鉴定结果的意见性证据属性，避免给人一种结论性的判断或权威性的证据形式，这将有利于消除司法实践中盲目依赖鉴定结论，视鉴定结论为最终判断而不注重对鉴定结论的质证、认证的司法陋习。其次，它有助于理性地对待鉴定结论的证据效力，避免盲目崇拜鉴定结论。鉴定结论作为一种科学证据，虽然具有消除事实争议、鉴别事实真伪、转换证据种类等作用，而且随着现代科学技术的发展，其科学性和准确性越来越强，在诉讼中也愈加受到人们的推崇和关注，能够帮助我们解决许多疑难问题。② 然而，鉴定结论毕竟只是转接的一种意见性证据，带有人类不可避免的主观性；而且，科学技术进步的暂时有限性，也决定了鉴定结论只能具有相对正确性，随着科学技术的进一步发展，今天的科学结论可能是明天的谬误。③ 更为重要的是，鉴定结论具有程序性，其形成需要遵循相应的诉讼法和程序规则的规范，尤其是鉴定人回避制度等，因此，鉴定结论的证据效力固然重要，但绝不能盲目崇拜，它不具有绝对正确性。

---

① 参见［俄］K·ф·古岑科主编：《俄罗斯刑事诉讼教程》，黄道秀等译，中国人民公安大学出版社2007年版，第227~228页。

② 根据湖北省咸宁市司法鉴定人协会第二次会员代表大会提供的消息，自该协会2006年成立以来的4年时间里，该市列入鉴定名册的司法鉴定机构达到23家，共有司法鉴定人99名，鉴定业务范围涵盖法医、物证、工程质量、房屋安全、产品检验、司法会计等多个领域，全市协会成员司法鉴定机构共完成司法鉴定案件近4万件，鉴定意见采信率达到98%。参见钟思松：《鉴定意见采信率达98%》，载《咸宁日报》2012年12月13日，第2版。

③ 据不完全统计，我国目前鉴定前后不一致率高达40%。参见陈卫东、程雷、孙皓、潘侠、杨剑炜：《刑事案件精神病鉴定实施情况调研报告》，载《证据科学》2011年第2期。

司法实践已经反复证明，对鉴定结论科学性的过于信任，往往是许多冤假错案发生的关键性原因。我们要理性地对待鉴定意见的证据效力，鉴定意见与其他证据一样，对事实裁判者没有当然的证据能力或优先的证据效力，其证据能力和证明力需要事实裁判者结合案件中其他证据审查判断，并按照法定程序查证属实后才能作为定案的根据。根据《关于司法鉴定管理问题的决定》，所有依法成立的鉴定机构和依法取得鉴定资质的鉴定人都是平等的，公安司法机关绝不能根据鉴定机构级别的高低或鉴定人资质、能力的强弱以及鉴定时间的先后来判断鉴定意见的证据效力。最后，它有利于构建鉴定人出庭作证制度，逐步实现“司法鉴定的诉讼化”。在汉语中，“结论”即从前提推论出来的判断，它是三段论法结构中的最后一部分，一般是指对人或事物所下的最后论断。“结论”一词的突出特征就是“最后的断言、论断”，从而往往是“科学的判决”，通常可以采取书面形式。而“意见”即意思及见解，常指某人对特定事物或问题的看法，特别是基于不确切或无法证实或证明的基础上而提出的看法。该词有三大特征：一是发表意见的人的主观随意性，想怎么说就怎么说（在不违背原则的前提下）。二是意见的不确定性。它是个人的见解、主张、意思、看法，仅此而已。三是意见的可选择性，这是其最主要、最突出的特征。既然“意见”出自很大的随意性，本身又具有不确定性，也就没有权威性可言。对于“意见”，可以听也可以不听，可以采纳也可以不采纳。因此，“意见”与作出意见的人通常是不可分的，需要作出意见的人进一步口头解释或作出说明。《刑事诉讼法》将“鉴定结论”改为“鉴定意见”，不仅明确地告知当事人和其他诉讼参加人该种证据并不具有优先或预定的证据效力，而且告知鉴定人有出庭作证的义务，提醒他作出鉴定意见时要有充分依据，否则在出庭作证接受询问尤其是《刑事诉讼法》第197 条规定的专家辅助人质证时就可能面临窘境，其意见可能不被采纳。1996 年《刑事诉讼法》第 121 条、2012 年《刑事诉讼法》第 146 条和 2018 年《刑事诉讼法》第 148 条都赋予犯罪嫌疑人、被害人对用作证据的鉴定意见的知情权和提出异议权，侦查机关负有告知义务。与立法将“鉴定结论”改为“鉴定意见”相协调，2012 年《刑事诉讼法》还构建了相对完善的鉴定人出庭作证制度，包括第 64 条将鉴定人纳入作证保护的范围，第 192 条第 2 款明确了鉴定人必须出庭作证的条件，以及第 197 条增设了专家辅助人制度等，这种专家辅助人出庭适用鉴定人的有关规定，目的就是根据其专门知识就鉴定人的鉴定意见提出意见，从而帮助审判人员、当事人和其他诉讼参与人更好地理解鉴定意见。

关于鉴定意见的审查与认定，《办理死刑案件证据规定》第 23 条和第 24 条作了规范。第 23 条规定，对鉴定意见应当着重审查以下 10 个方面的内容：（1）鉴定人是否存在应当回避而未回避的情形。（2）鉴定机构和鉴定人是否具有合法的资质。（3）鉴定程序是否符合法律及有关规定。（4）检材的来源、取得、保管、送检是否符合法律及有关规定，与相关提取笔录、扣押物品清单等记载的内容是否相符，检材是否充足、可靠。（5）鉴定的程序、方法、分析过程是否符合本专业的检验鉴定规程和技术方法要求。（6）鉴定意见的形式要件是否完备，是否注明提起鉴定的事由、鉴定委托人、鉴定机构、鉴定要求、鉴定过程、检验方法、鉴定文书的日期等相关内容，是否由鉴定机构加盖鉴定专用章并由鉴定人签名盖章。（7）鉴定意见是否明确。（8）鉴定意见与案件待证事实有无关联。（9）鉴定意见与其他证据之间是否有矛盾，鉴定意见与检验笔录及相关照片是否有矛盾。（10）鉴定意见是否依法及时告知相关人员，当事人对鉴定意见是否有异议。一份合法有效的鉴定意见的形成通常受到多种因素的制约，需要经历一系列环节。刑事司法人员在审查和认定鉴定意见时，要“着重审查”以上 10 个方面，并结合其他方面因素综合考虑，判断该鉴定意见的论据是否充分，推论是否合理，论据与结论之间是否存在矛盾。如果在审查中发现鉴定意见本身存在疑点，且疑点得不到合理排除，该鉴定意见就不能作为证据使用。《办理死刑案件证据规定》第 24 条规定，鉴定意见具有下列情形之一的，不能作为定案的根据，即没有证据能力和证明力：（1）鉴定机构不具备法定的资格和条件，或者鉴定事项超出本鉴定机构项目范围或者鉴定能力的；（2）鉴定人不具备法定的资格和条件、鉴定人不具有相关专业技术或者职称、鉴定人违反回避规定的；（3）鉴定程序、方法有错误的；（4）鉴定意见与证明对象没有关联的；（5）鉴定对象与送检材料、样本不一致的；（6）送检材料、样本来源不明或者确实被污染且不具备鉴定条件的；（7）违反有关鉴定特定标准的；（8）鉴定文书缺少签名、盖章的；（9）其他违反有关规定的情形。对鉴定意见有疑问的，人民法院应当依法通知鉴定人出庭作证或者由其出具相关说明，也可以依法补充鉴定或者重新鉴定。该条规定了排除鉴定意见的九种情形和对有疑问的鉴定意见的处理，对司法实践具有很强的指导意义。由于鉴定意见作为证据诞生于诉讼过程中，而不是随着案件事实的发生而生成的，其内容是由其他证据的内容转化而来的，转化的每一个环节都存在否定转化内容真实性的可能，并且不表现为一种确定的客观事实，仅仅是一种带有权威性的主观性判断意见。这些特征就决定了鉴定意见与相关制度、程序、规则的联系非常紧密，更需要法律、法规及其他规范性文件予以规范。对于违反或不符合有关法律、法规及其他规范性文件要求的鉴定意见，可以采取不同的处理方式。一般来说，对于轻微违反有关法律、法规及其他规范性程序但并不影响鉴定意见实质性内容的，可以补充鉴定。对于严重违反有关法律、法规及其他规范性文件要求的，应当认定其没有证据能力，不能作为定案的根据。对于有疑问的鉴定意见，应当澄清疑问，如果疑问不能澄清，需要并且能够重新进行鉴定的，可以进行重新鉴定。在程序上，只要控辩双方中一方对鉴定意见有疑问并且疑问涉及鉴定意见实体性问题的，法院应当通知鉴定人出庭作证。如果一方对鉴定意见有疑问但疑问仅涉及程序性问题，鉴定人可以不出庭作证，通过出具相关说明予以解决。①

（二）辨认笔录和侦查实验笔录等笔录

辨认笔录、侦查实验笔录与勘验、检查笔录一样，是通过书面文件的形式客观地记载侦查过程中的全部情况，并固定和保全证据，从而发挥对案件事实的证明作用。因此，2012 年《刑事诉讼法》将“勘验、检查笔录”扩大为“勘验、检查、辨认、侦查实验等笔录”，使之与《俄罗斯刑事诉讼法典》第 74 条第 2 款第（5）项规定一样，可以将它解释为包括所有侦查行为和审判行为的笔录，从而作为一类具有相对开放性的笔录类证据。

1. 辨认笔录

辨认作为调查、核实证据的一种手段，它是指在侦查过程中，侦查机关根据案件侦查需要，在侦查人员的主持下，由证人、被害人或犯罪嫌疑人对与犯罪有关的物品、尸体、场所或者犯罪嫌疑人进行辨别、确认的一种同一性认定活动。虽然它不是我国《刑事诉讼法》规定的一种法定侦查行为，但《人民检察院刑事诉讼规则》和《公安机关办理刑事案件程序规定》都设专节作了规定，并已

① 参见郭华、王进喜主编：《〈办理死刑案件证据规定〉和〈非法证据排除规定〉的释义和适用》，中国人民公安大学出版社 2010 年版，第 129～130 页。

经在侦查实践中大量适用。[①]《办理死刑案件证据规定》第30条就辨认结果的审查判断作了明确规定。辨认笔录就是对辨认过程和辨认结果的客观记载，它对于发现犯罪线索、引导侦查方向、确定犯罪嫌疑人和证实犯罪等发挥着重要作用。在俄罗斯，包括辨认笔录在内的所有侦查行为的笔录只能由法定的侦查主体按照法律规定的内容和格式制作，否则，将导致笔录所记载的信息材料被认定为不具有可采性，不能作为证据使用。《俄罗斯联邦刑事诉讼法典》第193条第9项规定，在辨认结束后，侦查员应当依照该法典第166条和第167条规定制作辨认笔录。笔录详细说明进行辨认的条件和结果，并且尽可能逐字逐句地叙述辨认人的解释。如果对人的辨认是在被辨认人看不见辨认人的情况下进行的，笔录也应进行相应的说明。《意大利刑事诉讼法典》第213～217条也对辨认笔录的制作作出了明确规定，要求辨认笔录详细记载辨认的预备行为、有关人的陈述，以及辨认活动的进行方式，否则辨认行为无效。我国《刑事诉讼法》虽然将“辨认笔录”与“勘验、检查、侦查实验笔录”规定为同一类证据，但并没有在“侦查”一章中将“辨认”增设为一种法定侦查行为，也没有就辨认规则和辨认程序等作出明确规范。《办理死刑案件证据规定》第30条对违反程序规则的辨认结果，规定了“强制性的排除”和“可补正的排除”两种处理方式，从某种意义上讲，对辨认笔录的制作提出了一些要求。笔者认为，为了规范辨认行为的进行和辨认结果的审查判断，借鉴域外做法，一方面，《刑事诉讼法》应当将“辨认”增设为一种法定侦查行为，并且对其实施程序作出明确规范，以便于实践操作和辨认笔录制作。“两高三部”《审判中心改革意见》第3条提出要“建立健全符合裁判要求、适应各类案件特点的证据收集指引。探索建立命案等重大案件检查、搜查、辨认、指认等过程录音录像制度”，就是对辨认过程的一种程序规范。另一方面，立法或司法解释应当对辨认笔录这种笔录类证据的内容和格式作出明确规定，要求辨认过程及辨认结果在辨认笔录中作出详细记载。辨认笔录的内容应当包括：辨认的时间、地点，辨认场所的基本条件，辨认人员的基本情况，包括对辨认人智力水平、利害关系、精神状态的审查，辨认对象各自的基本情况，辨认

---

① 中国政法大学“刑事证据规范化实证研究”课题组对河南省信阳市平桥区公安机关2009年侦查中使用辨认措施的情况进行实证研究发现，当年侦查中使用辨认作为侦查手段的刑事案件，占到公安机关办理刑事案件的30%以上。该区检察机关公诉部门2009年审查起诉中含有辨认证据的案件占受理案件的5%左右，该区法院2009年审理案件中含有辨认证据的案件占受理案件的6%左右。

结果及辨认的依据，辨认人员及组织者、见证人、陪同人员签名盖章，其他有必要说明的情况。此外，对于辨认人辨认前的描述和辨认过程中的陈述，应当尽可能逐字逐句地记录原话。

至于辨认笔录的审查与认定，《办理死刑案件证据规定》第30条作了规范。该条第1款规定，侦查机关组织的辨认，存在下列情形之一的，应当严格审查，不能确定其真实性的，辨认结果不能作为定案的根据，即没有证据能力和证明力：(1) 辨认不是在侦查人员主持下进行的；(2) 辨认前使辨认人见到辨认对象的；(3) 辨认人的辨认活动没有个别进行的；(4) 辨认对象没有混杂在具有类似特征的其他对象中，或者供辨认的对象数量不符合规定的；尸体、场所等特定辨认对象除外；(5) 辨认中给辨认人明显暗示或者明显有指认嫌疑的。该款规定了排除辨认笔录的五种情形。因为辨认对于案件的侦破和认定有时起到非常关键的作用。而实践证明，目击辨认的结果似乎并不可靠，国内外越来越多的证据也表明，被害人和其他目击证人的错误辨认是许多无辜者被定罪，从而导致冤假错案的首要原因。① 因此，对于辨认笔录，应当严格审查，以防误判。凡是出现上述五种情形之一，并且不能确定其真实性的，该辨认结果应当排除，不得作为定案的根据。但该条第2款规定，有下列情形之一的，通过有关办案人员的补正或者作出合理解释的，辨认结果可以作为证据使用：(1) 主持辨认的侦查人员少于二人的；(2) 没有向辨认人详细询问辨认对象的具体特征的；(3) 对辨认经过和结果没有制作专门的规范的辨认笔录，或者辨认笔录没有侦查人员、辨认人、见证人的签名或者盖章的；(4) 辨认记录过于简单，只有结果没有过程的；(5) 案卷中只有辨认笔录，没有被辨认对象的照片、录像等资料，无法获悉辨认的真实情况的。该款规定了对有瑕疵的辨认笔录的补正规则，如果出现上

① 2004年由美国密歇根大学法学院刑事诉讼法和死刑研究专家 Samuel R. Gross 教授及该校四名博士生共同发表的《美国自1989年至2003年间的错案报告》指出，在15年间发现的328起错案中，97%的错案主要集中于谋杀和强奸这两类恶性案件，其中谋杀199件，强奸120件，其他暴力犯罪6件，毒品及财产型犯罪3件。64%的错案中至少有一名目击证人错误指认被告人。而在强奸案件中，几乎90%的错案是由于目击证人尤其是被害人的错误指认造成的。其中不同种族之间的错误指认最容易发生，约50%的强奸错案是由白人女性被害人错误指认黑人男性被告人造成的。但实际上在所有强奸案件中，只有不到10%的案件是黑人男性对白人女性实施的性侵犯。参见［美］萨缪尔·R·格罗斯等：《美国错案报告（1989—2003）》，载《法律能还你清白吗：美国刑事司法实证研究》，甄贞等编译，法律出版社2006年版，第2~3页。

述五种情形之一，辨认结果并不当然被排除。这是因为，在司法实践中，辨认结果的正确性可能受到多方面因素的影响，由于工作疏忽、条件限制等主客观原因，辨认程序难免存在一定的瑕疵。对于存在瑕疵的辨认结果，如果一概否定其证据能力，就可能影响许多案件事实的认定。因此，如果是上述五种特定的程序瑕疵，能够通过有关办案人员的补正或者作出合理解释，该辨认结果可以作为证据使用。此外，笔者认为，美国联邦最高法院和德国最高法院通过判例确定的法官判断决定辨认结果准确性的标准对我国也有重要的参考价值。美国联邦最高法院在尼尔诉比格斯一案中列举了法官在决定辨认结果准确性时应当考虑的五个因素：一是目击者在犯罪过程中观察犯罪人的机会；二是目击者注意力集中的程度；三是目击者先前对犯罪人描述的准确性；四是目击者在对质时所表现出来的肯定程度；五是犯罪与对质之间间隔时间的长短。① 这五个因素反映了确认辨认准确度的一种共同的感觉方式。德国最高法院关于辨认准确性的标准也包括五个方面的因素：一是知觉阶段因素（目击阶段）：（1）目击的机会；（2）观察持续的时间（犯罪行为持续或暴露的时间）；（3）犯罪实施者与众不同的特征。二是保持阶段的因素：（1）保持的间隔（多于5年）；（2）犯罪实施者的媒体报道情况；（3）重复辨认的尝试。三是辨认程序中的因素：（1）对犯罪实施者出现在列队中的期待；（2）是否单一辨认（一人列队的辨认）；（3）列队中陪衬者的数量；（4）是列队辨认还是照片辨认；（5）有否不一致的辨认结果；（6）是否再进行法庭辨认。四是陈述或目击的综合因素：（1）证人描述与证人辨认的一致性；（2）关于犯罪情形详细陈述的质量；（3）辨认结果的确信程度。五是证人因素：（1）证人的知觉缺陷与认知能力状况；（2）儿童证人的辨认状况；（3）侦查人员的辨认（成功压力）。②

2. 侦查实验笔录

侦查实验是先后四部《刑事诉讼法》明确规定的一种侦查行为，它是指为了确定与案件有关的某一事件或者事实在某种条件下能否发生或者怎样发生而按照原来的条件，将该事件或事实加以重演或者进行试验的一种侦查活动。我国《澳门刑事诉讼法典》称之为"事实之重演"，规定"重演事实细致尽可能忠实

① Neil v. Biggers, 409 U. S. 199 - 200 (1972).

② BGHSt 16, 204.

重新营造被肯定或推想发生该事适时之情况，以及重演如何实行该事实”。（第137条第2项）并且“应尽可能避免将事实之重演公开”。（第138条第3项）从本质上讲，侦查实验就是分析研究犯罪手段和某些事实、情节，从而查明犯罪嫌疑人的供述与辩解、证人证言、被害人陈述是否合乎客观实际情况的一种方法。侦查实验笔录是侦查人员按照法定格式制作的，用于描述和证明实验过程中发生的具有法律意义的事实状况的书面记录。根据《公安机关办理刑事案件程序规定》第202条和第204条规定，侦查实验的任务包括七个方面：（1）确定在一定条件下能否听到或者看到；（2）确定在一定时间内能否完成某一行为；（3）确定在什么条件下能够发生某种现象；（4）确定在某种条件下某种行为和某种痕迹是否吻合一致；（5）确定在某种条件下使用某种工具可能或者不可能留下某种痕迹；（6）确定某种痕迹在什么条件下会发生变异；（7）确定某种事件是怎样发生的。2012年《刑事诉讼法》第133条增加第2款规定，侦查实验的情况，包括其经过和结果等，应当写成《侦查实验笔录》，由参加实验的人签名或者盖章。但1979年《刑事诉讼法》和1996年《刑事诉讼法》都没有将侦查实验笔录规定为一种证据，实践中一般将它作为勘验笔录之一加以使用。然而，侦查实验笔录不同于勘验笔录，因为一方面，侦查实验和勘验是两种性质完全不同的侦查行为。勘验是通过直观观察来发现、收集证据，而侦查实验则是以模拟为前提，以类比推理为工具来探求事实真相。另一方面，两者记载的内容也不同。勘验对象的客观性决定了勘验笔录记载的内容是有关物证的位置或存在状态，侦查实验笔录记载的则是通过模拟、推理而得出的事物存在的客观可能性。此外，侦查实验笔录也不应该归属于其他书面性的证据，包括书证、鉴定意见或视听资料等①，因此，2012年《刑事诉讼法》将侦查实验笔录单独列为笔录类证据中的一种证据，是必要的。但是，与辨认笔录一样，立法和司法解释尚未对侦查实验笔录的内容和制作要求作出明确规定，“两个证据规定”也没有就其审查判断作出任何规范，这是不利于该种证据使用的。

鉴于侦查实验笔录并不是在案件发生前或者案件发生过程中客观、自动形成的，而是在案发后对侦查人员模拟案件发生情况进行侦查实验过程结果的记录，具有很强的人为操作性。同时，侦查人员的素质以及其是否与案件有利害关系也

① 详细分析参见马楠楠：《浅议侦查实验笔录》，载《河南公安高等专科学校学报》2008年第5期。

将直接影响侦查实验笔录的客观公正性。所以，笔者认为，要保证侦查实验笔录具有证据效力，立法或司法解释就必须严格规制笔录的制作，主要包括：第一，明确制作笔录的主体。根据《刑事诉讼法》规定，侦查实验是在经县级以上公安机关负责人批准后，由侦查人员具体组织实施的，因此，侦查实验笔录的制作主体也必须是侦查机关的工作人员。同时，根据《刑事诉讼法》有关回避制度的规定，侦查实验笔录的制作主体必须与案件没有利害关系或者其他可能影响案件公正处理的情形，否则，应当回避。第二，规定制作笔录的时间。作为一项模拟案件发生时的条件而进行的实践活动，侦查实验具有很强的过程性，而且一般不公开进行。一旦实验结束，其间的一部分过程尤其是某些细节往往会被人遗忘。这主要是人的记忆规律使然。因此，时过境迁后就难以将侦查实验的过程及结论详细、完整地记录下来，尤其是一些重要的细节和特征。这就要求侦查实验笔录的制作主体对实验的记录应该与实验具有同步性。即使实验中无法实现同步记录，也应当在侦查实验结束后的最短时间内完成笔录的制作，以避免因时间因素而出现遗漏。第三，规范笔录的内容。由于侦查实验是借助其整个过程来验证需核实的问题，所以，侦查实验笔录的内容必须包括实验的全过程。具体来说，应该包括三部分内容：一是案件发生的时间、地点、简要案情及实验的目的和要求；二是实验的方法、条件、可能借助的视听工具、实验过程和结果；三是实验开始和结束的时间、实验地点，以及参加实验人员的姓名、工作单位和职务，并由参加实验人员和见证人签名或盖章。此外，实验的照片、绘图也应附入侦查实验笔录。

对于侦查实验笔录的审查与认定，笔者认为，基本上可以参照《办理死刑案件证据规定》第 30 条关于辨认笔录的审查与认定进行。

（三）电子数据

随着现代科技的高速发展，人们进入了一个电子化、信息化的崭新时代，各种电子数据在刑事诉讼中广泛运用，已经是不争的事实。《办理死刑案件证据规定》第 29 条对电子证据的具体形式和审查判断原则进行了规范，2012 年《刑事诉讼法》正式将其作为一种新的证据形式作出了规定。这顺应了时代发展要求和刑事诉讼现代化的需要，是科学的。而且“由于电子数据和视听资料的载体都是高科技产品，它们在制作、收集、固定和审查判断上都采用高科技方法等共同特点，将视听资料和电子数据放在一类中进行规定也有其充分合理性”。[①] 但与《办理死刑案件证据规定》不同的是，《刑事诉讼法》使用的“电子数据”名称，而不是“电子证据”，笔者认为，这更加准确。因为电子证据本质上就是一组数字化的信息，通过“0”或“1”这两个数字的不同编码记录于磁性介质中。此外，虽然《刑事诉讼法》将“电子数据”作为一种独立的证据种类，但它只是概括规定了“电子数据”的名称，而没有列明其具体表现形式，这为新的电子数据形式的出现预留了空间，更具前瞻性。

随着互联网的普及，网络犯罪有了一定的空间，电子数据或电子证据问题日益成为摆在电子商务、电子政务以及计算机犯罪刑事司法面前的一道法律障碍。但如何界定电子数据或电子证据的概念，确定其表现形式和种类归属，成为学术界争议的焦点之一。从世界各国（地区）立法规定看，对电子数据或电子证据内涵的理解主要有广义和狭义两种。联合国国际贸易法委员会和美国、德国、爱尔兰等国的立法持广义的态度。联合国国际贸易法委员会《电子商务法范本》第2条规定，“数据信息”是指通过电子手段、光学手段或其他类似手段生成、发送、接受或储存的信息，它包括但不限于电子数据交换（EDI）、电子邮件、电报、电传或传真。《美国电子商务示范法》将数据电文、电传或传真信息理解为“电子证据”，而《德国信息和通讯服务示范法》将电信信息、计算机系统信息、互联网信息合并理解为“电子数据”。欧盟与加拿大则持狭义的立场。欧盟将“电子数据”理解为电子网络信息，而《加拿大统一电子证据法》认为“电子数据”是指保存在电脑系统或其他类似装置的任何媒介上，能够被个人或计算机系统以及其他类似装置浏览、察觉的数据、事实等任何形式的信息。[②]《办理死刑案件证据规定》第29条认为电子证据包括电子邮件、电子数据交换、网上聊天记录、网络博客、手机短信、电子签名、域名等。公安部《计算机犯罪现场勘验与电子证据检查规则》第2条规定：“……电子证据包括电子数据、存储媒介和电子设备。”最高人民法院、最高人民检察院、公安部2016年联合制定《关于办理刑事案件收集提取和审查判断电子数据若干问题的规定》（以下简称《电

---

① 汪建成：《刑事证据制度的重大变革及其展开》，载《中国法学》2011年第6期。

② 参见宋英辉、汤维建主编：《证据法学研究综述》，中国人民公安大学出版社2006年版，第183页。

子数据证据规定》)，该规定第1条分三款明确界定了电子数据的概念与范围，即“电子数据是案件发生过程中形成的，以数字化形式存储、处理、传输的，能够证明案件事实的数据。电子数据包括但不限于下列信息、电子文件：（一）网页、博客、微博客、朋友圈、帖吧、网盘等网络平台发布的信息；（二）手机短信、电子邮件、即时通信、通讯群组等网络应用服务的通信信息；（三）用户注册信息、身份认证信息、电子交易记录、通信记录、登录日志等信息；（四）文档、图片、音视频、数字证书、计算机程序等电子文件。以数字化形式记载的证人证言、被害人陈述以及犯罪嫌疑人、被告人供述和辩解等证据，不属于电子数据。确有必要的，对相关证据的收集、提取、移送、审查，可以参照适用本规定。”根据该条规定，电子数据具有三个方面特征：一是时间性，它必须是在案件发生过程中形成的，而不能是案件发生后诉讼过程中产生的。二是数字性，它是以数字化形式存储、处理、传输的各种数据，其范围包括但不限于第2款规定的各种信息和电子文件，是一个开放的体系。但是，以数字化形式记载的证人证言、被害人陈述以及犯罪嫌疑人、被告人供述和辩解等证据，不属于电子数据。三是关联性，与其他证据一样，它必须能够用来证明案件事实。此外，关于“电子数据”的名称问题，在2012年《刑事诉讼法》将其规定为一种独立的证据种类之前，学界围绕电子证据的种类归属问题，先后提出过“视听资料说”“书证说”“物证说”“混合证据说”“独立证据说”和“鉴定结论说”六种观点，[①] 但主流观点是“视听资料说”，将电子证据归入视听资料这一证据形式，认为视听资料主要包括录音资料、录像资料、电子计算机存储资料和运用专门技术设备得到的信息资料。[②] 所以，2012年《刑事诉讼法》也将电子数据和视听资料列为同一类证据。然而，正如学者指出的，“视听资料”这一证据名称虽然在我国三大诉讼法中都已使用，但其本身并不十分严谨。因为它同其他法定证据种类的划分标准不一致，其他证据种类均是以证据的存在或表现形式作为其命名的根据，而“视听资料”却是以人们对这类证据的感觉方式命名的。因此，从逻辑上讲，

---

① 详细介绍参见宋英辉主编：《刑事诉讼法学研究述评（1978—2008）》，北京师范大学出版社2009年版，第574～578页。

② 参见樊崇义主编：《证据法学》（第四版），法律出版社2008年版，第216～217页；陈光中主编：《刑事诉讼法》（第三版），北京大学/高等教育出版社2009年版，第205页；龙宗智：《证据法的理念、制度与方法》，法律出版社2008年版，第68～71页。

“视听资料”同其他法定证据种类不是处在同一位阶上。而关于电子数据的名称同样需要斟酌，因为用作证据使用的其实不是电子本身，而是通过电子数据这种特殊介质所承载的资料。① 基于上述理由，笔者赞同多数学者观点，建议将“视听资料、电子数据”这一类证据名称改为“音像、电子资料”，从而使我国刑事证据的分类标准趋于一致。此外，既然立法已经将“电子数据”规定为一种法定证据种类，就应当在搜查、扣押对象中（第139条、第140条、第143条）增加“电子数据”，以便于该种证据的收集和利用。由于电子数据的电子性，电子数据不同于物证、书证等其他证据种类，它完全可以同原始存储介质分离开来。而且，对电子数据的复制可以确保与原数据的完全一样，复制后的电子数据与原数据没有任何差异。因此，与传统证据种类不同，电子数据没有“原始电子数据”的概念，只有“原始存储介质”的概念。

《电子数据证据规定》第2条和第5条规定，作为证据使用的电子数据，具有真实性、合法性、关联性和完整性。对电子数据是否真实，该规定第22条规定应当着重审查以下五个方面内容：（一）是否移送原始存储介质；在原始存储介质无法封存、不便移动时，有无说明原因，并注明收集、提取过程及原始存储介质的存放地点或者电子数据的来源等情况；（二）电子数据是否具有数字签名、数字证书等特殊标识；（三）电子数据的收集、提取过程是否可以重现；（四）电子数据如有增加、删除、修改等情形的，是否附有说明；（五）电子数据的完整性是否可以保证。《电子数据证据规定》第5条要求采取以下一种或者几种方法保护电子数据的完整性：（一）扣押、封存电子数据原始存储介质；（二）计算电子数据完整性校验值；（三）制作、封存电子数据备份；（四）冻结电子数据；（五）对收集、提取电子数据的相关活动进行录像；（六）其他保护电子数据完整性的方法。同时，第23条规定了对电子数据完整性的审查要求，即对电子数据是否完整，应当根据保护电子数据完整性的相应方法进行验证：（一）审查原始存储介质的扣押、封存状态；（二）审查电子数据的收集、提取过程，查看录像；（三）比对电子数据完整性校验值；（四）与备份的电子数据进行比较；（五）审查冻结后的访问操作日志；（六）其他方法。而对收集、提取电子数据是否合法，《电子数据证据规定》第24条提出应当着重审查以下四个

① 参见汪建成：《刑事证据制度的重大变革及其展开》，载《中国法学》2011年第6期。

方面内容：（一）收集、提取电子数据是否由二名以上侦查人员进行，取证方法是否符合相关技术标准；（二）收集、提取电子数据，是否附有笔录、清单，并经侦查人员、电子数据持有人（提供人）、见证人签名或者盖章；没有持有人（提供人）签名或者盖章的，是否注明原因；对电子数据的类别、文件格式等是否注明清楚；（三）是否依照有关规定由符合条件的人员担任见证人，是否对相关活动进行录像；（四）电子数据检查是否将电子数据存储介质通过写保护设备接入到检查设备；有条件的，是否制作电子数据备份，并对备份进行检查；无法制作备份且无法使用写保护设备的，是否附有录像。同时，《电子数据证据规定》第25条规定，认定犯罪嫌疑人、被告人的网络身份与现实身份的同一性，可以通过核查相关IP地址、网络活动记录、上网终端归属、相关证人证言以及犯罪嫌疑人、被告人供述和辩解等进行综合判断。认定犯罪嫌疑人、被告人与存储介质的关联性，可以通过核查相关证人证言以及犯罪嫌疑人、被告人供述和辩解等进行综合判断。此外，对于电子邮件、电子数据交换、网上聊天记录、网络博客、手机短信、电子签名、域名等特定类型的电子证据的审查判断，《办理死刑案件证据规定》第29条规定，应当主要审查以下五个方面内容：（一）该电子证据存储磁盘、存储光盘等可移动存储介质是否与打印件一并提交；（二）是否载明该电子证据形成的时间、地点、对象、制作人、制作过程及设备情况等；（三）制作、储存、传递、获得、收集、出示等程序和环节是否合法，取证人、制作人、持有人、见证人等是否签名或者盖章；（四）内容是否真实，有无剪裁、拼凑、篡改、添加等伪造、变造情形；（五）该电子证据与案件事实有无关联性。经过审查，对电子证据有疑问的，应当进行鉴定。对于电子证据，还应当结合案件其他证据，审查其真实性和关联性。根据起草者解释，《办理死刑案件证据规定》并不是将电子证据作为一种独立的证据种类作出规定的，需要根据特定类型的电子证据所具有的独特特征，参照已有的证据种类中的某类证据进行审查判断。①

关于电子数据的证据能力，《电子数据证据规定》第27条和第28条分别作了限制规定。第27条规定，电子数据的收集、提取程序有下列瑕疵，经补正或者作出合理解释的，可以采用；不能补正或者作出合理解释的，不得作为定案的

① 参见张军主编：《刑事证据规则理解与适用》，法律出版社2010年版，第228页。

根据：(一) 未以封存状态移送的；(二) 笔录或者清单上没有侦查人员、电子数据持有人（提供人）、见证人签名或者盖章的；(三) 对电子数据的名称、类别、格式等注明不清的；(四) 有其他瑕疵的。第28条规定，电子数据具有下列情形之一的，不得作为定案的根据：(一) 电子数据系篡改、伪造或者无法确定真伪的；(二) 电子数据有增加、删除、修改等情形，影响电子数据真实性的；(三) 其他无法保证电子数据真实性的情形。

2012年《刑事诉讼法》虽然对刑事证据种类进行了一定调整，将“勘验、检查笔录”扩张为一类具有一定开放性的笔录类证据，同时，概括规定“电子数据”，为未来更多的电子信息材料进入诉讼证据领域预留了空间，然而，从总体上讲，《刑事诉讼法》第50条第2款所确定的刑事证据种类仍然属于一种相对封闭的证据分类体系，将全部信息材料在法律上划分为八大类十一种，并被赋予证据资格，而没有被纳入这些类别的材料就不能作为证据，这不仅与第50条第1款规定的证据概念不协调（因为该概念规定所有可以证明案件事实的材料都是证据），而且与前苏联、俄罗斯以及两大法系其他国家的做法也不一致。前文谈到，无论是1960年《苏俄刑事诉讼法典》第69条第1款将刑事证据概念规定为“事实材料说”，还是2002年《俄罗斯联邦刑事诉讼法典》第74条第1款将刑事证据概念修改为“信息材料说”，它们第2款所规定的证据分类体系都是开放式的，除了法律明确表述的证据形式外，最后两项不仅允许所有侦查行为的笔录和审判行为的笔录作为证据，而且允许“其他文件”作为证据。这里的“其他文件”包含所有不宜归入侦查行为笔录和审判行为笔录这一类笔录类证据，由机构、企业、机关、组织、公职人员或公民在文件中所证明或叙述的对刑事案件有意义的信息材料。俄罗斯刑事诉讼法没有对其规定任何特定形式要件和叙述形式，它可能含有书写的信息材料，也可能包含借助于其他信息保存和传输手段记录的信息材料，还可能是在其他信息载体上记录的材料，范围非常广泛。① 而从两大法系做法看，英美法系关于证据形式的规定也是开放式的，一般都没有对证据的种类或证据方式作严格的限制性规定，而是对可能会出现的各种信息资源持等待和包容的态度，以便适应社会发展过程中不断出现的新兴的未知的信息资源。1995

① 参见［俄］K·ф·古岑科主编：《俄罗斯刑事诉讼教程》，黄道秀等译，中国人民公安大学出版社2007年版，第234～235页。

年《澳大利亚联邦证据法》第2章“提出证据”分三节，分别规定了“证人”“书证”和“其他证据”，这里的“其他证据”包括除前述两类证据之外的可以用于证明案件事实的一切材料。大陆法系国家虽然没有制定专门的证据法典，往往通过诉讼法典对证据形式进行一定的分类，从而在一定程度上对证据形式予以限制，但这种限制一般也不是封闭式的，法律并没有完全排除其他可以用来证明案件事实的材料作为证据在诉讼中使用。《意大利刑事诉讼法典》第三编“证据”第一章“一般规定”中第189条明确规定“法律未规定的证据”可以采纳，即如果需要获取法律未规定的证据，当该证据有助于确保对事实的核实并且不影响关系人的精神自由时，法官可以调取该证据。法官就调取证据的方式问题听取当事人意见后决定采纳该证据。为此，笔者认为，在我国《刑事诉讼法》对证据概念进行修改后，证据分类体系也应该从相对封闭进一步走向开放，借鉴前苏联和俄罗斯的做法，主要方式包括两种：一是在《刑事诉讼法》第50条第2款后面增加第（9）项，规定“其他可以证明案件事实的材料”或“其他材料”，作为兜底条款，从而使所有包含案件事实信息、可以用来证明案件事实的原生性和派生性信息材料都能够作为证据在诉讼中使用；二是通过规范性文件对《刑事诉讼法》第50条第2款第（7）项规定的笔录类证据作出扩大解释，使之成为“侦查行为的笔录和审判行为的笔录”或“侦查、审判笔录”，包括现行四类笔录类证据以外所有在侦查和审判过程中依法制作的可以证明案件事实的笔录，如《办理死刑案件证据规定》第31条所规定的“侦查机关出具的破案经过等材料”和提取笔录、搜查笔录等笔录。这是其一。其二，2018年《刑事诉讼法》第197条第2款规定了专家辅助人制度，规定：“公诉人、当事人和辩护人、诉讼代理人可以申请法庭通知有专门知识的人出庭，就鉴定人作出的鉴定意见提出意见。法庭对于上述申请，应当作出是否同意的决定。”最高人民法院2001年制定的《关于民事诉讼证据的若干规定》第61条也规定了专家辅佐人制度。这种专家证言与普通证人证言显然是有区别的，它不能适用意见证据规则，也不同于鉴定意见或鉴定人陈述，因此，笔者认为，我国应当借鉴德国二元化分类制度，通过立法或司法解释将第48条第2款第（3）项规定的“证人证言”扩大解释为包括普通证人证言和专家证人证言两种类型，[①] 或者将该类证据名称直接修改为“普

---

① 参见龙宗智：《证据分类制度及其改革》，载《法学研究》2005年第5期。

通证人证言、专家证人证言”。其三，2018 年《刑事诉讼法》第 52 条规定了侦查取证中的禁止性规定——不得强迫任何人证实自己有罪，已经赋予犯罪嫌疑人、被告人不得强迫自证其罪的权利（尽管与国际公约还有差距），为了使证据种类名称淡化对犯罪嫌疑人、被告人的强制性讯问色彩，也避免引起歧义，笔者建议将 2018 年《刑事诉讼法》第 50 条第 2 款第（5）项规定的“犯罪嫌疑人、被告人供述和辩解”修改为“犯罪嫌疑人、被告人陈述”，以便与第（4）项“被害人陈述”名称一致，共同组成刑事诉讼中的“当事人陈述”这一证据种类，从而与《民事诉讼法》《行政诉讼法》相协调。

三、证据新分类

（一）定罪证据与量刑证据①

定罪与量刑是刑事审判活动中最重要的两个阶段。我国传统的刑事诉讼法确立了定罪与量刑一体化的程序模式，并呈现出“量刑依附于定罪”的制度格局。当前，这种制度格局不仅面临着一系列的现实挑战和变革压力，而且已经不能承载与实现制度本身所具有的价值与意义。作为中央政法机关推进的量刑规范化改革的重要组成部分，以追求公平正义、实现量刑均衡为目标的量刑程序改革早已经拉开了序幕，在量刑的公开性及公正性方面都取得了可喜的成绩。然而，我国传统的证明理论主要围绕定罪活动进行，对于定罪完成之后的量刑活动难以提供有效的支持，势必会影响量刑规范化改革的实际效果。因此，量刑程序改革要以证据制度改革作为配套工具，2012 年修改后的刑事诉讼法出台后，在区分定罪证据与量刑证据的基础上，构建独立的量刑证据规则显得尤为迫切和重要。

1. 定罪证据与量刑证据的概念

随着量刑程序改革的深入开展，将审判程序划分为定罪和量刑两个相对独立的部分后，整个案件的证据也可以根据证明事实的性质不同，划分为定罪证据与量刑证据。定罪证据是指能够证明对于某一行为是否构成犯罪、构成何种犯罪的确认与评判的根据。需要注意的是，不应将定罪证据简单地等同于犯罪证据，它不仅包括犯罪的基本事实、犯罪性质、情节和对社会的危害程度，也包括证明被

① 该部分内容由樊崇义教授与杜邈博士合作完成，原文《定罪证据与量刑证据要区分》，载《检察日报》2012 年 6 月 4 日，第 3 版。

告人无罪或尚不足以证明被告人有罪的案件事实。量刑证据是与定罪证据相对应的一类重要证据。它是指在行为成立犯罪的前提下，与犯罪行为或犯罪人有关的，体现行为社会危害性程度和行为人人身危险性程度，因而在量刑时从重、从轻或者免除刑罚时必须予以考虑的各种具体事实情况。量刑证据可以分为定罪量刑混合证据和纯粹的量刑证据：一是定罪量刑混合证据，证明的是属于犯罪构成要件的量刑事实，如行为人的年龄、犯罪时间、地点和环境、犯罪手段、犯罪数额等，它们既是定罪证据又是量刑证据，在实践中很难明确地将两者区分开来。二是纯粹的量刑证据，证明的是不属于犯罪构成要件的量刑事实。

2. 定罪证据与量刑证据的差别

在刑事审判活动中，由于定罪与量刑具有天然的密切联系，不能将定罪证据与量刑证据绝对割裂开来。然而，在量刑程序改革的背景下，区分定罪证据与量刑证据具有较强的理论价值和现实意义。总体来看，定罪证据与量刑证据具有以下差别：（1）功能的差别。定罪证据适用于定罪活动，量刑证据适用于量刑活动。因为定罪活动与量刑活动的性质和目的不同，所以无论从实体还是程序角度理解，定罪证据与量刑证据都存在差异。在刑事审判过程中，定罪环节用以解决被告人罪与非罪、有无刑事责任能力、此罪与彼罪的问题，主要实现的是刑罚的惩罚功能，体现了刑事诉讼法维护社会秩序的价值；量刑环节则是一项立足过去、面向未来的复杂工程，既要体现对犯罪人的报应观念，通过惩罚遏制犯罪，还要给予犯罪人再社会化的机会。与定罪和量刑两个环节相适应，定罪证据着眼于过去发生的犯罪事实，所遵循的重要理念是无罪推定原则，并由此衍生“排除合理怀疑”等证据规则；与定罪主要立足于过去的案件事实不同，刑罚裁量必须同时考虑过去的案件事实和被告人未来可能对社会构成危险的证据，以确定犯罪人的社会危害性和人身危险性，实现刑罚的一般预防和特别预防功能。（2）范围的差别。定罪和量刑的事实依据不同，使定罪证据与量刑证据的范围有所不同。通常而言，定罪证据的事实包括构成犯罪的基本要素，那么定罪证据也应当与此具有关联性；量刑证据的范围比定罪证据更广泛，量刑的依据不仅包括定罪信息，还包括各种法定或酌定的从重、从轻、减轻或者免除处罚情节，尤其是酌定量刑情节包含的内容十分宽泛，这决定了量刑证据材料来源的广泛性和表现形式的多样性。在教育刑理念的指引下，只有对犯罪人的工作、生活进行调查了解，才能明确犯罪人的犯罪原因，进而判断其人身危险性与再犯可能性。以品格证据为例，在定罪事实的查明过程中，由于被告人的不良品格与危害行为的实施没有必然联系，因而原则上禁止使用品格证据。在量刑环节，为了更好地对犯罪人进行教育改造，不仅要考察被告人在犯罪前、犯罪时和犯罪后的情况，还需要考察与其品格相关的倾向性证据，如被告人的个人信息、教育背景、家庭状况、成长环境、职业情况、收入状况、心理健康情况、前科劣迹、人身危险情况以及回归社会的可能性等。(3) 规则的差别。证据规则是指在收集证据、采用证据、审查核实证据、运用证据时必须遵守的一系列准则，其核心是证据的可采性问题。为了防止司法人员在证明过程中的主观臆断，保证判断的准确性和可靠性，就必须运用证据规则对于证据的取舍与运用进行约束。鉴于对定罪事实和量刑事实的证明统一于刑事诉讼中，大部分证据规则对两种证明有统一的规范要求，如免证规则、关联性规则、补强证据规则等。然而，从证明的角度来看，定罪环节与量刑环节对证据规则的运用存在较大差别。进入量刑阶段之后，由于被告人已经被确定为有罪，这时法庭考虑的重点是如何贯彻罪责刑相适应原则，而不是定罪证明阶段的无罪推定原则。如最高人民法院 2006 年颁布的《关于审理未成年人刑事案件具体应用法律若干问题的解释》规定，对未成年罪犯量刑应当充分考虑未成年人实施犯罪行为的动机和目的、犯罪时的年龄、是否初次犯罪、犯罪后的悔罪表现、个人成长经历和一贯表现等因素。由此可见，在定罪程序中必须严格遵守的许多证据排除规则，在量刑程序中都可以得到突破，对证据的来源、形式、方式的限制较少，如品格证据、意见证据等都可能得到法庭的采纳。“两高三部”《审判中心改革意见》第 2 条第 3 款使用了“量刑证据”这一概念及其运用规则，即“人民法院作出有罪判决，对于证明犯罪构成要件的事实，应当综合全案证据排除合理怀疑，对于量刑证据存疑的，应当作出有利于被告人的认定”。最高人民法院《审判中心改革实施意见》第 30 条明确使用定罪证据和量刑证据这一分类方法，并为二者规定了不同的运用规则，即“人民法院作出有罪判决，对于定罪事实应当综合全案证据排除合理怀疑。定罪证据不足的案件，不能认定被告人有罪，应当作出证据不足、指控的犯罪不能成立的无罪判决。定罪证据确实、充分，量刑证据存疑的，应当作出有利于被告人的认定”。

3. 构建独立的量刑证据规则

刑事诉讼中的事实应依据证据认定，这是证据裁判原则最基本的含义。基于定罪与量刑不分的传统，我国目前的证据规则多数建立在定罪证据这一前提下，将定罪和量刑的证据规则相混同，这显然是不适当的。相对于严格的定罪证据规则，量刑证据规则从总体上来看略为宽松灵活，这种特征不仅表现在证据种类、取证方式上，而且表现在证明标准、证明责任等诸多方面。

严格证明与自由证明作为证据法上的基本概念，最早由德国学者迪恩茨提出，并在大陆法系国家的学说和判例中得以发展，对我国刑事诉讼证明理论及实践具有借鉴意义。通常认为，严格证明是指使用具有证据能力的证据，经过法律规定的证明方式和程序进行调查的证明规则；自由证明则是指使用不一定具有证据能力的证据，由法官进行自由裁量就可径直作出判断的证明规则。在刑事审判过程中，对于定罪事实适用严格证明没有太大争议，而对于量刑事实应当适用何种证明方式，理论上的认识不尽一致。笔者认为，应根据量刑事实的不同类型，采用不同的证明方式：一方面，对于定罪量刑混合事实以及法定量刑情节，应适用严格证明。即在证据种类、证据能力、调查方法等方面，应当严格遵守法律的规定，不论其是否有利于被告人。如“两高三部”《关于规范量刑程序若干问题的意见（试行)》规定：“侦查机关、人民检察院应当依照法定程序，收集能够证实犯罪嫌疑人、被告人犯罪情节轻重以及其他与量刑有关的各种证据。”准确地查明实体法上的定罪量刑事实是刑事诉讼中证明活动的首要目的，法律对各种证据设置了明确而具体的规范之后，法官在采信证据时就必须依法行事，从而防止自由裁量权的滥用。

另一方面，对于酌定量刑情节可以适用自由证明。我国已经存在对量刑事实进行自由证明的相关规定。例如，《刑事诉讼法》规定，被告人和被害人在庭审程序中，都拥有充分表达自己对量刑意见的渠道，能够进行充分有效的互相辩论，可以对量刑过程和结果造成实质性的影响。再如，根据最高人民法院《关于审理未成年人刑事案件的若干规定》第 21 条，“开庭审理前，控辩双方可以分别就未成年被告人性格特点、家庭情况、社会交往、成长经历以及实施被指控的犯罪前后的表现等情况进行调查，并制作书面材料提交合议庭。必要时，人民法院也可以委托有关社会团体组织就上述情况进行调查或者自行进行调查。”在量刑环节，为了确保法官获取信息的全面性，在证据范围上可以采用通常情况下不具备证据能力的证据，如品格证据和意见证据；在调查方法上，并不需要受到严格的法定证据方法限制。在摆脱各种形式规则的束缚之后，法官能够自主地运用和判断证据，根据个案证明活动的具体情况形成的内心确信，对案件事实作出符合客观实际的认定，这也是刑罚个别化的必然要求。

在我国刑事诉讼法中，“事实清楚、证据确实充分”是认定案件事实所要达到的标准，《刑事诉讼法》第55条第2款对此作了进一步阐释：“证据确实、充分，应当符合以下条件：（一）定罪量刑的事实都有证据证明；（二）据以定案的证据均经法定程序查证属实；（三）综合全案证据，对所认定事实已排除合理怀疑。”据此，凡是定罪证据未达到排他性证明标准的案件，人民法院应当根据“疑罪从无”规则，作出证据不足、指控的犯罪不能成立的无罪判决。然而，与相对单一的定罪证据相比，量刑证据要复杂得多，大部分证明被告人人身危险性的量刑证据是传闻证据甚至品格证据，通常涉及犯罪人的日常工作、生活等方面。

因此，笔者认为，对量刑事实应当设置不同的证明标准：第一，对于定罪量刑混合事实和法定量刑情节的证明，应当设置一个较高的证明标准。在我国，由于控诉机关证明能力强大，辩方收集证据的能力和水平常常受到限制，且刑罚一旦实施于被告人即不可补救，因此，对于上述量刑事实，均应采用与定罪相同的证明标准，即达到“案件事实清楚、证据确实充分”的程度。特别是在可能适用死刑的案件中，只有在对被告人的罪行根据明确和合法的证据而对案件事实没有其他解释余地的情况下，才能判处死刑，这也是保障被告人合法权益的必然要求。第二，对于酌定量刑情节的证明，应当设置一个较低的证明标准。无论是对酌定从严情节还是酌定从宽情节的证明，只需达到高度的盖然性（Probability）即可，即在证据对某一事实的证明无法达到确凿无疑的情况下，对盖然性较高的事实予以认定。换言之，如果辩方对酌定量刑事实举证，控方没有足够的证据否定对方证据时，人民法院应当结合案件情况，判断控辩双方提供证据的证明力哪一方更为明显，从而对证明力较大的证据予以确认。

在刑事诉讼中，证明责任的分配是指证明被告人有罪、无罪或其他与犯罪有关的特定事项的责任如何在有关机关和个人之间进行配置的问题。在案件事实无法查清的情况下，如果负有证明责任的一方不能提出证据、所提证据不足以证明所主张事实存在或推翻不利的法律推定时，则需要承担不利裁判的后果。就定罪事实的证明而言，无论是大陆法系还是英美法系均遵循一个基本规则，即证明被告人有罪的责任始终应由控诉方承担，刑事被告人不承担证明自己有罪和无罪的责任。

《刑事诉讼法》规定，“公诉案件中被告人有罪的举证责任由人民检察院承担，自诉案件中被告人有罪的举证责任由自诉人承担”“不得强迫任何人证实自己有罪”。这就切实贯彻了无罪推定原则，使犯罪嫌疑人、被告人从一开始就免除了自证其罪的责任，充分体现了对人权的尊重，防止无辜者受到追究。就量刑事实的证明而言，应充分考虑控辩双方的调查取证能力及我国司法制度的特点。在公诉案件中，由于羁押率高、取证能力弱、律师辩护率低等，被告人在很多时候不可能提出证据以证明其量刑意见，而控方无论是在调查手段、调查范围上，获取证据的能力都远远高于被告人一方，因而控方应当承担量刑证明责任。在诉讼化的量刑程序中，检察机关基于客观公正义务的要求，提出的量刑建议既应包括证明被告人从重处罚的根据，也应包括证明被告人从轻或免除处罚的根据。被告人或辩护人在发表量刑意见时，享有提出相关证据或证据线索之权利，而不承担证明责任；检察机关应履行证明责任证明量刑事实是否存在，审判机关应依法予以核实，不得因被告人及其辩护人未提出相应的证据而处以较重的刑罚。

（二）客观证据与主观证据[①]

《刑事诉讼法》第50条采用“开放式列举”的方法明确规定了八种证据，从严格意义上来说，目前对证据进行的分类都仅限于原始证据与传来证据、言词证据与实物证据、有罪证据与无罪证据、直接证据与间接证据、本证与反证等，并没有客观性证据与主观性证据（又称客观证据与主观证据）之分。在我国法律不断修改和完善的同时法学研究也在同步深入，证据法学亦是如此。自2011年以来，浙江省人民检察院率先提出了“以客观性证据为核心的审查模式”改革，并由最高人民检察院先后两次在全国推广，取得了良好的效果，该证据审查模式在冤假错案的防范和纠正上具有明显的优势。笔者也在《论客观性证据审查模式》一文中阐述了客观性证据审查模式的优势，得到了学界的响应。[②] 由此，笔者认为，在刑事证据分类中增加客观证据与主观证据这一新的分类形式，具有较强的理论和实践意义。最高人民法院2016年改判聂树斌无罪的再审判决书中

① 该部分内容由樊崇义教授与李思远博士合作完成，原文为《刑事证据新分类：客观性证据与主观性证据》，载《南华大学学报（社会科学版）》2016年第1期。

② 参见樊崇义、赵培显：《论客观性证据审查模式》，载《中国刑事法杂志》2014年第1期。

两次直接使用“客观证据”这一名称。①

1. 新分类之界限

证据内容的稳定性与可靠性。证据的分类，是指在理论研究上按照不同类别证据的特点及其运行规律，而进行不同的划分。目前我国证据法学理论研究中，对于证据采用的是“二分法”，即对于八种证据按照一定的标准分为两类，每两类之间都有较为明显的界限。被划分的证据在证明某一待证事实的过程中处于“非A即B”的情况，如一份证人证言，在证明一项待证事实的时候只能是原始证据或是传来证据，而不可能既是原始证据又是传来证据。虽然理论界对这种划分方法也有争议，但采用这种划分方法最大的好处在于直接明了，能够最大限度地揭示证据的特点和证明的规律，能够为诉讼证明提供理论指导，也能为司法实践提供科学的办案方法。

客观性证据概念的提出，源自司法实践中的探索。自2011年以来，浙江省人民检察院在深入剖析近年来暴露的冤假错案的沉痛教训的基础上，探索出了以客观性证据为核心的审查模式，为完善印证证明的方法和途径提供了有益的尝试。以客观性证据为核心的审查模式，是指公诉部门在办理死刑案件过程中，将审查工作重心从以被告人口供等言词证据为中心转变到以客观性证据为核心上来，凭借客观性证据具有可靠的稳定性和关联性的最佳证据特征，确认案件基础事实脉络，并以此为基础对全案证据予以审查和检验，进而准确认定犯罪事实的审查工作方式。2012年10月，最高人民检察院在浙江召开专门会议进行全国推广，认为客观性证据审查模式作为一种工作方法和工作理念，既体现了刑事诉讼

① 第一次是案由部分：“山东省高级人民法院依法组成合议庭，对本案进行全面审查后认为，原审判决缺少能够锁定聂树斌作案的客观证据，在被告人作案时间、作案工具、被害人死因等方面存在重大疑问，不能排除他人作案的可能性，原审认定聂树斌犯故意杀人罪、强奸妇女罪的证据不确实、不充分。建议本院启动审判监督程序重新审判，并报请本院审查。”第二次是判决理由综述部分：“本院认为，原审认定原审被告人聂树斌犯故意杀人罪、强奸妇女罪的主要依据是聂树斌的有罪供述，以及聂树斌的有罪供述与在案其他证据印证一致。但综观全案，本案缺乏能够锁定聂树斌作案的客观证据，聂树斌作案时间不能确认，作案工具花上衣的来源不能确认，被害人死亡时间和死亡原因不能确认；聂树斌被抓获之后前5天讯问笔录缺失，案发之后前50天内多名重要证人询问笔录缺失，重要原始书证考勤表缺失；聂树斌有罪供述的真实性、合法性存疑，有罪供述与在卷其他证据供证一致的真实性、可靠性存疑，本案是否另有他人作案存疑；原判据以定案的证据没有形成完整锁链，没有达到证据确实、充分的法定证明标准，也没有达到基本事实清楚、基本证据确凿的定罪要求。原审认定聂树斌犯故意杀人罪、强奸妇女罪的事实不清、证据不足。”

制度的发展方向，顺应证据制度发展的潮流，又是实现精细化办案的有效途径，对提高公诉人的执法能力，强化诉讼监督的效果，维护当事人的合法权益，确保死刑案件质量都起到积极的作用。在总结经验的基础上，2013 年4 月，浙江省检察机关将客观性证据审查模式推广到所有刑事公诉案件。

从我国证据学理论以及实践中八种证据所发挥的实际作用出发，应当按照八种证据内容的稳定性与可靠性程度的不同，增加一种新的证据分类——客观性证据与主观性证据。客观性证据是指以人以外之物为证据内容载体的证据，这些证据内容的载体通常是客观之物，虽然也会受到自然之影响，但是在有限的诉讼时限内，在没有人为因素介入的情况下，其外部特征、性状及内容等基本稳定，所包含的证据内容受人的主观意志的影响较小，因而客观性较强。主观性证据是指以人为证据内容载体的证据，需要通过对人的调查来获取其所掌握的证据信息，由于人的认知会随着外部环境和内在动机的变化而发生改变，因此主观性证据的特点表现为变动有余而稳定不足。具体到我国《刑事诉讼法》第 50 条规定的八种证据，可以纳入客观性证据的包括：物证；书证；鉴定意见；勘验、检查、辨认、侦查实验等笔录；视听资料、电子数据。而包括证人证言，被害人陈述，犯罪嫌疑人、被告人供述和辩解在内的三种证据为主观性证据。

对于物证、书证、视听资料、电子证据被划分为客观性证据一般没有争议，但对于鉴定意见和勘验、检查、辨认、侦查实验等笔录，将其划分为客观性证据，有学者持有异议，认为：“……鉴定意见是鉴定人对案件中的专门性事实问题提出的分析认定意见，用以解答事实认定问题，属意见证据，可归结为主观性证据，如关于死因的法医学鉴定意见……辨认笔录是侦查人员依照规范，组织辨认人对场所、物及人的辨识过程和结论的记录。虽然辨认对象、辨认方法、辨认过程具有客观性证据特征，但辨认结论直接承载着证明待证事项的功能，仍然受到辨认人的观察判断能力、记忆能力及表达能力等主观因素的影响，与言词证据的叙述性记录内容和形式相同，视为主观性证据更为准确。”① 笔者认为，以稳定性和可靠性对证据进行分类，我们并不否认两类证据在其表现形式上有“人的因素”和“物的因素”之差别，但该标准与传统的“言词证据与实物证据”的分类有着明显区别。根据证据事实形成的方法、表现形式、存在状况、提供方式

① 沈立国：《论客观性证据审查应用模式》，载《行政与法》2014 年第 11 期。

的不同，可以把证据分为言词证据和实物证据。言词证据是指以人的陈述为存在和表现形式的证据，因而又称为人证，包括以人的陈述形式表现出来的各种证据，如被害人陈述，犯罪嫌疑人、被告人供述和辩解，民事当事人的陈述，行政诉讼当事人的陈述，证人证言，鉴定意见等；实物证据是指以实物形态为存在和表现形式的证据，包括物证、书证、音像证据、勘验笔录等。有观点将言词证据等同于主观性证据，将实物证据等同于客观性证据，是不妥当的。

我们认为，鉴定意见一般是指鉴定人运用自己的专业知识或技能对案件中需要解决的专门性问题进行鉴定后所作出的判断，虽然在鉴定的过程中是以鉴定人为主体，并且需要发挥人的主观能动性来进行鉴识、判断，但是鉴定的过程往往要受到严格的限制，需要依照严格的程序、采用现代科技设备、依照科学规律才能完成。虽然鉴定意见在特殊情况下会出现难以得出明确结论、不同的鉴定机构出现不同的结论，但却不能以随意的方式进行更改，其可靠性与稳定性方面明显高于口供等主观性证据。辨认，是指在侦查中为了查明案情，必要时让被害人、证人或犯罪嫌疑人对特定的物品、场所、尸体、照片等进行辨别的一种侦查行为。虽然辨认不需要特定人员的专业知识，但和鉴定意见相同的是，辨认笔录的制作也需要依据科学规律、按照严格的程序才能完成，未经法定程序，不得随意更改。相较之下，以口供为代表的主观性证据虽然在辅助查明案件事实、还原案件全貌方面有着其他任何证据都无法比拟的优势，但其稳定性和可靠性却相对较差。以犯罪嫌疑人、被告人供述和辩解以及被害人陈述为例，其产生主体是和案件息息相关的犯罪嫌疑人、被告人和被害人，犯罪嫌疑人、被告人为了逃避法律打击，往往会隐瞒罪行、避重就轻，虚假陈述的可能性很大，而被害人则会因为报复心理或紧张的情绪作出主观推断的虚伪陈述，可靠性也较差。证人证言也经常会因为证人和案件事实有着利害关系或是证人的品格等而使证言的真实性受到很大影响。无论犯罪嫌疑人、被告人供述和辩解还是被害人陈述、证人证言，都存在随意更改可能性大、稳定性较差情况。因此，我们认为，应当将鉴定意见和辨认笔录划归客观性证据，而司法实践中经常会将“先供后翻、时供时翻”的口供以及被害人陈述、证人证言纳入主观性证据的范畴。

2. 新分类之重要意义

刑事冤假错案防范与纠正。不可否认的是，主观性证据是一个时代的产物。何家弘教授就提到过，人类的司法证明史曾从“神证”时代走入“人证”时代，又从“人证”时代走入“物证”时代。[①] 在生产力水平较为低下的“人证”时代，依靠主观性证据来查明案件事实，已经比依靠神明来进行裁判具有了明显的理性进步。主观性证据最大的特点和优点是能够从动态上反映案件事实全貌。它是案件的亲历者、见证者对其直接或者间接了解到的案件事实进行的复述，在这一点上，其他任何客观性证据都具有不可比拟的优势。尤其当主观性证据是由案件当事人提供的情况下，其陈述不仅能够将案件发生的全貌和许多其他人看不到或感知不到的细节复述出来，而且往往能将案件发生的前因后果、来龙去脉讲清楚，侦查人员通过全面听取和综合分析当事人的陈述，可以迅速地从整体上把握案件情况，有利于在第一时间侦破案件，这也正是主观性证据在办案过程中历来受到推崇的主要原因。

主观性证据具有其他证据无法比拟的优势，同时，也具有不可克服的缺陷。从各种因素上看，主观性证据的陈述者与案件的利害关系有可能使陈述者有意作出虚假的陈述。在司法实践中，曾试图采用测谎技术来补强主观性证据的证明力，但是即使是这种相对先进的技术，也不能对当事人是否作出虚假陈述进行100%的分辨。据统计，1990年至1991年，罗马尼亚使用测谎仪测谎1833例，准确率达到95%；日本有关统计资料表明，其测谎准确率达86%。[②] 例如，同意大利法学家贝卡利亚指出刑讯逼供“可以使一个意志薄弱的无辜者被判有罪，又可以使一个意志坚强的有罪者被判无罪”一样，测谎技术也会面临这个难题，只不过刑具测试的是肉体对痛苦的感知和承受力，测谎是对人的意志力的考验，在美国FBI受理的著名的“绿河杀人案”中，残忍的“绿河杀手”也通过了测谎。[③] 我国云南“杜培武杀妻冤案”中，也是办案人员根据测谎结果显示的一些“谎话”，进一步认为杜培武没有“如实供述”，从而刑讯逼取杜培武“认罪”的口供，终酿冤案。同时，由于主观性证据的形成是一个相当复杂的过程，一般要经历感知、记忆、陈述三个阶段，任何一个阶段受到惊吓、威胁等外界因素的干扰，都有可能导致主观性证据的失真。

与主观性证据相比，客观性证据最为突出的特点就是可靠性和稳定性较强，

① 参见何家弘：《电子证据法研究》，法律出版社2002年版，第4页。

② 参见戴士剑、刘品新：《电子证据调查指南》，中国检察出版社2014年版，第135页。

③ 参见戴士剑、刘品新：《电子证据调查指南》，中国检察出版社2014年版，第135页。

不易失真。客观性证据中客观存在的实物居多，且往往都是伴随着案件的发生过程而形成的，一般不易伪造，不像主观性证据那样容易受到外界因素的干扰而出现虚假，客观性证据中的实物虽为“哑巴证据”，但在一些场合却能发挥“沉默的现场知情人”作用。对于客观性证据中的鉴定意见和勘验、检查等笔录的制作主体虽然是人，但是其制作也是建立在对客观存在的证据、案发现场等基础之上，是依据科学规律得出的结论或意见，具备较强的客观性，不易出现虚假或失真。我国长期以来在刑事诉讼过程中推崇以主观性证据为中心，在侦查、起诉、审判过程中过于迷信主观性证据的能力和作用，由此形成了“口供中心主义”，同时疏于对客观性证据的收集和解读，导致案件证据的收集和运用不全面、不准确而发生案件事实认识上的错误，由此，司法实践中刑讯逼供、屈打成招从而产生的冤假错案也饱受诟病。对于客观性证据运用得当，在冤假错案的防范和纠正上，具有明显的优势：

浙江“唐荣武故意杀人案”就是通过以客观性证据为核心的审查模式纠正错误判决的典型案件。该案一审根据唐荣武的原先有罪供述和被害人外阴检测出唐的 DNA 为主要证据判处其死刑，二审中检察机关通过对现场的实地勘验、走访，以案件相关客观性证据为线索进行核查，发现了侦查人员变造现场勘验、检查笔录（现场两处出入口而只记录反映一处，多处痕迹记载不全面），以及虚假制作归案当天的首次有罪供述笔录（事实上 5 天后才作有罪供述，后翻供）、隐匿物证（现场遗留有检出多人精液纸团以及提取了血指纹，但勘查材料未反映）等违规行为，否定了原判定案证据体系（因被害人是卖淫女，仅凭唐的 DNA 不能证明其是杀人凶手），二审及时纠正了对被告人判处死刑的错误判决（发回重审后侦查机关撤销对其故意杀人的指控），起到了很好的监督效果。[①]

从一审阶段的错误认定可以看出，在侦查、审查起诉、审判阶段过于重视以口供为代表的主观性证据，侦查人员甚至围绕着口供变造现场勘验、检查笔录，变造讯问笔录，违背《刑事诉讼法》第 52 条和第 115 条之规定，隐匿具有关联性对被告人有利的物证，最后法院凭借被告人的有罪供述和不能排除合理怀疑的 DNA 鉴定结果为主要证据对被告人进行了错误的定罪量刑。这些问题的共同之处就是在于坚持了以口供为中心的主观性证据审查模式，以“有罪推定”和

① 参见戴士剑、刘品新：《电子证据调查指南》，中国检察出版社 2014 年版，第 135 页。

“疑罪从有”的观念对待被告人。好在二审及时转变了证据审查思维，围绕着客观性证据为中心进行现场勘验、检查，才得以查明案件事实，及时作出了正确的裁判。

此外，通过客观性证据对主观性证据进行补强，有助于改变当前司法实践中存在过于倚重主观性证据的现状，尤其是以口供为中心去寻找甚至“创造”与之匹配的其他证据的做法。一方面，过于依赖主观性证据，难以防止因为主观性证据的不稳定、不可靠而造成的证据体系不够稳定和紧密；另一方面，以主观性证据为中心容易忽略其他重要的客观性证据，使侦查人员的眼光始终囿于主观性证据涉及的证据，不能贯彻刑事诉讼法有罪和无罪、罪重和罪轻的证据都要收集的规定，不利于侦查人员办案水平的提高。这两个方面都会给冤假错案的发生埋下隐患。通过将证据审查引导到依靠稳定性较强的客观性证据来检验主观性证据的可靠性的路径上来，以客观性证据检验主观性证据，以客观性证据对主观性证据进行补强，注重证据取证手段的合法性审查，及时依法排除非法手段取得的证据，将会有助于改变“以口供为中心”的司法现状，避免刑事冤假错案的发生。

3. 新分类之运用规则

以客观性证据为中心。在我国刑事证据现有分类基础之上增加客观性证据与主观性证据的新分类，有着较强的理论意义和实践指导意义。从理论上讲，该种分类方法在传统分类之外创立了一种新的分类标准，深刻揭示了不同证据之间的共同点和差异，确立稳定性与可靠性较强的客观性证据为中心的逻辑思维方法，为理论界和实务界研究与运用客观性证据审查模式提供了一种科学方法。从实践上讲，无论是诉讼当事人还是诉讼参与人，以及公安机关、检察院还有法院等国家公权力机关，该种证据分类对于证据共性和特性的把握为刑事诉讼的各类主体收集、审查、判断和运用证据都起到了良好的指导作用，能使办案人员少走弯路，及时排除虚假、非法证据，自觉按照司法规律办案，有利于扭转长期以来形成的口供中心主义，减少冤假错案的发生。笔者对客观性证据审查模式在死刑案件中的理解和运用进行了较长时间的关注，认为在普通刑事案件中要开展客观性证据审查模式，将该模式普及到侦查、审查起诉、审判阶段，就是在运用过程中形成以客观性证据为中心的刑事诉讼模式。

（1）公安机关要转变口供至上的理念，客观性证据与主观性证据并重。目前我国公安机关采用的是侦审合一的办案方式，该办案方式有利于侦查活动与预审工作的衔接，可减少侦查过程中的重复性劳动，提高破案的效率。但侦审合一的办案方式也存在诸多问题，其中较为明显的一个是由公安机关既负责证据的收集、保全工作，又负责证据的审查、判断工作，缺少引导和监督，容易形成“以口供为中心”的办案模式；另外，由于侦查活动封闭性较强，因而整体受到的制约与监督较少，实践中形成了“强势的公安、优势的检察、弱势的法院”的局面。客观性证据在刑事诉讼活动中的正确运用，三机关中首先应当由公安机关在侦查和预审工作中将其落到实处。一方面，在工作要求上，要树立以客观性证据为中心的工作宗旨，以挖掘并运用客观性证据证明案件事实的审查工作理念为指导，改变传统主观性证据为中心、“口供至上”的理念，要认识到客观性证据在提高办案质量、预防冤假错案方面的积极作用；另一方面，在工作方法上，正确认识客观性证据与主观性证据的关系，既要收集犯罪嫌疑人有罪和罪重的客观性证据，也要收集犯罪嫌疑人无罪和罪轻的证据，以客观性证据来检验主观性证据，用客观性证据来补强主观性证据，改变取证以口供为先、获取口供即宣告破案的案件侦办思路，将侦查模式从依赖口供为主的“由供到证”转变为“由证到供”的注重客观性证据的收集、固定、审查、判断、运用的侦查取证方式。

（2）检察机关要合理引导、深入挖掘，把紧客观性证据审查关口。检察机关在刑事诉讼中的主要工作内容有审查批捕和审查起诉，而审查的主要内容就是证据。客观性证据审查模式就是要求检察机关做到以下几点：一是引导公安机关开展调查取证工作，科学解释、界定客观性证据。不可否认的是，目前我国公安民警整体办案水平还有待提高，不少民警是通过“师父带徒弟”的方式教出来的，对证据的把握并不是十分规范，有些对案件十分关键的证据在某些民警的认识思维里甚至会被忽视。近些年学界研究国外的“侦检一体化”虽并未被我国引进，但其积极作用还是值得我们借鉴的，检察机关的及时引导、科学界定客观性证据，有助于侦查机关在调查取证的过程中少走弯路，同时有利于其整体办案水平的提高。二是全面审查、深入挖掘客观性证据。囿于长期以“打击犯罪”为主思维的桎梏，在实践中侦查人员往往会以围绕有罪证据进行调查取证的单向思维来办案，全案的整体证据体系容易片面化，因此，检察机关要在审查过程中注意发现和挖掘可能存在的客观性证据，通过引导侦查和补充侦查活动，积极获取新的客观性证据，夯实客观性证据的证明体系。三是要把紧关口，审查客观性证据与主观性证据的合法性与关联性。通过审查客观性证据与主观性证据的提取过程和方法，阻止非法证据、不适格证据流入下一个诉讼阶段。近年来发生的刑事冤假错案一再表明，不仅刑讯逼取犯罪嫌疑人口供会导致冤假错案，客观性证据运用不当也会造成冤假错案，要严防客观性证据审查模式下对客观性证据放松审查标准，使非法证据、瑕疵证据以及不具备关联性的证据混淆视听。

（3）审判机关要综合全案进行审查判断，发挥审判的终局作用。审判阶段是在全面审查证据的基础上对案件事实进行认定，从而宣告被告人有罪或无罪的最终阶段，该阶段的工作重心在对全案证据的审查和判断上。但由于司法实践长期以来形成的“侦查中心主义”，加之我国立法没有赋予审判机关对侦查机关的司法审查权，我国刑事诉讼中的审判工作一度被弱化。党的十八届四中全会提出在以审判为中心的诉讼制度改革背景下，应该从以下几个方面做好客观性证据审查工作：一是客观性证据审查模式与直接言词原则相结合，用客观性证据来审视、检验、判断主观性证据，客观性证据审查模式也不否认主观性证据的积极作用，要用直接言词原则来补强主观性证据。二是强化客观性证据的局部证明，拓展全案证明体系。司法实践中多数案件中的客观性证据并不十分充分，但此时又不能完全依赖主观性证据能够复述案件全貌的作用，可以通过主观性证据来串联客观性证据所查明的案件事实与片段，构建完整的证据体系，以实现对案件事实的整体证明。三是找准控辩平衡、法院居中裁判的角色定位，不能只听取和重视公诉方收集和调取的客观性证据，要听取和重视被害人家属、辩护律师的意见以及提交的有利于被告人的客观性证据，同时排除非法证据和无法补强的瑕疵证据，案件事实仍然不清、证据不足的，要大胆“疑罪从无”，维护司法的权威和公信力。

（三）客观证据审查模式①

1. 客观证据审查模式的内容

（1）客观证据。在我国现今的证据分类中并没有客观性证据与主观性证据之分的类型。日本学者土本武司认为，证据是证明的手段，包含两层含义：其一是作为证据方法的含义；其二是作为证据资料的含义。证据方法是指成为认定事实资料的场所、物或者人；证据资料是指透过证据方法所得到的内容。证据方法

① 该部分内容由樊崇义教授与赵培显博士合作完成，原文《论客观性证据审查模式》，载《中国刑事法杂志》2014 年第 1 期。

是形式，证据资料是内容。根据证据方法的性质不同，可以将证据分为“人的证据”和“物的证据”。证据方法是现实生存的人的情况的，即是“人的证据”；证据方法是人之外的物的情况的，即是“物的证据”。[①] 认定案件事实所依据的是通过证据方法所获得的包含案件事实信息的证据资料，然而证据方法的不同，会导致证据资料的稳定性与可靠性产生差异。以“人”为证据方法的证据，因受人的主观性影响较强，其证据资料的稳定性与可靠性不如以“物”为证据方法的证据。结合我国证据理论，借鉴日本学者的观点，根据证据内容的稳定性与可靠性程度之差异，将证据分为客观性证据与主观性证据。

主观性证据，是指以人为证据内容载体的证据，需要通过对人的调查来获取其所掌握的证据信息，由于人的认知会随着外部环境和内在动机的变化而发生改变，因此，主观性证据的特点表现为变动有余而稳定不足。客观性证据，是指以人以外之物为证据内容载体的证据，这些证据内容的载体通常是客观之物，虽然也会受到自然之影响，但是在有限的诉讼时限内，在没有人为因素介入的情况下，其外部特征、性状及内容等基本稳定，所包含的证据内容受人的主观意志的影响较小，因而客观性较强。所以，客观性证据与主观性证据相比，稳定性、可靠性更高，对于准确认定案件事实具有很高的证明价值。以客观性证据来考查我国《刑事诉讼法》第48条所规定的8种证据种类，可以纳入客观性证据的包括：物证；书证；鉴定意见；勘验、检查、辨认、侦查实验等笔录；视听资料、电子数据。物证、书证是以客观的物质、文书为证据内容载体的证据，其属于客观性证据自不待言；鉴定意见虽然是依靠鉴定人的认知判断而作出，但是，鉴定人是根据科学规律、专业知识对客观的案件之物进行鉴定作出的认知，其判断的来源是客观之物的性状与特征，具备再次接受检验的途径和方法，所以也应归于客观性证据；勘验、检查、辨认、侦查实验等笔录是通过客观记载侦查活动过程并反映某一方面事实情节的记叙类证据，是以文书为载体，可以通过现场照片、录像、实物证据验证其真实性，具有可靠的可验证性，相对于主观性证据更加可靠，所以属于客观性证据；视听资料、电子数据是以电子设备为载体的证据，载体是客观之物，其所包含的证据内容在没有人为更改的情况下，稳定不变，理应

① 参见［日］土本武司：《日本刑事诉讼法要义》，董璠舆、宋英辉译，台湾地区五南图书出版股份有限公司1997年版，第295～296页。

属于客观性证据。

（2）客观证据审查模式。证据审查判断指的是司法人员对收集的证据进行分析、研究和鉴别，找出它们与案件事实之间的客观联系，找出证据材料的证据能力和证明力，从而对案件事实作出正确认定的一种活动。《高法解释》第104条规定，“应当根据具体情况，从证据与待证事实的关联程度、证据之间的联系等方面”审查判断证据的证明力，同时证据之间必须“具有内在联系，共同指向同一待证事实，不存在无法排除的矛盾和无法解释的疑问”，才可以作为定案的根据，从而以司法解释的形式确立了我国印证式的证据审查判断方法。所谓印证，是指两个或多个证据之间包含的事实信息完全重合或者部分交叉，使证据的真实性得到了其他证据的验证。[①] 客观性证据审查模式是以客观性证据为主的证据印证模式，是指在刑事诉讼中司法机关以客观性证据为审查中心，凭借具有稳定性、可靠性的客观性证据确认案件事实，并以此为基础审查和检验全案证据，进而准确认定犯罪事实的审查工作模式。坚持客观性证据审查模式需要遵循以下的规则：

第一，必须坚持优先运用客观性证据的规则。客观性证据审查模式要求必须排除口供中心主义，认定案件事实应优先使用客观性证据。在运用客观性证据之前，要对客观性证据的真实性、合法性进行审查。客观性证据通常是间接证据，必须通过收集、固定、解读等行为来证明案件的某一事实或者情节。因此，要审查客观性证据的提取、保管、鉴定、辨认等活动是否合法进行，是否有导致客观性证据失真的不当行为，防止虚假的材料进入证明体系。查证属实的客观性证据应作为最佳证据在定案中优先使用。要以客观性证据所证明的事实情节为案件事实的中心，结合其他证据来认定相关事实；证据出现矛盾时应将客观性证据作为认定案件事实情节的关键性证据予以审查使用；坚持客观性证据的证明力优先原则，以客观性证据检验言词证据的真实性。

第二，必须坚持客观性证据关联性规则。证据的关联性是证据的基本属性，审查人员必须对客观性证据的关联性进行审核，确立起与待证事实具有关联，才能用来证明案情。对于客观性证据关联性的审核必须明确：（1）必须审查客观性证据的来源，确定证据与待证事实之间的关联性。客观性证据主要来源于与犯

① 参见陈瑞华：《论证据相互印证规则》，载《法商研究》2012年第1期。

罪动机、犯罪预备、犯罪行为以及后果等相关的现场，所以应重点审查客观性证据的来源是否与犯罪的场所有关。（2）对客观性证据关联性的认识，不仅要从“证成”意义上解读，也要注意从“证伪”意义上的解读。证据的关联性不仅在于能够证明某一案件事实的存在，也可以表现为否定某一事实的存在。（3）客观性证据与待证事实的关联往往是一种间接的关联，需要通过可靠的方法和手段予以识别，需要借助生物识别技术、电子证据检验技术、痕迹物证技术以及法医检验等科学技术等来进行解读。

第三，必须坚持口供的客观性检验规则。客观性证据审查模式要求以客观性证据检验补强口供证据，保证口供的真实性。一方面，要全面挖掘客观性证据。在被告人全面供述犯罪过程的案件中，应当根据被告人供述来发现案件中可能存在的客观性证据环节，积极发现和补充提取客观性证据，充实证据体系。另一方面，要注重审查口供收集过程的合法性，防止指供、逼供等违法口供被作为定案证据。要审查被告人供述与客观性证据获得先后顺序，如果根据被告人的供述查获了能够证明案情的隐蔽性很强的客观性证据，那么证明被告人亲历了与证据反映的相关行为，相互印证的事实也表明口供的可信度较高。如果客观性证据收集在先，而后根据客观性证据所蕴含的信息提示，在审讯中获得了被告人口供的，则应当注意审查被告人供述过程是否合法、自愿，防止非法取供行为的存在。

第四，必须坚持非法证据排除规则。《刑事诉讼法》第56～60条规定了我国的非法证据排除规则，客观性证据审查模式要求坚决依法排除非法证据，对于言词证据要注意审查是否存在非法获取言词证据的情形；对于物证等客观性证据，不仅要审查证据的最后形态和结论，更要把审查的注意力贯穿于收集、提取、保管、使用及检验的各个环节，防止非法证据以及来源不明的证据进入法庭调查程序。同时，审查中要注意听取证据合法性异议的意见。要认真对待被告人的辩解以及辩护人的陈述与申辩，如实记录在案，对影响证据客观性、真实性的情形认真核查；对提供具体核查线索和理由的，应当具体调查核实，以调查的结果作出是否采信申辩的判断。再者，要重视通过同步录音录像审查被告人供述的合法性。对被告人以遭受刑讯逼供进行的抗辩，以及被告人翻供的，应当调取审讯录像、看守所羁押人员身体健康检查记录进行核查，不能以侦查人员说明情况的形式来替代对被告人供述合法性的调查活动。最后，对查明的确属非法取得的口供证据，应当坚决依法排除，不得以能够与其他证据相互印证为由采纳非法口供。

对查明的不符合收集程序的物证或者书证，应当依法进行补正或者解释，不得为了故意采纳而作虚假的补正或者解释；无法补正或者进行解释的物证、书证，应依法予以排除，不得以物证、书证能够得到印证为由采纳取证手段非法的物证、书证。

第五，必须坚持排除合理怀疑的证据综合审查判断规则。我国《刑事诉讼法》第55条规定，对案件事实的证明标准必须达到证据确实、充分的程度。证据确实不仅是对全案证据的要求，同时也是对单个证据的要求。用来定案的每个证据都必须经过法定程序查证属实，对其真实性必须达到排除合理怀疑的确信程度，如此，才能达到综合全案证据，对所认定的案件事实达到排除合理怀疑。因此，应当做到：（1）通过客观性证据审查，对口供的自愿性、真实性存在合理怀疑的，该口供不得作为定案证据；只有口供而没有客观性证据的，口供因无法得到印证，其自愿性、真实性不能令人达到排除合理怀疑的确信，因此应作疑罪的处理。（2）全案定罪证据之间存在矛盾、无法排除合理怀疑的，不能定案。只有运用充分的证据相互印证，合理解释消除定罪证据之间的矛盾点，才能确保案件质量。防范冤假错案。（3）定罪证据充分但量刑证据存在合理怀疑的，应当在量刑上坚持有利于被告人的原则。定罪证据与量刑证据虽然存在交叉，但并不完全重合。定罪证据确实、充分并无法保证量刑证据也能够达到确实充分的程度。因此，在定罪证据确实充分，能够定罪的情况下，如果量刑证据存在一定疑问且无法消除的，应当作有利于被告人的量刑。

2. 客观证据审查模式的优势

客观性证据审查模式的优势集中体现在冤假错案的防范与纠正上。司法实践中暴露的错案都存在过于依赖被告人的有罪供述的口供中心主义。在办案方法上集中表现为侦查、起诉、审判中迷信口供的证明能力和作用，侦查、审查起诉过程中过于倚重获取和运用有罪供述作为定案的根据，而疏于对客观性证据的收集和解读，导致案件证据的收集和运用不全面、不准确而发生案件事实认识上的错误。以轰动全国的浙江“张氏叔侄案”为例：

原审认定事实：2003年5月18日晚9时许，张辉（1976年生、2000年因寻衅滋事罪被判一年六个月）、张高平（1965年生）驾驶解放牌货车送货途经安徽歙县非典检查站时，将同县女青年王某搭车至某市。5月19日凌晨1时30分许到某市汽车西站附近，王某借用张高平手机打电话给朋友周某要求其前来接人，周让王某自己打车到指定地点后再与其联系。张辉见此遂起奸淫邪念，并将意图告诉张高平后，驾车掉头驶至僻静路段停下，在驾驶室内对王某实施强奸。王某挣扎，张高平即应张辉要求按住王某的腿，而后张辉采用掐颈等暴力手段对王某实施奸淫，并致王某机械性窒息死亡。随后，张辉、张高平将被害人尸体抛于路边溪沟，并在开车途中将被害人所携带背包等物丢弃。

一审法院判处张辉死刑，张高平无期徒刑。上诉后，二审法院鉴于原审张辉的审讯录像不全，原审被告人张辉、张高平的供述有差异，多反复，离死刑铁案还有差距，据此改判张辉死缓，张高平有期徒刑 15 年，后送监狱执行。服刑期间，两张及其亲属不断申诉，2012 年 3 月 26 日浙江省高级人民法院经再审开庭审理后改判张辉、张高平无罪。

卷内的主要定案证据：（1）两被告人张辉、张高平在侦查阶段所作的有罪供述及其辨认现场笔录。（2）王 × ×、潘 × ×、程 × ×、徐 × × 的证言，证实被害人王某搭乘两被告人的车辆。（3）现场勘查笔录，证实案发现场相关情况。（4）被害人尸体检验报告，证实被害人的死亡原因。

本案原审定罪的证据体系是两被告人的有罪供述与辨认笔录、勘查笔录、尸检报告相印证，有罪供述的自愿性得到同监室犯人的佐证。本案纠错宣告两被告人无罪后，重新审视本案原审，存在以下证据审查和采信问题：

（1）采信了以非法方法收集的有罪供述。在侦查阶段，张辉有 17 份笔录，4 份无罪供述，13 份有罪供述；张高平有 16 份笔录，10 份无罪供述，6 份有罪供述，至审查起诉阶段和一、二审审理时全面翻供。张辉首次有罪供述的审讯录像非全程录像，有两次中断。且在审讯录像中，其中一名侦查人员问张辉，右脸上鼻梁的右侧伤痕是怎么回事，张辉手指摄像机后面的人讲，是昨晚这个人打的，录像中张辉右眼眶有瘀青。张高平的有罪供述在羁押 20 多天后才供述，且事后查明有不当狱侦行为。对此案有罪供述形成过程存在的问题，审查中均未发现和深究，诱供、逼供形成的有罪供述成为铸成错案的基础。

（2）错误解释并排除了指向真凶的客观性证据，故意曲解对两被告人有利的无罪证据。审查起诉阶段已经查明，本案被害人 8 个手指指甲内检出的混合 DNA 谱带，可由死者和一名男性 DNA 谱带混合形成，但可以排除两被告人所留的可能性。围绕被害人指甲中检测出的不明身份男子的 DNA，原审进行了大量的排查，但终无结果。最后侦查办案人员以不排除死者（系发廊洗头工）生前与人正常接触所留为由，把该DNA证据剔出定罪证据体系，“净化了”原审证据体系。原审之所以将该关键的DNA证据排除在定罪证据体系之外，是因为原审办案人员采用了以口供为中心的主观性证据审查模式，先入为主地认为被告人的有罪供述具有优先的证明力，以口供为中心来检验其他证据的可靠性。原审证据体系中两被告人有罪供述已经相互印证，并且得到了所谓的勘查、辨认笔录、证人证言等证据佐证，形成了一个“相互印证”的证据链，从而被认为真实可信。而该DNA证据与“查证属实”的证据出现矛盾，因此，在以被告人供述为基准的口供中心的审查模式中，被告人供述又得到了其他证据印证的前提下，就可以合乎逻辑地推理出与口供相矛盾的DNA证据与本案没有关联性的结论。事后审查表明，本案中所谓印证口供的勘查、辨认笔录、证人证言等证据的获取和形成是存在不规范甚至违规行为的，由此导致了印证证据缺乏真实性，进而推动了本案错案的进一步发展。

（3）忽视对印证口供的证据的审查。本案的侦查模式是先获取有罪供述，再获取与有罪供述相印证的印证证据。为了使有罪供述得到采信或印证，侦查过程中出现了为获取印证口供的证据，不惜违规收集证据的行为。例如，被告人现场辨认笔录存在见证人与被告人不在同一车辆，客观上不能见证辨认过程的情况，并且辨认笔录上没有客观记录辨认的过程，且存在现场标识（辨认时有明显的现场警戒标识）、辨认路线引导等方面的不规范行为；把同监房犯人的证言作为佐证有罪供述自愿性、真实性的证据，但该证人的真实身份是侦查机关作为秘密力量使用的狱侦人员，该人员在协助侦查机关获取被告人有罪供述过程中存在不正当行为，其证言本身缺乏真实性；侦查实验本身只能推演是否存在作案可能性，对本案是否发生不具有证明力，但却被作为指控证据，等等。对诸如此类证据问题，审查中只注意到证据内容上的相互印证，但疏于或未能发现证据收集过程存在的不规范甚至违规行为，致使一些缺乏客观真实性的秘密力量证言、侦查实验、现场辨认被作为定案的主要印证证据，成为本案错案发生的推力。

从“张氏叔侄案”的形成中，可以发现，依靠口供而忽视客观性证据的证据审查模式很大程度上导致了冤假错案的发生。侦查人员重视口供的作用，为了获得口供不惜逼供、诱供，无视、忽视客观性证据的运用；以口供来印证检验其他证据，为了采纳口供人为地曲解、排除客观性证据；忽视对取证过程的审查，不愿排除非法证据等，这些问题的共同之处就是坚持了以口供为中心的主观性证据审查模式，以有罪推定的观念对待犯罪嫌疑人、被告人，将被告人的有罪供述奉为圭臬，如此，错案的发生难以避免。本案最终得以纠正，正是根据被害人王某指甲中的DNA证据，通过与警方DNA数据库比对的方式找到了可能的真凶，从而证明张氏叔侄是无罪的真相，客观性证据在本案的纠错中发挥了重要作用。

客观性证据在认定犯罪事实上的稳定性和可靠性已经成为司法实践部门的共识，以客观性证据为主的证据审查模式对提高刑事案件的办案质量也发挥着越来越重要的作用。一方面，客观性证据审查模式有助于改变过于倚重口供等言词证据的审查工作理念，防止冤假错案。近年来全国披露的死刑冤假错案，[①] 无一例外地表明过于倚重口供等言词证据的侦查、审查模式，在实践中极易造成刑讯逼供、指供、诱供等非法获取言词证据的倾向，并导致忽视客观性证据应有的价值，这是诱发冤假错案的根本原因。客观性证据审查模式的运用，有助于改变当前的过于倚重口供的司法现状，将证据审查引导到依靠稳定性较强的客观性证据来检验言词证据的可靠性的路径上来，注重言词证据取证手段的合法性审查，及时依法排除非法手段取得的言词证据，从而保证口供的自愿、合法，如此才能保证口供是犯罪嫌疑人、被告人的真实意思表达。

另一方面，客观性证据审查模式有助于引导侦查活动的科学化，有效平衡口供与其他证据在案件事实认定中的作用。实践已经证明，检察机关对刑事证据的审查思路、方法和要求，在一定程度上能积极影响侦查模式与策略。言词引导审查模式中所体现的过于倚重口供的现实做法，极易成为侦查活动刑讯逼供的内在动因；而建立客观性证据审查模式，强化客观性证据在刑事案件中的审查运用，可以引导侦查方式的升级与转型，将侦查模式从突破口供为主的“由人到事”的侦查方法转为“由事到人”的注重案件客观性证据的收集、固定、运用为基础的侦查取证方式，改变取证以口供为先的证据收集和固定思路，这样既可有效遏制为单纯突破口供而采取刑讯逼供等非法取证行为，又可以推动侦查行为的科学化进程，提升侦查的效果和质量。

① 如近年来发生的“杜培武案”“杨云忠案”“覃俊虎案”“佘祥林案”“赵作海案”以及“张氏叔侄案”，这些冤案之所以发生，与过于重视言词证据而违法取供的行为有很大联系。参见谭世贵、何叶：《论我国刑事证据审查制度的完善——基于张辉、张高平等错案的分析》，载《中国司法》2013年第8期。

3. 实践客观性证据审查模式的工作路径

客观性证据审查模式即是落实疑罪从无的证据保障制度。这一方面要求办案人员应尊重犯罪嫌疑人、被告人的诉讼主体地位，犯罪嫌疑人不仅是言词证据的提供者，更是诉讼的当事人，具有法律所保护的诉讼权利，有陈述与否的意志自由；另一方面应积极增加案件客观性证据的“量”，保证客观性证据足够充分，不仅要收集“入罪”的客观性证据，更要收集“出罪”的客观性证据，从正反两个方面来审查案件的证据与事实。具体到司法实践中，应从“五个方面的强化”来进一步挖掘和运用客观性证据：

（1）强化以客观性证据为核心的总体审查工作要求。客观性证据审查要求突出强化客观性证据的挖掘和运用，夯实证据体系，包括两个方面：一是在工作要求上，要通过审查分析，建立客观性证据与犯罪事实的关联，从而强化对犯罪事实的证明。具体地说，就是审查案件时以客观性证据为先导，充分挖掘客观性证据所蕴含的案件事实信息，通过对犯罪现场及其关联现场、相关地点所获取的客观性证据的属性、形态、内容等特征，及其转移情况的识别、检验、鉴定，判断犯罪行为过程的轨迹，建立犯罪事实与犯罪嫌疑人的联系，从而确认犯罪行为与犯罪嫌疑人之间的排他性关联。二是在工作方法上，对客观性证据的全面性审查应当从犯罪构成要件事实体系的证明要求出发，以挖掘并运用客观性证据证明案件事实的审查工作理念为指导，立足但不限于侦查人员收集的现有证据，回溯收集证据的整个过程，借助现场勘验、检查笔录、搜查笔录和照片、辨认笔录等客观记录，审查客观性证据的来源，并对照审查犯罪嫌疑人、被告人供述的细节，从现场重建和言词证据两个途径来确定证据收集工作的全面性，进一步发现和挖掘潜在的可以进一步收集和获取的客观性证据的范围和方向，以此为基础组织证明体系，或者提出补充侦查、进一步挖掘和收集客观性证据的建议，以补充完善证据体系，为准确认定犯罪事实构建证据支撑。

（2）强化依托犯罪现场重建的方法挖掘和运用客观性证据。犯罪现场重建就是通过现场形态以及物证、书证、痕迹、轨迹等的位置和状态，通过科学检验、鉴定分析，结合其他证据来确定犯罪现场是否发生特定的事件和行为的过程。犯罪现场重建的意义表现在：一是通过犯罪现场重建检验案件事实认定的准确性。依托客观性证据通过科学的方法和过程，进行犯罪现场重建以此获得更接近客观真实的案件事实，从而得出一个较为可靠的论证结论，作为审查认定的基础事实。二是通过犯罪现场重建发现案件证据的薄弱环节并加以补强。通过犯罪现场重建合理推演案件发生的过程要素，从中发现应当留下而尚未收集到的证据情况，并寻求补强相关证据措施。

（3）强化从言词证据中挖掘客观性证据。虽然言词证据因受人的主观意识影响而存在可信程度低，可靠性较客观性证据为弱，但作为案件行为的见证人，言词证据的提供者对案件事实信息的感知最直接、全面。因此，在案件客观性证据不充分的案件中，应当充分重视言词证据中所蕴含的信息，从这些信息中去分析和寻找可能蕴含的客观性证据或客观性证据信息点，并以此来发现和挖掘新的客观性证据。一方面，被告人供述和证人证言等言词证据是法定证据，在被告人作有罪供述和证人指证的情况下，要积极从言词证据中挖掘并收集新的客观性证据，来印证其供述的真实性。例如，根据被告人活动路线寻找和提取视频监控录像，根据犯罪通信联络线索提取通信记录等。另一方面，要对已经收集在案的证据作更准确解读。证据因证明主张的不同会产生不同的证明效果。例如，被告人因刑讯逼供所受的伤痕，在证明非法讯问行为存在的主张时发挥本证的作用，而在证明证据合法性的主张时，确是反证。因此，对收集在案的证据要从控诉和抗辩两个思维路径来进行解读，提前模拟庭审可能出现的证据质证情况，加强对证据的审查。

（4）强化以客观性证据检验言词证据的真实性。坚持以客观性证据为核心进行证据审查，源于客观性证据是诉讼基石的价值判断，这并不否认言词证据应有的证明价值及其在诉讼中的证据地位，只是认为在案件审查中应当凸显客观性证据对于案件事实证明的重要作用，以防止因言词证据的不真实、不稳定而造成定罪体系不够严密，产生错案隐患。言词证据运用的前提是必须经过其他证据的印证补强，办理刑事案件中运用客观性证据检验的具体方法包括：一是依托客观性证据准确建立犯罪行为与犯罪嫌疑人、被告人的关联。在无目击证人、无有罪供述或有罪供述反复、口供获取存在程序瑕疵等言词证据不确实、充分的情况下，必须凭借客观性证据建立案件事实与犯罪嫌疑人的关联，并以此为基点挖掘和收集相关证据指证犯罪、锁定犯罪嫌疑人。二是运用客观性证据来检验言词证据的真实性。客观性证据是验证言词证据真实性或者可靠性的重要依据，言词证据得到客观性证据的印证，不仅可以巩固言词证据自身的证明力，而且可以进一步拓展言词证据所包含的被客观性证据证实之外的证明内容和信息，扩大证言的证明范围。三是通过强化客观性证据的局部证明，拓展全案证明体系。在实务中，多数案件客观性证据并不充分，而只能证明案件的局部事实或细节，但可以通过运用言词证据来链接客观性证据组成的各个片断事实，构筑完整的间接证据体系，以实现对案件事实的完整证明。

（5）强化全面挖掘并科学解释客观性证据。客观性证据审查和运用，特别强调四个要求：一是审查证据来源的合法性。必须审查客观性证据的提取过程和方法，排除非法证据，补正瑕疵证据。二是充分挖掘和拓展客观性证据。要在审查过程中注意发现和挖掘可能存在的客观性证据，通过引导侦查和补充侦查活动，积极获取新的客观性证据，夯实客观性证据的证明体系。三是全面揭示每个客观性证据所蕴含的信息。客观性证据形式上属于“哑巴证据”，是“沉默的证人”，既要通过技术鉴定作同一认定，也要注重运用经验法则作综合分析，从控、辩两个视角挖掘客观性证据的不同证明作用。在认识客观性证据本体意义上对案件事实的证明作用的同时，还要研读其潜在的、能够证明案件事实的其他方面的作用。例如，在现场较为隐秘部位的保险箱上提取到被告人血指纹（检出被害人DNA），不仅证明了被告人到过现场，而且可以证明被告人是在被害人被侵害后接触保险箱，此外，通过指纹遗留部位还可以证明被告人有获取财物的目的和行为。只有准确、全面地揭示血指纹的证明价值和信息，本案的行为才能得到准确认定。四是必须科学解释和运用客观性证据，防止解释过度和解释不足。实践证明，物证是确凿的证据，它既不会存在错误，也不会作伪证，更不会完全缺失，只有对物证的解释可能发生错误。① 我们强调对物证科学技术检验和解释的过程进行审查的同时，还要借助专业技术力量对检验和解释的过程进行验证，防止客观性证据的解释错误。同时，要结合经验法则、逻辑法则对客观性证据能够证明的案件事实构成要素进行分析判断，避免解释不足或解释过度，以致错误认定案件事实。

四、监察证据

随着2018年宪法修正案通过和《监察法》生效实施，监察体制改革在全国

① 参见［美］W·杰瑞·奇泽姆、布伦特·E. 特维：《犯罪现场重建》，刘静坤译，中国人民公安大学出版社2010年版，第27页。

全面推行，职务犯罪与职务违法违纪都由监察机关调查处置。监察机关按照《监察法》规定对职务违法犯罪案件进行调查所收集的证据材料，即监察证据。监察证据移送并在刑事诉讼中使用，既是监察程序与刑事诉讼程序协调衔接的重要环节，也是监察权与检察权、审判权配合制约的重要载体，还是构建以审判为中心的刑事诉讼新格局的重要内容。[①]《刑事诉讼法》第56条第2款规定了行政执法证据移送在刑事诉讼中使用制度，它适用于原来的行政监察机关，但不适用于监察机关，因为监察机关是实现党和国家自我监督的政治机关，不是行政机关、司法机关。[②]《监察法》第33条第1款确立了监察证据在刑事诉讼中使用制度，并且要求监察证据与刑事审判关于证据的要求和标准保持一致。但是，监察证据的概念和种类、监察证据在刑事诉讼中使用的范围和移送条件等，《监察法》都没有明确，理论和实务界存在不同观点。

（一）监察证据的概念和种类

关于证据的概念，学者们有不同的解释，形成了不同的学说。我国学者的观点主要包括原因说、方法说、结果说、反映说、统一说、信息说、事实说、根据说、材料说九种。[③] 我国《刑事诉讼法》关于证据的概念"移植，或者干脆说就是照搬了原苏联的刑事诉讼理论的"[④]。1979年《刑事诉讼法》第31条移植前苏联的做法，规定"证明案件真实情况的一切事实，都是证据"。这是我国法律首次给"证据"下定义，它提出了"不属实者非证据"和"证据就是事实"的"事实说"观点。何家弘教授认为："在当时的社会历史条件下，对证据概念作出那种界定和解释是完全可以理解的。从某种意义上讲，那也是一种历史的

① 2018年7月召开的全面深化司法体制改革推进会提出健全刑事诉讼制度体系，包括持续深化以审判为中心的刑事诉讼制度改革，构建起诉讼以审判为中心、审判以庭审为中心、庭审以证据为中心的刑事诉讼新格局。推进刑事诉讼程序与监察委员会调查程序有机衔接，在更高水平上服务反腐败斗争。参见《十九大后第一次司法体制改革推进会在深圳召开！推动形成全方位深层次司改新格局》，载"大众网"，www. dzwww. com/fxj/201807/t201. 最后访问日期：2018年12月12日。关于以审判为中心的刑事诉讼制度改革的研究，参见兰跃军：《以审判为中心的刑事诉讼制度改革》，社会科学文献出版社2018年版。

② 中共中央纪律检查委员会、中华人民共和国国家监察委员会法规室编写：《〈中华人民共和国监察法〉释义》，中国方正出版社2018年版，第62页。

③ 参见宋英辉主编：《刑事诉讼法学研究述评（1978～2008）》，北京师范大学出版社2009年版，第530～533页。

④ 郑禄：《证据概念素说——兼论中国特色社会主义证据理论的国学文化基石》，载《证据科学》2008年第5期。

必然。”[①] 1996 年《刑事诉讼法》保留了这一概念。但是，学者们对该概念进行过深入反思，普遍认为它主要存在两大缺陷：一是关于“真实”二字的称谓，证据材料进入诉讼，有真有假，把证据笼统地定位为“真实”，与客观情况不符。二是把证据说成“一切事实”，已落后于时代的发展，随着科学技术水平的提高，尤其是电子数据证据的出现，各类信息资料在诉讼中的运用，大家一致主张把“一切事实”修订为可以包含各种信息资料的“材料”。为此，《刑事诉讼法》第 50 条第 1 款将证据概念修改为“可以用于证明案件事实的材料，都是证据”。这样，与 2001 年《俄罗斯联邦刑事诉讼法典》第 74 条以“信息材料说”取代“事实材料说”给刑事证据下定义一致，[②] 我国刑事证据概念也从“事实说”走向了“材料说”。

我国目前只有 2018 年《刑事诉讼法》第 50 条第 1 款给“证据”下了定义。一般认为，《刑事诉讼法》规定的证据概念，不仅适用于刑事诉讼，而且适用于民事诉讼、行政诉讼和仲裁等。《监察法》第 33 条第 1 款规定了监察证据在刑事诉讼中使用，第 2 款规定：“监察机关在收集、固定、审查、运用证据时，应当与刑事审判关于证据的要求和标准相一致。”这两款规定要求监察证据与刑事证据的概念保持同一，种类基本对应。但是，笔者发现，中央纪律检查委员会和国家监察委员会法规室仍然用“事实说”给“监察证据”下定义，认为它“是指以

① 何家弘：《让证据走下人造的神坛——试析证据概念的误区》，载《法学研究》1999 年第 5 期，第 108 页。

② 《俄罗斯联邦刑事诉讼法典》第 74 条规定：“刑事案件的证据是法院、检察长、侦查员、调查人员依照本法典规定的程序，据以确定在案件办理过程中存在还是不存在应该举证证明的情况的任何信息材料以及对于刑事案件有意义的其他情况。允许作为证据的有：（1）犯罪嫌疑人、刑事被告人的陈述；（2）被害人陈述、证人证言；（3）鉴定人的结论和陈述；（4）物证；（5）侦查行为的笔录和审判行为的笔录；（6）其他文件。”在俄罗斯刑事诉讼理论中，“事实材料”有时被解释为客观现实中的事实，这种意见与唯物主义反映论背道而驰。根据唯物主义反映论，存在于人的意识中的不是物，而是物的形象，即物的信息材料。而客观实际中的事实具有不可辩驳的属性。如果将证据定义为“事实材料”，那么就没有必要再研究证据是否真实可信和是否允许采信了。但在实践中，进行刑事诉讼的机关和公职人员却作出巨大的努力去确定证据品质的优劣和是否真实可信。可能受到争议、被推翻的只是关于那些对刑事案件有意义的情节的信息材料，而不是或者可能存在、或者可能不存在的事实材料。审前调查机关、检察长和法院只能在赋予这种信息以诉讼形式之后才能对它加以利用。为此，多数俄罗斯学者认为，《俄罗斯联邦刑事诉讼法典》第 74 条第 2 款中列举的证据种类可以理解为“关于事实的信息材料来源”，也就是保存和传递材料（信息）的诉讼形式。参见［俄］M·A·科瓦廖夫、Л·T·乌里扬诺娃：《俄罗斯联邦新刑事诉讼法典中的证据法问题》，黄道秀译，载《中国法学》2002 年第 5 期，第 158～160 页。［俄］K·φ·古岑科主编：《俄罗斯刑事诉讼教程》，黄道秀等译，中国人民公安大学出版社 2007 年版，第 203～206 页。

法律规定形式表现出来的，能够证明监察机关所调查事项的真实情况的一切事实”。[①] 笔者认为，该定义已经不合时宜，与《监察法》本身规定的电子数据证据、技术调查措施等现代科技手段不符，容易误导监察调查实务，因此，需要修改，从“事实说”走向“材料说”，从而与《刑事诉讼法》第50条第1款保持一致，即《监察法》中的监察证据，是指以法律规定形式表现出来的，可以用于证明监察机关所调查事实的材料。

主流观点认为，证据具有客观性（或真实性）、关联性和合法性三个基本特征，其中，合法性包括证据必须具有法定的种类或形式。我国三大诉讼法主要是根据取证行为来确定证据种类的名称，《刑事诉讼法》第50条第2款将证据分为八类：（一）物证；（二）书证；（三）证人证言；（四）被害人陈述；（五）犯罪嫌疑人、被告人供述和辩解；（六）鉴定意见；（七）勘验、检查、辨认、侦查实验等笔录；（八）视听资料、电子数据。《民事诉讼法》第63条和《行政诉讼法》第33条也将证据分为八类，虽然它们与《刑事诉讼法》第50条第2款的排列顺序不完全一样，但名称基本一致。《监察法》第33条第1款明确列举的证据材料包括物证、书证、证人证言、被调查人供述和辩解、视听资料、电子数据等，这里的“等”包括哪些证据种类，立法没有明确，理论和实务界有各种理解。笔者认为，这可以从《监察法》第20条至第30条规定的12种监察调查措施中得到合理解释，主要包括四种情形：第一，《监察法》第20条分两款，分别规定了监察机关要求涉嫌职务违法的被调查人陈述和讯问涉嫌贪污贿赂、失职渎职等职务犯罪的被调查人两种调查措施，应当分别形成被调查人陈述、被调查人供述和辩解两种不同的证据。[②] 第二，《监察法》第26条规定了监察调查过程中的勘验检查措施，勘验检查对象是与职务违法犯罪行为有关的场所、物品、人身

① 中共中央纪律检查委员会、中华人民共和国国家监察委员会法规室编写：《〈中华人民共和国监察法〉释义》，中国方正出版社2018年版，第123页。根据第十二届全国人大常委会副委员长李建国2018年3月13日在第十三届全国人大一次会议上作的《关于〈中华人民共和国监察法（草案）〉的说明》，监察法立法工作由中共中央纪律检查委员会牵头抓总，《监察法》草案主要由中央纪委机关会同全国人大常委会法制工作委员会共同组成的国家监察立法工作专班起草完成。该书是我国第一本对《监察法》作出权威解释的资料，具有官方性质。它对监察法理论研究和监察实务都具有重要影响。

② 其中，被调查人供述和辩解又包括被调查人供述和被调查人辩解两种不同证据。

等，具体措施包括：现场勘验，物品、书证检验，人身检查等，[①] 由此形成勘验、检查笔录，包括勘验笔录和检查笔录两种不同的笔录证据。此外，在监察调查实务中常运用辨认措施，包括对人的辨认、对照片的辨认、对现场的辨认和对物的辨认等，需要制作辨认笔录，但是《监察法》并没有明确。根据权力法定和程序法定原则，笔者认为，监察机关调查过程中不能继续运用该项措施，也禁止使用辨认笔录作为证据。第三，《监察法》第27条规定了监察调查过程中的鉴定措施，由此形成鉴定意见。第四，监察实务中有的职务违法案件存在受害人，少数职务犯罪案件还存在被害人，《监察法》第21条规定，监察机关在调查过程中可以询问证人等人员，这里的“等人员”应当包括职务犯罪的被害人和职务违法的受害人，因此，监察证据还应当包括被害人、受害人陈述这一类证据，分为被害人陈述和受害人陈述两种不同的证据。

为此，笔者认为，《监察法》中的监察证据也应当包括八类，共十二种：（一）物证；（二）书证；（三）证人证言；（四）被害人、受害人陈述；（五）被调查人陈述、供述和辩解；（六）鉴定意见；（七）勘验、检查笔录；（八）视听资料、电子数据。它们与《刑事诉讼法》第50条第2款规定的证据种类基本对应，只是笔录证据限于勘验笔录和检查笔录两种。中央纪律检查委员会和国家监察委员会法规室将监察证据种类界定为物证、书证、证人证言、被调查人供述和辩解、鉴定意见、勘验检查笔录、视听资料、电子数据等七类，共八种，[②] 遗漏了受害人陈述、被害人陈述和被调查人陈述三种，笔者认为，是不全面的，有待进一步明确并补充完善，从而正确引导监察调查实务中证据的收集、固定、审查与运用。

（二）可以在刑事诉讼中使用的监察证据的范围

与《刑事诉讼法》第56条第2款一样，《监察法》第33条第1款采取列举和概括相结合的方法，将可以在刑事诉讼中使用的监察证据的范围界定为物证、书证、证人证言、被调查人供述和辩解、视听资料、电子数据等证据材料，列举的证据除了物证、书证、视听资料、电子数据四种实物证据外，还包括证人证

① 中共中央纪律检查委员会、中华人民共和国国家监察委员会法规室编写：《〈中华人民共和国监察法〉释义》，中国方正出版社2018年版，第148页。

② 中共中央纪律检查委员会、中华人民共和国国家监察委员会法规室编写：《〈中华人民共和国监察法〉释义》，中国方正出版社2018年版，第123页。

言、被调查人供述和辩解两种言词证据。这里的“等证据材料”如何理解，学者们有不同看法。陈光中先生在谈到监察证据移送问题时，肯定实物证据可以直接移送，但对于言词证据，他认为，由于监察委员会同时承担执纪调查和犯罪调查，移送的言词证据范围以涉嫌犯罪、正式立案调查（一般是采取留置措施）为界限，采取讯问（被调查人）、询问（证人）等调查措施所取得的言词证据才可予以移送使用。[①] 笔者赞同该观点。但是，有学者持不同看法，认为监察机关在整个调查过程中收集的所有证据，包括言词证据和实物证据，都可以转化为刑事证据，没有必要再区分一般调查中收集的证据和职务犯罪调查中收集的证据。[②] 笔者不敢苟同。根据我国《宪法》第127条第2款和《监察法》第3条、第11条第3项规定，监察调查的对象包括职务违法和职务犯罪，如果调查结果仅仅涉嫌职务违法，由监察机关自行处置，不存在案件或证据移送问题。只有涉嫌职务犯罪的案件，才需要移送检察机关依法审查、提起公诉，涉及证据移送问题。因此，监察证据移送需要区分涉嫌职务违法和涉嫌职务犯罪的证据材料。可以在刑事诉讼中使用的监察证据只能是监察机关依法收集的涉嫌职务犯罪的证据材料，不包括那些仅仅涉嫌职务违法的证据材料。在上述八类、十二种监察证据中，受害人陈述和被调查人陈述两种证据材料不存在与刑事证据的移送问题。这是其一。

其二，虽然纪委与监委合署办公，但他们并不是合并，纪委仍然存在，并且是党内监督的专责机关，负责纪律审查；监委是行使国家监察职能的专责机关，负责监察调查，二者通常同时进行，但是存在区别。被调查人涉嫌职务违法和职务犯罪的案件只能依据《监察法》规定，以监委的名义进行调查和处置，所收集的证据材料属于监察证据。而对于党员和党组织涉嫌违反党的纪律的行为，只能依据党章和其他党内法规，以纪委的名义进行调查、审查和处分，所收集的证据材料属于纪检证据，它自然也不存在证据移送或在刑事诉讼中使用问题。因此，所谓“纪检监察证据”这个名称极不规范，笔者建议学界不要继续使用。

其三，证据是对客观实际中发生的事物进行回顾认识的唯一可能性，而非必然性。证据之所以成为对实施犯罪情节和案件事实的认识手段，是因为证据形成

① 陈光中、邵俊：《我国监察体制改革若干问题思考》，载《中国法学》2017年第4期，第33页。

② 纵博：《监察体制改革中的证据制度问题探讨》，载《法学》2018年第2期，第123～125页。

的基础是一个物体或现象在另一个物体或现象的作用下能够发生变化或者保留发生作用物体的特殊品质、轮廓、特征。各种不同客体的相互作用是传递信息的前提条件。[①] 根据证据载体表现形式的不同，证据可分为言词证据和实物证据。物证、书证、视听资料、电子数据属于实物证据，它们是伴随着案件事实的发生而形成的一种实物载体，所记录的是案件事实的某一环节或者片段，具有不可再生性。这决定了实物证据的客观性、稳定性强，不易受到人的主观因素的影响而出现虚假或失真，也不会因收集主体或收集程序的原因而发生实质变化。因此，实物证据的直接移送并在刑事诉讼中使用，理论和实务界没有异议。监察证据中除了以上四种实物证据以外的其他八种证据，都属于言词证据，它们是随着刑事诉讼程序的启动，通过向办案人员口头表达其记忆事实或判断意见而形成的证据，[②] 虽然生动、形象、具体，具有可重复收集性，但客观性、稳定性差，极易受人的主观意识、思想感情和客观环境等影响而出现失真，也会因收集主体或收集程序的不同而发生变化。因此，对于言词证据的移送和在刑事诉讼中使用，学界有不同观点。自2012年修改《刑事诉讼法》增加第52条第2款规定行政执法证据与刑事证据转化以来，学界围绕可以在刑事诉讼中使用的行政执法证据的范围就存在争议，[③] 有关司法解释和公安部规章规定也不一致。[④] 立法部门权威解释认为，该款规定的可以在刑事诉讼中使用的行政执法证据的范围仅限于物证、书证、视听资料、电子数据等实物证据，不包括证人证言、被害人陈述等言词证据。[⑤]《高法解释》的起草者也认为，该款中的“等证据材料”不能包括证人证言、被害人陈述、犯罪嫌疑人、被告人供述和辩解等言词证据。因为言词证据具有较强的主观性，容易发生变化，且行政机关收集言词证据的程序明显不如公安

---

① 参见［俄］К·ф·古岑科主编：《俄罗斯刑事诉讼教程》，黄道秀等译，中国人民公安大学出版社2007年版，第203页。

② 鉴定意见和勘验、检查、辨认、侦查实验等笔录证据虽然具有书面文件形式，但仍然属于人的一种主观判断或主观认识，一旦其证据能力或证明力受到质疑，有关人员就可能要出庭作证，因此，它们也属于言词证据。参见陈瑞华：《刑事证据法学》，北京大学出版社2012年版，第93～95页。笔者赞同该观点。

③ 参见兰跃军：《〈刑事诉讼法〉“总则”部分修改若干争议问题述评》，载李清伟主编：《上大法律评论》2013年第1辑，上海三联书店2013年版，第88～90页。

④ 参见《公安机关办理刑事案件程序规定》第60条、《人民检察院刑事诉讼规则（试行）》第64条和《关于适用〈中华人民共和国刑事诉讼法〉的解释》第65条第1款。

⑤ 郎胜：《〈中华人民共和国刑事诉讼法〉修改与适用》，新华出版社2012年版，第119页。

司法机关严格，如果允许行政机关收集的言词证据在刑事诉讼中使用，难以保障案件公正处理，也不利于维护当事人权利。至于是否可以包括鉴定意见、勘验、检查、辨认、搜查等笔录，认识不完全一致。[①]

鉴于职务犯罪案件的特殊性和监察机关的政治属性，言词证据尤其是证人证言、被调查人供述和辩解是绝大部分职务犯罪案件的主要证据，乃至关键证据。纪委与监委合署办公，代表党和国家行使监督权和监察权，履行纪检、监察两项职能。他们始终将纪律挺在前面，坚持纪严于法，《监察法》规定的监察程序比行政执法程序都要严格，它等同于甚至严于刑事诉讼程序，[②] 而且监察调查人员绝大部分由原检察机关职务犯罪侦查人员转隶而来，法律素质比较高，办案程序也比较熟悉、规范。因此，笔者认为，《监察法》第33条第1款将证人证言、被调查人供述和辩解两种言词证据明确规定为可以在刑事诉讼中使用的证据，赋予它们在刑事诉讼中的证据效力，不需要重新取证，这有利于减少工作环节，提高反腐败工作效率，是合理的、可行的。至于它们能否作为定案的根据，还得经法定程序查证属实。同理，该款中的“等证据材料”应当包括被害人陈述、鉴定意见和勘验、检查笔录四种证据，只要它们符合法定要求，也可以在刑事诉讼中使用。“在证据法上，被害人提供陈述和证人作证并没有实质性的区别，两种证据在形成机理上是相似的，并适用同样的证据规则。”[③] 况且，被害人陈述作为证据材料在职务犯罪案件中并不多见。被害人作为刑事诉讼当事人，具有参与刑事诉讼和协助刑事司法的强烈愿望，其陈述的真实性和可靠性可以在刑事诉讼中通过多种途径予以核实。将被害人陈述纳入可以在刑事诉讼中使用的监察证据的范围，还可以避免重复取证给被害人造成“二次被害”。而鉴定意见和勘验、检查笔录是监察机关在调查过程中指派、聘请具有专门知识的人提供的书面的“专

---

① 胡云腾等：《关于适用〈中华人民共和国刑事诉讼法〉的解释〉理解与适用》，载《刑事审判参考》，法律出版社2013年版，第98页。

② 《监察法》第40条第1款要求监察机关对职务违法和职务犯罪案件都进行调查，收集被调查人有无违法犯罪以及情节轻重的各种证据，查明违法犯罪事实，从而形成相互印证、完整稳定的证据链。该条第2款不仅严禁以威胁、引诱、欺骗及其他非法方式收集证据，而且明确规定，严禁侮辱、打骂、虐待、体罚或者变相体罚被调查人和涉案人员。第44条第2款明确要求监察机关保障被留置人员饮食、休息和安全，提供医疗服务。讯问被留置人员应当合理安排讯问时间和时长等，这些程序规定都比《刑事诉讼法》类似规定更严格。

③ 陈瑞华：《刑事证据法学》，北京大学出版社2012年版，第120页。

家证言”。这些专家的资质都经过严格审查，这种书面的“专家证言”相对于普通证人的言词陈述而言，客观性、稳定性较强，一般不会因指派、聘请的机关不同而发生变化。另外，这些书面的“专家证言”进入刑事诉讼程序后，还可以通过补充鉴定或重新鉴定予以核实，赋予其刑事证据资格，有利于更好地落实“法法衔接”的要求，避免重复鉴定或勘验、检查，提高诉讼效率。

为此，笔者认为，可以在刑事诉讼中使用的监察证据应当包括监察机关对涉嫌职务犯罪的被调查人立案调查后，依法收集的八类、共十种证据材料，即物证、书证、证人证言、被害人陈述、被调查人供述和辩解、鉴定意见、勘验/检查笔录和视听资料、电子数据。

（三）监察证据在刑事诉讼中使用的条件

《监察法》第33条第1款规定，监察机关依法收集的证据材料在刑事诉讼中可以作为证据使用。这里“可以作为证据使用”，是指这些证据材料具有进入刑事诉讼的资格，具有刑事证据能力，不需要侦查机关再次履行取证手续。但是，这些证据能否作为定案的根据，还需要根据刑事诉讼法有关规定进行审查判断。如果经审查属于应当排除或者不真实的，就不能作为定案的根据。[①] 因此，监察证据在刑事诉讼中使用还必须具备一定的条件，这些条件既是各级监察机关案件审理部门审核证据材料批准移送起诉的基准，也是各级检察机关审查接收监察机关移动的证据的依据。至于这种条件，《监察法》第33条第1款没有明确，第2款要求监察机关收集、固定、审查、运用证据，必须与刑事审判关于证据的要求和标准相一致，笔者认为，这应当包括符合刑事证据的资格条件，但需要区分不同证据种类，分别确定。

1. 物证、书证、视听资料和电子数据的移送条件

实物证据发挥证明作用的前提是保持真实性和同一性（或原始性），“实物证据的真实性或者同一性是指证明该证据为真（genuine）的要求。麦考密克以这种方式表达这一要求：‘当提交实物证据时，要建立足够的可采性的基础，就必须提供以下证言：首先，该物品就是事件所涉及的物品，不仅如此，该物品的

① 参见中共中央纪律检查委员会、中华人民共和国国家监察委员会法规室编写：《〈中华人民共和国监察法〉释义》，中国方正出版社2018年版，第168页。

状态本质上没有发生变化。'"[①] 它要求监察机关移送给检察机关的物证、书证、视听资料和电子数据都必须保持它们在犯罪现场发现时的原始状态。这要求建立一条完整、封闭、连续的有关实物证据收集、运输、保管、鉴定等各个环节的证据保管链。监察调查人员自收集证据之时起至将证据移送给检察机关时止，对于证据保管的每一个环节都必须确定专人负责，并且在每次交接证据时都进行详细记录，对交接的人员、时间、证据的基本形态等予以记载，以实现证据保管链的无缝对接。[②]《监察法》第25条第2款规定体现了该要求。检察机关接收监察机关移送的实物证据时，应当对证据保管链条的完整性进行审查，对于证据保管链出现断裂，或者证据在保管期间没有保持实质上的原始状态，并且监察机关不能补正或者作出合理解释的，应当拒绝接收，或者依法予以排除。

2. 鉴定意见和勘验、检查笔录的移送条件

鉴定意见和勘验、检查笔录作为三种书面的"专家证言"，其重要特征在于专业性，他们是鉴定人或被指派、聘请参与勘验、检查的人员就案件中的专门性问题作出的结论，协助监察机关查明案件事实。这不仅要求鉴定人或被指派、聘请参与勘验、检查的人员必须具有相关专门知识，且与案件无利害关系，始终保持客观公正，而且要求他们必须按照法定的程序和科学的方法进行鉴定或勘验、检查。因此，鉴定意见和勘验、检查笔录证据移送的条件除了法定的形式要件，如鉴定意见必须有鉴定人签名、鉴定单位盖章，勘验、检查笔录必须有参加勘验、检查的人员和见证人签名或者盖章等，鉴定人或被指派、聘请参与勘验、检查的人员还必须具有相应的资质或专门知识，鉴定、勘验、检查的程序和方法必须经得起庭审质证的检验等。

3. 证人证言和被害人陈述的移送条件

证人证言和被害人陈述都是通过询问措施获得的言词证据，其形成要经历感知、记忆和表达三个不可分割的过程，只是证人通过五官感知，而被害人"身临其境"感知。证人和被害人作为言词证据陈述人，应当与在刑事诉讼中作证陈述一样，受不被强迫自证其罪原则保障，在作证陈述过程中享有精神自由，他们只

---

① Paul C. Giannelli, Chain of Custody and the Handling of Real Evidence, 20 American Criminal Law Review 531 (1983).

② 关于证据保管链，参见陈永生：《证据保管链制度研究》，载《法学研究》2014年第5期。

能就自己亲身感知的案件事实进行陈述。因此，证人证言和被害人陈述移送的条件是具有真实性和可靠性。检察机关接收时，不仅要注意审查证人和被害人作证的资格和作证的内容，更要注意审查他们作证陈述的程序保障，避免受到强迫或被欺骗等作虚假陈述。《监察法》第 40 条第 2 款规定了监察调查取证的禁止性规范，严禁以威胁、引诱、欺骗及其他非法方式收集证据。第 33 条第 3 款规定了非法证据排除作为违法取证的程序性制裁，凡是以非法方法收集的监察证据都应当依法予以排除，不得作为案件处置（包括移送检察机关）的依据。这些都适用于询问证人和被害人。

4. 被调查人供述和辩解的移送条件

监察机关对职务犯罪进行调查，虽然不同于刑事侦查，但是，具有刑事侦查的法律效果。[①] 被调查人作为被追诉的对象，与刑事诉讼中犯罪嫌疑人、被告人一样，受无罪推定原则保护，在法院依法判决有罪以前在法律上处于无罪地位，享有不被强迫自证其罪的权利。因此，被调查人供述和辩解作为监察证据移送，并在刑事诉讼中作为犯罪嫌疑人供述和辩解使用的条件是具有真实性和任意性（或自愿性）。《监察法》规定，严禁以威胁、引诱、欺骗及其他非法方式收集证据，严禁侮辱、打骂、虐待、体罚或者变相体罚被调查人，（第 40 条第 2 款）以保障被调查人供述和辩解的精神自由。以非法方法收集的证据应当依法予以排除，不得作为案件处置的依据。（第 33 条第 3 款）但是，监察调查的对象是行使公权力的公职人员，调查的内容是职务违法和职务犯罪。在案件调查过程中，调查人员既要严格依法收集证据，也要用党章党规党纪、理想信仰宗旨做被调查人的思想政治工作，靠组织的关怀感化被调查人，让他们真心认错悔过，深挖思想根源，而不仅仅是收集证据，查明犯罪事实。[②] 根据《监察法》规定，监察调查过程中不允许律师或司法机关介入，这使得被调查人供述和辩解的真实性和任意性更难判断，要求检察机关接收时注意审查，及时依法讯问犯罪嫌疑人予以核实。一旦发现存在非法取证嫌疑的，应当启动非法证据排除程序进行调查处理。《刑事诉讼法》第 170 条和第 171 条第 1 款关于检察机关审查起诉的规定，以及

---

① 参见朱福惠：《论检察机关对监察机关职务犯罪调查的制约》，载《法学评论》2018 年第 3 期，第 15 页。

② 参见中共中央纪律检查委员会、中华人民共和国国家监察委员会法规室编写：《〈中华人民共和国监察法〉释义》，中国方正出版社 2018 年版，第 63～64 页。

第 57 条关于调查核实非法证据的规定，同样适用于移送后的监察证据。

此外，对于监察调查过程中收集的被调查人的亲笔供述、证人的亲笔证词和被害人的亲笔陈述，经审查，确系本人真实意愿，并排除非法取证的，也可以直接移送并在刑事诉讼中使用。深化以审判为中心的刑事诉讼制度改革，落实《监察法》第 33 条第 2 款规定，实现监察程序与刑事诉讼程序有机衔接，必须严格限制监察机关出具的书面的“情况说明材料”作为监察证据使用，原则上应禁止其直接移送并作为刑事证据使用，从而促使更多的监察调查人员出庭作证。最高人民法院《审判中心改革实施意见》第 25 条同样适用于移送后的监察证据，即在庭审调查时，如果现有证据材料不能证明证据收集合法性的，人民法院可以通知有关监察调查人员出庭说明情况。不得以调查人员签名并加盖公章的说明材料替代调查人员出庭。经人民法院通知，调查人员不出庭说明情况，且不能排除以非法方法收集证据情形的，对有关证据应当予以排除。与此相适应，《刑事诉讼法》第 59 条第 2 款规定的非法证据证明程序需要适当修改。

第四章　刑事证明责任的确定

证明责任是证明制度的核心，由谁承担证明责任决定了证明主体，证明主体用什么手段履行证明责任即证明方法，证明主体履行证明责任为了证明什么即证明对象，证明主体承担证明责任需要达到的程度就是证明标准。研究证明责任制度，首先就要明确界定“证明”的适用空间。笔者认为，诉讼证明仅仅存在于法庭审判阶段，是当事人（包括刑事案件中的检察机关）运用证据向法官或其他事实裁判者作“证明”,[①] 即在法庭上证明争议事实。因此，它又被称为“司法证明”，不同于审前程序中的“查明”或“探明”。与此相对应，证明责任概念是一个在法庭审判空间中发生作用的概念，证明责任制度就是以法官及其他事实裁判者为指向的一种证据制度和诉讼制度。

一、刑事证明责任的法理

“证明责任”一词的英文是“burden of proof”，在中国大陆和台湾地区又被译作“举证责任”“立证责任”“证明负担”，以及“证据责任”等。那么，到底哪一种译法更加符合原意呢？这需要分析证明责任的法理。

（一）证明责任产生的机理

诉讼的产生根源于定分止争的需要。无论刑事诉讼、民事诉讼还是行政诉

① 在《布莱克法律词典》中，“证明”（proof）有三层含义：一是指运用证据来确认或反驳某一主张的事实，从而在事实裁判者头脑中产生具有说服力的效果；二是作为法院裁判根据的证据；三是构成合法证据的经过见证的书面文件。See Black's Law Dictionary（Eighth Edition），2004 West，a Thomson business，p. 1251.《美国加州证据法典》第 190 条将“证明”一词解释为“是通过证据在事实裁判者或法庭心目中建立关于事实的必需的可信度”。参见何家弘、张卫平主编：《外国证据法选译》（下卷），人民法院出版社 2000 年版，第 906 页。可见“证明”一词的含义都与法庭审判有关。

讼，解决纠纷都是它们的直接目的。法庭审判就是法院代表国家参与纠纷的解决过程，通过依法行使审判权，对利益对立的双方当事人之间的纠纷居中裁断。现代法治国家为了保障纠纷解决程序的正当性和裁判结果的可接受性，都将法庭审判设计成一种由三方组合的通过一定程度对抗来发现案件真实的司法程序。在这种程序中，法官或其他事实裁判者与双方当事人及案件结局都没有利害关系，他们通过听取双方当事人对同一争议事实相向而行所作的陈述，主要依靠通过法庭对抗所形成的证据，作出对双方都有约束力的裁判，从而解决纠纷。

在这种对抗机制下，双方当事人作为一种理性人，受趋利避害心理支配，都会尽其所能地提供有利于证明本方诉讼主张和驳斥对方诉讼主张的证据材料，从而使法官或其他事实裁判者最终作出有利于自己的裁判。这个过程不仅是当事人承担证明责任的证明过程，而且是法官根据现有证据“从历史碎片中拼凑事实”的认识过程。当事人追求的“法律效果的发生与否，不在于事实的存在或不存在，而在于事实之获得证明或不能获得证明”。“在审判上，并不产生法官不能判断的情形。因主张权利的人，如果不能证明事实，则视为该事实不存在。”而且，根据司法最终裁决原则和程序终结性原则，“法官不得因为他对案件事实没有进行充分的澄清就拒绝作出判决。他总是必须作出判决。对此，不需要对有争议的主张的真实与否作出积极的确认。对事实问题真假不明并不意味着对法律问题也真假不明。避免这一点恰恰是证明责任规范的任务。因此，某主张的不确定性不是使判决不可能，而是使法官作出不利于承担证明责任的当事人的判决”。①因此，任何案件诉讼开始时，首先就必须确认哪一方当事人应该承担提出诉讼主张的责任、提供证据的责任，以及说服法官或其他事实裁判者的责任。只在该当事人不履行这三种责任，或者承担责任后案件事实仍然不能获得证明，即处于“真伪不明”状态，② 才涉及不利诉讼后果的承担。为此，古罗马法学家将证明责任制度概括为五句话：“为主张之人负有证明义务，为否定之人则无之”，“事

① ［德］莱奥·罗森贝克：《证明责任论》，庄敬华译，中国法制出版社 2002 年版，第 14 页。

② 根据德国法学家汉斯·普维庭的观点，构成“真伪不明”的条件包括五个方面：（1）原告已经提出有说服力的主张；（2）被告也已提出实质性的对立主张；（3）对争议事实主张需要证明（自认的事实、众所周知的事实、没有争议的事实不在此限）；（4）所有程序上许可的证明手段已经穷尽，法官仍不能获得心证；（5）口头辩论程序已经结束，上述第 3 项或第 4 项状况仍然没有改变。参见［德］汉斯·普维庭：《现代证明责任问题》，吴越译，法律出版社 2000 年版，第 22 页。

物之性质上，否定之人无须证明”，“原告不举证证明，被告即获胜诉”，“原告对于其诉，以及以其诉请求之权利，须举证证明之”，“若提出抗辩，则就其抗辩有举证之必要”。这就是后来作为三大诉讼法“统一的诉讼举证责任”存在的“谁主张，谁举证”（he who affirms must prove）原则的由来。著名法谚“举证之所在，败诉之所在”也蕴含了此层意思。我国台湾地区学者认为：“所谓举证责任，乃当事人请求依其主张为裁判，须就其主张待证之事实，有举证证明之负担。详言之，乃当事人凡欲依其主张为裁判，须就其主张之特定、必要而有关联之待证事实，举证证明之。如不能举证证明，则负担不能依其主张内裁判之危险。”[①] 笔者认为，这是证明责任制度产生的机理，它不仅适用于民事诉讼，而且同样适用于刑事诉讼和行政诉讼。在刑事诉讼中，被告人受无罪推定原则的保护，在法律上推定无罪，控诉方（检察机关或自诉人）指控被告人有罪，要推翻被告人这种法律上无罪的地位，就必须举证证明到法律规定的证明标准，否则，法院只能判决控诉方败诉，维持被告人的无罪地位。

（二）证明责任的概念与构成

国内外学者对“证明责任”概念的认识既有共同点，又存在一些差异。美国证据法学家麦考密克教授认为，由于“证明”的含义模糊不清，它通常是指证据产生的确信或说服的最终结果，“证明责任”具有两个相互冲突的含义，它包括两个不同的证明责任：一是对某一特殊争议事实提出证据令法官满意的责任，即提供证据的责任；二是说服事实裁判者相信主张事实是真实的责任，即说服责任。[②]《美国加州证据法典》第115条将“证明责任”定义为“当事人一方有义务通过证据在事实裁定者和法庭心目中建立有关事实的必需的可信度。证明责任可以要求一方提出有关事实存在或不存在的合理怀疑，或一方通过优势证据，或通过清楚和令人信服的证明，或通过超出合理怀疑的证明来确认一个事实的存在或不存在。除非法律有其他规定，证明责任要求通过优势证据证明”。[③] 这里的“证明责任”概念不仅适用于刑事诉讼，而且包括民事诉讼。根据英国证据法学家皮特·墨菲教授的观点，单独分析“证明责任”这个术语容易引起

① 李学灯：《证据法比较研究》，台湾地区五南图书出版股份有限公司1981年版，第356页。

② ［美］约翰·W·斯特龙主编：《麦考密克论证据》（第五版），汤维建等译，中国政法大学出版社2004年版，第648~649页。

③ 何家弘、张卫平主编：《外国证据法选译》（下卷），人民法院出版社2000年版，第903页。

歧义。它可以是指证明争议事实达到规定的证明标准所承担的一种责任，或者是指提出充分证据以支持对争议事实作出有利于己的裁判所承担的一种责任。因此，通常认为至少存在两种截然不同的证明责任，即“法定的”或“说服的”责任和提供“证据的”责任，这两种责任并不总是由同一当事人承担。① 英国学者理查德·梅认为，在刑事审判中，“举证责任”包括说服的责任、提供证据的责任和建立证据可采性的责任三层含义。② 这里“建立证据可采性的责任”即对所提交证据的可采性和合法性的证明责任，是一种程序性证明责任。美国证据理论认为，每一起诉讼中对每个争议的证明都存在三种责任，即主张责任、举证责任和说服责任，后两者合称“证明责任”，即按照法律要求的证明程度和标准证明待证事实或争议的义务。③《布莱克法律词典》将“证明责任”解释为当事人证明争议事实或指控的一种义务。它包括说服责任和提供证据责任两个方面。④《元照英美法词典》认为，“证明责任”是指当事人为避免不利于己的裁判而提出证据证明其主张的事实并说服事实认定者确信其主张的责任。在英美证据法理论上，通常认为“证明责任”包含两个概念：一是“举证责任”，即当事人就自己主张的事实应提供充分证据予以证明的责任。该责任在诉讼过程中可以在当事人之间来回转移。二是“说服责任”，即当事人说服事实裁判者确信其所提证据指向的事实为真实的责任。根据传统观点，说服责任在诉讼的任一阶段都不会由当事人一方转移给另一方。承担证明责任的一方对其主张的证明还必须达到法定的标准，才可以使自己免受不利裁判。⑤ 可见，无论美国学者还是英国学者，都认为“证明责任”包括提出证据责任和说服责任两个方面，“证明责任被认为是在案件中提供证据的职责并说服事实发现者（通常是指陪审团）相信所提交的证据所主张的内容是真实的”。⑥ 这是英美法系二元制法庭构造和当事人主义审判方式下对“证明责任”概念的界定和理解。

---

① See Peter Murphy, Murphy on Evidence (ninth edition), Oxford University Press, 2005, p. 67.

② 参见［英］理查德·梅：《刑事证据》，王丽等译，法律出版社 2006 年版，第 59 ~ 77 页。

③ 参见卞建林：《美国刑事诉讼简介》，载《美国联邦刑事诉讼规则和证据规则》，卞建林译，中国政法大学出版社 1995 年版，第 20 ~ 21 页。

④ See Black's Law Dictionary (Eighth Edition), 2004 West, a Thomson business, p. 209.

⑤ 参见薛波主编：《元照英美法词典》，法律出版社 2003 年版，第 179 页。

⑥［美］诺曼·M·嘉兰、吉尔伯特·B·斯达克：《执法人员刑事证据教程》（第四版），但彦铮等译，中国检察出版社 2007 年版，第 77 页。

在大陆法系一元制法庭构造和职权主义审判方式下，学者们也认为“证明责任”具有双重含义。据考究，“证明责任”或“举证责任”最初是由德语“Beweislast”一词翻译而来。德国法将“举证责任”分为主观的举证责任（又称形式的举证责任）和客观的举证责任（又称实质的举证责任），前者又区分为固定不变的承担者和可变动的承担者两种情况。[①] 日本学者也认为，“举证责任”分为客观的举证责任和主观的举证责任。客观的举证责任（或实质的举证责任）是指当事实真相真假不明时，在法律判断上处于不利地位的当事人所承担的责任，也叫证明的责任（burden of persuaion），其实就是说服责任。主观的举证责任（或形式的举证责任）是指当事人负责证实事实的责任，是当事人希望审理某种事实时提出一定证据的责任，也可以说是当事人设定争点的责任，因此称为争点形成责任，这个概念与英美法所说的提出证据责任（burden of producing evidence）相对应。[②] 在我国，李浩教授1986年首次提出“双重含义说”，他认为：“应当从行为和结果两个方面来解释举证责任，即举证责任具有双重含义：行为意义上举证责任和结果意义上举证责任。前者指当事人对所主张的事实负有提出证据加以证明的责任；后者是指在事实处于真伪不明状态时，主张该事实的当事人所承担的不利后果。这种不利的诉讼结果既表现为实体法上的权利主张得不到任何法院的确认和保护，又通常表现为因败诉而负担诉讼费用。”[③] 自此以后，举证责任包括行为责任和结果责任的“双重含义说”在我国得到越来越多学者的支持，可以说至今已经成为我国诉讼法学界的一种通说。英美法的提出证据责任和说服责任，与大陆法的行为责任和结果责任，虽然根植于不同的法律体制，作用于不同的法律空间，存在一定的差异，但从实质意义上讲，它们基本上是对应的，而且提出证据责任或行为责任，与说服责任或结果责任之间存在一种前后递进关系，提供证据责任是当事人提出证据使一个事实成为争议问题，其前提是当事人在诉讼中提出了自己的诉讼主张，并使之成为法庭审判的对象和范围。日本学者认为，“如果当事人不提出于己有利的主张事实，那么就会因法院不适用

① 参见［日］松尾浩也：《日本刑事诉讼法》（上、下），丁相顺译，中国人民大学出版社2005年版，第23页。

② 参见［日］田口守一：《刑事诉讼法》，张凌、于秀峰译，中国政法大学出版社2010年版，第275页。

③ 李浩：《我国民事诉讼中举证责任含义新探》，载《法律科学》1986年第3期。

与该事实相对应的法律而导致自己承受不利的裁判，这种不利益或危险就被称为主张责任”。[①] 关于主张责任与证明责任的关系，我国台湾地区学者李学灯先生认为：“有举证责任之事实，即系当事人之主张事实，原来可以适用之法则，系以法院职权调查之者，故毋庸证之于当事人。且在采用不干涉审理主义之民事诉讼中，法院非就当事人所主张之事实，则于审判上不加斟酌，以故非当事人主张之事实，即无证明之必要。”[②] 反之，凡是当事人主张的事实，就有证明的必要。说服责任就是指负有证明责任的一方当事人承担的运用证据对案件事实进行说明、论证，从而使法官形成对案件事实的内心确信的责任。“说服责任只有在当事人履行了提供证据责任且提供了所有证据时，才成为一个关键性因素。”如果负有说服责任的一方当事人没有履行这一责任，待证事实仍然处于真伪不明的状态，事实裁判者就要作出不利于该方当事人的裁判，使他承担不利后果责任。为此，有学者认为，“举证责任”一词包含四个方面的内涵，即主张责任、提供证据责任、说服责任和不利后果负担责任，它是这四种责任的统一体，“四种责任紧密相连不可分割，它们之间呈现出一种层层递进的关系，后者以前者为基础和前提。同时它们又相辅相成，互为条件”。[③]

综合上述分析，笔者认为，“证明责任”是指当事人为了避免不利于己的裁判而提供证据证明自己的诉讼主张，并且说服事实裁判者确信其主张为真实的一种责任。它具有四个特征：第一，证明责任的承担主体是当事人（包括刑事诉讼中的检察机关），它是一种当事人责任，是当事人为了获得有利于己的裁判而努力的过程和结果，以及可能面临的诉讼风险。第二，证明责任的作用对象是法官或其他事实裁判者，它只能发生在法庭审判阶段，“证明责任规范的本质和价值就在于，在重要的事实主张的真实性不能被认定的情况下，它告诉法官应当作出判决的内容”。[④] 根据《刑事诉讼法》第200条第（3）项规定，如果控诉方（检察机关或自诉人）指控证据不足，没有履行证明被告人有罪的证明责任，法院只能作出证据不足、指控的犯罪不能成立的无罪判决。第60条规定，对于经过法

---

① ［日］高桥宏志：《民事诉讼法——制度与理论的深层分析》，林剑峰译，法律出版社2003年版，第431页。

② 李学灯：《证据法比较研究》，台湾地区五南图书出版股份有限公司1981年版，第363页。

③ 李汉昌、刘田玉：《统一的诉讼举证责任》，载《法学研究》2005年第2期。

④ ［德］莱奥·罗森贝克：《证明责任论》，庄敬华译，中国法制出版社2002年版，第3页。

庭审理，不能排除存在《刑事诉讼法》第56条规定的以非法方法收集证据情形的，对有关证据也应当作为予以排除，不得作为定案的根据。第三，证明责任总是与一定的诉讼主张相联系，其实质是证明当事人诉讼主张能否成立的一种责任及后果。在诉讼启动后，当事人主张的事实能否成立成为诉讼中的待证事实（证明对象），它引导双方当事人去举证（提供证据）证明或反驳，从而说服事实裁判者作出有利于己的裁判。反之，如果当事人没有提出诉讼主张，或者主张的事实不存在，法庭审判因为缺乏审理对象而无法进行。《民事诉讼法》第64条第1款规定："当事人对自己提出的主张，有责任提供证据。"《刑事诉讼法》第211条规定，被害人提起自诉只有达到犯罪事实清楚，有足够的证据时，法院才能开庭审判。如果缺乏罪证而被害人又提不出补充证据的，自诉就可能不被法院受理或者被裁定驳回。第四，证明责任总是与一定的诉讼风险相联系，它不仅是一种行为责任，即提出证据证明主张成立的责任，而且是一种结果责任，即负有证明责任的主体，如果没有履行证明责任，待证事实仍然处于真伪不明的状态时，他就要承担其提出的主张不能成立的诉讼风险。行为责任取决于诉讼法，在诉讼过程中可能在当事人之间转移，而结果责任取决于实体法，是根本的、本质的责任，直到裁决时才进行分配，而且只能固定地由一方当事人承担。

（三）证明责任与举证责任

《刑事诉讼法》《民事诉讼法》《行政诉讼法》乃至相关司法解释都没有使用"证明责任"的概念，因此，"证明责任"一词在我国至今还属于一个非法定术语。相反，"举证责任"一词早在1910年就出现于清政府起草的《大清民事诉讼律草案》之中，至今已在我国台湾地区广泛使用。我国1989年制定的《行政诉讼法》第32条第一次使用了"举证责任"这一概念，最高人民法院2001年制定的《关于民事诉讼证据的若干规定》开始在民事诉讼中使用"举证责任"这一词汇，《刑事诉讼法》第51条继续使用"举证责任"这一概念，从而使"举证责任"成为一个法定概念。关于证明责任与举证责任这两个概念的关系，理论界存在争议，影响较大的有以下五种观点：

（1）同一说，认为举证责任就是证明责任，二者本属同一概念，即谁负有提出证据证明案件有关事实的责任。这可以说是诉讼法学界多数学者的观点。

（2）并列说，认为举证责任和证明责任是两个完全不同的概念，相互之间没有隶属关系。举证责任是指当事人向司法机关提供证据的责任，但对于证明责任的具体内容又有不同的看法。一种观点认为，证明责任专指刑事诉讼中公诉机关承担的收集运用证据证明犯罪嫌疑人、被告人是否有罪的法律义务，犯罪嫌疑人、被告人及其他当事人都不承担证明责任；另一种观点认为，证明责任是事实裁判者用可靠的证据材料来表明或断定事实真实性的责任。

（3）大小说，认为证明责任包含了举证责任。举证责任仅指当事人提供证据证明有利于自己主张的责任，而证明责任则是指司法机关或者某些当事人应当收集或提供证据证明案件事实或者有利于自己主张的责任，不尽证明责任将承担其认定或主张不能成立的后果。还有一种观点认为，举证责任只是证明责任的一种形式或组成部分。证明责任包含提出证据责任和说服责任，举证责任即提出证据责任。这种观点符合我国诉讼理论和实践称呼，我国诉讼立法和司法实务通常将当事人（包括刑事诉讼中检察机关）在庭审中提出证据的行为称为“举证”。

（4）包容说，认为举证是为了证明，而证明是举证的结果，因此，两者之间具有包容的特征。

（5）前后说，认为证明责任和举证责任是两个独立的概念，但两者之间存在一种前后递进关系。举证责任主要是指收集和提出证据，证明责任主要是指判断和使用证据。从认识论的角度讲，前者属于感性认识，后者属于理性认识。

我们赞成同一说，认为“证明责任”与“举证责任”是同一个概念，两者是对同一英文词汇“burden of proof”或“onus of proof”（拉丁文“onus probandi”）的不同翻译，含义是一致的，可以在同一意义上使用。因为并列说和大小说仅仅从证明或举证的主体方面区别证明责任与举证责任，意义不大。虽然我国《刑事诉讼法》将检察机关规定为国家专门机关，不同于普通的诉讼当事人，但在国外，检察机关参与诉讼包括刑事诉讼，就是一方当事人，与普通当事人并无二致。另外，大小说、包容说、前后说实质上是一致的，都是将提出证据的责任作为举证责任，而没有与一定的诉讼风险相联系，这不仅会使“举证责任”这一概念失去意义，而且很容易产生混淆。为此，笔者认为，在我国，相对于“举证责任”或其他词汇而言，“证明责任”这一概念更加符合英文原意，使用时较不容易引起歧义，建议我国再修改三大诉讼法时统一使用“证明责任”这一概念取代“举证责任”。《美国加州证据法典》第五编就严格区分了“证明责任”（第一章）和“举证责任”（第二章）。根据该法典第550条规定的“举证责任”分配原则，在案件开始时，举证责任与证明责任同时发生。但是，在审判过程中，举证责任可能从一方转移到另一方，而不管证明责任的发生。显然，这里的“举证责任”仅仅是指提供证据的责任，不包括说服责任。①

二、刑事证明责任的性质

证明责任的性质主要解决举证（提出证据）这种诉讼行为或诉讼活动的性质问题，对这个问题的回答直接关系到当事人承担证明责任的行为动机和承担后果的原因。对此，学者们争议较大，先后提出过权利说、义务说、责任说、败诉危险负担说、需要说、效果说、必要说、权利义务说和权利责任说等多种学说。其中影响较大的主要包括以下四种学说：

（一）权利说

该学说认为证明责任是当事人的一项诉讼权利。其根据有二：一是诉讼权是各国宪法赋予公民的基本权利，由此可以推导出当事人有从事主张及举证的权利；二是当事人对诉讼标的有处分的权利，而主张及举证活动正是来自这种处分权，所以，举证是当事人的一项权利而非义务。但由于这种观点与证明责任概念的含义不一致，现在已经很少有人主张。

（二）义务说

该学说认为证明责任是当事人负担的一种诉讼义务，如果当事人不履行该项义务，就要承担败诉的后果。为此，该学说认为当事人履行证明责任是被强制进行的，这种强制力来自诉讼法上的拟制，即“未经主张之事实乃不存在，未经主张之事实乃不真实（虚伪）”。这种学说在我国诉讼法界一直得到很多学者赞成，认为当事人承担证明责任是对法院的诉讼义务，当事人与法院之间是一种权利义务关系，法院是权利主体。

（三）责任说

该学说认为证明责任属于证明主体的法律责任，该项责任的内容既包括当事人提供证据证明其主张、司法机关收集证据以认定案件事实的责任，也包括在不能证明时，承担其主张或认定不能成立的风险。该说认为，证明责任对于当事人来说，既非权利，也非义务，而是一种责任。一旦负有证明责任的当事人提出了

---

① 根据《美国加州证据法典》第110条解释，“举证责任”是指当事人一方有义务引入证据足以避免在争诉的问题上作出不利于他的判决。

诉讼主张，它应当提供相应的证据予以证明，如果未能证明，只对他自己不利，而非对他人（包括法院）不履行义务。

（四）负担说

该学说也认为证明责任既非权利，也非义务，仅仅是当事人为得到胜诉结果而在实际上产生的必要负担。换言之，一旦他不主张、不举证时，将导致败诉；如果他不想败诉，就不得不承担起这个负担。如果当事人放弃获得胜诉结果的目的，不介意败诉时，立即可以卸下这一负担。这种学说也得到我国很多学者支持。

笔者认为，从证明责任构成看，证明责任由提供证据责任和说服责任构成，是主张责任、提供证据责任、说服责任和不利后果负担责任四种责任的统一体。在这四种责任中，主张责任是当事人的权利，当事人认为自己合法权益受到侵犯（包括检察机关代表国家认为被告人的行为侵害了国家法益、社会法益及被害人法益构成犯罪），应当有权获得司法权救济，提出自己的诉讼主张以期得到法院支持，从而作出有利于自己的裁判。提供证据责任对于当事人履行主张责任来说是一项义务，但对于履行说服责任来说又是一项权利。如果当事人要证明自己的诉讼主张，应当有权向法院提供证据；另外，当事人要说服事实裁判者确信其主张成立并作出有利于自己的裁判，就有义务提供证据予以证明。而说服责任既是当事人的一项权利，也是一项义务，还是一项负担。因为事实裁判者经过审理后必须要作出裁判，而该裁判不可能同时有利于双方当事人。这样，在裁判还没有作出以前，双方当事人都有权在法律允许范围内采取各种措施影响事实裁判者心证的形成，这显然是一种权利。此外，当事人要想避免不利于已的裁判，就不得不提供确实充分的证据说服事实裁判者确信其主张是真实的，这既是义务又是负担。不利后果负担责任本身就是一种风险负担，是当事人没有履行说服责任而且案件事实处于真伪不明状态时所带来的一种后果。如果没有这种不利后果存在，任何人都不会去履行证明责任。从这种意义上说，笔者认为上述四种学说都具有一定合理性，但也都存在一定局限性，无法全面揭示证明责任的性质。只有将这四种学说结合起来，才能对特定当事人证明责任的性质作出准确的回答。

与证明责任性质相关联的一个问题是证明责任的法律属性，即证明责任属于实体法问题还是程序法问题，国外有代表性的学说包括实体法说、诉讼法说和折中说三种观点。实体法说认为，何种要件事实由原告负证明责任，何种要件事实由被告负证明责任，这是根据实体法规定来决定的，不是根据诉讼法规定来决定的，而这恰恰又是证明责任制度的核心内容。所以实体法才是证明责任分配原则的源泉和最终依据，证明责任制度自然应当是一种实体法制度。诉讼法说认为，证明责任的原则存在于诉讼法上，证据的概念也只在诉讼法中才有，证明责任是法院在案件事实处于真伪不明状态时作出判决的依据，而实体法本身并没有就这种解决方法提供依据，所以举证责任应当属于诉讼法领域。折中说认为，证明责任是一个“两栖”问题，横跨实体法和诉讼法两大领域。我国学界主要有实体法说和折中说两种观点，而且大多数学者主张折中说，纯粹持诉讼法说的较少。① 笔者也赞同折中说。这是因为，虽然实体法是证明责任分配原则的源泉和最终依据，但是，证明责任本质上是证明主体在审判阶段提出证据说服事实裁判者的一种法律责任和诉讼风险，证明主体的确定和证明责任的履行都离不开相应的诉讼法规范。况且，折中说与笔者前文所界定证明责任的概念和构成相一致。因此，证明责任具有实体法和诉讼法双重属性。

与多数学者认为证明责任具有双重属性相对应，证明责任问题适用法律的选择也呈现双重性。传统学说认为，证明责任尤其是说服责任，属于诉讼法问题，应当适用裁判地法律。然而，在司法实践中，许多国家法院包括美国联邦最高法院将它视作实体事项，正如贝尔（Beale）教授指出，说服责任与实体之间已经达到密切错综的地步，很难完全适当地区分开来。这样，证明责任法律适用问题如同其他实体法规则一样，受国际私法冲突规则的调整，可以选择适用外国准据法。“惟不论何种理由，若干案件，关于助成过失之说服负担，现在适用所在地法多于适用裁判地法。”② 我国对该问题的理论研究几乎还是一片空白，司法实践中遇到类似问题几乎都是按照我国法律即裁判地法律，其合理性值得商榷。笔者认为，这需要立法结合证明责任的性质作出明确界定。因为各国（地区）法律规定存在差异，证明责任作为一种法律责任和诉讼风险分担机制，可能直接影响案件的诉讼结局，从而影响当事人合法权利的保障。

---

① 参见宋英辉、汤维建主编：《证据法学研究综述》，中国人民公安大学出版社 2006 年版，第 318 ~ 319 页。

② ［美］Edmund M. Morgan：《证据法之基本问题》，李学灯译，台湾地区世界书局 1982 年版，第 53 ~ 54 页。

三、刑事证明责任的分类

在两大法系不同国家，由于诉讼模式、司法体制、历史传统等差异，证明责任可以按照不同的标准划分为不同的类型，从而具有不同的功能。研究这些类型，有助于我们更加全面地认识证明责任的概念及运作机制。

（一）实质性证明责任和形式性证明责任

这是按照证明责任承担主体是否确定而进行的分类方式。德国法学家尤利乌斯·格尔查1883年首次在其论文集《刑事诉讼手册》中将证明责任区别为“实质上的证明责任”（Materielle Beweislast）和“诉讼上的证明责任”（Prozessuale Beweislast）。现在一般改称为“实质性证明责任”和“形式性证明责任”。实质性证明责任包括两层含义：一是当事人应当对待证事实提供证据，法官才能在此基础上作出判断；二是如果事实处于真伪不明的状态时而产生的不利后果责任。形式性证明责任又称“举证必要”，是指当事人/控辩双方在诉讼中都需要提供一定证据的责任。

实质性证明责任的承担主体固定于一方当事人，与案件涉及的事项有关，而与诉讼进程、诉讼模式无关，因而它在诉讼过程中不发生转移，如果事实最终处于真伪不明的状态，法院总是要判决一方败诉。形式性证明责任随着诉讼进程在双方当事人之间发生转移。通常规则是，承担实质性证明责任者，即主张待证事实存在的当事人，原则上承担第一次形式性证明责任。而当主张者承担了初步责任时，这种责任就转移到对方当事人。

（二）主观证明责任和客观证明责任

这是根据证明责任的适用条件而进行的分类方式。德国学者莱昂哈特在其所著《证明责任论》一书中首次将证明责任区分为“主观证明责任”（Die Subjective Beweislast）和“客观证明责任”（Die Objective Beweislast）。前者是指当事人在诉讼过程中为了避免不利于己的裁判而向法院提供证据的责任。后者是指当案件事实处于真伪不明状态时由一方当事人承担的受到不利裁判的后果。主观证明责任的适用条件是当事人提出了诉讼主张，是当事人提出诉讼主张后的应然义务，因此，它由双方当事人共同承担，存在于整个诉讼过程中。而客观证明责任的适用条件是“案件事实真伪不明”，只能由一方当事人承担，直到裁决时才进行分配。因此，它是“证明不能”或“证明不力”所产生的一种逻辑结果，也是证明责任制度的本质所在。

（三）实体性证明责任和程序性证明责任

这是根据证明对象性质不同而进行的分类方式。我们可以将诉讼证明分为实体性证明和程序性证明，与之相对应，证明责任可分为实体性证明责任和程序性证明责任。实体性证明责任是对实体性事实进行证明的承担。根据无罪推定原则，在刑事诉讼中，原则上应当由控诉方承担。程序性证明责任是对程序性事实（包括证据可采性和合法性等）的证明承担，根据谁主张谁举证原则，原则上由举证方承担。《美国加州证据法典》第501条规定了“在刑事诉讼中通常的证明责任”，即实体性证明责任和证明标准问题。根据该规定，除了主张某人过去或现在神志不清之外，关于在刑事诉讼中分配证明责任的成文法一律适用《加州刑法典》第1096条规定：“刑事案件被告人在被证实有罪以前，被推定为无罪。如果关于其罪行是否已经令人信服地证明存在合理疑问，被告人有权被宣告无罪。但是，该规定的推定效果仅限于使州承担排除合理疑问地证明被告人有罪的责任。”《英国1984年警察与刑事证据法》第76条明确规定了控方对被告人供述可采性的程序性证明责任和证明标准，即如果被告人的供述是采取压迫的方式取得的，或者由于当时实施的任何语言或行为可能导致该供述不可靠的，除非控方能够向法庭证明该供述（尽管它可能是真实的）不是以上述方式取得的，并且此项证明达到排除合理怀疑的程度，否则，法庭不得允许将该供述作为不利于被告人的证据提出。《办理死刑案件证据规定》第5条规定了刑事诉讼中实体性证明问题，需要证明的实体性事实包括七个方面：（1）被指控的犯罪事实的发生；（2）被告人实施了犯罪行为与被告人实施犯罪行为的时间、地点、手段、后果以及其他情节；（3）影响被告人定罪的身份情况；（4）被告人有刑事责任能力；（5）被告人的罪过；（6）是否共同犯罪及被告人在共同犯罪中的地位、作用；（7）对被告人从重处罚的事实。根据《刑事诉讼法》第51条规定，刑事诉讼中证明责任，包括实体性证明责任和程序性证明责任，由控诉方承担，即“公诉案件中被告人有罪的举证责任由人民检察院承担，自诉案件中被告人有罪的举证责任由自诉人承担”。被告人不承担任何证明自己有罪或无罪的责任。《审判中心改革意见》第8条规定，要进一步完善公诉机制，被告人有罪的举证责任，由人民检察院承担。《非法证据排除规定》和《严格排除非法证据规定》都规定了刑事诉讼中非法证据排除的程序性证明问题，包括非法言词证据（被告人审前供述、被害人陈述、证人证言）、物证、书证取得程序合法性（或证据收集的合法性）的证明。根据《非法证据排除规定》第6条规定，如果被告人或辩护人提出被告人审前供述是非法取得的，他们必须承担非法证据排除程序启动的程序性证明责任，即启动被告人审前供述取得合法性调查程序的初步责任，提供涉嫌非法取证的人员、时间、地点、方式、内容等相关线索或者证据。如果控诉方对此予以否认，由控诉方对被告人审前供述取得合法性承担证明责任。根据《非法证据排除规定》第13条规定，在庭审中，如果检察人员、被告人或辩护人提出未到庭的书面证言、未到庭被害人的书面陈述是非法取得的，举证方也应当对其取证的合法性进行证明。《刑事诉讼法》第56条至第60条吸收了上述内容，构建了中国模式的非法证据排除规则，从而使非法证据排除的程序性证明责任成文法化。只要当事人及其辩护人、诉讼代理人提出证据是非法取得的，并且提供了相关的线索或证据，检察机关就必须承担证据收集合法性的证明责任。《严格排除非法证据规定》第31条规定，在非法证据排除程序中，由公诉人对证据收集的合法性加以证明。

四、刑事证明责任的分配

在同一案件中，诉讼当事人可能存在不同的争议事实（待证事实或证明对象）。证明责任分配就是决定案件中某一具体待证事实证明责任的承担主体问题。由于证明责任不仅是一项行为责任，而且是一项结果责任，如果负有证明责任的当事人“证明不能”或“证明不力”，就可能要承担不利后果。所以，证明责任分配往往直接影响诉讼结果，在证明制度乃至诉讼制度中都具有重要地位。

一般认为，分配证明责任是法官的职权，与陪审团无关，也不允许当事人自由约定。“负担之分配及是否已尽负担之能事，纯由法官决定之。法官得于审理之初，即决定原告对于何种争点应予提供证据，此后于审理中之适当阶段，经过当事人之申请，亦可引起何造当事人非再行举证，即应败诉之问题。”[1]

---

① ［美］Edmund M. Morgan：《证据法之基本问题》，李学灯译，台湾地区世界书局1982年版，第46页。

（一）三大诉讼证明责任分配的共同规则

三大诉讼证明责任分配是否存在统一标准，学界和实务界存在争议。麦考密克教授认为，“简言之，不存在调整证明责任分配的关键原则。证明责任的分配（最初的或最终的）取决于对一个或多个因素的衡量，这些因素包括：（1）由请求变更现状的当事人承担证明责任的自然倾向；（2）特别的政策因素，如不利于抗辩的因素；（3）方便；（4）公平；（5）裁判上对盖然性的估计”。[①] 摩根教授也持类似观点，他指出，在证明责任分配标准方面，真正可以采纳的学说，应当决定于公正、便利及政策性的各种考虑。美国近年来若干判例已经明确地表示了这种主张。这种考虑需要有合适的判断，以往判例中流露出的司法实务经验，也可以产生很大影响。[②] 根据这两位证据法学家的看法，证明责任的分配必须在综合考虑各种利益要素，包括公平和其他法律、政策上规定，权衡利弊的基础上才能决定。但这并不意味着三大诉讼中证明责任的分配就不存在一些普遍适用的规则。分配证明责任的依据有两个：一是法律，包括实体法、程序法及相关司法解释。证明责任原则上应当由法律作出规定。法律有规定的，证明责任分配遵循法律规定；二是一定标准或规则。如果法律没有规定，法官必须依据一定标准或规则来确定证明责任的分配，协调确定各方当事人的证明责任。最高人民法院《关于民事诉讼证据的若干规定》第 7 条明确了这一点，即“在法律没有具体规定，依本规定及其他司法解释无法确定举证责任承担时，人民法院可以根据公平原则和诚实信用原则，综合当事人举证能力等因素确定举证责任的承担”。笔者认为，古罗马法学家概括的“谁主张，谁举证”原则及其所体现的若干规则对解决刑事诉讼、民事诉讼和行政诉讼中证明责任的分配问题具有普遍适用性，已经得到两大法系许多学者的认同。

古罗马法没有提出证明责任的概念及其分配的具体标准，但是，古罗马法学家在法学文献和著作中论述的关于证明责任分配的很多规范，提出了一些具有高度包容性的原则和规则。具体来说，包括以下五句话：

（1）“为主张之人负有证明义务，为否定之人则无之”，即“谁主张，谁举

---

① ［美］约翰·W·斯特龙主编：《麦考密克论证据》（第五版），汤维建等译，中国政法大学出版社 2004 年版，第 652 页。

② ［美］Edmund M. Morgan：《证据法之基本问题》，李学灯译，台湾地区世界书局 1982 年版，第 51 ~ 53 页。

证；证明责任伴随于主张责任不离”，凡是在诉讼中提出诉讼主张的当事人，原则上应当提供相应的证据支持其主张，否则，法院不予采信。除非属于例外情形。

（2）“事物之性质上，否定之人无须证明”，换言之，“证明责任存于主张之人而不存于否定之人”，对事实持否定主张的人无须承担证明责任，证明责任应由持肯定主张的当事人承担。正如李学灯先生指出：“诉讼之特征，在于有当事人之两造。遇有两造各有请求和主张时，则需各自举证以支持其主张，因而发生举证责任分配之问题。此一问题，可以远溯于罗马时代之法谚，‘凡事应为否认人之利益推定之’，经解释为‘举证责任存于主张之人而不存于否定之人’。此可谓为分配论之开端”。[①] 根据《菲普森论证据》解释：“之所以在一般情况下适用这条规则，除了因为寻求法律救济的人必须首先证明其案情外，还因为根据事物的性质，证明事物的不存在要比证明其存在困难得多。”[②]

（3）“原告不举证证明，被告即获胜诉”，如果原告提出诉讼主张后，不能充分履行其证明责任，出现“证明不能”或“证明不力”时，法院只能判决其主张不成立，被告就获得胜诉。从证明责任双重含义来看，这一原则体现了其中行为责任的一面，但实质上它却是和结果责任相联系的，即如果原告未能举证或举证不充分，以至于不能证实其主张的，就应当作出被告胜诉的裁判。同时，如果原告已经证实了其主张，被告就必须通过反证推翻原告的举证，被告应对其抗辩承担证明责任。

（4）“原告对于其诉，以及以其诉请求之权利，须举证证明之”，原告对于其诉讼主张，以及在其诉讼主张中请求的诉讼权利，必须提供证据予以证明。

（5）“若提出抗辩，则就其抗辩有举证之必要”，也就是说，如果一方当事人在诉讼中提出抗辩，他必须就其抗辩所提出的诉讼主张提供证据予以证明。

古罗马法关于证明责任分配的原则对大陆法系国家和英美法系国家均产生了深远影响。在英美法系国家，现在仍将“提出主张的人有证明义务，否定的人没有证明义务”作为证明责任分配的一般原则。而在大陆法系国家，作为证明责任分配理论的基石，罗马法初期提出的两条原则经过罗马法注释时期、德国普通法

---

① 李学灯：《证据法比较研究》，台湾地区五南图书出版公司 1981 年版，第 370 页。

② 李浩：《民事举证责任研究》，中国政法大学出版社 1993 年版，第 110 页。

时期，逐步演变成为德、日两国现代民事诉讼理论中较有影响的三大学说：待证事实分类说、法规分类说及法律要件分类说。如果将这五句话的表述综合起来，古罗马法上关于证明责任的分配原则可以概括为："原告作为诉讼主张的肯定者，应当承担证明责任；被告作为诉讼主张的否定者，不负证明责任。"根据这些古罗马法谚，对争议事实的法定证明责任一般由积极主张该事实的当事人承担，法律有特别规定除外。"谁主张，谁举证"原则及其体现的上述规则已经成为国内外刑事诉讼、民事诉讼和行政诉讼中证明责任分配的共同规则。英国学者认为，这是"对审判基本原理的适用，即希望获得法律机构帮助的一方当事人负有证明案件的义务。如果是国家试图起诉某人犯有某罪，那么由申请法院作出判决的当事人承担法定证明责任也适用于国家"。[①] 龙宗智教授也认为，"'谁主张，谁举证'虽然可能解决不了更为复杂的责任分配问题，但它这种为某种主张提供证据的要求，是证据裁判主义的根基，是理性的诉讼程序得以展开的缘由。这一原理源于罗马法，但为全世界各种诉讼制度和证据法所支持，就是因为它反映了诉讼理性的最基本要求即必须为自己的说法（主张）提供根据；同时，它也反映了责任分配的合理性：由主张者提供根据是最有效率的"。[②]《美国加州证据法典》第五章和1872年《印度证据法》第七章对各种诉讼中证明责任的分配作出统一规定，就是很好的证明。[③]

---

① ［英］詹妮·麦克埃文：《现代证据法与对抗式程序》，蔡巍译，法律出版社2006年版，第94～95页。

② 龙宗智：《证据法理念、制度和方法》，法律出版社2008年版，第257～258页。

③《美国加州证据法典》第500条对民事诉讼和刑事诉讼中"有证明责任的一方"即证明责任的分配原则作了统一规定，即"除了法律另有规定，当事人对事实有证明责任，该事实的存在或不存在对于主张救济或其声称抗辩是必不可少的"。该法典第502条"证明责任的指示"规定："法庭在所有适当的场合都应指示陪审团，关于应由哪一方承担每一问题的证明责任，以及关于责任是否要求一方对事实的存在或不存在提出合理的怀疑，或者要求他通过优势证据、清楚而令人信服地证明或超越合理怀疑的证明来确认事实存在与否。"参见何家弘、张卫平主编：《外国证据法选译》（下卷），人民法院出版社2000年版，第954～959页。1872年《印度证据法》第七章规定的"证明责任"也统一适用于各种诉讼，既包括原则性规定，也包括若干例外规定。根据该章规定："无论谁向某一法庭提出请求，请求对此人所主张事实决定的法定权利或责任作出裁决，则他都必须证明这些事实存在。如果某人有义务证明任一事实的存在，则可以说证明责任由其承担。"（第101条"证明责任"）"在诉讼活动或诉讼程序中，证明责任由在各方当事人都不提供证据的情况下将败诉的那个人承担。"（第102条"证明责任由谁承担"）"关于特殊事实的证明责任由法庭希望相信其存在的那个人承担；但如果法律规定关于该事实的证明责任由某个特定的人承担的，不在此限。"（第103条"关于特殊事实的证明责任"）参见何家弘、张卫平主编：《外国证据法选译》（下卷），人民法院出版社2000年版，第1339～1340页。

民事诉讼实行"谁主张，谁举证"原则，法律有特别规定除外。这可以说已经成为各国（地区）的通例。对此，许多国家（地区）民事诉讼法都作了明确规定。《菲律宾证据规则》"规则 131"规定了"证明责任与推定"，其中第 1 条规定了"民事案件中的证明责任"，即"每一方当事人应证明他自己肯定的主张。支持否定性主张的证据不需要提供，除非该否定性主张是权利声明的重要组成部分或者是诉因或抗辩理由赖以建立的基础，即使是主张对方当事人保管的文件的不存在的否定性主张也不例外。证明责任由如果双方当事人都不提供证据将败诉的一方承担"。[①] 这一规定不仅明确了"谁主张，谁举证"原则，而且规定证明责任由对争议事实持肯定性主张的当事人承担。我国《民事诉讼法》第 64 条第 1 款规定："当事人对自己提出的主张，有责任提供证据。"我国台湾地区"民事诉讼法"第 277 条也规定："当事人主张有利于己之事实者，就其事实有举证之责。但法律另有规定，或依其情形显失公平者，不在此限。"

虽然大多数国家（地区）刑事诉讼法没有明确规定证明责任分配问题，但是，刑事诉讼中被告人有罪的证明责任由控诉方承担，被告人一般不承担证明责任，这已是不言自明的诉讼法和证据法原则。而这一证明责任分配原则的基本法理就是"谁主张，谁举证"原则和无罪推定原则。因为被告人受无罪推定原则保护，在法院依法判决有罪以前，始终处于法律上无罪地位。控诉方指控被告人实施了犯罪行为，要推翻被告人法律上无罪地位，应当就其控诉主张提供证据予以证明。这不仅是"谁主张，谁举证"原则的基本要求，而且"法院倾向于要求承担证明责任面临的困难最小、受到困窘最少的一方当事人提供证据。总的来说，实现此目的最合理的方法就是履行证明有罪而不是证实无罪的义务"。[②] 有学者对英美法系国家犯罪构成理论进行研究后发现，英美法系国家犯罪构成要件应分为犯罪表面成立要件（犯罪行为与犯罪心态）与犯罪实质成立要件（无罪辩护事由不存在），两者之间存在重叠关系，有时难以区分。从英美法系国家双层犯罪构成要件理论和证明责任理论看，危害行为和犯罪心态是刑事责任的基础，而辩护事由的成立可以否定行为构成犯罪。控诉方的证明责任在于证明危害行为和犯罪心态成立并反驳被告人提出的辩护事由，被告人的证明责任在于提出

① 何家弘、张卫平主编：《外国证据法选译》（增补卷），人民法院出版社 2002 年版，第 536 页。

② ［英］詹妮·麦克埃文：《现代证据法与对抗式程序》，蔡巍译，法律出版社 2006 年版，第 94 页。

证据支持自己的辩护主张。[①] 可见，英美法系国家的犯罪构成理论为刑事诉讼中证明责任的分配提供了实体法基础，该基础体现了“谁主张，谁举证”原则的要求。《菲律宾证据规则》“规则 131”第 2 条明确规定了“刑事案件中的证明责任”，即“在刑事案件中，被指控罪行的证明责任由检察官承担。除非属于被指控罪行的基本成分，检察官所提出的否定性主张不需要证明”。[②] 这一规定也体现了“谁主张，谁举证”原则和对争议事实持积极主张的当事人承担证明责任的要求。

在行政诉讼中，证明责任由被告行政机关承担同样符合“谁主张，谁举证”原则和对争议事实持积极主张的当事人承担证明责任的要求。这是因为，行政诉讼审理对象是被告行政机关具体行政行为的合法性。如果被告主张其原来所作出的具体行政行为合法，要求法院判决维持，就应当依法提供作出该具体行政行为的证据和所依据的规范性文件，证明其主张成立，且原则上不得在审理期间另行取证。原告起诉认为该具体行政行为违法侵权，属于否定性（消极）主张，无须举证证明。我国《行政诉讼法》第 34 条规定：“被告对作出的具体行政行为负有举证责任，应当提供作出该行政行为的证据和所依据的规范性文件。”

（二）我国刑事诉讼中证明责任的分配

有学者指出，我国特有的诉讼模式、法律文化决定了在证明责任上应有自己的特色。就诉讼模式而言，我国既不是当事人主义，也不是职权主义，而是一种受大陆法系国家职权主义影响较深，又部分地吸收了当事人主义一些做法的混合式诉讼模式。就法律文化而言，我国民众普遍存在朴素的、传统的正义感，这种正义感要求司法公正的实现必须建立在查明案件客观事实真相的基础之上，而且我国民众对司法机关查明案件事实真相并进而为自己主持公道存在强烈的期望心理。因此，在中国语境下，刑事证明责任包括公安司法机关的证明职责和控辩双方的举证责任。其中举证责任包括推进责任和结果责任。在刑事诉讼中，有必要在制度上明确结果责任的例外、辩护方承担一定的推进责任、非法证据排除规则中举证责任的分配。[③] 笔者认为，这种认识是很有理论价值的。《刑事诉讼法》

① 参见赖早兴：《英美法系国家犯罪构成要件之辨正及其启示》，载《法商研究》2007 年第 4 期。
② 何家弘、张卫平主编：《外国证据法选译》（增补卷），人民法院出版社 2002 年版，第 536 页。
③ 参见陈光中、陈学权：《中国语境下的刑事证明责任理论》，载《法制与社会发展》2010 年第 2 期。

第51条明确规定了刑事诉讼中证明责任的分配，由控诉方承担。即“公诉案件中被告人有罪的举证责任由人民检察院承担，自诉案件中被告人有罪的举证责任由自诉人承担”。这里的“被告人有罪”是指控诉方指控被告人行为构成犯罪的犯罪构成要件事实。第52条、第200条间接体现了刑事证明责任的分配原则。此外，《刑事诉讼法》第58条、第59条和《非法证据排除规定》、《严格排除非法证据规定》都规定了非法证据排除的程序性证明责任分配。根据《刑事诉讼法》和有关司法解释规定，刑事诉讼中证明责任的分配机制包括：

1. 检察机关的证明责任

在公诉案件中，被告人有罪的证明责任（包括实体性证明责任和程序性证明责任）由检察机关承担，这是与检察机关作为国家公诉机关或“公原告”履行控诉职能相一致的。根据法国诉讼理论，检察院作为刑事诉讼的主当事人负举证责任，应当提出证据证明被告人构成犯罪的三个要件——法定要件、客观要件和主观要件均告存在，其中，法定要件是指行为人实施的行为（是否）构成法律规定罪名的犯罪行为，并且诉讼并未因时效期间经过或大赦而消失；客观要件是指犯罪行为方面的事实，既包括作为或不作为，也包括事实上的加重情节；主观要件是指被告人主观方面的犯罪故意或过失心理，如果有免除此项证据的推定，则不在此限。此外，如果被害人已经在刑事法院成为民事当事人，被害人亦应负相应的举证责任。[①] 但从法国刑事诉讼实践来看，控诉方的证明责任因为两方面的原因而减轻了：一是法国法律中存在极个别支持控诉方的假定（推定）。这些假定主要是有关犯罪的主观因素。有些犯罪行为一经证实实施了犯罪的客观要件，被告人就推定有罪了；二是预审法官在搜集证据中的积极作用。但需要指出的是，预审法官履行客观义务，要搜集支持和反驳指控两方面的证据。在日本刑事诉讼中，原则上检察官负有客观的举证责任，而且这种责任不能转嫁给被告人。即使是对被告人有利的事实，检察官认为这种事实不存在时，也负有客观的举证责任。在不存在违法阻却事由和责任阻却事由的情况下，检察官也有举证责任，但被告人对上述事由的存在，有责任形成争点（提供证据）。[②] 我国台湾地

① 参见［法］卡斯东·斯特法尼、乔治·勒瓦索、贝尔纳·布洛克：《法国刑事诉讼法精义》（上），罗结珍译，中国政法大学出版社1999年版，第34~42页。

② 参见［日］田口守一：《刑事诉讼法》，张凌、于秀峰译，中国政法大学出版社2010年版，第275页。

区“刑事诉讼法”第161条规定：“检察官就被告犯罪事实，应负举证责任，并指出证明之方法。法院于第一次审判期日前，认为检察官指出之证明方法明显不足认定被告有成立犯罪之可能时，应以裁定定期通知检察官补正；逾期未补正者，得以裁定驳回起诉。”

在我国，根据《刑事诉讼法》有关规定，凡是需要提起公诉的案件，必须由人民检察院审查决定。人民检察院提起公诉，必须做到案件事实清楚，证据确实充分，同时还要派公诉人参与法庭审判，通过宣读起诉书和举证、质证、辩论等诉讼活动证明指控的犯罪事实，否则，法院将会依据法律规定，认定被告人的行为不构成犯罪，或者不能证明指控的犯罪而作出无罪判决。检察机关承担证明责任的内容主要包括三个方面：一是提出证明的主张。通过公诉人在法庭上宣读起诉书，指控被告人的行为构成犯罪；二是提供证据。根据《刑事诉讼法》第175条规定，人民检察院审查案件，可以要求公安机关提供法庭审判所必需的证据材料；认为可能存在本法第56条规定的以非法方法收集证据情形的，可以要求公安机关对证据收集的合法性作出说明。在提起公诉时，人民检察院应当按照《刑事诉讼法》第176条规定向人民法院移送全部案卷材料和证据；在开庭审理阶段，公诉人应当讯问被告人、询问被害人、证人、鉴定人等，向法庭出示物证、让当事人辨认，对未到庭的证人证言笔录、鉴定人的鉴定意见、勘验笔录和其他作为证据的文书、应当当庭宣读，供辩护方质证和参与辩护方证据的质证，发现提起公诉的案件需要补充侦查的，还可以提出延期审理的建议；三是说服责任。通过参与法庭辩论活动，说服法官和陪审员，使合议庭形成控诉方所主张的被告人有罪的内心确信。与立法明确控诉方承担证明被告人有罪的责任相适应，笔者认为，《刑事诉讼法》应当取消第200条第（3）项规定，即“证据不足，不能认定被告人有罪的，应当作出证据不足、指控的犯罪不能成立的无罪判决”，而将其与第（2）项合并为一项“无罪判决”类型，即“依据法律规定认定被告人无罪的，或者证据不足不能认定被告人有罪的，应当作出无罪判决”。因为证据不足不能认定被告人有罪，与依据法律规定认定被告人无罪一样，都是“不能证明犯罪”，控诉方没有履行证明被告人有罪的证明责任，应当判决无罪。同时，立法应当借鉴美国《加州刑法典》第1096条规定，将“被宣告无罪”确认为被告人的一项诉讼权利。

此外，根据《刑事诉讼法》第58条、第59条和《非法证据排除规定》《严格排除非法证据规定》规定，检察机关证明被告人有罪必须经过法定程序，使用合法收集的证据。如果被告人及其辩护人、被害人及其诉讼代理人提出审判前言词证据（被告人供述、被害人陈述、证人证言和物证、书证）或物证、书证是非法取得的，并且向法庭提供涉嫌非法取证的人员、时间、地点、方式、内容等相关线索或者证据，履行了初步证明责任，法庭对被告人审判前供述、证人证言、被害人陈述或物证、书证取得的合法性存在疑问的，检察机关应当履行程序性证明责任，对证据收集的合法性加以证明。如果通过向法庭提供讯问（询问）笔录、提讯登记、体检记录、采取强制措施或者侦查措施的法律文书、侦查终结前对讯问合法性的核查材料、原始的讯问（询问）过程录音录像或者其他证据，提请法庭通知讯问（询问）时其他在场人员或者其他证人出庭作证等，仍不能排除刑讯逼供或非法取证嫌疑的，可以提请法庭通知有关侦查人员或者其他人员出庭说明情况。检察机关当庭不能举证的，可以根据《刑事诉讼法》第204条规定，建议法庭延期审理。根据《刑事诉讼法》第56条、第60条和《非法证据排除规定》第11条、《严格排除非法证据规定》第34条规定，如果检察机关不提供证据加以证明，或者已提供的证据达不到确实、充分的程度，经过法庭审理，确认属于以非法方法收集证据的，或者不能排除以非法方法收集证据可能性的，法庭应将该证据作为非法证据予以排除，不得作为裁判的依据。最高人民法院《审判中心改革实施意见》规定严格执行非法证据排除规则，第2条规定："坚持非法证据排除原则，不得强迫任何人证实自己有罪。经审查认定的非法证据，应当依法予以排除，不得作为定案的根据。"该实施意见第四部分"完善证据认定规则，切实防范冤假错案"以10个条文（第21~30条）进一步明确了非法证据排除程序和证明问题，包括证据收集合法性的证明责任由公诉人（代表人民检察院）承担。规定法庭对证据收集的合法性进行调查的，应当重视对讯问过程录音录像的审查。如果讯问笔录记载的内容与讯问录音录像存在实质性差异的，以讯问录音录像为准。对于法律规定应当对讯问过程录音录像的案件，公诉人没有提供讯问录音录像，或者讯问录音录像存在选择性录制、剪接、删改等情形，现有证据不能排除以非法方法收集证据情形的，对有关供述应当予以排除。（第24条）现有证据材料不能证明证据收集合法性的，人民法院可以通知有关侦查人员出庭说明情况。不得以侦查人员签名并加盖公章的说明材料（"书面情况说明"）替代侦查人员出庭。经人民法院通知，侦查人员不出庭说明情况，不能排除以非法方法收集证据情形的，对有关证据应当予以排除。（第 24 条）“两高三部”《严格排除非法证据规定》将上述规定进一步细化，增强可操作性。

与检察机关证明责任密切相关的一个问题是检察机关（检察官）的客观公正义务，它要求检察机关（检察官）在刑事诉讼中，为了发现事实真相，不应仅仅站在控方当事人的立场，而应站在客观公正的立场上进行活动，包括收集和出示能证明被告人无罪、罪轻的证据，乃至请求法院宣告被告人无罪等。在我国，人民检察院是国家专门的法律监督机关和诉讼监督机关，负有维护国家法制统一正确实施的职责，包括保障无辜的被告人不受刑事追究。根据《刑事诉讼法》第 52 条和第 53 条规定，检察人员与审判人员一样，负有客观公正义务，在刑事诉讼中应当致力于发现事实真相，而不仅仅是追求被告人定罪。因此，“检察官的证明责任实质上是一种当事人责任，而其客观义务则是超越当事人立场的责任。不能否认二者之间可能存在一定的矛盾”。[①] 这就要求我们正确处理二者之间的关系，使二者相互协调，相互补充，而不是顾此失彼。从我国司法实践来看，最紧迫的任务是要求检察机关和办案检察官放弃“官本位”思想，切实保障犯罪嫌疑人、被告人及其辩护人的辩护权和其他诉讼权利，尤其是职务犯罪案件中犯罪嫌疑人的律师帮助权，包括会见权、阅卷权和有限的调查取证权等。《刑事诉讼法》第 14 条基本原则专门就此作出了规定。

2. 被害人的证明责任

在英美法系和部分大陆法系国家（地区），被害人作为证人参与刑事诉讼，只能作为一种证据来源证明当事人的诉讼主张，无权提出自己的诉讼主张，当然不存在承担证明责任问题。但是，在部分大陆法系国家包括我国、俄罗斯、蒙古、立陶宛等国，立法明确赋予被害人在公诉案件中处于诉讼当事人地位，不仅能够作为一种证据来源以当事人身份接受询问作证陈述案件事实，而且可以以当事人身份参与刑事诉讼尤其是法庭审判，并且在庭审中提出自己独立的诉讼主张，这样，根据前文分析的证明责任的法理，被害人就应当承担相应的证明责任，包括提供证据责任和说服责任，否则，法院就可能判决其主张不能成立。[②]

---

① 龙宗智：《证据法理念、制度和方法》，法律出版社 2008 年版，第 264 页。

② 关于被害人作证问题的详细分析，参见兰跃军：《刑事被害人作证制度研究》，中国人民公安大学出版社 2011 年版。

《刑事诉讼法》第108条明确地将“被害人”定位于“当事人”，《刑事诉讼法》有关规定赋予公诉案件被害人除了独立上诉权以外与被告人几乎对等的诉讼权利。《刑事诉讼法》第172条规定，检察机关审查起诉过程中应当听取被害人及其诉讼代理人意见，被害人及其诉讼代理人提出书面意见的，应当附卷。从理论上说，被害人对案件事实的诉讼主张可以通过陈述意见或提出书面意见的形式提供给检察机关，体现在检察机关起诉书中，被害人利益也是检察机关决定提起公诉时应当考虑的重要因素之一。但是，检察机关作为国家、社会公共利益的代表，负有客观公正义务，不可能完全赞同被害人主张，顾及被害人利益。在司法实践中，被害人及其诉讼代理人与公诉人在法庭上“对着干”，提出不同于公诉的诉讼主张的情况大量存在。因此，《刑事诉讼法》第191条赋予被害人在公诉人宣读起诉书后自主陈述意见权，允许被害人就起诉书指控的犯罪事实进行陈述，包括不完全赞成甚至彻底否定起诉书指控的犯罪事实，提出自己的控诉主张，并在庭审中提供相应的证据予以证明，从而说服法官或陪审员作出有利于己的裁判。笔者认为，公诉案件中被害人的证明责任就是指被害人如果提出与公诉不同的控诉主张以及法律适用要求时，应当提供相应的事实和法律依据即提供证据予以证明，从而说服法官或陪审员相信其主张的事实是真实的，否则，法官就不能支持被害人提出的诉讼主张。例如，检察机关起诉书指控被告人实施了盗窃行为构成盗窃罪，但被害人认为被告人采用暴力、胁迫手段实施抢劫，并且还违反其意志实施了强奸，要求法院对被告人以抢劫罪和强奸罪数罪并罚。这时，如果公诉人不根据《刑事诉讼法》第204条规定建议延期审理以便补充侦查的话，被害人就必须对自己提出的有别于公诉指控的控诉主张和诉讼请求提供证据，包括提供本人作为被害人的陈述以说明事实情况，并在可能的情况下提供相关证据予以证明，使法官或陪审员形成抢劫罪和强奸罪成立的内心确信。

需要指出的是，在公诉案件中，被害人作为“私原告”，在指控犯罪上处于从属地位，仅仅是检察机关“辅助起诉人”，因此，被害人只能根据自身有限的诉讼行为能力承担适度的证明责任，即“辅助性的有限的证明责任”，这种证明责任与检察机关证明责任之间具有主、辅关系，不能完全取代检察机关的证明责任。而且，笔者认为，检察机关作为国家专门法律监督机关和唯一公诉机关，还要履行客观公正义务，如果发现被害人提出的控诉主张成立，但缺乏一定证据支持时，应当根据《刑事诉讼法》第204条规定向法庭提出延期审理的建议，通过补充侦查收集充分的证据后，补充提出新的指控，从而将被害人的诉讼主张纳入公诉范畴，帮助被害人证明其诉讼主张，让被告人受到应有的惩罚。这才是《刑事诉讼法》第 51 条规定公诉案件中被告人有罪的证明责任由检察机关承担的完整含义。

被害人除了承担实体性证明责任外，还包括程序性证明责任。《刑事诉讼法》第 58 条和《非法证据排除规定》、《严格排除非法证据规定》有关规定，如果被害人及其诉讼代理人提出证据系非法取得，申请排除，也应当履行初步证明责任，向法庭提供涉嫌非法取证的人员、时间、地点、方式、内容等相关线索或者材料，使法官或陪审员对证据收集的合法性产生疑问，要求检察机关承担证据收集合法性的程序性证明责任。此外，《刑事诉讼法》第 30 条、第 31 条等规定，被害人作为当事人享有申请回避权，但《刑事诉讼法》及司法解释并没有规定回避的程序，包括被害人行使这种程序性权利的证明责任问题，只是要求提出主张并附理由。笔者认为，这种理由也仅限于提供相关线索或证据能证明回避理由表面上成立即可。

3. 自诉人的证明责任

在自诉案件中，自诉人（主要是被害人）直接向法院起诉，要求追究被告人的刑事责任，与公诉案件检察机关一样处于原告地位，应当独立承担控诉职能，履行对指控犯罪事实的证明责任。《刑事诉讼法》第 51 条和第 211 条规定，自诉案件中被告人有罪的证明责任由自诉人承担，这种证明责任也包括实体性证明责任和程序性证明责任两个方面。自诉人向法院提起控诉，必须提供证据。人民法院认为缺乏罪证，而自诉人又提供不出补充证据的，法院应当说服自诉人撤回自诉，或者裁定驳回。但是，在自诉案件中，自诉人尤其是被害人已经遭受犯罪行为侵害的事实，使得他们的诉讼行为能力都不同程度地下降，调查取证的能力相应地削弱，这就可能在一定程度上影响其证明责任的履行。因此，《高法解释》第 268 条规定，自诉案件当事人因客观原因不能取得的证据，申请人民法院调取的，应当说明理由，并提供相关线索或者材料。人民法院认为必要的，应当及时调取。该规定充分考虑到了自诉案件与公诉案件的差异，体现了法院在自诉案件中的诉讼关照义务。

《刑事诉讼法》第 213 条规定，自诉案件的被告人在诉讼过程中可以对自诉人提起反诉。如果被告人提起反诉，自诉人转为反诉被告人，反诉的证明责任由反诉原告人即自诉案件被告人承担，自诉人在反诉中无须承担证明责任。

4. 被告人的证明责任

无论自诉案件还是公诉案件，被告人受无罪推定原则保护，享有不得强迫自证其罪的特权，因此，一般不承担证明责任，也没有提出证据证明自己有罪或无罪的义务。法院也不能因为被告人不能证明自己无罪，便据此得出被告人有罪的结论，或者作出对被告人不利的推论，但法律另有规定除外。正如英国法官 Devlin 指出："被告唯一的责任是，从证据中找到足够的材料使一个思维正常的陪审团宣告他无罪。"① 意大利刑事诉讼理论认为，被告人在刑事诉讼中提供证据是其行使辩护权的一种诉讼行为，而不是义务。但是，法律规定，如果被告人希望提交自己的证据，他必须在开庭前 7 日内提交。不允许他在庭审中提交证据，除非他的证据是新证据。我国司法实践中反复出现庭审法官质问被告人："你有何证据证明你没有杀人?""你说自己无罪，拿证据来啊?"等，要求被告人拿出证据证明自己无罪，这是有罪推定思想的典型表现，导致了许多冤假错案。为此，《刑事诉讼法》不仅在第 51 条明确规定，公诉案件中被告人有罪的举证责任由人民检察院承担，自诉案件中被告人有罪的举证责任由自诉人承担。这种证明责任包括实体性证明责任和程序性证明责任两个方面，根本没有提及犯罪嫌疑人、被告人证明责任问题。而且第 52 条规定，审判人员、检察人员和侦查人员必须依照法定程序，收集能够证实犯罪嫌疑人、被告人有罪或者无罪、犯罪情节轻重的各种证据。严禁刑讯逼供和以威胁、引诱、欺骗以及其他非法方法收集证据，不得强迫任何人证实自己有罪。从而直接肯定了犯罪嫌疑人、被告人在刑事诉讼中无须承担任何证明责任，不存在任何例外规定。我们认为立法者这种人权保障理念难能可贵。它有利于避免理论和实践中的争议，从而更加全面地理解和贯彻执行刑事证明责任制度，有效保障被告人的辩护权和其他诉讼权利。

但是，作为被告人不承担证明责任的例外，世界上许多国家（地区）法律根据各种因素考量，又规定了若干要求被告人提供全部或部分证据责任的情形。日本学者称之为"举证责任的转换"，认为其理由并不仅仅是因为检察官"证明

① Payasena v. R. [1970] A. C. 618, 623.

困难”，而且必须具有合理的理由，符合正当程序的要求。[①]《美国加州证据法典》第520条、第521条和第522条分别规定了三种“特定问题上的证明责任”，如果任何一方当事人（包括被告人）“主张某人因犯罪或恶行而有罪”或“主张某人未尽注意”或“主张某人过去或现在神志不清”，他对此问题都负有证明责任。[②]在英国刑事审判中，检控方负有说服责任的规则只有在两种情况下不适用，即当被告人提出精神病的辩护，或者法律有特别规定。在前面一种情况下，被告人有义务说服法官相信他有精神病，但只要达到较大可能性的标准即可。[③]至于后面一种情况，据统计，截至2000年，英国至少有29部成文法规定由被告人承担说服责任的犯罪，其中有的是非常轻微的犯罪，有的还是相当严重的犯罪。[④]英国有学者在1996年就曾指出，成文法中40%左右的可诉罪都明确规定被告人承担证明责任。[⑤]在日本，客观的举证责任在五种情况下可以转嫁给被告人：第一，证明不属于《日本刑法》第207条规定的同时伤害的事实；第二，证明《日本刑法》第230条规定的有关损害名誉的揭发事实的真实性；第三，证明在不知道《儿童福祉法》第60条第3款中儿童年龄方面无过失；第四，证明不存在爆炸物品取缔法罚则中的犯罪目的；第五，证明各种处罚法人和企业主的两罚规定中违反必要的注意义务。此外，如果被告人的证明事项从其他方面可以合理地推定，而且由被告人举证更加方便时，也可以由被告人承担证明责任。[⑥]从域外立法规定来看，证明责任分配的一个基本趋势是被告人承担提供证据责任的情形不断增多，但限定条件还是比较严格。

我国《刑事诉讼法》虽然没有提及被告人证明责任问题，但根据有关法律和规范性文件规定，被告人承担证明责任也包括实体性证明责任和程序性证明责任两个方面。具体来说，可分为三种情况：（1）刑法明确规定的某些犯罪构成

① 参见［日］松尾浩也：《日本刑事诉讼法》（上、下），丁相顺译，中国人民大学出版社2005年版，第24页。

② 参见何家弘、张卫平主编：《外国证据法选译》（下卷），人民法院出版社2000年版，第958页。

③ 参见［英］理查德·梅：《刑事证据》，王丽等译，法律出版社2006年版，第60~71页。

④ See Peter Lewis, The Human Rights Act 1998: Shifting the Burden, [2000] CLR 667. 转引自孙长永主编：《侦查程序与人权保障——中国侦查程序的改革和完善》，中国法制出版社2009年版，第5页注释。

⑤ See Andrew Aahworth and Meredith Blake, The Presumption of Innocence in English Criminal Law, Criminal Law Review (1996), p. 306.

⑥ 参见［日］田口守一：《刑事诉讼法》，张凌、于秀峰译，中国政法大学出版社2010年版，第275页。

要求被告人承担证明责任，这主要是指《刑法》分则明确规定的属于持有型犯罪。例如，《刑法》第395条规定了“巨额财产来源不明罪”：“国家工作人员的财产、支出明显超出合法收入，差额巨大的，可以责令该国家工作人员说明来源，不能说明来源的，差额部分以非法所得论，处五年以下有期徒刑或者拘役；差额特别巨大的，处五年以上十年以下有期徒刑。财产的差额部分予以追缴。”根据这一规定，对于此类案件，首先承担证明责任的仍然是检察机关，当检察机关收集到足够的证据证明某国家工作人员的财产或支出明显超过合法收入且差额巨大时，证明责任即转移到被告人身上，他必须说明或者证明差额部分的来源是合法的，如果不能说明或者证明，差额部分即以非法所得论处，法院就要认定被告人构成巨额财产来源不明罪，并追缴其财产的差额部分。这是为了加大打击贪污贿赂犯罪的需要，也是一种国际惯例。但该情形是属于“推定”还是“证明责任倒置”，要求被告人承担证明责任，学界存在争议。此外，《刑法》第282条第2款规定的非法持有国家绝密、机密文件、资料、物品罪；第128条第1款规定的非法持有、私藏枪支、弹药罪；第130条规定的非法携带枪支、弹药、管制刀具、危险物品危及公共安全罪；第172条规定的持有、使用假币罪；第297条规定的非法携带武器、管制刀具、爆炸物参加集会、游行、示威罪；第348条规定的非法持有毒品罪，以及第352条规定的非法买卖、运输、携带、持有毒品原植物种子、幼苗罪。对这些持有型犯罪，控诉方在证明被告人“持有”这一事实后，即可推定持有者主观上为“明知”，并给予其充分的辩驳机会。这时，被告人有责任提供证据证明其“持有”是“不明知”的，从而推翻“明知”的推定。否则，他就很可能被判有罪。这种通过推定的适用而让被告人承担提供证据的责任，也属于《刑法》规定被告人承担证明责任的一种情形，而且已经得到《联合国打击跨国有组织犯罪公约》第5条第2款和《联合国反腐败公约》第28条确认。[①]（2）在自诉案件中，如果被告人提起反诉，他就转为反诉的自诉人，因此，必须对反诉承担证明责任，提供证据证明反诉的主张和待证事实。（3）对某些程序法事实，如申请回避、申请取保候审、提出管辖权异议等，被

① 前者规定：“本条第1款所指的明知、故意、目标、目的或约定可以从客观实际情况推定。”后者规定：“根据本公约确立的犯罪所需具备的明知、故意或者目的等要素，可以根据客观实际情况予以推定。”

告人主张程序性权利，也需要提供相应的理由或线索，对这些程序法事实承担程序性证明责任。此外，《刑事诉讼法》第58条和《非法证据排除规定》第6条、《严格排除非法证据规定》第20条都规定，如果被告人及其辩护人提出审判前供述或其他证据是非法取得的，应当向法庭提供涉嫌非法取证的人员、时间、地点、方式、内容等相关线索或者材料，履行初步证明责任，即提供证据的责任。这里的“相关线索或者材料”包括被告人出示的血衣、伤痕、照片、医疗证明、伤残证明、讯问笔录、同监人的证明等刑讯逼供留下的痕迹或者可以显示刑讯逼供发生的时间、地点、方式、内容及涉嫌非法取证的人员等情节的线索或者材料。为了保障非法证据排除规则得到贯彻落实，无论英美法系还是大陆法系国家，法律普遍确立了这一证明责任分配原则：当刑事被告人给予合理的理由提出控诉方的证据是采用非法手段取得时，控诉方就必须证明该证据是以合法手段取得的，否则，法官就可以推定控诉方的证据是系非法手段取得而将其排除。在德国，一般也是由辩护方承担使法官认为可能存在非法取证行为的初步证明责任，而由控诉方对此可能的排除加以证明。① 关于这种初步证明责任的性质，学者们有不同看法。樊崇义教授认为，这里的启动程序是让辩方提供线索和证据，不是证明责任的分担，更不是证明责任“倒置”。因此，提供涉嫌非法取证的相关线索或者材料是辩方辩护的权利而不是责任。理由主要包括：一是把证明责任转嫁到被告人身上是不现实的，也是无法实现的，因为诉讼正在进行多数被告已失去人身自由，他没法取证证明，即使律师调查权的施行也困难重重；二是把证明责任转嫁到被告一方，如果确实取证非法并已造成严重后果，如肢体已留下伤痕，如果被告证明不了，找不出证据，是否非法取证的行为就不存在了呢？答案当然是否定的；三是实行证明责任“倒置”或“谁主张谁证明”，这是有悖于行使证明责任原理的，刑事案件的证明责任承担问题，按照证明责任理论，有别于民事诉讼，被告一方是永远不负证明责任的，案件所涉及事实证明责任是由控方承担的，这不仅是世界各国的通例，更是司法从野蛮走向文明，从专横走向民主的诉讼规律。因此，我们不能随意适用证明责任倒置原则，立法规定辩方提供线索和

① 参见张军主编：《刑事证据规则理解与适用》，法律出版社2010年版，第319～321页。

证据只能说是一个权利而不是责任。①汪建成教授也赞同这种观点。②《刑事诉讼法》第51条根本没有提及被告人证明责任问题，也是一个很好的说明。而《非法证据排除规定》起草者认为，之所以规定被告人及其辩护人应当提供涉嫌非法取证的线索或者证据，承担启动证据合法性调查程序的初步证明责任，这主要是基于四个方面考虑：（1）对证据进行合法性审查并不是一种独立的诉讼形态，而对原刑事诉讼具有明显的依附性。这种裁判活动只解决被告人供述的可采性问题，不以追究其刑事责任为目标。因此，启动这一程序的被告人承担初步证明责任并不违反无罪推定原则。（2）从法律关系特别是实体法律关系看，被告人始终是诉讼的一方当事人，是证据所证明内容结果的承担者，诉讼的最终结果与其有着最直接的利害关系，其对诉讼过程发生的非法取证行为更为清楚，也更为敏感，有接触证据、提供证据的便利，更容易从反方向揭示控诉方举证证明中的不足与缺陷。（3）要求被告人及其辩护人提供涉嫌非法取证的线索或者证据，可以有效地防止被告人毫无根据地滥用诉讼权利，随意启动对证据合法性的审理。（4）被告人及其辩护人提供涉嫌非法取证的人员、时间、地点、方式、内容等相关线索或者材料，可以使检察机关的举证和法庭审理活动更加具有针对性，从而保障刑事诉讼活动的顺利进行。③陈瑞华教授指出，被告人及其辩护人承担的这种提供证据的责任是“两个证据规定”所确立的“两步式的证明责任分配规则”中的初步责任，旨在解决程序性裁判程序的立案问题，即法官是否应当受理被告方有关排除非法证据的申请问题，被告人及其辩护人当然有义务向法庭提出相关的证据或者线索，以证明“涉嫌非法取证的人员、时间、地点、方式、内容等”相关事实和信息。换言之，被告方为说服法庭作出受理诉讼申请的决定，需要承担初步的证明责任。假如被告方不能提出任何相关证据或者线索，法庭也没有对被告人供述取得的合法性产生疑问的，那么，法庭将拒绝受理被告方的诉讼申请，不仅不会作出排除证据的决定，甚至就连启动程序性裁判程序的决定都不会作出。《非法证据排除规定》之所以规定被告方承担初步的证明责任，主要是为了避免被告方滥用诉讼资源，无根据地行使诉讼申请权，以至于造成诉讼的不

---

① 参见樊崇义：《“两个证据规定”理解与适用中的几个问题》，载《证据科学》2010年第5期。
② 参见汪建成：《刑事证据制度的重大变革及其展开》，载《中国法学》2011年第6期。
③ 参见张军主编：《刑事证据规则理解与适用》，法律出版社2010年版，第318~319页。

合理拖延。同时也是为了引导被告方提前做好调查收集证据的准备，以便有效地行使诉权，从而成功地说服法院排除非法证据。当然，为了避免使被告方受到不公平的对待，《非法证据排除规定》也对这种证明确立了较低的证明标准。具体来说，被告方提供的相关证据或线索，只要证明对被告人供述取得的合法性“有疑问”即“表面上成立”，足以说服法庭受理即可。[①] 而被告人审判前供述收集合法性的最终证明责任仍然由控诉方承担，并且这种证明需要达到证据确实、充分的程度。

此外，从刑事司法实务看，被告人主张某些积极抗辩的事实，如精神不正常、不在犯罪现场、不可抗力、意外事件、正当防卫、紧急避险，以及被告人独知的事实，法官也要求被告人承担提供证据的责任。但对这种责任的性质，学者们存在不同看法。我国《刑事诉讼法》第 42 条规定：“辩护人收集的有关犯罪嫌疑人不在犯罪现场、未达到刑事责任年龄、属于依法不负刑事责任的精神病人的证据，应当及时告知公安机关、人民检察院。”这既是为了保证公安机关、人民检察院作出正确的移送起诉或提起公诉的决定，也是为了肯定辩护人主张积极抗辩事实的一种诉讼义务。针对近年来国内有学者主张应当将这种所谓“积极抗辩事由”的证明责任分配给被告人，认为这种分配机制不仅契合“谁主张，谁举证”的证明责任分配原理和“由容易举证者举证”的证明政策，而且符合当前法治成熟国家的普遍做法，有学者认为，这些观点不仅在比较法上存在严重误解，而且没有认识到刑事证明责任的特殊性，更缺乏对我国法律和实践的充分关照，因此，这些观点不足以成为要求我国刑事诉讼中的被告人承担积极抗辩事由证明责任的依据。相反，由于存在因客观败诉风险而导致的证明必要，当下亟须强化对被告人辩护权的保障，以及司法机关的澄清义务和“照顾义务”。通过构建一套基于“照顾义务”之上的证据调查申请权，让存在积极抗辩事由的被告人切实获得无罪推定的保障，增强被告人的诉讼主体地位，而不是要求被告人承担积极抗辩事由的证明责任。[②] 笔者赞同这一观点，认为这是我国推进以审判为中心的诉讼制度改革，构建以审判为中心的刑事诉讼新格局，明确证明责任分

---

① 参见陈瑞华：《非法证据排除规则的中国模式》，载《中国法学》2010 年第 6 期；陈瑞华：《程序性裁判中的证据规则》，载《法学家》2011 年第 3 期。

② 参见李昌盛：《积极抗辩事由的证明责任：误解与澄清》，载《法学研究》2016 年第 2 期。

配，强化刑事辩护职能的条件之一。

从国内外立法规定及司法实践来看，被告人承担证明责任的条件和限度与控诉方证明责任是有区别的，概括起来，包括四个方面：（1）只有在控诉方对被告人构成犯罪的基本事实进行证明达到“表面上成立”后，被告人才需要对法定的应当由其证明的辩护事实承担证明责任。在英美对抗制庭审中，“控方案件”与“辩方案件”截然分开，控方举证与辩方举证也严格分阶段进行。在“开场陈述”后，首先由提出控诉主张的控方就指控犯罪的每一构成要件向法庭完整地提供可采的证据，证明起诉的犯罪成立。在控方举证过程中，辩方享有质证权。如果控方对某一构成要件没有提供必要的证据，或者控方对全部构成要件的举证不可能使理性的陪审团在法官的指示下作出有罪裁决，则法官有权应被告人申请或者依职权指示陪审团作出无罪裁决（英国），或者直接作出无罪判决（美国）。只有辩方没有申请法官作出“无辩可答”的裁定或无罪判决，法官也认为控方举证已经证明控方案件“表面上成立”后，才进入辩方举证阶段。[①]（2）被告人承担证明责任在证明标准上应当有别于控诉方证明责任，前者一般达到“优势证据”证明标准即可，而后者必须达到“排除合理怀疑”或“案件事实清楚，证据确实、充分”程度。这是由控辩双方举证能力差异和他们所承担的责任性质不同决定的。（3）即使是法定的应当由被告人承担证明责任的辩护理由，如不在犯罪现场，在被告人履行证明责任后，反驳该辩护理由存在的证明责任仍然由控诉方承担，而且也要达到“排除合理怀疑”或“案件事实清楚，证据确实、充分”的程度。（4）控诉方承担证明责任是一项义务，而被告人承担证明责任是一项权利。换言之，控诉方承担证明责任以及相应地“提供证据责任”“主观证明责任”具有义务性，是必须承担的，否则即会导致败诉风险，而被告人承担“提供证据责任”“主观证明责任”完全是一种自愿的、自发的行为，具有权益性，被告人即使放弃这一权利也并不因此而招致于己不利的后果。

5. 附带民事诉讼中当事人的证明责任

附带民事诉讼是在刑事诉讼中，为了解决被害人由于被告人犯罪行为而造成的民事赔偿问题而进行的一种诉讼活动，其本质上就是一种民事诉讼，具有民事

① 参见孙长永、黄维智、赖早兴：《刑事证明责任制度研究》，中国法制出版社2009年版，第8～10页。

诉讼的性质。因此，附带民事诉讼中当事人证明责任的分配完全遵循民事诉讼中证明责任分配的“谁主张，谁举证”原则，附带民事诉讼原告人和被告人对自己提出的诉讼主张，都有举证证明的责任，否则就要承担不利判决的诉讼结果。《高法解释》第151条也作了规定：“附带民事诉讼当事人对自己提出的主张，有责任提供证据。”

6. 公安机关的证据责任

在我国公、检、法三机关“分工负责、互相配合、互相制约”刑事司法体制下，公安机关作为主要的侦查机关，负责收集证据、查获犯罪嫌疑人和查明案件事实，他们除了派侦查人员出庭作证证明取证的合法性之外，并不参与审判程序。因此，公安机关在刑事诉讼中只有侦查取证职能，没有直接的证明责任。但是，在我国公、检、法三机关“流水作业”案件处理模式中，公诉案件中检察机关证明责任的承担须臾离不开公安机关调查取证（检察机关自侦案件除外），公安机关侦查取证的一个直接目的就是为检察机关履行证明责任创造条件，检察机关需要对证据收集的合法性承担证明责任，这是“以审判为中心”的诉讼制度的基本要求。《刑事诉讼法》第175条规定，人民检察院审查案件，可以要求公安机关提供法庭审判所必需的证据材料；认为可能存在本法第56条规定的以非法方法收集证据情形的，可以要求公安机关对证据收集的合法性作出说明。可见，公安机关侦查取证实质上是辅助检察机关履行证明责任，而且这种辅助是全面性的。根据《刑事诉讼法》第52条规定，公安机关侦查取证必须履行客观公正义务，收集能够证明犯罪嫌疑人、被告人有罪或者无罪、犯罪情节轻重的各种证据，不得强迫任何人证实自己有罪。因此，笔者认为，公安机关在刑事诉讼中承担一种全面的辅助性的证据责任。而且这种辅助性证据责任与被害人“辅助性的有限的证明责任”是不同的。

7. 法院的证据责任

《刑事诉讼法》确立了一种“控辩式”庭审模式，法院作为审判机关负责履行裁判职能，虽然参与法庭审判，但是，它没有控诉主张，也与诉讼结果没有任何利害关系，无须承担“证明不能”或“证明不力”的不利后果，虽然《刑事诉讼法》第52条规定审判人员有客观公正地收集证据的义务，但不能理解为法院在刑事诉讼中承担证明责任。虽然法院没有证明责任，但是，根据证据裁判原则，法院只能以在法庭审理过程中查证属实的证据作为自己裁判的依据，形成对争议事实的内心确信。因此，法院虽然没有证明责任，但对控辩双方提交的证据材料的内容和证据收集的合法性负有查证即调查核实的证据责任。《刑事诉讼法》第52条第3款规定，所有证据必须经过查证属实，才能作为定案的根据。《刑事诉讼法》第196条第1款还赋予法官庭外调查权，即“法庭审理过程中，合议庭对证据有疑问的，可以宣布休庭，对证据进行调查核实”。《高法解释》第66条和第220条共同规定，法院调查核实证据必要时，可以通知控辩双方到场。如果调查收集到新的证据，也应当经控辩双方庭审质证，查证属实后才能作为定案的根据。《办理死刑案件证据规定》第38条、《非法证据排除规定》第8条和《严格排除非法证据规定》第32条都对法官庭外调查权的行使作了进一步规范。此外，《刑事诉讼法》第56条至第60条、《非法证据排除规定》和《严格排除非法证据规定》规定了中国模式的非法证据排除规则，如果当事人及其辩护人、诉讼代理人提出证据是非法取得的，并且提供相关线索或者材料，法院也对证据收集的合法性存在疑问，就应当启动非法证据调查程序，要求检察机关举证证明证据收集的合法性。

第五章　刑事证明标准的细化

与证明责任一样，证明标准制度也是证明制度和证据制度的核心内容之一。如果没有证明标准作为分界线，整个证明责任制度乃至诉讼证明制度就无法发挥作用。我国学界围绕证明标准问题进行的旷日持久的争论，充分印证了这一点。为了与前文证明责任制度研究相配合，本章采用“狭义的证明标准理论”，将证明标准的适用空间界定为法庭审判阶段，即法院依法审判后，判决被告人有罪的证据标准。而将审前程序中公安司法机关和当事人所承担的各种提供证据的责任及其证明要求，以及各种诉讼程序启动或终结所要达到的证据要求，统称为“证据标准”。

一、刑事证明标准的哲理

（一）证明标准的概念

我国《刑事诉讼法》、《民事诉讼法》和《行政诉讼法》都没有使用“证明标准”这一概念，因此，与“证明责任”一样，“证明标准”在我国也不是一个法定术语。学者们对这一术语的含义存在不同理解，甚至对证明标准的设定是否可能也存在不同看法。针对国内持续进行的“法律真实说”与“客观真实说”争论，有学者认为，试图建构证明标准是没有意义的，因为建构起抽象而具有可操作性的证明标准是不可能的。[①] 还有学者认为，“事实是硬邦邦的”是“一个谬误”，“认识符合事实”与“事实胜于雄辩”都是“两句废话”，无论是“法律真实说”还是“客观真实说”，都不可能为这种根本不存在的具有可操作性的

① 参见张卫平：《证明标准建构的乌托邦》，载《法学研究》2003 年第 4 期。

证明标准提供正当性基础。[①] 从法哲学视角进行思考，这些观点并不是没有道理。因此，研究“证明标准”问题，首先就要界定“证明标准”的概念。

《布莱克法律词典》对“证明标准”（standard of proof）的解释是“在某一特定案件中要求证明达到的程度或水平，如‘排除合理怀疑’或‘盖然性的证据优势’”。[②] 在《元照英美法词典》中，“证明标准”词条的解释是“在某一类案件或某一特定案件中要求负有证明责任的一方提供证据进行证明应达到的程度。例如，刑事案件中控诉方对被告人有罪的证明需要达到‘排除合理怀疑’的程度；大多数民事案件中的证明要求达到‘相当的证据优势’的程度”。[③] 英国证据法学家皮特·墨菲认为，“证明标准是指证明责任被卸除所要达到的范围和程度，它实际上是在事实裁判者的大脑中证据所产生的确定性或可能性程度的衡量标尺；也是负有证明责任的当事人最终获得胜诉或所证明的争议事实获得有利的事实裁判结果之前，必须通过证据使事实裁判者形成信赖的标准”。[④] 英国还有学者称“证明标准”为“证据标准”，是指证明要达到的标准或程度。他认为，在刑事程序中只有两种标准：“超越合理怀疑”的证据和“几种可能性中最大”的证据。[⑤] 从研究资料看，我国学者对“证明标准”概念的认识基本一致。樊崇义教授认为：“证明标准又称证明要求、证明任务，是指承担证明责任的人提供证据对案件事实加以证明所要达到的程度。”[⑥] 龙宗智教授提出：“证明标准，是指诉讼中对案件事实等待证事项的证明所须达到的要求，也就是说，承担证明责任的诉讼主体提出证据进行证明应达到何种程度方能确认待证事实的真伪存否从而卸除其证明责任。”[⑦]

以上解释和定义从证明标准的主体、对象、内容和法律效力四个方面揭示了“证明标准”的基本内涵。从解释和定义看，第一，证明标准的承担主体与证明责任的承担主体是一致的，即当事人（包括刑事诉讼中检察机关），而证明标准

---

① 参见王敏远：《一个谬误、两句废话、三种学说——对案件事实及证据的哲学、历史学分析》，载王敏远主编：《公法》（第四卷），法律出版社2003年版，第123页。

② Black's Law Dictionary (Eighth Edition), 2004 West, Thomson business, p. 1441.

③ 薛波主编：《元照英美法词典》，法律出版社2003年版，第1283页。

④ Peter Murphy, Murphy on Evidence (ninth edition), Oxford University Press, 2005, p. 96.

⑤ 参见［英］理查德·梅：《刑事证据》，王丽等译，法律出版社2006年版，第59~77页。

⑥ 樊崇义主编：《证据法学》（第四版），法律出版社2008年版，第311页。

⑦ 龙宗智：《相对合理主义》，中国政法大学出版社1999年版，第425页。

的判断主体是事实裁判者（法官或陪审团），与证明责任的指向对象是相同的。第二，证明标准的对象是争议事实的真伪，达到法律规定的证明标准，说明争议事实得到证明，事实裁判者可以据此作出有利于该当事人的裁判。证明标准的目的就是解决争议事实避免出现真伪不明的状态而明确相关当事人的证明责任。因此，证明标准是法院裁判认定被告人有罪的证据标准。第三，证明标准的内容是当事人运用证据证明待证事实，从而使事实裁判者对事实真伪产生主观确信所要达到的质和量的要求。从英美学者举例说明来看，不同的证明主体、不同性质的诉讼以及不同的证明对象，其证明标准可能有区别。第四，证明标准的法律效力是卸除证明主体的证明责任（或证明负担），使其对待证事实的诉讼主张得以成立。根据美国法学会《模范证据法典》第 1 条第 2 项、第 3 项定义："称事实之举证负担者，谓当提供充分之证据，以支持发现该事实存在时，该负担即告解除。""称事实之说服负担者，谓当决定事实之存在之裁判机关，由于充分证据之说服以发现事实存在时，该负担即告解除。"① 第五，证明标准具有法定性，应当由法律作出规定（包括直接规定和间接规定），否则，整个诉讼证明制度将毫无意义。《刑事诉讼法》第 55 条和第 200 条、《民事诉讼法》第 153 条和《行政诉讼法》第 61 条通过间接的方式对"证明标准"作了规定。《澳大利亚联邦 1995 年证据法》第 4 章"证明"第 4. 1 部分直接对刑事诉讼、民事诉讼和证据可采性的证明标准作了明确规定，体现了"证明标准"上述五个方面内涵（或特征）。该法第 141 条规定"刑事诉讼：证明标准"，即"（1）刑事诉讼的证明标准为按情理无可置疑的证明（beyond reasonable doubt），证明起诉按情理无可置疑的，法院才得以确认对被告的起诉成立。（2）刑事诉讼中，案件达到或然性权衡标准的，法院可以裁决对被告的起诉已经得到证明"。第 142 条规定"证据的可采性：证明标准"，即"（1）除本法另有规定外，在任何诉讼程序中，如果有关事实已经根据或然性权衡标准进行了证明，则法院将确认裁决以下事项所必需的事实已经得到证明：（a）证据应采纳还是不应采纳，是否行使自由裁量权的问题；或者（b）根据本法之规定所产生的任何其他问题。（2）法院在裁决是否能够确认符合或然性权衡标准时，须考虑如下事项：（a）在诉讼程序中，该证

① ［美］Edmund M. Morgan：《证据法之基本问题》，李学灯译，台湾地区世界书局 1982 年版，第 46 页。

据的重要性；以及（b）与该问题相关的起诉事项的严重性”。[①] 为此，笔者认为，“证明标准”是指法律规定在诉讼中承担证明责任的当事人（包括刑事诉讼中检察机关）提供证据证明待证事实或取证程序合法性等所要达到的程度或要求。它是衡量诉讼证明结果的准则，与证明程度、证明要求是同一概念。

证明标准与证明责任是一对孪生姐妹，两者存在非常紧密的关系，或者说本质上就是一物两面的概念。从上文分析“证明标准”的概念和内涵（特征）可以看到，证明责任就是诉讼证明达到特定证明标准的一种证据责任，而证明标准即当事人履行证明责任所要达到的分界线，是法定证明责任的卸除标准。“在司法实践中，证明标准即为证据充分或证据不足的分界线——线上则为充分，线下则为不足。”[②] 英国高级律师罗纳德·沃克曾指出：“举证责任一经确定由谁负担，便随之产生这样的问题：为了履行证明责任，当事人必须达到什么证明标准。”[③] 而美国加利福尼亚州证据法典修订委员会在对该州证据法典第 500 条进行注释时指出：“证明责任是指当事人一方有义务在事实裁定者心目中建立关于某事实存在与否的特定确信状态。……如果关于某一特定事实存在的确信的必要程度没有达到，事实裁定者必须认为该事实不存在。通常，证明责任要求当事人一方是事实裁定者确信：某一特定事实的存在比不存在更可能——通过优势证据证明的证明程度。然而，在有些情况下，证明责任要求当事人一方在事实裁定者心目中就事实的存在建立一个实质更大的信赖程度——要求当事人必须提供清楚并令人信服的证明的责任，或在刑事案件的起诉中提供超越合理怀疑的证明。”[④]

（二）证明标准的价值

尽管许多学者对设定一个具体的具有可操作性的证明标准存在疑义，但从诉讼证明理论来看，证明标准不仅具有必要性，而且是客观存在的。具体来说：

1. 证明标准是当事人卸除证明责任、确定诉讼结局的分水岭或分界线

诉讼证明所要解决的中心问题是确认在何种证明状态下可以采取某一诉讼行为，启动某一诉讼程序或者实现某一诉讼结果，这种证明状态体现为一定质和一

① 何家弘、张卫平主编：《外国证据法选译》（上卷），人民法院出版社 2000 年版，第 276～277 页。

② 龙宗智：《相对合理主义》，中国政法大学出版社 1999 年版，第 425 页。

③ ［英］罗纳德·沃克：《英国证据法概述》，王莹文、李浩译，西南政法学院诉讼法教研室 1983 年印发，第 77 页。

④ 何家弘、张卫平主编：《外国证据法选译》（下卷），人民法院出版社 2000 年版，第 954 页。

定量的证据所能达到的揭示全部或部分争议事实的明晰程度。证明标准就是指负担证明责任的当事人提出证据对案件争议事实加以证明所要达到的程度或水平，它既像一盏灯塔，引导当事人朝着规定的方向收集和出示证据，何时应当举证，何时可以暂停举证；同时，它又像一张晴雨表，昭示着当事人的证明责任能否解除。只要当事人提供的证据达到了法定的证明标准，就意味着他履行了证明责任，完成了证明任务，他提出的主张就能成立，就不会因为待证事实的证明问题受到诉讼中的不利益；相反，如果当事人提供的证据没有达到法定的证明标准，就意味着他没有履行证明责任，他的主张就不能成立，这样他就可能要承担不利的诉讼后果。因此，证明标准是当事人卸除证明责任、确定诉讼结局的分水岭或分界线。只有存在这样一条界线，当事人参与诉讼才有预期的目标，诉讼经济和效率才成为可能。

2. 证明标准是法院履行裁判职能的依据

司法最终裁判原则和证据裁判原则是现代法治国家证据法乃至诉讼法的基本原则。根据这两项原则，社会不存在法院通过裁判都不能解决的纠纷。法院对案件进行审理后，必须作出裁判。而法院裁判的依据是证据，没有证据不能认定案件事实。在诉讼中，当事人就争议事实提出诉讼主张从而启动证明机制后，就要提供证据来说服事实裁判者内心确信其主张是成立的，证明路径包括证实和证伪，证明结果包括证实、证伪和真伪不明三种状态。无论事实裁判者内心确信处于哪种状态，都必然存在一个判断标准，要求当事人提供证据满足一定质和量的要求，这样作出的裁判才是理性的，能够得到双方当事人及社会公众的接受。这个判断标准就是证明标准，它始终存在于诉讼过程中，既是主观的，又是客观的，通常还具有模糊性，[①] 需要事实裁判者充分发挥其主观能动性才能准确把握。因此，证明标准是法院履行裁判职能的依据。《意大利刑事诉讼法典》第192 条第 1 项规定："法官在对证据作出判断时应当说明所得出的结论和所采用的标准。"我国有学者通过实证研究发现："在笔者调查的 134 个案件中，涉及需要在分析、判断若干个证据证明力基础上综合对证据证明案件事实的程度作出评

① 关于证明标准的特征，学者们已经进行了充分研究，提出了各种观点。但是，许多学者认为证明标准具有主观性、客观性和模糊性。参见李浩：《证明标准新探》，载《中国法学》2002 年第 4 期；李玉华：《论证明标准的属性》，载《甘肃政法学院学报》2010 年第 3 期。

价和判断的就有121件，占90.3%。其中，刑事案件占98.3%，即60个刑事案件中只有1件由于证据过于充分，法官对其是否达到认定案件事实的程度未加任何评价；民事案件占81%，即63件案件中有12件或者由于双方当事人对事实完全无争议，或者由于当事人自认和法官推定，不需要再对证据及证明程度作分析和判断；行政案件则百分之百进行了证据及证明程度的评判。……笔者所在的中级法院审判委员会两年间讨论的379件个案中，就有308件研究讨论的重点是分析所收集的全部证据能否认定案件事实的证明标准问题，占讨论案件数的81.3%；而该中院所辖20个基层法院的审判委员会两年间讨论的与证明标准问题密切相关的案件事实占讨论个案总数的36.2%，其中最高的为100%，最低的也占18.7%。……因此，可以毫不夸张地说，没有证明程度和证明标准的评断工作，审判工作几乎就完全失去了基础，成了空中楼阁。"①

（三）证明标准的分类

从各国（地区）诉讼立法和理论来看，证明标准可以分为两类，即主观证明标准和客观证明标准。主观证明标准以事实裁判者的主观"心证"作为认定案件事实的标准，它又可分为积极标准和消极标准。积极标准是从正面、肯定（获得什么）的角度来设定证明标准，大陆法系国家（地区）刑事诉讼中广泛实行的"内心确信"证明标准即属于这一类。而消极标准是从反面、否定（排除什么）的角度来设定证明标准，英美法系国家（地区）刑事诉讼中广泛实行的"排除合理怀疑"证明标准就属于此类。此外，在许多国家（地区）民事诉讼、行政诉讼和刑事诉讼（主要是程序性证明、辩护方证明）所实行的"优势证据""优势盖然性""高度盖然性""明晰可信""清楚的和令人信服的"，以及"超出合理怀疑"等证明标准，也可归入主观证明标准中的积极标准。客观证明标准将客观证据作为证明案件事实的最终标准或尺度。典型的如我国三大诉讼法规定的"案件事实清楚，证据确实、充分"证明标准。

与证明责任分为实体性证明责任和程序性证明责任相对应，证明标准也可以分为实体性证明标准和程序性证明标准。实体性证明标准是对案件实体性事实即犯罪构成要件事实进行证明时所要达到的证明要求，如域外国家（地区）刑事

① 胡建萍：《证明标准问题司法实务考查》，载陈光中、江伟主编：《诉讼法论丛》（第7卷），法律出版社2002年版，第147～148页。

诉讼中所主张的“排除合理怀疑”、“内心确信”或我国的“案件事实清楚，证据确实充分”，程序性证明标准是对程序性事实证明时所要达到的证明要求，一般认为，刑事诉讼只要达到“优势证据”，即民事诉讼的证明标准即可。

此外，还有学者将证明标准分为一元化证明标准和多元化证明标准。一元化证明标准，是指一国刑事诉讼、民事诉讼和行政诉讼实行同一种证明标准。如我国三大诉讼法规定的证明标准都是“案件事实清楚，证据确实、充分”。多元化证明标准，是指一国不同性质诉讼中甚至同一种诉讼不同诉讼主体、不同证明对象等实行不同的证明标准。这是绝大多数国家（地区）的共同做法，尤其是对民事诉讼和刑事诉讼实行不同的证明标准。以美国为例，刑事诉讼中控诉方的证明标准是“排除合理怀疑”，而被告人积极抗辩和普通民事诉讼的证明标准是“优势证据”，特殊民事诉讼（行政诉讼）的证明标准是“清楚的、明确的和令人信服的证据”。在德国，法院实体裁判的证明标准是信服标准，即“内心确信”或曰“高度盖然性”，程序裁判的证明标准是释明标准，即“盖然性优势”或“优势证据”，而初步认定是表面证明标准，即“表面上成立”即可。主流观点认为，我国证明标准制度的改革方向也是从一元化走向多元化。虽然三大诉讼法规定的是“案件事实清楚，证据确实、充分”的一元化证明标准，但有关司法解释已经作出新的规定，最高人民法院《关于民事诉讼证据的若干规定》第73条规定了“优势证据”证明标准，根据《刑事诉讼法》和《非法证据排除规定》规定，对证据收集合法性进行程序性证明时，被告人履行初步证明责任的证明标准是“表面上成立”或表面证明标准，而检察机关的证明标准仍然是“证据确实、充分”。《非法证据排除规定》第11条规定，如果检察机关不提供证据证明，或者已提供的证据不够确实、充分的，该供述就不能作为判决的依据。《审判中心改革意见》第2条规定与刑事诉讼法一致，要求侦查机关侦查终结，人民检察院提起公诉，人民法院作出有罪判决，都应当做到犯罪事实清楚，证据确实、充分，即统一证明标准。人民法院作出有罪判决，对于证明犯罪构成要件的事实，应当综合全案证据排除合理怀疑，对于量刑证据存疑的，应当作出有利于被告人的认定。《审判中心改革实施意见》第3条进一步明确要求坚持疑罪从无原则，认定被告人有罪，必须达到犯罪事实清楚，证据确实、充分的证明标准。不得因舆论炒作、上访闹访等压力作出违反法律的裁判。

二、刑事证明标准的性质

以诉讼证明中案件事实的性质是客观事实还是法律事实为基础，诉讼理论上关于证明标准的性质，存在客观真实与法律真实、绝对真实与相对真实、实质真实与形式真实三对范畴。[①] 对于证明标准性质的认识，理论上也相应地存在客观真实说、主观真实说、相对真实说和法律真实说等理论学说。

（一）客观真实说

客观真实说是我国传统诉讼法学和证据法学中占主流地位的证明标准理论，在国外也有很多学者支持。该理论认为，诉讼中对案件事实的证明，应当达到客观真实的程度。查明案件客观真实的具体要求是“案件事实清楚，证据确实、充分”。这是因为，其一，从辩证唯物主义和认识论看，客观上已经发生的案件事实，必然在外界留下这样或那样的物品、痕迹或印象，从而为查明案件客观真实提供了事实根据。其二，我国司法机关有党的坚强、统一领导，有广大具有觉悟的群众的支持，有一支忠实于人民利益、忠实于法律、忠实于事实真相，具有比较丰富的经验，掌握一定科学技术的公安司法干部队伍，这些为查明案件客观真实提供了有力的组织保障。其三，随着我国社会主义法制的加强，总结司法工作正反经验、反映现实需要的《刑事诉讼法》《民事诉讼法》和《行政诉讼法》都已经先后颁布，这又为查明案件客观真实提供了法律依据。因此，在诉讼中查明案件的客观真实既是必要的，又是完全可能的，司法机关所认定的案件事实只有达到客观真实的程度，做到“案件事实清楚，证据确实、充分”，才能正确地适用法律。这种观点从认识论上来说是可行的，但是在司法实践中，由于种种主观或客观条件的限制，如案件现场痕迹、物证书证的灭失，案件发案时间较长、一些证据灭失等原因，办案人员难以获得案件客观真实，只能无限接近客观真实。所以，将客观真实作为证明标准，虽然在一定程度上注意到了案件事实的客观性，但如果要求最终证明的案件事实与客观上发生的事实完全一致，则有点理想化，属于“认识论的乐观主义”，明显存在“技术性不足与解释的多义性”等缺陷，而且这种观点在理论上过于强调人的认识能动性，完全忽视了人的认识活动

---

① 在诉讼发展史上，不同的证据制度实行过不同的证明标准。神示证据制度实行“神示真实”，法定证据制度实行“法定真实”或“形式真实”，自由心证证据制度实行“实体真实”或“实质真实”。

的主观性、相对性，在司法实践中容易导致为了追求发现案件的实质真实而牺牲其他重要的社会价值，因而是不可取的，它只能成为一种价值上的追求或一种宏观理念的目标。

（二）主观真实说

主观真实说是国外自由心证主义的观点，它与客观真实说的区别主要在于对案件事实判断的认识。该理论认为，在诉讼中证明的案件事实，实际上是一种主观事实，即法官或者其他事实裁判者发现认定的事实，并不是诉讼之前在特定时间、地点发生的“客观事实”。甚至有观点认为，这个世界上哪有事实？统一口径就是事实。这是因为，第一，从事实存在的状态看，只有进入司法人员主观领域的事实，才具有法律意义。第二，从认定事实的过程看，事实裁判者首先是从对事实预先得出的模糊结论出发，然后才寻找有关证据支持，如果有关证据不支持原来的结论，他会放弃这一结论而寻找其他结论。因此，事实认定的过程实际上是一个印证主观判断的过程。第三，事实裁判者运用证据进行推理时，直觉或者预感占有非常重要的地位，这也属于人的主观范畴。第四，每个法官由于学识、经验、信仰等不同，也就是个性不同，他们的思维方式也就会不同，这样，对于同一个案件事实，即使有相同的证据，不同的法官也会得出不同的结论。因此，主观真实说强调了人的思维或者认识活动的主观性的一面，却将人的思维或者认识活动的客观性的一面完全忽视了。这样，它从理论上说不符合客观实际，在证明标准的运用上显然也行不通。

（三）相对真实说

相对真实说是我国学界在反思客观真实说的基础上提出的观点。该理论认为，我国传统证据理论对辩证唯物主义认识论原理理解上存在不足，片面强调认识论的唯物论，即反映论、可知论，却忽略了认识论的辩证法，曲解了绝对真理与相对真理的辩证关系。从辩证唯物主义关于人类认识能力的无限性与有限性的关系，也即绝对真理与相对真理的相互关系的观点看，人的认识能力既是无限的，同时又是有限的。人们对案件事实的认识都属于认识的“个别实现”，都是在完全有限地思维着的个人中实现的，是不可能无止境、无期限地进行下去的。因此，无论从认识活动的属性，还是从诉讼行为的属性来看，诉讼证明都只能达到相对真实，而非绝对真实。诉讼中的证明要达到“客观真实”，即主观认识与客观实际完全一致是不可能的，法律以不可能实现的目标作为诉讼证明必须达到的标准，是非理性的。[①] 相对真实说从唯物辩证法的视角观察人类认识活动，揭示了诉讼认识的相对性，是对客观真实说和法律真实说的有益补充，无疑具有重要价值。但是，该理论同样忽视了人类认识活动主观性的一面，而且没有注意到被证明案件事实的法律性，因而难以为诉讼证明提供具有可操作性的标准。

（四）法律真实说

法律真实说也是我国学界在反思客观真实说的基础上提出的观点，已经得到国内外越来越多学者的肯定和支持，以樊崇义教授为代表[②]。该理论认为，公、检、法三机关在刑事诉讼证明的过程中，运用证据对案件事实的认定，应当符合刑事实体法和程序法的规定，应当达到从法律的角度认为是真实的程度。判断诉讼证明达到“法律真实”要求的具体标准是“排他性”，即排除其他可能性，要求从证据调查和运用上要排除一切矛盾；运用证据对案件事实所得出的结论必须排除其他一切可能，而且是本案唯一的结论。这一结论在事实和证据两个方面还要经得起历史的检验。将法律真实确定为我国刑事诉讼证明的任务和要求具有充分的理论和实践依据。第一，诉讼证明追求法律真实与《刑事诉讼法》第 1 条和第 2 条规定的宗旨和任务相一致，于法有据，符合情理。第二，法律真实简明扼要，具体明确，可操作性强，易于适用。第三，法律真实为证据的调查和运用指明了方向，澄清了在运用证据过程中容易混淆的环节和概念。[③] 法律真实说十分强调法律规范在诉讼证明中的作用和地位，强调诉讼证明只能达到法律所认可的真实，这是一种相对真实，不可能与案件客观事实完全相符。但是，法律真实说不属于主观真实的范畴，它并没有放弃在诉讼中通过证据发现案件事实真相的追求，而是一种建立在客观真实基础之上的真实，他们主张“确立以客观事实为基础的法律真实观”。

笔者基本赞同法律真实说。这是因为，第一，马克思主义哲学原理和实践经验告诉我们，我们对客观世界的认识，对案件事实的证明，只能达到一种相对真实的程度。因此，被证明的案件事实，就不可能完全是实际上发生的客观事实。第二，诉讼证明是一种诉讼活动和法律活动，它不仅要追求证明的真理性，还要

① 参见卞建林、郭志媛：《论诉讼证明的相对性》，载《中国法学》2001 年第 2 期。

② 一般认为，樊崇义教授在《中国法学》2000 年第 1 期发表《客观真实管见——兼论刑事诉讼证明标准》一文，引起了我国学界对“客观真实”与“法律真实”证明标准的大讨论，至今还在持续。

③ 参见樊崇义：《迈向理性刑事诉讼法学》，中国人民公安大学出版社 2006 年版，第 180 ~ 184 页。

追求证明的正当性、合法性。而尊重法律和正当程序，正是证明活动具有正当性的表现。正如最高人民法院常务副院长沈德咏指出：“刑事司法的目的不是基于对犯罪分子的虐待和报复，而是在正当程序框架内依法查明真相，确保有罪的人接受公正的审判、受到公正的惩罚，无罪的人不受刑事追究，最终实现看得见的正义。”① 第三，主张法律真实说，可以使诉讼证明活动变得具体明确，使司法人员容易操作，也容易为普通公民或当事人所接受。相反，主张客观真实说，往往会因为对于客观真实不好把握，而在司法实践中引起各种各样的问题。第四，国内外司法实践也已经证明了法律真实观的正确性。法律真实观在我国民事、行政诉讼证据规定和刑事证据规则中已经得到确认或体现。最高人民法院《关于民事诉讼证据的若干规定》第 63 条规定：“人民法院应当以证据能够证明的案件事实为依据依法作出裁判。”也就是说，案件所运用的所有证据能证明的案件事实是什么，裁判就怎么认定。在没有证据的情况下，法院只能根据证明责任进行裁判。同理，最高人民法院《关于行政诉讼证据若干问题的规定》第 53 条作了相同的规定：“人民法院裁判行政案件，应当以证据证明的案件事实为依据。”这两条规定体现了“法律真实”的证明要求。《刑事诉讼法》第 200 条要求人民法院根据法庭审判已经查明的事实、证据和有关的法律规定，分别作出不同判决，既是法律真实观的集中体现，也是以审判为中心的诉讼制度的具体要求，即法院判决应当以庭审查明的事实、证据和有关法律规定为依据，而不是审前、庭前或庭后的证据材料，或者其他依据。《办理死刑案件证据规定》第 2 条和第 4 条分别规定了证据裁判原则和证据质证原则。根据这两项原则，刑事裁判必须以证据为依据，而这种证据必须经过法定程序查证属实。“因此，在司法裁判中认定的事实，必须符合法律的有关规定，这种事实在实质上是从法律角度予以评价后得出的结论。诉讼中所呈现的并最终为法院所认定的事实，乃是经过证据法、程序法和实体法调整过的、重塑了的事实，即‘法律事实’，而非原始状态的客观事实。”② 这也是法律真实观的体现。此外，法律真实观在美国司法实践中也得到承认。以 20 世纪 60 年代发生在美国的一起夫妇二人涉嫌抢劫案为例。警方调查表明，有证据证明实施犯罪的夫妇二人共有六大特征。为此，公诉方征得初审法

① 沈德咏：《我们应当如何适用非法证据排除规则》，载中国法院网 2017 年 6 月 27 日。
② 张军主编：《刑事证据规则理解与适用》，法律出版社 2010 年版，第 47 页。

官许可，传唤了一位统计学家出庭作证。他作证说，据推算，这六大特征在一对夫妇中同时出现的可能性只有一千二百万分之一，而被告人夫妇同时具备这六大特征。故一审判决被告人有罪。但这一判决被上诉法官撤销，理由是“程序不当”，因为对这六大特征中每一特征单独出现的可能性的推算缺乏基础，而且没有根据认为它们是相互独立的，相反，倒有充分根据说明它们是不独立的。此案表明，美国的证明标准也是一种以概率论为基础的“法律真实”，但人类目前试图用数学方法来对证明标准进行量化，还缺乏足够的科学依据。法律真实说虽然注意到通过诉讼证明得出的案件事实是由法律创造的，而非案件的本原事实。但是，这种观点忽视了人的认识活动主观性的一面，因此，笔者认为，它还应当吸收其他观点的合理因素予以完善。

三、刑事证明标准的种类

从域外诉讼立法和理论来看，刑事证明标准主要包括以下四种：

（一）排除合理怀疑

“排除合理怀疑”（beyond reasonable doubt）或者“超越合理怀疑”，最早产生于18、19世纪，是英美法系国家（地区）刑事诉讼的证明标准。它以试错法和反证法来表述证明标准，可能受英美怀疑主义思维传统的影响。如今“排除合理怀疑”的证明标准已成为美国宪法第五修正案和第十四修正案关于正当法律程序规定的要求，在加拿大、澳大利亚、菲律宾等国法律中都有明确规定，它要求在刑事诉讼中，除非能够证明被告人有罪达到无合理疑点的程度，否则，被告人应判为无罪。《英国1984年警察与刑事证据法》第76条规定，凡是对被告人采取“压迫”的手段所取得的供述一律无效，除非检察官能够向法庭证明它不是以“压迫”方式取得的，而这种程序性证明的证明标准也是排除合理怀疑。

所谓“排除合理怀疑”，《布莱克法律词典》和《元照英美法词典》对它的解释是，它是刑事诉讼中陪审团认定被告人有罪时所适用的证明标准。即只有控诉方提出的证据对被告人有罪的事实证明到无合理怀疑的确定性程度时，陪审团才能裁决被告人有罪。为了适用这一标准，陪审团必须首先推定被告人是无罪的。[①]

---

① See Black's Law Dictionary (Eighth Edition), 2004 West, a Thomson business, p. 1293. 和薛波主编：《元照英美法词典》，法律出版社2003年版，第145页。

对于该标准的理解，学者们有很多解说，可模糊性依旧存在。英国法院判例认为，这是一个高标准，但它与绝对确定性不是同义词，也不等同于自然科学证据。[①] 在 Re H（Minors）一案中，Nicholls 法官说："法律寻找的是最大可能性，而不是确定性。确定性几乎是不可能实现的。但最大可能性也不令人满意，有含混之处，因为它也有不同程度之分。在规定举证标准的原则时，法律试图对不同类型案件规定不同程度的可能性。"[②] 在 Miller v. Minister of Pensions 一案中，Denning 法官这样解释"排除合理怀疑"的证明标准："这个程度已经确定。证据不一定要达到确定的地步，但它必须达到极大可能性的程度。超越怀疑的证据，不是达到没有一丝怀疑的程度。如果法律承认想象出来的可能性，偏离追求正义的程序，那么，它就不可能保护社会。如果对某人不利的证据很有力，只留下一个遥远的可能性对他有利，但该可能性可以成为一句话——'理论上可能但实际上绝不可能'——驳倒的话，那么，该证据已达到超越合理怀疑的程度；证据不能低于这个标准。"[③] 由此可见，"排除合理怀疑"是一个非常难以界定的概念，但是，它又是一个接近最高标准的证明要求。笔者认为，这是由它的适用对象——裁决被告人有罪和主要承担主体——代表政府的检察机关所决定的。比"排除合理怀疑"更高的证明标准只有"排除一切怀疑"即"绝对确定"，至今还没有哪个国家（地区）在诉讼中提出此要求。[④]

正确理解"排除合理怀疑"这一证明标准，首先就要弄清楚什么是"合理的怀疑"。《美国加州刑法典》解释是："它不仅仅是一个可能的怀疑，而是指该案的状态，在经过对所有证据的比较和考虑之后，陪审员的心理处于这种状态，

---

① See Bracewell（1979）68 Cr. App. R. 44，上诉法院。

② Re H（Minors）［1996］W. L. R. 8，24.

③ Miller v. Minister of Pensions［1947］2 All E. R. 372，373. 转引自［英］理查德·梅：《刑事证据》，王丽等译，法律出版社2006年版，第78页。

④ 美国证据法将证明标准分为九等，第一等是"绝对确定"，由于认识论限制，认为无法达到，立法和实践均无要求；第二等是"排除合理怀疑"，是刑事案件定罪裁决的证明要求，也是诉讼证明的最高标准；第三等是"清楚和有说服力的证据"，在某些司法区死刑案件中当拒绝保释时，以及作出某些民事判决时有此要求；第四等是"优势证据"，作出民事判决以及肯定刑事辩护时的要求；第五等是"合理根据"，适用于签发令状，无证逮捕、搜查和扣押，提起大陪审团起诉书和检察官起诉书，撤销缓刑和假释，以及公民扭送等情况；第六等是"有理由的相信"，适用于"拦截和搜身"；第七等是"有理由的怀疑"，足以将被告人宣布无罪；第八等是"怀疑"，可以开始搜查；第九等是"无线索"，不足以采取任何法律行为。参见卞建林：《美国刑事诉讼简介》，载《美国联邦刑事诉讼规则和证据规则》，卞建林译，中国政法大学出版社1995年版，第22页。

他们不能说他们感到对指控罪行的真实性得出永久的裁决已达到内心确信的程度。”[①] 一般认为，“合理的怀疑”主要包括四层含义：(1) 合理怀疑是有根据的怀疑，而不是无根据的怀疑，怀疑者本人能清楚地说明怀疑的根据是什么。(2) 排除合理怀疑的证明并不排除所有的可能性，而是排除那种没有根据的可能性。(3) 排除合理怀疑的证明要求法官对指控的犯罪事实形成内心确信，深信不疑。(4) 在存在合理怀疑时，法官应当作出有利于被告人的认定结论。换言之，“排除合理怀疑”的证明并不排除轻微的可能的或者想象的怀疑，而是排除每一个合理的假设，除非这种假设已经有根据。它是“达到道德上确定性”的证明，是符合陪审团的判断和确信的证明，作为理性的人的陪审团成员在根据有关指控犯罪是由被告人实施的证据进行推理时，如此确信以至于不可能作出其他合理的结论。《菲律宾证据规则》133 条第 2 款规定了“排除合理怀疑地证明”，即排除合理怀疑的刑事证明标准：“在刑事案件中，除非他的罪行已经被排除合理怀疑地证明，被告有权要求被释放。排除合理怀疑并不意味着排除任何出错的可能性，提供绝对的确定性的证明尺度。它只要求道义上的肯定，或者这一证明标准是指以非歧视的意识为基础提供某种确信。”《审判中心改革意见》第 2 条要求人民法院作出有罪判决，对于证明犯罪构成要件的事实，应当综合全案证据排除合理怀疑，对于量刑证据存疑的，应当作出有利于被告人的认定。这里“排除合理怀疑”证明标准的理解成为我国司法实践亟待解决的问题。笔者认为，该规定明显区分定罪证据与量刑证据，要求定罪证据必须达到排除合理怀疑的程度，坚持疑罪从无。但量刑证据允许“存疑”，但法院应当遵循存疑有利被告原则，作出有利于被告人的认定。

（二）内心确信

“内心确信”是大陆法系国家（地区）刑事诉讼的证明标准，它是指事实裁判者通过对证据进行审查判断后所形成的一种主观心理状态，即排除了任何疑问的内心确实相信的心证状态。在证据法理论中，它常常被概括为“高度盖然性”，与英美法系“排除合理怀疑”证明标准的要求在实质上是一致的，即为了用证据证明案件事实，要求事实裁判者的心证必须达到“任何人对真实性都确信

① 卞建林：《美国刑事诉讼简介》，载《美国联邦刑事诉讼规则和证据规则》，卞建林译，中国政法大学出版社 1995 年版，第 21 ~ 22 页。

无疑”或者说一般人不会提出疑问的高度盖然性的程度。

法国最早确立了“内心确信”的证明标准。这一证明标准是与其“自由心证”证据制度相适应的，也就是说，法律对证据的证明力不作预先规定，而是由法官在审理案件中根据良心、理性，遵循逻辑规则和论理法则等加以自由判断。在“自由心证”证据制度下，在审理案件时，法律不要求法官必须遵守相关的证据规则，而是达到一种内心的确信。法国1808年制定的《刑事诉讼法典》第342条规定了这一著名的公式：法律不要求陪审员说明他们是如何获得心证的。法律也不规定要求他们必须遵守的关于证据的规则。法律命令他们以真挚的良知问自己：为了证明被告有罪而提出的证据和被告方面的防御给了他们理性以何种印象。法律只是向他们提出一个能够概括他们职务上全部尺度的问题：你们是真诚地确信的吗?《法国刑事诉讼法典》第353条对其文字表述作了简化，但基本内容是一致的。所谓内心确信，必须是理性的、真诚地确信。法国“内心确信”证明标准的确立产生广泛影响，德国、俄罗斯、意大利、日本等传统大陆法系国家在刑事诉讼法中都相继作出明确规定。《德国刑事诉讼法典》第261条规定：“对证据调查的结果，由法庭根据它在审理的全过程中建立起来的内心确信而决定。”在德国判例和学说中，还将“内心确信”标准表述为“紧邻确实性的盖然性”，即证据在质和量上的客观状态和紧邻待证事实的清楚明白性；同时也指法官对这种客观状态的认识而达到确信的程度。1892年俄国《刑事诉讼条例》第119条规定：“治安法官应根据建立在综合考虑法庭审理时所揭示的情况的基础上的内心确信，来裁判受审人有无罪过的问题。”这一规定为后来前苏联、俄罗斯刑事诉讼法所继承，2002年《俄罗斯联邦刑事诉讼法典》第17条规定：“法官、陪审员以及检察长、侦查员、调查人员根据自己基于刑事案件中已有全部证据的总和而形成的内心确信，同时遵循法律和良知对证据进行评价。”日本司法省1876年（明治9年）通知规定“依证据断罪时仅凭法官之确认”，从而开始采用自由心证主义；1880年《治罪法》第146条将该内容法制化。《日本刑事诉讼法典》第318条规定：“证据的证明力，由法官自由判断。”在日本判例和学说中，刑事诉讼证明标准以往采用“高度盖然性”表述，随着其诉讼结构当事人主义化，现在表述为“紧邻确实性的盖然性”“超越合理怀疑”“无任何合理怀疑”或“排除合理怀疑”以及“内心确信”等。田口守一教授认为，证明就是用证据再现某种事实。诉讼上的证明是一个程度的概念，因此就产生了证明程度的难题。传统的证明标准是“高度的盖然性”。日本一个判例将它解释为：“在刑事审判中，‘证明是犯罪’就是存在‘高度的盖然性’。但是，‘盖然性’并不能否认相反事实存在的可能性，应当切忌，在观念上一味强调盖然性是很可能导致错误判决的。因此，上述所说的‘高度的盖然性’必须达到不允许相反事实存在的程度上的‘充分证明犯罪’，这种程度的判断才是可信的判断。”现在要求证明的程度必须是“超过合理的怀疑”。“高度的盖然性”的标准是双重肯定的评价方法；“超过合理的怀疑”的证明标准是排除否定的评价方法。两者是同一判断的表里关系。日本判例指出，在“达到不允许相反事实可能存在的程度上”，这两种证明在程度上没有大的差异。但是，如果以检察官的证明行为为基础进行评价、判断而形成心证，从这种当事人主义诉讼结构的观点来看，“超过合理的怀疑”的证明标准是正确的。[①] 我国《澳门刑事诉讼法典》第114条也规定了“证据之自由评价”，即“评价证据系按经验法则及有权限实体之自由心证为之，但法律另有规定者除外”。该法第346条第3项要求每一位法官在表决时必须说明支持其意见的理由，并尽可能指出用作形成其心证的证据。这里其实就是要求法官对案件事实的认定必须达到内心确信的程度。我国台湾地区“刑事诉讼法”第155条第1款也明确规定了自由心证原则和内心确信制度，即“证据之证明力，由法院本于确信自由判断，但不得违反经验法则及论理法则”。

不管英美法系“排除合理怀疑”的证明标准，还是大陆法系“内心确信”的证明标准，他们要求达到的证明程度都是相同的，即在信念上确信，并且这种确信是出于事实裁判者良知或者是真诚地形成的，是合理的和理性的，不存在合理的怀疑点。这种标准并非完全主观和任意的，他们都要求据以形成确信的证据基础。仔细考察一下，实际上二者证明标准具有明显的同一性，只不过一个是从正面，一个是从反面来表达证明标准的含义。但是，两大法系刑事诉讼证明标准所蕴含的法官或陪审团在证据上裁量的自由度不同。英美法系陪审团在证据的采纳上，严格受制于各项证据规则，而大陆法系实行完全自由心证，两者证明标准是与其证据制度相适应的。但是，由于大陆法系证明标准几乎完全受制于自由心证的制约，在自由心证的范围内，无论法官达到何种认定，均不产生违反法律问

① 参见［日］田口守一：《刑事诉讼法》，张凌、于秀峰译，中国政法大学出版社2010年版，第271～272页。

题。基于这种认识，现在越来越多的国家更加推崇“排除合理怀疑”的表述，而“内心确信”主张有日渐衰弱之势。在我国证明标准问题改革讨论过程中，有学者主张吸收西方证据文化中关于排除合理怀疑的思想，将“排他性”“确定无疑”或“案件事实清楚，证据确实、充分，排除合理怀疑”作为我国刑事诉讼证明标准，还有学者甚至主张直接引入“排除合理怀疑”的证明标准。《刑事诉讼法》第55条将“排除合理怀疑”作为“证据确实、充分”的三项条件之一加以细化。《审判中心改革意见》第2条明确要求人民法院作出有罪判决，对于证明犯罪构成要件的事实，应当综合全案证据排除合理怀疑。《审判中心改革实施意见》第30条也明确规定，人民法院作出有罪判决，对于定罪事实应当综合全案证据排除合理怀疑。定罪证据不足的案件，不能认定被告人有罪，应当作出证据不足、指控的犯罪不能成立的无罪判决。定罪证据确实、充分，量刑证据存疑的，应当作出有利于被告人的认定。它们都规定定罪事实的认定要采用排除合理怀疑的证明标准。

（三）优势证据

“优势证据”或“证据优势”（preponderance of evidence）是两大法系民事诉讼，和许多国家（地区）刑事诉讼中被告人承担证明责任，以及某些程序性证明所适用的证明标准。英美法系国家有的采用“盖然性居上”“盖然性优势”“盖然性平衡”“或然性权衡”“概率平衡”“较大的可能性”“几种可能性中最大的”等表述方式，大陆法系国家有的采用“优势证明”“‘特定’高度的盖然性”等表述方式，基本含义是相同的，即如果证明责任的承担者所提供的证据在总体上的分量上高出对方当事人或者更为可信，用百分比来表达的话，就是双方证据的分量或者可信度形成了51%和49%的对比关系，证明责任承担者便履行了他的证明责任；相反，如果双方当事人提供的证据分量相等或者反证者的证据分量更重，那么，证明责任的承担者便要承受败诉的结果。但这里所说的分量不是数量，而是看哪一方的证据在总体上对案件事实的证明程度更高，也就是质量更高。许多国家证据法或民事诉讼法明确规定了“优势证据”标准。《美国加州证据法典》第115条规定：“……除非法律有其他规定，证明责任要求通过优势证据证明。”1995年《澳大利亚联邦证据法》第140条规定了民事诉讼的证明标准：“（1）民事诉讼的证明标准为或然性权衡（balance of probabilities），证明案件达到或然性权衡时，法院应裁决当事人的案件已得到证明。（2）法院在确定所满意的证明程度时所考虑的因素不受限制，但需考虑下列事项：(a) 诉因或者抗辩的性质；以及 (b) 诉讼标的的性质；以及 (c) 所起诉事项的严重性。”

民事诉讼“优势证据”的证明标准通常低于刑事诉讼“排除合理怀疑”或“内心确信”的证明标准，这是因为，“证明标准的设置应当与诉讼涉及利益的重要程度成正比，重要性越大，证明标准就应越高。因此，各国都对民事案件和刑事案件设置了不同的证明标准，以美国为例，民事案件仅要求优势证据，即51%对49%的微弱证明优势就可以对案件作出判决。这实际上是通过接近平均的证明标准在原告和被告之间平均地分配了审判可能带来的错误风险”。[①]“在民事案件里，判错任何一边的风险是平等的，我们在任何一种可能的错误中并不偏好哪一种。但在刑事诉讼中，我们宁可错判让可能有罪的被告被释放，也不愿一个无辜的被告被监禁或被处死。”[②] 但是，“优势证据”证明标准也可能随着案件性质或者证明对象的不同而存在量的变化，正如罗纳德·沃克指出：“实际上，现代的观点认为：这两条证明标准可能并不像人们通常说的存在根本的区别。例如，人们说，无论民事案件还是刑事案件，法官和陪审团所关心的是：所证明的情况是否使之信服。如果所述主张性质严重，要使法官信服，自然要求更高的证明程度。”[③] 因此，就像1995年《澳大利亚联邦证据法》第140条规定民事诉讼证明标准一样，虽然法院在确定所满意的证明程度时所考虑的因素不受限制，但是需要考虑诉因或抗辩的性质、诉讼标的的性质，以及所起诉事项的严重性。英国Denning法官在Miller v. Minister of Pensions一案中对“优势证据”证明标准作了最清楚的定义，他认为，证据一定要带有相当程度的可能性，但尚不到刑事案件证据的标准。假如证据能让法庭宣布“我们认为这结论是非常可能”，举证的义务就完成了；但若证据表明几种可能性都存在，该义务就没有完成。在Carr - Briant一案中，刑事上诉法院提到了同一论点：“民事案件中的原告或被告的举证义务，我们认为，最好的表述是法官Miles在Cooper v. Slade案中作出的表述。这位博学的法官引用了一个古老的案例，来支持他的‘根本的论点，即民事案件

---

① See e. g. Ronald J. Allenetal, Evidence: Text, Problems, and Cases, pp. 822 ~ 823 (3d ed. 2002).

② [美] 德肖维茨：《合理的怀疑——从辛普森案批判美国司法体制》，高忠义、侯荷婷译，台湾地区商周出版社2001年版，第60页。

③ [英] 罗纳德·沃克：《英国证据法概述》，王莹文、李浩译，西南政法学院诉讼法教研室1983年印发，第77页。

里，最大的可能性可以作为判决的充分理由'。"①

此外，"优势证据"标准还适用于刑事诉讼中被告人承担证明责任和某些程序性证明。在日本，在法律规定被告人承担客观举证责任的情况下，被告人不必证明到超越合理怀疑的程度，而只要达到证据优势的程度即可。

（四）表面上成立

"表面上成立"或表面证明标准、"合理根据"证明标准，是民事诉讼、行政诉讼和刑事诉讼中某些程序性证明，尤其是起诉条件或案件"通过法官审查"所要达到的证明标准。关于该标准的内涵，一般认为，只要从形式上审查符合有关实体法和程序法规定，从而使事实裁判者有一定的确信的心证即可，证明要求相对比较低。英国有学者将这种证明责任称为"证据责任"，即提出争点或者提供证据支持争点以"通过法官审查"的义务，以区别于"法定证明责任"（"说服责任"）。如果法官认为没有提供满足证据责任的可靠证据，没能成功地提出争点的话，法院就不会审理该争点。在陪审团审判中，这就意味着对该争点不能行使司法裁量权。② 这其实就是要求诉讼中原告（包括刑事诉讼中的检察机关）的起诉条件必须符合法定标准，即"表面上成立"。在刑事案件中，控方需要承担初步的证据责任，证明对被告人的指控表面证据成立，案件需要"答辩"。这就意味着犯罪的所有构成要素都要通过法院的审查。没能做到这些，法官将在"审判进行一半"时作出宣告无罪的指示（英国），或者直接作出无罪判决（美国），被告方根本不需要进行抗辩。在民事案件中，这些也是被作为基本问题处理的。如果从书面材料看，原告的诉讼请求或抗辩没有证据支持，它们根本就不会被提交到法院。显然，这种表面证据或"表面上成立"离法庭定罪所需要的"排除合理怀疑"证明标准还有很大的距离，需要控方继续举证证明和反驳辩方的辩护理由，后者证明标准也是"排除合理怀疑"。在大陆法系国家，德国根据证明对象不同确立了不同的证明标准，法院的实体裁判适用"内心确信"证明标准，程序裁判适用释明标准，相当于"优势证据"，而法院对案件事实进行初步认定适用表面证明标准，即"表面上成立"。在日本，证明和疏明（又称"释明"）

① ［英］理查德·梅：《刑事证据》，王丽等译，法律出版社2006年版，第82～83页。

② 参见［英］詹妮·麦克埃文：《现代证据法与对抗式程序》，蔡巍译，法律出版社2006年版，第100页。

都是证实行为，但它们影响法官心证形成的程度不同，证明要求达到确信程度的心证，而疏明只要法官有一些确信的心证即可。例如，根据《日本刑事诉讼法典》第227条第2款规定，在第一次审判期日以前，检察官可以请求法官对审前程序中已经自行陈述的证人进行询问，从而保全证据。但是，检察官应当说明有必要询问证人的理由，以及该询问是证明犯罪所不可缺少的事项。这种“说明”只要能使法官抱有大体上的心证程度，即达到“表面上成立”的证明标准即可。

除此之外，在域外诉讼立法和实践中还存在其他一些证明标准。联合国经济及社会理事会于1984年5月批准的《关于保护死刑犯权利的保障措施》第4条规定了死刑案件的证据标准，即“只有根据明确和令人信服的证据且对事实没有其他解释余地的情况下对被告的定罪，才能判处死刑”。这一规定结合了大陆法系和英美法系的定罪的证据标准，但比这两大法系证明有罪的标准更为具体化，体现在它要求死刑案件的证明必须达到“对事实没有其他解释的余地”这个主观状态的要求，同时又包含了证据必须“明确和令人信服”这一主客观相结合条件的要求。在美国，除了刑事诉讼适用“排除合理怀疑”证明标准，民事诉讼一般适用“优势证据”证明标准外，在一些特殊的民事案件（行政案件）适用第三种证明标准，即“清楚的、明确的和令人信服的”证明标准。这是美国联邦最高法院在1966年一起驱逐出境案件中确立的。[①]“到目前为止，联邦最高法院认为，在涉及个人权利剥夺但没有达到刑事控诉程度的各类案件中，包括送入精神病院、监护权的终止、国籍的剥夺和驱逐出境，联邦宪法或可适用的联邦制定法要求运用明确而令人信服的证明标准或其他类似证明标准。”[②]

四、我国刑事诉讼证明标准

作为传统大陆法系国家，我国三大诉讼法都通过规定法院判决条件的形式间接规定证明标准，要求法院判决认定事实必须达到“案件事实清楚，证据确实、充分”的程度。这种一元化证明标准设置的合理性近年来已经引起越来越多学者的关注。有关司法解释也对此作出了不同规定。如何改革和完善我国证明标准成

---

① Woodby v. INS，385 U. S. 1966. 276.

② ［美］约翰·W·斯特龙主编：《麦考密克论证据》（第五版），汤维建等译，中国政法大学出版社2004年版，第658页。

为证据制度乃至诉讼制度改革的重要内容。

（一）我国《刑事诉讼法》规定的证明标准

1979年、1996年、2012年和2018年四部《刑事诉讼法》都规定了法院判决的类型和相应的条件，其中1996年《刑事诉讼法》第162条、2012年《刑事诉讼法》第195条和2018年《刑事诉讼法》第200条规定："在被告人最后陈述后，审判长宣布休庭，合议庭进行评议，根据已经查明的事实、证据和有关的法律规定，分别作出以下判决：（一）案件事实清楚，证据确实、充分，依据法律认定被告人有罪的，应当作出有罪判决；（二）依据法律认定被告人无罪的，应当作出无罪判决；（三）证据不足，不能认定被告人有罪的，应当作出证据不足、指控的犯罪不能成立的无罪判决。"一般认为，该规定间接确定了法院作出有罪判决的证明标准，即定罪标准——案件事实清楚，证据确实、充分。但是，究竟什么是"证据确实、充分"？立法一直没有明确，实践中很难把握。《办理死刑案件证据规定》第5条总结实践经验，在我国首次规定了有罪认定的证明标准，并从五个方面作了细化规定。同时，明确了适用该证明标准的实体性事实（证明对象）："办理死刑案件，对被告人犯罪事实的认定，必须达到证据确实、充分。证据确实、充分是指：（一）定罪量刑的事实都有证据证明；（二）每一个定案的证据均已经法定程序查证属实；（三）证据与证据之间、证据与案件事实之间不存在矛盾或者矛盾得以合理排除；（四）共同犯罪案件中，被告人的地位、作用均已查清；（五）根据证据认定案件事实的过程符合逻辑和经验规则，由证据得出的结论为唯一结论。办理死刑案件，对于以下事实的证明必须达到证据确实、充分：（一）被指控的犯罪事实的发生；（二）被告人实施了犯罪行为与被告人实施犯罪行为的时间、地点、手段、后果以及其他情节；（三）影响被告人定罪的身份情况；（四）被告人有刑事责任能力；（五）被告人的罪过；（六）是否共同犯罪及被告人在共同犯罪中的地位、作用；（七）对被告人从重处罚的事实。"《刑事诉讼法》第55条适当吸收《办理死刑案件证据规定》第5条内容，从三个方面对"证据确实、充分"作了细化解释："证据确实、充分，应当符合以下条件：（一）定罪量刑的事实都有证据证明；（二）据以定案的证据均经法定程序查证属实；（三）综合全案证据，对所认定事实已排除合理怀疑。"此外，《刑事诉讼法》第58条、第59条和《非法证据排除规定》规定，检察机关（公诉人）对审判前被告人供述、证人证言、被害人陈述、物证、书证取得合法性的程序性证明也必须达到“证据确实、充分”的程度。而被告人及其辩护人、被害人及其诉讼代理人启动非法证据排除程序只要承担初步证明责任，向法庭提供涉嫌非法取证的人员、时间、地点、方式、内容等相关线索或者证据，达到“表面上成立”的证明标准即可。根据“两个证据规定”规定，办理其他刑事案件，参照《办理死刑案件证据规定》执行。《审判中心改革意见》第2条规定，严格按照法律规定的证据裁判要求，没有证据不得认定犯罪事实。侦查机关侦查终结，人民检察院提起公诉，人民法院作出有罪判决，都应当做到犯罪事实清楚，证据确实、充分。第15条规定，严格依法裁判。人民法院经审理，对案件事实清楚，证据确实、充分，依据法律认定被告人有罪的，应当作出有罪判决。依据法律规定认定被告人无罪的，应当作出无罪判决。证据不足，不能认定被告人有罪的，应当按照疑罪从无原则，依法作出无罪判决。《审判中心改革实施意见》第3条也规定，坚持疑罪从无原则，认定被告人有罪，必须达到犯罪事实清楚，证据确实、充分的证明标准。不得因舆论炒作、上访闹访等压力作出违反法律的裁判。第30条规定，人民法院作出有罪判决，对于定罪事实应当综合全案证据排除合理怀疑。定罪证据不足的案件，不能认定被告人有罪，应当作出证据不足、指控的犯罪不能成立的无罪判决。定罪证据确实、充分，量刑证据存疑的，应当作出有利于被告人的认定。根据这四条规定，在我国刑事诉讼中，无论侦查、审查起诉还是审判阶段，无论是被告人认罪案件，还是被告人不认罪案件，认定有罪的证明标准都要达到“案件事实清楚，证据确实、充分”的程度。正如最高人民法院沈德咏副院长指出：“法律规定的证明标准，是防范冤假错案的法律底线。侦查终结、提起公诉、判决有罪，都应当做到犯罪事实清楚，证据确实、充分，不能各行其是，更不能打折扣。人民法院要严格落实疑罪从无原则，坚决杜绝疑罪从有、从轻、从挂等错误做法，对定罪证据不足的疑罪案件要依法宣告无罪，真正做到有罪则判、无罪放人，不得违心下判或者作出留有余地的判决。要探索运用大数据对量大面广的刑事案件证明标准进行集中攻关，形成操作性强、可数据化的统一标准，减少政法机关对事实证据问题的认识分歧。”①

（二）对“案件事实清楚，证据确实、充分”证明标准的理解

《刑事诉讼法》规定的证明标准是“案件事实清楚，证据确实、充分”，它

① 参见沈德咏：《深入推进以审判为中心的诉讼制度改革》，载《求是》2017年第5期。

是法院对被告人犯罪构成要件事实进行认定，从而作出有罪判决的一般标准，也是最高标准。与西方国家主要刑事证明标准“排除合理怀疑”“内心确信”相比，它是经过长期的历史发展过程形成的符合我国文化习惯的一种证明标准表述方式，得到司法实务部门的广泛认同。[①] 而且“案件事实清楚，证据确实、充分”适用于控诉方（包括检察机关和自诉人）承担证明责任的所有情形，包括实体性证明和程序性证明，但被告人及其辩护人、被害人及其诉讼代理人对于审判前证据收集合法性的初步证明，只要达到“表面上成立”的证明标准即可。这说明我国刑事证明标准也已经开始从法定的一元化走向多元化，明确区分不同证明主体、不同证明对象以及不同性质的证明责任适用不同的证明标准。这无疑是近年来学界关于证明标准问题讨论推动立法完善的结果，也是国家有关部门及时总结刑事司法实践经验成果的结晶，符合刑事诉讼规律和域外国家（地区）证明标准制度发展的共同趋势。

那么，如何理解“案件事实清楚，证据确实、充分”的证明标准呢？考察各国刑事证明标准的表述方式，通常有心理学角度、逻辑学角度和哲学角度三个角度，从而形成证明的心理学标准、逻辑学标准和哲学标准。任何一个案件的证明都存在三个不同角度的证明标准，而且这三个不同角度表达的证明标准并不是彼此对立、不能共存的。[②] 笔者认为，正确理解我国刑事证明标准，需要明确四个方面：

第一，“案件事实清楚”与“证据确实、充分”之间是目的与手段的关系，“案件事实清楚”是诉讼证明任务完成和证明责任卸除需要达到的一种事实状态，这种状态的实现需要确实、充分的证据作为支撑和保证。“证据确实、充分”是诉讼证明任务完成和证明责任卸除需要满足的一种证据要求，这种要求的标志就是与定罪量刑有关的事实和情节都有相应的证据加以证明，从而使案件事实清楚，对案件事实的认定不存在任何合理怀疑。

---

① 有学者就“犯罪事实清楚，证据确实、充分”“排除合理怀疑”“内心确信”“确定无疑”作为有罪判决的证明标准在河北省三级法院法官中进行问卷调查，52.3%的人认为刑事证明标准的表述应当是“犯罪事实清楚，证据确实、充分”。参见李玉华、姜阀、张贵军：《关于刑事证明标准的调查与分析——以法官为调查对象》，载陈光中主编：《刑事司法论坛》（第1辑），中国人民公安大学出版社2008年版，第248页。

② 参见李玉华：《刑事证明标准研究》，中国人民公安大学出版社2008年版，第161页。

第二，所谓“案件事实清楚”，是指与定罪量刑有关的事实和情节，都必须查清。至于那些与定罪量刑无关的细枝末节，则没有必要一一查清。所谓“证据确实、充分”是对证据质和量的总的要求，“证据确实”是指每个证据都必须真实，具有证据能力；“证据充分”是指证据必须达到一定的量，符合法律对证据的量的要求。《刑事诉讼法》第53条和《办理死刑案件证据规定》第5条对此作了细化规定。值得注意的是，立法对“证据确实、充分”的解释放在第55条“补强证据规则”之后，虽然这是我国《刑事诉讼法》从前到后首次提到“证据确实、充分”这一词汇，后面也紧接着有“认定被告人有罪和处以刑罚”，但它没有与“案件事实清楚”连在一起，也缺乏相应的证明对象。因此，笔者认为，“证据确实、充分”放在这里位置不妥，不能完全体现其作为刑事证明标准组成部分的地位，应当移至《刑事诉讼法》第200条“判决”之中，与“案件事实清楚”一起作为对法院判决条件的具体解释更为合理。

第三，《刑事诉讼法》第55条从三个方面解释“证据确实、充分”，既吸收了《办理死刑案件证据规定》第5条五个方面解释的合理内核，同时引进了西方证据文化中对事实认定要求达到“排除合理怀疑”的表述，去掉了“结论唯一”即“唯一性”这一极限要求。我们认为是科学的，符合我国国情和刑事司法实践需要。因为《刑事诉讼法》作为国家基本法律，应当适用于所有刑事案件。而《办理死刑案件证据规定》是专门针对死刑案件制定的，其他案件仅仅参照适用。正如有学者指出：“刑事诉讼中对有关定罪量刑事实的证明都达到‘唯一性’固然是最理想的状态，但实际上，对任何案件的全部案件事实细节都证明达到唯一的程度是不可能的。每个案件有很多情节，即使犯罪嫌疑人真诚回忆作案过程也不一定都准确。特别是犯罪的主观方面等情节，更因为涉及被告人的内心世界而难以查证。因此，笔者认为，‘唯一性’是指对有关定罪和量刑的主要事实的证明达到‘唯一性’。具体而言，主要事实包括以下三项内容：（1）犯罪事实是否已经发生；（2）实施犯罪的主体是谁；（3）加重量刑的情节，特别是足以判处死刑的从重情节。至于其他情节，如犯罪的主观方面等，则可以适度降低证明标准。”① 笔者认为，“证据确实、充分”并不等于“结论唯一”。刑事案件事实的认定除主要事实外，其他事实只要达到“排除合理怀疑”程度即可，无

① 陈光中：《刑事证据制度改革若干理论与实践问题之探讨》，载《中国法学》2010年第6期。

须全部“结论唯一”，即排除其他可能性。联合国有关法律文件也有相关要求。《联合国反腐败公约》第28条规定：“根据本公约确立的犯罪所需具备的明知、故意或者目的等要素，可以根据客观实际情况予以推定。”

第四，对于《办理死刑案件证据规定》第5条关于“证据确实、充分”的解释，有学者认为应当从五个方面理解：(1)它实际规定所有案件定罪的一个标准，不仅仅是死刑，包含死刑但不限于死刑，死刑案件和普通案件在定罪标准上没有区别。(2)第4条共同犯罪案件中，被告人的地位作用已查清，仅仅对共同犯罪而言，与一般的定罪没有关联。(3)第1条讲的是证明对象，定罪量刑的事实要有相应的证据证明，在犯罪构成主要事实链中不能缺少任何一个链条，缺了就不能认定，事实包含七方面要素：时间、地点、动机、目的、手段、过程和后果，这几个方面构成了犯罪事实的完整要素，在这些要素中不能缺少任何一个相应的证据，都要有证据来证明。(4)第2条是满足作为定案根据的证据确实要件。每一个定案的证据都要经过法院的查证，证明证据是真的不是假的，我们判定被告人有罪，达到确实、充分，确实是充分的一个基础，真的假的你都不确定，你怎么达到充分？第2条规定解决了证据确实、充分规则中的确实要求。(5)第3条要求证据与证据之间，证据与案件事实之间有没有矛盾或者矛盾得到合理排除，这是证明标准的核心所在。案件证据有矛盾很正常，问题是矛盾能不能合理排除，疑点有没有合理的解释。矛盾通常是由两方面形成的，一是证据与证据之间的矛盾，二是证据和案件事实之间的矛盾。①

对于《刑事诉讼法》第55条关于“证据确实、充分”的三个条件的解释，笔者认为，应当从以下四个方面加以把握。(1)定罪量刑的事实都有证据证明。这一条件是认定确实、充分的基础，其含义有三：一是必须坚持证据裁判原则，对于定罪事实和量刑事实的认定只能依靠证据；二是确立了运用证据证明的范围，即证明对象包括定罪事实和量刑事实。这一规定充分吸收和总结了量刑程序改革的成果，使量刑程序从封闭迈向了公开透明，控辩双方参与法庭调查和法庭辩论程序，已为修改后刑事诉讼法所规定。这一规定是我国刑事诉讼制度走向科学、民主的一大举措；三是在适用这一规定时，一定要区分四个概念，定罪事实、量刑事实、定罪证据和量刑证据，一定要把握好定罪量刑中的法定情节和酌

---

① 参见陈卫东：《两个证据规定之解读》，载《中国检察官》2011年第11期。

定情节，才能准确地定罪量刑。该条件确定了证据量的规定性，即证据充分的参照坐标是证明对象，只有与定罪量刑有关的全部证明对象都有证据证明才达到了证据充分的标准。司法实践中有些错案的出现，并不是由于没有证据，而是证据指向的证明对象不全面，在有些证明对象上有证据证明，甚至有大量的证据证明，而在另外一些比较关键和重要的证明对象上却没有证据证明。规定这一条件就是要避免这一现象的出现。但从域外立法规定看，对定罪事实和不利于被告人的量刑事实要求实行严格证明，达到证据确实、充分是必要的。但对有利于被告人的量刑事实，只要实行自由证明即可，不需要达到证据确实、充分的程度，否则就可能在司法实践中产生许多无法克服的问题，导致许多案件无法定案。因此，立法应当区分定罪事实和量刑事实，以及有利于被告人的量刑事实与不利于被告人的量刑事实，分别设立证明对象、证明责任分配机制和证明标准才比较合适。《审判中心改革意见》第2条和《审判中心改革实施意见》第30条都要求人民法院作出有罪判决，对于证明犯罪构成要件的事实，即定罪事实，应当综合全案证据排除合理怀疑，达到证据确实、充分的证明标准。如果定罪证据确实、充分，量刑证据存疑的，应当作出有利于被告人的认定。该规定体现了这一证据法原理。（2）据以定案的证据均经法定程序查证属实。这个条件是指公、检、法机关必须按照法律规定的程序，对作为定案根据的证据查证属实，才能达到证据“确实”的标准。具体内容包括以下四个方面：一是说明证据问题也是程序问题，非经法定程序查证属实不得作为定案根据；二是必须坚持以庭审为中心，凸显法庭审理的功能作用，因为只有法庭审判，才能做到控辩平等参与，对社会公开，显现法庭审理的权威；三是作为定案根据的证据要以庭审通过法庭调查、辩论程序所确认的证据为标准，对那些反反复复、庭审中翻证翻供或确认为非法证据的，都不能作为定案的根据；四是这一条件要求侦查机关对证据的收集、固定要从破案功能走向庭审定案功能，要经得起庭审的考验。对检察机关而言，任何一个案件要达到“诉得出，定得了”的标准，所有公诉证据都要经过法庭程序的检验，才能作为定案的根据。[①] 因此，该条件体现了程序法定原则和证据质证原则的要求，确定了证据的质的规定性，即对证据确实提出了具体要求，既强

---

① 参见樊崇义：《证明标准：相对实体真实——〈刑事诉讼法〉第53条的理解和适用》，载《国家检察官学院学报》2013年第5期。

调了用以定案的证据必须是查证属实的结果，又强调了对各种证据查证属实的过程，即必须经过法定程序，强调后者的目的在于保证各种证据均具有法定的证据能力。该条件确立和破解了“证据问题也是程序问题”的科学命题，有助于增强国民的程序法治意识，提高刑事裁判的可接受性。但也要求我们必须完善刑事诉讼程序相关立法，将取证、举证、质证和认证程序法定化，才能保障该规定贯彻实施。(3) 综合全案证据，对所认定事实已排除合理怀疑。“办案人员在每一证据均查证属实的基础上，经过对证据的综合审查，运用法律知识和逻辑经验进行推理、判断，对认定的案件事实达到排除合理性的程度。”[①] 这一条件是证明标准当中含义深刻、难以理解、不好把握的一项标准。因为它不仅有客观问题，还有主观认识问题；不仅有实践经验，还有理性归纳逻辑判断问题；不仅有认识论的问题，又有价值论方面的问题，更有警官、检察官和法官的道德、理念和自由裁量权的问题。因此，笔者认为，所谓“证明标准”，仍然是很难找到具体标准的标准，证明标准绝非一个数量标准，它不是 1 +1 =2 的问题。一个刑事判决既有明确的确定性，又有其不确定的因素，笔者把它归纳为“实体真实的相对性”。[②] 该条件确定了证据的综合运用法则，综合运用的过程既是一个证实的过程，又是一个证伪的过程。从证实的角度讲，要求全案证据应当相互印证；从证伪的角度讲，它又包含两方面的内容：一是用以定案的证据之间不能存在矛盾，如果有矛盾要得到合理排除；二是根据经验法则和逻辑规则，对案件事实的认定，不能违背一般的生活经验和常理、常识、常情。在司法实践中，有些案件表面上看证据之间能够相互印证，并无矛盾，但根据经验法则和逻辑规则却存在合理怀疑，仍然不能认为达到了证明标准。[③] 此外，有学者认为，该条件引入“排除合理怀疑”一词对“证据确实、充分”进行解释，有意回避“客观真实”和“法律真实”的争论，而作出了实质上与“排除合理怀疑”标准基本相同的规

---

① 郎胜：《中华人民共和国刑事诉讼法修改与适用》，新华出版社 2012 年版，第 123 页。

② 樊崇义：《证明标准：相对实体真实——〈刑事诉讼法〉第 53 条的理解和适用》，载《国家检察官学院学报》2013 年第 5 期。

③ 例如，在赵作海案件中，承办检察官郑磊在接受《北京青年报》记者采访时指出，他在当年审查该案案卷时，发现了案件中四个疑点，其中第二个疑点是：“明眼人一眼就能看出来，压在尸体上的三个大石磙，每个都有五六百斤，赵作海一个人不可能把它们推到井里。”这一疑点就是根据经验法则和逻辑规则得出的。参见《错就错在没有坚持自己的意见》，载自然网 www. ziran. net/shownews. asp? newsid = 34305 2010 -5 -25，2012 年 1 月 20 日访问。

定，等同于已经承认证明标准是一个主观范畴，甚至可以说已经在一定程度上降低了“证据确实、充分”的证明要求。这种“旧瓶装新酒”犹抱琵琶半遮面式的做法，容易引起理论研究上的极大混乱。与其这样，不如干脆舍弃“证据确实、充分”的表述，而改采“排除合理怀疑”表述，直接将“排除合理怀疑”确定为刑事诉讼的证明标准。[①] 那么，如何理解和把握这里的“排除合理怀疑”呢？在《布莱克法律词典》中，排除合理怀疑是指“全面的证实、完全的确信或者一种道德上的确定性；这一词汇与清楚、准确、无可置疑这些词相当。在刑事案件中，被告人的罪行必须被证明到排除合理怀疑的程度方能成立，意思是被证明的事实必须通过它们的证明力使罪行成立。”“‘排除合理怀疑’的证明，并不排除轻微可能的或者想象的怀疑，而是排除每一个合理的假设，除非这种假设已经有了根据；它是‘达到道德上的确信’的证明，是符合陪审团的判断和确信的证明，作为理性的人的陪审团成员在根据有关指控犯罪是有被告人的证据进行推理时，是如此确信，以至于不可能作出其他合理的推论。”根据以上理解，在适用“排除合理怀疑”时，应注意以下几点：首先，排除合理怀疑重在排除“合理怀疑”，强调怀疑的合理性。所谓合理怀疑，是指一个普通的理性人凭借日常生活经验对被告人的犯罪事实明智而审慎地产生的怀疑。其次，排除合理怀疑是要排除有正当理由的怀疑，而非任意妄想的怀疑。再次，排除合理怀疑要求法官确信指控的犯罪事实存在。“排除合理怀疑”是一种带有浓厚主观色彩的表达，体现出普通法刑事证明标准认识论上的经验主义。最后，排除合理怀疑不要求达到绝对确定的程度，不要求百分之百的确定无疑。对“排除合理怀疑”的深刻理解和把握，有一个最基本的问题，就是诉讼认识论问题，亦即诉讼认识决定“排除合理怀疑”的证明标准，只能达到相对的实体真实，也叫“实体真实的相对性”。因此，笔者认为，我国刑事诉讼法关于证明标准的规定，已经从积极的实体真实转向了消极的实体真实，或曰相对的实体真实。这一观念的转变，对“综合全案证据，对所认定的事实已排除合理怀疑”的把握和运用十分重要。[②]（4）“证据确实、充分”不仅适用于与定罪量刑有关的实体法事实，而且

---

① 参见汪建成：《刑事证据制度的重大变革及其展开》，载《中国法学》2011 年第 6 期。

② 参见樊崇义：《证明标准：相对实体真实——〈刑事诉讼法〉第 53 条的理解和适用》，载《国家检察官学院学报》2013 年第 5 期。

适用于某些程序法事实。《非法证据排除规定》第10条要求公诉人对被告人审判前供述合法性的证明必须达到"证据确实、充分"。《刑事诉讼法》第60条规定，对于经过法庭审理，确认或者不能排除存在本法第56条规定的以非法方法收集证据情形的，对有关证据应当予以排除，不得作为起诉意见、起诉决定和裁判的依据。

（三）对"案件事实清楚，证据确实、充分"证明标准的评析

《刑事诉讼法》规定的"案件事实清楚，证据确实、充分"证明标准，是"客观真实说"的典型体现。笔者认为，这种证明标准比西方国家"排除合理怀疑"或"内心确信"证明标准还高，对事实裁判者（法官和陪审员）素质提出了很高的要求。这是其一。其二，将所有案件的结论都建立在"案件事实清楚，证据确实、充分"的基础上，出发点无疑是好的，但在具体实施中，由于人的认识能力的有限性、诉讼期间的限制和诉讼效率的要求，很难完全发现或证明原来客观上发生的事实。公安司法人员尤其是侦查人员，为了达到客观真实的标准，甚至违背程序公正，实施刑讯逼供，造成了许多冤假错案。其三，我国目前实行"公诉为主、自诉为辅"的刑事起诉模式。《刑事诉讼法》第210条规定了三类自诉案件，根据有关司法解释规定，其适用的案件范围还非常广泛。但在自诉案件中，作为控诉方的自诉人主要是作为个体的被害人及其近亲属，他们遭受犯罪行为侵害后，诉讼行为能力通常都不同程度下降，要求他们像公诉案件检察机关一样，对所有的实体性证明和程序性证明都达到"案件事实清楚，证据确实、充分"的程度，也不符合自诉案件特点和诉讼规律，在司法实践中可能造成负面影响，使许多被害人不敢提起自诉。其四，从诉讼经济方面分析，犯罪事实和情节是有层次性的，谁是犯罪行为实施者，即犯罪构成要件事实，这是刑事诉讼的核心，应当适用最高证明标准；对那些与罪轻、罪重有影响的一些事实和情节，也要尽量查清，可以适用最高证明标准；但是，对那些与定罪量刑没有直接联系的事实和情节，根本不需要查清，或者可以适当降低证明标准。所有这些不同层次的要求，应当在《刑事诉讼法》证明标准中有所体现。《办理死刑案件证据规定》第5条仅仅明确要求七个方面犯罪构成要件事实的证明必须达到"证据确实、充分"的程度，而不是所有的事实，就体现了诉讼经济要求。2001年4月最高人民法院在关于严厉打击犯罪活动的通知中强调，要在证明标准问题上实行"两个基本"原则，即案件审判要保证"基本事实清楚，基本证据扎实"，即

“两个基本”证明标准也有此方面考量。所谓“基本事实”就是法律真实，是由《刑法》规定的，包括具体犯罪构成要件的事实和罪行轻重的事实。所谓“基本证据”就是对上述基本事实起决定性证明作用的证据。但这个标准只适用于特定时期的特定案件，即“严打”时期的某些特殊案件，不能普遍适用。其五，“案件事实清楚，证据确实、充分”的证明标准不够明确、具体，可操作性不强，在实践中难以把握。[①]《办理死刑案件证据规定》第5条和《刑事诉讼法》第53条的解释可以在一定程度上弥补这一缺陷，但该证明标准以客观真实说为指导，忽视了人的认识活动的主观性以及诉讼活动的特殊性，对法官运用证据认定案件事实所提出的要求也过高，把诉讼证明追求的目的误认为是诉讼证明的标准，以目标代替标准，既不合理，也有违诉讼活动的基本规律，在价值观上极易掉入程序工具主义的陷阱。

为此，我们主张在《刑事诉讼法》《办理死刑案件证据规定》和《非法证据排除规定》相关规定的基础上，适当借鉴域外做法对刑事诉讼证明标准进行改革，改革的总的方向是进一步从一元化走向多元化，明确区分不同证明主体承担的不同性质证明责任的要求，区分证明标准和证据标准。但考虑到我国现行刑事司法体制、司法权力制约机制不够完善等因素，改革的近期目标还是继续保留“案件事实清楚，证据确实、充分”的“客观真实”证明标准，尚不宜“以主观证明标准代替客观证明标准”，它适用于公诉案件中检察机关承担的所有证明责任（包括指控的犯罪事实和情节，以及证据收集的合法性等）和自诉案件中自诉人承担实体性证明责任的情形，而对法律规定被告人承担实体性证明责任的情形适用“优势证据”标准，对自诉人和被告人承担的程序性证明责任的情形适用“表面上成立”的证明标准即可。对公诉案件被害人承担证明责任的标准要区别对待，即被害人承担实体性证明责任包括证明犯罪构成要件事实原则上也要求达到“案件事实清楚，证据确实、充分”的程度，但如果被害人证明达到“优势证据”程度而缺乏某些证据，检察机关应当依法建议法庭延期审理，启动补充侦查来协助被害人收集必要的证据，履行证明被告人有罪的证明责任。对被

① 有学者就“案件事实清楚，证据确实、充分”证明标准的可把握性对从事基层审判工作的法官进行过问卷调查，结果显示，54.3%的人认为该标准不好把握，45.7%的人认为该标准较好把握，没有一个人认为该标准很好把握。参见陈碧：《刑事审判中认证问题的思考》，载何家弘主编：《证据学论坛》（第2卷），中国检察出版社2001年版，第263页。

害人承担的程序性证明责任只要达到“表面上成立”的证明标准即可。我国《刑事诉讼法》第 211 条规定的自诉案件的开庭审判的证据标准是“犯罪事实清楚，有足够证据”就属于这种情况，但笔者认为，这里“足够证据”表述过于模糊，很容易导致司法实践中法官自由裁量权滥用，提高自诉案件开庭审判的门槛，建议改为“有证据证明”的证据标准即可，具体案件证据是否达到法定证明标准，留待庭审解决，从而体现以审判为中心的诉讼制度的要求。另外，由于附带民事诉讼本质上是一种特殊的民事诉讼，其双方当事人证明责任的承担应当适用民事诉讼“优势证据”的证明标准。刑事诉讼证明标准改革的远期目标是随着我国《刑法》《刑事诉讼法》进一步修改完善，证据制度改革进一步深入，包括有关证据规则的建立，法官总体素质的进一步提高，刑事司法职权配置进一步优化，应当吸收西方证据文化中排除合理怀疑的合理因素，建立“以客观事实为基础的法律真实观”，将“排他性”（排除其他可能性）甚至直接将“排除合理怀疑”确立为我国刑事诉讼的一般标准，同时区分不同证明主体承担的不同性质证明责任的要求，建立多元化的证明标准或证据标准。

（四）量刑程序的证明标准

随着我国法院量刑规范化改革的进一步深入，量刑程序中的证明标准包括死刑案件证明标准问题开始显现。从证明标准设置的一般原理来看，量刑事实没有必要像定罪事实那样设定最高的证明标准。大陆法国家的司法实践要求将不利于被告人的量刑事实和有利于被告人的量刑事实区分开来；英美法国家量刑事实的证明以争议为前提，且将争议的量刑事实区分为罪轻情节和罪重情节，并设置了不同的证明标准。因此，在构建我国量刑事实的证明标准之前，有必要根据量刑情节对量刑的影响，将量刑情节划分为罪轻情节、一般罪重情节、“升格”加重量刑情节，并根据不同情节的量刑事实设置相应的证明标准。具体来说，对那些有利于被告人的事实和情节，被告人只要证明到“优势证据”标准即可；对那些不利于被告人的法定或者酌定从重情节，检察官必须证明到“清晰且具有说服力”标准，只有对那些“升格”加重量刑情节，检察官才需要证明到“排除合理怀疑”的高度。① 笔者基本赞同这种观点，但从近期来看，对那些“升格”加重量刑情节，还是主张适用《办理死刑案件证据规定》第 5 条规定，检察机关证

① 参见汪贻飞：《量刑程序中的证明标准》，载《中国刑事法杂志》2010 年第 4 期。

明必须达到“证据确实、充分”的程度，对那些不利于被告人的法定或者酌定从重情节，可以适当降低检察机关的证明标准，要求证明到“清晰且具有说服力”标准，大致介于“优势证据”标准和“证据确实、充分”标准之间即可。《审判中心改革意见》第2条和《审判中心改革实施意见》第30条都规定，定罪证据必须确实、充分，排除合理怀疑，但量刑证据可以“存疑”，此时法院应当作出有利于被告人的认定。此外，《办理死刑案件证据规定》第5条虽然明确规定了死刑案件证明标准，但并不等于死刑案件证明标准不同于普通刑事案件的定罪标准。因为法院判处死刑或非死刑仅仅涉及量刑问题，在犯罪事实认定即定罪机制上没有区别，因此，所谓“提高死刑案件证明标准”只能是一个“似是而非的命题”。“死刑案件证明标准的特殊性就在于不仅要求认定犯罪构成事实存在特别是被告人实施了犯罪行为达到排除其他可能性的程度，还包括要求对死刑适用的事实和对被告人从重处罚的事实的证明同样适用最严格的标准。”① 即“证据确实、充分”的标准。比如，对被告人实施犯罪时已满18周岁这一事实的证明，根据《办理死刑案件证据规定》第40条规定，也必须“证据确实、充分”，达到排除被告人实施犯罪时未满18周岁的可能性的程度。② 当然，与联合国《关于保护死刑犯权利的保障措施》第4条规定的死刑案件证据标准相比，我国“证据确实、充分”标准片面强调证据的客观性，而忽视了人的认识活动的主观性的一面，也有待进一步完善。

（五）认罪认罚案件的证明标准

自党的十八届四中全会提出“完善刑事诉讼中认罪认罚从宽制度”，我国刑事诉讼领域开始了对认罪认罚从宽制度的热烈讨论，但对认罪认罚从宽中的证明标准运用，以及该如何同既有的刑事诉讼程序相衔接的问题，成为关注的焦点。在研究的过程中，学者们将目光集中于美国的辩诉交易程序，认为我国的认罪认

---

① 张军主编：《刑事证据规则理解与适用》，法律出版社2010年版，第76页。关于死刑案件是否应当适用比一般案件更高的证明标准，我国学界还存在较大争议。

② 《办理死刑案件证据规定》第40条规定：审查被告人实施犯罪时是否已满十八周岁，一般应当以户籍证明为依据；对户籍证明有异议，并有经查证属实的出生证明文件、无利害关系人的证言等证据证明被告人不满十八周岁的，应认定被告人不满十八周岁；没有户籍证明以及出生证明文件的，应当根据人口普查登记、无利害关系人的证言等证据综合进行判断，必要时，可以进行骨龄鉴定，并将结果作为判断被告人年龄的参考。未排除证据之间的矛盾，无充分证据证明被告人实施被指控的犯罪时已满十八周岁且确实无法查明的，不能认定其已满十八周岁。

罚从宽制度有必要借鉴美国的辩诉交易程序，应当以被告人的认罪认罚和控辩双方的协商为基础，因而有必要突破我国现有“案件事实清楚、证据确实充分”的刑事证明标准。

2016年9月，全国人民代表大会常务委员会作出《关于授权最高人民法院、最高人民检察院在部分地区开展刑事案件认罪认罚从宽制度试点工作的决定》（以下简称《认罪认罚从宽试点决定》）。2016年11月，最高人民法院、最高人民检察院、公安部、国家安全部、司法部联合出台《关于在部分地区开展刑事案件认罪认罚从宽制度试点工作的办法》（以下简称《认罪认罚从宽试点办法》），认罪认罚从宽制度试点工作在全国18个城市开展。《认罪认罚从宽试点办法》第3条规定，认罪认罚从宽试点应当遵循刑法、刑事诉讼法的基本原则。第26条规定，本办法没有规定的，适用刑法、刑事诉讼法等有关规定，应当包括证明责任和证明标准，从而保证犯罪嫌疑人、被告人有罪的事实基础。关于证明责任，《刑事诉讼法》第51条规定，公诉案件中被告人有罪的举证责任由人民检察院承担。由于认罪认罚案件都是公诉案件，证明被告人有罪的证明责任应当由人民检察院承担。《认罪认罚从宽试点办法》第11条规定，人民检察院承担证明责任的方式主要是被告人的认罪认罚具结书等材料，包括有充分的证据证明被告人的行为构成犯罪，证明标准仍然是《刑事诉讼法》第200条规定的有罪证明标准，即“犯罪事实清楚，证据确实、充分”。也就是说，在我国刑事诉讼中，凡是认定被告人有罪，都应当达到“犯罪事实清楚，证据确实、充分”的证明标准，认罪认罚从宽的前提是被告人的行为构成犯罪，因此，它应当适用有罪证明标准，绝不能因为其程序从简而降低证明标准。这是因为，公正是刑事诉讼的首要价值追求，效率应当服从公正。适用认罪认罚从宽制度要严防出现冤假错案。因此，认罪认罚案件的证明标准不能降低。[①] 如果在侦查、起诉、审判中发现案件不能达到法定证明标准的，即便被告人认罪，也必须按照法律规定作出撤销案件、不予起诉的决定或者作出无罪判决。至于《刑事诉讼法》第214条第1款第1项和《审判中心改革意见》第21条，以及《认罪认罚从宽试点决定》《认罪认罚从宽试点办法》规定适用简易程序审判的轻微刑事案件的证据标准都是“案件事实清楚，证据充分”，没有要求证据“确实”，是否属于降低证明标准？笔者认为，

① 参见孙长永：《认罪认罚案件的证明标准》，载《法学研究》2018年第1期。

答案应是否定的，它们仅仅是降低了程序适用的证据标准，而不是定罪的证明标准。主流观点认为，证据必须具有客观性、关联性和合法性，即证据必须是真实的。证据的“确实”与“充分”是相辅相成的，前者表示证据的质，后者表示证据的量，证明标准是质与量的有机统一。如果离开了质上的“确实”，量上的“充分”就可能不是真正的“充分”。试想，如果证据是假的，那再多的证据也难以证明犯罪事实。因此，“证据充分”是以“证据确实”为前提的，不能据此认为适用简易程序审判的案件的证据就不需要“确实”，证明标准就降低了。[①]此外，《认罪认罚从宽试点办法》第1条规定，无论普通程序简化审、简易程序还是速裁程序审判，认罪认罚从宽处理的前提条件是犯罪嫌疑人、被告人认罪认罚，即“自愿如实供述自己的罪行，对指控的犯罪事实没有异议”，属于被告人认罪案件，当事人自认的事实视为真实，对抗制审判及其证明责任、证明标准制度失去发挥作用的空间。只是法院判决认定被告人有罪必须达到法定证明标准，有关诉讼程序启动或适用条件可以适当降低证据标准。与此相适应，在认罪认罚从宽案件中，如果检察机关没有将被告人有罪证明达到法定证明标准，法院应当依法作出判决，而不是驳回或让重新协商。《认罪认罚从宽试点办法》第20条规定的五种例外情形暗含该要求。意大利的做法值得我国借鉴。《意大利刑事诉讼法》规定了“双轨制构造”的认罪协商程序。根据该法第129条规定，在诉讼的任何阶段和审级中，当法官认为犯罪事实不存在、被告人未实施犯罪行为、事实不构成犯罪或不被法律规定为犯罪、犯罪消灭、缺乏追诉条件时，法官都应当依职权宣布无罪判决。当有罪证据不充分或存在冲突，法官不能驳回认罪协商协议，而应当宣布适用刑罚判决。换言之，如果经过法庭审理，对被告人有罪仍存在合理怀疑时，法官应当作出无罪判决。相反，在认罪协商程序中，即使法官认为检察官并未将被追诉者有罪证明至排除合理怀疑程度，仍应当作出适用刑罚判决。因为《意大利刑事诉讼法典》第442条第2款并未给法官其他选择。[②]

由于认罪认罚从宽制度建立在被追诉人已经自愿承认所指控犯罪事实的基础上，对传统适用于对抗式审判的刑事证据规则造成了不同程度的冲击，形成了证

① 参见朱孝清：《认罪认罚从宽制度的几个问题》，载《法治研究》2016年第5期。

② See P. Ferrua, il'giusto processo', Zanichelli, 2007, pp. 75 ~ 78.

据规则从简的效力。因此，认罪认罚从宽制度的证据规则尤其是庭审规则可以适度简化。如庭审质证适当简化，如果控辩双方对与定罪量刑有关的事实、证据没有异议的，法庭审理可以直接围绕罪名确定和量刑问题进行。①《审判中心改革意见》第13条提出完善法庭辩论规则，对被告人认罪的案件，主要围绕量刑进行。当然，对可能判处无期徒刑、死刑的案件，在适当从简的同时，法院应当注意对关键性证据的质证、核实。2018年《刑事诉讼法》增加了认罪认罚从宽制度，将认罪认罚从宽确立为刑事诉讼法的基本原则之一。与之相配套，《刑事诉讼法》增设了速裁程序，但是第222条规定速裁程序适用的证据标准仍然是"案件事实清楚，证据确实、充分"，区别于第214条规定的简易程序适用的证据标准——案件事实清楚，证据充分。因为，速裁程序不再进行法庭调查，无法核实证据是否确实，而简易程序必要时可以进行法庭调查，对证据是否确实进行核实。而且简易程序适用于基层法院管辖的所有案件，包括一些重罪案件。

在我国，"犯罪事实清楚，证据确实、充分"不仅是侦查终结、提起公诉以及判决有罪的证明标准或证据标准，也是认罪认罚从宽制度实施的重要前提。在普通程序中，无论被告人认罪与否，都将要接受法庭审判，对被告人定罪量刑都要达到"犯罪事实清楚，证据确实、充分"的证明标准；而在认罪认罚案件的三大典型程序，包括简易程序、速裁程序和刑事和解程序，不仅要求被告人承认其犯罪事实，而且要求案件要达到法定的证据标准。在达不到"犯罪事实清楚，证据确实、充分"的情况下，究竟是应当进行"疑罪从无"的处理，还是借鉴美国辩诉交易中的"协商后降格"处理，是我国理论界和实务界近年来争议较为强烈的一个话题。对于未达到"犯罪事实清楚，证据确实、充分"证明标准的案件，即为"事实不清、证据不足"的情况，按照《高法解释》中关于刑事第一审程序的规定，"案件部分事实清楚，证据确实、充分的，应当作出有罪或者无罪的判决；对事实不清、证据不足部分，不予认定"。可以看出，我国立法虽未将疑罪从无原则进行明确规定，但随着我国刑事司法改革的不断完善，相关法律条款体现了疑罪从无原则的基本理念与内涵。近年来引起全国广泛关注的河南李怀亮案、福建念斌案以及海南陈满案均被视为在疑罪从无原则理念影响下纠

① 参见陈光中、唐彬彬：《深化司法改革与刑事诉讼法修改的若干重点问题探讨》，载《比较法研究》2016年第6期。

正的重大冤假错案，在经历了疑罪从有、疑罪从轻、疑罪从挂到如今的疑罪从无，该原则符合司法规律，已经成为体现人权司法保障、营造良性司法生态、推动司法理念极大进步的一种法律文化。对于“事实不清、证据不足”的“疑罪”案件能否启动被告人认罪程序，是我国认罪认罚从宽制度同英美法系国家的辩诉交易制度的一项重大区别。① 在我国，法律规定侦查终结、移送起诉、审理宣判等多道环节均要求达到“犯罪事实清楚，证据确实、充分”的证明标准，还是有部分“事实不清、证据不足”的案件成了漏网之鱼，这其中又有部分案件未能经得起历史和法律的检验，最终成了冤假错案，如果对“事实不清、证据不足”的案件适用被告人认罪认罚从宽，无疑还是疑罪从轻；相比之下，英美法系国家的辩诉交易制度并没有将“案件事实清楚、证据充分”作为启动交易程序的必要条件，而是要求接受以辩诉协议为基础的被告人有罪答辩必须有事实基础，此外，在英美法系国家，法官对事实基础的审查具有浓厚的形式性，仅以被告人认罪答辩涵盖的犯罪事实为准，而且不会为查清案件事实进行开庭审理。② 可以说，在英美法系国家的辩诉交易程序中，并不强调要“事实清楚，证据充分”，甚至很多的案件是在案件事实不清、证据不足的不确定情况下，为提高司法效率、节约司法资源而采取的一项措施。美国联邦最高法院在 1971 年 Santobell v. New York 一案的判决中指出：“如果每一项刑事指控均要经受完整的司法审判，那么州政府和联邦政府需要将其法官的数量和法庭设施增加许多倍。”③

对被告人认罪认罚后采取从宽的处理，从实体上看，是因为其符合刑法犯罪构成中主观方面认定主观恶性较小的情况，从程序上看，被告人认罪认罚、主动

---

① 认罪认罚从宽制度与辩诉交易制度既有异又有同，“同”可借鉴，“异”可反思。两者都为保障快速审判权而兴起、设立，都是被害人利益表达的制度化，实施前提都是被告人自愿，量刑决定权主体都是法院。所不同的是：后者可以降低证明标准，前者不可以；后者可以商榷罪名，前者不可以；后者对认罪时间、认罪内容、认罪心态进行了明确区分，前者对此尚无明确规定；后者有明显的合同效力，前者不具有。通过比较，可以对我国开展认罪认罚从宽制度试点工作得出七点启发：保障快速审判权不能以贬损基本诉权为代价；应根据不同动机区别对待被害人的量刑意见；不得强迫任何人认罪认罚；在审判中心主义语境下，法院对是否从宽拥有决定权；证明标准不可降低，但质证程序可适当简略；认罪时间、认罪内容、认罪态度的不同应在从宽幅度上有所体现；检察机关应当对认罪认罚从宽具结书的效力作充分说明，不可剥夺被追诉人的反悔权和上诉权。参见樊崇义、徐歌旋：《认罪认罚从宽制度与辩诉交易制度的异同及其启示》，载《法学研究》2017 年第 3 期。

② 郭明文：《论审判阶段的程序分流——以被告人认罪案件处理程序为视角》，载《暨南学报》2007 年第 3 期。

③ Santobell v. New York, 404 U1S1257, 260 (1971).

承认犯罪事实，有利于案件事实的查明，可以节约司法资源、提高司法效率。从中也可以看出，认罪认罚归根结底是被告人的认罪态度问题，并不能动摇对于案件“事实清楚，证据确实、充分”的证明标准。被告人的认罪态度虽然属于犯罪构成要件的主观方面范畴，是比较抽象的概念，但却与被告人的主观恶性、能否及时接受改造并回归社会等有着直接的关系。在对被告人进行量刑时予以考虑，有着重要的现实意义。2018 年《刑事诉讼法》第 81 条第 2 款明确要求检察机关批准或决定逮捕时，将犯罪嫌疑人、被告人认罪认罚情况作为是否可能发生社会危险性的考虑因素。最高人民法院于 2010 年颁布的《人民法院量刑指导意见（试行）》（以下简称《量刑指导意见》）在第 16 条量刑的酌定因素中规定：“酌定的量刑要素一般包括……犯罪动机、起因、犯罪前的一贯表现、犯罪后的态度……”第 30 条免处的适用规则规定：“……认定犯罪情节轻微不需要判处刑罚的，一般应同时具有下列情形……认罪态度较好……”第 32 条缓刑适用但书规定：“具有下列情形之一的被告人，不得适用缓刑……犯罪后认罪态度不好，不退赔、无悔罪表现的……”在司法实践中，法院将“认罪态度”作为酌定情节，尤其是将“认罪态度不好，无理狡辩”作为从重量刑的情节。[①] 但对于认罪认罚后从宽的幅度如何把握，仍旧停留在法律模糊规定的层面，对认罪认罚态度进行评价时，也体现出很强的主观色彩。

① 陈瑞华：《刑事证据法学》，北京大学出版社 2014 年版，第 59 页。

第六章 刑事和解案件的证明标准[①]

刑事和解，又称被害人—犯罪人和解（Victim－Offender Reconciliation，简称VOR），是指在刑事诉讼过程中，被害人与犯罪嫌疑人或被告人（以下统称犯罪人）通过对话与协商，达成和解协议，犯罪人自愿认罪，真诚悔过，通过向被害人赔礼道歉，赔偿被害人损失等方式，取得被害人及其家属的谅解，被害方明确放弃对犯罪人的刑事追究或同意从宽处罚犯罪人，经国家专门机关审查同意后，依法对犯罪人作出从宽处理，从而终止刑事诉讼的一项诉讼制度。从国外立法规定来看，刑事和解主要有三个特点：第一，它属于一种刑事纠纷解决机制，具有诉讼的基本属性。刑事和解必须是在刑事案件成立以后的诉讼过程中才能进行，必须有国家公权力的参与，这与诉讼外纠纷解决机制的“私了”是明显不同的。第二，它属于一种“私力合作模式”，合作的基础是追求被害方与被告方各自利益的最大化，实现一种双赢的诉讼结局。这就使得刑事和解与“公力合作模式”的辩诉交易区别开来。和解过程其实就是一个双方互谅互让，有得有失，从而达成双赢的和解协议的过程。通过和解，被害人获得了“足以令其满意”的经济赔偿，而犯罪人获得了从宽处理。第三，它是一种“赔偿性的公诉替代程序”。刑事和解是作为传统公诉程序的一种替代性措施而发展起来的，它主要是为了解决被害人的民事赔偿问题，以弥补传统刑事司法体制对被害人权利保障之不足，通过对刑事纠纷完全的、彻底的解决，来实现诉讼和谐与社会关系的修复。[②] 刑事和解作为一种犯罪处置的替代模式，案件一旦适用这种方式得到处理，刑事诉

① 该部分由樊崇义教授与胡志风研究员合作完成。

② 参见兰跃军：《被害人视野中的刑事和解》，载《刑事法评论》（第22卷），北京大学出版社2008年版，第218页。

讼立即终止。因为刑事和解的适用对于刑事诉讼程序的延展性有着决定性的影响，换句话说就是刑事和解的成功适用与否决定着刑事诉讼程序的继续与否，因而适用刑事和解的案件的证明标准应当与一般刑事案件的证明标准是有所不同的。那么刑事和解案件的证明标准与一般刑事案件的证明标准究竟有怎样的不同，以及因为证明标准的不同而适用的证明方法是否也存在差异呢？鉴于该问题在刑事和解实务中，不仅对于刑事和解的正确适用，而且对于适用刑事和解的案件的顺畅解决有着积极的意义，更为关键的是刑事和解案件证明标准的厘清对于实现刑事和解这一司法程序的目的有着至关重要的作用，因此，有必要明确刑事和解案件的证明标准及适用的证明方法。

一、刑事和解案件证明的特殊性

刑事和解案件的证明标准应当不同于一般刑事案件的证明标准，这是因为：

（一）刑事和解案件的性质是其证明标准不同于一般刑事案件证明标准的根本原因

刑事和解主要适用于侵犯被害人个人法益的轻微犯罪案件，其适用的案件范围应主要限定在针对公民个人的人身权利、民主权利的案件和针对公民个人的财产权利案件，此类案件中被害人一般是自然人，通常为自诉案件和轻微的刑事案件。一方面，这两类案件通常案件情节简单，当事人有一定的证据证明其诉讼主张；另一方面，从案件性质的角度讲，刑事和解案件涉及的犯罪行为所侵犯的客体主要是被害人个人法益，很少涉及国家法益、社会法益，对社会的危害性相对较轻。因此，无须像对待严重刑事案件那样，其证明标准要有所区别。根据《刑事诉讼法》第288条规定，刑事和解主要适用于自诉案件和犯罪人主观恶性较低的轻罪案件。

（二）刑事和解对于诉讼程序的影响是刑事和解案件证明标准不同于一般刑事案件证明标准的重要原因

主流观点认为，刑事和解是指在刑事诉讼程序运作的过程中，加害人以认罪、赔偿、道歉等方式取得被害人的谅解，并且双方达成协议以后，国家专门机关不再继续进行追诉程序，或者对其作出从宽处罚的一种案件处理方式。也就是说，案件是否适用和解的方式来处理将直接影响到对案件诉讼程序的选择。当事人双方一旦达成协议，对案件形成和解共识，那么有关国家机关将不再继续使用普通案件所必须经历的诉讼程序。换句话说，普通的刑事案件所须经历的常规性的诉讼程序不是刑事和解案件必须进行的。案件如果通过刑事和解的方式解决了，那么诉讼将不再继续，相应的证明也就此停止，即刑事和解对诉讼程序继续与否的决定性作用影响着与案件有关的证明问题。受刑事和解影响最多的证明问题就是证明标准，刑事和解案件的诉讼中断性使证明过程产生中断，相应的证明标准因为证明的中断而有所降低。这是不同于一般刑事案件的，一般刑事案件如果没有法定的事由通常是国家专门机关必须将追诉程序完整进行的，因而也就不会发生因为诉讼的中断而降低其证明标准的问题，其证明标准是始终如一的。所以，刑事和解对于诉讼程序的影响是刑事和解案件的证明标准不同于一般刑事案件证明标准的重要原因。

（三）刑事和解提高诉讼效率，节约司法资源的目的是刑事和解案件证明标准不同于一般刑事案件证明标准的潜在原因

适用刑事和解这一程序的目的之一就是提高诉讼效率，节约司法资源。在诉讼中若要实现这一目的，那么在与节约成本直接相关的证据问题中必然存在与一般案件的不同之处。在诉讼的证据问题中，最为重要的就是证明标准问题。降低证明标准的高度和难度必然会提高个案的诉讼效率，降低诉讼成本，而诉讼成本的降低必然会带来司法资源的节约。个案司法资源的节约有利于整体司法资源的优化配置，从而提高整体的诉讼效率。适用刑事和解的案件本身情节简单，而且犯罪嫌疑人对于犯罪事实供认不讳，在这种情况下，如果适用一般刑事案件的证明标准与证明方法自然是很不经济的，更谈不上司法资源的节约了。因此，适用刑事和解实现提高诉讼效率，节约司法资源的目的是刑事和解案件证明标准不同于一般刑事案件证明标准的潜在原因。

（四）刑事和解案件双方当事人的和解愿望是刑事和解案件证明标准不同于一般刑事案件证明标准的直接原因

刑事和解发生的前提条件是犯罪嫌疑人、被告人自愿认罪并且真诚悔过，而且当事人双方有和解的愿望。也只有在这个前提下，加害人才能得到被害人的谅解。通常情况下，被害人的谅解是刑事和解的基础性前提，加害人和被害人双方必须有明确的和解意思表示，并且对于赔偿达成一致性意见，和解才能顺利发生。由此可知，刑事和解的成功与否决定于当事人双方的和解意愿。换句话说，

就是在刑事和解案件中，起决定作用的并非案件事实的本身是否能够被办案机关查清或得到证明，而是当事人双方的和解愿望。在这种情况下，无须也没有必要把证明标准提高到“案件事实清楚，证据确实、充分”的程度。所以，刑事和解案件中双方当事人的和解愿望是刑事和解案件证明标准不同于一般刑事案件证明标准的直接原因。根据《刑事诉讼法》第289条和第290条规定，只要双方当事人自愿、合法地达成和解协议，被告人可以获得司法机关从宽处罚。

二、刑事和解案件的证明标准——盖然性标准

鉴于刑事和解案件的性质、刑事和解对于案件诉讼程序的影响、适用刑事和解的目的以及双方当事人的和解愿望在刑事和解中的作用，我们可以推知，刑事和解案件的证明标准应低于一般刑事案件的证明标准。笔者认为，刑事和解案件应确立盖然性或优势证据的证明标准，与一般民事案件证明标准相当。

盖然性的一般含义是指掺杂不确定因素的事物发生的可能性①，是指事物发生的相对可能性的程度。在证据法上，盖然性是指根据情理或者经验的一致性，或者以现在最好的证据或者理由所作出的推断或者推测的真实可靠性；是指证明特定案件事实成立的本证多于反证所产生的常态②。根据上述定义，我们可以将证据法上的盖然性概括为：盖然性是指由特定证据证明的案件事实成立的可能性程度。所谓盖然性规则，是调整盖然性的法律意义及其应用的证据法规范。盖然性原本并不是一个法律概念，它具有相当大的弹性，因而从某种角度讲，盖然性的要求是对证明程度较低限度的要求。根据案件证据要求的不同，实践中对盖然性作了等级划分，不同的等级，证明也相应地要求达到不同的证明程度。由此便有了盖然性证明标准和高度盖然性的证明标准。德国历史上形成的“高度盖然性”的公式，即有罪认定除要求法官的诚实、良心和基于此而产生的有罪的内心确信外，还要求通过证据在量和质的积累而使待证事实达到客观的“高度盖然性”。③ 这里的高度盖然性，一方面，指在公开的法庭上，通过证据的提出和调查以及当事人双方的辩论而逐渐形成的证据在质和量上的客观状态，以及这种客

---

① 参见《牛津现代法律用语词典》，法律出版社2003年版，第693页。

② See Black's Law Dictionary Eighth Edition, Bryan. A. Garner Editor in chief 2004 west a Thomson business p. 1081.

③ 参见樊崇义主编：《证据法学》（第三版），法律出版社2003年版，第308页。

观状态所反映出来的要证事实的明白性和清晰性；另一方面，高度盖然性也指法官对这种客观状态的认识，即证据的客观状态作用于法官的心理过程而使其达到的确信境地。从某种角度讲，高度盖然性规则不仅约束当事人，更重要的是约束法官的心证。只有从实质意义上理解高度盖然性规则才能将当事人履行举证责任和法官形成心证统一起来。而盖然性证明标准则没有此严格限制，相对于高度盖然性证明标准，盖然性证明标准对案件事实的证明具有较大的弹性，该证明标准无论是对当事人的约束还是对法官心证的约束都弱于高度盖然性证明标准。根据该证明标准只要根据情理或者经验的一致性，或者以现在最好的证据或者理由作出的推断或者推测就具有真实可靠性；或者说只要证明特定案件事实成立的本证多于反证就达到该证明标准的要求，本证多于反证所产生的常态即为证明结果。在一定程度上，盖然性证明标准对当事人的约束要强于对法官心证的约束。

通过上述分析，我们不难发现盖然性证明标准具有以下两个特点：

（1）盖然性证明标准对证据质与量的要求相对宽松。盖然性证明标准不同于高度盖然性证明标准，它并不严格要求形式真实和实质真实完全统一的证明标准，相应地对证据质与量的要求不具有严格性。换句话说，就是在证明中只要证据具备质与量中之一即可符合该证明要求，达到该证明标准。而高度盖然性是一个形式真实与实质真实相统一的证明标准，并且“高度”要求盖然性必须达到一定的幅度，且足以使法官形成有利于举证方的确信。一方当事人的举证仅仅优于对方当事人的反证，此时并不足以促使法官形成有利于举证方的内心确信。换言之，高度盖然性规则对于证据既有质的要求，又有量的要求。

（2）盖然性规则具有较大的弹性。在盖然性证明标准中，虽然在证明特定案件事实成立的过程中，本证多于反证所产生的常态即为证明结果，但是此证明结果并非对双方证据的盖然性进行机械比较的结果，而是根据案件的性质以及诉讼结果的社会效果不同而有所不同。相对而言，案件性质越严重，社会效果越大，盖然性要求的幅度就越大。这就决定了，在适用盖然性规则时，诉讼主张的性质、案件事实发生的可能性以及作出某种认定可能产生的社会效果都是确定盖然性时应予以考虑的。

在刑事和解的案件中，根据刑事和解案件的性质、刑事和解对于案件诉讼程序的影响、适用刑事和解的目的以及双方当事人的和解愿望在刑事和解中的作用可知，在刑事和解案件中无需适用一般刑事案件的高度盖然性的证明标准，只需要确立盖然性证明标准即可。确立盖然性实际上在某种程度上对主观证明标准作了客观限定，即通过确立“盖然性”在一定意义上降低了证明标准的高度和难度。

盖然性证明标准就其本身及其实质而言，能够十分有效地解决刑事和解的理论研究和实务中关于案件的诉讼中断性的这样一个颇具技术性的问题。并且从根本上有助于实现设立刑事和解这一诉讼程序的目的之一——提高诉讼效率，节约司法资源。刑事和解是在实行诉讼程序的繁简分流，在轻微刑事案件中推行刑事和解制度，将人力物力投入到大案要案中，有利于全面提高诉讼效率。而盖然性的证明标准的存在是刑事诉讼发展的过程中，诉讼效率的要求所致。盖然性证明标准不要求对与案件有关的所有事实都必须达到案件事实清楚，证据确实、充分的证明标准。对于刑事和解案件中无足轻重的事实和情节，不必要花很大的力气将其查清楚，只要有较大的可信性即优势证据即可。毕竟刑事和解中当事人双方对于案件本身都已达成共识，加害人有赔偿愿望且能得到被害人的谅解，在这种情况下，为了提高诉讼效率，节约诉讼资源，就没有必要对所有的事不分巨细，所有的罪不作区别，通通都以一样的标准和方式查实证明。同时刑事和解的发生使诉讼中断，诉讼的终止对于司法资源的节约是不容置疑的事实。

三、刑事和解案件的证明方法——自由证明

证明有严格证明和自由证明的区分。严格证明与自由证明这一对概念是由德意志诉讼法上的理论而来，二者是从其立证是否设有严格的客观法则之限制加以区别的。关于诉讼客体（即犯罪事实存否之问题及关于刑罚权范围之问题）之立证，应适用严格客观法则，关于其他事实之立证，则委诸于裁判官之裁量。基于客观的立证法则（证据法）之证明，为严格的证明；而关于程序形式之立证，并未直接设有客观法则，即委诸于裁判官之裁量，则对此之立证，为自由的证明。因之，严格事实，故应经严格的证明；而自由事实，则以经自由的证明为已足。严格的证明与自由的证明，不特因其证明事实之不同而异其证明方法，且其性质及机能，亦有若干差异。①

---

① 参见陈朴生：《刑事证据法》，台湾地区海天印刷厂有限公司 1979 年版，第 167 页。

一般认为，严格证明与自由证明的差别，主要表现在证据方法和调查程序两个方面。严格证明必须以法律规定的证据方法进行，该项要求包括两个层面：（1）用以严格证明的证明方法在形式上必须合乎法律规定；（2）该证据方法依法必须具有证据能力。自由证明可以“以一般实务之惯例”选择适当的证明手段，“亦即可不拘任何方式来获取可信性（如以查阅案卷或电话询问之方式）。”[①] 此外，严格证明必须以法律规定的法庭调查程序进行。而对于自由证明，立法则没有明文规定必须适用的调查程序，而委诸法院根据具体情况裁量而定。

通过上述对严格证明与自由证明的介绍与比较，对于刑事和解案件，根据相关的法律规定以及证明标准的确定，可以明确应当适用自由证明方法。在刑事和解案件的程序中，刑事和解的客体是刑事责任。刑事和解的发生是以对社会的危害较小为前提，以轻微的刑事案件为对象，和解要进一步解决的是恢复因犯罪行为而受到的损害，且经过和解程序，将不再追究刑事责任或者减轻刑事责任，从宽处罚犯罪人。因此，只有刑事责任才是刑事和解的客体。对于刑事责任的追究与否除了取决于案件本身的性质之外，最为关键的是当事人双方的和解愿望，如果双方和解，则刑事责任的问题就相应地得到解决。而自由证明的方法完全可以满足刑事和解程序中的证明需要。在刑事和解程序中以一般实务之惯例选择适当的证明手段，可以不拘泥于任何方式来获取可信性。在和解程序中，对于有关情节的证明，立法无须明文规定必须适用的调查程序，而是授权有权机关根据具体的情况或者惯例进行裁量决定。根据日本学者的观点，能成为严格证明对象的事实，是关于刑罚权是否存在及其范围的事实。具体包括：公诉犯罪事实；处罚条件及处罚阻却事由；刑罚的加重及减免事由。自由证明的事项具体包括：犯罪的相关情况；诉讼法上的事实。[②] 因此，从证明对象的角度讲，在刑事和解程序中适用自由证明是符合证明对象要求的；从证明标准的角度讲，在刑事和解程序中适用自由证明是完全能够满足证明要求的。

---

① 参见［德］克劳思·罗科信：《德国刑事诉讼法》，吴丽琪译，法律出版社2003年版，第208页。

② 参见［日］松尾浩也：《日本刑事诉讼法》，丁相顺译，中国人民大学出版社2005年版，第308页。

第七章　刑事证据规则体系的形成

中央关于司法改革的决定把证据规则尤其是非法证据排除规则的确立，作为刑事证据制度改革的一项重要任务。“两高三部”2010年出台的“两个证据规定”总结了我国刑事司法的经验及实务工作的客观所需，初步建构了我国刑事证据规则体系。这一体系可以分为两类：一类是“两个证据规定”中明确规定的已经条文化的证据规则，包括非法证据排除规则、证据裁判原则、程序法定原则和证据质证原则。另一类是在审查判断证据的程序规定中所体现出来的证据规则，包括关联性规则、意见证据规则、原始证据优先规则、补强证据规则及有限的直接言词规则。之所以说我国刑事证据规则体系已经初步形成，主要是因为以上所涉及的证据规则中，有运用证据的基本原则——证据裁判原则和程序法定原则；有审查判断证据能力的规则——非法证据排除规则和意见证据规则；有审查判断证据证明力的规则——证据质证原则、关联性规则、原始证据优先规则、补强证据规则和有限的直接言词规则。这些规则从基本原则到证据排除再到证据审查判断的运行过程，基本上已经涵盖了运用证据认定案件事实的全过程，反映了办理刑事案件的客观规律。所以笔者认为，“两个证据规定”虽然尚不健全，但已具备了刑事证据规则的初步框架或体系。① 《刑事诉讼法》吸收“两个证据规定”的相关内容，在有关条款规定中直接规定或体现了这些证据规则。《审判中心改革意见》和《审判中心改革实施意见》又明确了这几项证据原则和证据规则。笔者将它们归纳为法律明文规定的证据规则和法律体现出来的证据规则，进行分类研究。

① 参见樊崇义：《“两个证据规定”标志我国刑事证据规则体系初步形成》，载《检察日报》2010年11月22日第3版。

一、法律明文规定的证据规则

这是指《刑事诉讼法》和“两个证据规定”、《审判中心改革意见》和《审判中心改革实施意见》相关条文中明确规定的，已经成文化的证据规则，主要包括四项证据规则或证据法原则：证据裁判原则、程序法定原则、证据质证原则和非法证据排除规则。这四项规则或原则各有其侧重点：证据裁判原则表现出在诉讼认识活动中的理性主义；程序法定原则是证据的社会属性之体现，侧重规范证据能力；证据质证原则是真相查明的动态装置，侧重对诉讼参与人的证据运用和法官采纳证据的行为进行规范；非法证据排除规则作为违法取证的程序性制裁措施之一，侧重于保障程序法定原则的实施，从而规范证据能力。虽然这四项证据规则或证据法原则仅仅被确立在死刑案件的证据运用之中，但对于其他类型刑事案件的示范作用是不可小觑的，并且会逐步在刑事证据领域成为全局性的指导原则。

（一）证据裁判原则

证据裁判原则和自由心证原则是现代证据法乃至诉讼法的两大基石。证据裁判原则要求以证据作为裁判的根据，没有证据不得认定事实。该原则最经典的立法表述当属日本、韩国和我国台湾地区刑事诉讼法。《日本刑事诉讼法典》第317条规定：“认定事实，应当依据证据。”《韩国刑事诉讼法典》第307条规定：“认定事实，应当根据证据。”我国台湾地区“刑事诉讼法”第154条规定：“犯罪事实应依证据认定之，无证据不得认定犯罪事实。”其他大陆法系国家（地区）法律大都也明文规定了证据裁判原则。《俄罗斯联邦刑事诉讼法典》第17条规定：“法官、陪审员以及检察长、侦查员、调查人员根据自己基于刑事案件中已有全部证据的总和而形成的内心确信，同时遵循法律和良知对证据进行评价。任何证据均不具有事先确定的效力。”《法国刑事诉讼法典》第427条规定：“除法律另有规定外，犯罪得以任何证据形式认定，并且法官得依其内心确信作出判决。法官只能以在审理过程中向其提出的、并在其当面经对席辩论的证据为其作出裁判决定的依据。”《德国刑事诉讼法典》第244条第2款规定：“为了调查事实真相，法院应当依职权将证据调查延伸到所有的对于裁判有意义的事实、证据上。”第261条规定：“对证据调查的结果，由法庭根据它在审理的全过程中建立起来的内心确信而决定。”英美法系国家（地区）法律虽然没有明确规定证据裁判原则，但其证据制度中有大量关于证据关联性和可采性的规则，这些规则与证据裁判原则的基本精神是完全一致的。英美法系国家实行罪状认否程序，被告人作出有罪答辩后，如果法官接受该项答辩，即可以此作为径行定罪的根据。但是，法官在考虑是否接受一项有罪答辩时，有权审查被告人的答辩是否基于“明知、明智且自愿”，以及是否具备事实基础，这同样体现了证据裁判原则的要求。

我国《刑事诉讼法》没有明确规定证据裁判原则，但许多条款体现了证据裁判的精神。《刑事诉讼法》第55条第1款规定：“对一切案件的判处都要重证据，重调查研究，不轻信口供。只有被告人供述，没有其他证据的，不能认定被告人有罪和处以刑罚；没有被告人供述，证据确实、充分的，可以认定被告人有罪和处以刑罚。”第200条规定：“在被告人最后陈述后，审判长宣布休庭，合议庭进行评议，根据已经查明的事实、证据和有关的法律规定，分别作出以下判决：（一）案件事实清楚，证据确实、充分，依据法律认定被告人有罪的，应当作出有罪判决；……（三）证据不足，不能认定被告人有罪的，应当作出证据不足、指控的犯罪不能成立的无罪判决。”同时《刑事诉讼法》第253条第1项和第2项明确将违反证据裁判原则规定为再审的理由。《办理死刑案件证据规定》第2条规定：“认定案件事实，必须以证据为根据。”这是我国刑事诉讼立法第一次明确规定证据裁判原则，它是对《刑事诉讼法》第6条所规定的“以事实为根据，以法律为准绳”原则的深化和突破。因为“以事实为根据，以法律为准绳”只是一个理念性的要求，怎样才能做到“以事实为根据”，其法制的标准尚不明确。正如学者指出：“在我国刑事司法实践中，长期以来一直坚持‘以事实为根据，以法律为准绳’的司法政策，这无疑是正确的。但是，‘以事实为根据’没有解决一个问题，那就是——作为根据的事实从哪里来。”①这就需要证据裁判原则来回答。因为办理案件“以事实为根据”，其实就是以证据所认定的事实为根据，离开了证据，办案人员不可能有据以裁判的事实。因此，证据裁判原则不仅在理论上坚持了马克思主义认识论关于唯物主义的观点，而且在实务工作中也澄清了许多错误的认识和做法，把证据作为认定案件事实的根据和标准，它对规范法官的自由裁量权，排除人们对案件事实的不同理解和认定方法，具有

① 参见张媛：《刑事诉讼法修改应确立证据裁判原则》，载《法制日报》2011年12月22日第3版。

重要的功能和作用。《审判中心改革意见》第 2 条也规定了证据裁判原则，即“严格按照法律规定的证据裁判要求，没有证据不得认定犯罪事实。侦查机关侦查终结，人民检察院提起公诉，人民法院作出有罪判决，都应当做到犯罪事实清楚，证据确实、充分。侦查机关、人民检察院应当按照裁判的要求和标准收集、固定、审查、运用证据，人民法院应当按照法定程序认定证据，依法作出裁判。”《审判中心改革实施意见》第 1 条又重申了证据裁判原则，即“坚持证据裁判原则，认定案件事实，必须以证据为根据。重证据，重调查研究，不轻信口供，没有证据不得认定案件事实。”《认罪认罚从宽试点办法》第 4 条明确要求办理认罪认罚从宽案件，也应当坚持证据裁判原则，依照法律规定收集、固定、审查和认定证据。

作为人类社会解决纠纷的裁判根据，先后经历了神明裁判、口供裁判和证据裁判三个阶段的演变过程。① 这三个阶段也是人类对诉讼的认识不断从非理性走向理性的过程。证据作为裁判的根据，其本身就渗透着人类的理性。在诉讼证明史上，证据裁判的发展历程可以从三个侧面进行考察：第一，根据证据对于裁判的意义，经历了由证据非裁判所必须到没有证据不得进行裁判的转变；第二，根据裁判所依据证据的性质，经历了依据非理性证据进行裁判到以理性证据为依据的证据裁判；第三，根据证据的价值内涵，经历了片面强调证据的真实到真实性与合法性并重的证据裁判。② 为此，日本学者田口守一教授将证据裁判原则概括为两层含义：一是从历史意义上否定所谓的神判。认定事实必须依据证据，其他任何东西（诸如神意、长官意志、民愤、臆断等）都不能作为认定事实的根据；二是规范性意义。必须根据具有证据能力的证据，而且只有经过调查之后才能认定构成犯罪核心内容的事实。③ 我国有学者认为，应当从三个层面理解诉讼中的案件事实：一是案件客观事实即案件本源事实，它是不依司法人员和任何其他诉讼主体的意志而独立存在的事实。这种案件事实具有客观性、确定性、过去性的特点，也就是说，它是发生于过去的客观存在的而且不依时间的流逝而改变的事

① 参见陈光中：《刑事证据制度改革若干理论与实践问题之探讨》，载《中国法学》2010 年第 6 期。

② 参见樊崇义、吴宏耀：《论证据裁判原则》，载《法律应用研究》2002 年第 6 辑，中国法制出版社 2001 年版，第 126 页。

③ 参见［日］田口守一：《刑事诉讼法》，张凌、于秀峰译，中国政法大学出版社 2010 年版，第 267 页。

实。这也决定了诉讼证明是一种回溯性证明，只能“从历史碎片中拼凑事实”；二是双方当事人主张的事实，这种事实在诉讼过程中可能发生变化；三是公安司法机关及司法人员根据证据所认定的案件事实，即法律事实。包括侦查机关移送的起诉意见书、检察机关起诉书和人民法院裁判书所认定的事实。案件本源事实与当事人主张事实、法律事实的根本区别在于前者是客观存在的事实，属于客观范畴，而后两者是特定诉讼主体所主张或所认定的事实，属于主观范畴。证据之所以能成为认定案件事实的唯一根据，是由于真实的证据必定由案件的本源事实所派生，与其有内在的联系。因为犯罪客观事实总是在一定的时空下发生的，并与一定的人、物的外界环境发生作用，必然留下相应的物品、影像或痕迹等。这些物品、痕迹或影像有可能在诉讼中以不同方式转化成为能够证明案件事实的证据。如犯罪事实发生时被人感知就可能会转化为证人证言，在现场留下物品、血迹、指纹就可能会转化为物证，并经过鉴定成为鉴定意见。证据的客观性和关联性使证据产生了证明力，从而使案件本源事实（包括不在司法人员面前发生的过去事实），可以通过对证据的收集、审查和判断的证明活动将其再现，使公安司法人员可以依据证据准确认定案件事实。这正是证据裁判原则的真谛所在。①

证据裁判原则包括三项基本要求：一是裁判的形成必须以证据为依据，没有证据不得认定事实；二是作为认定事实基础的证据必须具有证据资格，即证据不被法律禁止，并经过法定程序调查核实；三是据以作出裁判的证据必须达到相应的证明标准和要求。笔者认为，在我国坚持证据裁判原则必须做到三点：一是必须做到案件的事实和情节必须要有相应的证据予以证明，即定罪的事实要有定罪证据证明，量刑的事实要有量刑证据证明，一切都需要用证据说话，没有证据不得认定案件事实。在证据裁判原则下，证据与事实认定是相对应的。没有任何证据当然不能认定案件事实，然而虽有证据，但证据却不足以认定案件事实，即证据在数量和质量上不能满足在相应的诉讼阶段诉讼证明的需要，同样不能认定案件事实。《审判中心改革实施意见》第 3 条明确规定：“坚持疑罪从无原则，认定被告人有罪，必须达到犯罪事实清楚，证据确实、充分的证明标准。不得因舆论炒作、上访闹访等压力作出违反法律的裁判。”因此，“没有证据既包括没有任何证据，也包括证据不充分的各种情形。没有证据固然不能认定案件事实，即

---

① 参见陈光中：《刑事证据制度改革若干理论与实践问题之探讨》，载《中国法学》2010 年第 6 期。

使仅有一部分证据，或者有证据但没有达到法定程度，亦不能对事实进行认定。”① 此外，在我国台湾地区，所谓无证据之裁判，不仅包括没有证据而推定犯罪事实或仅凭法官理想推测之词作为裁判基础的情形，还包括以下情形：(1) 不依证据而为裁判者，即裁判理由内漏或未记载其认定事实所凭之证据；(2) 裁判书中叙明其认定事实所凭之证据与认定事实不相适合；(3) 卷宗内无可查考之证据。② 这表明，“没有证据”不仅是指在实体上缺乏相应的、充分的证据，而且还指代那些在证据记载等程序性事项上或者说形式上未满足法律要求的情形，这体现出程序法治的要求。而后者又是以程序法中存在相应的规定为前提的。《刑事诉讼法》第200条第3项规定，证据不足，不能认定被告人有罪的，应当作出证据不足、指控的犯罪不能成立的无罪判决。二是必须做到存疑的证据不能采信，确保判决认定的事实证据确实、充分。对于存疑证据，《办理死刑案件证据规定》第9条明确规定：“经勘验、检查、搜查提取、扣押的物证、书证，未附有勘验、检查笔录，搜查笔录，提取笔录，扣押清单，不能证明物证、书证来源的，不能作为定案的根据。物证、书证的收集程序、方式存在下列瑕疵，通过有关办案人员的补正或者作出合理解释的，可以采用：（一）收集调取的物证、书证，在勘验、检查笔录、搜查笔录、提取笔录、扣押清单上没有侦查人员、物品持有人、见证人签名或者物品特征、数量、质量、名称等注明不详的；（二）收集调取物证照片、录像或者复制品，书证的副本、复制件未注明与原件核实无异，无复制时间、无被收集、调取人（单位）签名（盖章）的；（三）物证照片、录像或者复制品，书证的副本、复制件没有制作人关于制作过程及原物、原件存放于何处的说明或者说明中无签名的；（四）物证、书证的收集程序、方式存在其他瑕疵的。对物证、书证的来源及收集过程有疑问，不能作出合理解释的，该物证、书证不能作为定案的根据。”第10条还规定：“具备辨认条件的物证、书证应当交由当事人或者证人进行辨认，必要时应当进行鉴定。”《刑事诉讼法》第56条规定，违反法律规定收集物证、书证，可能严重影响司法公正的，应当予以补正或者作出合理解释；不能补正或者作出合理解释的，对该

① 参见樊崇义、吴宏耀：《论证据裁判原则》，载《法律应用研究》2002年第6辑，中国法制出版社2001年版，第130页。

② 参见刁荣华主编：《比较刑事证据法各论》，台湾地区汉林出版社1984年版，第41页。

证据应当予以排除。三是坚持证据裁判原则，必须做到用合法的证据来证明案件事实，对于非法取得的证据应当予以排除，不能作为定案的根据。《非法证据排除规定》系统全面地规定了非法证据排除的范围和程序。《刑事诉讼法》第60条规定："对于经过法庭审理，确认或者不能排除存在本法第五十六条规定的以非法方法收集证据情形的，对有关证据应当予以排除"。《审判中心改革实施意见》第2条明确规定："坚持非法证据排除原则，不得强迫任何人证实自己有罪。经审查认定的非法证据，应当依法予以排除，不得作为定案的根据。"这些规定都充分地体现和贯彻了证据裁判原则。

随着诉讼理论的发展，证据裁判原则的含义已经超出单纯的认识论的范围，逐渐渗入价值论的因素。今天的证据裁判原则，已经具有明确的规范意义：据以裁判之证据，必须具备证明能力，且必须经过正式的法庭调查程序。在大陆法系国家，证据能力包括两个方面的要求：一是证据材料不被法律禁止；二是证据应当经过法定的调查程序。只有满足了上述两方面的要求，才能作为证据由裁判者据以进行裁判。在英美法系国家，普通法上早已存在诸如传闻证据规则、品格证据规则、任意自白规则、意见证据规则、最佳证据规则等，以规范证据的可采性。在德国刑事诉讼法中，有证据禁止之规定，包括证据取得禁止和证据使用禁止。《德国刑事诉讼法典》第136条a第三项第2段规定，违反讯问禁止规定而取得的被告人陈述，即使被告自己同意，也不得作为证据。[①] 我国《刑事诉讼法》不仅在第56条至第60条规定了非法证据排除规则，而且在第50条第1款和第2款分别规定了证据的概念和种类，在第3款规定："证据必须经过查证属实，才能作为定案的根据。"我国台湾地区"刑事诉讼法"第155条规定："无证据能力、未经合法调查之证据，不得作为判断之依据。"笔者认为，证据裁判原则这种内涵的转化，大体上与下述三种认识有关：（1）由于证据直接影响着裁判者的判断，有必要将裁判者据以形成判断的证据限定在具有较大可靠性的范围之内。（2）基于对人权的尊重，不得不放弃过分强调查明事实真相的一维价值观而寻求与人权保障观念的调和。《宪法》第33条第3款规定："国家尊重和保障人权。"《刑事诉讼法》第2条将"尊重和保障人权"规定为《刑事诉讼法》

---

① 关于《德国刑事诉讼法典》第136条a的详细分析，参见兰跃军：《论言词证据之禁止——以德国刑事诉讼法为中心》，载《现代法学》2009年第1期。

的任务之一。(3) 随着新兴经济分析法学理论的传播，法庭调查的证据必须凝练、集中，而非漫无边际。我国《刑事诉讼法》虽然没有明确规定集中审理原则，但关于审判期限的严格规定体现了集中审理的要求。

关于证据裁判原则适用的诉讼阶段，笔者认为，从该原则的角度看，“裁判”一词是指认定事实、适用法律，就此而言，在刑事诉讼的不同阶段，均存在“裁判”，只不过裁判的主体、内容、方式和具体的程序各异。裁判并非专指狭义上的审判。证据裁判原则的内在精神要求，在刑事诉讼不同阶段进行的各类裁判均必须依靠证据而进行。这就是说，证据裁判是一个或者说应当是一个贯穿刑事诉讼全过程的要求。由于刑事诉讼不同阶段进行的“裁判”其性质各不相同，因此，作为裁判依据的“证据”也必然具有多样性。换言之，审前阶段的证据与用作定案的证据在应当具备的条件方面不可能完全相同。总体而言，与定案阶段的证据相比，审前阶段的证据并不需要满足较高的要求。从各国及各地区立法与实践来看，这主要表现在两个方面：一是审前阶段的证据并不必须要求具备可采性；二是审前阶段的证据并不必须经过控辩双方的质证。[①] 在我国，证据裁判原则不仅适用于侦查程序和审查起诉程序中查明案件事实，而且适用于审判程序中证明案件事实。

关于证据裁判原则适用的案件事实，一般认为，诉讼中的“事实”可分为要证事实、不要证事实和举证禁止事实三类。主流观点认为，要证事实即证明对象，依其内容和性质可以分为实体法事实和程序法事实，证据事实不能成为证明对象。实体法事实作为裁判基础适用证据裁判原则，这已经得到公认。我国台湾地区“刑事诉讼法”第154条规定：“犯罪事实应依证据认定之。”至于实体法事实的范围，日本学者认为，它包括：犯罪事实（构成要件该当事实、处罚条件事实）；犯罪事实以外的事实（作为影响法律上成立犯罪的事实、作为法律上刑罚加重减免理由的事实、酌情减轻刑罚或缓期执行条件的事实）。[②] 根据《高法解释》第64条规定，需要运用证据证明的案件事实包括：被告人的身份；被指控的犯罪行为是否存在；被指控的行为是否为被告人所实施；被告人有无罪过，

---

① 参见樊崇义：《迈向理性刑事诉讼法学》，中国人民公安大学出版社2006年版，第537～538页。

② 参见［日］田口守一：《刑事诉讼法》，张凌、于秀峰译，中国政法大学出版社2010年版，第269页。

行为的动机、目的；实施行为的时间、地点、手段、后果以及其他情节；被告人的责任以及与其他同案人的关系；被告人的行为是否构成犯罪，有无法定或者酌定从重、从轻、减轻处罚以及免除处罚的情节；其他与定罪量刑有关的事实。《办理死刑案件证据规定》第5条规定：“办理死刑案件，对于以下事实的证明必须达到证据确实、充分：（一）被指控的犯罪事实的发生；（二）被告人实施了犯罪行为与被告人实施犯罪行为的时间、地点、手段、后果以及其他情节；（三）影响被告人定罪的身份情况；（四）被告人有刑事责任能力；（五）被告人的罪过；（六）是否共同犯罪及被告人在共同犯罪中的地位、作用；（七）对被告人从重处罚的事实。”因此，在我国，以上实体法事实都需要依据证据认定，受证据裁判原则的规范。它们既包括定罪事实，也包括量刑事实。《审判中心改革意见》第2条第3款规定：“人民法院作出有罪判决，对于证明犯罪构成要件的事实，应当综合全案证据排除合理怀疑，对于量刑证据存疑的，应当作出有利于被告人的认定。”程序法事实是由《刑事诉讼法》规定的程序性事项。日本学者认为，它包括：（1）作为诉讼条件的事实；（2）诉讼行为的要件事实；（3）证据能力和证明力的事实；（4）其他诉讼法上的事实。至于程序法事实是否适用证据裁判原则，学者们存在异议。我国有学者认为，严格意义上的证据裁判，适用于实体法事实的认定。尽管在对程序法事实进行的自由证明中，也需要依据证据，但证据裁判原则对程序法事实的认定，并不起支配作用。① 典型立法是《俄罗斯刑事诉讼法典》第73条规定的“应当证明的情况”即证明对象，只有实体法事实，没有程序法事实。在日本，实体法事实分为严格证明对象的事实和其他事实，前者适用证据裁判原则，包括两种情况：一是以被告人的罪责为基础的实体法事实，即犯罪事实和不存在阻却事由、责任事由的事实。而犯罪事实又包括客观事实和主观事实；二是量刑情节中倾向于加重被告人刑罚的情节事实。而其他事实和程序法事实只要自由证明即可。自由证明的证据是否在法庭上开示，开示以后用什么方式调查，均由法院裁量。② 它不受证据裁判原则的调整。但是，根据《德国刑事诉讼法典》第26条规定，提出要求法官回避，应当对所

---

① 参见宋英辉、李哲：《证据裁判原则评介》，载《政法论坛》2003年第4期。

② 参见［日］田口守一：《刑事诉讼法》，张凌、于秀峰译，中国政法大学出版社2010年版，第269～270页。

主张的事实提出证据予以证明，使之具有可信性，这是指对所主张的事实必须在一定程度上予以事实为证，使得法院认为是可能的。该条明确肯定回避等程序性事项也是证据裁判的对象。在我国，程序法事实作为证明对象已经成为通说。《非法证据排除规定》和《刑事诉讼法》第59条都要求人民检察院对证据收集的合法性承担程序性证明责任，证明标准是“证据确实、充分”。《刑事诉讼法》第81条规定逮捕的条件之一是“有证据证明有犯罪事实”，等等。但是否所有的程序法事实都适用证据裁判原则，使用具有证据能力的证据并且经法定程序调查核实，值得商榷。有学者认为，对于重大程序法事实的认定，无论法律是否明确规定，都应当适用证据裁判原则，以证据为裁判根据，没有证据不能作出裁决。这是因为，证据裁判原则主要旨在通过证据和程序防止公权力的滥用、保障被追诉人的权利，故对于控辩双方的程序性争议事实及控方主张的采取强制性措施的事实需要适用证据裁判原则，以凸显对公权力行使的控制；而对于辩方提出的有利于己方的程序性请求中相关事实的证明则无需受到该原则的限制。如此区分可在实现诉讼公正的同时尽可能地提高诉讼效率，防止诉讼拖延。[①] 笔者赞成该观点。

不要证事实即免证事实，是指那些没有必要运用证据加以证明或没有必要证实的事实，属于证据裁判原则的例外，不适用该原则。在刑事诉讼中，它包括众所周知的事实、司法认知的事实和推定的事实等。《德国刑事诉讼法典》第244条第2款规定，因为事实明显，无收集证据的必要时，允许拒绝查证申请。我国台湾地区“刑事诉讼法”第157条和第158条分别规定：“公众周知的事实，无庸举证。”“事实于法院已显著，或为其职务上所已知者，无庸举证。”《人民检察院刑事诉讼规则》第437条规定：“在法庭审理中，下列事实不必提出证据进行证明：（一）为一般人共同知晓的常识性事实；（二）人民法院生效裁判所确认的并且未依审判监督程序重新审理的事实；（三）法律、法规的内容以及适用等属于审判人员履行职务所应当知晓的事实；（四）在法庭审理中不存在异议的程序事实；（五）法律规定的推定事实。”举证禁止事实是指证明本身就被禁止的事实，如《日本刑事诉讼法》第144条和第145条的规定，也不适用证据裁判原则。

---

① 参见闵春雷：《证据裁判原则的新展开》，载《法学论坛》2010年第4期。

关于适用证据裁判原则的证明方式，大陆法系国家证据法理论一般将证明分为严格证明和自由证明。严格证明是用有证据能力的证据并且经过正式的证据调查程序所进行的证明。其他的证明都叫自由证明，即用某种证据经某种程序进行的证明。严格证明的严格性主要表现在两个方面：一是法定证据方法之限制；二是法定调查程序之限制。即审判程序中关于犯罪事实的调查与证明，必须在法律规定所准许的获取证据方法之范围内，并且依法律规定的调查证据程序进行，两者同时具备时才是经过合法调查的证据，才取得证据能力。① 笔者认为，这正是证据裁判原则的应有之意。正如我国台湾地区学者林钰雄指出："证据禁止法则形成自由心证的外在界限，已经因此而排除的证据，法官不得认其有证据价值而采为裁判之基础。严格证明法则也是自由心证的外在界限，因此，未经严格证明者，不能依照自由心证而采为裁判基础。"② 可见，从证据裁判与自由心证的关系看，证据裁判原则所要求的证据必须经过严格证明，自由证明不受该原则调整。

关于证据裁判原则的配套制度，从各国及地区相关理论和立法来看，审判公开原则、判决理由公开制度和具有事实审性质的救济程序均具有类似上述的功能。其中，审判公开原则、具有事实审性质的二审和再审，我国立法均有明确规定。目前，我国亟待确立判决理由公开制度。它是指法官在判决书中应当载明作出不同事实认定的理由，其中包括证据。《审判中心改革实施意见》第 20 条明确要求加强裁判文书的说理性，详细阐明证据裁判的理由和根据。该条规定："法庭应当加强裁判说理，通过裁判文书展现法庭审理过程。对控辩双方的意见和争议，应当说明采纳与否的理由。对证据采信、事实认定、定罪量刑等实质性问题，应当阐释裁判的理由和依据。"《严格排除非法证据规定》第 36 条规定："人民法院对证据收集合法性的审查、调查结论，应当在裁判文书中写明，并说明理由。"我国台湾地区"刑事诉讼法"第 310 条规定："有罪之判决书，应于理由内分别情形记载下列事项：一、认定犯罪事实所凭之证据及其认定之理由。二、对于被告有利之证据不采纳者，其理由……"在日本，无论是有罪判决或是无罪判决同样需要说明详细的判决理由。《日本刑事诉讼法》第 44 条规定，除法

① 参见林钰雄：《严格证明与刑事证据》，法律出版社 2008 年版，第 8 页。

② 林钰雄：《刑事诉讼法》（上册），中国人民大学出版社 2005 年版，第 443 页。

定情形以外，“裁判，应当附具理由。”其中，有罪判决必须明确记载证据目录。“证据目录只要属于必须认定的犯罪事实，就必须表示。”[①] 由此可见，在判决书中列明据以认定事实的证据是判决理由公开制度的一项重要内容。这一方面有助于当事人对法官是否遵循证据裁判原则进行外部监督，另一方面也有利于上级法院在上诉审中对原审法官是否遵循了证据裁判原则进行内部监督，从而督促法官严格奉行证据裁判原则。尤其值得一提的是，日本还将裁判理由说明制度直接与证据裁判原则相联系，规定如果法官未遵守判决理由说明制度则被视为违反了证据裁判原则，将会导致法律上的后果。在我国台湾地区，如果裁判理由内遗漏或未记载其认定事实所凭之证据，或者裁判书中叙明其认定事实所凭之证据与认定事实不相适合，均视为不依证据而为裁判。日本学者也指出：“从表示的证据目录看，认定的事实是不合理的，也是违法的。”[②] 在我国，判决书中缺乏应有的说理成分长期以来一直是一个令人担忧的问题。近年来，这一问题在学术界及司法实务部门已经引起较为广泛的重视，一些法院已经开始在判决书中进行说明理由的尝试。从证据裁判原则的角度出发，笔者认为，我国设立与完善判决理由说明制度应从三个方面入手：（1）立法应当明确规定，裁判，包括判决与裁定，应当附具理由，借鉴台湾地区的做法，采用列举的方法，明确规定有罪判决书理由中应当记载的事项，让当事人能够理解。其中，必须明确说明据以认定有关事实的证据。（2）从反面着眼，规定裁判中如未说明据以认定事实的证据或者在裁判中载明的证据不足以支持裁判中认定的事实，视为无证据裁判。（3）明确规定无证据裁判在程序法和实体法上的后果，[③] 作为违反证据裁判原则的制裁。其中，程序性制裁主要是将它作为上诉和再审撤销原判的理由，实体性制裁的重点放在对法官违法审判的司法责任的追究。而后者有赖于法官素质的不断提高。

（二）程序法定原则

《办理死刑案件证据规定》第3条规定：“侦查人员、检察人员、审判人员应当严格遵守法定程序，全面、客观地收集、审查、核实和认定证据。”这一规

① 参见［日］田口守一：《刑事诉讼法》，张凌、于秀峰译，中国政法大学出版社2010年版，第337页。

② 参见［日］田口守一：《刑事诉讼法》，张凌、于秀峰译，中国政法大学出版社2010年版，第337页。

③ 参见樊崇义：《迈向理性刑事诉讼法学》，中国人民公安大学出版社2006年版，第538～539页。

定把严格依法办案的原则，明确规定为“严格遵守法定程序”，不仅凸显了程序的功能与作用，而且要求把它落实在证据的审查、核实和认定上，这样就把一个空洞原则的口号，变成了一个实在的证据规则，从而在我国证据法领域确立了程序法定原则。它是《刑事诉讼法》第 3 条规定的“人民法院、人民检察院和公安机关进行刑事诉讼，必须严格遵守本法和其他法律的有关规定”的进一步升华。因为程序法定原则不仅包含“严格遵守法律问题”，更重要的是要充分地认识到“证据问题也是程序问题”，以及证据的收集、保管、保全、移送、返还、出示、质证、认定等各个环节都是一个严格的行为规范和法定程序问题。这一原则的确立把诉讼证据的立法、守法、执法全部囊括其中，是正当法律程序原理在证据法中的具体运用和体现。《审判中心改革意见》第 2 条第 2 款规定：“侦查机关、人民检察院应当按照裁判的要求和标准收集、固定、审查、运用证据，人民法院应当按照法定程序认定证据，依法作出裁判。”《审判中心改革实施意见》第 4 条明确规定了程序公正原则，作为程序法定原则的重要补充和落实。即“坚持程序公正原则，通过法庭审判的程序公正实现案件裁判的实体公正。发挥庭审在查明事实、认定证据、保护诉权、公正裁判中的决定性作用，确保诉讼证据出示在法庭、案件事实查明在法庭、诉辩意见发表在法庭、裁判结果形成在法庭。”

程序法中的程序法定原则，与实体法中的罪刑法定原则一样，既是法治国家实现依法治国的必然要求，也是在刑事法领域实现人权保障的基础。笔者认为，在证据法中贯彻程序法定原则，一方面，要正确地理解“程序法定”的内涵，即“程序法定原则也称法制国家程序原则、程序法制原则。其基本含义是指国家刑事司法机关的职权及其追究犯罪、惩罚犯罪的程序，都只能由作为国民代表集合体的立法机关所制定的法律来加以明确规定，刑事诉讼法没有明确赋予的职权，司法机关不得行使；司法机关也不得违背刑事诉讼法所明确设定的程序规则而任意决定诉讼的进程。换句话说，刑事诉讼的规则只能由立法加以规定，因此只能具有立法性质。其他任何机关、团体或者个人，以其他任何形式对刑事诉讼程序规则作出规定，都只能被视为是对程序法定原则的背离，其合法性都值得质疑。”[1] 程序法定原则基本含义有二：一是刑事诉讼程序只能通过国家立法加以

① 樊崇义主编：《刑事诉讼法学》，法律出版社 2004 年版，第 83～84 页。

规定；二是《刑事诉讼法》没有明确规定的职权，司法机关不得行使，司法机关更不能违背《刑事诉讼法》所明确规定的诉讼程序而任意决定诉讼的进程。违反法定程序进行的诉讼行为应当受到相应的程序性制裁；另一方面，要充分地认识到证据问题也是程序问题，脱离法定程序去调查、收集、审查、核实和认定证据，必然走向反面，其结果轻则形成瑕疵证据，重则形成非法证据。非法证据必须受到程序的制裁，排除在定案根据之外，对于运用非法手段收集证据者，造成严重后果的，还要依法追究其刑事责任。从这个意义上说，程序法定原则是非法证据排除规则的基础和依据，如果没有程序法定原则，无法确定哪些诉讼程序属于合法程序，就无法界定非法证据的内涵与外延；而非法证据排除规则既是各国（地区）立法确立的程序性违法的制裁措施之一，也是程序法定原则的保障机制之一，它保障程序法定原则在证据法领域得以实施。

我国《刑事诉讼法》第 3 条第 2 款虽然明确规定了程序法定原则，“人民法院、人民检察院和公安机关进行刑事诉讼，必须严格遵守本法和其他法律的有关规定。”但并没有明确违反法定程序所要承担的刑事诉讼法律责任，1996 年《刑事诉讼法》只是在第 191 条规定了第一审程序性违法的制裁机制，即“第二审人民法院发现第一审人民法院的审理有下列违反法律规定的诉讼程序的情形之一的，应当裁定撤销原判，发回原审人民法院重新审判：（一）违反本法有关公开审判规定的；（二）违反回避制度的；（三）剥夺或者限制了当事人的法定诉讼权利，可能影响公正审判的；（四）审判组织的组成不合法的；（五）其他违反法律规定的诉讼程序，可能影响公正审判的。”这导致司法实践中包括司法解释中任意创制程序的现象不时出现，公安司法机关及其工作人员程序法治意识淡薄，“轻实体、重程序”现象也就难以避免。尽管最高人民法院和最高人民检察院司法解释早就有了中国式非法证据排除规定，① 但直到“两个证据规定”发布实施近一年后的 2011 年才在一审中真正出现“中国非法证据排除第一案”。笔者认为，“只有程序公正，才能实现实体公正”。“两个证据规定”不仅明确规定了

---

① 1998 年《最高人民法院关于执行〈中华人民共和国刑事诉讼法〉若干问题的解释》第 61 条规定：“严禁以非法的方法收集证据。凡经查证确实属于采用刑讯逼供或者威胁、引诱、欺骗等非法的方法取得的证人证言、被害人陈述、被告人供述，不能作为定案的根据。”1999 年《人民检察院刑事诉讼规则》第 265 条第 1 款规定：“严禁以非法的方法收集证据。以刑讯逼供或者威胁、引诱、欺骗等非法的方法收集的犯罪嫌疑人供述、被害人陈述、证人证言，不能作为指控犯罪的根据。”

程序法定原则，而且与《非法证据排除规定》相配套，明确规定了违反法定程序收集证据的程序性后果。2012 年修改的《刑事诉讼法》吸收了上述内容，在第 54 条至第 58 条规定了中国模式非法证据排除规则，主要内容包括非法证据的界定及法律后果、非法证据排除的程序和非法证据排除中的证明问题三个方面，从而补充完善了我国刑事诉讼中的程序法定原则。笔者认为，在刑事诉讼中实行该原则，一方面，要求公安司法人员严格遵循法律规定的诉讼程序，避免在执法中剥夺或者限制法律预先设定的犯罪嫌疑人、被告人及其他参与人的权利；另一方面，程序法定原则既可以保证每个公民受到同等待遇，防止由于公安司法人员任意创制程序规则给当事人等带来不公正，从而实现刑事诉讼平等，同时可以保障诉讼参与人更好地行使权利，督促公安司法机关依法进行诉讼行为，从而维护自己的合法权益。在证据领域贯彻实施程序法定原则，要求公安司法机关收集、审查判断和运用证据必须严格遵守法定程序，这是程序公正的体现和要求。一方面，严格遵守法定程序是实现证据法实体公正的前提。因为只有依照法定程序收集、审查判断和运用证据，才更容易保证证据的真实可靠性。比如，《办理死刑案件证据规定》第 9 条规定，对于未遵循法定程序收集的物证、书证，不能证明物证、书证的来源的，实行绝对排除，对于物证、书证的收集程序、方式存在瑕疵的实行裁量排除，就是为了保证实物证据的客观真实性，以便于实现实体公正。另一方面，严格遵守法定程序是程序本身独立价值的体现。程序法在保证实体法正确实施的同时，有其自身的独立价值，诸如尊重人权，体现民主和法治精神等。《刑事诉讼法》《非法证据排除规定》《办理死刑案件证据规定》和《审判中心改革意见》《审判中心改革实施意见》和《严格排除非法证据规定》等都明确规定，对于以暴力、威胁等非法手段取得的证人证言实行绝对排除，对于采用刑讯逼供等非法手段取得的被告人供述实行绝对排除，就是尊重基本人权，对国家权力进行必要限制的体现，这样，程序的独立价值亦得以彰显。之所以要依法排除非法取得的言词证据，不仅因为其客观真实性受到影响，更主要的是因为非法的取证方法侵犯了公民最基本的人权，直接违背了《刑事诉讼法》的规定。[①]除此之外，程序法定原则也为刑事诉讼进行程序性辩护，扩大和保障犯罪嫌疑

---

① 参见吕广伦、罗国良、刘雅玲、王锋永、冯黔刚、朱晶晶：《〈关于办理死刑案件审查判断证据若干问题的规定〉理解与适用》，载《人民检察》2010 年第 16 期。

人、被告人辩护权及其他诉讼参与人的诉讼权利，从而更好地实现《刑事诉讼法》第 2 条增设的“尊重和保障人权”任务，第 8 条规定的检察监督原则，以及第 14 条修改规定的保障当事人和其他诉讼参与人诉讼权利的原则提供了条件。《刑事诉讼法》第 59 条要求检察机关对证据收集的合法性承担证明责任。同时该法第 57 条要求人民检察院接到报案、控告、举报或者发现侦查人员以非法方法收集证据的，应当进行调查核实。对于确有以非法方法收集证据情形的，应当提出纠正意见。对于以非法方法收集证据，构成犯罪的，依法追究刑事责任。第 253 条又将“违反法律规定的诉讼程序，可能影响公正审判的”增加规定为法定申诉理由之一。这必将对遏制刑讯逼供等非法取证行为产生积极影响，使得我国刑事诉讼中的侦查监督从虚逐步走向实，因此具有重要理论和实践意义。

（三）证据质证原则

质证即通过质疑调查核实证据，是现代法治国家证据调查的基本方式之一。根据联合国《公民权利和政治权利国际公约》第 14 条第 3 款规定，质证权是每一个被追究刑事责任的人的基本权利之一，其内容包含“对质权”与“交叉询问权”两种不同的权利。证据不经质证就认证，等于剥夺被追诉者的人权，侵犯了其公正审判权。“所谓质证，是就对提交法庭的证据由诉讼各方当面质询、诘问、探究和质疑，包括对证据与事实之间的矛盾进行辩驳、澄清。质证包括对证据的来源、形式和内容的质疑，而质疑的主要指向就是证据的客观性、关联性和合法性（可采性）。质证是证据调查的核心，是法庭认证的前提。”在法治发达国家，质证权被认为是刑事被告人的一项基本权利，有些国家甚至认为是公民的宪法权利。《日本宪法》第 37 条第 2 款规定：刑事被告应充分予以对于一切证人询问的机会。《墨西哥宪法》第 20 条第 4 款、《菲律宾宪法》第 3 章第 14 条第 2 款等也都对质证权作出了规定。我国《刑事诉讼法》一直没有明确规定证据质证原则，只是在《刑事诉讼法》第 50 条第 3 款规定：“证据必须经过查证属实，才能作为定案的根据。”与 1996 年《刑事诉讼法》第 42 条第 3 款规定基本一致，即“以上证据必须经过查证属实，才能作为定案的根据”。这两款体现了证据质证原则的要求，而《刑事诉讼法》和司法解释有关法庭调查程序的规定基本确立了以中国式交叉询问制度作为证据质证的基本形式,[①] 它虽然也明确了出示、辨认、质证的程序,但是这些程序的贯彻却流于形式,甚至异化:庭审的直接原则和言词原则并未得以落实,书面审理依然盛行,70%以上的刑事案件律师辩护不到位,证人出庭率不足10%,何谈辨认和质证呢?!

《办理死刑案件证据规定》第4条规定:“经过当庭出示、辨认、质证等法庭调查程序查证属实的证据,才能作为定罪量刑的根据。”从而确立了未经质证不得认证的证据质证原则,它明确要求所有作为法院定罪量刑根据的证据,必须经过当庭出示、辨认、质证等法庭调查程序查证属实,法庭对于那些未经质证的证据不得进行认证,更不得将它作为定案的根据。同时,《办理死刑案件证据规定》第二部分“证据的分类审查与认定”,共26条,主要根据证据种类分别规定了审查与认定证据的内容,除了法定的七种证据种类,还规定了对实践中存在的其他证据材料如电子证据、辨认笔录等的审查与认定,其实就是明确了每一类证据在法庭进行质证时着重审查的内容和若干基本证据规则,包括非法证据排除规则、关联性规则、意见证据规则、原始证据优先规则、补强证据规则以及有限的直接言词规则等,以保障庭审质证有序进行。例如,对证人证言应当着重审查以下内容:(1)证言的内容是否为证人直接感知。(2)证人作证时的年龄、认知水平、记忆能力和表达能力,生理上和精神上的状态是否影响作证。(3)证人与案件当事人、案件处理结果有无利害关系。(4)证言的取得程序、方式是否符合法律及有关规定。(5)证人证言之间以及与其他证据之间能否相互印证,有无矛盾(第11条)。凡是采取暴力、威胁等非法手段取得的证人证

---

① 质证权的立法目的是为了发现案件真实,该目的可从弹劾证人和限制司法权用秘密证据来处罚被告人这两个方面着手实现,前者着重于证人的证词可能会有偏颇或盲点存在,因此,有必要促使证人到庭在被告面前陈述而赋予被告一个交叉询问的机会,后者则是基于保障被告的人权,限制司法机关用秘密证据处罚被告人。质证权是交叉询问的核心理念。交叉询问制度是在交叉询问理念基础上制定的行为规则。交叉询问的基本理念是:人证是以人的事实经历或专业知识作为证据方法所得的证据。人证因为人的陈述是经由知觉、记忆、表现叙述事实的过程而形成,经常有因知觉、记忆、表现陈述的错误而扭曲事实的危险。因此,该陈述是否已经正确叙述其想要陈述的内容、是否按照记忆诚实陈述、其记忆有无错误、有无将自己或他人的经验相混淆、是否正确了解事实、认知能力有无问题等,都有探讨清楚的必要。而依据人类理性及经验的实践,在制度的设计上,最可采用的方式,应让陈述人在审判期日到庭,经具结或宣誓后根据实际情况陈述受询问的事项,由法院直接观察其陈述的态度、并经由对方当事人进行反询问,以斟酌陈述人由知觉至叙述过程的真实性,并借此判断事实的真相。参见樊崇义:《迈向理性刑事诉讼法学》,中国人民公安大学出版社2006年版,第328~330页。

言，不能作为定案的根据。那些处于明显醉酒、麻醉品中毒或者精神药物麻醉状态，以致不能正确表达的证人所提供的证言，不能作为定案的根据。证人的猜测性、评论性、推断性的证言，不能作为证据使用，但根据一般生活经验判断符合事实的除外（第12条）。此外，《非法证据排除规定》规定排除非法证据的程序包括五个步骤，其中第四步就是控辩双方质证，即在公诉人举证后，控辩双方可以就证据取得是否合法的问题进行质证、辩论。然后由法庭对证据取得的合法性问题作出裁定。如果控诉方的证明达到证据确实、充分的程度，能够排除该证据系非法取得的，法庭确认该证据的合法性，准许当庭宣读、质证；如果确认属于以非法方法收集证据的，或者存在重大疑点，不能排除以非法方法收集证据可能性的，法庭对该证据予以排除，不作为裁判的依据。该规定也体现了证据质证原则的要求。《审判中心改革意见》第11条要求“规范法庭调查程序，确保诉讼证据出示在法庭、案件事实查明在法庭。证明被告人有罪或者无罪、罪轻或者罪重的证据，都应当在法庭上出示，依法保障控辩双方的质证权利。对定罪量刑的证据，控辩双方存在争议的，应当单独质证；对庭前会议中控辩双方没有异议的证据，可以简化举证、质证。”第12条要求“完善对证人、鉴定人的法庭质证规则。落实证人、鉴定人、侦查人员出庭作证制度，提高出庭作证率”。《审判中心改革实施意见》第11条进一步明确规定，证明被告人有罪或者无罪、罪轻或者罪重的证据，都应当在法庭上出示，依法保障控辩双方的质证权。对影响定罪量刑的关键证据和控辩双方存在争议的证据，一般应当单独质证。第12条规定：“法庭应当依照法定程序审查、核实、认定证据。证据未经当庭出示、辨认、质证等法庭调查程序查证属实，不得作为定案的根据。”《严格排除非法证据规定》第31条第4款规定：“公诉人、被告人及其辩护人可以对证据收集的合法性进行质证、辩论。”这些规定都是证据质证原则的体现。

在我国司法实践中，庭审质证方面的问题十分突出，主要表现为：一是质证不充分、走过场，法庭未能对证据展开全面、深入的调查核实。在个别情况下，有的法官甚至将未经质证的证据作为定案的根据；二是在庭前审查中，对控诉方“主要证据复印件”中的证据先入为主，往往未经庭审就基本形成对控诉方证据的确信；三是法官在庭审时不能保持客观中立的立场，重控诉方证据，轻辩护方证据，不能平等保护辩护方行使举证权、质证权，造成辩护方对控诉方证据的质证流于形式，而出现辩护方不仅难以被允许举证，即便允许举证也往往未经充分质证就被法庭否定的不公正现象。针对这些突出问题，《办理死刑案件证据规定》、《审判中心改革意见》和《审判中心改革实施意见》都确立了证据质证原则。《审判中心改革意见》第 11 条提出要"规范法庭调查程序，确保诉讼证据出示在法庭、案件事实查明在法庭。证明被告人有罪或者无罪、罪轻或者罪重的证据，都应当在法庭上出示，依法保障控辩双方的质证权利。对定罪量刑的证据，控辩双方存在争议的，应当单独质证；对庭前会议中控辩双方没有异议的证据，可以简化举证、质证。"第 12 条进一步提出要完善对证人、鉴定人的法庭质证规则。《审判中心改革实施意见》第 12 条规定："法庭应当依照法定程序审查、核实、认定证据。证据未经当庭出示、辨认、质证等法庭调查程序查证属实，不得作为定案的根据。"根据该原则，第一，质证是司法证明的一个基本环节，是法官在认证之前的一个必经程序。未经质证，不得认证，证据必须在法庭上公开出示并经公开质证才能作为定案的根据。第二，要确保被告人和辩护人的诉讼权利，包括举证、质证权利。这些权利是维护被告人实体权利并保障司法公正的必要手段，如果剥夺了被告人的质证权，司法公正就难以得到有效的保障。第三，法官必须保持中立立场，平等保障控辩双方充分质证和辩论。[①] 证据质证原则突出规定了证据的出示、辨认、质证等环节，并明确规定只有经过法庭调查程序查证属实的证据，才能作为定罪量刑的根据。这一规定主要就是针对当前证据运用中"重庭下，轻庭上""重庭外，轻庭内"的偏向，导致庭审程序异化，法庭审判走过场、形式主义的一些错误做法，把质证规则作为诉讼进行的一项重要的证据规则，以确保证据的质量。另外，证据质证原则的确立，对证人出庭难、律师辩护难、书面审理盛行等诉讼痼疾的医治，也将会起到更大的作用，以促进刑事审判方式的改革。

值得注意的是，根据《刑事诉讼法》第 196 条规定，在法庭审理过程中，如果对证据确有疑问，且出庭检察人员、被告人及其辩护人当庭确实无法补充证据予以支持或者作出说明时，合议庭认为有必要，可以依法进行庭外调查核实。《办理死刑案件证据规定》第 38 条对庭外调查核实证据的程序作了细化规定，并对如何运用庭外调查取得的证据予以规范，进一步补充完善了证据质证原则。对

---

① 参见吕广伦、罗国良、刘雅玲、王锋永、冯黔刚、朱晶晶：《〈关于办理死刑案件审查判断证据若干问题的规定〉理解与适用》，载《人民检察》2010 年第 16 期。

于人民检察院、辩护人补充的和法庭庭外调查核实取得的证据，特别是证明定罪事实和对被告人从重处罚事实的证据，非经当庭出示、辨认、质证等法庭调查程序，不得作为定案的根据。但有利于对被告人作出从轻、减轻处罚的证据，如立功、自首情节的证据，法庭可以通过变通的方式，即庭外征求出庭检察人员、辩护人的意见等方式进行审查。当双方意见不一致，有一方要求人民法院开庭进行调查的，人民法院应当开庭。这样的规定，可以节省司法资源，提高诉讼效率，且为大多数地方法院、检察院所接受。

当然，与其他证据法原则一样，“两个证据规定”确立证据质证原则仅仅是一个起点，而抉择刑事质证模式将是决策者下一步必须面对的现实。此外，要完善我国的刑事质证程序，还必须从立法上明确规定刑事质证主体的证据开示义务、刑事质证的主体范围、刑事质证的对象范围、拒绝质证的法律后果、刑事质证的进行规则、刑事质证的顺序以及刑事质证的内容等，[①] 从而保障证据质证原则在司法实践中得以贯彻实施。

（四）非法证据排除规则

非法证据排除规则是指刑事司法机关对于依法认定的非法证据应当予以排除，不得作为移送起诉意见、提起公诉和裁判根据的一种证据规则。《非法证据排除规定》和《刑事诉讼法》第56条至第60条规定了中国模式非法证据排除规则，主要内容包括非法证据的界定及法律后果、非法证据排除的程序和非法证据排除中的证明问题三个方面。《审判中心改革意见》第4条第2款和《审判中心改革实施意见》第2条又重申了非法证据排除规则，《审判中心改革实施意见》第21－28条进一步细化了非法证据排除规定和排除程序。2017年6月，“两高三部”印发《严格排除非法证据规定》，共42条，通过进一步明确界定非法言词证据的范围，规范非法证据排除程序，强化律师辩护权等，严格排除非法证据，加强人权司法保障。根据这些规定，非法取得的言词证据应当绝对排除，非法取得的实物证据实行裁量排除。据统计，自1997年1月1日至2002年6月30日，北京市辩护律师平均每人办理案件13.62件，其中遇到被告人称其曾经受到刑讯逼供的为2.10件，律师向法院请求排除非法证据的为0.10件，而法院采纳率只有8.7%。非法证据排除规则的形成和确定，是我国民主与法治史上一个重要的

---

① 参见陈卫东：《中国刑事证据法的新发展——评两个证据规定》，载《法学家》2010年第5期。

里程碑，它标志着我国司法程序的进步、文明、民主进入一个新的历史阶段，其现实意义和历史意义不可估量。关于非法证据排除规则的产生及在我国的确立与发展，笔者已在第二章详细研究，还将在第七章作为遏制刑讯逼供的机制之一详细分析。在此从略。

二、法律体现出来的证据规则

证据规则是确认证据的范围、调整和约束证明行为的法律规范的总称，是证据法的集中表现。在我国，除了《刑事诉讼法》“总则”、《办理死刑案件证据规定》“一般规定”及《非法证据排除规定》《审判中心改革意见》《审判中心改革实施意见》明确规定上述四项证据法原则或证据规则外，《刑事诉讼法》和“两个证据规定”的许多条文内容都体现出一些证据规则，主要包括关联性规则、意见证据规则、原始证据优先规则、补强证据规则及有限的直接言词规则。这些规则作为我国刑事证据规则体系的重要组成部分，也将对我国刑事证据制度和刑事诉讼制度的完善产生重大影响，值得深入研究。

（一）关联性规则

证据的关联性与证据的合法性是证据可采性（即具有证据能力或证据资格）的两项必备要件。关联性规则又称相关性规则，是英美法系的一项基础性证据规则，它要求在诉讼双方提交法庭的各种证据中，只有确实与案件事实存在某种关联性、能够证明案件事实的一部分或全部的证据，才可以采纳为诉讼中的证据。否则，该材料不具有证据能力，不得采纳为证据。对于“相关性”的解释，《美国联邦证据规则》第401条将其定义如下：“相关证据，指证据具有某种倾向，使决定某项在诉讼中待确认的事实的存在比没有该项证据时更有可能或更无可能。”可见，证据的相关性必须同时具备两项要素：（1）它必须有助于证明或否定一个事实结论；（2）证据所说明的事实与有关法律之间存在实质性的或因果的关系。因此，证据的关联性包括两个层次：一是证据与要证事实的关联；二是证据与证据之间的关联。证据只有环环相扣，形成紧密的锁链，才能称其为具有关联性。我国台湾地区学者陈朴生教授认为：“关联性，从严格言，本非证明能力之问题，乃许容为证据后之证明力问题。盖证据与要证事实无关联性，即欠证明力。此项证据，足生不适当之心证，乃不许其为证据。因认证据之许为适法证据者，必具有证明能力，且有关联性。然证据之许其提供调查者，必与要证事实具有关联性，始有调查之必要。因之，关联性，不特为取得证明能力之条件，即英美法上之证据许容性（admissibility）；且具有限定调查证据范围之作用。”[①] 他同时指出，必须严格区分证据能力和证明力两个阶段的相关性。“惟证据能力是关于证据之法则的规则；而关联性，则系事物间论理的经验的关联，亦即理论的关联。且关联性，从其应受客观的事物间关系之知识的拘束，不得任意决定，固与自由心证之应以关联性，判断其证据之价值同出一辙；惟证据评价之关联性，乃证据经现实调查后之作业，系检索其与现实间之可能的关系，为具体的关联，属于现实的可能；而证明能力之关联，亦即单纯的可能，可能的可能。故证据之关联性，得分为证明能力关联性与证据价值关联性二种。前者，属于调查范围，亦即调查前之关联性；后者，属于判断范围，亦即调查后之关联性。”所谓相关性规则在法律上的最终表现形式主要是排除那些对案件事实不具有实质性和证明性的证据，即表述为不相关证据排除规则。它的主要功能在于，通过在审判中事先排除不相关证据，从而为达成判决的实体正义提供帮助。此外，相关性规则通过设立排除不相关证据规则，也有效防止了控辩双方在相关与不相关问题上发生不必要的争论、纠缠，从而有利于提高诉讼效率。[②] 正如《美国联邦证据规则》第403条规定：“证据虽然具有相关性，但可能导致不公正的偏见、混淆争议或误导陪审团的危险大于该证据可能具有的价值时，或者考虑到过分拖延、浪费时间或无需出示重复证据时，也可以不采纳。”

我国《刑事诉讼法》及其司法解释，以及“两个证据规定”都没有明确规定关联性规则，但有关条文内容明确体现了该规则的要求。《刑事诉讼法》第50条将“证据”界定为“可以用于证明案件事实的材料”，这就要求证据必须与案件事实有关联性，可以用来证明案件事实的一部分或全部。第43条规定，辩护律师经证人或者其他有关单位和个人同意，可以向他们收集与本案有关的材料，经人民检察院或者人民法院许可，并且经被害人或者其近亲属、被害人提供的证人同意，可以向他们收集与本案有关的材料。第52条规定：“审判人员、检察人员、侦查人员必须依照法定程序，收集能够证实犯罪嫌疑人、被告人有罪或者无

① 参见陈朴生：《刑事证据法》，台湾地区海天印刷厂有限公司1979年版，第275~276页。
② 参见马贵翔：《刑事证据相关性规则探析》，载《东方法学》2009年第1期。

罪、犯罪情节轻重的各种证据。严禁刑讯逼供和以威胁、引诱、欺骗以及其他非法方法收集证据，不得强迫任何人证实自己有罪。必须保证一切与案件有关或者了解案情的公民，有客观地充分地提供证据的条件，除特殊情况外，可以吸收他们协助调查。”该条款要求证据必须能够用来证实犯罪嫌疑人、被告人有罪或者无罪、或者其犯罪情节轻重等。同时，《刑事诉讼法》第二编第二章关于侦查取证内容的相关规定也体现了关联性规则的要求，主要包括：侦查讯问的内容应当与本案有关；对于侦查人员提出的与本案无关的问题，犯罪嫌疑人有拒绝回答的权利（第120条）。侦查人员只能对与犯罪有关的场所、物品、人身、尸体进行勘验或者检查（第128条）；可以对犯罪嫌疑人及可能隐藏罪犯或者犯罪证据的人的身体、物品、住处和其他有关的地方进行搜查（第136条）；查封、扣押的各种财物、文件、邮件、电报或者冻结的存款、汇款必须与案件有关，否则，应当在3日内解除查封、扣押、冻结，退还原主或者原邮电机关（第141条和第145条）。公安机关对于采取技术侦查措施获取的与案件无关的信息和事实材料，应当及时销毁（第152条）。人民检察院提出没收违法所得的申请，应当提供与犯罪事实、违法所得相关的证据材料（第298条）。《办理死刑案件证据规定》第6条第（4）项要求对于物证、书证，应着重审查“物证、书证与案件事实有无关联。对现场遗留与犯罪有关的具备检验鉴定条件的血迹、指纹、毛发、体液等生物物证、痕迹、物品，是否通过DNA鉴定、指纹鉴定等鉴定方式与被告人或者被害人的相应生物检材、生物特征、物品等作同一认定”。第（5）项规定：“与案件事实有关联的物证、书证是否全面收集。”第23条第（8）项规定，如果鉴定意见与案件待证事实无关联，就不能作为定案的根据。第27条规定，视听资料的“内容与案件事实无关联性”，也不能作为定案的证据。该规定第26条第2款、第27条第（3）项和第29条第（3）项还分别要求结合案件其他证据，审查勘验、检查笔录、鉴定意见和电子证据的真实性、关联性。此外，《刑事诉讼法》第58条规定，当事人及其辩护人、诉讼代理人申请排除以非法方法收集的证据的，应当提供相关线索或者证据。而根据《非法证据排除规定》第6条规定，这里的“相关线索或者证据”是指侦查人员“涉嫌非法取证的人员、时间、地点、方式、内容等”与案件事实有关的内容。《审判中心改革实施意见》第27条规定：“通过勘验、检查、搜查等方式收集的物证、书证等证据，未通过辨认、鉴定等方式确定其与案件事实的关联的，不得作为定案的根据。”《电子数据证据规定》第1条定义“电子数据”，要求该数据必须“能够证明案件事实”，同时第2条要求“人民检察院、人民法院应当围绕真实性、合法性、关联性审查判断电子数据。”这些规定都体现了证据关联性规则。笔者认为，关于证据关联性规则，无论从立法角度，还是从司法实务上，都必须加以高度重视，因为证据事实与案件事实之间的关联性问题，是认定案件事实的生命之所在，它直接关系到案件的质量问题，从某种意义上讲，关联性决定着证据的可采性，关联性决定着定罪量刑案件事实的质量，而且这一规定的运用，不仅涉及案件的每一个证据，而且还与全案证据的运用息息相关，因此，从立法到实务，必须对关联性规则倍加重视。

与关联性规则密切相关的是品格证据问题，它是英美证据法的重要组成部分。① 所谓“品格证据”是指用来证明被证明对象的品格或特定品格特征的证据。根据证明对象不同，它可分为被告人品格证据、被害人品格证据和证人品格证据三种。品格证据规则就是为了防止控诉方提出被告人品格败坏的证据，特别是有关前科的证据，但在反驳中提出是允许的。换言之，品格证据规则并不限制被告人对控告人（包括被害人）和其他控方证人的品格提出质疑，所以，在强奸等性侵犯案件中，被告人提出被害人品格问题也不会遇到任何障碍。当然，这时被害人可以提出品格证据进行反驳。因此，这会影响到辩护律师的策略，使其慎重考虑是否给被害人抹黑，提出被害人品格证据问题。英美证据法专门对一些证据的关联性作了限定，主要内容包括：（1）有关被告人的品格没有关联性，但存在某些例外：一是如果被告人提出有关其本人的品格证据，那么控方可以提出相反的品格证据进行反驳；二是有利于被告人的品格证据不受相关性规则的限制；三是如果提出品格证据的目的不是为了证明案件事实，而是为了影响对被告人的定罪量刑，也可以不受限制；（2）被害人品格一般也不具有关联性，但庭审中如果出于准确确定被告人刑事责任之需，可以存在某些例外：一是如果被害人主张在犯罪过程中是无过错一方，而被告人持反对意见，这时可以允许被告人提出有关被害人品格和行为的证据，作为证明当时被害人的行为与其品格存在一致性的重要印证；二是控方也可以提出维护被害人的品格证据，但必须在被告人

① 关于英美品格证据的详细分析，See Peter Murphy，Murphy on Evidence（ninth edition），Oxford University Press，2005，pp. 110～189. 易延友：《英美法上品格证据的运用规则及其基本原理》，载《清华法学》2007年第2期。

对这一问题提出相关证据后，对方可提出相反的证据；三是在性犯罪案件中，有关被害人过去性行为方面的名声或评价不具有关联性；（3）被告人的前科或先前的类似行为一般不具有关联性，除非它构成被指控行为的一个组成部分；（4）特定的诉讼行为。譬如：曾作过有罪答辩，后来又撤回的；（5）特定的事实行为。如事件发生后某人实施补救措施的事实就不得作为该人对此事件负有责任的证据加以采用。《美国联邦证据规则》第404条（a）对品格证据规则做了详细规定，该规则第412条还专门就性犯罪案件中被害人品格证据作了例外规定，即所谓的“强奸盾牌条款”：（1）在强奸案件中，被害人过去性行为的名声或意见证据，一律不具有可采性；（2）有关被害人以前的具体性行为的证据，一般也不具有可采性，但有一些重要的例外：有关过去性行为的证据是“宪法规定应该采用的”；侦查中发现被告人不是该精液主人的证据；被告人可提出自己过去与控告人的性关系的问题，借此申辩被害人是“自愿”。可见，有关所谓被害人名声的证据的采纳只适用于被害人首先将名声置于争论中的情形。美国证据法中被告人或被害人品格证据提出的要件包括两个方面：第一，该品格证据与待证事实必须具有关联性，才有证据能力。第二，被告人是品格证据的发动者，“只有被告人打开品格证据这扇大门时，控诉方才能乘虚而入”，[①] 提出具有“同一性”的品格证据予以反驳。正如《菲律宾证据规则》第46条规定：“被告良好的道德品质与卷进被诉罪行的道德特征相关，对此，被告应自行证明。除非被反驳的情况下，检察官不能证明被告恶劣的品行。”此外，根据《美国联邦证据规则》第405条规定，被告人或被害人品格的证明方法包括名声、意见（或评价）和特定行为实例三种。关于证人品格证据问题，英美证据法规定，控辩双方在交叉询问中可以提出涉及被告人以外的证人即普通证人的可信性与品格的问题，但根据判例，此规则受到所谓附属事项终结性规则（collateral – finality rule）的限制，其含义是证人对于案件起诉书中争议事项的附属性事项的回答是终结性的，交叉询问人不能在该事项上进一步提出证据对证人予以反驳，而证人的品格一般属于所谓附属性事项。确立此规则的目的是防止纠缠次要问题以确保诉讼效率。证人品格证据规则的例外情形包括：其一，在制定法上，交叉询问人可以就证人对其前科的否定提出证据予以反驳，如1865年《英国刑事程序法》第6条规定，证

① United States v. Gilliland, 586 F. 2d 1384 (10th Cir. 1978).

人可就其是否曾被定罪量刑的情况被交叉询问，当其否认这一事实或拒绝回答，交叉询问人有权证实这一事实；其二，在普通法中，交叉询问人可以就证人对其偏见的否定予以反驳；其三，交叉询问人可以就证人对其不诚实的名声的否定提出证据予以反驳。

和绝大多数大陆法系国家一样，我国法律没有对品格证据问题作出明确规定，但在《刑事诉讼法》所确立的“控辩式”庭审模式下，被害人是以当事人身份出庭作证，其作证陈述的内容既可能有利于控方，也可能有利于辩方，也可能包含被告人品格证据或其自己的品格证据。这自然就涉及被害人陈述中这些品格证据的证据能力判断问题，因此需要立法加以规范。笔者认为，根据品格证据规则的基本原理，可以借鉴美国的做法，立法首先应当就品格证据的证据能力作出原则规定，即关于被告人、被害人或证人的品格或品格特征的证据，如果用来证明该人在某特定场合的行为与其品格或品格特征相符时，原则上不具有证据能力。同时规定若干例外，尤其是对性侵犯案件被害人应作出特别保护。笔者认为，在下列情形下，被害人陈述中的品格证据具有证据能力：一是被害人提出的证明其有关品格特征的证据；二是被害人提出的用于反驳被告人提出的品格证据的证据；三是在被告人提出被害人品格证据时，被害人提出的用于证明被告人具有相同品格的证据。但在性侵犯案件中，有关被害人过去性行为的证据不具有证据能力，除非是危及被告人或被害人宪法性权利保护，并且经法院举行听证后决定采纳的。而且与美国不同，在我国，被害人与被告人一样，都是作为诉讼主体的“私当事人”，双方既是证明主体又是作证主体，因此，应当平等地享有品格证据的发动权，都有权在作证时主动提出品格证据。①

(二) 意见证据规则

区分事实和意见是现代证据法的一项基本要求。根据意见证据规则，证人作证只能陈述自己亲身体验的过去的事实，而有关事实的意见、信念或据此进行的推论，即使对证明其所信事实或推论事实为真，一般不具有可采性，除非法律另有规定。② “英美法排斥意见之法则，其法理上根据，在证人仅系就该事件提供其自己所体验观察之知识，并非以单纯推测者之身份提供其推测之事项。因之，

① 参见兰跃军：《刑事被害人作证制度研究》，中国人民公安大学出版社2011年版，第174～176页。

② See Peter Murphy, Murphy on Evidence (ninth edition), Oxford University Press, 2005, p. 339.

其单纯意见或无合理价值之意见，既非基于客观的资料直接体验而来，自应加以排斥。如其所为之推测，系基于客观的资料，依其特别知识与技术而陈述其意见，故具有许容性；即无此特别知识与技术之一般证人基于其自己之体验，就（1）同一性；（2）某种状态（如心理状态，包括某人之动机如何，感情如何等疾病状态）；（3）年龄、容貌；（4）事物之类似；（5）气候；（6）物品之价格、性质、质量或色彩；（7）精神之正常性；（8）物之占有与所有事项等所为之推测，亦认其具有证据许容性。是英美法之排斥意见证据，系本证明政策之要求。"[①] 意见证据规则不仅适用于具体证人的意见证言，而且适用于一般性意见以及公共舆论意见。但是，对于公共舆论意见有关证据的排除，存在两方面的限制：第一，如果只是为了证明特定时期关于某事项的一般性意见是什么或者公共舆论意见处于一种什么样的状态，而不是为了证明普遍赞誉或相信的事项为真，那么，公共舆论意见可以作为证据采纳；第二，对于有关公共利益的事项，如果直接证据难以获得或者不可能获得，作为最后的不得已手段，可以运用公共舆论意见进行证明。当然，随着现代公共记录可信性以及易获得性的不断提高，对有关公共利益事项的证明也逐渐变得相对容易。一般而言，在普通法上，公共舆论意见方面的证据可用以证明下述事项：（1）与血统或婚姻存续状况有关的事项。在现代社会，由于官方记载能够越来越多地对诸如婚姻或血统等事项予以证明，公共舆论意见方面的证据主要被用以证明某些古老的事项。（2）为了确定某种指称就是指的特定的人或物。例如，对于诋毁性的描述，尽管没有指明针对的是谁，但根据一般公共舆论意见可以知道就是针对的某人。（3）为证明公共权利或一般权利的存在。例如，为确定遗嘱中所称的地界标志，可以求助于公共舆论意见方面的证据。（4）为了证明好或者坏的品格。[②]

英美法中的意见证据规则并不是一个封闭的规则，它在实践中存在许多例外。摩根教授认为："事实和意见的界线，充其量不过是一种程度上之差别而已，只应本于实务上之考虑，如为了节省时间或照顾证人的精神状态等。容许此类证据，鲜有应予废弃之错误，其意见之根据一般得留待反询问，较为便利。每一位有经验之法官在诉讼之审理中，均可以再见及整个故事之分割破裂，只因坚持须

---

① 陈朴生：《刑事证据法》，台湾地区海天印刷厂有限公司1979年版，第298～299页。

② 参见宋英辉、吴宏耀：《意见规则——外国证据规则系列之四》，载《人民检察》2001年第7期。

守一种形式，而该项形式，实非证人所能依从。盖证人亦如一般大多数之人，对于其所推论渗入其观察中者，究竟达于何种程度，实无自知之明。证人只系依其所知之方法报告事实，如对证人动辄吹毛求疵或加以制止，其结果则往往无异使其窒息而无法陈述。”① 依据证人身份的不同，意见规则的例外可以分为两类：第一，有关专家证人的例外，即一个具有适当资格的专家可以就其拥有的相应专业知识且需要专家意见的事实陈述其意见。第二，有关普通证人的例外，即作为表述曾亲身感知的事实的方式，一个非专家证人可以就那些不需要任何特殊的专业知识的事实陈述其意见。在 United States v. Schnable 一案中，一个年仅 13 岁且又矮又小的智障幼女被害人出庭作证，在她作出了令人难以理解的有关性行为的陈述后，法院许可该被害人的母亲以意见证据的形式作证，只要其意见证据以对该被害人陈述的合理解释为基础，并且能全面反映该幼女被害人在心智、语言、数学和身体等方面的不足状况，从而能帮助事实裁判者正确地了解该幼女被害人的证词。② 大陆法系国家一般都没有关于限制意见证据的规定，法律虽然也要求证人根据自己所了解的事实提供证言，但允许证人根据其所体验的事实作一些必要的分析、判断和推测。③ 但是，《日本刑事诉讼法典》第 156 条、《俄罗斯联邦刑事诉讼法典》第 75 条、我国《澳门刑事诉讼法典》第 117 条和台湾地区“刑事诉讼法”第 160 条都明确规定了意见证据规则。根据《俄罗斯联邦刑事诉讼法典》第 75 条第 2 项规定，证人基于猜测、假设、传闻所做的陈述，不允许采信为证据。

我国《刑事诉讼法》没有规定意见证据规则，理论上认为所有的作证者都是“事实证人”，作证者的个人意见和推测不得作为证据使用。但随着证据法学研究的深入，多数学者都意识到了该理论的局限性，主张立法应明确规定意见证据规则，同时借鉴域外国家（地区）的做法，规定若干例外。目前比较一致的观点是主张将证人“根据一般生活经验可以判断的事实”规定为意见证据规则的例外。④《办理死刑案件证据规定》第 12 条第 3 款吸收了学界观点，规定：

① ［美］Edmund M. Morgan：《证据法之基本问题》，李学灯译，台湾地区世界书局 1982 年版，第 233 页。

② See Major Christopher W. Behan, New Developments in Evidence 2003, 2004 Army Law. 11, 22 (May, 2004).

③ 参见宋英辉、汤维建主编：《证据法学研究述评》，中国人民公安大学出版社 2006 年版，第 260 页。

④ 参见陈光中主编：《中华人民共和国刑事证据法专家拟制稿》，中国法制出版社 2004 年版，第 226～229 页。

"证人的猜测性、评论性、推断性的证言，不能作为证据使用，但根据一般生活经验判断符合事实的除外。"从而确立了意见证据规则。这有利于促使言词证据作证者如实提供他们所感知的案件事实，以避免将自己主观的推断、评论、猜测、估计、假设、想象作为证言适用，从而对案件事实作出错误的判断。笔者认为，这里"根据一般生活经验可以判断的事实"，包括英美法中所主张的同一性或者类似、某种状态（如心理状态，包括某人的动机如何，感情如何和疾病状态）、年龄、相貌、事物的类别、气候、物品的价格、特性、体积、重量和色彩、精神是否正常、物品的占有与所有等事实。这是因为，这些事实作为证人（包括被害人）的意见或推测，并非是与证人亲身体验的事实毫无关联的单纯推测事项的陈述或由其他事实推测的意见，它们往往与证人体验的事实很难划分，并且必须混合在一起才能发现事实真相，或者证人体验的事实本身就含有这种推测要素。[①] 这些事实大多数属于几乎不可能以其他方式表达的"速记性"证言。具体而言，可分为以下几种：（1）尝和闻的问题，如"闻起来像火药味"；（2）车辆的速度，如"他开得非常快"；（3）声音、笔迹的辨认，如"是他的声音"；（4）证人自己的意图，如"我正打算过马路"；（5）另一个人的情感或状态，如"他醉醺醺地，喝了好多酒"，"他看上去很紧张"。这是其一。其二，《刑事诉讼法》明确区分证人和鉴定人，后者作为"专家证人"运用其专门知识就案件中的专门性问题进行鉴定后提出的鉴定意见，是一种独立的法定证据种类，经过法定程序调查属实，具有可采性，不适用意见证据规则。其三，《刑事诉讼法》第197条第2款规定，公诉人、当事人和辩护人、诉讼代理人可以申请法庭通知有专门知识的人出庭，就鉴定人作出的鉴定意见提出意见。《电子数据证据规定》第26条也规定了鉴定人和专家辅助人出庭作证制度，如果公诉人、当事人或者辩护人、诉讼代理人对电子数据鉴定意见有异议，可以申请人民法院通知鉴定人出庭作证。人民法院认为鉴定人有必要出庭的，鉴定人应当出庭作证。经人民法院通知，鉴定人拒不出庭作证的，鉴定意见不得作为定案的根据。对没有正当理由拒不出庭作证的鉴定人，人民法院应当通报司法行政机关或者有关部门。公诉人、当事人或者辩护人、诉讼代理人可以申请法庭通知有专门知识的人出庭，就鉴定意见提出意见。对电子数据涉及的专门性问题的报告，参照适用前三款规

① 参见陈朴生：《刑事证据法》，台湾地区海天印刷厂有限公司1979年版，第299~300页。

定。这种具有专门知识的人出庭，适用鉴定人的有关规定。这种意见属于证人证言，还是一种特殊的专家证人提供的“专家证言”，而立法没有给予明确。在普通法上，专家证人具有十分宽泛的含义。美国《布莱克法律词典》对“专家”一词的解释是：“经过该学科科学教育的男人（或女人），或者掌握有从实践中获得的特别或专有知识的人”。在英美证据法中，所谓“专家证人”一般是指“在一项法律程序中作证，并对作证的客观事项具有专门知识的人。专家证人是具有普通人一般不具有的一定知识或专长的人。受教育程度可以作为一个人提供专家证人的基础，但是基于经验的特殊技能或知识也可能使一个人成为专家证人。”① 英美法系国家的专家证人大体上可以分为两类：一类实质上就是鉴定人，即对证据材料进行鉴定并作出结论的专家证人；另一类就是对前一种专家证言进行审查、研究、分析和监控，帮助核实其证言的可靠性和科学性的专家证人。如美国辛普森案件中被告人就聘请了全美最优秀的 DNA 血液专家，以审查和质疑控方专家所作的血液 DNA 鉴定。从立法本意看，我国《刑事诉讼法》第 197 条规定的这种“有专门知识的人”作为专家辅助人，通过《最高人民法院关于民事诉讼证据的若干规定》第 61 条第 1 款规定首次在我国得以确立，② 大致相当于英美法中的第二类“专家证人”。《刑事诉讼法》第 197 条规定，这种专家辅助人出庭不是以自己亲身感知的过去的事实作证，因而不同于普通证人。但他们出庭的目的是就鉴定人作出的鉴定意见提出意见，进行质证，帮助法官和当事人正确理解鉴定意见，而不是就案件中的某些专门性问题进行鉴定，因而又不同于鉴定人。这种专家辅助人出庭有利于改进和完善我国现行的刑事鉴定制度，提高诉讼效率，实现司法公正，保障诉讼人权，因此具有重大理论和实践意义。但关于这种特殊“专家证言”的证据能力和证明力问题，亟待立法或司法解释作出明确规范，以便于《刑事诉讼法》修改生效后实施。事实上，大陆法系许多国家刑事诉讼法都有设置专家辅助人制度，它对于保证鉴定意见的可靠性和科学性以及保障诉讼程序的顺利进行发挥了较大功效。《俄罗斯刑事诉讼法典》第 58 条规定了专家辅助人的条件、权利与义务；第 168 条、第 251 条和第 270 条分别规定

---

① 转引自宋英辉、吴宏耀：《意见规则——外国证据规则系列之四》，载《人民检察》2001 年第 7 期。

② 《最高人民法院关于民事诉讼证据的若干规定》第 61 条第 1 款规定：当事人可以向人民法院申请由一至二名具有专门知识的人员出庭就案件的专门性问题进行说明。人民法院准许其申请的，有关费用由提出申请的当事人负担。

了专家辅助人在侦查阶段提供帮助的前提以及在庭审中的具体操作性规定。《德国刑事诉讼法典》第85条规定："为了证明过去的事实、情况需要询问具有特别专门知识的人员时，适用关于证人的规定。"在意大利，专家辅助人被称为"技术顾问"，《意大利刑事诉讼法典》第222条至第225条对技术顾问的选任机制、资质条件和诉讼地位等作了全面的规定。这些都值得我国在进一步立法完善专家辅助人制度时予以借鉴。笔者认为，立法需要明确专家辅助人的聘任程序、资质条件、参与诉讼的时间、诉讼权利和诉讼义务等，从而规范这种"专家证言"的证据能力。立法虽然规定专家辅助人出庭适用鉴定人的有关规定，但他们就鉴定人作出的鉴定意见提出意见，本身就是一种意见证据，不同于一般证人证言，因此不能适用意见证据规则。至于这种"专家证言"的证明力，也需要由法官结合全案证据综合判断后进行认证。

（三）原始证据优先规则

18世纪英国著名法学家边沁根据证据来源的不同，把证据分为原始证据和传来证据。凡是直接从第一来源（即案件事实）获得的证据是原始证据，凡是从第一来源以外获得的证据是传来证据。原始证据与传来证据划分的标准是它是否经传抄、复制、转述等。因为传来证据经历了传抄、复制、转述等中间环节，因此，存在失真和不实的可能性。我国证据法学者继承了这一分类，并在借鉴英美证据法中最佳证据规则[①]的基础上，提出了原始证据优先规则。所谓原始证据优先规则，实际上包括两层含义：一是从收集证据的角度来讲，原始证据优先规则要求在证据收集时应尽可能地收集原始证据，凡是能够收集原始证据的，不得

① 最佳证据规则（best evidence rule）是以文字材料的内容证明案件事实时，必须提交该文字材料的原件。《美国联邦证据规则》第1002条规定，除非本证据规则和国会立法另有规定，为了证明文字、录音或照片（awriting，recording，or photographs）的内容，必须提供相应的原件。而以上所说的"文字、录音或照片"都不是狭义的。第1001条对它们的含义作了详细规定，如对photographs的界定中包括照片、X光片、录像制品和动画。该法对"原件"的解释是："文字或录音的原件即该文字或录音材料本身，或者由制作人或签发人使其具有与原件同样效力的副本、复本。照相的原件包括底片或任何由底片冲印的胶片。如果数据储存在电脑或类似设备中，任何从电脑中打印或输出的能准确反映有关数据的可读物，均为'原件'。"第1003条指出，在有确切的证据证明原件确实存在或按最佳证据规则不采复制件会导致不公平的情形下复制件与原件一样也具有可采性。但下列情况下除外：（1）对复制品是否忠实于原件产生疑问；（2）以复制品替代原件采纳将导致不公正。第1004条又举例具体规定一些非原件也可采的情形：（1）原件丢失或被毁坏；（2）原件通过正当程序和法律手段不可得；（3）原件在诉讼对方的掌握之中；（4）待证事实属于附带性问题，与主要争议点联系并不是很紧密等。

只收集派生证据或传来证据；二是从证据证明力的角度来讲，原始证据的证明力大于传来证据。因此，原始证据优先规则既是一项规范证据能力的规则，也是一项规范证明力的规则。而且就其适用范围而言，传统的最佳证据规则仅适用于书证，现在虽然扩大到了视听资料，但证人证言无论如何不适用最佳证据规则，因为英美法系国家对传来的证人证言有专门的另外的证据规则——传闻证据规则调整；而原始证据优先规则的适用范围则大于最佳证据规则，它可以适用于所有的证据种类，包括证人证言等。① 在理论上之所以确立原始证据优先规则，是因为证据的真实可靠性在整个证据法体系中占有非常重要的地位。在证据理论中，我们所有的证明活动实际上是建立在证据是真实的这一假设基础之上的。一般情况下证据本身无须证明，我们默认的前提是证据都是真实可靠的。主流观点认为，证据事实不属于证明对象。因为如果证据也需要证明，以此类推下去证明证据的证据也就需要证明，这样就会导致无限地证明下去没有尽头了。可以说证据的真实性是整个证明活动中最关键的环节和基础，试想如果证据本身的真实性都受到质疑，那么以下的证明活动就因失去根基而没什么价值了。然而，证据真实可靠毕竟是人们假设的理想状态，为了保障这一前提的实现，使得接下来的证明活动可信而有意义，人们只能通过证据立法中规定的规则来最大限度地保证证据的真实可靠。保证证据的真实可靠也是证据立法所追求的价值之一。学理上所确认的原始证据优先规则正是通过减少因传播环节而使证据失真的可能从而来保证证据的真实可靠的。②

我国三大诉讼法都没有明确规定原始证据优先规则，但有关法条内容及司法解释规定体现了该规则的要求。《民事诉讼法》第 70 条规定："书证应当提交原件。物证应当提交原物。提交原件或者原物确有困难的，可以提交复制品、照片、副本、节录本。"《最高人民法院关于适用〈中华人民共和国民事诉讼法〉若干问题的意见》第 78 条规定："证据材料为复制件，提供人拒不提供原件或原件线索，没有其他材料可以印证，对方当事人又不予承认的，在诉讼中不得作为认定事实的根据。"《最高人民法院关于民事诉讼证据的若干规定》第 10 条规定："当事人向人民法院提供证据，应当提供原件或者原物。如需自己保存原件、

① 参见陈学权：《最佳证据规则》，载《上海公安高等专科学校学报》2007 年第 5 期。

② 参见周淼：《试论我国证据法中的原始证据优先规则》，载《理论界》2006 年第 3 期。

原物或者提供原件、原物确有困难的，可以提供经人民法院核对无异的复制件或者复制品。”第20条规定：“调查人员调查收集的书证，可以是原件，也可以是经核对无误的副本或者复制件。是副本或者复制件的，应当在调查笔录中说明来源和取证情况。”第21条规定：“调查人员调查收集的物证应当是原物。被调查人员提供原物确有困难的，可以提供复制品或者照片。提供复制品或者照片的，应当在调查笔录中说明取证情况。”第22条规定：“调查人员调查收集计算机数据或者录音、录像等视听资料的，应当要求被调查人提供有关资料的原始载体。提供原始载体确有困难的，可以提供复制件。提供复制件的，调查人员应当在调查笔录中说明其来源和制作经过。”第49条规定：“对书证、物证、视听资料进行质证时，当事人有权要求出示证据的原件或者原物。但有下列情况之一的除外：（一）出示原件或者原物确有困难并经人民法院准许出示复制件或者复制品的；（二）原件或者原物已不存在，但有证据证明复制件、复制品与原件或原物一致的。”第69条规定，无法与原件、原物核对的复印件、复制品，不能单独作为认定案件事实的依据。第77条规定，人民法院就数个证据对同一事实的证明力，可以依照下列原则认定：……（三）原始证据的证明力一般大于传来证据。此外，《最高人民法院关于行政诉讼证据若干问题的规定》第11条、第12条、第40条和第71条等也作了类似的规定。由此可见，我国民事证据和行政证据立法已经确立了原始证据优先规则，其适用范围包括物证、书证和视听资料，但不包括证人证言。根据该规则，原则上对于书证，应当优先提交原件；对于物证，应当优先提交原物；对于视听资料，应当优先提交其原始载体。对书证、物证和视听资料进行质证时，当事人有权要求出示证据的原件、原物或原始载体，被要求一方也应当出示。但有两种情况例外：一是出示原件或者原物确有困难，并经人民法院准许，可以出示复制件或者复制品；二是原件或者原物已不存在，但有证据证明复制件、复制品与原件或者原物一致。此外，立法还从证明力的角度对传来证据进行了限制，即：（1）一般情况下，传来证据的证明力小于原始证据；（2）传来证据不能或者不能单独作为认定案件事实的依据；（3）传来证据只有经与原始证据核实无误或经鉴定证明是真实的，才具有与原始证据同等的证明力。

《高法解释》第70条第1款规定：“据以定案的物证应当是原物。原物不便搬运，不易保存，依法应当由有关部门保管、处理，或者依法应当返还的，可以拍摄、制作足以反映原物外形和特征的照片、录像、复制品。”《高法解释》第71条第1款规定：“据以定案的书证应当是原件。取得原件确有困难的，可以使用副本、复制件。”《办理死刑案件证据规定》第8条规定：“据以定案的物证应当是原物。只有在原物不便搬运、不易保存或者依法应当由有关部门保管、处理或者依法应当返还时，才可以拍摄或者制作足以反映原物外形或者内容的照片、录像或者复制品。物证的照片、录像或者复制品，经与原物核实无误或者经鉴定证明为真实的，或者以其他方式确能证明其真实的，可以作为定案的根据。原物的照片、录像或者复制品，不能反映原物的外形和特征的，不能作为定案的根据。据以定案的书证应当是原件。只有在取得原件确有困难时，才可以使用副本或者复制件。书证的副本、复制件，经与原件核实无误或者经鉴定证明为真实的，或者以其他方式确能证明其真实的，可以作为定案的根据。书证有更改或者更改迹象不能作出合理解释的，书证的副本、复制件不能反映书证原件及其内容的，不能作为定案的根据。”第9条第3款规定：“对物证、书证的来源及收集过程有疑问，不能作出合理解释的，该物证、书证不能作为定案的根据。”第15条第2款规定：“证人在法庭上的证言与其庭前证言相互矛盾，如果证人当庭能够对其翻证作出合理解释，并有相关证据印证的，应当采信庭审证言。”第27条规定：“对视听资料应当着重审查以下内容：……（三）是否为原件，有无复制及复制份数；调取的视听资料是复制件的，是否附有无法调取原件的原因、制作过程和原件存放地点的说明，是否有制作人和原视听资料持有人签名或者盖章……对视听资料有疑问的，应当进行鉴定。对视听资料，应当结合案件其他证据，审查其真实性和关联性。”《审判中心改革意见》第4条第3款规定，对物证、书证等实物证据，一般应当提取原物、原件，确保证据的真实性。需要鉴定的，应当及时送检。证据之间有矛盾的，应当及时查证。所有证据应当妥善保管，随案移送。这就是原始证据优先规则的要求。由于电子数据的电子特性，电子数据不同于物证、书证等其他证据种类，它完全可以同原始存储介质分离开来。而且，对电子数据的复制可以确保与原数据完全一样，复制后的电子数据与原数据没有任何差异。因此，与传统证据种类不同，电子数据没有“原始电子数据”的概念，只有“原始存储介质”的概念。《电子数据证据规定》规定，收集、提取电子数据，能够扣押电子数据原始存储介质的，应当扣押、封存原始存储介质，并制作笔录，记录原始存储介质的封存状态。（第8条）具有规定四种情形之一，无法扣押原始存储介质的，可以提取电子数据，但应当在笔录中注明不能扣押原始存储介质的原因、原始存储介质的存放地点或者电子数据的来源等情况，并计算电子数据的完整性校验值。（第9条）由于客观原因无法或者不宜依据第8条、第9条的规定收集、提取电子数据的，可以采取打印、拍照或者录像等方式固定相关证据，并在笔录中说明原因。（第10条）这样，就将民事诉讼和行政诉讼中的原始证据优先规则全面引入了刑事诉讼，其适用范围不仅包括物证、书证和视听资料，而且包括证人证言、电子数据。明确规定不能反映原始物证、书证的外形、特征或者内容的复制品、复制件，应予以排除；一般情况下，出庭作证的证人证言优于未出庭作证的证人证言；视听资料原则上也要求提交原件，电子数据要求收集提取原始存储介质。通过立法确立该规则的目的在于促使侦查机关更加努力地收集具有真实性的原始证据，从而更准确、及时地查明案件事实，实现实体正义。

最高人民法院的司法解释、《办理死刑案件证据规定》和《电子数据证据规定》在刑事诉讼中确立了原始证据优先规则，而且侧重于规范证据能力，这与民事诉讼和行政诉讼不同。但是，由于立法没有规定物证、书证的副本、复制件、复制品不可采纳，对其使用条件也只有“确有困难”的原则性规定，这样的模糊规定给法官留下了较大的自由裁量空间。在司法实践中，经常出现滥用复制件、复制品、照片的情况，有时是因对物证的保管不善，导致物证丢失，只好用照片替代；有时是侦查人员图方便，渐渐习惯于移交照片，使得复制件、复制品、照片的使用呈现出大于原件使用的趋势，从而使得原始证据优先规则被滥用。为此，笔者建议：一是明确规定收集运用物证、书证、视听资料、电子数据应当遵循原始证据优先规则，能够收集原始证据的，不得只收集派生证据。立法应当作出强制性的细化规定：“调取书证、视听资料、电子数据必须调取原件，取得原件确有困难或者因保密需要不能调取原件的，可以调取副本或者复制件。调取物证必须调取原物。原物不便搬运、保存，或者依法应当返还被害人，或者因保密工作需要不能调取原物的，可以将原物拍照、录像。对原物拍照或者录像应当足以反映原物的外形、内容”；二是规定在特定情况下，物证、书证、视听资料、电子数据的副本、复制件、复制品可以被采用；三是明确规定在物证、书证、视听资料、电子数据的副本、复制件、复制品的可靠性有保障的情况下，赋予副本、复制件、复制品与原件同等的证明力；四是《刑事诉讼法》增加了

“电子数据”这一证据种类，而且将它与“视听资料”规定为同一类证据，两者具有许多共同特征，因此，它同样应当适用原始证据优先规则。立法应当对电子数据的原件问题作出规定。2004 年通过的《电子签名法》第 5 条规定：“符合下列条件的数据电文，视为满足法律、法规规定的原件形式要求：（一）能够有效地表现所载内容并可供随时调取查用；（二）能够可靠地保证自最终形成时起，内容保持完整、未被更改。但是，在数据电文上增加背书以及数据交换、储存和显示过程中发生的形式变化不影响数据电文的完整性。”笔者认为，这一规定是基本合理的，因为只要满足了上述条件，该数据电文的真实性实际上就已经有了很大的保障。菲律宾 2001 年的《电子证据规则》第 4 条规定：“如果某一文件在同一时刻或前后不久就同一内容执行两份或更多副本，或者该文件是通过与原件相同的印模或使用同一字模、或者通过机械或电子的再录制、或者通过化学复制方法、或者通过其他能正确复制原件的相应技术而形成的复制件，则对该复本或复制件均应视为原件的相当物。尽管如此，但如果出现以下情况，则复本或复制件不享有同原件同等程度上的可采性：（a）对原件的真实性提出实质性怀疑的；或者（b）从具体情况来看许可复本以代替原件将导致不公平或不公正的。”

（四）补强证据规则

补强证据（corroboration）在英文中的意思是“确证、证实、进一步的证据”，是指某一证据能够证明案件事实，但没有完全的证据能力，不能单独作为认定案件事实的依据，必须有其他证据补强其证明力的情况下，才能作为定案的根据，亦称“印证”，它不能单独证明案件事实，但可用来证明主要证据的可靠性，增强或保证主要证据的证明力，担保主要证据的真实性。补强证据规则又称共犯规则，原本仅适用于污点证人的案件，是针对污点证人作伪证这一危险而在司法实践中发展起来的一种保障规则。根据该规则，除了共犯证据外，要让陪审团裁决有罪，还应有其他证据。到 18 世纪 80 年代，这一规则已经松动，变为仅须对陪审团作出提醒或建议的规则。[①]《刑事诉讼法》第 55 条规定了口供补强规则，即“对一切案件的判处都要重证据，重调查研究，不轻信口供。只有被告人供述，没有其他证据的，不能认定被告人有罪和处以刑罚；没有被告人供述，证

① 参见［美］兰博约：《对抗式刑事审判的起源》，王志强译，复旦大学出版社 2010 年版，第 198 ~ 208 页。

据确实、充分的，可以认定被告人有罪和处以刑罚。……”根据该条规定，口供不能作为认定被告人有罪的唯一根据，必须有其他证据补强才能据以定案。《办理死刑案件证据规定》第 34 条规定：“根据被告人的供述、指认提取到了隐蔽性很强的物证、书证，且与其他证明犯罪事实发生的证据互相印证，并排除串供、逼供、诱供等可能性的，可以认定有罪。”根据该条规定，认定被告人有罪时，首先，要审查是否是根据被告人的供述、指认才提取到了隐蔽性很强的物证、书证；其次，要审查该物证、书证是否与其他证明犯罪事实发生的证据互相印证，有无矛盾；最后，要审查被告人关于该物证、书证的供述、指认是否排除了串供、逼供、诱供等可能性。该规定是对《刑事诉讼法》第 55 条的补充和完善。此外，该规定第 22 条规定：“对被告人供述和辩解的审查，应当结合控辩双方提供的所有证据以及被告人本人的全部供述和辩解进行。被告人庭前供述一致，庭审中翻供，但被告人不能合理说明翻供理由或者其辩解与全案证据相矛盾，而庭前供述与其他证据能够相互印证的，可以采信被告人庭前供述。被告人庭前供述和辩解出现反复，但庭审中供认的，且庭审中的供述与其他证据能够印证的，可以采信庭审中的供述；被告人庭前供述和辩解出现反复，庭审中不供认，且无其他证据与庭前供述印证的，不能采信庭前供述。”这些条文都明确体现了补强证据规则的要求，不能只靠口供定案，所有的口供必须与其他证据相互印证，用其他证据加以补充和强化，才能认定案件事实。补强证据规则就是指某一证据由于其存在证据资格或证据形式上的某些瑕疵或弱点，不能单独作为认定案件事实的依据，必须依靠其他证据的印证，借以证明其真实性或补强其证据价值，才能作为定案的依据。补强证据规则是一项限定证据证明力的规则，要求对特定证据进行补强，否则不能进行直接定案。英美法、日本法和我国台湾地区法中都有补强证据规则，要求特定的证据必须有相应的证据予以补强，才能够作为定案的根据。在美国，“各司法区信奉这样一种要求，就是欲支持一项供认为基础的有罪认定，该供认必须为审理中提出的其他证据所印证。”《日本宪法》第 38 条第 3 款规定：“任何人如果对自己不利的唯一证据是本人口供时，不得被判罪或课以刑罚。”我国台湾地区“刑事诉讼法”第 156 条第 2 项规定：“被告或共犯之自白，不得作为有罪判决之唯一证据，仍应调查其他必要之证据，以察其是否与事实相符。”

关于补强证据的条件，英美法系与大陆法系规定有相似之处，都认为作为补强证据，首先，必须是法定的证据，要具备法定的证据资格，作为补强证据的证据同样需要具有证据的“三性”，即客观性、关联性和合法性。其次，证据必须可信，不可信的证据不可能成为补强证据，也不可能要求补强。最后，证据必须充分，要能与其他证据结合后才能认定案件的真实情况。笔者认为，在我国，第一，补强证据自身具备完全的可信性，能够从某个方面证明案件事实，同时能够对主证据进行补强。因为证据补强的本质是复数证据的相互印证，正如英国法官皮尔·罗德·莫瑞斯（Per Lord Morris）指出：“补强证据就是用一个值得信任的证人去巩固另一个值得信任的证人证言。在不止一个可接受的证人提供控诉证言的情况下，无辜定罪的风险自然大大降低……补强证据的目的不是为无效证据或者不可信的证据提供有效性或可信性，而是加强并且支持已有证据的充分性、满意性和可信性。”① 第二，补强证据本身必须是一种实质独立的证据，与主证据的信息来源没有关联。他人对主证据内容的转述、同一案件几个被告人或被害人的陈述，以及犯罪嫌疑人、被告人、被害人通过参与诉讼活动了解其他证据内容后所作的修正、补充陈述等，原则上都不能作为补强证据。此外，刑事诉讼过程中形成的悔过书、讯问笔录不具备作补强证据的资格，同时将诉讼前被告人所写的与其犯罪事实有关的日记、笔记、遗书等作为例外，而被告人自身的某些行为证据，如逃跑、毁灭证据、拒绝接受身体检查等亦可用于印证。第三，证据补强的目的是增强已有当事人证据的证明力，发现和纠正可能由于当事人的“当事性”而出现的陈述偏差，从而防止错判。因此，立法应明确补强证据的证明要求，并将该要求细化为可供操作的司法规范，包括：（1）被告人供述涉及的全部客观要件事实，都有证据补强；（2）用于补强的每一证据均已经法定程序查证属实；（3）补强证据之间、补强证据与被告人供述之间以及补强证据、被告人供述与客观要件事实之间不存在矛盾或者矛盾得以合理排除；（4）认定补强证据与被告人供述相契合的过程符合逻辑和经验规则，由补强证据能够得出被告人系犯罪人的结论。②

关于补强证据的证明对象，美国要求的所谓“犯罪本体（或犯罪主要事实）

① Dpp v. Hester（1972）3 WLR 910，HL.

② 参见党建军、杨立新：《死刑案件适用补强证据规则若干理论问题研究》，载《政法论坛》2011年第5期。

的独立证明”，比较有代表性。按照这一标准，检察官的起诉书必须表明三点：第一，存在犯罪造成的损害；第二，损害是由某人犯罪所引起；第三，被告人可能是犯罪人，也可能是被害人。其中前两点统称为“犯罪本体（或犯罪主要事实）”。口供的补强证据必须能够独立证明犯罪本体，而对于被告人与犯罪人的同一性无须证明。在日本，学术界对补强证据的证明对象存在“罪体说”和“实质说”的对立，二者的主要区别在于是否应当对补强证据的证明对象在形式上进行限制。但目前，主张不加限定的实质说已经被认为不符合日本现行法律。归纳起来，在日本刑事诉讼中，有关补强证据的规则包括：（1）犯罪事实的认定必须有补强证据，而非犯罪事实，如前科、没收、追征事由等无须补强；（2）对于犯罪构成客观要件事实的认定，必须具备补强证据；（3）在犯罪事实中被告人与犯罪人同一性的认定不需要补强证据；（4）犯罪构成要件中的主观要素，如故意、过失的认定也不需要补强证据；（5）对于非犯罪构成的事实，即犯罪阻却事由不存在的认定，也不需要补强证据。可见，美日两国的做法大同小异，二者都强调被告人与犯罪人的同一性不需要其他证据补强，依据口供就可以认定。我国《刑事诉讼法》及相关规范性文件都没有对补强证据的证明对象作出明确规定，美国和日本的立法例可以作为参照。我国有学者主张扩展主证据范围，将被告人供述涉及的犯罪客观要件事实，包括犯罪结果事实的发生、犯罪行为事实的存在、犯罪行为与犯罪结果的因果关系事实以及被告人与犯罪人具有同一性，都需要补强。另外，将未成年证人证言也扩展纳入主证据的范围。① 笔者认为，这与域外做法不符，而主证据范围过大，可能不利于充分发挥补强证据规则的功能，因而是不可取的。

在补强证据所应达到的证明标准问题上，存在两种不同的做法：第一，除口供本身之外的补强证据应能够达到排除合理怀疑的证明程度；第二，口供与其他补强证据共同达到排除合理怀疑的程度。美国有的州曾经采取第一种态度，但近年来普遍倾向于第二种。上述两种做法的区别关键在于应当赋予口供以多大的证明力。前者显然在事实上架空了口供，即使是被告人自愿作出的口供，也完全失去证明力，因此，后者无疑是一种恰当的选择。但是，第二种做法尽管在理论上

---

① 参见党建军、杨立新：《死刑案件适用补强证据规则若干理论问题研究》，载《政法论坛》2011年第5期。

很容易说通，可实践中如何在口供与其他补强证据之间进行证明力的衡量或分配，又成了一个难以解决的问题。笔者认为，在这个问题上应当注意区分不同的案件类型，分别对待。从补强证据规则产生的历史过程来看，最初是英国法院及早期的学者，特别顾虑杀人、强盗等案件，认为在这些案件中应当有其他证据，以增强或担保自白的凭信性，因此提醒裁判者，不宜单纯凭自白而定罪。这一点原本属于一项实务上的弹性原则，经过以后的逐渐发展，最终成为严格的证据法则。应当说，将口供补强规则作为一项司法中的弹性原则，而非硬性规定，是符合证明力的判断规律的，因为证据证明力是一个事实问题，应由裁判者通过自由衡量形成心证；但是为了确保口供的真实性，并防止裁判者恣意裁断，对口供证明力的衡量施加一定的限制又成为必要。从这个意义上来讲，口供补强证据之证明标准的确立，其实是一个证明力判断的自由性和法定性相互妥协的结果。笔者认为，原则上应当要求口供和其他补强证据的证明作用之和达到排除合理怀疑的程度。但是，在实务上，应当允许针对不同类型的案件，赋予口供以不同的证明作用。在较为严重的犯罪中，如故意杀人、抢劫等，应严格限制犯罪嫌疑人、被告人口供的证明作用，要求具有比较完整的补强证据；而对于某些轻微的犯罪，则可以赋予口供以较大的证明力，仅要求一定程度的补强证据即可。至于具体标准，则需要在司法实践中逐步形成和完善。

一般而言，补强证据必须具备两个要素：(1) 不受待印证证据的支配；(2) 证明的事实与案件有关。因此，凡是可以采纳的、与案件事实相关联的、符合法定程序的，用以增强或肯定待证证据证明力的证据，都是补强证据。它既可以是直接证据，也可以是间接证据，既可以是其他形式的言词证据，也可以是实物证据，法律一般不对补强证据的范围作出限制。但需要强调的是：第一，补强证据必须具有证据能力，非法证据即使在实质上是真实的，也不得作为口供的补强证据。第二，不能与口供作出实质性区分的证据，不能构成补强证据。如记载有口供之内容的讯问笔录即属此类。第三，犯罪嫌疑人、被告人在其他场合所做的陈述，如果没有其他附加证据的，也不得单独作为本案中口供的补强证据。第四，在共同犯罪案件中，其他共犯的供述不得作为口供的补强证据。关于共犯口供的证明作用，在学术界一直存在争论。但总体观点是，共犯作出的供述在本质上仍然是口供，而不能互为证人证言。

对于补强证据的数量，只能由审理案件的法官进行自由裁量。法官既可以要求当事人提供一个补强证据，也可以要求其提供两个或者两个以上的补强证据。

至于补强证据规则是否适用于被害人陈述，《刑事诉讼法》没有规定，域外也鲜有立法例。我国台湾地区学者陈朴生教授认为："惟被害人，与被告人立于相反之立场，其所述被害情形，难免有不尽不实，其虚伪之危险极大，自非完全真实无疵。为担保其真实性，非别求其他证据，以增强其证明力，殊不足为认定犯罪事实之唯一资料。如其陈述并无瑕疵可指，而就其他方面调查，又与事实相符，其供述未始不足据为判决之基础。"① 也就是说，被害人的陈述原则上也不能作为判决被告人有罪的唯一根据，其证明力必须有其他证据补强。但是，如果被害人出庭作证，其陈述与案件事实相符，没有任何瑕疵，可以作为法庭判决的基础（包括定罪和量刑）。日本理论和实务界也持此立场，认为被害人陈述不能作为定案的唯一证据。② 荷兰法律在1838年就规定了两条强制性补强证据规则，要求法庭不能只根据被告人的供述或者一个证人（包括被害人）的证言判决被告人有罪。③ 在美国的许多司法辖区，如果没有其他证据补强，强奸案件被害人的证词甚至不能提交给事实的裁判者进行评价。换言之，检察官将无法成功确立强奸罪在表面上成立。④ 而在英国，一个儿童被害人的陈述可以与另一个儿童被害人的陈述相互补强。⑤ 我国实务部门的学者们也主张被害人陈述必须有其他证据印证才能采信，单有被害人陈述的案件尽管非常少见，一般也不能定案。笔者认为，我国《刑事诉讼法》将被害人陈述与犯罪嫌疑人、被告人供述和辩解分别规定为两种独立的法定证据种类，表明立法者对被害人陈述这种当事人证据持相当谨慎的态度，要求司法实务部门在审查判断和认定它时，应当像对待犯罪嫌疑人、被告人供述和辩解一样有所戒备，不可轻信。《刑事诉讼法》第53条提出

---

① 陈朴生：《刑事证据法》，台湾地区海天印刷厂有限公司1979年版，第121页。

② 据新华社报道，日本经常发生电车性骚扰案，由于当场抓获的色狼多为普通市民，警方在调查过程中难以获得客观证据和目击者证言，被害人陈述往往成为案内唯一的证据，使法院无法定案，导致不少犯罪嫌疑人最后被无罪释放。日本警方为了加强打击这种电车内流氓行径，要求警员亲自动手多抓现行犯，为此还特地组建了一支由150名女警组成的"打狼队"投入战斗。参见《日本组织女警严打电车流氓》，载《重庆晚报》2009年10月9日第14版。

③ 参见［美］米尔吉安·R·达马斯卡：《飘移的证据法》，李学军、刘晓丹等译，中国政法大学出版社2003年版，第29页注释。

④ 参见［美］米尔吉安·R·达马斯卡：《比较法视野中的证据制度》，吴宏耀、魏晓娜等译，中国人民公安大学出版社2006年版，第118页。

⑤ Dpp v. Hester［1972］3 WLR 910（HL）.

了对口供的补强要求。因此，笔者赞成陈朴生教授的观点，认为被害人陈述原则上不能作为定罪的唯一根据，其证明力必须有其他实质独立的证据进行补强。这既是我国长期司法实践中总结出来的被害人陈述和口供作为一种直接证据运用时必须遵循的一项基本规则，即“孤证不能定案”——只有一个直接证据，而没有间接证据印证的情况下，不能据以认定案件事实。这也是罗马教会证据法中不具有灵活性的规则，即不能只依据一个证人的证言进行裁决。① 但是，在那些“一对一案件”中，如果案内没有其他证据，而被害人又出庭作证，其陈述内容经过法庭查证属实，与案件事实相符，没有任何瑕疵，就可以作为法庭判决的基础（包括定罪和量刑）。这可以看作是一种价值权衡的结果，即在查明案件真相以控制犯罪与查明被害人陈述可能存在虚假性之间，选择前者。

（五）直接言词原则

直接言词原则是大陆法系刑事审判乃至刑事诉讼的基本原则之一，是直接原则和言词原则两项原则的合称。所谓直接原则，是指法官必须与诉讼当事人和诉讼参与人直接接触，直接审查案件事实材料和证据。直接原则又可分为直接审理原则和直接采证原则。前者的含义是，法官审理案件时，公诉人、当事人及其他诉讼参与人应当在场，除法律另有特别规定外，如果上述人员不在场，不得进行法庭审理。否则，审判活动无效。在这一意义上，直接审理原则也称为在场原则。直接采证原则是指，法官对证据的调查必须亲自进行，不能由他人代为实施，而且必须当庭直接听证和直接查证，不得将未经当庭亲自听证和查证的证据加以采纳，不得以书面审查方式采信证据。所谓言词原则，是指法庭审理须以口头陈述的方式进行。包括控辩双方要以口头进行陈述、举证和辩论，证人、鉴定人要口头作证或陈述，法官要以口头的形式进行询问调查。除非法律有特别规定，凡是未经口头调查之证据，不得作为定案的依据采纳。直接言词原则就是指法官必须在法庭上亲自听取当事人、证人及其他诉讼参与人的口头陈述，案件事实和证据必须由控辩双方当庭口头提出并以口头辩论和质证的方式进行调查。由于人们只会对自己有权参与和有权发表意见以及其意见被倾听、接受或认可的这

① See Karl Gross, Das Beweisverfahren im canonischen Prozess (Innsbruck, 1880), pp. 291 ~294. 转引自［美］米尔吉安·R·达马斯卡：《飘移的证据法》，李学军、刘晓丹等译，中国政法大学出版社 2003 年版，第 27 页注释。

样一种决策机制的公正性表现出信任，并在心理上服从和接受，因此，法庭审理采用直接言词原则会在最大程度上消解控辩双方对法官裁断的怀疑和抵触，从而增强刑事裁判的可接受性。

直接言词原则源于德国19世纪立法改革，其目的是为了消除书面审理和间接审理给法官发现事实真相所带来的种种重大弊端，法官可以藉之从被告人、全部证人及证物获得印象，即“就犯罪行为以‘审判程序所获之结果’，而活生生且是以直接的感受来完成一项判决。”[①] 为此目的，包括证人在内的诉讼参与人有义务一直在场，法庭审理应当由裁判者亲历、亲为，并且不间断进行。因此，直接言词原则充分体现了司法权行使的参与性和亲历性要求。根据该原则，卷宗的内容不得作为裁判的依据；所有在审判程序外所获得的资料来源均不得作为判决的基础；书证的影印本只具有较少的证据价值；法官必须时时能洞悉诉讼过程；形成法官心证的所有证据的调查应当在法庭上以口头方式进行；在审理过程中更换法官时必须重新开始公审程序等。[②]《德国刑事诉讼法典》第226条规定，审判是在被召集的裁判人员、检察院和法院书记处一名书记员不间断地在场的情形下进行。该法第250条规定，对事实的证明如果是建立在一个人的感觉之上的时候，要在审判中对他进行询问。询问不允许以宣读以前的询问笔录或者书面证言而代替。根据《法国刑事诉讼法典》第452条规定，证人应当口头作证。该法还规定，在法庭听取证人证言与鉴定人说明之前，庭长不得向陪审官、陪审员交阅文件与鉴定报告，也不得不经宣读而将任何其他文件提交陪审官、陪审员阅读，在这些材料尚未交被告人阅读之前，更是如此。同时，该法第347条规定，法院不得将重罪案卷带进评议室。如果法庭认为有必要对案卷中的某些材料进行审查，可以命令在有检察院与各当事人的律师在场时将案卷带进评议室。《日本刑事诉讼法》第43条第1款规定：“判决，除本法有特别规定的以外，应当根据言词辩论而作出。”《意大利刑事诉讼法典》第526条规定：“法官在评议中不得采用不是依法在庭审中调取的证据。”我国台湾地区“刑事诉讼法”第159条规定：“被告之外之人于审判外之言词或书面陈述，除法律有规定者外，不得作为

① 参见［德］克劳思·罗科信：《德国刑事诉讼法》，吴丽琪译，法律出版社2003年版，第429～430页。

② 参见陈卫东：《论刑事证据法的基本原则》，载《中外法学》2004年第6期。

证据。”

英美法系国家刑事诉讼法没有规定直接言词原则，但其当事人主义诉讼构造和传闻证据规则体现出与直接言词原则相通的理念和目标追求。传闻证据规则主要确立了传闻证据的范围及规则的例外、传闻证据规则适用的阶段、传闻证据规则适用的证据种类以及传闻证据的排除程序。直接言词原则与传闻证据规则虽然有共同的理念基础——公正审判和发现真实，两者都存在许多例外情形，但它们还是有许多重大差异，主要表现在六个方面：第一，两者发挥作用的诉讼模式不同。大陆法系国家立法和证据理论强调证据材料对发现实体真实的作用和法官调查证据的亲历性及言词调查方式；而英美法系国家形成了一系列限制证据资格的证据规则。第二，两者内涵和适用范围不同。直接言词原则直接规范法官的审判行为；而传闻证据规则只规范“陈述”证据的适格性问题。第三，两者发挥作用方式不同。直接言词原则发挥作用无需当事人申请，法官应当依照职权贯彻；而传闻证据规则以对方当事人申请为前提。第四，两者规范的关系不同。直接言词原则着重规范审判者与证据调查之间的关系；而传闻证据规则着重强调传闻证据不能使当事人在审判庭上对原证人进行反询问。第五，两者作用的侧重点不同。直接言词原则是作为对书面审理方式的批判而产生的，侧重于强调和规范在法庭审理时法官在庭审中必须自行调查证据的方式；而传闻证据规则是对证据资格的要求，强调传闻不得进入法庭对事实的调查程序，它从证据的角度强调，除法定情况外，没有亲身感知案件情况的人不能作为证人，其提供的证据不得进入证据调查程序，以免误导裁断者的判断。第六，两者对证据效力的影响不同。根据直接言词原则，在法庭审理中，只要该证据被允许，并且在法官面前以言词的形式提出并经过调查，该证据即具有证据资格，能够作为认定案件事实的根据。而根据传闻证据规则，只要该证据没有经过对方当事人的反询问或者同意，无论是否经过法官审查，都是无效的。① 因此，在现代混合式诉讼模式下，国家刑事证据法发展趋势之一就是有效结合直接言词原则与传闻证据规则的优点。日本刑事诉讼法由于吸收了英美法系刑事诉讼的因素，将直接言词原则与传闻证据规则联系起来。日本学者认为，作为直接言词原则精神的延伸，产生了在对实体真实

---

① 参见宋英辉、李哲：《直接、言词原则与传闻证据规则之比较》，载《比较法研究》2003 年第 5 期；樊崇义、李静：《传闻证据规则的基本问题及其在我国的适用》，载《证据科学》2008 年第 3 期。

的证明中尽可能依靠原始证据证明犯罪事实的观念，并根据这一要求，对于传闻证据，原则上应当予以排除。[①]

作为传统大陆法系国家，我国《刑事诉讼法》和相关规范性文件都没有明确规定直接言词原则，但《刑事诉讼法》和“两个证据规定”、《审判中心改革意见》第12条、《审判中心改革实施意见》第14条规定了证人、鉴定人、侦查人员应当出庭作证的情形，并且建立了有限的作证保障机制，因此，可以说在我国已经确立了有限的直接言词原则。《办理死刑案件证据规定》第15条规定：“具有下列情形的证人，人民法院应当通知出庭作证；经依法通知不出庭作证证人的书面证言经质证无法确认的，不能作为定案的根据：（一）人民检察院、被告人及其辩护人对证人证言有异议，该证人证言对定罪量刑有重大影响的；（二）人民法院认为其他应当出庭作证的。证人在法庭上的证言与其庭前证言相互矛盾，如果证人当庭能够对其翻证作出合理解释，并有相关证据印证的，应当采信庭审证言。对未出庭作证证人的书面证言，应当听取出庭检察人员、被告人及其辩护人的意见，并结合其他证据综合判断。未出庭作证证人的书面证言出现矛盾，不能排除矛盾且无证据印证的，不能作为定案的根据。”同时第16条第2款规定了证人作证的保护措施：“证人出庭作证，必要时，人民法院可以采取限制公开证人信息、限制询问、遮蔽容貌、改变声音等保护性措施。”这两条规定针对我国证人出庭难、质证难的现状与问题，确立了有限的直接言词证据规则，即控辩双方有异议的和对定罪量刑有重大影响的证人应当出庭接受质证。这一规定完全符合我国当前的实际情况，也解决了实际问题。从实体上说有利于保障正确认定案件事实，从程序上说更有利于保障当事人的质证权。同时，该规定第24条第2款规定：“对鉴定意见有疑问的，人民法院应当依法通知鉴定人出庭作证或者由其出具相关说明，也可以依法补充鉴定或者重新鉴定。”《非法证据排除规定》第7条规定，经审查，法庭对被告人审判前供述取得的合法性有疑问的，公诉人应当向法庭提供讯问笔录、原始的讯问过程录音录像或者其他证据，提请法庭通知讯问时其他在场人员或者其他证人出庭作证，仍不能排除刑讯逼供嫌疑的，提请法庭通知讯问人员出庭作证，对该供述取得的合法性予以证明。经

---

① 参见［日］土本武司：《日本刑事诉讼法要义》，董璠舆、宋英辉译，台湾地区五南图书出版公司1997年版，第211页。

依法通知，讯问人员或者其他人员应当出庭作证。公诉人提交加盖公章的说明材料，未经有关讯问人员签名或者盖章的，不能作为证明取证合法性的证据。控辩双方可以就被告人审判前供述取得的合法性问题进行质证、辩论。《审判中心改革实施意见》第25条和《严格排除非法证据规定》第27条、第31条都明确规定了侦查人员出庭作证制度。

《刑事诉讼法》吸收了“两个证据规定”的内容，对证人、鉴定人、侦查人员出庭作证作出了进一步明确的规范。《刑事诉讼法》第61条规定了对证人证言质证的要求：“证人证言必须在法庭上经过公诉人、被害人和被告人、辩护人双方质证并且查实以后，才能作为定案的根据……”第63条、第64条规定了对证人、被害人、鉴定人作证的保护，第65条规定了对证人作证的经济补偿。《刑事诉讼法》第192条明确规定了证人、鉴定人、警察应当出庭作证的两种情形：“公诉人、当事人或者辩护人、诉讼代理人对证人证言有异议，且该证人证言对案件定罪量刑有重大影响，人民法院认为证人有必要出庭作证的，证人应当出庭作证。人民警察就其执行职务时目击的犯罪情况作为证人出庭作证，适用前款规定……公诉人、当事人或者辩护人、诉讼代理人对鉴定意见有异议的，人民法院认为鉴定人有必要出庭的，鉴定人应当出庭作证。经人民法院通知，鉴定人拒不出庭作证的，鉴定意见不得作为定案的根据。”第193条规定了强制作证和有限的作证豁免制度：“经人民法院通知，证人没有正当理由不出庭作证的，人民法院可以强制其到庭，但是被告人的配偶、父母、子女除外。证人没有正当理由拒绝出庭或者出庭后拒绝作证，予以训诫，情节严重的，经院长批准，处以十日以下的拘留。被处罚人对拘留决定不服的，可以向上一级人民法院申请复议。复议期间不停止执行。”此外，《刑事诉讼法》第234条还明确规定了二审开庭审理的案件范围，限制书面审理；第197条增加专家辅助人制度，完善对鉴定意见的质证规则；第206条明确规定了中止审理的情形，防止刑事审判随意中断。《审判中心改革意见》第11条规定：“规范法庭调查程序，确保诉讼证据出示在法庭、案件事实查明在法庭。证明被告人有罪或者无罪、罪轻或者罪重的证据，都应当在法庭上出示，依法保障控辩双方的质证权利。”同时第12条规定：“落实证人、鉴定人、侦查人员出庭作证制度，提高出庭作证率。公诉人、当事人或者辩护人、诉讼代理人对证人证言有异议，人民法院认为该证人证言对案件定罪量刑有重大影响的，证人应当出庭作证。”《审判中心改革实施意见》第11条和第

12 条作了相同规定，证明被告人有罪或者无罪、罪轻或者罪重的证据，都应当在法庭上出示，依法保障控辩双方的质证权。法庭应当依照法定程序审查、核实、认定证据。证据未经当庭出示、辨认、质证等法庭调查程序查证属实，不得作为定案的根据。第 25 条明确规定，如果现有证据材料不能证明证据收集合法性的，侦查人员必须出庭说明情况，而不得以侦查人员签名并加盖公章的说明材料替代。经人民法院通知，侦查人员不出庭说明情况，不能排除以非法方法收集证据情形的，对有关证据应当予以排除。这些规定都体现了直接言词原则的要求。

直接言词原则在我国法律条文中体现为有限性，除了只规定了有限的两种应当出庭作证情形和有限的四种作证保障机制外，还表现在《刑事诉讼法》的有关条文规定明显与该原则不符，甚至直接抵触，而对被害人出庭作证更缺乏具体规定，有待通过立法进一步改革和完善。这主要包括：（1）《刑事诉讼法》第 195 条仍然保留了庭审中对书面证言的运用，并且没有设置任何“底线标准”：“公诉人、辩护人应当向法庭出示物证，让当事人辨认，对未到庭的证人的证言笔录、鉴定人的鉴定意见、勘验笔录和其他作为证据的文书，应当当庭宣读。审判人员应当听取公诉人、当事人和辩护人、诉讼代理人的意见。”这就为法庭裁量确定证人（包括鉴定人、警察）不出庭作证开了“绿灯”，可能继续维持“书面证言中心主义”。因为在目前我国刑事案件庭审中，不光证人自己不愿意出庭，法官、检察官和律师也不太愿意让证人出庭，没有证人出庭，大家都省事。据一份调查显示：41% 的法官认为证人不出庭通常对案件结果没有影响，57% 的法官认为有一些影响，仅有 2% 的法官认为有很大影响。[①] 这就要求立法除了规定证人应当出庭作证的两种情形，还应当对不出庭作证的范围严加限制，借鉴国外的做法，结合我国的实际情况，笔者认为，可以将其明确为以下情形：A. 证人已死亡或在国外；B. 控辩双方同意将其书面陈述作为证据；C. 该庭外陈述被用来质疑其庭上陈述的可信性；D. 该证人证言已在其他诉讼程序经过控辩双方的交叉询问。对于被害人，应规定如其不出庭作证，则由其承担由此带来案件处理上的不利后果。此外，以被告人供述为定案根据时，被告人庭外供述与当庭供述不

① 参见《直接言词原则与不出庭证人证言的普遍可采性》，载 www. bokee. net/company/weblog_viewEntry/54. 2012 - 1 - 19，最后访问时间：2012 年 3 月 12 日。

一致的，原则上应当以经查证属实的当庭供述为准。而且被告人供述必须经过控辩双方的交叉询问。（2）审判委员会、院长、庭长定案权可能导致司法实践中不同程度地存在先定后审的现象。《刑事诉讼法》第185条规定，审判委员会讨论案件的决定，合议庭必须执行。但是，只有合议庭是庭审的亲历者，而审判委员会委员并没有参加庭审并听取当事人及其他诉讼参与人的陈述，这种“审者不判，判者不审”的制度设置，不符合司法权的亲历性要求。因此，立法应当进一步强化合议庭和独任法官的职责，赋予其真正独立的裁判权。凡合议庭、独任法官开庭审理的案件，除法律有明确规定的以外，均由合议庭或独任法官定案。同时，立法应当对合议庭讨论的“疑难、复杂、重大的案件”范围作出一定限制，明确规定审判委员会讨论案件的范围仅限于疑难、复杂、重大案件的法律适用问题，直至最终取消审判委员会讨论具体案件的职责。（3）《刑事诉讼法》对审判人员的更换没有规定，中途更换审判人员的现象仍有发生。①《高法解释》第159条规定：“附带民事诉讼应当同刑事案件一并审判，只有为了防止刑事案件审判的过分迟延，才可以在刑事案件审判后，由同一审判组织继续审理附带民事诉讼；同一审判组织的成员确实不能继续参与审判的，可以更换。”该规定明显违背直接言词原则，有的法院在审判中途随意更换合议庭成员就更违背了该原则。立法应当对此作出规范，严格限制中途更换审判人员的条件和程序，确因死亡、调任等不可避免的原因需更换的，案件应重新审理。这样与《刑事诉讼法》第206条规定的中止审理制度一起，保证案件审理集中进行，连续开庭，从而确保法官对案件形成内心确信的连续性和正确性。（4）明确规定“任何人不受强迫自证其罪原则”，取消犯罪嫌疑人、被告人“如实回答”义务。“任何人不受强迫自证其罪原则”作为联合国刑事司法“底线正义”之一，已经得到绝大多数国家认同和立法确认，被认为是刑事诉讼人权保障的基础性原则，对于犯罪嫌疑人、被告人、被害人及证人等言词证据作证者普遍适用。立法确认这一原则，有利于鼓励作证者在庭审中大胆陈述事实或积极参与质证，从而增强庭审的辩论氛围。

《刑事诉讼法》第52条增加规定“不得强迫任何人证实自己有罪”，这是否可以说我国已经确立了“任何人不受强迫自证其罪原则”或“不得强迫自证其

① 参见赵祥东：《浅谈我国刑事诉讼中的直接言词原则》，载 wenku. baidu. com/view/36a851ebf8c75fbfc77d. 2012－1－17，最后访问时间：2012年3月12日。

罪原则"，学界存在不同看法。笔者认为，该规定只能说法律已经赋予作证者尤其是犯罪嫌疑人、被告人不得强迫自证其罪的权利，但与国际公约的规定还有较大差距，[1] 不能认为立法已经确立了"任何人不受强迫自证其罪原则"或"不得强迫自证其罪原则"。理由包括：一方面，该规定是在严禁刑讯逼供的取证禁止性规定后面增加的内容，没有在《刑事诉讼法》或"两个证据规定"总则中作出规定。另一方面，《刑事诉讼法》第120条继续保留了犯罪嫌疑人"应当如实回答"的义务，与该规定存在直接冲突。关于不得强迫自证其罪权利，笔者将在第七章作为遏制刑讯逼供的机制之一详细分析。

三、刑事证据规则体系的建构

"体系"是指一定范围内或同类事物按照一定的秩序和内部联系组合而成的整体，是由不同的要素构成的系统。刑事证据规则体系是由若干不同的证据规则要素组成的一个科学系统。如何建构我国刑事证据规则体系，是理论界和实务部门长期以来努力探讨的课题，也是贯彻实施《刑事诉讼法》过程中亟待解决的重要问题之一。学者们为此提出过很多有价值的观点。"两个证据规定"和《刑事诉讼法》根据中央司法改革的决定，总结我国刑事司法经验，以及司法实务的现实需要，建构了我国刑事证据规则的初步框架，但仍有许多亟待完善之处，有待进一步深入研究，使之体系化。

（一）刑事证据规则的现状与问题

我国台湾地区学者李学灯先生指出："惟在法治社会之定分止争，首以证据为正义之基础，既需寻求事实，又需顾及法律上其他政策。认定事实，每为使用法律之前提。因而产生各种证据法则，遂为认事用法之根本。"[2] 作为传统的大陆法系国家，主流观点认为，我国刑事诉讼模式仍然属于职权主义甚至超职权主义。1979年《刑事诉讼法》确立的庭审方式主要由法官依职权推进，刑事证据规则很难有发挥作用的空间。随着1996年《刑事诉讼法》的修改，尤其是2012年和2018年《刑事诉讼法》的再修改，刑事审判方式发生重大转变。它由过去

---

① 《公民权利和政治权利国际公约》第14条第3项（庚）规定："不被强迫作不利于他自己的证言或强迫承认犯罪。"

② 李学灯：《证据法比较研究》，台湾五南图书出版公司1992年版，第3页，序。

以法官依职权推动式转变为“控辩式”，庭审主要由控辩双方举证、质证和法庭认证构成。这为刑事证据规则的适用提供了广阔的空间，也是我国刑事司法改革进程的一个巨大进步，有利于实现司法公正。然而，在司法实践中，刑事证据规则的运用仍然暴露出一系列问题，概括起来主要包括四个方面。

1. 立法方面

在证据规则的立法上，我国目前缺乏专门的证据法典，刑事证据制度和证据规则散见于刑事诉讼法、最高人民法院和最高人民检察院司法解释、全国人大法制工作委员会和“两高三部”等联合颁布的规范性文件中。刑事证据规则的内容过于粗疏，缺乏系统性、完整性，其共同特点是“按需设法”，具有临时性，很难从整体上形成一套系统的证据规则体系。同时，这种临时设法也造成证据规则之间交叉共存的现象，与公认的证据法原则不协调，不仅造成理论研究上的迷茫，而且造成司法适用上的混乱，无法真正发挥其规范诉讼活动的功能。例如，我国1979年、1996年的《刑事诉讼法》都给“证据”下了定义，并且规定了证据种类，但立法并没有明确规定证据裁判原则和关联性规则，也没有规定传闻证据规则和意见证据规则，导致司法实践中各种非法定形式证据材料大量进入法庭调查，公、检、法三机关就证据适用问题产生分歧的现象时有发生，影响刑事诉讼的顺利进行。

2. 内容方面

在证据规则的内容上，不但缺少一些基本的证据法原则，如无罪推定原则、证据裁判原则、自由心证原则等，而且立法对证据规则的规定偏少，尤其是规范证据能力的规则更少。2010年“两个证据规定”和《刑事诉讼法》总结我国刑事司法经验和实务工作的需要，初步建构了我国刑事证据规则框架体系，主要内容分为两类：一类是“两个证据规定”和刑事诉讼法中明确规定、已经条文化的证据法原则和证据规则；另一类是在审查判断证据的程序规定中所体现出来的证据规则。从内容上看，这些证据规则以规范言词证据为重点，与西方刑事证据规则不谋而合，[①] 反映了立法者对言词证据的极度不信任。这种不信任很大程度

① 一般认为，西方国家主要刑事证据规则包括推定、司法认知、交叉询问、非法证据排除规则、传闻证据规则、最佳证据规则、意见证据规则、自白任意性规则、补强证据规则、特权规则等。这些规则除推定、司法认知、最佳证据规则外，绝大多数设计都是指向言词证据的，或者主要针对言词证据设计。

上源于言词证据在形成—反馈环节上的种种不确定。[1] 但不同的是，我国刑事证据规则很多是为遏制刑讯逼供的应景之作，而且侧重于规范证据的运用过程。英美法系证据规则侧重规范证据的可采性。因为“我国的证据规则是在证据法学依附于诉讼法学的大背景下，人为设置的一种与诉讼规则或者程序规则交叉融合的证据规则，区别于英美法系那种在证据法学独立于实体法、程序法的背景下，经过长期司法实践自发形成的、与诉讼规则密切联系、但自身又具有一定独立性的证据规则。”[2] 另外，目前仅有的少数证据规则缺少完备性和可操作性。以口供补强规则为例，法律仅规定了补强证据的种类，至于证据适格条件、证明对象、补强程度、补强证据的数量等都未作规定，使得司法实践中该规则的适用相当混乱，滥用证据补强的现象时有发生。

3. 实践方面

从证据规则的实践看，由于立法对违反证据规则的法律后果或处罚一般都没有规定，致使证据规则不具有强制执行力，整体上可操作性不强。这成为公安司法人员面临的共同难题。而公安司法机关追求部门利益最大化也影响到证据规则的适用。即使是立法已经明确规定的证据规则，由于系统性、完备性等原因，在司法实践中遭到规避。例如，2010 年《非法证据排除规定》、《刑事诉讼法》和《严格排除非法证据规定》已经确立了中国模式非法证据排除规则，明确界定了非法证据的范围及其排除程序、法律效力等，但在司法实践中却陷入尴尬境地，全国出现排除非法证据的典型案例并不多。律师不敢提，检察官不会提，法官不想排除，只有学者们继续呐喊“震动空气”。很多检察机关在审查批捕或审查起诉阶段发现非法证据，一般都是与公安机关商量撤回，要求重新取证，而不是依法启动非法证据排除程序处理。在庭审中，被告人提出侦查取证中存在刑讯逼供现象，但大都很难提供证据材料或线索。公安司法机关处理时往往相互推诿，结果造成告状信满天飞，影响了司法公信力和权威性。

---

① 从心理学意义上考察，言词证据的形成是一个相当复杂的心理加工过程，一般需要经过感知、记忆和复述三个阶段。无论是感觉阶段的感觉适应、选择性注意，还是知觉阶段的知觉期望、知觉定式，以及记忆阶段的记忆修订、错误肯定等心理现象，都有导致言词证据失真的倾向，而且在这一过程中，作为这些心理现象的当事人基本上是不自觉的，我们甚至无法通过自身的努力去克服这些心理瑕疵。详细分析，参见韩玉刚：“构建我国刑事证据规则体系的基本思路”，载《湖北警官学院学报》2014 年第 5 期；兰跃军著：《刑事被害人作证制度研究》，中国人民公安大学出版社 2011 年版，第 12 ~ 14 页。

② 樊崇义：《刑事证据规则体系的完善》，载《国家检察官学院学报》2014 年第 1 期。

4. 生存环境

从证据规则的生存环境看，证据规则数量少，无体系。这虽然给构建刑事证据规则体系提供了巨大空间，但证据规则的生存环境却不容乐观。由于证据规则的适用往往牵涉各个机关的自身利益，因此，在证据规则的构建中，各机关往往从利己的动机出发，寻求利益的最大化，导致不同机关在证据规则的制定上难以保持一致，甚至存在明显的矛盾。再加之国家和很多地方经济能力有限，对部分证据规则适用可能带来的各种问题还难以承载。以证人出庭作证为例，尽管《刑事诉讼法》规定了证人作证的安全保护与经济补偿等，但我国许多地方法院安排证人出庭作证仍面临各种困难。证人不出庭作证依然是刑事审判的一个常态。

总之，我国刑事证据规则无论在立法上还是在实践中，长期以来都存在一系列不足：规则少、可操作性差、无体系。《刑事诉讼法》和有关规范性文件对证据规则的规定也不能完全适应刑事审判方式改革和刑事司法实践发展的需要，导致相同案件在同一诉讼环节得不到同样的处理。推进以审判为中心的诉讼制度改革，实现庭审实质化，构建一个系统、全面、科学的刑事证据规则体系，实现证据规则体系化显得十分必要和紧迫。

（二）刑事证据规则体系建构的影响因素

目前建构刑事证据规则体系还受到一系列因素的影响。归结起来主要包括四个方面。

1. 公、检、法三机关“分工配合制约”原则

我国《宪法》第135条和《刑事诉讼法》第7条都规定，公、检、法三机关实行“分工负责、互相配合、互相制约”原则，它是我国处理公、检、法三机关在刑事诉讼中相互关系的基本准则。分工负责是互相配合、互相制约的前提和基础，互相配合、互相制约是分工负责的结果和必然要求。分工负责、互相配合、互相制约是保证准确有效地执行法律的三个相互联系的必要条件。分工负责有利于提高办案质量，防止主观片面。互相配合可以使公、检、法三机关互通情况，通力协作，保证准确及时地惩罚犯罪和有效地保护人民。互相制约能够及时发现和纠正错误。该原则对我国刑事证据规则体系的建构有重要影响。

（1）公、检、法三机关分别对侦查、起诉、审判负责，都有权对案件作出包括终止诉讼在内的处理决定，而且证据标准都是“案件事实清楚、证据确实、充分”。这种“流水作业式”处理案件方式，使得公、检、法三机关都要运用证

据规则对案件事实进行实体性审查并作出判断，尤其是作出撤销案件、不起诉或判决无罪这些终止诉讼的处理决定。这与域外绝大多数国家（地区）刑事诉讼中只有审判阶段由法官运用证据规则裁判案件事实是完全不同的。它要求我们必须研究解决刑事证据规则在审前程序和审判程序中一并适用问题。

(2) 公、检、法三机关都有客观公正的取证义务，都有权力和职责排除非法证据。《刑事诉讼法》第 52 条和第 56 条规定，侦查人员、检察人员、审判人员都必须依照法定程序收集能够证明犯罪嫌疑人、被告人有罪或者无罪、犯罪情节轻重的各种证据，而且无论是在侦查、起诉阶段还是在审判阶段，一旦发现有应当排除的非法证据，都应当依法予以排除，不得作为移送起诉意见、作出起诉决定和判决的依据。这也与域外绝大多数国家（地区）做法有别。这说明在我国，作证不仅在审判阶段，而且在侦查、起诉阶段都存在，证人、被害人、鉴定人、侦查人员等不仅要对法官作证，而且要对检察官、警察作证。公、检、法都要运用证据规则审查判断证据，对案件事实及证据收集的合法性作出判断。

(3) 公、检、法三机关配合有余而制约不足，证据审查判断形式化。受多种因素的影响，我国刑事司法资源配置一直处于紧张状态，很多地方公安司法机关案多人少，而且全国各地公、检、法机关人员素质、办案条件等参差不齐，很多机关不同程度地存在案件积压现象。而法律规定的办案期限、上级机关实施的案件管理规范、条线考评机制，以及严格的错案责任追究制度等，迫使公、检、法三机关在司法实践中形成“利益共同体”，充分利用该原则规定，在分工负责的基础上，互相配合、相互通融处理案件，结果是多数情况下配合有余而制约不足，法律规定的正当程序被虚置，甚至成为影响处理某些棘手案件的借口，导致庭审虚化和证据审查判断形式化。

党的十八届四中全会提出推进以审判为中心的诉讼制度改革，构建以审判为中心的刑事诉讼新格局，要求对案件事实的认定及证据的审查判断以审判为中心，以第一审程序为中心，以庭审为中心，在中立法官的主持下，通过控辩双方的举证、质证及辩论，在证人、鉴定人出庭的情况下，审查证人证言、鉴定意见等证据的真实可靠性，当庭形成对案件事实的认定并在此基础上作出裁判。简言之，它要求做到案件事实证据调查在法庭，定罪量刑辩论在法庭，判决结果形成于法庭，实现让审理者裁判，由裁判者负责。这样，被告人有罪的判决只能由法院经由庭审活动作出，此前的侦查、起诉等活动应围绕审判活动进行，对于事实的认定、证据的审查以及法律的适用等都应接受庭审活动的检验。侦查、起诉要面向审判，服务审判，并服从审判的要求。笔者认为，这就要求在刑事诉讼全过程中统一刑事司法标准和刑事证据规则。正如樊崇义教授指出，“以审判为中心”需要正确理解公检法“分工配合制约”原则，以“法律正当程序”为指导，建构新型的侦诉关系、诉辩关系和审辩关系。[①]

2. “口供中心主义”侦查模式

“口供中心主义”或曰“由供到证”的侦查模式，是指公、检、法三机关在刑事诉讼过程中始终以收集和运用口供、陈述等言词证据为主的取证模式和定案方式。该模式虽然也注意收集口供以外的其他证据，但口供被认为是证据之王，全部诉讼证明活动的核心是获取犯罪嫌疑人、被告人的口供，并主要根据口供来认定案件事实。这种模式有五个特点：一是侦查活动的中心是拿口供，其指导思想是以“口供中心主义”为指导，只要取得犯罪嫌疑人、被告人的供述就万事大吉。二是侦查程序的启动或强制性措施的适用并没有建立在一定的证据基础之上。只要有了犯罪线索或一定的举报，就启动各种强制性措施，采用先抓人后取证的侦查方法。三是定案的模式和标准按照“三对口”的方式，只要有犯罪嫌疑人、被告人的供述，有两名以上的证人证明，就认为已达到案件的证明标准，宣告侦查终结。四是审讯被告和调查证言的方法，常常会发生刑讯逼供（证），骗供（证）、诱供（证）的现象。五是案件的质量难以保证，诉讼进行中翻供、翻证现象普遍存在。侦查中的“夹生饭”较多，大部分案件经不起诉讼程序和历史的考验。“口供中心主义”在现代诉讼中所蕴含的最主要的内涵在于依口供可以定案和无口供不可定案两个方面。在这种侦查模式下：

（1）无供不录案，口供在刑事诉讼各阶段决定中都起到关键作用。无论侦查、起诉还是审判，侦查人员、检察人员、审判人员不自觉地养成了一种口供情节，口供作为取证成本最低的一种证据种类，受到侦查人员的格外青睐，也得到检察人员、审判人员的追捧。如果没有口供，他们就害怕作结论，也不敢判断案件事实。再加上各地侦查人员取证能力高低不同，案件中科技证据少，甚至根本就没有；即使可以取得，鉴于其取证的复杂性或高成本等，侦查人员也放弃

① 参见樊崇义：《“以审判为中心”需正确理解“分工配合制约”原则》，载《检察日报》2015年9月16日。

收集。

(2) 侦查阶段取得的口供天然地被推定为真实，甚至具有优先效力。受多种因素影响，公、检、法三机关在司法实践中不自觉地形成了“利益共同体”，配合有余而制约不足。他们以性善论为基础，多数情况下相信侦查人员都具有良好的职业道德和法律素养，相信通过犯罪嫌疑人、被告人签字画押形式提交的讯问笔录真实可靠，他们认为口供充分反映了犯罪嫌疑人、被告人这个最接近案件事实真相的人的亲身体验，因而是可信的。这样，侦查阶段取得的口供就天然地被推定为真实，不用怀疑，当然也无须再进行所谓的实质性审查，赋予其优先效力。

(3) 控诉方证据材料偏重有罪证据，强调口供。传统诉讼理论认为，刑事诉讼的中心任务是解决犯罪嫌疑人、被告人的刑事责任问题。在我国，一方面，检察机关作为法律监督机关，具有维护国家法律统一正确实施，尊重和保障包括犯罪嫌疑人、被告人在内所有诉讼参与人人权的职责。另一方面，检察机关又是唯一的公诉机关和职务犯罪的侦查机关，在“流水作业式”的案件处理流程中起着承上启下，处理和运送案件，包括进行一定程序分流的职能。这就决定了以检察机关为主的控诉方往往侧重于收集和出示犯罪嫌疑人、被告人有罪的证据材料，强调口供，忽视甚至故意隐瞒犯罪嫌疑人、被告人无罪、罪轻的证据材料。我国《刑事诉讼法》第51条规定，被告人有罪的证明责任由控诉方承担。但是第42条规定，辩护人收集的有关犯罪嫌疑人不在犯罪现场、未达到刑事责任年龄、属于依法不负刑事责任的精神病人的证据，应当及时告知公安机关、人民检察院。这属于积极的无罪辩护还是所谓的证明责任倒置，还有待证据规则加以明确。

“口供中心主义”侦查模式要求我们建构刑事证据规则体系时，重视和加强口供的证据能力与证明力问题审查，进一步明确口供自愿性规则，建立符合我国国情的“口供”证据模式和证据规则。具体来说：第一，贯彻个人精神自由原则，设立严格的证据规则规范口供的收集方式，充分保证口供的自愿性。第二，严格限制口供的适用，保证口供的真实性与可采性。第三，规范口供的审查模式，充分保证其证据能力与证明力。第四，明确违法口供排除的内容，加强口供规则内容的准确性，充分保障犯罪嫌疑人、被告人的合法权利。

3.“案卷笔录中心主义”审判方式

中国刑事司法中普遍存在一个现象，就是大量审前书面证据材料直接进入法庭调查，案卷笔录成为法庭调查的对象和证据之源，而证人、鉴定人、侦查人员等很少出庭作证。《刑事诉讼法》第190条继续允许案卷笔录在庭审中使用，导致我国证人、鉴定人、侦查人员等质证很难充分展开，更不必说对证人证言、鉴定意见等书面证据材料真伪的判断。案卷笔录成为公诉方在庭审中的最大依赖，致使很多庭审质证蜕变为对审前案卷笔录的宣读，而且是选择性宣读。陈瑞华教授将这种“案卷笔录中心主义”审判方式描述为：“刑事法官普遍通过阅读检察机关移送的案卷笔录来展开庭前准备活动，对于证人证言、被害人陈述、被告人供述等言词证据，普遍通过宣读案卷笔录的方式进行法庭调查，法院在判决书中甚至援引侦查人员所制作的案卷笔录，并将其作为判决的基础，因此，中国刑事审判中实际存在着一种以笔录为中心的裁判模式。”① 这样，在证据及证人证言书面化的情形下，公诉方通过宣读案卷笔录来主导和控制法庭调查过程，法庭审判成为对侦查阶段制作的案卷笔录的审查和确认程序，各种控方证据的证据能力不仅不受审查，而且其证明力也无法得到保证。法官对案卷笔录可采性进行天然推定，除了推定案卷笔录具有“不容置疑”的证据能力以外，还会优先接受其证明力，结果使现代刑事证据规则在这种审判方式下很难发挥作用，法庭审理流于形式，“那种通过当庭审判来形成裁判结论的机制和文化难以形成。不抛弃这种案卷笔录中心主义的审判方式，任何以加强庭审功能为宗旨的司法改革将没有存在的空间。”②《刑事诉讼法》第176条恢复了庭前卷宗移送制度，要求检察机关起诉时将全部案卷材料、证据移送法院，但并没有增设相应的保障案卷笔录真实性和防止法官庭前预断的机制，这是否会导致“案卷笔录中心主义”审判方式更加盛行，还有待司法实践的检验。

“案卷笔录中心主义”审判方式要求我们研究建构刑事证据规则体系时，第一，应严格限制案卷笔录、书面证言、情况说明等进入法庭调查的资格，进一步明确证人、鉴定人、侦查人员出庭作证及其例外情形，增强规则的可操作性。值得注意的是，最高人民法院2017年出台的《审判中心改革实施意见》第25条已

---

① 陈瑞华：《刑事诉讼的中国模式》，法律出版社2008年版，第98页。

② 陈瑞华：《刑事诉讼的中国模式》，法律出版社2008年版，第99页。

经明确否定各种书面情况说明的证据能力。① 第二，鉴于司法实践中往往认为鉴定意见、勘验、检查笔录具有当然效力，一旦产生争议时以鉴定主体级别高低为标准，必须构建相应的证据规则予以规范。第三，随着技术侦查措施法治化和越来越多高科技手段在侦查取证中运用，立法应当明确技术侦查措施取得的证据材料，以及其他科学证据（包括DNA证据）的运用规则，尤其是当它们与案卷笔录的记载内容相互印证和不能相互印证时的处理规则。第四，针对电脑和其他电子设备在侦查取证中大量使用，讯问（询问）笔录中通过电脑复制粘贴的内容完全相同的部分（俗称“孪生证据”），其效力如何认定，也有待相关证据规则予以规范。

4. 印证证明模式

由于我国刑事诉讼法没有对证据的证明力作出明确规定，对证明力的判断主要由法官根据案件的具体情况加以权衡，证据采信与否主要取决于法官的判断。而司法实践中法官审查判断证据的主要方法就是证据之间相互印证，形成一种以印证为主导的证明模式。这种印证证明模式有两个突出优点：一是证据间主要信息内容的相互支持，其可靠性一般大于无支持或支持不足的个别证据；二是证据间的相互印证，即主要信息内容一致，便于把握和检验。② 而缺乏相互印证的证据的可检验性显然不足。这样证据的可认定性往往与裁判者自身的主观认识存在较大关系，导致其真实可靠性难以把握。这种印证证明模式也存在诸多弊端，主要表现在三个方面：

第一，突出“口供”的重要性。在取证、举证、质证、认证等环节中，它都把证据是否与被告人的供述相印证，作为审查证据是否属实的最主要手段，从而忽视其他的查证方法，形成以被告人供述为中心的印证认证机制。

第二，忽视对单个证据的独立审查。它往往通过寻找证据之间的共同点、差异点来查证证据，导致“证据查证属实才能成为定案的依据”转化为“证据相

---

① 该条规定：“现有证据材料不能证明证据收集合法性的，人民法院可以通知有关侦查人员出庭说明情况。不得以侦查人员签名并加盖公章的说明材料替代侦查人员出庭。经人民法院通知，侦查人员不出庭说明情况，不能排除以非法方法收集证据情形的，对有关证据应当予以排除。”

② 关于刑事印证证明模式，参见龙宗智：《印证与自由心证——我国刑事诉讼证明模式》，载《法学研究》2004年第2期；龙宗智：《刑事印证证明新探》，载《法学研究》2017年第2期；李建明：《刑事证据相互印证的合理性及其限度》，载《法学研究》2005年第5期；周洪波：《中国刑事印证理论批判》，载《法学研究》2015年第6期。

互印证才能成为定案的依据”，以此强调证据之间的相互印证作为审查证据的关键。

第三，证据相互印证才能定案，孤证不能定案。无论是控方证据还是辩方证据，法官都应十分注重证据之间的相互印证，在采信某一证据时，要求被认定的证据必须得到其他证据的印证，据以认定的案件事实是依据全部证据裁判而来，而这些证据之间都必须相互印证。

印证证明模式要求我们科学构建证据相互印证规则，首先，要明确界定证据相互印证的合理限度，尤其是以客观性证据验证言词证据时印证证据的种类、印证的证明方式、印证的程度、印证的证明标准等。其次，要正确处理印证与自由心证的关系，严格贯彻直接言词原则，保证事实裁判者的判断能力，要求裁判文书展开心证的形成过程。“对于特别严重的犯罪，应有严格的印证证明要求。”①最后，要进一步完善证据补强规则，厘清证据补强与证据相互印证的关系。

5. 特殊的刑事证据种类体系

龙宗智教授认为，我国刑事证据分类制度有四个特点：一是具有某种形式主义倾向；二是构筑了封闭式的分类体系；三是倾向于细致具体的分类方式；四是类别设置有一定独特性。②《刑事诉讼法》第50条以“材料说”取代“事实说”，对证据概念作了重新界定，并且适当调整了刑事证据种类体系，从某种程度上增加了刑事证据种类体系的开放性。然而，第一，总的来说，我国刑事证据法定分类仍然相对封闭，缺乏统一标准，不能涵盖司法实践中所有可能用来证明案件事实的证据材料。《国际刑事法院罗马规约》及《程序和证据规则》将证据划分为口头证据、文件证据和实物证据三种。口头证据即口头向法庭提供，能即时接受控辩双方和法庭询问的证人的证言。同时规定，电视会议即视频作证也是直接作证。我国有学者也认为证据只有三种，即物证、书证和人证。③《刑事诉讼法》第64条第2项规定，公、检、法可以采取不暴露外貌、真实声音等出庭作证措施来保护证人、鉴定人、被害人。这需要相应证据规则来保障实施。第二，非法定形式证据材料尤其是侦查机关用于证明其证据收集合法性的情况说明大量进入

---

① 参见龙宗智：《证据法的制度、理念和方法》，法律出版社2008年版，第208~209页。
② 参见龙宗智：《证据法的制度、理念和方法》，法律出版社2008年版，第256~258页。
③ 参见裴苍龄：《论证据的种类》，载《法学研究》2003年第5期。

法庭调查程序，严重影响法官心证的形成，需要证据规则加以限制。第三，在我国，被害人以当事人身份作证，提供被害人陈述这一法定证据种类，而且被害人作为控诉方当事人又需要承担适当的证明责任，这与国际公约和域外大多数国家（地区）做法不同。我国至今对被害人陈述这一法定证据种类缺乏规范，适用证人证言的相关规定，显然也是不科学的，需要构建相应的证据规则予以规范。[①]第四，立法将电子数据和许多新形式的笔录增设为法定证据种类，其收集、审查判断和运用规则也亟待出台。第五，《刑事诉讼法》第56条第2款允许物证、书证、视听资料、电子数据等实物证据在刑事诉讼中直接作为证据使用，也需要相应的证据规则予以配套规范。

（三）刑事证据规则体系建构的理论前提

刑事证据法是关于刑事证据规则和刑事司法证明机制的法律规范的总称。建构刑事证据规则体系除了必须遵循刑事证据法和刑事诉讼法的基本原理，明确区分证据学与证据法学、实体性裁判与程序性裁判、定罪证明与量刑证明、证据规则与证据制度、证据规则与证明规则这五对概念外，[②]还必须满足四个理论前提。

1. 任何证据必须同时具备证据能力和证明力

根据《刑事诉讼法》第50条第3款和第55条第2款第（二）项规定，单个证据转化为公、检、法三机关定案的根据，必须经法定程序查证属实。这里的“经法定程序”，是指证据必须具备证据能力；这里的“查证属实”，是指证据必须满足真实性和可靠性的要求，从而具备证明力。因此，任何证据唯有同时具备证据能力（合法性）和证明力（真实性和关联性）这两项属性，才能转化为定案的根据。证据能力是一项证据有无证据资格的问题，公安司法人员对此要作出“有”或“无”的判断。证明力涉及一项证据的证明价值问题，公安司法人员通常对此要作出“大”或“小”、“强”或“弱”的判断。

与之对应，刑事证据规则可分为规范证据能力的规则和规范证明力的规则。虽然有的证据规则既规范证据能力又规范证明力，但总的来说，每一证据规则都

---

① 《刑事诉讼法》第127条和《办理死刑案件证据规定》第17条关于被害人作证与证人作证，以及被害人陈述与证人证言的差异，参见兰跃军：《刑事被害人作证制度研究》，中国人民公安大学出版社2011年版，第12～24页。

② 详细分析，参见樊崇义主编：《刑事证据规则研究》，中国人民公安大学出版社2014年版，第186～195页。

有所侧重，各个证据规则都有自己明确的规范对象。

2. 理论上将证据区分为言词证据和实物证据

《刑事诉讼法》第50条第2款将证据分为八种。理论上根据不同的标准，可以将这八种证据区分为不同的类型（即证据分类）。而与其他“二分法”相比，唯有根据证据表现形式的不同，将证据区分为言词证据和实物证据，才能将八种法定证据种类彻底分开，不会出现交叉重复的情形。即物证、书证、视听资料、电子数据属于实物证据，证人证言、被害人陈述、犯罪嫌疑人、被告人供述和辩解、鉴定意见、勘验、检查、辨认、侦查实验等笔录属于言词证据。[①] 如果根据其他分类方法，某一法定证据种类在不同条件下可能归入两类证据类型。以证人证言为例，如果它来自那些亲身感知案件原始事实的证人的陈述，是原始证据；如果它是转述或再转述那些亲身感知案件原始事实的证人的陈述，又是传来证据。如果它能单独证明案件主要事实，是直接证据；如果它只能证明案件主要事实的某一环节或片段，不能单独证明案件主要事实，又是间接证据。同理，如果它能够证明犯罪嫌疑人、被告人无罪，或者具有从轻、减轻、免除刑罚情节，或者证明证据收集程序不合法，是有利于犯罪嫌疑人、被告人的证据；反之，则又属于不利于犯罪嫌疑人、被告人的证据。《刑事诉讼法》和有关规范性文件规定的非法证据排除规则，也是按照言词证据和实物证据区分来定义非法证据的，并且分别适用绝对排除和裁量排除。因此，可以说这一分类方法已经得到我国立法的确认，并且在司法实践中被广泛运用。

与这一理论分类相一致，刑事证据规则可以区分为规范言词证据的规则和规范实物证据的规则。国内外证据规则的内容都是以规范言词证据为重点的。

3. 刑事证据规则应适用于刑事诉讼全过程和所有诉讼主体

根据公检法“分工配合制约”原则和《刑事诉讼法》规定，公、检、法分别负责侦查、起诉和审判，在侦查、起诉和审判程序终结时，各自分别负责作出侦查终结（或撤销案件）、提起公诉（或不起诉）、判决（或裁定）的处理决定，

① 勘验、检查、辨认、侦查实验等笔录表面上具有“书面文件”的形式，但其本质上是侦查人员对勘验、检查、辨认、侦查实验等侦查行为的过程所作的记录，反映了侦查人员对某一侦查过程的主观认识。根据刑事诉讼法规定，一旦这些笔录证据在证据能力或证明力上面临质疑，那些制作笔录的侦查人员可能要出庭作证或说明情况，因此，勘验、检查、辨认、侦查实验等笔录证据也具有言词证据的性质。参见陈瑞华：《刑事证据法学》，北京大学出版社2012年版，第94页。

而且它们的证据标准都是“案件事实清楚，证据确实、充分”。第一，根据《刑事诉讼法》第 50 条第 1 款和第 3 款规定，凡是可以用于证明案件事实的材料，都是证据。所有证据必须经过查证属实，才能作为定案的根据。这里的“查证属实”并没有限于法庭，这里的定案也并不仅仅指法院。第二，《刑事诉讼法》第 52 条要求“审判人员、检察人员、侦查人员必须依照法定程序，收集能够证明犯罪嫌疑人、被告人有罪或者无罪、犯罪情节轻重的各种证据。”在司法实践中，犯罪嫌疑人、被告人、被害人及证人等不仅要对法官作证，还要对检察官、警察作证，而且主要是对警察作证。第 56 条至第 60 条明确规定的非法证据排除规则具有鲜明的中国特色，它不仅适用于审判阶段，而且适用于侦查和起诉阶段。因此，与域外国家（地区）不同，作为规范我国刑事证据收集和适用的证据规则，不仅适用于法庭审判阶段，而且应适用于侦查和审查起诉阶段。我们构建刑事证据规则体系，不仅应研究解决定罪裁判的证据规则，而且应研究解决量刑裁判和程序性裁判证据规则的特殊性问题。第三，在我国刑事诉讼中，被害人与犯罪嫌疑人、被告人一样，既是诉讼当事人［第 108 条第（二）项］，也是一种法定的证据来源［第 50 条第 2 款第（四）（五）项］。他们在法庭审理过程中都有权就起诉书指控的犯罪事实进行陈述（第 191 条第 1 款），提出自己的诉讼主张，也都有权申请排除非法证据（第 58 条第 2 款）。如果被害人作为当事人提出不同于公诉方的诉讼主张，也应适当承担证明责任。因此，刑事证据规则不仅应规范国家专门机关和证人、鉴定人等其他诉讼参与人的诉讼行为，而且应规范犯罪嫌疑人、被告人和被害人等诉讼当事人的诉讼行为。

4. 刑事证据规则应立足于我国当前刑事证据立法和刑事司法现实

实现刑事证据规则体系化应当立足于中国当前刑事证据法规范性文件和刑事司法现实，紧密结合我国刑事证据立法和实践特点。它可以适度超前，但必须具有现实可操作性。迄今为止，我国没有一部成文的刑事证据法或证据法典。有效的刑事证据法规范性文件主要包括三个方面，涉及四部法律：一是 2005 年 2 月全国人大常委会通过的《关于司法鉴定管理问题的决定》，对司法鉴定管理问题确立了法律规范，包括有关鉴定意见的证据能力和证明力规则。二是 2010 年“两个证据规定”，对刑事诉讼中证据运用问题，尤其是当时的七种法定证据种类的证据能力和证明力及其审查判断问题作出了较为系统的规定，初步建构了我国刑事证据规则体系。三是 2018 年全国人大修改后的《刑事诉讼法》及其司法解释、行政规章等，吸收完善了“两个证据规定”的内容，并确立了一些新的证据规则。“两高一部”《电子数据证据规定》对电子数据的收集、提取、移送、展示、审查和判断作了一定规定，初步构建了电子数据证据规则。它们是我国刑事证据规则体系化的基本依据。

从目前刑事证据立法和刑事司法现实看，我国刑事证据规则体系具有两个突出特点：一是“重证明力，轻证据能力”。“两个证据规定”不仅对单个证据的证明力大小强弱作出了区分，而且在证明同一案件事实的不同证据出现矛盾的情况下，还对不同种类证据的证明力确立了优先采信的标准（《办理死刑案件证据规定》第15条、第22条）。此外，《刑事诉讼法》第55条第2款对“证据确实、充分”做了进一步的细化解释，《办理死刑案件证据规定》第33条对根据间接证据定案的证明体系也提出了明确要求。二是高度重视证据的真实性，并确立了一些旨在保证证据真实性的证据规则，包括证据相互印证规则。根据“两个证据规定”，只有证据之间具有内在的联系，共同指向同一待证事实，且能合理排除矛盾的，才能作为定案的根据。被告人推翻庭前供述，而改作无罪辩解的，法官仍然可以采信庭前供述的真实性，前提是该庭前供述与其他证据能够相互印证。在司法实践中，如果证据没有达到相互印证的程度，法官即使相信证据的真实性，也不能据此认定案件事实。如果证据相互之间存在一些无法排除的矛盾或者无法解释的合理怀疑，法官即使内心已经形成确信，也不能认定案件事实。刑事证据规则体系的建构应当认真分析这两个方面特点，根据我国刑事司法实践需要有针对性地保持其优点，弥补其不足。

（四）刑事证据规则体系建构的代表性观点

英美法系国家的证据规则主要是规范证据的可采性（证据资格），这些规则一般由三部分组成：基础性规则、证据排除规则及证据排除规则的例外。大陆法系国家立法一般不对各种证据材料是否具有证据资格、能否作为法庭证明的证据使用作具体的规定，而是授权法官根据具体情况自行取舍。因此，在大陆法系国家，证据材料是否具有证据资格，基本上是法官自由裁量的一个问题，较少有明确的证据规则予以规范。有学者认为，两大法系证据规则的这种差异主要是由于诉讼文化、庭审结构和审判模式等证据规则基础不同造成的。同时，他们将我国刑事证据规则的基础概括为三个方面，即亲大陆法的法律文化、家庭式审判模式和一元化的法庭结构。① 在这三个基础上，如何对刑事证据规则进行分类，建构我国刑事证据规则体系，学者们提出过许多有价值的观点，并进行过论证。其中有代表性的观点主要有两种。

1. 从静态角度和动态角度划分刑事证据规则

何家弘教授在“中国刑事证据规则体系之构想”一文中提出从静态角度和动态角度划分刑事证据规则。上海市高级人民法院前副院长沈志先等人在《刑事证据规则研究》（法律出版社 2011 年版）一书中赞同该观点。其中，静态角度包括规范证据能力的证据规则和规范证明力的证据规则，动态角度主要按照证据运用的阶段，即取证、举证、质证、认证四个阶段来划分。何家弘教授认为：“制定刑事证据规则的根本目的在于为刑事诉讼中的证明活动提供规范和指导，因此，刑事证据规则体系的构建应当以证明活动的环节为基础，以诉讼进程的阶段为依据。如前所述，刑事诉讼中的证明活动由取证、举证、质证、认证四个环节或阶段所组成，与此相应，证据规则体系也应该由这四个方面的内容所组成，即取证规则、举证规则、质证规则、认证规则。”② 这种划分方法主要参照了西方的刑事证据规则体系，层次比较清楚，同时各个证据运用环节都有相应的规则加以规范。但也存在一些问题。在我国刑事司法体制中，公、检、法三机关“分工负责、互相配合、互相制约”原则既是调整公、检、法三机关关系的基本原则，也是规范诉讼进程和诉讼证明活动的基本准则。根据这一原则，公、检、法三机关分别负责刑事案件的侦查、起诉、审判三个阶段的诉讼活动，都要运用证据对案件事实作出判断，而且都要求达到“案件事实清楚、证据确实、充分”的证据标准。而从动态角度划分刑事证据规则，是以法院为主导的证据采纳和证据排除体系。这是否适合我国目前刑事司法实践，还有待商榷。此外，虽然这种划分方法对各个环节的证据规则进行了详尽的划分，但证据规则和证据制度有混淆之处。例如，取证规则中的询问规则、勘验规则、证据保全规则等，其实都是证据制度。

① 参见孔凡洲：《刑事证据规则基础的比较研究》，载《金陵法律评论》2014 年秋季卷，第 173 ~ 179 页。

② 参见何家弘：《中国刑事证据规则体系之构想》，载《法学家》2011 年第 6 期。

2. 以确保证据可靠性的证据能力为中心划分刑事证据规则

马贵翔教授等人在《刑事证据规则研究》一书中提出以确保证据可靠性的证据能力为中心划分刑事证据规则。他们认为，现代证据规则是对自由心证与证据裁判主义衡平的结果。刑事证据规则的基本框架是以确保证据可靠性的证据能力为中心展开，分为证据运用基础规则、证据能力规则、证据程序规则三部分。作为框架中心的证据能力规则又进一步分为基础规则和基本规则，并以基本规则为核心。而基本规则形成的内在逻辑是把口头证言作为证据可信性的基础展开，其依据是实物证据的脆弱性和书面证言的不可靠性。他们设计的刑事证据规则框架体系是：（一）证据运用基础规则；（二）证据能力规则，分为证据能力基础规则和证据能力基本规则；（三）证据效果判定规则；（四）证据程序规则。每种规则下分别包括若干个证据规则。[①] 此种划分方法的好处在于重点强调了言词证据的证据能力规则，提出以确保口头证言可信性的证据能力作为证据规则的核心，同时兼顾实物证据的证据规则（包括最佳证据规则、非法实物证据运用规则），而且设专章规范证据运用规则。但是，这样设计存在几个问题：第一，它缺乏对证明力规则的单独规范。而证明力规则强调证据的真实性和证据价值，在我国司法实践中，法官比较推崇证明力规则，通常将证明力置于比证据能力更加突出的位置，在重要性上有时甚至超过证据能力。第二，这种划分方法将证据能力规则分为基本规则和基础规则，界定标准有些模糊，有时很难区分。而将证据开示、严格证明与自由证明等证据制度内容列入证据能力基础规则，也值得商榷。第三，它将司法认知规则和刑事证据推定规则作为证据效果判定规则，也有不合理之处。司法认知的特点在于其免证性，本质上仍然属于证据能力的范畴。推定虽然在一定范围内适用且发挥重要作用，但其本身就是因为证据不能证明的情况下采取的退而求其次的证明方法，不能作为证据，也不能成为产生证据的方式。因此，以推定作为证据规则也不适宜。

虽然这两种观点对刑事证据规则的分类和证据规则体系的建构存在一些分歧，但他们都从我国诉讼传统和刑事司法实际出发，认为证据规则不仅要规范证据本身，而且应规范证据的运用。在证据规则内容上，他们都主张以规范言词证据和证据能力为重点。这些值得我们在建构刑事证据规则体系时借鉴。

---

① 参见马贵翔等：《刑事证据规则研究》，复旦大学出版社2009年版，第42~43页。

（五）刑事证据规则体系的框架设计

刑事证据规则之间只有互相衔接与协调，具有内在的统一性，才能形成一个完整、严密的证据规则体系。我国刑事证据规则框架体系的设计，必须坚持从我国刑事司法体制和刑事司法实践出发，对其在实践中的具体运用方法和形式加以明确界定。同时，考虑到我国证据法学依附于诉讼法学的大背景，刑事证据规则作为刑事诉讼法的重要组成部分，主要法律意义包括保障刑事诉讼的顺利进行，提高诉讼效率；限制公共权力，加强人权司法保障；弥补自由心证不足，实现司法公正等。[①] 因此，刑事证据规则不但要规范证据本身（证据能力和证明力），同时也要规范证据的运用，而且应当以规范言词证据的证据能力为重点。为此，笔者主张将刑事证据规则划分为规范证据能力的证据规则、规范证明力的证据规则和规范证据运用的证据规则三类。每一类各自包括若干证据规则，它们共同组成一个完整的刑事证据规则体系。

1. 规范证据能力的证据规则

证据能力是法律容许一项证据进入法庭，为裁判者所接纳的法律资格。许多国家（地区）刑事诉讼法或证据法都确立了自由心证原则，证据的证明力由事实裁判者自由评价，法律原则上不作限制。因此，刑事证据规则主要是规范证据的证据能力，很少规范证据的证明力。从我国刑事证据规范性文件和刑事司法实践看，规范证据能力的证据规则主要应包括六项（另加品格证据规则共七项）。

（1）关联性规则（含品格证据规则）。证据的关联性，是指证据必须与案件的待证事实具有逻辑关联，从而对案件的待证事实具有证明作用。关联性是所有证据被采纳的首要条件，具备关联性的证据才有证据能力，没有关联性的证据就没有证据能力。我国刑事诉讼法没有明确规定该规则，但许多条款内容体现了该规则的要求。例如，《刑事诉讼法》第 48 条第 1 款对“证据”的定义，要求所有作为证据的材料必须能够用于证明案件事实，与待证事实具有关联性。《办理死刑案件证据规定》和有关司法解释也明确肯定了该规则。《办理死刑案件证据规定》第 32 条第 1 款规定：“对证据的证明力，应当结合案件的具体情况，从各证据与待证事实的关联程度、各证据之间的联系等方面进行审查判断。”张保生

---

① 参见宋英辉、汤维建主编：《证据法学研究述评》，中国人民公安大学出版社 2006 年版，第 249 页。

教授主张将中国证据法的理论体系概括为：以相关性为逻辑主线，以准确、公正、和谐与效率为价值基础的举证（取证）、质证和认证过程。①

关联性规则涉及品格证据能否在诉讼中适用的问题。我国立法没有规定品格证据问题，目前法院倾向于将被告人以往受过刑事处罚的事实作为不良品格证据加以采纳。这就引申出品格证据规则，主要内容是一个人的品格或品格特征的证据在证明这个人于特定环境下实施了与此品格相一致的行为问题上不具有关联性。关于被告人品行好坏的证据和被害人、证人等品格好坏的证据的适用及其例外等，都需要构建品格证据规则予以规范。

（2）非法证据排除规则。非法证据排除规则是指在刑事诉讼中，除法律规定的情况以外，通过非法方法收集的言词证据或者通过非法搜查、扣押等手段获得的实物证据，应当依法予以排除，不得作为认定案件事实的根据。对非法证据是否排除，本质上是一种价值权衡过程。现代国家刑事诉讼法都禁止以违反法律的方式获取证据，然而对非法获得的证据能否获得证据能力，却有不同的处理方式。美国是实行非法物证排除规则的主要国家。在美国，以违法取得的证据材料为线索，进而以合法的手段取得的其他证据也应当排除，这就是“毒树之果”规则。我国2010年《非法证据排除规定》、2018年修改的《刑事诉讼法》第56条至第60条和2017年《严格排除非法证据规定》规定了中国模式非法证据排除规则。如何进一步明确界定非法证据的范围，如何科学构建非法证据排除规则实施程序，以及被害人申请排除非法证据制度构建等，② 都亟待研究解决。

鉴于公检法“分工配合制约原则”和我国司法责任制实施给公安司法人员带来的种种顾虑，为避免在司法实践中一提到“非法证据”就与司法责任联系起来，从而影响该规则的有效实施，笔者建议立法时应充分考虑我国亲大陆法的诉讼传统，借鉴德国证据禁止理论，以“证据禁止规则”取代“非法证据排除规则”这个名称，并按照证据禁止原理和我国刑事司法现实重构该规则。

（3）传闻证据规则。传闻证据是指证人在审判场所以外对案件事实所作的陈述，包括口头陈述、书面陈述以及有意或无意地带有某种意思表示的行为。传

① 参见张保生：《证据规则的价值基础和理论体系》，载《法学研究》2008年第2期。

② 参见兰跃军：《被害人申请排除非法证据：法理、程序与证明》，载《中南大学学报》（社会科学版）2014年第5期。

闻证据规则是指传闻证据不得作为认定案件事实的根据，法律另有规定的除外。我国法律没有规定传闻证据规则，《刑事诉讼法》第 192 条明确规定了证人、鉴定人出庭作证的条件，但第 195 条又允许法庭当庭宣读未到庭的证言笔录、鉴定意见等书面笔录。在司法实践中，有时还需要提出证人审判前陈述的笔录作为举证或者质证的辅助手段。传闻证据规则不仅要求证人必须出庭作证，而且在作证时只能陈述自己亲身感知的案件事实。构建该规则必须根据我国刑事司法现实科学界定传闻证据的例外情形，明确关键证人的范围、出庭作证的条件及不出庭作证的法律后果等。

（4）意见证据规则。区分事实和意见是现代证据法的一项基本要求。意见证据规则要求事实证人作证只能陈述自己亲身感知的过去的事实，而不能将自己的判断意见和推测作为证言的内容，但根据一般生活经验判断符合事实的除外。意见证据规则将证人证言分为两种：一种是体验性陈述，是指证人就自己感知的事实提供陈述；另一种是意见陈述，指证人陈述的内容仅仅是个人的意见、判断或者推测。《办理死刑案件证据规定》第 12 条第 3 款规定了意见证据规则："证人的猜测性、评论性、推断性的证言，不能作为证据使用，但根据一般生活经验判断符合事实的除外。"完善该规则应当明确哪些事实属于"根据一般生活经验判断符合事实"，以增强该规则的可操作性。

（5）自白任意性规则。自白有广义和狭义之分。广义上的自白是指犯罪嫌疑人、被告人对所涉嫌的犯罪事实的部分承认或有保留的承认。狭义上的自白专指犯罪嫌疑人、被告人对于所涉嫌的犯罪事实的全部供认。自白任意性规则是指在刑事诉讼中，只有基于犯罪嫌疑人、被告人的自由意志而自愿作出的自白才具有证据能力，缺乏任意性或具有非任意性之怀疑的口供，都不得采纳为定案的根据。它所针对的就是狭义上的自白，重点解决自白的真实性和任意性问题。《刑事诉讼法》没有明确规定自白任意性规则，但第 55 条第 1 款、相关司法解释以及《办理死刑案件证据规定》中有关被告人供述与辩解的审查判断的规定体现了该规则的内容。《严格排除非法证据规定》第 2 条和第 3 条分别将"采取殴打、违法使用戒具等暴力方法或者变相肉刑的恶劣手段""采用以暴力或者严重损害本人及其近亲属合法权益等进行威胁的方法"，使犯罪嫌疑人、被告人遭受难以忍受的痛苦而违背意愿作出的供述，第 4 条将采用非法拘禁等非法限制人身自由的方法收集的犯罪嫌疑人、被告人供述，第 5 条将采用刑讯逼供方法使犯罪嫌疑人、被告人作出供述，之后犯罪嫌疑人、被告人受该刑讯逼供行为影响而作出的与该供述相同的重复性供述（例外情形除外），明确规定为非法供述，依法予以排除。这是保障自白任意性的重要机制。

鉴于“自白”“任意性”二词专业性太强，普通人不容易理解，在司法实践中也很难准确判断，可能影响该规则的实施。笔者建议立法时采用“陈述自愿性规则”这个名称取代它，而且扩大适用于所有言词陈述作证者和言词证据，重点规范犯罪嫌疑人、被告人陈述，也包括被害人陈述、证人证言和鉴定意见。

（6）原始证据优先规则。英美最佳证据规则的原意是指，在诉讼过程中应当提供最直接的和最有说服力的证据。它所针对的是证据可采性，其作用在于保障在诉讼中向事实裁判者提供最可靠的信息，以确保对案件事实认定的准确性。现代意义的最佳证据规则适用范围主要局限于书证领域，其涵义是，以文字材料的内容证明案情时，必须提交该文字材料的原件。以原始文字材料（包括书面文件、记录和照片，其中包括文件、X光、电影和录像带。一般不包括物证）作为证据，其效力优于它的复制品，因而是最佳的。我国在借鉴英美最佳证据规则的基础上，提出了原始证据优先规则，主要规范实物证据，包括物证、书证、视听资料和电子数据。它包括两层含义：一是从收集证据的角度讲，要求在收集证据时尽可能地收集原始证据，凡是能够收集原始证据的，不得只收集派生证据或传来证据；二是从证明力的角度讲，原始证据的证明力大于传来证据。《刑事诉讼法》没有明确规定该规则，但《办理死刑案件证据规定》和有关司法解释都是以该规则作为实物证据审查判断要求的。笔者建议立法时结合我国刑事司法实践，采用“原始证据优先规则”这个名称。

在上述七项证据规则中，关联性规则作为一项基础性规则，侧重规范证据的内容和实体。证据禁止规则侧重规范证据的取证方法、手段。二者都适用于所有证据种类。传闻证据规则侧重规范言词证据的法定形式与调查程序。意见证据规则侧重规范言词证据的内容和法定形式。陈述自愿性规则侧重规范言词证据的证据能力，也规范证明力。原始证据优先规则侧重规范实物证据的证据能力，也规范证明力。品格证据规则作为关联性规则的引申规则，侧重规范被告人品行好坏的证据和被害人、证人等品格好坏的证据。

2. 规范证明力的证据规则

证明力又称“证据力”，是证据本身固有的属性。证据具有客观性并与案件的待证事实具有关联性，就具有一定的证明力。现代各国诉讼都奉行自由心证的精神，法律一般不对各种证据的证明力进行预先规定，而由法官进行理性的自由判断。我国立法虽然没有明确规定自由心证制度，司法解释还对某些证据的证明力做了一定限制，但从来没有否定或限制法官对证明力的自由判断。从刑事证据规范性文件和刑事司法实践看，规范证明力的证据规则主要是证据补强规则。

证据补强规则，或补强证据规则，是指某些证据被认为存在弱点，必须与其他证据合并提出，才能作为定案的根据。该规则实质上是一种数量规则，主要适用于特定的言词证据，包括犯罪嫌疑人、被告人供述、不经宣誓的儿童证言、性犯罪中女性被害人的陈述等。它要求这些言词证据必须在其他证据担保其真实可靠性的条件下，才能发挥其证明作用。设立证据补强规则，目的在于保证司法公正，防止法官在审理案件过程中可能出现的判断上的错误。《刑事诉讼法》第55条规定，只有被告人供述，没有其他证据的，不能认定被告人有罪和处以刑罚。这一规定要求以其他证据作为对被告人有罪供述的补强证据，从而确认了口供补强规则。在司法实践中，类似补强证据规则被滥用的情况时有发生，对违反程序规定方式取得的瑕疵证据进行补强的情况尤为常见，应当通过立法严格限制其适用条件。此外，证据补强规则在适用中遇到的问题还包括：一是对补强证据是否要求达到单独使法官确信犯罪事实的程度。二是在共同犯罪案件中，同案被告人口供能否互相作为补强证据使用。三是如何界定补强的范围、补强的程度和补强证据的证据能力。四是被害人陈述的补强问题。五是未成年人证言的补强问题。六是证据补强与证据相互印证的关系。这些问题都需要通过进一步完善现行的口供补强规则予以解决。

3. 规范证据运用的证据规则

刑事证据规则作为刑事诉讼法的重要组成部分，其重要诉讼功能就是保障刑事诉讼顺利进行。取证、举证、质证、认证等证据运用全过程都需要相应的证据规则予以规范。从刑事证据规范性文件和刑事司法实践看，规范证据运用的证据规则主要有两项。

（1）作证特免权规则。作证特免权规则是指在查明案件事实的过程中，具有证人资格的公民在法定条件下有权拒绝充当证人或者拒绝回答某类问题的规则。该规则是为了保护某些特殊的信赖关系，而这些信赖关系是依某种职业或身份关系形成的以当事人之间的相互信任为基础的社会关系。建立作证特免权规则，符合当今世界加强人权司法保障的趋势，对于保障被告人的基本权利，实现刑事诉讼价值多元化等都具有重要意义。随着我国经济的发展和社会的进步，社会主体多元化和司法诉求多样化趋势明显，这要求刑事诉讼价值进一步多元化。《刑事诉讼法》第193条第1款赋予被告人的配偶、父母、子女免予强制出庭作证的特权，符合这一发展趋势。但适用范围太狭窄，立法表述显得模糊，不便于实施。这需要借鉴域外做法进一步完善，包括明确夫妻之间的交流特权、律师与委托人之间的交流特权、医患关系中秘密信息的保护特权，以及关于政府秘密的特权等，并构建相应的程序保障机制。

（2）交叉询问规则。交叉询问是指对抗制庭审中由当事人主导的从相对立场对证人进行的询问，包括主询问、反询问、再主询问、再反询问等。这里证人使用的是英美法系国家的概念，包括当事人、鉴定人及知晓案情而向司法机关陈述的第三人。进行交叉询问时，首先由提出证据的一方对本方证人进行“主询问”，然后由对方进行“交叉询问”或反询问，目的是就证人陈述的事实及有关问题作驳斥性的反问，以发现证人证言的矛盾与不可信之处。之后，提出证据的一方又可以进行“再询问”，目的是阐明该证人原先陈述的内容并对反询问中受到质疑的内容作出补充解释，以增强证言的可信性。而后对方可以就再询问所涉及的事项进行“再反询问”，如此反复。交叉询问的前提是证人出庭作证。它要求我们进一步完善证人作证制度，保证关键证人出庭作证，接受交叉询问。这些都需要制定可操作性的交叉询问规则。我国刑事诉讼法没有明确规定该规则，《高法解释》第212~218条作了一些规定。我国庭审交叉询问的主体为原告人、被告人、辩护人、诉讼代理人等诉讼参与人。被询问的主体为被告人、被害人、自诉人、附带民事诉讼原告人和被告人、证人、鉴定人等。庭审交叉询问建立在以询问证人为中心和主线的庭审调查方式上，物证、书证等在询问证人中一并提出。庭审交叉询问的规则有：交叉询问的阶段顺序规则、关联性规则、禁止诱导询问规则、保护证人规则、异议规则等。但目前这些规则内容简略，可操作性差。此外，交叉询问规则的有效实施还要依靠一系列配套制度的建立和完善，尤其是法官在庭审中的辅助询问制度。

在上述两项证据规则中，作证特免权规则和交叉询问规则都侧重规范言词证据的法庭调查程序，前者侧重规范取证和举证，后者侧重规范质证。

四、刑事证据规则立法建议报告[①]

党的十八届四中全会通过的《中共中央关于全面推进依法治国若干重大问题的决定》明确提出要“推进以审判为中心的诉讼制度改革，确保侦查、起诉的案件事实证据经得起法律的检验。”“以审判为中心”的实质就是“以庭审为中心”。以审判为中心的诉讼制度改革，必须强化庭审的地位和作用，审判如果脱离了庭审，必然会使它在发现事实真相和保障人权的价值上大打折扣，因此庭审是审判的核心。[②] 最高人民法院在2013年10月召开的第六次全国刑事审判工作会议上明确提出，审判案件应当以庭审为中心，事实证据调查在法庭，定罪量刑辩论在法庭，裁判结果形成于法庭。要求落实直接言词原则、严格执行非法证据排除制度。以庭审为中心的提出，显然是要克服“书面审理”或“卷宗中心主义”的局限性，解决审判实践中长期存在的庭审虚化、质证流于形式的问题，通过落实直接言词原则、交叉询问规则、质证规则，使庭审活动真正成为一个查明犯罪事实、发现案件真相的场所。证据规则是指导庭审有效进行的重要工具，是科学准确认定案件事实和定罪量刑的理论指引。因此，如何建立完善规范严谨的证据规则，是当前刑事司法改革所必须重视和认真研究的问题。

（一）证据规则的含义

“证据规则”一词是对英美法中“evidence”或者“rules of evidence”的翻译，我国台湾地区则将此译为“证据法则”。20世纪90年代以前，我国大陆地区的证据法学者在介绍外国证据制度时除使用“证据规则”一词外，也使用“证据原则”“证据制度”等称谓。90年代以后，“证据规则”的表述逐渐成为通用表述。在英美法系国家，证据规则是指“那些在庭审中或者审理中对证据的可采性问题起支配作用的规则”。[③] 在这些国家，证据规则形成于长期的司法实践，表现为习惯、案例或者司法解释，属于普通法的组成部分。随着英美法系国家法典化运动的进行，也有以成文法形式表现出来的证据规则，如美国《联邦证

---

① 该部分内容由樊崇义教授撰写，原文《刑事证据规则立法建议报告》，载《中外法学》2016年第2期。收录删除与前面内容重复的原文中第（四）（五）部分内容。

② 参见樊崇义主编：《底线：刑事错案防范标准》，中国政法大学出版社2015年版，第232页。

③ 宋英辉主编：《刑事诉讼法学研究述评（1978—2008）》，北京师范大学出版社2009年版，第589页。

据规则》、《英国1984年警察与刑事证据法》等成文法中均有针对证据可采性的规定。英美证据法研究的重点也是证据的可采性。

我国的立法没有对证据规则的含义作出明确规定，对证据规则的界定主要存在于学者的理论研究层面。从不同的视角解释证据规则形成了证据规则的多种定义：第一，从诉讼程序的角度，有学者将证据规则理解为与证据有关的程序性规则，认为“证据规则是指在收集证据、采用证据、核实证据、运用证据时必须遵守的一系列准则，是在诉讼中与证据有关的具有可操作性的程序性规则”。① 第二，从证据制度或者证据法的角度，有学者将证据规则等同于证据法或者证据制度或者将诉讼中与证据有关的所有内容都视为证据规则，认为“证据规则是指确认证据的范围、调整和约束证明行为的法律规范的总称，是证据法的集中体现”,② 或者认为“证据规则是指关于诉讼过程中取证、举证、质证、认证活动的法律规范和准则”。③ 第三，从法庭审判的角度，有学者将证据规则归纳为规范证据能力和证明力的规则，认为证据规则是指“以规范何种证据可以在法庭上出示（证据的可采性）、各种证据证明力大小（证据力）、证明责任的分配以及证明的要求等为主要内容的法律规范的总称”。④

由此可见，与英美等国侧重证据可采性的证据规则不同，我国的证据规则侧重于规范证据的运用过程。这是因为我国的证据规则是在证据法学依附于诉讼法学的大背景下，人为制定的一种与诉讼规则或者程序规则交叉融合的证据规则，不同于英美法系那种在证据法学独立于实体法、程序法的背景下，经过长期司法实践自发形成的，与诉讼规则密切联系，但自身又具有一定独立性的证据规则。我国司法改革的主线是在职权主义的基础上吸收当事人主义，这要求我们要借鉴吸收英美法系证据规则的优秀成果，并结合自身的国情构建证据规则。对证据规则的定义要以法庭审判为中心，重点关注证据能力和证明力的规范。因此，可以认为证据规则是指以规范证据能力和证明力为主的，调整和约束证明行为的法律规范的总和，是证据法的集中体现。

准确把握证据规则的含义，必须正确认识证据原理、证据原则以及证据规则

① 刘善春等：《诉讼证据规则研究》，中国法制出版社2000年版，第5页。
② 江伟主编：《证据法学》，法律出版社1999年版，第173页。
③ 何家弘、刘品新主编：《证据法学》，法律出版社2004年版，第358页。
④ 陈卫东、谢佑平主编：《证据法学》，复旦大学出版社2005年版，第70页。

之间的差异。证据原理，即证据法的原理，在证据法学体系中占有重要地位，研究的是证据法学与哲学、法哲学和诉讼法学理论的关系，揭示了证据法学的理论基础。证据原则，又称证据法的原则，是指在证据立法中需要确立并且在运用证据的过程中应当遵守的基本准则。证据原则是证据原理的下位概念，是对原理的具体化。证据原则的功能在于将证据法保障认识的真理性和正当性的基本作用进一步细化，是认识的真理性和正当性在原则层面上的体现。

证据规则是证据原则的下位概念，是证据原则的具体体现。证据原则具有抽象性和概括性，作为确立具体证据规则的前提和基础，对具体证据规则的规定和阐释具有重要的指导意义。可以说，证据原则是"证据规则的规则"。① 与证据原则相比，证据规则具有如下的法律性质：第一，具有法律强制效力。证据规则具有约束力，执法机关及其执法人员、律师以及诉讼当事人、参与人应当遵守证据规则的规定，否则其行为构成违法，不能产生预期的法律效果，由此所收集的证据无效，所得出的裁判可能被撤销。第二，具有明确的指导性。证据规则中蕴含着更高层次的、抽象的原理、原则，但是其本身只是具体的行为规范，而非原则。证据规则是关于证据的具体的操作规程，执法人员、律师、当事人以及参与人可以直接从证据规则中得出自己应当做什么，可以做什么和不能做什么的指示。第三，具有明显的程序性。证据问题也是程序问题，因此证据规则本质上属于程序法的范畴，是程序法的一个相对独立的组成部分。证据规则的内容是规范证据的取证、举证、质证、认证等活动，也就间接地规范了这些证明活动的程序，成为当事人之间进行公平对抗的程序性规则。②

（二）证据规则立法的必要性

"没有规矩，不成方圆；没有规则，无以证明。"③ 不论是取证、举证、质证，还是认证，都是在既定的证据规则下进行的。因此，研究证据规则对于揭示司法证明的规律至关重要。英美法系国家的证据规则已经非常成熟，大陆法系国家自 20 世纪中期以来，也陆续确立了不少证据规则。我国到目前为止尚没有一部专门的证据法典，证据规则散见于诉讼法以及司法解释之中，这种情况不能适

---

① 何家弘、刘品新主编：《证据法学》，法律出版社 2004 年版，第 348 页。

② 参见樊崇义主编：《证据法学》，法律出版社 2012 年版，第 95 ~ 96 页。

③ 何家弘主编：《证据法学》，法律出版社 2008 年版，第 343 页。

应建立现代化法治国家的需要，无论是立法、司法的实践，还是诉讼理论的完善，都亟须对证据规则予以进一步研究。

1. 优化立法以及解决司法实践问题需要完善证据规则

（1）优化诉讼立法需要完善证据规则。我国《刑事诉讼法》对证据规则的规定很不完善。1979 年《刑事诉讼法》关于证据的规定集中于第 31 ~37 条，关于证据规则的规定只有 3 条，第 32 条规定："审判人员、检察人员、侦查人员必须依照法定程序，收集能够证实被告人有罪或者无罪、犯罪情节轻重的各种证据。"从而明确了程序法定原则。第 35 条规定："对一切案件的判处都要重证据，重调查研究，不轻信口供。只有被告人供述，没有其他证据的，不能认定被告人有罪和处以刑罚；没有被告人供述，证据充分确实的，可以认定被告人有罪和处以刑罚。"从而明确了口供补强规则。第 36 条规定："证人证言必须在法庭上经过公诉人、被害人和被告人、辩护人双方讯问、质证，听取各方证人的证言并经过查实以后，才能作为定案的根据。"从而明确了证人证言的质证规则。由此可以看出，1979 年《刑事诉讼法》关于证据规则的规定很不完善，也没有体系可言。1996 年《刑事诉讼法》对证据规则部分并没有作实质性修改，基本维持 1979 年《刑事诉讼法》的规定。2012 年《刑事诉讼法》在人权保障理念的指导下对证据的规定予以完善，确立了不得强迫自证其罪原则以及非法证据排除规则，并规定了证人出庭作证的豁免权。其第 50 条规定："严禁刑讯逼供和以威胁、引诱、欺骗以及其他非法方法收集证据，不得强迫任何人证实自己有罪。"确立了不得强迫自证其罪原则。第 53 条规定："证据确实、充分，应当符合以下条件：（一）定罪量刑的事实都有证据证明；（二）据以定案的证据均经法定程序查证属实；（三）综合全案证据，对所认定事实已排除合理怀疑。"从而明确了证据确实充分的条件，细化规定了刑事证明标准。第 54 条规定："采用刑讯逼供等非法方法收集的犯罪嫌疑人、被告人供述和采用暴力、威胁等非法方法收集的证人证言、被害人陈述，应当予以排除。收集物证、书证不符合法定程序，可能严重影响司法公正的，应当予以补正或者作出合理解释；不能补正或者作出合理解释的，对该证据应当予以排除。"确立了非法证据排除规则。第 188 条规定："经人民法院通知，证人没有正当理由不出庭作证的，人民法院可以强制其到庭，但是被告人的配偶、父母、子女除外。"明确了有限制的证人拒绝出庭作证的特权规则。2018 年《刑事诉讼法》保留了 2012 年的规定。《刑事诉讼法》的这些规定虽然有一定的进步，但是规定的不够全面，且过于原则化，一方面，不利于司法实践部门按章操作，另一方面，证据规则的不全面也给司法人员留下了过大的收集、运用证据的自由，容易造成权力的滥用，不能保证有效地惩罚犯罪和保护当事人的人权不受侵犯。

（2）司法实践问题的解决需要完善证据规则。当前司法实践中屡屡出现冤案，从前几年的佘祥林、赵作海案，到最近浙江的张氏叔侄案、河北的赵艳锦案，无不表明当前的案件质量不尽如人意，办案人员缺乏证据思维、法律思维，运用证据不讲规则、规律。这些情况的存在，加之社会其他力量干扰司法裁判，导致冤案、错案重复出现，严重损害了司法权威及公平、正义。司法实践中取证问题的突出表现是重口供、轻物证，并由此形成了口供本位的证明方式，导致取证人员不择手段地获取犯罪嫌疑人、被告人的口供。

转变口供本位的证明方式需要构建科学的证据规则。与口供本位相对的是物证本位的证明方式，在这种证明方式下，口供虽然也被认为是证据的一种，但因获取口供对人权保障和发现实体真实存在双重危险，因而口供在审判中的使用受到了严格的限制，案件事实主要通过口供以外的其他证据尤其是物证来证明。与此种证明方式相适应的是，由于诉讼证明活动的重点就是收集除口供以外的其他各种证据，特别是物证，因此物证技术、鉴定技术比较发达。物证的收集相较于口供的收集需要更多的技术手段，为了规范物证的收集与使用，物证本位的证明方式更加需要制定严格的证据收集、采证规则，规范物证的收集以及认证过程，从而保证收集的物证既能够证明案件事实，又可以被法庭采纳，更加有效地证明案件事实。同时，证据规则的建立，也可以严格规范物证、言词证据的收集，防止出现非法取证行为。

2. 实现“法律真实”的证明标准需要完善证据规则

（1）实现“法律真实”证明标准需要完善证据规则。与“客观真实”相比，“法律真实”更符合诉讼认识的特性，也可以据此制定出更符合现代法治要求、更具有实际操作性的具体证明标准。《刑事诉讼法》的修改，改变了以往的“客观真实”的证明标准，采纳了“法律真实”的证明标准，第55条对“证据确实、充分”提出的条件之一就是“综合全案证据，对所认定事实已排除合理怀疑”，这就将“排除合理怀疑”确立为刑事诉讼的证明标准。所谓“排除合理怀疑，就是由于良知的确信，是以排除一切合理怀疑”。[1] 案件的证明必须达到无合理的怀疑，反过来说，所谓合理怀疑，按照19世纪美国一位首席法官的说法，是指在对一切证据经过全部比较和考虑之后，审理案件的人本着道义和良知，对于所诉事实不能完全信以为真。究竟有无合理怀疑，一位爱尔兰法官的说法是本着一颗赤诚的心，经过对全部证据冷静地观察，形成理智的了解，不受任何一方的影响，没有偏见，没有恐惧。据此，排除一切合理怀疑的证明标准的真正含义和具体适用范围，有两项基本准则，一是要求陪审团和法官要站在一个公正和诚实的立场上，本着基本的良好的职业道德来认识案件事实和证据，即必须是“一种实在的、诚实的、为良心所驱使的怀疑”。[2] 二是合理怀疑必须以事实为根据，各种妄想、臆测都属于不合理的怀疑，合理怀疑必须要有证据证明，即有理有据地怀疑。

（2）实现“排除合理怀疑”的证明标准需要完善证据规则。我国对证据实行自由评价，但是自由评价在克服法定证据制度弊端的同时，自身也存在一定的问题。对证据是否能够作出合理的评价主要取决于两个方面的因素：一是证据评价者自身的素质，包括道德素质与职业素质；二是科学合理的外部规范。在现阶段实行由司法官对证据进行自由评价具有极大风险。一方面，我国虽然在“法律真实”理念的指导下确立了“排除合理怀疑”的证明标准，但现阶段我国法官整体素质还有待提高，理论界对什么是“合理怀疑”尚存争议，法官就更难准确把握什么是“合理怀疑”，如何通过“排除合理怀疑”形成对案件确实、充分的认识。因此，有必要通过证据规则来引导法官对事实的认定，避免认证上的混乱。另一方面，完全由法官靠所谓“理性与良心”对“合理怀疑”作内心求证，势必使其陷入主观臆断。不加限制的自由心证证据制度，赋予司法机关以主观妄断的权力，不是一种科学的证据制度，容易造成法官的专横，也不能保证查明案件的真实情况。因此有必要通过外部的证据规则来规范法官内心对证据的认定。通过证据能力规则防止不具有可采性的证据进入法庭审判，从而影响法官心证的形成。通过证明力规则，规范法官心证的形成过程，从而让法官对案件事实真正做到“排除合理怀疑”。即便是日本以及我国台湾地区这些长久以来对证据实行

---

① 李学灯：《证据法比较研究》，台湾五南图书出版社公司1992年版，第665页。
② 李学灯：《证据法比较研究》，台湾五南图书出版社公司1992年版，第872页。

自由心证的国家和地区也已经认识到，不受限制的自由证明是不利于案件的查明和诉讼价值的实现的，从而对证据制度进行了改革，通过确立一定的证据规则来约束法官对证据的认定。所以，证据规则对实现“排除合理怀疑”的证明标准必不可少。

3. 实现刑事诉讼目的与程序正义需要完善证据规则

实质真实与正当程序的合理结合，要求刑事诉讼应该确立惩罚犯罪和保障人权的双重目的，并在各项制度中加以贯彻。如果只注重追究犯罪，忽视人权保障，将会导致司法专横，为民主法治社会所不容；如果只注重人权保障，忽视惩罚犯罪，势必导致犯罪猖獗、社会安全感薄弱、社会秩序失范，同样违背刑事诉讼的根本宗旨。打击犯罪与保障人权在许多情况下可以和谐一致，但在一些特殊情况下却会发生直接冲突，因此需要合理地对其加以选择与协调。

（1）实现惩罚犯罪与保障人权的刑事诉讼目的需要完善证据规则。裁判者对案件事实的认定必须建立在证据之上，那么如何保证裁判者客观公正地形成心证？首先，裁判者可能与案件的当事人或其他与案件有关的人之间存在各种各样的联系，在行使裁判权时难免被个人利益所左右；其次，裁判者裁决案件容易受到现实社会关系的影响，当事人以及其他诉讼参与人的社会身份、地位等形成的现实力量对比关系以及其他社会因素可能会使裁判者迫于一定的压力而进行裁决；再次，裁判者并非完人，其本身的经历、个性特征、爱好、偏见等因素都会对其裁决行为产生影响，并使其对证据证明力的判断以及对案件的裁判表现出一定的非理性和偶然性。即使裁判者基于高尚的品德而努力克制上述情况的发生，也不能消除当事人以及社会公众对其所作裁判的公正性产生的怀疑。在这种情况下，一方面，要实现案件的实体正义，就必须准确查明案件事实、惩罚犯罪，这就要求有一定的规则来指引法官去发现案件事实。另一方面，实现诉讼保障人权的目的需要一种“看得见的正义”，即程序正义来约束裁判者的自由裁量权，限制恣意裁判的发生，从而确保裁判结果的正义性。在证据的运用中，程序正义从制度上通过一系列证据规则约束裁判者的自由裁量权。证据规则中的证据能力规则和证明力规则是对裁判者自由裁量权直接予以约束的规则，因而更为有效并被普遍使用。证据能力规则从法律上规定什么样的证据可以被裁判者用来作为认定案件事实的根据；证明力规则是从法律上规定某种证据对案件事实有多大的证明作用。

（2）程序正义的实现离不开证据规则的完善。刑事证据问题也是程序问题。无论刑事诉讼、民事诉讼还是行政诉讼，都是围绕证据的收集、审查判断和运用而展开的。刑事证据是确保刑事程序公正的基础，也是实现刑事裁判权威性的保障。实现法律正当程序不可忽视对证据规则的研究。刑事证据规则是否健全通常是一个国家刑事诉讼制度民主与法治程度的重要标志。当前，我国正处于转型时期，社会的各个领域都在发生重大转变，由此而引发的刑事犯罪的状况也与以前有所不同，这使得刑事立法和司法都面临诸多新情况和新问题，尤其是定罪量刑中的证据问题，无论是理论研究、国家立法，还是实践运用，都落后于时代的发展。理论滞后，立法原则不宜操作，导致刑事案件质量下滑，翻供率上升，告状申诉增加，因个别案件处理不当而引发的突发性事件时有出现，给社会的稳定带来了负面影响，这些问题的出现都与刑事证据规则研究的滞后存在关系，所以研究和完善证据规则势在必行。

（三）两大法系刑事证据规则比较考察

从宏观层面来看，两大法系的刑事证据规则除了在立法模式上存在显著区别，差异性还体现在大陆法系国家的刑事证据规则主要规定于刑事诉讼法典中，而英美国家的刑事证据规则则主要规定于一些专门的证据立法上，如美国《联邦证据规则》、加拿大《证据法》和澳大利亚《证据法》。另外，在英美国家，判例也是其刑事证据规则的重要渊源。当然，大陆法系国家并非不承认判例的证据法效力，下级法院一般都会遵从上级法院的相关判例。① 除此之外，两大法系的刑事证据规则还存在以下几个显著区别。

1. 刑事证据规则的简细程度有异

比较两大法系的刑事证据规则的立法，一个最明显的差异在于两者有关刑事证据规则的规定存在简细程度的差异：英美国家有关刑事证据规则的规定比较多且成体系，而大陆法系国家的相关规定则比较少而零散。这主要体现在两点：一是英美国家有数量较多的明确规定的刑事证据规则，而大陆法系国家数量较少；二是英美国家的刑事证据规则有比较具体的规定，而大陆法系国家的刑事证据规则一般只有原则性的规定。

---

① 参见［美］米尔建·R·达马斯卡著：《漂移的证据法》，李学军、刘晓丹等译，中国政法大学出版社2003年版，第12页。

首先，刑事证据规则数量方面存在差异。一般而言，英美国家对刑事证据有大量的规定，从证据的收集到证据的法庭提出，再到证据的审查与认定，均有相应的刑事证据规则予以规范。如在美国《联邦证据规则》中，有关证据收集的证据规则有证据相关性规则、非法证据排除规则、作证特免权规则、自白任意性规则等；有关证据的法庭提出的证据规则有传闻证据规则、意见证据规则、最佳证据规则等；有关证据审查与认定的证据规则有交叉询问规则、证据补强规则等。而在大陆法系国家的刑事诉讼法中，一般只有其中若干项证据规则，而缺乏其他相应的证据规则。如在《德国刑事诉讼法典》中，实际可见的刑事证据规则只有非法证据排除规则（如第136a条规定的通过禁止讯问的方法获得的被告人供述不得作为证据使用）、自白任意性规则（如第136a条实际也涉及了自白的任意性问题）、作证特免权规则（如第49—55条规定的不同人员的拒绝作证权）、意见证据规则（如第73—83条有关鉴定人进行鉴定的规定）、传闻证据规则（如第250—254条规定的直接采证原则，虽然不称为传闻证据规则，但其规定不得以宣读讯问笔录代替法庭询问，实际就具有与传闻证据规则异曲同工的效果）、[①] 交叉询问规则（如第239条规定的证人、鉴定人询问顺序与法官的补充询问权，实际也是一种交叉询问规则，只是该条规定在实务上并未得到施行）。[②] 而对于其他证据规则，如证据相关性规则、最佳证据规则、证据补强规则，却未见明确规定。俄罗斯联邦亦是如此，根据其《俄罗斯联邦刑事诉讼法典》第56条、第75条、第88条、第277条、第278条、第281条，[③] 俄罗斯联邦可以说存在作证特免权规则、非法证据排除规则、自白任意性规则、意见证据规则、证据相关性规则、传闻证据规则与交叉询问规则，但未有关于最佳证据规则与证据补强规则的规定。米尔建・R・达马斯卡教授认为，目前两大法系证据规则在数量上的差异被明显夸大了，理由是大陆法系国家具有约束力的判例没有得到应有的关注。[④] 我们认为，如果仅仅从规范证据使用的具有约束力的规范数量来看，

---

① 参见何家弘主编：《外国证据法》，法律出版社2003年版，第55～56页。

② ［德］克劳思・罗科信：《刑事诉讼法》，吴丽琪译，法律出版社2003年版，第398页。

③ 参见《俄罗斯联邦刑事诉讼法典》，黄道秀译，中国人民公安大学出版社2006年版，第61、75、83、236～238页。

④ 参见米尔建・R・达马斯卡：《漂移的证据法》，李学军、刘晓丹等译，中国政法大学出版社2003年版，第11页。

两大法系有关证据的规范数量也许没有太大差异，但如果从不同具体规范构成的证据规则的数量来看，差异依然是明显的。因为大陆法系国家属于成文法国家，因此其有关证据的判例应当大部分是对于刑事诉讼法典相关规定的解释，而对于刑事诉讼法典没有规定的证据规则，法院从理论上讲是不宜超越立法权作出新规定的。

其次，刑事证据规则具体程度方面存在差异。将英美国家与大陆法系国家在法律中均有规定的刑事证据规则加以比较，一个特别显著的差异在于，英美国家有关证据规则的规定一般比较具体，可操作性强，而大陆法系国家有关证据规则的规定，除作证特免权规则、传闻证据规则与交叉询问规则有比较具体的规定外，其他证据规则的规定均比较原则，可操作性不强。如意见证据规则，《美国联邦证据规则》第701—706条对普通证人意见证据与专家证人意见证据的提出条件、意见证据的适用范围、意见证据的审查判断标准以及意见证据的适用程序均做了相应的规定，而《德国刑事诉讼法典》虽然有关鉴定的规定很多，但真正从证据的角度所进行规定的规范却很少，如鉴定意见的适用范围、对鉴定意见应当从哪些方面进行审查均缺乏相应的规定，尤其是对于证人、被害人陈述中的意见部分能否作为证据使用，应当如何审查等问题，根本没有相应的规定。《俄罗斯联邦刑事诉讼法典》虽然在第75条对证人、被害人陈述中的意见部分是否具有可采性进行明确规定，但对鉴定意见的审查与判断标准也缺乏应有的规定。再如证据相关性规则，《美国联邦证据规则》第401—415条大篇幅地对证据相关性的判断标准、证据相关性的限制及其例外情形进行了规定，而《俄罗斯联邦刑事诉讼法典》第88条虽然规定证据相关性是证据评定的一个重要方面，但对何为证据相关性，应当如何判断一个证据是否具有相关性，对一些证据的相关性，如品格证据的相关性，是否应当进行相应的限制，都缺乏基本的规定。非法证据排除规则亦是如此，[①]《德国刑事诉讼法典》第244条虽然规定证据的收集为不准许时，法庭调查应当拒绝查证申请，即法庭调查对此类证据不加以调查，但按德国刑事诉讼实务与理论，证据举证禁止一定导致证据使用禁止，即违法收集的证据并非必须加以排除，[②] 而《德国刑事诉讼法典》对于哪些情形下违法收集的

① 参见《俄罗斯联邦刑事诉讼法典》，黄道秀译，中国人民公安大学出版社2006年版，第83页。

② 参见［德］克劳思·罗科信：《刑事诉讼法》，吴丽琪译，法律出版社2003年版，第214页。

证据应当予以排除，哪些可不排除，却缺乏相应的规定。《俄罗斯联邦刑事诉讼法典》第 75 条也仅仅规定，违反该法典规定的程序所获得的证据应当予以排除，但是否有例外，“毒树之果”是否也应当予以排除，这些也缺乏相应的规定。

2. 刑事证据规则的规范重点有别

从两大法系有关刑事证据规则的规定来看，他们对刑事证据收集、提出与审查等不同阶段的关注程度是不一样的。总体而言，大陆法系国家的证据规定规范的重点在于审前程序的证据收集行为，而英美国家的证据规定规范的重点在于审判程序的证据审查与判断行为。这主要表现在大陆法系国家的证据规定大都与证据调查有关，而英美国家的证据规则大都与证据的可采性与证据审查有关。①

从《德国刑事诉讼法典》看，审判阶段有关证据规定的内容并不多，只有一些有关法庭证据调查范围、证据申请时间、交叉询问方式以及何种情形下可宣读审前调查笔录的简单规定。相反规定比较多的是审前程序中侦查机关的证据收集行为。例如，《德国刑事诉讼法典》第 6 章对证人证言的收集程序进行了比较详细的规定，包括哪些人员在何种情形下具有拒证权、证人作证应当如何宣誓、可对证人询问的内容、证人拒绝作证应当如何惩罚等；第 7 章对如何进行鉴定、如何进行勘验进行了具体规定；第 8 章对如何扣押物证、书证、如何实施技术侦查措施的程序进行了详细规定；第 10 章对如何讯问犯罪嫌疑人、对于违反禁止讯问的方法所取得的证据应当如何处理进行了明确规定。可以说，《德国刑事诉讼法典》有关审前程序的规定，大部分都是规范侦查机关如何收集证据的规定。俄罗斯联邦《刑事诉讼法典》与德国的情形差不多，其在第 22 章至第 27 章，用了比较大的篇幅，对如何讯问被告人、勘验、检验、侦查试验、搜查、提取物证、监听、录音、询问证人、司法鉴定等证据收集程序进行了比较详细的规定，但对于法庭审理时应当如何审查判断证据是否具有相关性与真实性，应当从哪些方面认定证据的证明力却无相应规定，只在第 88 条与第 89 条笼统地规定，对证据的审查应从其相关性、是否允许采信、是否真实的角度进行评定，不符合法典规定的证据提出要求的，禁止在证明过程中使用；在第 37 章法庭调查这一章对

① 参见何家弘主编：《外国证据法》，法律出版社 2003 年版，第 45 页。

法庭调查时的证据提出顺序与询问方式进行了一些规定。[①]

而在《美国联邦证据规则》中，几乎所有的证据规定均与法庭审理时证据的提出、证据可采性的审查与判断以及证据证明力的判断有关，而对于在审前程序中侦查机关应当如何提取、收集证据则缺乏明确规定。如关于专家证人证言的规定，不同于德国与俄罗斯联邦《刑事诉讼法典》具体规定鉴定人如何进行鉴定的程序规定，《美国联邦证据规则》第702—706条有关专家证人证言的规定内容，重点在于规定专家证人证言在符合何种条件时才具有可采性（第702条规则），专家证人提出专家意见可依据哪些事实与数据，不能依据哪些事实与数据（第703条规则），专家证人证言的适用范围（第704条规则），将专家证人证言作为证据使用时应当遵循的程序（第705条规则），而对于专家证人进行鉴定的程序，《美国联邦证据规则》仅仅在第706条就法院指定专家证人的程序进行了一些规定，而对专家证人应当如何鉴定，却无规定。有关书证的证据规定亦是如此。不同于德国与俄罗斯联邦《刑事诉讼法典》对书证的扣押与提取程序进行明确规定，《美国联邦证据规则》有关书证的最佳证据规则并不涉及具体的提取程序，而只是规定书证一般应当提供原件，只有在法律规定的几种特殊情形下可不需要原件。

很明显，刑事证据规则规范的重点不同，实际就是两者规范的重点对象不同。大陆法系国家刑事证据规则将规范重点置于证据的提取与收集程序，实际就是将侦查人员的侦查行为作为规范重点，而英美国家刑事证据规则将规范重点放在证据的审查与判断，实际就是将法官与陪审员的证据采信行为作为规范重点。正如何家弘教授所说的，在一定意义上看，前者是以预审为中心的诉讼传统的产物，而后者是以审判为中心的诉讼传统的产物。[②] 从证据学的角度来看，后者优于前者。这是因为，规范证据的提取与收集主要涉及证据提出禁止的问题，而规范证据的审查与判断主要涉及证据使用禁止的问题。提取与收集证据的目的在于法庭审理时用以证明案件事实，如果在法庭审理时禁止使用某些通过不合法手段获取的证据，虽然表面上看是规范法官与陪审员的证据采信行为，但却对侦查人

① 参见《俄罗斯联邦刑事诉讼法典》，黄道秀译，中国人民公安大学出版社2006年版，第149～187、83页。

② 参见何家弘主编：《外国证据法》，法律出版社2003年版，第45页。

员的证据提取与收集行为也具有相应的规范效力，即对法官与陪审员的证据采信行为进行规范，具有“一箭双雕”的效果。而对于侦查人员证据提取与收集行为的规范，却很难有这种规范效果，它只能规范侦查人员，而不能对法官的证据采信行为具有规范效力，通过违法程序获取的证据未必就不能作为证据使用。德国刑事诉讼中之所以长期以来就证据使用禁止的范围存在争议，[①] 与其刑事诉讼法规范重点在于侦查人员的证据提取与收集行为，而不在于法官的采信行为不无关系。为此，从节省立法成本来看，将证据规范的重点放在规范法官的采信行为上，更为合理。因为将规范重点置于证据提取与收集行为，意味着还需要就违法所得证据的证据能力或可采性进行相应规定，而将规范重点置于法官的采信行为，实际对证据的提取与收集行为也进行了相应的规范。

3. 刑事证据规则的重视程度不同

前述两大法系对刑事证据规则简细有别的规定，已经充分说明了两大法系对刑事证据规则的重视程度存在很大差异，即英美国家比较重视刑事证据规则的构建，而大陆法系国家对此方面的重视程度则有明显欠缺。除此之外，对刑事证据规则立法“宪法化”的趋势不同程度地反映了两大法系对刑事证据规则的重视程度存在明显差异。

早在 1791 年生效的《联邦宪法修正案》中，美国联邦考虑到刑事证据规则的一些内容与人权保障具有密切联系，将一些刑事证据规则的内容上升为宪法规定。如第四修正案关于搜查与扣押的规定，就涉及非法证据排除规则；第五修正案规定的反对强迫自证其罪特权，就涉及作证特免权规则与自白任意性规则；第六修正案规定的对质权，就涉及交叉询问规则与传闻证据规则。加拿大 1982 年颁布的《权利与自由大宪章》中也有一些关于刑事证据规则的规定。如第 8 章规定的免于不合理搜查与扣押的权利，就涉及非法证据排除规则；第 13 章规定的免于自证其罪的权利，就涉及了自白任意性规则与作证特免权规则。

与此相反，大陆法系国家的宪法长期以来很少有关于刑事证据规则的规定。直到 20 世纪中期以后，受《欧洲人权公约》相关规定以及欧洲人权法院相关判例的约束，大陆法系的一些国家才逐渐关注并加强刑事诉讼中的人权保障，在宪法中规定一些与人权保障密切相关的刑事证据规则。如俄罗斯联邦 1993 年通过

① 参见［德］克劳思·罗科信：《刑事诉讼法》，吴丽琪译，法律出版社 2003 年版，第 214～215 页。

的《俄罗斯联邦宪法》增加了一些涉及刑事证据规则的规定。第21条第2款规定，任何人不应遭受刑讯、暴行、其他残酷的或有损人格的对待或处罚；任何人未经自愿同意不得经受医学、科学或其他实验；第22条规定，每个人都有自由和人身不受侵犯的权利，只有根据法院的决定才允许逮捕、关押和监禁；在法院作出决定之前不得将人关押48小时以上；第49条第2款规定，被告人没有证明自己有罪的义务；第50条第2款规定，在从事司法活动的过程中不允许利用通过违反联邦法律而获得的证据；第51条第1款规定，任何人都没有义务对自己、自己的配偶和近亲属作证。这些规定涉及非法证据排除规则、自白任意性规则、作证特免权规则等。意大利在1999年修正宪法时，也增加了一条公正程序条款，内容涉及刑事诉讼证据的提取、审查与运用。但就总体而言，直到目前为止，大部分大陆法系国家的宪法中仍然缺乏有关刑事证据规则的明确规定。如作为德国宪法的《德意志联邦共和国基本法》，虽然有些条款涉及刑事诉讼问题，如第10条规定的通信自由权、第13条规定的住宅权，实际涉及刑事诉讼的搜查、扣押与住宅监控问题，但在整个宪法中却未见诸如作证特免权规则、自白任意性规则等的明确规定。法国宪法有关刑事诉讼的条款更是几近于无，更不用说刑事证据规则了。

（四）我国刑事证据规则立法的理论基础

1. 诉讼认识论

诉讼认识论虽然承认诉讼活动是一种认识活动，即诉讼主体对诉讼客体（已经发生的案件事实）的一种追溯性的特殊认识活动，但同时强调诉讼中的认识活动并不完全等同于哲学上的认识活动，而是有着诸多独特性。其理论来源是马克思主义认识论原理，具体包括以下四个方面的内容：①

一是认识的主观性与客观性原理。所谓认识的主观性，是指认识需要通过人的感官来进行，是主观对客观的反映；所谓认识的客观性，是指认识的对象以及最终形成的理性认识，都不依赖于人的主观方面而存在，而是具有客观性。注意认识的主观性和客观性，意义在于说明认识的客观性内容是通过人的主观活动表现出来的，是感性活动，必须从主观的方面去理解。在司法实践以及理论研究

① 参见樊崇义、锁正杰、吴宏耀、陈永生：《刑事证据前沿问题研究》，载何家弘主编：《证据法学论坛》（第一卷），中国检察出版社2000年版，第189~208页。

中，我们不能抛弃人的主观方面去认识事实。认识的主观性与客观性原理告诉我们，“人类对于任何客观知识的认识，永远不可能是客观事物的简单摹写”。所以，刑事诉讼中对案件事实的认识，不可能达到绝对的客观真实。

二是认识的绝对性与相对性原理。刑事诉讼中的认识必须“在一系列非常不至上的思维的人们中实现”，它是认识的“个别实现和每次的实现”。所以，诉讼认识只能具有相对真理性。当然，这种相对真理性蕴含着绝对真理，但并非等于绝对真理。因此，在刑事诉讼中，人们对于案件事实的认识，只是一种相对的真实，而非绝对的真实。

三是认识的真理性与正当性原理。真理性问题是一个经验问题或者逻辑问题，它涉及的是认知领域；正当性问题是一个价值问题或者伦理问题，它涉及的是评价领域。在理想状态下，如果能够获得绝对真理，那正当性就不需要存在了，因为绝对真理就有绝对正当性。但在具体条件下，我们无法获知绝对的真理，那么相对真理的可接受性就是因为它可以正当地被接受，即普特南所说的“合理的可接受性”。在刑事诉讼领域中，一件事实可以被合理地接受，必须满足这样两个条件：第一，它是根据充足的证据合理地推理出来的，具有高度的真实性；第二，它是在合法的程序之中得出来的，具有正当性或者合法性。

四是认识的实践标准。对判决结果中的事实的检验，不能以客观真实作为评判标准，从保障人权以及实现证明标准的可操作性的角度来讲，应当建立法律真实观的事实认定标准。

遵循上述观点，我们认为刑事证明标准应该坚持“法律真实说”。我们认为，在法律世界中，没有什么“本来是”事实的东西，没有什么“绝对的”事实，有的只是有关机关在法律程序中所确定的事实。这是因为，事实只有首先通过法律程序加以确定后，才能被赋予法律上的效果。也就是说，确定事实的机关，是在“法律上”创造了事实。我们主张法律真实，有如下几个方面的理由：第一，马克思主义哲学原理告诉我们，我们对客观世界的认识，对案件事实的证明，只能达到一种相对真实的程度，所以，被证明的案件事实，就不可能是实际上发生的客观事实。第二，诉讼证明是一种法律活动，它不仅仅追求证明的真理性，还要追求证明的正当性。尊重法律和法律程序，正是证明活动具有正当性的表现。第三，主张法律真实说，可以使诉讼证明活动变得具体明确，容易使司法人员操作，也容易为普通公民或当事人所接受。相反，主张客观真实说，往往会因为对于客观真实不好把握，而在司法实践中引起各种各样的问题。第四，司法实践已经证明了法律真实的正确性。与三大诉讼法有关的司法解释事实上已经确立了法律真实观。

2. 诉讼价值论

诉讼价值论是在哲学上的价值论基础上发展起来的一种理论，是关于诉讼活动及其结果如何满足于民众、社会和国家需要的理论。刑事证据规则的制定体现了诉讼价值论的精神。美国学者戴维·伯格兰列举了构成美国证据规则基础的八项价值：生命；个人自由；稳定性；正当程序；事实真相；司法经济；联邦制；健康和安全。① 罗纳德·艾伦教授把美国证据规则价值概括为以下五项内容：解决争端的适当方式；知识的性质；小群体决策的动因；道德和伦理关怀；正义理想和效率价值的关系。② 我们认为，刑事证据规则的价值论基础应该与刑事诉讼价值基本契合，具体包括公正、人权、自由、秩序和效率等价值形态。其中公正在诉讼价值中居于核心位置，是司法的灵魂和生命，也是刑事证据规则的首要价值。刑事证据规则的制定应当体现出实现司法公正、保障人权、促进自由、维护秩序和兼顾效率的价值目标。

（五）我国刑事证据规则立法的指导思想

完善我国的刑事证据规则体系必须坚持中国特色，即从中国的诉讼文化背景、中国的诉讼制度背景出发，借鉴两大法系各国刑事证据规则的精髓，不能盲目地照搬照抄。

1. 深化对证据规则基础理论的认识

证据法学作为一门理论性和实践性都很强的学科，有其特定的研究对象和内在规律。规律是客观存在的，证据规则是证据规律的集中体现。根据马克思主义认识论，规律是可以被认识的，证据规则要遵循和反映客观规律。我国关于证据规则的研究已有一定的基础，几乎任何一本证据法学教材都会涉及证据规则的论述。《刑事诉讼法》将“尊重与保障人权”写入诉讼法典，充分体现了人权保障原则，为证据规则的构建提供了理论支撑。《刑事诉讼法》以及司法解释已经初

---

① 参见［美］戴维·伯格兰：《证据法的价值分析》，张保生等译，载《证据学论坛》（第13卷），法律出版社2007年版，第247页。

② 参见［美］罗纳德·J·艾伦等：《证据法：文本、问题和案例》，张保生等译，高等教育出版社2006年版，第49页。

步确立了我国的证据规则体系。因此，研究和完善证据规则具有充分的理论支撑与立法依据。

《刑事诉讼法》第2条规定："尊重和保障人权，保护公民的人身权利、财产权利、民主权利和其他权利，保障社会主义建设事业的顺利进行。"人权保障原则，不仅仅是刑事诉讼的一项重要任务，更是刑事诉讼的一项重要指导原则，也是证据法学的一项重要理念，刑事诉讼以及证据规则的立法和执法，都要以"人权保障原则"作为一项重要的指导原则。刑事诉讼中的证据，在发现案件事实、解决纠纷的同时，也保障了当事人的人权。一方面，通过诉讼对罪犯进行制裁，对被害人以及社会进行补偿，弥补了犯罪行为对被害人权利的侵犯；另一方面，依照证据规则进行证明，约束执法机关以及司法机关的证明行为，可以有效保障诉讼中犯罪嫌疑人以及被告人的人权。构建约束证明行为的科学证据规则离不开人权保障原则作指导，在人权保障原则的指引下，《刑事诉讼法》通过证据规则构建了一套严禁刑讯逼供的运作机制，为杜绝刑讯逼供、保障人权设置了程序制裁措施。这一机制包括：第一，确立了"不得强迫自证其罪"的原则；第二，确立了"非法证据排除规则"，《刑事诉讼法》第56条至第60条详细规定了非法证据排除的条件、范围、程序和方法；第三，出台了一整套保障依法讯问和审讯的措施，包括侦查讯问中的全程录音录像措施，严格规范审讯场所，严格限制传唤和拘传的时间等。以上三个方面的规定，即"权利——规则——措施"形成了一套完整的严禁刑讯副供的科学机制，以解决长期以来禁而不止的问题。

2. 重点规范证据能力，兼顾证明力

日本学者认为，证据法是规定依据证据准确无误地认定事实的过程的法律规范的总称，其内容大体分为三个方面：一是规定证据的调查方法；二是有关证据容许性（即证据能力）的内容；三是有关证明活动的范围和性质等。① 其中第一方面属于证据制度的内容，第三方面属于证明制度的内容，只有第二方面属于证据规则的范畴。从域外立法规定看，证据法尤其是证据规则都侧重于规范证据的证据资格即证据能力问题，而证明力原则上属于裁判者自由心证的范畴，只是在特殊情况下予以明确规定。针对我国司法实践中各种案卷笔录、书面证言大量使

① 参见［日］松尾浩也著：《日本刑事诉讼法》（下卷），张凌译，中国人民大学出版社2005年版，第1页。

用的现状，我国应当增设传闻证据规则、意见证据规则，重点规范进入负责事实认定的裁判者视野的证据材料的证据能力。同时，结合我国诉讼传统中已经形成的对物证、书证实行原始证据优先的做法，我国应当借鉴域外规定，增设最佳证据规则，进一步明确规范物证、书证的证据能力问题。

同时，证明力问题也是一个很重要的问题。对于某些特殊种类的证据，如犯罪嫌疑人、被告人自白、被害人陈述等，由于各种原因，其本身证明力可能比较弱，需要其他证据来印证、补强。因此，为实现刑事证据规则体系化，在重点规范证据能力的同时，还需要完善自白法则、补强证据规则等，兼顾规范部分证据的证明力。而且在我国，被害人也是诉讼当事人，因此，被害人陈述与口供一样具有当事性，都应当纳入补强证据规则适用的范畴。

3. 推进刑事庭审方式改革，实现证据法价值多元化

以审判为中心的诉讼制度改革的关键还是要落实到以庭审为中心这一命题上来，因为以“审判”为中心的核心是以“庭审”为中心。自1996年《刑事诉讼法》推进刑事庭审方式改革，确立了一种“控辩式”的庭审结构，2012年和2018年《刑事诉讼法》进一步深化了这一趋势，我国司法实务中通过庭审对抗形成证据的理念明显增强。它要求证人出庭作证制度和交叉询问规则等与之相配套。所有证人都能出庭作证和接受交叉询问，这对于查明案件事实真相，有效控制犯罪无疑是有利的。然而，它也可能带来其他问题。正如德国联邦上诉法院曾经指出：“不惜任何代价来调查真相并不是刑事诉讼法的原则。”[①] 据悉，这已成为德国法学理论和法学著作的一种共识。为此，德国刑事诉讼法赋予证人广泛的作证特免权，其中大部分基于这样的理念：特定的信任关系不应因为国家强迫而泄露通过这种关系所获得的信息而受到损害。[②] 我国主流观点也认为，刑事诉讼的目的包括控制犯罪和保障人权两个方面。《刑事诉讼法》已经将“尊重和保障人权”增加为刑事诉讼法的基本任务之一。而“人权”作为应然权利和实然权利的统一，是人之所以为人应当享有的基本权利，“是对作为社会交往的主体自

① 德国联邦上诉法院判决 BGHSt14, 358 at 365 (1960).

② 参见［德］托马斯·魏根特：《德国刑事诉讼程序》，岳礼玲、温小洁译，中国政法大学出版社2004年版，第172～173页。

然人生存和发展条件的最低限度的关怀。"① 因此，应当从广义上理解，从而实现刑事诉讼价值多元化。这就要求我们在完善证人作证制度，强化证人出庭作证义务的同时，构建适合我国刑事司法现状的作证特免权规则，赋予某些特殊人群作证特免权，从而深入推进庭审方式改革，在作证过程中保护更多社会关系免受损害，实现证据法价值的多元化。

（六）我国刑事证据规则立法建议的基本框架

刑事证据规则之间只有互相衔接与协调，具有内在的统一性，才能形成一个完整、严密的证据规则体系。笔者认为，我国刑事证据规则框架体系应当由规范证据能力的证据规则、规范证明力的证据规则以及规范证据运用的证据规则三部分组成。

1. 规范证据能力的证据规则②

对于规范证据能力的规则，按照"一般规则、排除规则加例外规则"的模式加以规定。

（1）关联性规则。证据的关联性，是指证据必须与案件事实有实质性联系，从而对案件事实有证明作用。值得说明的是，这里的相关性与我国传统证据法学中的关联性稍有不同，即这里的相关性，并非与案件事实真相的关联，而是与待证事实的关联。这种关联尽管以一定的经验法则为基础，却并不强调其客观性。③ 在英美证据法中，关联性规则被称为证据的"黄金规则"，它要求控辩双方提出的证据必须具有关联性，法庭才允许进行调查，没有关联性的证据，法官有权决定不予调查。然而，实际上审判实践中法庭调查范围较为宽泛，对于某些情况下与案件不存在关联性的事实，或者某些虽有一定联系但容易引起争议、混淆案件争点的事实，如果明确不承认其关联性，则更有利于防止出现偏见和混乱。此外，运用关联性规则还涉及品格证据能否在诉讼中适用的问题。由于我国立法没有规定品格证据有无关联性，目前法院倾向于将被告人以往受过刑事处罚的事实作为不良品格证据加以采纳。这些都需要建立关联性规则予以规范。建议

① 关于"人权"概念和主体范围的分析，参见兰跃军：《刑事被害人人权保障机制研究》，法律出版社 2013 年版，第 37 ~ 38 页。

② 以下内容部分参见陈卫东主编：《模范刑事诉讼法典》，中国人民大学出版社 2011 年版，谨致谢忱。

③ 参见陈卫东主编：《模范刑事诉讼法典》，中国人民大学出版社 2011 年版，第 170 页。

立法框架如下：

立法表述	参考立法例	立法简要理由
具有关联性的证据，是指有助于查明待证事实发生或没有发生的证据。	1. 美国《联邦证据规则》第401条； 2. 澳大利亚1995年《证据法》第55条。	证据的相关性是证据具有可采性的前提，应当作为首要的证据规则加以规定。

（2）非法证据排除规则。非法证据排除规则是指刑事司法机关对于依法认定的非法证据应当予以排除，不得作为移送起诉意见、提起公诉和裁判的根据。《非法证据排除规定》、2012年《刑事诉讼法》第53~58条和《严格排除非法证据规定》都规定了中国式的非法证据排除规则，主要内容包括非法证据的界定及法律后果、非法证据排除的程序和非法证据排除中的证明问题三个方面。根据这些规定，非法取得的言词证据应当绝对排除，非法取得的实物证据应当相对排除。但侦查阶段、审查起诉阶段如何排除非法证据，仍是一个需要深入研究的课题。建议立法框架如下：

立法表述	参考立法例	立法简要理由
采用刑讯逼供等非法方法收集的犯罪嫌疑人、被告人供述和采用暴力、威胁等非法方法收集的证人证言、被害人陈述、鉴定意见，应当予以排除。收集物证、书证不符合法定程序，可能严重影响司法公正的，应当予以补正或者作出合理解释；不能补正或者无法作出合理解释的，对该证据应当予以排除。 在侦查、审查起诉、审判时发现有应当排除的证据的，应当依法予以排除，不得作为起诉意见、起诉决定和判决的依据。	《刑事诉讼法》第56条	非法言词证据排除规定，补充将“鉴定意见”列入非法言词证据排除的范围。

续表

立法表述	参考立法例	立法简要理由
以下述方式搜查、扣押所得的证据，不具有证据能力：（一）没有合理根据而进行搜查、扣押；（二）搜查、扣押违反法定程序且严重侵犯公民宪法基本权利的。前款证据，在刑事审前程序中，不得作为不利于犯罪嫌疑人程序处理的根据。	1. 美国《联邦宪法第四修正案》； 2. 我国台湾地区“刑事诉讼法”第158条之四。	违法搜查、扣押所得证据的证据能力。
下述通过违法技术侦查取得的证据，不具有证据能力：（一）未经法定批准程序进行的技术侦查；（二）违反法定程序且严重侵犯公民宪法基本权利的。前款证据，在刑事审前程序中，不得作为不利于犯罪嫌疑人程序处理的根据。	我国台湾地区“刑事诉讼法”第158条之四。	违法技术侦查所得证据的证据能力。
除上述规定外，违背法定程序所取得的实物证据，由法庭权衡违法原因及程度、违法行为对人权保障及公共利益的影响后，裁定是否具有证据能力。 借助非法言词证据而获取的实物证据，具有证据能力，但言词证据的获取方式严重侵害公民基本权利或严重妨碍司法公正的除外。	我国台湾地区“刑事诉讼法”第158条之四。	其他违法取得实物证据的证据能力。
法庭审理过程中，辩护方以取证手段违法为由请求排除证据的，应当提出相应的证据。法庭应当在听取控辩双方辩论后作出裁定。根据法庭调查的具体情形而认为必要时，法庭得依职权裁定控诉方对证据的合法性加以证明。对于经过法庭审理，确认或者不能排除以非法方法收集证据情形的，对有关证据应当予以排除。	1.《英国1984年警察与刑事证据法》第76条； 2.《刑事诉讼法》第60条。	对取证合法性进行调查，以及调查后的处理结果。

续表

立法表述	参考立法例	立法简要理由
在对证据收集的合法性进行法庭调查的过程中，人民检察院应当对证据收集的合法性加以证明。现有证据材料不能证明证据收集的合法性的，人民检察院可以提请人民法院通知有关侦查人员或者其他人员出庭说明情况；人民法院可以通知有关侦查人员或者其他人员出庭说明情况。有关侦查人员或者其他人员也可以要求出庭说明情况。经人民法院通知，有关人员应当出庭。	《刑事诉讼法》第59条。	关于取证合法性的证明。
其他参见：《刑事诉讼法》第57、58条；《高法解释》第四章第八节“非法证据排除”。		

（3）意见证据规则。区分事实和意见是现代证据法的一项基本要求。意见证据规则是指证人的个人意见和推测不得作为证据使用，但根据一般生活经验可以判断的事实除外。意见证据规则将证人证言分为两种：一种是体验性陈述，是指证人就自己感知的事实提供陈述；另一种是意见陈述，指证人陈述的内容仅仅是个人的意见、判断或者感想。依据意见证据规则，证人不能发表依其直接观察所得的推断和意见，但根据一般生活经验可以判断的除外。我国没有明确的意见证据规则，实践中证人作证也仅限于向司法机关陈述其所了解的案件事实，而不包括对案件事实、情节的分析、判断和发表的其他意见。建议立法框架如下：

立法表述	参考立法例	立法简要理由
证人的猜测性、评论性、推断性的证言，不得作为证据使用，但根据一般生活经验判断符合事实的除外。 证人在以下方面依据自己体验的事实作出的推测、判断或评论，具有证据能力：（一）尝和闻的有关问题；（二）车辆的速度；（三）证人自己的意图；（四）声音、笔迹的认定；（五）另一个人的情感或状态。	1. 美国《联邦证据规则》第701条； 2. 日本《刑事诉讼法》第156条； 3. 我国台湾地区“刑事诉讼法”第160条； 4.《高法解释》第75条。	细化和区分事实和意见有利于更好地界定证人证言的证据能力。

（4）原始证据优先规则。原始证据优先规则是关于文字材料的证据可采性规则，即以文字材料的内容证明案件事实时，必须提交该文字材料的原件。我国证据法学者继承了这一分类，并在借鉴英美证据法中最佳证据规则的基础上，提出了原始证据优先规则。它实际上包括两层含义：一是从收集证据的角度来讲，原始证据优先规则要求在证据收集时应尽可能地收集原始证据，凡是能够收集原始证据的，不得只收集派生证据或传来证据；二是从证据证明力的角度来讲，原始证据的证明力大于传来证据。因此，原始证据优先规则既是一项规范证据能力的规则，也是一项规范证明力的规则。建议立法框架如下：

立法表述	参考立法例	立法简要理由
能够收集原始证据的，应当优先收集、运用原始证据。除法律另有规定外，能够收集原始证据而没有收集的，不得运用其派生证据。	《高法解释》第69条。	原则性规定。
据以定案的物证应当是原物。原物不便搬运，不易保存，依法应当由有关部门保管、处理，或者依法应当返还的，可以拍摄、制作足以反映原物外形和特征的照片、录像、复制品。物证的照片、录像、复制品，不能反映原物的外形和特征的，不得作为定案的根据。物证的照片、录像、复制品，经与原物核对无误、经鉴定为真实或者以其他方式确认为真实的，可以作为定案的根据。	《高法解释》第70条。	适用物证的规定。
据以定案的书证应当是原件。取得原件确有困难的，可以使用副本、复制件。书证有更改或者有更改迹象不能作出合理解释，或者书证的副本、复制件不能反映原件及其内容的，不得作为定案的根据。书证的副本、复制件，经与原件核对无误、经鉴定为真实或者以其他方式确认为真实的，可以作为定案的根据。	《高法解释》第71条。	适用书证的规定。

续表

立法表述	参考立法例	立法简要理由
关于原件的特殊规定：在公务管理活动中，以法定程序制作的、与原件具有同等法律效力的副本、复制件，视为原件。 底片以及由该底片冲印的任何照片，均为原件。以数字方式存储的文字、照片、视听资料、一次性打印或输出的能够反映原数据的多份可读物，均为原件。	美国《联邦证据规则》第1001条。	随着技术和法律的发展，许多原件已经突破了传统的范畴，本规定是适用新形势的需要。

例外规定

立法表述	参考立法例	立法简要理由
以下情形可提供文字、证书、照片、视听资料的复制件：（一）原件确实无法获得的；（二）原件已经丢失或被毁损的；（三）因保密、档案管理等限制无法调取原件的；（四）控辩双方对使用复制件没有异议的；（五）对复制件的真实性不存在合理争议的。（六）重要的带有编号的身份证件、学历证件、职业资格证件和票据等。	《高法解释》第70条和第71条。	例外情形的规定。

（5）传闻证据规则。传闻证据规则指不得以证人道听途说的情况或不得以其庭前书面证言作为证据，法律另有规定的除外。该规则要求通过法庭上的询问和质证对于证言进行检验，审判机关原则上应当以经过庭审质证的证人的当庭陈述作为定案的根据，控辩双方不应提出证人在审判前进行陈述的笔录作为证据使用。但实践中，有时需要提出证人在审判前陈述的笔录作为举证或者质证的辅助手段。这样的情形包括两种：一是证人表示不能回忆起某项事实时，需要以其在庭审前提供的陈述来提醒、帮助其回忆的；二是证人提供的证言与其在审判前的陈述不一致，通过其他方法不能确认其当庭陈述是否真实而需要宣读证人在审判前的陈述进行诘问的。在上述两种情况下，证人在审判前进行陈述的笔录可以用来质疑其庭上证言的可信性。建议立法框架如下：

立法表述	参考立法例	立法简要理由
证人、被害人、鉴定人于法庭审判外的关于在法庭上证明所断定事项之真实性的陈述、询问笔录或其他书面材料，除法律另有规定外，不具有证据能力。	1.《美国联邦证据规则》第 801 条； 2. 我国台湾地区“刑事诉讼法”第 159 条。	该条规定了传闻证据规则的一般要求。
为了以下程序性目的，可以使用法庭外制作的笔录或书面材料：（一）为了决定是否有必要传唤某人作证；（二）为了帮助陈述人回忆淡忘的事实；（三）如果当庭陈述与之前所作陈述有实质性变化，为弹劾陈述人的诚信度或争辩陈述人当庭陈述的证明力；（四）法院认为确有必要的其他情形。为前条第 1 款第（三）项的目的，可以听取转述陈述人于庭外陈述的证言。	1.《美国联邦证据规则》第 601 条、第 806 条； 2.《德国刑事诉讼法典》第 253 条。	在诉讼过程中，为了迅速有效地解决一些程序性问题，书面证言往往具有不可替代的作用。因此，即使在实行严格传闻规则的英美国家，也允许为了特定的程序性目的而使用书面证言。

例外规定：

立法表述	参考立法例	立法简要理由
文书类证据： 传闻例外之一：下列文书类证据，如果不是专为本案诉讼所作，对于证明本案事实，具有证据能力：（一）公务员职务上制作的记录文书、证明文书，但刑事警察、检察官基于刑事诉讼法上的职责而制作的笔录除外；（二）因通常业务所需或依业务职责制作的记录文书、证明文书，但具有不可信的显然情形者除外；（三）在具有特别可信性保障条件下制作的其他文书。法院认为确有必要时，可以依职权通知上述文书的制作人当庭提供证言。	1.《美国联邦证据规则》第 803 条； 2. 我国台湾地区“刑事诉讼法”第 159 条之三。	在现代社会，文书类证据已经具有了较高的可信度。 为了防止可能发生的作假现象，本条规定该项文书证据应当不是专为本案诉讼所作，以防止当事人为了胜诉而作假；同时也对刑事警察、检察官作出了限制。

续表

立法表述	参考立法例	立法简要理由
经同意而适用： 传闻例外之二：控辩双方均同意使用的传闻证据，可以作为证据接受法庭调查。法庭认为该证据明显违背事实、缺乏必要的可信性保障或者对被告人显失公正的，有权裁定不予调查。	我国台湾地区“刑事诉讼法”第159条之五。	对于控辩双方均同意采用的传闻证据，原则上应当尊重控辩双方的选择，可以作为法庭证据。同时，又突出了法庭的权威，在一定条件下法庭有权拒绝调查。
关于鉴定意见的例外： 传闻例外之三：除下列情形外，法庭可以裁定宣读鉴定意见以代替鉴定人当庭作证：(一) 鉴定意见直接影响案件最终处理的；(二) 控辩双方提出不同鉴定人且鉴定意见分歧较大的；(三) 当事人提出足够证据对鉴定人的鉴定能力或资格产生合理怀疑的；(四) 新出现的鉴定技术类型。依据前款规定，法庭裁定宣读鉴定意见前，应当听取控辩双方的意见。	1. 我国台湾地区“刑事诉讼法”第206条。 2.《刑事诉讼法》第192条。	《刑事诉讼法》规定：公诉人、当事人或者辩护人、诉讼代理人对鉴定意见有异议，人民法院认为鉴定人有必要出庭的，鉴定人应当出庭作证。本条是对其的细化。
关于勘验、检查笔录的例外： 传闻例外之四：除下列情形外，法庭可以裁定宣读勘验、检查笔录以代替勘验人员、检查人员当庭作证：(一) 勘验、检查笔录直接影响案件最终处理的；(二) 勘验、检查笔录的内容明显违背事理的；(三) 勘验、检查笔录的内容含混不清或自相矛盾的；(四) 有证据证明勘验人员、检查人员不具备相应能力的；(五) 有证据证明勘验、检查笔录的真实性存在合理怀疑的。依据前款规定，法庭裁定宣读勘验、检查笔录前，应当听取控辩双方的意见。本条规定受制于本法关于非法证据排除规则的有关规定。	《刑事诉讼法》第192条和第195条。	《刑事诉讼法》规定：人民警察就其执行职务时目击的犯罪情况作为证人出庭作证，适用前款规定。本条是对其的细化。

续表

立法表述	参考立法例	立法简要理由
具有可信性保障的询问笔录： 传闻例外之五：法官在控辩双方在场时依法定程序询问证人、被害人的询问笔录，具有证据能力。审查起诉阶段制作的证人、被害人询问笔录，符合以下条件之一的，具有证据能力：（一）辩护人在场时进行的询问；（二）可供辩护人查阅，辩护人没有查阅或查阅后无异议的询问笔录；（三）具有其他可信性保障的询问笔录。	我国台湾地区“刑事诉讼法”第159条之一、第159条之二。	根据诉讼阶段的不同，对询问笔录的证据能力设置了不同的条件。其中，审判阶段要求最低，只要询问时控辩双方在场即可；在审查起诉阶段，则以具有可信性保障为条件。
为定罪确有必要的例外： 传闻例外之六：侦查阶段制作的证人、被害人询问笔录，如果具有相应的可信性保障，为证明犯罪确有必要且具备下列情形之一，可以作为证据接受法庭调查：（一）陈述人已经死亡、丧失行为能力的；（二）陈述人去向不明或现在国外的；（三）陈述人到庭后无正当理由拒不陈述的。	我国台湾地区“刑事诉讼法”第159条之三。	在诉讼过程中，有可能会遇到一些特殊情形，致使要求证人、被害人到庭根本不现实。在极个别情形下，作为一种不得已的例外，侦查笔录可以作为法庭证据。
无必要到庭的例外： 传闻例外之七：具有下列情形之一的，经证明具有较高可信性保障后，法庭可以裁定通过宣读书面证言代替证人当庭作证：（一）在庭审期间身患严重疾病或者行动极为不便的；（二）居所远离开庭地点且交通极为不便的；（三）身处国外短期无法回国的；（四）基于案件性质、证据价值、所需成本的综合考虑，法庭认为证人当庭作证意义不大的。（五）有其他客观原因，确实无法出庭的。具有前款规定情形的，可以通过视频等方式作证。前款裁定应当事先听取控辩双方的意见并说明理由。	1. 最高人民法院《关于民事诉讼证据的若干规定》第56条。 2.《高法解释》第206条。	本条是对证人无法出庭作证的补充。

（6）自白任意性规则。自白规则总体而言分为两个方面：一是关于自白能否作为证据使用的规则，在英美国家这是自白是否具有可采性的问题，而在大陆法系国家则是自白是否具有证据能力的问题；二是关于具有可采性或具有证据能力的自白具有多大证明力的规则，这是一个能否单独以自白认定被告人有罪的问题，或者说自白是否需要补强的问题。前者一般称为自白任意性规则，即自白应当是被追诉人基于自由意志而作出的有罪陈述，否则不具有证据能力或证据可采性而予以排除；后者一般称为自白的补强规则，即自白作为证据使用时，一般应当有补强证据加以补强，否则不能认定被告人有罪。由于证据补强规则对自白的补强已经进行相应的论述，本题只对自白任意性规则进行论述，对自白补强规则不再赘述。建议立法框架如下：

立法表述	参考立法例	立法简要理由
讯问前，侦查人员、检察人员已经履行告知义务的，推定为犯罪嫌疑人、被告人明知供述的法律后果。	美国米兰达规则。	确保犯罪嫌疑人、被告人的知情权。
讯问时，犯罪嫌疑人在其律师在场时的供述，推定为自愿。	美国米兰达规则。	律师在场是确保供述自愿性、合法性的前提。
犯罪嫌疑人于起诉前亲笔书写的书面供述或者由其签章的供述笔录或录音，经其本人和辩护律师同意的，可以作为证据接受法庭调查。	我国台湾地区“刑事诉讼法”第159条之五。	律师的有效帮助是确保供述自愿性、合法性的条件。
辩护方对犯罪嫌疑人供述的任意性提出异议的，应当提出相应的证据。综合法庭调查的情形而对犯罪嫌疑人供述的任意性产生合理怀疑的，法庭应依职权要求控诉方证明其供述的任意性。	1.《英国1984年警察与刑事证据法》第76条； 2.《日本刑事诉讼法》第31条。	法庭有权对供述的合法性、自愿性进行调查。
有证据对犯罪嫌疑人供述的任意性产生合理怀疑的，控诉方应当以排除合理怀疑的程度证明供述的任意性，否则，该供述不具证据能力。	《英国1984年警察与刑事证据法》第76条。	对供述的合法性、自愿性的证明标准宜与刑事诉讼法的证明标准保持一致。

例外情形：

立法表述	参考立法例	立法简要理由
除非同时具备下列条件，否则犯罪嫌疑人的供述不具证据能力：（一）犯罪嫌疑人明知自己供述的法律后果；（二）犯罪嫌疑人自愿供述的。 被告人的当庭供述，具有证据能力，但辩护方有足够证据证明并非出于自愿的除外。犯罪嫌疑人、被告人的辩解，具有证据能力。	1.《英国1984年警察与刑事证据法》第76条； 2.《日本刑事诉讼法》第31条。	本条规定了供述与辩解的证据能力。
在刑事诉讼中，对犯罪嫌疑人实施或者唆使、同意、默许他人实施下列行为之一的，所取得的供述证据不具有任意性，不得用于弹劾被告人的诚信度或者争辩被告人当庭陈述的证明力：（一）采用残忍、不人道的或者有辱人格的方式；（二）通过使用暴力或以暴力相威胁；（三）采用长时间疲劳、饥饿等精神或肉体上的折磨；（四）不适当的长期羁押或违法羁押；（五）无正当理由而进行夜间讯问、连续讯问的；（六）足以影响自由意志的其他方式。 本条所称“夜间”是指每日二十二时以后至次日六时之前。	《德国刑事诉讼法典》第136条a。	

2. 规范证明力的证据规则

（7）证据补强规则。证据补强规则是指为了防止案件事实的误认，对某些证明力显然薄弱的证据，要求有其他证据补充证实才可以作为定案根据的规则。建议立法框架如下：

立法表述	参考立法例	立法简要理由
以下证据不能单独作为认定案件事实的依据，需与两份以上与其有不同来源的、具有证明力的其他证据相互印证，才能作为认定案件事实的依据：（一）犯罪嫌疑人、被告人供述；（二）被害人陈述；（三）下列证言：1. 未成年人所作的与其年龄和智力状况不相当的证言；2. 与当事人或者其辩护人或代理人有利害关系的证人出具的证言；3. 无正当理由未出庭作证的证人证言。	1. 日本《刑事诉讼法》第319条； 2.《刑事诉讼法》第55条； 3. 最高人民法院《关于民事诉讼证据的若干规定》第69条。	主要是对哪些言词证据需要补强的整体规定。
审查被告人供述和辩解，应当结合控辩双方提供的所有证据以及被告人的全部供述和辩解进行。被告人在庭审中翻供，但不能合理说明翻供原因或者其辩解与全案证据矛盾，而其庭前供述与其他证据相互印证的，可以采信其庭前供述。被告人庭前供述和辩解存在反复，但庭审中供认，且与其他证据相互印证的，可以采信其庭审供述；被告人庭前供述和辩解存在反复，庭审中不供认，且无其他证据与庭前供述印证的，不得采信其庭前供述。	《高法解释》第83条。	被告人庭前与庭审供述出现矛盾时的采信原则。

3. 规范证据运用的证据规则

（8）作证特免权规则。作证特免权规则，是指在法定情形下，特定公民享有拒绝作证的权利或制止他人作证的权利。其核心内容主要表现在一个适格的证人可以依法对自己已经掌握的与案件有关的信息不予向法庭透露，从而拒绝法庭对自己进行询问或提供有关的信息。且强迫作证和拒证权是证人适格性的两个方面，强迫证人作证是基于证人应当履行国家义务的理念，拒证权是基于社会伦理、公共利益、证人权益的保障的综合考虑而设置的相应的特免权规则。可见，作证特免权是针对一般的作证义务而言的。一般情况下，向法庭作证是每个公民应承担的义务。但是在作证特免权规则的情况下，由于社会伦理、道德、价值取向以及公共利益或国家公共政策等诸多因素的影响下，如果让证人陈述相关的信息，可能损害某种更为重要的利害关系。因此，法律为了维护这种社会关系而制定了作证特免权规则。在刑事诉讼领域，作证特免权规则不仅维护社会伦理、公共利益、证人利益，而且更加保障刑事被告人的基本权利或能提高其诉讼地位。作证特免权是免除证人作证的义务而不是剥夺证人作证资格。《刑事诉讼法》第193条第1款增加赋予被告人的配偶、父母、子女免予强制出庭作证的特权，符合这一发展要求。但规定范围显然还不够，需要借鉴域外做法进一步完善，包括明确夫妻之间的交流特权、律师与委托人之间的交流特权、医患关系中秘密信息的保护特权，以及关于政府秘密的特权等。建议立法框架如下：

立法表述	参考立法例	立法简要理由
经人民法院通知，证人没有正当理由不出庭作证的，人民法院可以强制其到庭，但是被告人的配偶、父母、子女除外。	《刑事诉讼法》第193条	近亲属关系的作证特免权。
辩护律师对在执业活动中知悉的委托人的有关情况和信息，有权予以保密，不作为证人出庭作证。但是，辩护律师在执业活动中知悉委托人或者其他人，准备或者正在实施危害国家安全、公共安全以及严重危害他人人身安全的犯罪的，应当及时告知司法机关。	《刑事诉讼法》第48条	律师的作证特免权，增加“不作为证人出庭作证”。
对于披露后确有损害国家重大利益的可能的公务事项，公务员或者受委托执行公务的人员有权拒绝提供证言，其主管机关或者选举机关同意其作证的除外。 对于披露后确有损害国家重大利益的可能的公务事项，人民代表大会的代表有权拒绝作证，人民代表大会或者人民代表大会常务委员会同意其作证的除外。 审判人员对有关评议的内容和在公开诉讼过程外履行职责时所获知的情况，应当保守职业秘密，不得被强迫对这类事项提供证言，审判委员会同意其作证的除外。	1.《德国刑事诉讼法》第54条； 2.《日本刑事诉讼法》第144条和145条。	公务人员作证特免权。

（9）交叉询问规则。交叉询问是英美法系庭审时对证人的一种询问方法，即首先由提出证据的一方对本方证人进行“主询问”，然后由对方进行可诱导性的“交叉询问”或“反询问”，其目的在于揭示证人的偏见和不可信性。根据需要还可以进行“再主询问”“再反询问”等。此外，交叉询问的前提是证人出庭作证。建议立法框架如下：

立法表述	参考立法例	立法简要理由
向证人、鉴定人发问，应当先由提请通知的一方进行；发问完毕后，对方也可以发问。	《高法解释》第212条。	明确主询问的发起方。删除“经审判长准许”的表述，为控辩双方充分质证与辩论创造条件。
公诉人、当事人和辩护人、诉讼代理人可以对证人、鉴定人发问。审判人员可以询问证人、鉴定人。	《刑事诉讼法》第194条。	明确交叉询问的双方主体。删除“审判长认为发问的内容与案件无关的时候，应当制止”。
向证人发问应当遵循以下规则：发问的内容应当与本案事实有关；不得威胁证人；不得损害证人的人格尊严、询问证人应当分别进行、证人、鉴定人不得旁听对本案的审理、一般情况下不得以诱导方式发问。前款规定适用于对被告人、被害人、附带民事诉讼当事人、鉴定人、有专门知识的人的讯问、发问。	《高法解释》第213条。	明确交叉询问的规则。
在下列情况下．可以对证人等提出诱导性问题：（一）在对对方证人进行反询问时；（二）在涉及与案件核心问题无直接关系的预备性或入门性事务时；（三）诱导性问题可以用于从一个查询领域到另一查询领域的转换或连接；（四）当证人在直接盘问中作出意外回答时，律师可以使用诱导性问题。（五）在对理解能力有限的证人进行直接盘问时，包括未成年人、智力低下的成年人、使用汉语表达有障碍的人。（六）对于那些记忆已竭尽但显然还掌握有额外的相关性信息的证人。①	《美国联邦证据规则》611条。	反对诱导性询问的例外。

① 刘善春等：《诉讼证据规则研究》，中国法制出版社2000年版，第356页。

续表

立法表述	参考立法例	立法简要理由
控辩双方的讯问、发问方式不当或者内容与本案无关的，对方可以提出异议，申请审判长制止，审判长应当判明情况予以支持或者驳回；对方未提出异议的，审判长也可以根据情况予以制止。异议提出需要说明理由，并应在证人退庭之前提出。	《高法解释》第214条。	交叉询问异议的程序处理。

在上述证据规则中，相关性规则是所有证据共同适用的规则，对证据运用的四个阶段都具有指导作用。非法证据排除规则、自白任意性规则、意见证据规则、传闻证据规则、作证特免权规则基本属于规范证据能力的证据规则，补强证据规则基本属于规范证明力的证据规则，最佳证据规则既规范证据能力，又规范证明力，而交叉询问规则主要是一项质证规则。

(七) 我国刑事证据规则立法的配套制度

1. 法律中必须明确四大证据法原则

证据法原则是指在收集和运用证据过程中应当遵守的一系列准则，它是作为证据规则的基础或本源的综合性、稳定性的原理和原则。借鉴域外立法，并结合我国《刑事诉讼法》对刑事证据制度的完善和2010年“两高三部”联合颁布的《办理死刑案件证据规定》和《非法证据排除规定》的相关内容，我们认为，我国刑事证据法的基本原则应当包括证据裁判原则、无罪推定原则、不得强迫自证其罪原则和直接言词原则。

(1) 证据裁判原则。证据裁判原则是现代证据法乃至诉讼法的基石。证据裁判原则要求以证据作为裁判的根据，没有证据不得认定事实。该原则的核心在于强化证据意识，强化证据对于认定事实的基础地位。我国《刑事诉讼法》没有明确规定证据裁判原则，但《刑事诉讼法》第55条和第200条的规定体现了证据裁判的精神，第253条第一项和第二项还明确地将违反证据裁判原则规定为再审的理由。《高法解释》第61条和《高检规则》也规定“认定案件事实，必须以证据为根据”。

(2) 无罪推定原则。无罪推定原则的基本要求是，任何人在被依法证明有罪之前，在法律上应推定为无罪。我国宪法和刑事诉讼法没有规定无罪推定原则，但《刑事诉讼法》第 12 条规定的“法院统一定罪原则”吸收了无罪推定原则的合理内核。《刑事诉讼法》第 51 条明确规定了控诉方承担证明责任的原则，《刑事诉讼法》第 200 条第三项和第 175 条第四项体现了疑罪从无的精神。

（3）不得强迫自证其罪原则。《刑事诉讼法》在第 52 条“严禁刑讯逼供”的取证禁止性规定后面增加“不得强迫任何人证实自己有罪”的内容，从而赋予犯罪嫌疑人、被告人及其他作证者不得强迫自证其罪的权利。但是《刑事诉讼法修正案》第 120 条又继续保留犯罪嫌疑人“如实回答”义务，因此当前立法存在一定的矛盾性。日后的立法应该废除“如实回答”的义务。

（4）直接言词原则。直接言词原则是大陆法系刑事审判乃至刑事诉讼的基本原则之一，主要精神就是指法官必须在法庭上亲自听取当事人、证人及其他诉讼参与人的口头陈述，案件事实和证据必须由控辩双方当庭口头提出并以口头辩论和质证的方式进行调查。我国《刑事诉讼法》和相关规范性文件都没有明确规定直接言词原则，《刑事诉讼法》一定程度上体现了直接言词原则的要求，但仍有局限性，除了只规定了有限的两种应当出庭作证情形和有限的四种作证保障机制外，还表现在《刑事诉讼法》的有关条文规定明显与该原则不符，甚至直接抵触，需要进一步完善。

2. 程序性制裁制度

刑事程序性制裁是相对于实体性制裁而言，指刑事诉讼中的警察、检察官和法官因实施程序性违法行为应当承担的程序上的不利法律后果。就证据规则而言，程序性制裁主要体现为对非法证据排除规则、传闻规则、意见证据规则、自白任意性规则、原始证据优先规则等各种证据排除规则的否定。除法定的例外情形外，违背上述规则价值与精神的证据将会因为程序性制裁制度而宣告无效，丧失证据能力。完善的程序性制裁制度，有利于凸显程序正义，充分发挥合法、有效的证据在打击犯罪、保障人权以及认定案件事实中的重要作用。

3. 完善庭前证据开示制度

在法庭针对证人、鉴定人等进行交叉询问，必须在开庭前做好充分准备，如果控辩双方均不知对方将在庭审中提出哪些证人、鉴定人、被害人，交叉询问无从谈起。为此，建立完善的庭前证据开示制度，使控辩双方相互了解对方在庭审时拟提出的证人、鉴定人、被害人的证言、鉴定意见或陈述，这是交叉询问规则得以有效运行的基本条件。《刑事诉讼法》规定检察机关向法院提起公诉时，必须移送全部案卷材料，规定辩护律师可以查阅、摘抄、复制案卷材料，其他辩护人经人民法院许可，也可以查阅、摘抄、复制案卷材料，辩护人收集的有关犯罪嫌疑人不在犯罪现场、未达到刑事责任年龄、属于依法不负刑事责任的精神病人的证据，应当及时告知公安机关、检察机关，并规定必要时，审判人员可以召开庭前会议，决定出庭证人、鉴定人、有专门知识的人的名单。这些措施具备了英美国家庭前证据开示的一些功能，为交叉询问规则的有效运行提供了一定的基础条件，但仍然存在一些缺陷。其中最重要的是，未规定检察机关未随案移送的证据能否进入法庭调查，也未规定辩护方未向检察机关展示的证据能否进入法庭调查。如果未禁止这些证据进入法庭调查，这些证据的交叉询问也就很难有效开展。为规范庭前证据开示，为交叉询问规则的有效运行提供基础，宜建立规范的庭前证据开示制度，并明确规定未按规定开示证据的法律后果，即该证据不得进入法庭调查，并不得作为定案根据。

4. 完善证人出庭作证制度

确保证人出庭作证是完善交叉询问和直接言词原则的重要体现，也事关庭审方式改革和控辩制诉讼模式的成败。确保证人出庭作证，除了在宏观上加强理论引导、加大经济补偿和证人保护的力度之外，更应该使有证人作证的案件能够充分发挥质证的效果，使得证人作证在案件的定罪量刑中能对法官的自由心证产生积极和有效的影响，发挥典型的、有代表性的示范效用。只有这样，证人作证制度才有可持续性发展的现实性和前瞻性，证人作证制度才更有发展的源泉、生机和活力。

5. 扩大刑事法律援助的范围

由于检察机关与被告人在诉讼能力与法律专业知识方面的严重失衡，辩护律师介入法庭调查，这是交叉询问规则得以有效运行的最重要条件。由于相当一部分被告人因为各种原因无法聘请律师，完善刑事法律援助制度对交叉询问规则的有效运行就具有极其重要的意义。从我国目前的规定来看，对交叉询问规则运行具有掣肘作用的主要是法律援助适用面还比较窄，不能满足交叉询问规则运行之需求。根据《刑事诉讼法》第35条，被告人属于盲、聋、哑人，尚未完全丧失辨认或者控制自己行为能力的精神病人，可能被判处无期徒刑、死刑的人等三种人的，才应当指派法律援助律师；被告人属于共同犯罪案件、重大社会影响案件、检察院抗诉案件、可能不构成犯罪案件的被告人的，只是可以指派法律援助律师，而对于其他案件，被告人未委托辩护人的，法院照样可以开庭审理。其他案件未有辩护人参与法庭审理，这也就意味这些案件的交叉询问规则不可能得以有效运行。如何完善刑事法律援助制度，从交叉询问规则的有效运行角度来看，应当扩大刑事法律援助的范围，将所有被告人未认罪且被告人希望得到法律援助的案件均纳入法律援助范围。

第八章　遏制刑讯逼供的机制

“捶楚之下，何求不得?”刑讯逼供导致许多重大冤假错案（如佘祥林案、杜培武案、赵作海案、念斌案、呼格吉列图案、聂树斌案等），也直接推动了2010年“两个证据规定”的出台和《刑事诉讼法》修改的进程。遏制刑讯逼供是“两个证据规定”和《刑事诉讼法》修改的主要内容之一，也是十八届四中全会提出推进以审判为中心的诉讼制度改革，加强人权司法保障的主要目标之一。《刑事诉讼法》第2条将“尊重和保障人权”增加规定为刑事诉讼法的任务之一，既是对《宪法》第33条规定的“国家尊重和保障人权”原则的具体化，也是《刑事诉讼法》保障人权的直接依据。“两个证据规定”和《刑事诉讼法》主要从七个方面构建了一套遏制刑讯逼供的机制，包括赋予犯罪嫌疑人、被告人一项权利——不得强迫自证其罪权利，完善了一条规则——非法证据排除规则，确认了一种方法——讯问全程同步录音录像，此外，还明确了证明被告人有罪的举证责任由控诉方承担，将律师介入刑事诉讼提前到侦查阶段，规定了侦查人员出庭作证制度，明确限制了讯问地点和讯问时间等。这些措施犹如一套“组合拳”，其中，赋予犯罪嫌疑人、被告人不得强迫自证其罪权利是基础，非法证据排除规则既是强迫自证其罪的法律后果，又与其他五个方面共同构成了对不得强迫自证其罪权利的程序保障。笔者认为，这七个方面从不同方向直指刑讯逼供这一司法顽疾，必将对遏制刑讯逼供和其他非法取证行为，防范冤假错案，保障诉讼人权产生积极效应。由于后四个方面已经在本书其他章节中论及，这里主要就前三个方面进行研究。

一、一项权利——不得强迫自证其罪权利

《刑事诉讼法》第52条在“严禁刑讯逼供”的取证禁止性规定后面增加

“不得强迫任何人证实自己有罪”的内容，赋予犯罪嫌疑人、被告人及其他作证者不得强迫自证其罪的权利。《审判中心改革意见》第5条要求“完善讯问制度，防止刑讯逼供，不得强迫任何人证实自己有罪。严格按照有关规定要求，在规范的讯问场所讯问犯罪嫌疑人。严格依照法律规定对讯问过程全程同步录音录像，逐步实行对所有案件的讯问过程全程同步录音录像。探索建立重大案件侦查终结前对讯问合法性进行核查制度。对公安机关、国家安全机关和人民检察院侦查的重大案件，由人民检察院驻看守所检察人员询问犯罪嫌疑人，核查是否存在刑讯逼供、非法取证情形，并同步录音录像。经核查，确有刑讯逼供、非法取证情形的，侦查机关应当及时排除非法证据，不得作为提请批准逮捕、移送审查起诉的根据。”《审判中心改革实施意见》第2条结合非法证据排除原则重申：“坚持非法证据排除原则，不得强迫任何人证实自己有罪。”《严格排除非法证据规定》以一系列具体措施将上述规定具体化，第1条规定：“严禁刑讯逼供和以威胁、引诱、欺骗以及其他非法方法收集证据，不得强迫任何人证实自己有罪。对一切案件的判处都要重证据，重调查研究，不轻信口供。”随后，对非法证据的范围作出更加明确的界定，采取殴打、违法使用戒具等暴力方法或者变相肉刑的恶劣手段，采用以暴力或者严重损害本人及其近亲属合法权益等进行威胁的方法，采用非法拘禁等非法限制人身自由的方法收集的犯罪嫌疑人、被告人供述，以及采用刑讯逼供方法取得的重复性供述，应当一律依法予以排除。这些规定以立法的形式在我国公开宣示强迫任何人自证其罪的非正当性，意味着国家对刑事案件事实真相的追求不得以侵害犯罪嫌疑人、被告人或其他公民的基本人权为代价。这是我国修改《刑事诉讼法》进一步贯彻“国家尊重和保障人权”的宪法原则，按照哲学观中平衡价值理念在刑事诉讼中正确处理控制犯罪与保障人权二者关系的又一制度设计，具有重要的理论和实践意义。同时，该规定为我国批准已于1998年签署的《公民权利和政治权利国际公约》(以下简称《公约》)创造了条件。该《公约》第14条第3项规定了刑事被指控人应当享有的最低限度的权利保证，其中（庚）规定：“不被强迫作不利于他自己的证言或强迫承认犯罪(Notto be compelled to testify against himself or to confess guilt)。”联合国《少年司法最低限度标准规则》第7条、世界刑法学协会第15届代表大会《关于刑事诉讼中的人权问题的决议》第17条、《美洲人权公约》第8条等也有此项规定。“不得强迫自证其罪”作为联合国刑事司法准则底线正义之一，已经得到许多国家和地区立法确认，成为刑事诉讼法乃至宪法的基本原则之一。美国联邦宪法第五修正案规定："任何人在刑事诉讼中不得被强迫作反对自己的证人。"《日本宪法》第38条规定："任何人都不受强迫作不利于自己的供述，通过强迫、拷问或威胁所得的口供，或经过不适当的长期拘留或拘禁后的口供，均不得作为证据。"加拿大宪法、意大利宪法、德国基本法以及我国香港特别行政区基本法等也有类似规定。美国学者认为，不得强迫自证其罪"是我们对抗制中的基本原则。政府企图对某人进行惩罚时，必须摆出由政府直接获得的证据，不得强迫嫌疑犯提供对其本人进行判罪的证据"。[①]

"不得强迫自证其罪"来源于"任何人都没有控诉自己的义务"这条古老的拉丁格言。按照这条格言，如果一个人回答政府机构的提问将会暴露于自证其罪所造成的"真实的和可估计到的危险"之中，他就有权拒绝提供证据。"不得强迫自证其罪"的渊源相当久远。1639年英国王室特设法庭在审理指控约翰·李尔本印刷出版煽动性书刊的案件中，强迫李尔本宣誓作证，被李尔本拒绝。李尔本在法庭上说："任何人都不得发誓折磨自己的良心，来回答那些将自己陷入刑事追诉的提问。"1640年李尔本在国会上呼吁通过法律确立不得强迫自证其罪的原则，得到国会的支持，由此，英国在法律中率先确立了不得强迫自证其罪原则。在我国构建社会主义和谐社会的进程中，通过立法确认任何人享有不得强迫自证其罪的权利，对于保障人性尊严，促进人的全面发展是不可或缺的。主流观点认为，自主与自决是人性尊严的核心内涵，任何人都应当有权决定是否发表思想、良心、信仰、隐私等个人内心想法和个人情况；如果运用外力强迫他人为之，就侵犯了他的价值、天性、人格尊严与自由。而承认并尊重每一个人的尊严和自由正是"不得强迫自证其罪"原则的核心价值。在该原则下，包括犯罪嫌疑人、被告人在内的每一个人都应当拥有作为人的人格尊严，享有人最基本的说话的权利。正如德国联邦宪法法院所宣称，公民在对自己不利的刑事诉讼程序中享有积极拒绝合作的权利，这是从德国基本法第1条和第2条所保障的人的尊严和自由引申出来的，并且是法治国家概念的组成部分。[②] 立法赋予犯罪嫌疑人、

---

① ［美］卡尔威因、帕尔塔森：《美国宪法释义》，中译本，华夏出版社1989年版，第229页。

② 参见［德］托马斯·魏根特：《德国刑事诉讼程序》，岳礼玲、温小洁译，中国政法大学出版社2004年版，第79页。

被告人和其他作证者不得强迫自证其罪的权利，有利于解决刑事诉讼中偏重口供的证据价值作用的倾向，借以防止刑讯逼供等蹂躏、践踏人权行为的发生。因此，“不得强迫自证其罪”对于防止刑讯逼供、保护犯罪嫌疑人、被告人和其他作证者的合法权利具有非常重要的意义。《意大利刑事诉讼法典》第188条将“个人精神自由原则”作为收集证据的一项基本原则，规定：“不论利害关系人（犯罪嫌疑人、被告人、被害人或证人）是否同意，不得使用可能影响其自我决定自由或影响其记忆和评价能力的方法或技术收集证据。”《德国刑事诉讼法典》第136条a和我国《澳门刑事诉讼法典》第113条明确规定了禁止使用的取证方法，包括刑讯逼供和其他限制作证者精神自由的手段。

从域外立法规定来看，“不得强迫自证其罪”不仅适用于审判阶段，而且适用于审前程序，其适用对象包括每一个人，包括犯罪嫌疑人、被告人、被害人、证人和其他诉讼参与人，只要其人身自由受到限制就应当享有此项权利。根据西方学者的解释，任何人不受强迫自证其罪原则包括三层含义：一是犯罪嫌疑人、被告人没有义务为追诉方向法庭提出任何可能使自己陷入不利境地的陈述和其他证据，追诉方不得采取任何非人道或有损被告人人格尊严的方法强迫其就某一案件事实作出供述或提供证据。二是被告人有权拒绝回答追诉官员或法官的讯问，有权在讯问中始终保持沉默。警察、检察官或法官应及时告知犯罪嫌疑人、被告人享有此项权利，法官不得因被告人沉默而使其处于不利的境地或作出对其不利的裁判。三是犯罪嫌疑人、被告人有权就案件事实作出有利或不利于自己的陈述，但这种陈述须出于真实的意愿，并在意识到其行为后果的情况下作出，法院不得把非出于自愿而是迫于外部强制或压力所作出的陈述作为定案根据。① 据此可知，任何人不受强迫自证其罪原则实质上赋予犯罪嫌疑人、被告人两项权利：一是犯罪嫌疑人、被告人对于是否陈述享有不受强迫的权利；二是犯罪嫌疑人、被告人对是否陈述及是否提供不利于己的陈述享有选择权。② 前一项属于消极性权利，它使犯罪嫌疑人、被告人有权免于遭受各种强制，包括肉体性强制和精神性强制。根据任何人不受强迫自证其罪原则，犯罪嫌疑人、被告人没有协助追诉

---

① See Chritopher Osakwe, The Bill of Rights for the Criminal Defendant in American law, Human Rights in Criminal Procedure, 1982, by Martinus Nihoff Publishers, pp. 274 ~ 275.

② See Ronald Joseph Delisle and Don Stuart, Leaning Canadian Criminal Procedure, Third edition, Carswell Thomson Professional Publishing, 1994, p. 354.

机关证明自己有罪的义务，因此，在其拒绝陈述或拒绝提供不利于己的陈述时，追诉官员无权对其加以苛责，更不得借口为获取犯罪嫌疑人、被告人不利于己的陈述而采取暴力、威胁等非人道手段或有损人格尊严的方法。后一项是积极选择的权利。任何人不受强迫自证其罪原则并不禁止犯罪嫌疑人、被告人向追诉官员提供不利于己的陈述，它禁止的只是为了获取犯罪嫌疑人、被告人不利于自己的陈述而采取强迫性手段。为此，任何人不受强迫自证其罪原则将是否陈述及是否提供不利于己的陈述作为一项权利赋予了犯罪嫌疑人、被告人，由其运用自己的“自然理性”作出选择，并承担相应的法律后果或责任。[①] 从域外司法实践看，犯罪嫌疑人、被告人行使不得强迫自证其罪的权利有多种方式，其中最常见的就是运用沉默权和任意自白规则。[②] “不得强迫自证其罪”的核心意义正在于“强迫”二字，它并不意味着反对一个人自证其罪。换言之，既可以“禁止强迫自证其罪”，也可以“鼓励自愿供述”，二者并不冲突。事实上，许多国家在某些情况下，也通过一些措施，鼓励一个人自愿认罪，从而获得从宽处罚。如英国的减刑措施，美国、英国、意大利、俄罗斯等国的辩诉交易、我国正在试点的认罪认罚从宽制度等。这既可以保护当事人权益，又能兼顾案件侦破的社会压力。因此，我们在关注“不得强迫自证其罪”的同时，也要注意“如何鼓励犯罪嫌疑人自愿供述”。2012 年《刑事诉讼法》第 118 条在第 1 款继续保留犯罪嫌疑人“如实回答”义务的同时，增加第 2 款规定：“侦查人员在讯问犯罪嫌疑人的时候，应当告知犯罪嫌疑人如实供述自己罪行可以从宽处理的法律规定。”这可以鼓励更多犯罪嫌疑人主动认罪，自愿陈述，与刑事司法机关配合查清案件事实，从而获得从宽处罚。

如何正确理解《刑事诉讼法》和有关规范性文件规定的“不得强迫任何人证实自己有罪”？笔者认为，所谓“不得强迫任何人证实自己有罪”，是指司法机关在刑事诉讼中不得采取任何措施强迫他人（包括犯罪嫌疑人、被告人、被害人、证人和其他作证者）承认自己有罪或作出对自己不利的陈述。在现代汉语中，“强迫”是“施加压力使服从”的意思。这里的“压力”可以有许多种，包

---

① 参见宋英辉、吴宏耀：《任何人不受强迫自证其罪原则及其程序保障》，载《中国法学》1999 年第 2 期。

② 参见杨宇冠：《论不强迫自证其罪原则》，载《中国法学》2003 年第 1 期。

括物质损害、身体伤害、精神自由的限制与权利剥夺等。[①] 根据《英国1984年警察与刑事证据法》第76条规定，凡是对被告人采取“压迫”的手段所取得的供述一律无效，除非检察官能够向法庭排除合理怀疑，证明它不是以“压迫”的方式取得的。这里所称的“压迫”包括刑讯、非人道或有损人格尊严的对待，以及使用暴力或以暴力相威胁（无论是否构成刑讯）。这是其一。其二，根据诉讼法理和证据法原理，证明的结果包括证实、证伪和真伪不明三种状况。《刑事诉讼法》使用“证实”一词值得商榷，在司法实践中容易引起歧义。因为无论是承认自己有罪还是作出对自己不利的陈述，都是一种行为状态，而非结果。从立法将其规定在第52条严禁刑讯逼供等取证禁止性的内容来看，显然是为了强调禁止非法取证的行为，因此，这里应当改为“证明”，从而与《刑事诉讼法》第51条所规定的刑事证明责任制度相协调，进一步明确刑事诉讼中证明被告人有罪的证明责任由控诉方承担，犯罪嫌疑人、被告人不承担任何证明自己有罪或无罪的证明责任，除非法律另有规定。此外，为了与《公民权利和政治权利国际公约》第14条规定的内容一致，赋予犯罪嫌疑人、被告人完整的“不得强迫自证其罪”的权利，立法还应当将该句话补充规定为“不得强迫任何人证明自己有罪或作不利于自己的陈述”，从而有利于更加彻底地遏制一切形式的刑讯逼供或其他非法取证行为。其三，立法规定“不得强迫自证其罪”权利与“应当如实回答”义务之间是存在一定冲突的。对于是否应当确立不得强迫自证其罪原则，我国理论界以及立法和司法实务部门目前还存在一定的争论，但主流观点认为立法应当确立该项原则。陈光中教授主持的《刑事诉讼法再修改专家建议稿》第12条和徐静村教授主持的《刑事诉讼法（第二修正案）学者拟制稿》第5条都在总则中将其增加规定为刑事诉讼法的基本原则之一，同时在讯问程序中取消了犯罪嫌疑人“应当如实回答”的义务。然而，《刑事诉讼法》修改时考虑到我国刑事司法实际状况，尤其是侦查机关侦查破案对口供的依赖性还比较大，包括物证在内的各种科技证据的收集还未在刑事侦查中得到普遍应用，因此没有完全

---

① 例如，在四川第一起启动刑讯逼供调查程序的受贿案件中，被告人称被采取了“亲情逼供”（不承认就将其亲属抓起来）“寒冷逼供”（零度气温时只给穿单衣裤，睡觉不盖被子）“传染病逼供”（和艾滋病人关押一室）等方式的刑讯逼供，还被电棒拍击，以及5天5夜连续审讯等，在巨大的心理和身体压力下，当时被迫违心供述受贿。参见《原交通局长涉贿被刑讯逼供？法庭首启程序调查》，载《成都商报》2010年8月19日第10版。

吸纳学者的观点，只是在第52条禁止取证内容中增加规定“不得强迫任何人证实自己有罪”的内容，没有将它放在总则中规定为一条基本原则。同时，《刑事诉讼法》还在第120条讯问程序中继续保留了犯罪嫌疑人“如实回答”的义务，一般认为它不仅适用于侦查阶段，而且适用于审查起诉和审判阶段，从而使犯罪嫌疑人、被告人在刑事诉讼中陷入极为不利的境地。笔者认为，根据《刑事诉讼法》这种规定方式，立法目前仅仅赋予犯罪嫌疑人、被告人“不得强迫自证其罪”的权利（还不完整），它并不等于沉默权。[①] 但我们应当看到，立法确认“不得强迫自证其罪”权利，承认和尊重犯罪嫌疑人、被告人的诉讼主体地位，并公开否定强迫认罪的正当性，已经是一项重大进步。它必将推动我国长期奉行的与“如实供述义务”一脉相承的“坦白从宽、抗拒从严”的刑事政策作出重大调整，促使我国现有的职权主义刑事诉讼结构转向以平等对抗为基础的当事人主义诉讼，并为从“口供本位”转向“物证本位”、“由供到证”转向“由证到供”的侦查模式改革提供契机，进一步完善和发展我国刑事证据制度，从而在不久的将来完全实现从“应当如实回答”到“不得强迫自证其罪”的转变，将“不得强迫自证其罪”原则确立为刑事诉讼法乃至宪法的一项基本原则。其四，“不得强迫自证其罪”权利的程序保障问题。《刑事诉讼法》在增设“不得强迫自证其罪”权利的同时，还补充完善了相应的保障机制，主要包括五个方面：一是确立和完善了非法证据排除规则（第56~60条）。二是规定了讯问全程同步录音录像制度（第123条）。这两项制度将在下面两部分论及。三是将律师介入刑事诉讼的时间提前到侦查阶段，并且明确了侦查阶段律师的辩护人地位，保障律师的会见权、通信权（第35条、第38条、第39条）。四是建立了程序性裁判机

---

① 关于沉默权与不得强迫自证其罪原则的关系，学界有不同认识，有的学者将两者视为一体，有的学者强调不得强迫自证其罪原则具有独立的含义，有的学者则认为两者互为表里，沉默权实际上是以消极形式反对自证其罪的行为。应该说，沉默权与不得强迫自证其罪原则在内涵和外延上确实存在着一些差别，但两者在保障人权问题上有着共同的价值基础：排斥自我弹劾。真实诚可贵，人权价更高。在刑事诉讼中，按照有的学者的说法，如果“公权力强迫被告人承认犯罪，无异强迫被告人在自己头上戴枷锁”。这显然违反人类理性，属过于残酷而不人道的行为。沉默权与不得强迫自证其罪原则尊重和保障人权以及在遏制这种不人道行为方面发挥着同等的作用，它能够有效防止犯罪嫌疑人、被告人遭受肉体摧残和精神折磨等不人道或有损人格尊严的待遇，避免沦落为协助警察、检察官追诉犯罪的工具，能够有效地维护犯罪嫌疑人、被告人作为人的基本权利，包括“我们不愿意让那些尚未确认有罪的人屈从于自我控告、伪证或不体面的三难选择的痛苦所带来的折磨”。参见樊崇义：《从“应当如实回答”到“不得强迫自证其罪”》，载《法学研究》2008年第2期。

制，规定了侦查人员出庭作证制度，当事人及其辩护人、诉讼代理人对证据收集的合法性提出异议并且提供相关线索和材料启动非法证据排除程序后，法院可以通知侦查人员出庭作证，侦查人员应当出庭，而不能再出示书面情况予以说明应付。(第58条、第59条、第192条)。《审判中心改革实施意见》第25条进一步明确规定，如果现有证据材料不能证明证据收集合法性的，人民法院可以通知有关侦查人员出庭说明情况。不得以侦查人员签名并加盖公章的说明材料替代侦查人员出庭。经人民法院通知，侦查人员不出庭说明情况，不能排除以非法方法收集证据情形的，对有关证据应当予以排除。《严格排除非法证据规定》第27条、第31条进一步完善了侦查人员出庭作证制度。五是明确限制了讯问地点和讯问时间，规定犯罪嫌疑人被拘留、逮捕后，讯问应当在侦查机关讯问室等办案场所进行。拘留后24小时内应当将犯罪嫌疑人送看守所羁押，一旦犯罪嫌疑人被送交看守所羁押后，讯问必须在看守所讯问室进行，不得将犯罪嫌疑人提解到看守所外讯问。如果确有必要，经过法定审批程序，将犯罪嫌疑人提解到看守所外起赃、辨认的，必要时对起赃、辨认过程进行全程同步录音录像。《严格排除非法证据规定》第9条补充规定，因客观原因侦查机关在看守所讯问室以外的场所进行讯问的，应当作出合理解释。传唤、拘传持续的时间最长不得超过24小时。在传唤、拘传期间，应当保证犯罪嫌疑人饮食和必要的休息时间（第118条、第119条)。这些规定对于保障“不得强迫自证其罪”权利，遏制刑讯逼供具有重要价值，但还不够。笔者认为，针对我国司法实践，立法还需要继续解决看守所的中立问题、赋予近亲属在侦查阶段拒绝作证权，以及原则上禁止夜间讯问等问题，彻底消除国家追诉机关变相对犯罪嫌疑人、被告人施加压力的可能性，从而保障他们自白的任意性。第一，将看守所整体划归司法行政机关管理，确保看守所的中立性，并强化看守所对犯罪嫌疑人的人权保障义务。《严格排除非法证据规定》第13条规定，看守所应当对提讯进行登记，写明提讯单位、人员、事由、起止时间以及犯罪嫌疑人姓名等情况。看守所收押犯罪嫌疑人，应当进行身体检查。检查时，人民检察院驻看守所检察人员应当在场。检查发现犯罪嫌疑人有伤或者身体异常的，看守所应当拍照或者录像，分别由送押人员、犯罪嫌疑人说明原因，并在体检记录中写明，由送押人员、收押人员和犯罪嫌疑人签字确认。第二，借鉴俄罗斯、意大利和我国台湾地区等做法，原则上禁止夜间讯问。除现场抓获或紧急情况外，每日晚上八时到早上八时期间不得讯问，以保障犯罪嫌疑人正常的休息时间，也有利于避免刑讯逼供等违法讯问现象发生。第三，适当借鉴域外恢复性、协商性司法理念，结合我国国情，通过立法确认各种鼓励自愿供述机制，通过鼓励认罪认罚从宽处理，减少强迫自证其罪的可能性。

二、一条规则——非法证据排除规则

非法证据排除规则与证据禁止法则是两大法系遏制刑讯逼供等非法取证行为的一种程序性制裁机制，也是侵犯“不得强迫自证其罪”权利的法律后果，它直接禁止国家追诉机关从侵犯公民“不得强迫自证其罪”权利中获得任何收益。2010年“两个证据规定”总结我国司法实践经验，初步确立了中国模式非法证据排除规则，《刑事诉讼法》的修改进一步补充完善了“两个证据规定”的内容，从而使我国非法证据排除规则法定化、制度化，这对于遏制各种形式的刑讯逼供现象，保障犯罪嫌疑人、被告人“不得强迫自证其罪”权利将产生决定性作用。《审判中心改革意见》第4条第2款和第5条第2款、《审判中心改革实施意见》第2条和第21－28条，以及《严格排除非法证据规定》都补充规定了非法证据排除规则及其程序。笔者已经在前面第二章详细研究非法证据排除规则的产生、在我国的确立与发展。“非法证据排除规则的确立，创设了有效的宪法法律实施机制，激活了宪法法律的人权保障条款，使抽象的人权成为‘不容侵犯的护身符’，使纸面的规定成为‘带牙齿的法律’。通过严格实行非法证据排除规则，彻底否定和严厉制裁刑讯逼供等侵犯人权的非法取证行为，能够让办案人员深刻认识到，非法取得的证据非但没有法律效力，还可能因此遭到责任追究甚至刑事处罚。这种严厉的制裁制度充分体现了严格司法、违法必究原则，能够起到釜底抽薪式的治理效果，让胆敢以身试法的办案人员动辄得咎，进而从根本上消除刑讯逼供的侥幸心理，突破‘以供定案’的路径依赖，使保障人权的宪法法律规定不折不扣地落到实处。”①

从《非法证据排除规定》、《刑事诉讼法》第56条至第60条、《严格排除非法证据规定》及其他相关规定看，我国非法证据排除规则包括实体性规则和程序性规则，主要内容包括三个方面。

---

① 沈德咏：《我们应当如何适用非法证据排除规则》，载中国法院网2017年6月27日。

（一）非法证据的界定及法律后果

1. 非法证据的界定

尽管国内外学者们对“证据”概念存在不同理解，但“证据”本身并没有合法与非法之分，“非法”一词主要是针对取证手段而言的。所谓“非法证据”是指违反法律规定所收集或取得的证据材料。从广义上讲，“非法证据”主要包括四种：一是取证主体不合法的证据，即不具备法律规定的取证主体资格的人员所收集的证据；二是形式不合法的证据，即不具备或不符合法定证据种类形式的证据；三是取证程序不合法的证据，即违反法律规定的取证程序而取得的证据；四是取证方法、手段不合法的证据，即使用法律禁止的方法、手段获得的证据，其中最典型的就是刑讯逼供。而狭义上的“非法证据”一般指最后一种，即通过非法手段所取得的证据材料。《非法证据排除规定》和《刑事诉讼法》将“非法证据”分为非法言词证据和非法实物证据两类。对于什么是非法实物证据，国内外还存在较大争议。这次规定只科学地界定了非法言词证据的内涵和外延，同时对非法实物证据作了概括性规定。《严格排除非法证据规定》第 2 条至第 5 条进一步明确界定了非法言词证据的范围，将威胁和非法拘禁纳入非法证据排除规则的适用对象，并初步确立了重复性供述排除规则。

《刑事诉讼法》第 56 条和《非法证据排除规定》第 1 条规定，“非法言词证据”包括采用刑讯逼供等非法方法收集的犯罪嫌疑人、被告人供述和采用暴力、威胁等非法方法收集的证人证言、被害人陈述两类。显然，这里也是针对取证手段而言的，属于狭义上的非法证据。从立法规定看，“非法言词证据”概念的核心问题是如何界定“非法”。“非法”有轻有重，有一般违法和严重违法，所取得的证据也有非法证据和瑕疵证据之分。笔者认为，关键是要紧紧抓住是否侵犯了被讯（询）问人的宪法所规定的基本权利即宪法性权利，不能把一般的程序违法的证据统统以非法证据加以排除，这样就可能使得许多案件因为缺乏证据而无法定案。有些形式不合法的证据，或者一般的程序违法的证据，不一定都是非法证据。《办理死刑案件证据规定》第 14 条规定：“证人证言的收集程序和方式有下列瑕疵，通过有关办案人员的补正或者作出合理解释的，可以采用：（一）没有填写询问人、记录人、法定代理人姓名或者询问的起止时间、地点的；（二）询问证人的地点不符合规定的；（三）询问笔录没有记录告知证人应当如实提供证言和有意作伪证或者隐匿罪证要负法律责任内容的；（四）询问笔录反映出在同一时间段内，同一询问人员询问不同证人的。”瑕疵证据可以采用退回补正的方法，或者要求办案人员作出合理解释，以消除瑕疵和疑问。但对物证、书证的来源及收集过程有疑问，不能作出合理解释的，该物证、书证不能作为定案的根据。如《办理死刑案件证据规定》第7条规定：“对在勘验、检查、搜查中发现与案件事实可能有关联的血迹、指纹、足迹、字迹、毛发、体液、人体组织等痕迹和物品应当提取而没有提取，应当检验而没有检验，导致案件事实存疑的，人民法院应当向人民检察院说明情况，人民检察院依法可以补充收集、调取证据，作出合理的说明或者退回侦查机关补充侦查，调取有关证据。”采用补正或退查的方法，解决瑕疵证据的问题，这符合我国当前的实际情况。因为我们还不能把一般的程序违法的证据，统统视为非法证据而将其全部排除。更重要的是大部分瑕疵证据是由于证据形式不合法，“形式不合法的证据可能是缺乏形式要件，没有达到法律对证据的形式要求，形式上不合法的证据取证过程中并没有侵犯被取证人的权利。非法证据通过排除规则予以解决，形式不合法的证据应当通过证据的可采性予以解决”。[①] 形式不合法的证据和非法证据的排除是属于两种性质完全不同的范畴，我们不能混淆适用。《审判中心改革意见》第4条第2款规定，侦查机关应当依法收集证据。对采取刑讯逼供、暴力、威胁等非法方法收集的言词证据，应当依法予以排除。侦查机关收集物证、书证不符合法定程序，可能严重影响司法公正，不能补正或者作出合理解释的，应当依法予以排除。《审判中心改革实施意见》第21条作出了相同规定，同时第28条又补充规定，收集证据的程序、方式存在瑕疵，严重影响证据的真实性，不能补正或者作出合理解释的，有关证据不得作为定案的根据。此外，关于“非法手段”的内涵和表述问题，也是界定非法证据概念的一个关键问题。我们习惯于把“非法”界定为“刑讯逼供”和暴力、威胁等。其实这种界定与我国参加并批准实施的一些国际条约对“非法”所规定的内容相比，仍不够明确。综合一些国际条约关于“非法”的界定，一般包括：（1）暴力取证；（2）精神折磨的方法取证；（3）用不人道的方法所获取的证据；（4）使用药品取证，等等。立法采取列举的方式将采取刑讯逼迫犯罪嫌疑人、被告人供述的非法取证手段界定为“刑讯逼

① 参见杨宇冠：《执行〈非法证据排除规定〉应澄清两个问题》，载《检察日报》2010年8月11日第3版。

供等非法方法”，而将使用暴力、威胁等手段获得证人证言、被害人陈述的非法取证手段界定为“暴力、威胁等非法方法”，一方面，使用了不同的标准界定两类不同的非法言词证据，体现了对这两类、三种不同法定证据种类特征的认识，违法取得这两类不同言词证据对诉讼结局造成的影响是存在区别的。另一方面，这里都使用“等”字，而没有具体列举相应的取证手段，在司法实践中可能导致不同理解，这需要公安司法人员具有较高的证据法理念和人权保障意识，准确理解立法的意图，否则就可能造成同案不同判。

至于“刑讯逼供”，它是《刑事诉讼法》明确规定的一个法律术语，但没有法定解释。一般认为，它是指侦查人员运用各种让人精神和肉体产生痛苦的方式进行调查取证的行为。这在西方国家和国际公约中又被称为“酷刑”。但也没有国家在法律条文中明文列举刑讯逼供的种类，立法只是抽象规定为刑讯逼供或者酷刑，具体行为需要通过司法实践经验逐步界定。联合国《禁止酷刑和其他残忍、不人道或有辱人格的待遇或处罚公约》对非法取证方法采取了较宽的解释。该公约第1条规定：“‘酷刑’是指为了向某人或第三者取得情报或供状，为了他或第三者所为或涉嫌的行为对他加以处罚，或为了恐吓或威胁他或第三者，或为了基于任何一种歧视的理由，蓄意使某人在肉体或精神上遭受剧烈疼痛或痛苦的任何行为……”根据我国司法实践，以下行为属于刑讯逼供：① 其一，用暴力手段折磨肉体，如拷打、用警棍电击。其二，折磨人的精神，让人痛不欲生及其他使人疲劳、饥渴的变相肉刑，如“传染病逼供”“亲情逼供”，以及让被讯问人受酷热、冷冻、饥渴煎熬、固定蹲姿等不会留下明显伤害痕迹的手段等。其三，服用麻醉药品或动用催眠术，让人丧失精神自由。其四，其他残忍、不人道和有辱人格尊严的方法。在实践中最为常见的是侦查人员使用车轮战术，长时间不间断地讯问犯罪嫌疑人、被告人，剥夺他们的睡眠和饮食，这也属于酷刑的一种。通常还可以在以下情况中发现酷刑：其一，讯问时间超出了常人的生理极限；其二，被告人的身体受到了伤害，如法庭到看守所提取体表检查登记表，发现被告人确实存在体表伤痕，而检察机关无法作出合理解释。为此，笔者主张对“非法言词证据”作扩大解释，使之包括采用刑讯或其他残酷、不人道、有辱人格尊严的方法取得的犯罪嫌疑人、被告人供述，以及采用暴力、威胁及其他不人

① 参见陈瑞华：《非法证据排除规则的理论解读》，载《证据科学》2010年第5期。

道、有辱人格尊严的方法取得的证人证言、被害人陈述。对此，《严格排除非法证据规定》第 2 条至第 7 条对非法证据的范围作了进一步细化界定，增强了非法证据排除规则的可操作性。

关于非法供述的界定，刑事诉讼法作了“采用刑讯逼供等非法方法收集的犯罪嫌疑人、被告人供述”的弹性表述，在解释上引起了“等内等”与“等外等”之争。最高人民法院在《关于建立健全防范刑事冤假错案工作机制的意见》中指出：“采用刑讯逼供或者冻、饿、晒、烤、疲劳审讯等非法方法收集的被告人供述，应当依法予以排除”，此属于“等内等”的解释；“两高三部”在《审判中心改革意见》中指出：“对采取刑讯逼供、暴力、威胁等非法方法收集的言词证据，应当依法予以排除”，此属于“等外等”的解释。《严格排除非法证据规定》采纳了“等外等”的解释，对“暴力”加以细化，并将“威胁”“非法拘禁”纳入非法证据排除规则的适用对象。具体来说，该规定第 2 条规定“暴力”包括“殴打、违法使用戒具等方法”。即凡是采取殴打、违法使用戒具等暴力方法或者变相肉刑的恶劣手段，使犯罪嫌疑人、被告人遭受难以忍受的痛苦而违背意愿作出的供述，应当依法予以排除。第 3 条规定“威胁”包括“采用以暴力或者严重损害本人及其近亲属合法权益等方式进行威胁的方法”。即凡是采用以暴力或者严重损害本人及其近亲属合法权益等方式进行威胁的方法，使犯罪嫌疑人、被告人遭受难以忍受的痛苦而违背意愿作出的供述，应当依法予以排除。第 4 条规定“非法方法”包括“采用非法拘禁等非法限制人身自由的方法”，如不经任何程序即限制人身自由，在刑事拘留期限届满后继续非法羁押，或者在逮捕期限届满后不变更强制措施，等等。即凡是采用非法拘禁等非法限制人身自由的方法收集的犯罪嫌疑人、被告人供述，应当依法予以排除。但是，需要注意的是，侦查人员采用“威胁”手段的，需要达到令被讯问人“遭受难以忍受的痛苦而违背意愿”的程度，司法机关才可以排除非法证据；而侦查人员采取“非法拘禁”等手段的，则不需要达到上述程度，可以直接成为适用强制性排除规则的对象。

从上述规定看，《严格排除非法证据规定》对于刑讯逼供等非法取证方法仍然是采取相对概括的规定，鉴于“冻、饿、晒、烤等恶劣手段”“体罚虐待”“疲劳讯问”等缺乏明确的认定标准，与刑讯逼供的手段是否相当，各部门意见分歧较大，而“指供”“诱供”等方法与侦讯策略难以区分，“催眠”“施用药物”等逼供方法在实践中问题不突出，因此未作列举规定。[1] 而对于“夜间讯问”“引诱”“欺骗”获得供述的排除，该规定也未涉及。我们认为，最高人民法院、最高人民检察院的司法解释是合理可行的。根据《高检规则》第65条规定，“其他非法方法”是指违法程度和对犯罪嫌疑人的强迫程度与刑讯逼供或者暴力、威胁相当而迫使其违背意愿供述的方法。如果“冻、饿、晒、烤等恶劣手段”“体罚虐待”“疲劳讯问”等非法方法的违法程度和强迫程度达到与刑讯逼供相当时，由此收集的供述应当依法予以排除。

此外，《严格排除非法证据规定》第5条采取原则加例外的方式，初步确立了重复性供述的排除规则。即凡是采用刑讯逼供方法使犯罪嫌疑人、被告人作出供述，之后犯罪嫌疑人、被告人受该刑讯逼供行为影响而作出的与该供述相同的重复性供述，应当一并排除，但下列两种情形除外：一是侦查期间，根据控告、举报或者自己发现等，侦查机关确认或者不能排除以非法方法收集证据而更换侦查人员，其他侦查人员再次讯问时告知诉讼权利和认罪的法律后果，犯罪嫌疑人自愿供述的；二是审查逮捕、审查起诉和审判期间，检察人员、审判人员讯问时告知诉讼权利和认罪的法律后果，犯罪嫌疑人、被告人自愿供述的。所谓“重复性供述”，又被称为“重复自白”，是指犯罪嫌疑人、被告人在作出有罪供述之后，再次作出了与前述供述相同的有罪供述。在我国司法实践中，假如侦查人员通过刑讯逼供等非法取证手段获取了有罪供述，随后犯罪嫌疑人、被告人再次就同一事实所做的有罪供述，究竟能否具有证据能力？这成为一个存在极大争议的问题。[2] 我国刑事诉讼法和其他规范性文件都没有明确，但在司法实践中出现多种做法。为此，该条首先确立了重复性供述排除的条件，要求作为排除重复性供述的前提，侦查人员一开始采取的非法取证行为只能是刑讯逼供行为，而不能是其他非法取证行为。不仅如此，犯罪嫌疑人、被告人后来作出的重复性供述必须与前面的刑讯逼供行为具有直接的因果关系，受其影响且前后供述内容相同。也就是说，犯罪嫌疑人、被告人被刑讯逼供的“余威”所慑，违背意愿作出的供述应当与受到刑讯逼供时所作的供述应当一并予以排除。关于犯罪嫌疑人、被告人所作的重复性供述是否受到之前刑讯逼供行为的影响，可以结合刑讯逼供的严

---

① 参见万春：《刑事案件非法证据排除规则的发展》，载《中国刑事法杂志》2017年第4期。
② 参见陈瑞华：《新非法证据排除规则的八大亮点》，载中国法院网2017年6月27日。

重程度以及给犯罪嫌疑人、被告人造成的身体和心理伤害，再次讯问距离刑讯逼供的时间间隔，再次讯问的人员是否参与过刑讯逼供、是否有语言或者行为上的威胁，再次讯问时办案人员是否按照规定告知被讯问人诉讼权利和认罪的法律后果等进行综合判断。但是，在司法实践中，犯罪嫌疑人、被告人作出重复性供述的情况是非常复杂的，对这类重复性供述假如采取一律排除的处理方式，也不符合非法证据排除规则的立法意图。为限制司法人员的自由裁量权，该条又确立了重复性供述排除的例外规则，包括两种情形。一是在侦查期间，侦查机关因为侦查人员采取非法方法收集证据而将其予以更换后，进行再次讯问的；二是在审查逮捕、审查起诉和审判期间，检察人员、审判人员进行讯问的。在上述两种情况下，讯问人员告知诉讼权利以及认罪后果后，犯罪嫌疑人、被告人仍然自愿作出有罪供述的，该供述就不再被列入排除规则的适用对象。

关于非法证人证言、被害人陈述的排除，刑事诉讼法规定“采用暴力、威胁等非法方法收集的证人证言、被害人陈述，应当予以排除”，《严格排除非法证据规定》第6条在列举的“非法方法”中增加了“非法限制人身自由”。即采用暴力、威胁以及非法限制人身自由等非法方法收集的证人证言、被害人陈述，应当予以排除。

关于非法实物证据，《刑事诉讼法》第56条和《非法证据排除规定》第14条、《审判中心改革意见》第4条、《审判中心改革实施意见》第21条和《严格排除非法证据规定》第7条都作了概括性规定，适用可补正的排除，允许补正或作出合理解释，实行裁量排除。即收集物证、书证不符合法定程序，可能严重影响司法公正的，应当予以补正或者作出合理解释；不能补正或者作出合理解释的，对有关证据应当予以排除。不仅将非法实物证据限定为物证、书证，而且何为“可能严重影响司法公正”，立法没有明确，在实践中也容易引起歧义，从而影响该规定的实施。而且在我国司法实践中，非法实物证据的问题比较严重，如通过非法搜查、扣押、非法勘验、检查、非法提取证据等手段获取的实物证据，非法实物证据的范围也是不确定的，违反法律规定收集的视听资料、电子数据，是否属于非法实物证据，这都需要有关部门通过规范性文件予以细化，使之具有可操作性。笔者仍然主张以侵犯当事人宪法性权利或侵犯当事人法定的诉讼权利而无法补救为依据加以判断，即只要违反法律规定收集物证、书证、视听资料、电子数据的行为侵犯了当事人的宪法性权利或侵犯当事人法定的诉讼权利而无法补救的，都应当视为严重影响司法公正。《办理死刑案件证据规定》第 28 条和《电子数据证据规定》第 27 条、第 28 条规定已经包含此内容。第二章做过详细论述。

2. 非法证据的法律后果

《刑事诉讼法》第 56 条、《非法证据排除规定》第 2 条和第 14 条，以及《严格排除非法证据规定》有关规定都明确规定了非法获取证据的法律后果，内容基本一致，即对非法言词证据实行强制性排除，对非法实物证据实行裁量性排除。《非法证据排除规定》第 2 条规定，经依法确认的非法言词证据，应当予以排除，不能作为定案的根据，即“强制性的排除”；而第 14 条规定，物证、书证的取得明显违反法律规定，可能影响公正审判的，应当予以补正或者作出合理解释，否则，该物证、书证不能作为定案的根据，具有“自由裁量的排除”同时带有“可补正的排除”的性质。[①]《刑事诉讼法》第 56 条对于非法言词证据也实行“强制性的排除”，即凡是采用刑讯逼供等非法方法收集的犯罪嫌疑人、被告人供述和采用暴力、威胁等非法方法收集的证人证言、被害人陈述，都应当予以排除，不得作为起诉意见、起诉决定和判决的依据。而对于非法实物证据实行有限排除，附条件地排除，即对于违反法律规定收集物证、书证，可能严重影响司法公正的，应当予以补正或者作出合理解释；如果不能补正或者作出合理解释的，对该证据应当予以排除。这里以“可能严重影响司法公正”取代“可能影响公正审判”，显然更加科学，使它不仅能适用于审判阶段，而且能适用于侦查、审查起诉阶段，更加具有可操作性。至于非法证据排除的阶段和具体含义，《非法证据排除规定》仅限于检察机关审查批准逮捕、审查起诉和法院审判阶段，而《刑事诉讼法》第 56 条将其扩大到侦查、审查起诉和审判全过程，规定只要在侦查、审查起诉、审判时发现有应当排除的证据，公安机关、检察机关或法院都应当依法予以排除，不得作为移送起诉意见、起诉决定或判决的依据。该条其实赋予当事人及其辩护人、诉讼代理人在刑事诉讼过程中随时提出排除非法证据申请的权利。但值得注意的是，本条规定只是禁止非法证据作为法院“判决”的依据，似乎可以作为法院“裁定”的依据。笔者认为，这是立法的疏漏，应当将“判决”改为“裁判”。《审判中心改革实施意见》第 2 条规定：“坚持非法证据

---

① 参见陈瑞华：《非法证据排除规则的中国模式》，载《中国法学》2010 年第 6 期。

排除原则，不得强迫任何人证实自己有罪。经审查认定的非法证据，应当依法予以排除，不得作为定案的根据。”为此，侦查机关对于侦查终结的案件，排除非法证据后，证据不足的，不得移送审查起诉。人民检察院对审查认定的非法证据，应当予以排除，不得作为批准或者决定逮捕、提起公诉的依据。人民检察院排除非法证据后，证据不足，不符合逮捕、起诉条件的，不得批准或者决定逮捕、提起公诉。对于经过法庭审理，确认或者不能排除依照本规定属于应当排除的非法证据情形的，对有关证据应当予以排除。对依法予以排除的证据，不得宣读、质证，不得作为判决的依据。

《严格排除非法证据规定》对侦查、审查起诉、审判等不同阶段的非法证据排除分别作了规定。关于侦查阶段的排除，该规定重申了侦查机关的取证要求和排除非法证据的义务。强调侦查机关应当依照法定程序开展侦查，收集、调取能够证实犯罪嫌疑人有罪或者无罪、罪轻或者罪重的证据材料。（第 8 条）要求侦查机关对审查认定的非法证据应当予以排除，不得作为提请批准逮捕、移送审查起诉的根据。同时，对侦查机关在侦查阶段审查证据收集合法性和主动排除非法证据的时间作了要求。即对侦查终结的案件，侦查机关应当全面审查证明证据收集合法性的证据材料，依法排除非法证据。排除非法证据后，证据不足的，不得移送审查起诉。侦查机关发现办案人员非法取证的，应当依法作出处理，并可另行指派侦查人员重新调查取证。（第 15 条）同时，吸收了“两高三部”在《审判中心改革意见》中所提出的“重大案件侦查终结前由驻看守所检察人员对讯问合法性进行核查”的制度；将检察人员作为审查主体，规定在侦查期间辩护方可以向检察院申请排除非法证据；对确有以非法方法收集证据情形的，检察院应当向侦查机关提出纠正意见；侦查机关对审查认定的非法证据，应当予以排除。在检察院审查逮捕、审查起诉期间，辩护方申请排除非法证据，并提供相关线索或者材料的，检察院应当调查核实，并依法排除相关证据。在审判阶段，辩护方应当在开庭审理前申请排除非法证据，但在庭审期间发现相关线索或者材料等情形除外；辩护方在开庭审理前申请排除非法证据的，法院应当召开庭前会议；控辩双方在庭前会议中对证据收集是否合法未达成一致意见，法院对证据收集的合法性有疑问的，应当在庭审中进行调查；庭审期间，法庭决定对证据收集的合法性进行调查的，原则上应当先行当庭调查。该规定还对第二审程序、审判监督程序、死刑复核程序中的非法证据排除作了原则性规定。此外，该规定还强化了检察机关对侦查阶段证据收集合法性的监督权。第 13 条第 3 款规定，看守所对收押的犯罪嫌疑人进行身体检查时，人民检察院驻看守所检察人员可以在场。第 14 条第 3 款规定，对重大案件，人民检察院驻看守所检察人员应当在侦查终结前询问犯罪嫌疑人，核查是否存在刑讯逼供、非法取证情形，并同步录音录像。

（二）非法证据排除的程序

根据《刑事诉讼法》《非法证据排除规定》《审判中心改革实施意见》和《严格排除非法证据规定》有关规定，我国主持排除非法证据的主体包括人民检察院和人民法院。《刑事诉讼法》第 56 条、第 57 条、第 58 条和第 59 条分别规定了检察机关和法院排除非法证据的规范，但没有提供具体的操作程序。《非法证据排除规定》第 4 条至第 12 条确立了一套具有可操作性的非法证据排除程序规则，《审判中心改革实施意见》第 21 ~ 28 条作了一定的补充细化。《严格排除非法证据规定》对不同诉讼阶段的非法证据排除程序作了系统规定，包括启动、审查、决定、救济等多个环节。从启动来看，采取依申请启动和依职权启动两种方式。辩护方申请排除非法证据，在审判前阶段主要由检察院进行调查核实，调查结论应当书面告知辩护方。在审判阶段由法院进行审查，在庭前会议中，检察院应当通过出示有关证据材料等方式，有针对性地对证据收集的合法性作出说明；在庭审调查中，可以通知侦查人员或者其他人员出庭说明情况，并接受发问；法庭对证据收集的合法性进行调查后，应当当庭作出是否排除有关证据的决定；必要时可以提交审判委员会讨论。对予以排除的非法证据，侦查机关不得作为提请批准逮捕、移送审查起诉的根据；检察院不得作为批准或者决定逮捕、提起公诉的根据；法庭不得作为判决的根据。在审判前阶段，因检察院排除非法证据导致作出不批准逮捕、不起诉决定的，侦查机关可要求复议、复核；在审判阶段，控辩双方提出抗诉、上诉，对第一审法院有关证据收集合法性的审查、调查结论提出异议的，第二审法院应当审查；第一审法院对辩护方排除非法证据的申请未予审查，并以相关证据作为定案根据，可能影响公正审判的，第二审法院可以裁定撤销原判，发回原审法院重新审判。[①] 此外，该规定还强化了非法证据排除各个阶段侦查机关、检察机关和法院的告知义务。审查逮捕、审查起诉期间讯问犯罪嫌疑人时，应当告知其有权申请排除非法证据，并告知其拥有的诉讼权利

① 参见熊秋红：《非法证据排除规则的体系性建构》，载中国法院网 2017 年 6 月 27 日。

和认罪的法律后果。（第 16 条）人民法院向被告人及其辩护人送达起诉书副本时，应当告知其有权申请排除非法证据。（第 23 条）人民法院对证据收集合法性的审查、调查结论，应当在裁判文书中写明，并说明理由。（第 36 条）

1. 人民法院排除非法证据。《刑事诉讼法》第 187 条规定，在开庭以前，审判人员可以召集公诉人、当事人和辩护人、诉讼代理人，对非法证据排除等与审判相关的问题，了解情况，听取意见。《刑事诉讼法》第 58 条规定，在法庭审理过程中，审判人员认为可能存在本法第 56 条规定的以非法方法收集证据的情形的，应当对证据收集的合法性进行法庭调查。当事人及其辩护人、诉讼代理人有权申请人民法院对以非法方法收集的证据依法予以排除。申请排除以非法方法收集的证据的，应当提供相关线索或者材料。根据这两条规定，人民法院排除非法证据既可以在庭前准备阶段进行，也可以在庭审过程中进行，非法证据排除程序的启动方式包括“诉权启动”和“职权启动”两种。“诉权启动”的申请人包括当事人及其辩护人、诉讼代理人，这里的“当事人”包括《刑事诉讼法》第 108 条所规定的被害人、自诉人、犯罪嫌疑人、被告人、附带民事诉讼的原告人和被告人，范围比《非法证据排除规定》更大。《审判中心改革实施意见》第 23 条规定，法庭决定对证据收集的合法性进行调查的，应当先行当庭调查。但为防止庭审过分迟延，也可以在法庭调查结束前进行调查。

关于非法证据排除的程序，《非法证据排除规定》第 4 条至第 12 条规定，包括五个步骤：（1）程序启动。在法庭调查过程中，当事人及其辩护人、诉讼代理人有权提出证据是非法取得的意见，并提供相关线索或者证据，使法官对侦查人员的取证行为产生疑问，从而启动非法证据排除程序。（2）法庭初步审查。程序启动后，法庭应当进行审查。法庭对证据取得的合法性没有疑问的，可以直接对起诉指控的犯罪事实进行实体调查；对证据取得的合法性有疑问的，则由控诉方（检察机关或自诉人）对证据收集的合法性进行举证，同时应当暂时停止案件的实体审查。对此，《审判中心改革实施意见》第 22 ~ 24 条作了补充解释。第 22 条规定，被告人在侦查终结前接受检察人员对讯问合法性的核查询问时，明确表示侦查阶段不存在刑讯逼供、非法取证情形，而在审判阶段又提出排除非法证据申请，法庭经审查对证据收集的合法性没有疑问的，可以驳回申请。检察人员在侦查终结前未对讯问合法性进行核查，或者未对核查过程全程同步录音录像，被告人在审判阶段提出排除非法证据申请，人民法院经审查对证据收集的合法性存在疑问的，应当依法进行调查。第 23 条规定：“法庭决定对证据收集的合法性进行调查的，应当先行当庭调查。但为防止庭审过分迟延，也可以在法庭调查结束前进行调查。”第 24 条规定：“法庭对证据收集的合法性进行调查的，应当重视对讯问过程录音录像的审查。讯问笔录记载的内容与讯问录音录像存在实质性差异的，以讯问录音录像为准。对于法律规定应当对讯问过程进行录音录像的案件，公诉人没有提供讯问录音录像，或者讯问录音录像存在选择性录制、剪接、删改等情形，现有证据不能排除以非法方法收集证据情形的，对有关供述应当予以排除。”（3）控诉方证明。控诉方（主要是指检察机关）应当向法庭提供讯问（询问）笔录、原始的讯问（询问）过程录音录像或者其他证据，提请法庭通知讯问（询问）时其他在场人员或者其他证人出庭作证，仍不能排除刑讯逼供嫌疑的，提请法庭通知侦查人员或者其他人员出庭作证，对该证据取得的合法性予以证明。被告人及其辩护人也可以出示相关线索或者材料，并申请法庭播放特定时段的讯问录音录像。（4）双方质证。公诉人举证后，控辩双方可以就证据取得是否合法的问题进行质证、辩论。（5）法庭处理。法庭对证据取得的合法性问题作出裁定：如控诉方的证明达到证据确实、充分的程度，能够排除该证据系非法取得的，法庭确认该证据的合法性，准许当庭宣读、质证；如果确认属于以非法方法收集证据的，或者存在重大疑点，不能排除以非法方法收集证据可能性的，法庭对该证据予以排除，不作为裁判的依据（《刑事诉讼法》第 60 条）。《审判中心改革实施意见》第 26 条规定，法庭对证据收集的合法性进行调查后，应当当庭作出是否排除有关证据的决定。必要时，可以宣布休庭，由合议庭评议或者提交审判委员会讨论，再次开庭时宣布决定。并且在法庭作出是否排除有关证据的决定前，不得对有关证据宣读、质证。

根据《非法证据排除规定》所规定的这种非法证据排除程序，在法庭审理犯罪事实的过程中，只要当事人及其辩护人、诉讼代理人提出了证据合法性问题，法庭就应当对该程序性问题进行“先行调查”，同时停止案件实体事实的审理。因为，证据是否具备合法性（而被法庭采纳）的事实，既不是实体法事实，也不是程序法事实，而是用于证明犯罪构成事实存在的证据事实。虽然证据事实只是犯罪构成事实附带的事实，但其影响甚至决定控诉方指控最终能否成立，与案件实体处理有着极其紧密的联系，因此，对这一事实同样应当适用严格证明。当然，这一事实毕竟不是犯罪构成事实本身，其相对独立性决定了在裁决这一附带争议事实需要设置一个独立的程序，即“预先审核程序（voir dire）”。在这个相对独立的“审判”中，法庭需要裁决的并非犯罪成立与否即犯罪构成事实存在与否的问题，而是证据是否具备合法性能否使其成为证据的问题。[①] 鉴于我国《刑事诉讼法》已经增设了庭前会议程序，并且恢复了案卷移送制度，因此，笔者主张进一步完善庭前会议程序，使非法证据排除问题尽可能在庭前准备阶段解决，从而提高庭审效率。《俄罗斯联邦刑事诉讼法典》第235条所规定的“关于排除证据的申请”明确规定了庭前听证排除非法证据的运用程序，值得我国借鉴。《审判中心改革实施意见》第二部分规定“规范庭前准备程序，确保法庭集中审理”，如果被告人及其辩护人申请排除非法证据，人民法院可以召开庭前会议。(第5条) 对案件中被告人及其辩护人申请排除非法证据的情形，人民法院可以在庭前会议中核实情况、听取意见。人民检察院可以决定撤回有关证据；撤回的证据，没有新的理由，不得在庭审中出示。被告人及其辩护人可以撤回排除非法证据的申请；撤回申请后，没有新的线索或者材料，不得再次对有关证据提出排除申请。(第7条第2款)

《严格排除非法证据规定》吸收了《非法证据排除规定》、《刑事诉讼法》和《审判中心改革实施意见》的有关规定，主要从五个方面进一步完善了法院排除非法证据的程序。一是确立了庭前会议的初步审查功能。被告人及其辩护人提出排除非法证据申请，并提交相关线索或者材料的，法院应当启动庭前会议程序。在庭前会议上，法官应要求检察官对证据收集的合法性作出说明，允许控辩双方就非法证据排除问题达成合意，并且在庭审中禁止反言。即人民检察院可以决定撤回有关证据，撤回的证据，没有新的理由，不得在庭审中出示。被告人及其辩护人可以撤回排除非法证据的申请。撤回申请后，没有新的线索或者材料，不得再次对有关证据提出排除申请。在公诉人宣读起诉书后，法庭应当宣布开庭审理前对证据收集合法性的审查及处理情况。经过听取意见和了解情况，法官对侦查人员收集证据的合法性有疑问的，就可以决定启动正式调查程序，否则就将驳回被告方的相关申请。由此，庭前会议对非法证据排除问题就可以发挥初步审查的功能。二是重申了先行调查原则，强调程序性审查的优先性。在庭审期间，法庭决定对证据收集的合法性进行调查的，应当先行进行当庭调查。这就意味着非法

---

① 参见张军主编：《刑事证据规则理解与适用》，法律出版社2010年版，第316页。

证据排除一旦启动，就具有中止案件实体裁判程序的效果，直到法院作出是否排除有关证据的决定后，才能恢复案件的实体审理活动。如果法庭对控辩双方提供的证据有疑问的，可以宣布休庭，对证据进行调查核实。必要时，可以通知公诉人、辩护人到场。当然，为防止庭审的过分迟延，法庭也可以在法庭调查结束前对非法证据排除问题进行调查。这就等于先行调查原则也有相应的例外。三是确立了当庭裁决原则。法庭对侦查人员证据收集的合法性进行调查后，应当当庭作出是否排除相关证据的决定。如果需要合议庭进行评议或者提交审判委员会讨论的，法庭在恢复开庭时应当宣布合议庭或审判委员会作出的决定。而在法庭作出是否排除有关证据的决定之前，法庭不得对有关证据进行宣读和质证。这种当庭裁决原则的确立，有助于保障先行调查原则的实施，维护程序性裁判程序的权威性。经法庭审理，确认存在本规定所规定的以非法方法收集证据情形的，对有关证据应当予以排除。法庭根据相关线索或者材料对证据收集的合法性有疑问，而人民检察院未提供证据或者提供的证据不能证明证据收集的合法性，不能排除存在本规定所规定的以非法方法收集证据情形的，对有关证据应当予以排除。对依法予以排除的证据，不得宣读、质证，不得作为判决的根据。四是完善了非法证据排除的救济机制。控辩双方在二审中对一审法院有关证据收集合法性的审查、调查结论提出异议的，二审法院应当审查。被告人及其辩护人在一审中未申请排除非法证据，在二审中提出申请并且说明理由的，二审法院应当审查。检察机关在一审中未出示证据证明证据收集的合法性，一审法院依法排除有关证据的，检察机关在二审中不得出示之前未出示的证据，除非该证据是在一审后发现的。五是完善了二审法院对非法证据排除问题的裁决方式。对于一审法院对被告方有关排除非法证据的申请没有审查，可能影响公正审判的，二审法院应将其视为违反法定诉讼程序的行为，作出撤销原判、发回重审的裁定。这就将一审法院拒绝审查被告方排除非法证据申请的行为纳入程序性制裁的轨道。与此同时，对于一审法院应当排除而没有排除的证据，二审法院经过调查确认其为非法证据后，可以将其予以排除。但是，在决定排除相关证据后，二审法院认为一审法院不予排除的裁决属于“无害错误”的，也就是不影响原审定罪裁决的，就可以作出维持原判的裁决。相反，二审法院认为一审法院不予排除非法证据的裁决属于“有害错误”的，也就是足以影响原审有罪判决结论成立的，二审法院则可以作出撤销原判、发回重审的裁定。这种对二审法院裁决方式的完善，对于被告方获得有效的司法救济、维护两审终审制，都具有积极的意义。[①] 这五个方面对非法证据排除规则的补充和细化，对实践中容易引起争议的若干问题作出了明确规定，丰富了非法证据排除制度和理论体系，为法院依法保障被告人及其辩护人申请排除非法证据的权利，对侦查阶段证据收集的合法性进行全面审查等提供了明确的规范依据，从而强化审判权对侦查权、起诉权的制约，严格排除非法证据，加强人权司法保障，促进审判中心地位的确立。

2. 人民检察院排除非法证据

《非法证据排除规定》第 3 条规定："人民检察院在审查批准逮捕、审查起诉中，对于非法言词证据应当依法予以排除，不能作为批准逮捕、提起公诉的根据。"该条虽然赋予检察机关在审查批准逮捕、审查起诉过程中主持排除非法证据的权力，但没有明确检察机关排除非法证据的方式和操作程序。《刑事诉讼法》第 57 条作了一定补充规定，丰富了我国检察监督的内容，即"人民检察院接到报案、控告、举报或者发现侦查人员以非法方法收集证据的，应当进行调查核实。对于确有以非法方法收集证据情形的，应当提出纠正意见；构成犯罪的，依法追究刑事责任"。根据该规定，在侦查和审查起诉阶段，任何单位或个人（包括犯罪嫌疑人及其辩护人、被害人及其诉讼代理人）发现侦查人员以非法方法收集证据的，都可以向检察机关报案、控告、举报，检察机关应当进行调查核实；检察机关在审查批准逮捕、审查起诉或履行其他检察职能过程中发现侦查人员以非法方法收集证据的，也应当调查核实。检察机关调查核实的具体方法因案而异，必要时可以采用听证的方式进行审查，"听证排除"适用的程序可以参考前文法院排除非法证据的五个步骤进行，由侦查机关对证据取得的合法性承担证明责任。检察机关经过调查核实，发现侦查机关确有以非法方法收集证据的情形，应当采取口头或书面的形式向侦查机关提出纠正意见，要求限期改正或更换侦查人员重新取证。对于侦查人员以非法方法收集证据，构成犯罪的，应当依法启动职务犯罪侦查程序追究刑事责任。与此同时，根据《刑事诉讼法》第 56 条规定，检察机关发现有应当排除的证据的，应当依法予以排除，不得作为批准逮捕、提起公诉的根据。《严格排除非法证据规定》确立了检察机关在审判前程序中对非法证据排除程序的主导权。检察机关在审判前阶段主导非法证据排除程

① 参见陈瑞华：《新非法证据排除规则的八大亮点》，载中国法院网 2017 年 6 月 27 日。

序，这是我国刑事诉讼制度和非法证据排除规则的鲜明特色。为发挥这一制度的优势，该规定明确要求检察机关在侦查期间接受犯罪嫌疑人及其辩护律师的申请，启动非法证据排除程序。检察机关主导非法证据排除程序的方式主要有三种：一是在侦查终结前对侦查人员是否存在刑讯逼供等非法取证行为进行核查，这要由驻看守所检察官通过询问犯罪嫌疑人来进行，并对核查过程进行录音录像；二是检察机关在审查批准逮捕期间可以对犯罪嫌疑人及其辩护人提出的排除非法证据的申请进行调查核实；三是检察机关在审查起诉期间也可以对侦查行为的合法性进行调查核实。检察机关经过上述调查核实工作，认定侦查人员存在非法取证行为的，可以排除有关证据，并提出纠正意见，必要时可以自行调查取证，但不得将有关证据作为逮捕和公诉的依据。被排除的非法证据应当随案移送，并写明为依法排除的非法证据。人民检察院依法排除非法证据后，证据不足，不符合逮捕、起诉条件的，不得批准或者决定逮捕、提起公诉。同时，该规定也保障了侦查机关的救济权，建立了权力制约机制。即对于人民检察院排除有关证据导致对涉嫌的重要犯罪事实未予认定，从而作出不批准逮捕、不起诉决定，或者对涉嫌的部分重要犯罪事实决定不起诉的，公安机关、国家安全机关可要求复议、提请复核。

（三）非法证据排除中的证明问题

1. 证明责任

为了保障非法证据排除规则得到贯彻落实，无论英美法系还是大陆法系国家，法律普遍确立了这一证明责任的分配原则：当被告人给予合理的理由提出控诉方的证据是采用非法手段取得时，控诉方必须证明该证据是以合法手段取得的，否则，法官就可以推定控诉方的证据系非法手段取得而将其排除。在德国，一般也是由辩护方承担使法官认为可能存在非法取证行为的初步证明责任，而由控诉方对此可能的排除加以证明。① 根据《刑事诉讼法》第 58 条和第 59 条、《非法证据排除规定》及《严格排除非法证据规定》等有关规定，证据收集合法性的证明责任由控诉方（主要是检察机关）承担，但当事人及其辩护人、诉讼代理人申请排除以非法方法收集的证据的，应当提供涉嫌非法取证的人员、时间、地点、方式、内容等相关线索或者材料，从而承担启动证据合法性调查程序

① 参见张军主编：《刑事证据规则理解与适用》，法律出版社 2010 年版，第 319～321 页。

的初步证明责任，即提供证据的责任。关于这种初步证明责任的性质，第一章已经作了分析。这里的“线索”是指可以显示刑讯逼供等非法取证行为确实存在的比较具体的事实，如关于刑讯逼供的时间、地点、方式及涉嫌刑讯逼供的人员信息等。这里的“材料”包括被告人出示的血衣、伤痕、伤痕照片、医疗证明、伤残证明、同监人的证言等能够证明存在刑讯逼供等非法取证事实的证据材料。由于侦查不公开、高羁押率、讯问在场权未确立等因素，要求辩方提供非法取证的证据材料确有现实困难，因此，我们认为，对于这里的“线索或者材料”要求不能太高，只要线索、材料比较具体，感觉有一定的真实可信性，从而足以对证据收集的合法性产生疑问就可以了。《严格排除非法证据规定》第 24 条再次重申，被告人及其辩护人提出排除非法证据的申请，应当承担初步证明责任，提供相关线索或者材料。同时，第 26 条仍然将法院对证据收集的合法性“有疑问”作为启动非法证据调查程序的标准。如果法院未对证据收集的合法性产生疑问而驳回其申请，被告人及其辩护人只有发现新的线索或者材料表明可能存在非法取证，再次提出申请的，法院才予以审查。但是，对证据收集的合法性产生疑问是主观的心理状态，涉及法官的自由裁量权，有赖于法官的自由心证。我们认为，这里的“有疑问”，是指通过辩方提供相关线索、材料以及控方的解释说明，使法官感觉存在着非法取证的可能性，即“表面上成立”，就应当视为“有疑问”成立，而且就应该启动非法证据的调查程序。①

为了保障辩护方履行初步证明责任，《严格排除非法证据规定》进一步强化了律师的辩护权，拓宽了律师开展程序性辩护的空间。主要表现在三个方面。一是保证犯罪嫌疑人、被告人获得律师的法律帮助，将法律援助律师制度扩大适用到犯罪嫌疑人、被告人申请排除非法证据的场合。第 19 条规定：“犯罪嫌疑人、被告人申请提供法律援助的，应当按照有关规定指派法律援助律师。法律援助值班律师可以为犯罪嫌疑人、被告人提供法律帮助，对刑讯逼供、非法取证情形代理申诉、控告。”为了保障犯罪嫌疑人、被告人申请法律援助的权利，最高人民法院、最高人民检察院、公安部、国家安全部、司法部联合制定《关于开展法律援助值班律师工作的意见》，就法律援助值班律师的基本职责、运行模式、工作

① 参见陈光中：《对〈严格排除非法证据规定〉的几点个人理解》，载《中国刑事法杂志》2017 年第 4 期。

管理和保障等问题作出具体规定，为犯罪嫌疑人、被告人提供及时有效的法律帮助。2018 年《刑事诉讼法》增设了值班律师制度。二是赋予辩护律师更加全面的阅卷权。《严格排除非法证据规定》第 21 条规定："辩护律师自人民检察院对案件审查起诉之日起可以查阅、摘抄、复制讯问笔录、提讯登记、采取强制措施或者侦查措施的法律文书等证据材料。"由此，辩护律师在申请排除非法证据方面就享有查阅、摘抄、复制提讯登记材料。在司法实践中，"提讯登记"主要包括侦查人员在看守所提讯时的"提讯证"（又称"提押票"）和侦查人员出入指定监视居住点、由公安机关制作的"值班登记表"，这两份材料是律师发现刑讯逼供、疲劳审讯线索的重要材料。三是确立了讯问录音录像证据材料属性，拓宽了律师调取讯问录音录像的渠道。《严格排除非法证据规定》第 22 条规定："犯罪嫌疑人、被告人及其辩护人向人民法院、人民检察院申请调取公安机关、国家安全机关、人民检察院收集但未提交的讯问录音录像、体检记录等证据材料，人民法院、人民检察院经审查认为犯罪嫌疑人、被告人及其辩护人申请调取的证据材料与证明证据收集的合法性有联系的，应当予以调取。"并可以根据该规定第 31 条第 2 款规定，申请法庭播放特定时段的讯问录音录像，以反驳控诉方对证据收集合法性的证明。这样，律师对取证合法性提出质疑的，可以据此申请调取讯问录音录像、体检记录等证据材料，但是否调取的决定权在法院、检察院。这些规定一旦得到落实，就有可能解决辩护律师阅卷难和调查取证难的若干问题，有效增强律师的程序性辩护效果。

2. 证明标准

《刑事诉讼法》第 60 条、《非法证据排除规定》第 11 条规定，控诉方证明证据收集合法性必须达到"证据确实、充分"的程度；如果控诉方不提供证据加以证明，或者已提供的证据不够确实、充分的，该证据就应当作为非法证据予以排除，不能作为定案的根据。《严格排除非法证据规定》第 34 条规定："经法庭审理，确认存在本规定所规定的以非法方法收集证据情形的，对有关证据应当予以排除。法庭根据相关线索或者材料对证据收集的合法性有疑问，而人民检察院未提供证据或者提供的证据不能证明证据收集的合法性，不能排除存在本规定所规定的以非法方法收集证据情形的，对有关证据应当予以排除。"值得注意的是，由于《刑事诉讼法》第 55 条对"证据确实、充分"的解释引用了"排除合理怀疑"一词，因此，根据《刑事诉讼法》第 60 条规定，如果控诉方证明存在合理怀疑，不能排除存在《刑事诉讼法》第 56 条规定的以非法方法收集证据可能性的，该证据也应当作为非法证据予以排除。我国法律规定的要求控诉方承担证据收集合法性的证明标准达到“证据确实、充分”的程度，与英国做法是一致的。《英国 1984 年警察与刑事证据法》第 76 条规定，凡是对被告人采取“压迫”的手段所取得的供述一律无效，除非检察官能够向法庭证明它不是以“压迫”方式取得的，而这种证明的证明标准也是排除合理怀疑。

对于当事人及其辩护人、诉讼代理人申请启动证据收集合法性调查程序所承担的初步证明责任，《刑事诉讼法》第 56 条以及《非法证据排除规定》第 6 条规定，他们只要提供涉嫌非法取证的相关线索或材料，从而使检察机关或法院“有疑问”即“表面上成立”即可，证明标准相对较低。

3. 证明方法

《非法证据排除规定》第 7 条和《刑事诉讼法》第 59 条、第 192 条等规定，控诉方可以通过三种方法举证证明：一是公诉人可以向法庭提供全案讯问笔录、提押登记、体检记录、批准采取强制措施或者侦查措施的法律文书等证据材料；二是公诉人可以向法庭提供原始的录音、录像资料，有针对性地播放讯问录音录像；三是公诉人可以提请法庭通知讯问时其他在场人员或者其他证人出庭作证，现有证据材料仍然不能证明证据收集的合法性，提请法庭通知侦查人员或者其他人员出庭说明情况。人民法院可以通知有关侦查人员或者其他人员出庭说明情况。经依法通知，侦查人员或者其他人员应当出庭。有关侦查人员或者其他人员可以要求出庭说明情况。人民警察可以就其执行职务时目击的犯罪情况作为证人出庭作证，适用证人作证的有关规定。《审判中心改革实施意见》第 25 条规定，现有证据材料不能证明证据收集合法性的，人民法院可以通知有关侦查人员出庭说明情况。不得以侦查人员签名并加盖公章的说明材料替代侦查人员出庭。经人民法院通知，侦查人员不出庭说明情况，不能排除以非法方法收集证据情形的，对有关证据应当予以排除。该规定明确了侦查人员不出庭的法律后果。《严格排除非法证据规定》第 31 条从四个方面（或四个环节）规定了证据收集合法性的证明程序。一是控诉方证明。公诉人对证据收集的合法性加以证明，可以出示讯问笔录、提讯登记、体检记录、采取强制措施或者侦查措施的法律文书、侦查终结前对讯问合法性的核查材料等证据材料，有针对性地播放讯问录音录像，提请法庭通知侦查人员或者其他人员出庭说明情况。这里的公诉人出示讯问笔录，并不要求宣读讯问笔录的全部内容，只需要通过出示讯问笔录，通过笔录上显示的讯问时间、地点、提问内容等审查讯问过程是否合法。公诉人有针对性地播放讯问录音录像，是指针对被告人及其辩护人提出异议的时段进行播放，对被告人及其辩护人没有提出异议的时段，则不必播放。公诉人可以根据证明证据收集合法性的需要决定是否提请法庭通知侦查人员或者其他人员出庭说明情况。遗憾的是，《刑事诉讼法》第59条、《高法解释》第101条、《审判中心改革实施意见》第25条和《严格排除非法证据规定》第31条都使用“出庭说明情况”，而不是《非法证据排除规定》第7条和《审判中心改革意见》第12条规定的“出庭作证”，而《严格排除非法证据规定》第27条同时使用“出庭作证或者说明情况”，这在司法实践中容易引起误解。

关于侦查人员或者其他人员出庭，笔者认为，应当执行《非法证据排除规定》第7条和《审判中心改革意见》第12条规定，侦查人员或者其他人员出庭说明情况属于就程序法事实出庭作证，他们作为程序性证人，应当适用证人作证规范，与《刑事诉讼法》第192条第2款规定的作为“目击证人”就实体法事实出庭作证保持一致，统一使用“出庭作证”。也就是说，侦查人员或其他人员出庭，应当履行法律规定的证人作证义务，向法庭说明证据收集过程，并就相关情况接受控辩双方的发问。对发问方式不当或者内容与证据收集的合法性无关的，法庭应当制止。这是其一。其二，侦查人员或其他人员出庭作证既可以基于控辩双方申请，也可以是自行要求，但只能作为一种最后手段和补救措施。如果公诉人通过出示讯问笔录、提讯记录、体检记录、批准采取强制措施或者侦查措施的法律文书等证据材料，以及有针对性地播放讯问录音录像，能够证明证据收集的合法性，被告人及辩护人也认可的，就没有必要再提请侦查人员或其他人员出庭作证。其三，立法应进一步严格限制书面情况说明在诉讼中使用，促使更多的侦查人员出庭作证。《高法解释》第101条第2款[①]和第108条[②]应当适当修改，以达到与《审判中心改革实施意见》第25条规定一致，避免在司法实践中

---

① 该款规定：“公诉人提交的取证过程合法的说明材料，应当经有关侦查人员签名，并加盖公章。未经有关侦查人员签名的，不得作为证据使用。上述说明材料不能单独作为证明取证过程合法的根据。”

② 该条规定：“对侦查机关出具的被告人到案经过、抓获经过等材料，应当审查是否有出具该说明材料的办案人、办案机关的签名、盖章。对到案经过、抓获经过或者确定被告人有重大嫌疑的根据有疑问的，应当要求侦查机关补充说明。”

执行混乱。虽然目前还不可能全面禁止书面情况说明的使用，但是，在现有证据材料不能证明证据收集合法性时，侦查人员必须出庭作证，不能以书面情况说明替代。其四，《严格排除非法证据规定》第26条赋予被告人及其辩护人申请侦查人员或者其他人员出庭作证的同时，赋予法院的自由裁量权过大，应当严格加以限制。根据该条规定，被告人及其辩护人申请人民法院通知侦查人员或者其他人员出庭，即使人民法院认为现有证据材料不能证明证据收集的合法性，确有必要通知上述人员出庭作证或者说明情况的，仍然是“可以”通知上述人员出庭，而不是“应当”。这样，与证人出庭作证一样，侦查人员或者其他人员是否出庭作证的决定权完全由法院裁量。这与《审判中心改革实施意见》第25条规定标准不一致，对侦查人员或其他人员不出庭缺乏程序性制裁。而这里的“其他人员”主要是指侦查人员以外的能够证明证据收集合法性的人员，如在场的看守所监管人员、驻看守所检察人员、值班律师、同监室的在押人员，等等。其五，法院对证据收集合法性的审查、调查结论，应当在裁判文书中写明，并说明理由。这是完善刑事诉讼程序性裁判机制，明确程序性裁判的法律地位，增强裁判文书说理性，贯彻以审判为中心的刑事诉讼制度的要求。

三、一种方法——讯问全程同步录音录像

《刑事诉讼法》在总结学者们实证研究和司法实践经验的基础上，确认了全国检察机关在职务犯罪侦查中已经推广使用的讯问全程同步录音录像制度。作为现代科学技术在刑事侦查程序中的运用，它“标志着我国刑事证据走向现代化，逐步迈进高精技术证据时代”。[①]《刑事诉讼法》第123条规定：“侦查人员在讯问犯罪嫌疑人的时候，可以对讯问过程进行录音或者录像；对于可能判处无期徒刑、死刑的案件或者其他重大犯罪案件，应当对讯问过程进行录音或者录像。录音或者录像应当全程进行，保持完整性。”如果说赋予犯罪嫌疑人、被告人“不得强迫自证其罪”权利是对刑讯逼供的事前防范，实施非法证据排除规则是对刑讯逼供的事后制裁，那么，采用讯问全程同步录音录像方法就是对刑讯逼供的事中干预，使侦查人员不敢在镜头下为所欲为，从而规范侦查讯问行为，提升办案

① 樊崇义：《全程同步录音录像：一项有利司法公正的举措》，载《人民日报》2005年9月21日第14版。

水平。目前许多地方公安机关在重大敏感案件侦查中推行讯问全程同步录音录像制度，目的就在于规范侦查讯问行为，遏制刑讯逼供。①

讯问全程同步录音录像制度是指在侦查讯问过程中，侦查人员利用录音、录像设备对讯问全过程实行不间断的同步录音、录像，以记录和固定讯问内容、讯问情境的一种“技术辅助性活动”。与传统的讯问笔录相比，讯问全程同步录音录像借助于高科技设备，具有承载信息的多元性、记载内容的全面性和再现效果的逼真性等特点，它可以将讯问的整个过程客观、真实、全面地记录下来，用现场、即时的音像资料把讯问过程记录下来，用真切的影音资料将讯问结果固定下来。而且，对着摄像头，估计没有一个侦查人员会对犯罪嫌疑人拳打脚踢。这样，通过对同步录音录像资料所记载的犯罪嫌疑人陈述时“肢体语言”的分析，法官可以判断口供的真实性与可信性，推断侦查取证过程中是否存在刑讯逼供等非法取证行为，从而发挥规范侦查讯问行为，防止刑讯逼供等非法取证现象的主体功能。另外，讯问全程同步录音录像通过记载讯问过程和讯问结果，帮助侦查人员证明讯问程序的合法性以及固定和保全证据，从而保证言词证据尤其是口供内容真实性的延伸功能。美国的一份调查显示，87%的被调查机构认为，与讯问笔录等方式相比，采用录音录像方式固定的口供更令人信服（占22.2%），或者非常令人信服（占64.8%）。②《办理死刑案件证据规定》第18条规定，凡是侦查机关随案移送有录音录像资料的，法院审查和认定被告人供述和辩解时，必须查看相关录音录像资料，并且结合录音录像资料所记载的内容来判断确定被告人供述和辩解的内容及其证据能力和证明力。《非法证据排除规定》第7条将原始的讯问过程录音录像规定为公诉人证明被告人审判前供述取得合法性的三种方法之一。《审判中心改革意见》第5条要求严格按照有关规定要求，在规范的讯问场所讯问犯罪嫌疑人。严格依照法律规定对讯问过程全程同步录音录像，逐步实行对所有案件的讯问过程全程同步录音录像。探索建立重大案件侦查终结前对讯问合法性进行核查制度。对公安机关、国家安全机关和人民检察院侦查的重大案件，由人民检察院驻看守所检察人员询问犯罪嫌疑人，核查是否存在刑讯逼供、

① 参见《郑州人大要求重大案件讯问录音录像遏制刑讯逼供》，载中国新闻网，最后访问时间：2011年4月3日。

② See G. Daniel Lassiter, Jennifer J. Ratcliff, Lezlee J. Ware, Clinton R. Irvin. Videotape Confessions: Panacea or Pandora's Box? Law & Policy, (2006), 28 (4). P. 194.

非法取证情形，并同步录音录像。经核查，确有刑讯逼供、非法取证情形的，侦查机关应当及时排除非法证据，不得作为提请批准逮捕、移送审查起诉的根据。该条明确提出逐步对所有案件的讯问全程实行同步录音录像。《审判中心改革实施意见》第24条规定，法庭对证据收集的合法性进行调查的，应当重视对讯问过程录音录像的审查。讯问笔录记载的内容与讯问录音录像存在实质性差异的，以讯问录音录像为准。对于法律规定应当对讯问过程进行录音录像的案件，公诉人没有提供讯问录音录像，或者讯问录音录像存在选择性录制、剪接、删改等情形，现有证据不能排除以非法方法收集证据情形的，对有关供述应当予以排除。该条首次对讯问录音录像的合法性问题作出规范，并且明确了讯问录音录像作为证明讯问程序合法性的一种程序性证据，相对于讯问笔录具有优先效力。如果讯问笔录记载的内容与讯问录音录像存在实质性差异，应以讯问录音录像为准。这是由讯问同步录音录像的特点决定的。因为，与讯问笔录相比，讯问全程同步录音录像具有客观性、直观性、动态性的优点，能够通过声音和图像完整地反映讯问的全过程，通过在法庭上播放讯问录音录像能够生动地再现审讯过程，观察犯罪嫌疑人在接受讯问过程中的身体状况、精神状态、语气语调、表情神态等，进而判断侦查人员有无刑讯逼供行为，从而为非法证据排除提供判断依据。但是，这里的“实质性差异”过于模糊，需要制定规范性文件对其进一步明确。

《严格排除非法证据规定》主要从四个方面进一步完善了讯问全程同步录音录像制度。[①] 第一，规范讯问录音录像和讯问笔录的制作要求，第10条重申了侦查人员在讯问犯罪嫌疑人的时候，可以对讯问过程进行录音录像；对于可能判处无期徒刑、死刑的案件或者其他重大犯罪案件，应当对讯问过程进行录音录像；同时，将“录音或者录像”改为“录音录像”，并要求侦查人员应当告知犯罪嫌疑人对讯问过程录音录像，以及在讯问笔录中写明。鉴于录音录像全程进行和保持完整性是录音录像制度发挥作用的前提，第11条强调对讯问过程录音录像，应当不间断进行，保持完整性，不得选择性地录制，不得剪接、删改。为防止侦查人员将犯罪嫌疑人提押至看守所讯问室后先对其刑讯或者威胁，再进行讯问并录音录像，杜绝“打时不录，录时不打”的问题，录音录像一般应当自提押犯罪嫌疑人到讯问室等规定的办案场所时开始，至犯罪嫌疑人核对讯问笔录并签字

① 参见万春：《刑事案件非法证据排除规则的发展》，载《中国刑事法杂志》2017年第4期。

确认后结束。为严格贯彻“不得强迫任何人证实自己有罪”的原则，进一步规范讯问笔录的制作，确保讯问笔录的真实性，充分保障犯罪嫌疑人知悉讯问笔录内容的权利以及对讯问笔录进行核实、补充和改正的权利，第12条强调侦查人员讯问犯罪嫌疑人，应当依法制作讯问笔录。讯问笔录应当交犯罪嫌疑人核对。对于没有阅读能力的，应当向他宣读，对讯问笔录中有遗漏或者差错的情形，犯罪嫌疑人可以提出补充或者改正。第二，对讯问场所作出规范。第9条明确了拘留、逮捕犯罪嫌疑人后，应当按照法律规定送看守所羁押。犯罪嫌疑人被送交看守所羁押后讯问应当在看守所讯问室进行。因客观原因侦查机关在看守所讯问室以外的场所进行讯问的，应当作出合理解释。这是因为，在以往的实践中，大量的刑讯逼供多发生在看守所以外的讯问过程中，规定在看守所进行讯问，可以有效防止刑讯逼供。况且，由于看守所本身不是侦查机关，它的职责就是看管犯罪嫌疑人，所以对侦查机关及其侦查人员能够起到一定的制约作用。因此，当犯罪嫌疑人被送交看守所羁押后，对其讯问只能在看守所进行，不得将其提解至所外进行讯问。在实践中，有的案件基于起赃、辨认等需要，可能会将犯罪嫌疑人提解到看守所外，这种情况容易发生在看守所外对犯罪嫌疑人进行殴打、威胁的情形，因此，看守所应当严格执行提讯登记和收押体检等制度。同时，该规定明确侦查机关由于客观原因在看守所讯问室以外的场所讯问犯罪嫌疑人的，必须作出合理解释。这里的“客观原因”包括哪些情形，规定未作列举，实践中应当从严掌握。第三，完善了看守所提讯登记和收押体检制度。看守所的提讯登记和体检记录等证据材料能够直接反映提押、讯问和采取有关措施的法律手续是否完备，尤其是体检记录能够直观反映犯罪嫌疑人身体是否有伤或者存在异常，是审查判断证据收集合法性的重要依据。规定第13条要求看守所应当对提讯进行登记，写明提讯单位、人员、事由、起止时间以及犯罪嫌疑人姓名等情况，防止提讯时间、地点、事由等不符合法律规定，并在供述合法性存在争议时供有关机关进行核实。看守所收押犯罪嫌疑人应当进行身体检查。检查时，人民检察院驻看守所检察人员可以在场。检查发现犯罪嫌疑人有伤或者身体异常的，看守所应当拍照或者录像，分别由送押人员、犯罪嫌疑人说明原因，并在体检记录中写明，由送押人员、收押人员和犯罪嫌疑人签字确认。笔者认为，此时应当要求人民检察院驻看守所检察人员到场核实，并在体检记录上签字确认。检察机关应当启动侦查监督机制，查清原因。而且对于这种体检记录，应当允许辩护律师随时调取。第四，重申重大案件侦查终结前讯问合法性核查制度，与《审判中心改革意见》第5条一致。第14条第2款规定，对重大案件，人民检察院驻看守所检察人员应当在侦查终结前询问犯罪嫌疑人，核查是否存在刑讯逼供、非法取证情形，并同步录音录像。经核查，确有刑讯逼供、非法取证情形的，侦查机关应当及时排除非法证据，不得作为提请批准逮捕、移送审查起诉的根据。这一规定有利于强化检察机关对侦查活动的监督，对侦查工作形成倒逼机制，提高重大案件的办案质量，对采取非法方法收集的证据早核查、早发现、早排除，防止“有病证据”作为提请批准逮捕、移送审查起诉的根据。为与重大案件侦查终结前讯问合法性核查程序相衔接，《审判为中心改革实施意见》第22条规定，被告人在侦查终结前接受检察人员对讯问合法性的核查询问时，明确表示侦查阶段不存在刑讯逼供、非法取证情形，在审判阶段又提出排除非法证据申请，法庭经审查对证据收集的合法性没有疑问的，可以驳回申请。检察人员在侦查终结前未对讯问合法性进行核查，或者未对核查过程全程同步录音录像，被告人在审判阶段提出排除非法证据申请，人民法院经审查对证据收集的合法性存在疑问的，应当依法进行调查。该规定其实就是重大案件侦查终结前讯问合法性核查制度的一种程序性制裁机制。

准确理解和全面实施讯问全程同步录音录像制度，还要解决以下四个问题。

（1）《刑事诉讼法》第123条和有关规范性文件考虑到我国各地侦查机关情况差异，以及有的案件事实简单，没有必要录音或录像；有的犯罪嫌疑人不愿意在讯问时录音或录像等，因此，立法将在轻罪案件中进行讯问录音录像作为一种选择性方法赋予各地侦查机关自行裁量使用，但在重罪案件中犯罪嫌疑人可能判处无期徒刑、死刑或者其他重大犯罪案件，立法规定侦查机关必须对讯问过程进行录音录像，否则就属于违法取证。这里规定的“可能判处无期徒刑、死刑”的法定刑的判断权属于侦查机关。根据《公安部规定》第203条第2款规定，“可能判处无期徒刑、死刑”是指应当适用的法定刑或者量刑档次包含无期徒刑、死刑的案件；“其他重大犯罪案件”是指致人重伤、死亡的严重危害公共安全犯罪案件、严重侵犯公民人身权利犯罪案件以及黑社会性质组织犯罪、严重毒品犯罪等重大故意犯罪案件。但是，侦查机关对案件事实和犯罪嫌疑人可能判处法定刑的认识有一个逐渐深化和变化的过程，如果开始认为犯罪嫌疑人不可能判处无期徒刑或者死刑而在讯问时没有录音或录像，后来证据充分发现犯罪嫌疑人可能判处无期徒刑或者死刑，如何处理？这需要相关规范性文件予以补充。笔者认为，如果原来没有录音或录像，那么，侦查机关从发现犯罪嫌疑人可能判处无期徒刑或者死刑之时起应当在讯问时开始录音或录像，并且及时告知犯罪嫌疑人及其辩护人。后者提出异议的，侦查机关承担相应的证明责任。

（2）立法明确确认录音和录像是两种不同的固定和保全证据的方法，侦查机关可以根据个案需要和本地实际选择适用，既可以录音也可以录像，还可以录音录像同时进行，但无论录音、录像还是同时录音录像，必须符合两项基本要求，即全程进行并保持完整性。这就要求录音录像从第一次开始讯问犯罪嫌疑人时就必须连续不间断地进行，中间不能无故中断，更不能随意剪辑。否则，该录音或录像资料就不能用来证明讯问程序的合法性或印证被告人审前供述。这要求讯问录音录像应当对每一次讯问全程同步进行，保持完整性。不得选择性录制，不得剪接、删改。因技术故障等原因无法对讯问过程录音录像的，应当立即中止讯问，侦查人员应当告知犯罪嫌疑人中止讯问的原因，并在讯问笔录中写明，由犯罪嫌疑人签字确认。中止讯问情形消失后继续讯问的，应当对讯问过程录音录像。如果讯问笔录与讯问录音录像的内容有重大实质性差异的，该讯问笔录相关内容不得作为证据使用。这明确了讯问录音录像作为证明讯问程序合法性的程序性证据功能。至于讯问录音录像的时间期限，对于被拘留、逮捕的犯罪嫌疑人，以及被送看守所羁押的犯罪嫌疑人，讯问录音录像应当自提押犯罪嫌疑人到讯问室等规定的办案场所时开始，至犯罪嫌疑人核对讯问笔录、签字确认结束。我国台湾地区的做法值得借鉴。我国台湾地区“刑事诉讼法”第 100 条之一规定：“讯问被告，应全程连续录音；必要时，并应全程连续录影。但有急迫情况且经记明笔录者，不在此限。笔录内所载之被告供述与录音或录影之内容不符者，除有前项但书情形外，其不符之部分，不得作为证据。”在台湾地区马英九“特别费”案件中，台北地方法院就是通过当庭勘验检方的讯问录影，发现讯问笔录曲解犯罪嫌疑人马英九的陈述，从而对检方的指控予以了全盘否定，在 2007 年 8 月 14 日一审宣判马英九无罪。[①] 但如何保障录音或录像的质量，从而充分发挥录音录像资料的证明价值，这是另一个需要考虑的问题。最高人民检察院制定了相

① 参见《同步录音录像也会笔录不实南京检察官镜鉴马英九案》，载 http：//www. jschina. com. cn/gb/jschina/node23223/node24564/userobject1ai1680897. html。最后访问时间：2011 年 4 月 5 日。

关操作规范，但执行中也反映出一些问题，需要有关部门总结改进，使之能推广适用于全国不同地区基层公安机关。笔者认为，既然《刑事诉讼法》已经明确确认讯问全程同步录音录像制度，并且已经明确在重罪案件讯问中强制实行，逐步在所有案件中推广实行，那么，中央政法委有必要协调公、检、法、司各部门，共同指定某一家或几家单位负责统一生产录音和录像设备及其配件，统一技术规范，保证质量，控制价格，必要时还可以统一培训技术人员等，供全国各地公安司法机关购买使用。

（3）立法没有规定讯问录音录像的移送和使用问题，这在司法实践中可能带来混乱。讯问同步录音录像资料制作完成后，是否需要随案移送法院，以及在庭审中如何使用，包括应当全程播放还是节录使用，以及辩护方是否有权申请播放讯问同步录音录像资料，这涉及同步录音录像资料如何使用和证明价值如何发挥的问题。根据最高人民检察院 2005 年 12 月下发《讯问职务犯罪嫌疑人实行全程同步录音录像的规定（试行)》第 13 条和第 14 条规定，在案件移送审查逮捕时，应当将全程同步录音、录像资料复制件连同案件材料一并移送审查；在案件移送审查起诉时，应当将全程同步录音、录像资料复制件随案移送。但没有明确检察机关在提起公诉时，是否需要将全程同步录音录像资料复制件随案移送法院，以及是否允许辩护方获得同步录音录像资料复制件或观看同步录音录像资料。《办理死刑案件证据规定》第 18 条第 2 款规定，只有侦查机关随案移送有录音录像资料的，法院才应当结合相关录音录像资料对被告人供述和辩解的内容进行审查。如果没有随案移送，法院是否就无需审查也无权审查呢？该规定也没有明确。关于庭审使用同步录音录像资料问题，《讯问职务犯罪嫌疑人实行全程同步录音录像的规定（试行)》第 15 条规定了一种单方面的异议使用原则，即“案件审查过程中，人民法院、被告人或者辩护人对讯问活动提出异议的，或者被告人翻供的，或者被告人辩解因受刑讯逼供、威胁、引诱、欺骗等而供述的，公诉人应当提请审判长当庭播放讯问全程同步录音、录像资料，对有关异议或者事实进行质证。人民法院、被告人或者其辩护人对讯问全程同步录音、录像资料复制件提出异议的，公诉人应当将检察技术部门保存的相应原件当庭启封质证。案件审结后，经公诉人和被告人签字确认后对录音、录像资料原件再行封存，并由公诉部门及时送还检察技术部门保存。”而根据《非法证据排除规定》第 7 条所规定的非法证据排除程序，也只有公诉人为了证明审判前供述合法性时才向法庭提供录音录像资料（包括播放），被告人及其辩护人履行初步证明责任时无权请求播放录音录像资料。而且，这里的使用是全程播放还是节录使用，上述“两个证据规定”都没有明确。对此，学界和实务界存在争议。多数学者认为，鉴于同步录音录像资料的涉密性，以及庭审效率的要求，对同步录音录像资料的使用应当坚持异议使用原则，没有必要在庭审中全程播放。为此，有学者将庭审播放同步录音录像资料的情形界定为三种情况：一是被告人庭审供述与庭前供述不一致；二是被告人否认曾经做过供述；三是辩护方提出讯问程序违法。还有学者主张选择性播放，但应当赋予被告人及其辩护人申请播放的权利，即由控辩双方中一方提出申请，法庭审查是否有播放的必要，然后决定是否播放。而有实务部门认为，应当采取由审案法官到录像保管检察院来看特定时段审讯录像的做法。个别案件确需当庭播放的，要严格控制知情面。笔者认为，由于同步录音录像资料可能涉及国家秘密、侦查机密以及个人隐私，在公开的法庭上播放可能会带来一系列问题。① 因此，没有必要将所有的录音录像资料在庭审中全程播放，应当节录使用。但立法应当明确全程播放和节录使用的具体条件，以便于在司法实践中操作。《严格排除非法证据规定》第 31 条采纳节录使用的观点，规定公诉人为了证明证据收集的合法性，可以“有针对性地播放讯问录音录像”。被告人及其辩护人为了反驳控诉方证据收集合法性证明，可以“申请法庭播放特定时段的讯问录音录像”。此外，如果侦查讯问过程中实行同步录音录像的，同步录音录像资料复制件应当随案移送法院。辩护律师从审查起诉之日起有权获得该复制件并观看同步录音录像资料，并且在庭审中申请使用。但是，所有接触同步录音录像资料的法官、检察官或律师都应当签订保密协议，避免泄露国家秘密、侦查机密，或者侵犯相关人员的个人隐私。这既是域外国家（地区）的共同做法，也是保障犯罪嫌疑人、被告人获得有效辩护的需要。作为讯问同步录音录像制度发源地的英国，其建构和推行该制度的重要经验之一便是充分保障辩护方对录音录像的程序参与权，包括赋予被追诉人对是否启动录音录像程序享有一定的决定权，规

① 浙江省人民检察院将这些问题概括为四个方面：一是侦查审讯技巧策略的外泄问题；二是办案中涉及的国家秘密和侦查机密的保密问题；三是侦查人员及其家属的人身保护问题；四是被告人的隐私保护问题。上述有关学者观点和实务部门意见，均来自最高人民检察院反贪污贿赂总局与中国政法大学诉讼法学研究院 2011 年 5 月 14 日至 15 日在北京联合举办的“讯问全程同步录音录像规范化建设学术研讨会”上的发言和会议资料。

定被追诉方有权对录音录像带的保管和使用进行监督，以及保障被追诉方有权与控方平等分享录音录像材料。[①] 美国的录音录像都是由侦查人员自己进行的，而且警察一般都会将整个录音录像资料和其他记录在很早的时候转交给控诉方，控诉方必须将这些记录转交给辩护方。这样，在准备庭审案件之前，警察以及控诉方、辩护方都会有这些记录的复制件。[②] 上海市人民检察院认为，只有法庭对讯问笔录的真实性、合法性有疑问时才能调取同步录音录像。同时从公正、公平的角度出发，不仅公诉人有权提出播放申请，而且犯罪嫌疑人或其辩护律师都有权提出当庭播放同步录音录像，法官依据职权也能够主动调取同步录音录像资料。另外，如果同步录音录像中涉及不宜公开的内容，公诉人可以申请将公开庭审转为不公开审理，同时根据具体情况采取不同的播放方法。例如，如果犯罪嫌疑人仅仅提出暴力刑讯的指控，则可以在庭审中仅播放审讯画面而不播放声音，以尽可能减少泄密。笔者认为，这些都是司法实践经验的结晶，值得总结推广。此外，根据《严格排除非法证据规定》第 22 条规定，讯问同步录音录像资料并不需要随案移送法院。犯罪嫌疑人、被告人及其辩护人可以向人民法院、人民检察院申请调取公安机关、国家安全机关、人民检察院收集但未提交的讯问录音录像资料。但是否调取的决定权在人民法院、人民检察院。人民法院、人民检察院经审查认为犯罪嫌疑人、被告人及其辩护人申请调取的证据材料与证明证据收集的合法性有联系的，应当予以调取；认为与证明证据收集的合法性没有联系的，应当决定不予调取并向犯罪嫌疑人、被告人及其辩护人说明理由。

（4）讯问同步录音录像的证据效力问题。讯问同步录音录像是否具有证据资格（或证据能力）？如果有，它又属于哪一种法定证据种类？学者们也存在不同看法。归纳起来，主要有六种观点：第一种观点认为，它只是固定证据的一种方式，不具有证据资格，也不是视听资料。第二种观点认为，不能完全否认其证据能力，但它不是一种独立的证据方法，必须以讯问笔录为依托，共同发挥证明价值。第三种观点认为，只有在“两个证据规定”的视野下，它才被赋予证据资格，并且只能有限地公开使用。在其他情况下，它只是讯问笔录的辅助形式或

---

① 参见瓮怡洁：《英国的讯问同步录音录像制度及对我国的启示》，载《现代法学》2010 年第 3 期。

② 参见樊崇义、顾永忠主编：《侦查讯问程序改革实证研究》，中国人民公安大学出版社 2007 年版，第 236 页。

加固形式，属于检察机关内部工作资料，不具有证据效力。第四种观点认为，它在证据种类上应当归为以声音和图像形式证明讯问过程是否符合事实和法律的一种视听资料。鉴于其客观存在的一些技术属性和不足，应当将其定位于支撑讯问笔录证明力的辅助证据（即证据的证据），在必要时用于印证笔录的客观、真实、合法，但不宜作为犯罪嫌疑人供述来直接证明案件事实。第五种观点认为，不宜将同步录音录像资料作为一种法定证据，而将其作为法定证据的辅助资料更为妥当。因为同步录音录像资料反映的是侦查办案的动态过程，而非职务犯罪案件事实本身。最高人民检察院《讯问职务犯罪嫌疑人实行全程同步录音录像的规定（试行）》并没有将同步录音录像当作一种侦查取证的手段，也没有将同步录音录像资料规定为一种证据。第六种观点认为，需要根据其证明对象来定。如果为了证明讯问内容的真实性，它属于口供；如果为了证明讯问程序的合法性，它属于视听资料；如果为了证明同案犯的其他犯罪事实，它属于证人证言。对此，学者们明显存在一定分歧。笔者认为，讯问同步录音录像不宜确定为一种单纯的侦查手段。作为固定和保全证据的一种方法，其证据效力需要根据其固定的内容来确定。从固定证据的功能来看，它仍然属于犯罪嫌疑人的供述和辩解；从固定讯问过程来看，它属于视听资料，用于证明讯问程序的合法性，属于一种程序性证据或“过程证据”。理由包括：首先，讯问同步录音录像作为现代科学技术在刑事侦查程序和刑事证据领域的运用，是侦查机关在实施讯问犯罪嫌疑人这一侦查行为过程中借助于高科技设备来固定和保全讯问过程与讯问结果的一种“技术辅助性活动”。世界上没有哪个国家（地区）将它规定为一种法定侦查手段，它本身不应当具有强制性，也不可能完全取代讯问笔录成为固定和保全口供的唯一方式甚至主要方式。其次，依法制作的同步录音录像资料通过印证和补强讯问笔录所记载口供的真实性、合法性，可以发挥对案件事实的证明作用，具有客观性、关联性和合法性。因此，如果它本身没有任何瑕疵，并且经法庭查证属实，应当具有证据资格，可以作为证据使用。只是这种证据的证据效力不具有独立性，需要结合讯问笔录和其他证据综合认定。《办理死刑案件证据规定》第 18 条第 2 款、《非法证据排除规定》第 7 条和《严格排除非法证据规定》第 11 条、第 12 条都明确了这一点。根据《审判中心改革实施意见》第 24 条规定，如果讯问笔录记载的内容与讯问录音录像存在实质性差异的，应当以讯问录音录像为准。最后，同步录音录像作为固定和保全证据的一种方法，其证据效力不能一概而论，需要根据其固定的内容来确定。具体来说，从固定证据的功能来看，全程同步录音录像实际上是“犯罪嫌疑人、被告人供述和辩解”的录音录像，它与讯问笔录一样，本质上都是固定和保全犯罪嫌疑人供述和辩解的一种方式，所反映的证据的原始形态就是犯罪嫌疑人的供述和辩解，并不是一种独立的证据种类，因此，它仍然属于犯罪嫌疑人供述和辩解即口供这种证据形式。从固定讯问过程来看，全程同步录音录像可以全面、直观、不间断地录制讯问过程和口供内容，在庭审质证过程中，如果被告人对证据来源、讯问程序等方面的合法性提出异议而试图翻供时，同步录音录像资料可以作为证明侦查人员没有对犯罪嫌疑人实施刑讯逼供、诱供等违法取证行为的证据材料，在这种情况下，它属于视听资料这种证据形式。最高人民检察院孙谦副检察长也认为，在现有的法律框架内，讯问同步录音录像本身不能作为证明犯罪事实的证据，只能作为证明取证过程合法性的“过程证据”使用。①

需要指出的是，讯问全程同步录音录像是一项高成本的工作，不仅硬件设施需要投入大量资金，而且在使用过程中，由于科学技术产品的更新换代，维护费用及使用成本也相当高昂，再加之我国各地经济发展很不平衡，许多地方公安、检察机关难以承受。在司法实践中，侦查人员可能利用其强势地位进行“选择性同步录音录像”来应付法院，“先审后录”，侦查人员将案件侦破后再象征性地进行所谓的“全程同步录音录像”。在这种情况下，录音录像不仅不能遏制刑讯逼供等非法取证行为，反而成为侦查人员施暴的帮凶，而且更难发现和监督，从而加剧冤案的形成。正如学者指出：“同步录音录像只能说明在录音录像的讯问当时，不存在违法问题，但是对供述前有没有发生违法情况，犯罪嫌疑人有没有受到精神强制乃至刑讯逼供，讯问是不是犯罪嫌疑人在意志自由情况下的自行表达等问题，讯问的音像资料却无法予以证明。……对于在讯问前，就及早使用不当手段‘说服’或‘制服’了犯罪嫌疑人，制造了合法假象的‘聪明’的侦查人员，录音录像无能为力。”② 在讯问全程同步录音录像制度实行之初，笔者也

---

① 参见孙谦：《刑事法治任重道远——检察机关执行修改后刑事诉讼法的情况和几点思考》，载卞建林、孙长永主编：《全面推进依法治国与刑事诉讼制度改革》（2015 年卷），中国人民公安大学出版社 2016 年版，第 19 页。

② 参见《讯问犯罪嫌疑人除同步录音录像还缺少一方》，载《法制日报》（周末版）2009 年 5 月 7 日第 9 版。

听到了类似的声音："先打怕你再开（录音录像系统），胡说八道就关（录音录像系统）了再打，然后再开。"还有的侦查人员利用带犯罪嫌疑人上厕所的机会在楼梯间或厕所教训他，让他听话。因为看守所的楼梯间和厕所通常都没有摄像头。为此，有学者提出，不能无限制地扩大讯问全程同步录音录像的适用范围，必须考虑到该制度实施的司法成本，兼顾我国国情。还有学者主张借鉴德国的做法，① 通过更新侦查取证手段，更多地收集言词证据以外的实物证据来证明案件事实，降低口供乃至整个言词证据在诉讼证明中的地位。笔者赞同这一观点，认为讯问全程同步录音录像尽管具有多方面的价值与功能，但不能无限扩大和拔高。我们需要充分利用现代科学技术，努力寻找其他收集言词证据以外的实物证据的侦查措施，提高侦查机关捕捉证据的能力，从而使得侦查取证和定案并不主要依靠口供等言词证据，而更多地依靠书证、物证和先进科学技术获得的其他实物证据。《联合国反腐败公约》和《联合国打击跨国有组织犯罪公约》都明确规定了电子监视、控制下交付和特工行动等特殊侦查手段，并且允许法庭采信由这些手段所产生的证据。我国作为这两个国际公约的缔约国，《刑事诉讼法》已经明确增设了技术侦查措施，并且确认这些侦查措施所取得的证据材料具有证据能力（第154条）。笔者坚信，随着这些措施的实施和现代科学技术在侦查中的进一步运用，讯问全程同步录音录像制度作为遏制刑讯逼供的一种方法，其如何适用将进一步走向理性化、规范化。

---

① 德国学者Bernd Schuenmann教授在中国政法大学诉讼法学研究中心2006年3月举办的"侦查讯问程序改革国际研讨会"发言时证实，德国法律没有规定讯问录音录像制度，实践中也很少采用录音录像。因为德国侦查取证并不主要依靠口供，而是主要依靠书证、物证和先进科学技术获得其他证据。《德国刑事诉讼法典》自1877年制定至今，尽管已经修改过160多次，但至今都没有规定侦查讯问中录音、录像制度，警察侦破刑事案件也不像中国和俄罗斯这样主要依靠口供。因此，德国警察不会把刑讯等很明显的强迫方式作为一种获得口供的方法，口供在德国也并不是关键的证据。警察讯问犯罪嫌疑人时仅仅做一次笔录，而且笔录也无须记录犯罪嫌疑人谈话的详细内容，只需做些摘要性记录；如果犯罪嫌疑人认为这种摘要记录不准确，他有权不在这个记录上面签字。See H. C. Bernd Schuenemann, Necessity and Feasibility of the Attorney's Presence, Audio and Video Recording during Interrogating Suspects in Criminal Investigation，载樊崇义、顾永忠主编：《侦查讯问程序改革实证研究》，中国人民公安大学出版社2007年版，第397页。

第九章　技术侦查措施的法律规制

技术侦查措施与常规侦查、视频侦查及 DNA 检测一样，是各国（地区）司法实践中常用的侦查取证方法之一。虽然我国 1979 年和 1996 年《刑事诉讼法》都没有将技术侦查措施规定为一种法定侦查措施，学者们对其概念和种类也存在不同看法，但随着时代发展，犯罪范围日益扩大，犯罪手段也日益国际化、组织化、隐蔽化、高科技化，侦查机关在侦办危害国家安全、严重危害社会的犯罪案件时，有时不得不采用监听、摄录、卧底等技术侦查措施方法，[①] 只是“可做不可说”，极具神秘化。国际上许多国家也不同程度地许可技术侦查等特殊侦查措施的使用。这种情况是与现代科学技术的进步密切相关的。人们通过反省以言词证据为中心的侦查手段，目前在侦查中越来越重视收集客观证据，从而使得技术侦查措施越来越重要了。2012 年修改《刑事诉讼法》在第二编第二章“侦查”中专门增加了“技术侦查措施”，从而使技术侦查措施从神秘走向法治。但与联合国刑事司法准则和域外国家（地区）相关立法规定相比，我国技术侦查措施的法律规制还有许多问题值得研究。

一、技术侦查措施的概念

尽管技术侦查措施在国内外都有很长的发展历史，国内外刑事司法实践都在大量使用技术侦查措施手段，学者们也对技术侦查措施制度进行过大量研究，但对于技术侦查措施的概念，尤其是技术侦查与秘密侦查的关系，学界存在不同的

---

① 据统计，近年来，我国利用刑事科学技术手段侦破的刑事案件占破案总数的 13.9% 左右，并且数量在逐年增长；2006 年以来，全国公安机关平均每天抓获网上在逃人员 736 名，利用信息破获刑事案件已超过破案总数的 20%。参见 http：//www. chinapeace. org. cn/zhzl/2006 – 12/20/content 8648. htm，最后访问日期 2019 年 5 月 23 日。

认识，概括起来主要有三种观点：第一种观点认为，技术侦查就是秘密侦查，该观点以何家弘教授为代表，他认为，“秘密侦查，是指在案件侦查过程中侦查主体采取伪装或隐瞒身份、目的、手段的方法，运用一些科学技术手段，在侦查对象不察觉的情况下，为发现犯罪线索，收集犯罪证据，缉捕犯罪嫌疑人而采取的一种特殊的侦查活动。由于秘密侦查往往要使用一些专门的科学技术手段，故又称为‘技术侦查’。”① 这种等同观可以说已经成为我国学界的通说，许多学者都是将技术侦查与秘密侦查混合在一起进行研究的，认为技术侦查就是秘密侦查，没有区分。② 第二种观点认为，技术侦查与秘密侦查是一种交叉关系，技术侦查主要是秘密的强制性的侦查方式，但还包括一些公开的任意性的侦查方式。该观点以宋英辉教授为代表，他认为，“所谓技术侦查，是指利用现代科学知识、方法和技术的各种侦查手段的总称。……在世界各国的刑事侦查中，技术手段的运用大体可以分为两种情况：一是技术手段的使用对当事人公开，甚至需要征得其同意，如进行测谎检查；二是技术手段的采用在一定范围内秘密进行，如电话监听、秘密拍照或录像等。”③ 第三种观点认为，技术侦查与秘密侦查是一种从属关系，秘密侦查主要是指技术侦查，是一种以专门技术侦查器材为辅助的侦查手段，但还包括许多不需要专门技术器材辅助就可以实施的其他侦查手段，如跟踪、守候监视、刑事秘密力量、诱惑侦查、卧底侦查等。这种观点是学者们近年来通过对国内外秘密侦查制度进行比较研究后得出的结论，已经得到越来越多实证资料的支持。例如，有学者将秘密侦查分为乔装侦查和秘密监控两大类，④ 还有学者将秘密侦查分为外线侦查、内线侦查和秘密监控三类，但他们都认为秘密监控就是技术侦查。

笔者赞成第三种观点，主张区分技术侦查和秘密侦查这两类不同的侦查手

① 参见何家弘：《秘密侦查立法之我见》，载《法学杂志》2004 年第 6 期。

② 陈瑞华教授也认为，“所谓技术侦查权，也叫秘密侦查权，指侦查员利用窃听、电话秘密跟踪、手机定位等高科技手段，在秘密状态下对犯罪嫌疑人采用的特殊侦查手段。”参见陈瑞华：《刑事诉讼法修正案之隐忧》，载《南方周末》2011 年 9 月 1 日。

③ 参见宋英辉：《刑事程序中的技术侦查研究》，载《法学研究》2000 年第 3 期。

④ 乔装侦查是指侦查人员或普通公民隐瞒真实身份或改变身份，通过改变身份欺骗接近相对人或者打入犯罪集团展开的侦查取证活动，如卧底侦查、诱惑侦查、秘密力量侦查等。秘密监控是指在相对人不知情的情况下采用各种秘密监控手段，如各种通信监控手段、跟踪监视、电子监控、秘密拍录、控制下交付等，对其通信、对外联系、活动、物品、周围环境等进行秘密监视与刺探。参见程雷：《秘密侦查比较研究》，中国人民公安大学出版社 2008 年版，第 8 页。

段，分别适用于不同的案件范围和对象等，技术侦查从属于秘密侦查，是秘密侦查的一部分而且是其主体部分。陈光中教授主持的《刑事诉讼法再修改专家建议稿》"侦查"一章中增设三节，分别规定了"派遣秘密侦查员和诱惑侦查""监听通讯"和"心理测试检查"，明确区分了秘密侦查与技术侦查。徐静村教授主持的《刑事诉讼法（第二修正案）学者拟制稿》也在"侦查"一章中增设两节，分别规定了"技术侦查行为"和"派遣秘密侦查员"，明显将派遣秘密侦查员和诱惑侦查排除在技术侦查措施之外。这是因为，技术侦查强调侦查手段的技术性，即侦查手段的运用需要借助于专门的技术知识，需要专门的侦查人员才能实施。普通人由于不具备这种专门知识而无法实施。秘密侦查强调侦查手段的秘密性，即侦查相对人并不知情，侦查手段的运用一般也不需要取得相对人同意，从而具有强制性。这种秘密性绝大部分需要借助于专门的技术设备等才能实现，而有的则是普通人在乔装下就能完成的，无须借助于专门的技术设备等，如跟踪、守候监视、卧底侦查等。因此，第一种观点等同说掩盖了技术侦查与秘密侦查的分界线，不利于对这两类不同的侦查措施进行区别对待和立法规制。第二种观点交叉说以测谎检查等侦查手段的实施需要公开进行甚至事先取得相对人同意为由，主张此类技术侦查措施不具有秘密性，虽然具有一定合理性，但在司法实践中，此类侦查措施实施的科学性备受争议，各国无论是否允许在诉讼中使用测谎检查，但几乎都不认可将测谎结果作为证据使用，不允许移交法庭。最高人民检察院司法解释明确禁止将测谎结果作为起诉依据。为此，笔者认为，技术侦查和秘密侦查的本质特征在于其技术性、秘密性。技术侦查一般是指不经当事人知晓，需要借助于专门的技术设备等才能实施的一种特殊侦查手段。技术侦查的种类很多，主要包括电子侦听、电信监控、秘密拍照或录像等电子监控、密搜密取等秘密获取某些证据、邮件检查、外线侦查、网络侦查等七种。秘密侦查主要是指技术侦查，但还包括许多不需要专门技术器材辅助就可以实施的侦查手段，如跟踪、守候监视、刑事秘密力量、诱惑侦查、卧底侦查、控制下交付等。田口守一教授没有区分技术侦查和秘密侦查，统称技术侦查，认为包括拍照和录像、采集体液、监听通讯、电磁记录物的搜查和查封四种。[①] 我国香港特别行政区立法

① 参见［日］田口守一：《刑事诉讼法》，张凌、于秀峰译，中国政法大学出版社2010年版，第77～93页。

也没有区分技术侦查和秘密侦查，将其统称为“秘密监察”。根据我国香港2006年生效的《截取通讯及监察条例》第2条规定，秘密监察，是指为任何特定调查和行为的目的而使用任何监察器材进行的，且符合以下三项说明的任何监察：第一，该等监察是在属其目标人物的任何人有权对享有私隐有合理期待的情况下进行的；第二，该等监察的进行方式是旨在确保该人不察觉该等监察正在或可能正在进行；第三，该等监察相当可能导致取得该人的任何隐私资料。①

目前世界各国（地区）立法确立技术侦查措施制度的直接依据是《联合国打击跨国有组织犯罪公约》第20条第1款和《联合国反腐败公约》第50条第1款所规定的“特殊侦查手段”。虽然这两款规定的侦查手段如控制下交付、电子或其他形式的监视和特工行动等，也没有明确区分技术侦查和秘密侦查，但其使用条件是不同的。《俄罗斯联邦刑事诉讼法典》第164条规定了进行侦查行为的一般规则，其中第6项就规定了采用技术侦查的一般规则，即“在进行侦查行为时可以采用技术侦查手段和方式发现、固定和提取犯罪痕迹和物证”。该法第25章专门规定了邮件电报的搜查、提取和扣押，以及谈话的监听和录音等技术侦查制度。我国1979年和1996年《刑事诉讼法》及其司法解释都没有规定技术侦查措施制度，《国家安全法》第10条和《人民警察法》第16条规定了一种与“技术侦查”具有相同含义的“技术侦察”制度，赋予国家安全机关和公安机关为了侦查犯罪的需要而采取特殊侦查措施，包括电子侦听、电话监听、电子监控、邮件检查、秘密拍照或录像、秘密获取某些物证等秘密侦查的专门技术手段。在我国司法实践中，这些技术侦查手段已经广泛运用于通讯监控、网络技术侦查、追踪定位、电子监控、身份辨识、证据收集和固定等方面。2010年《办理死刑案件证据规定》第35条没有区分技术侦查和秘密侦查，统称为“特殊侦查措施”。该条规定：“侦查机关依照有关规定采用特殊侦查措施所收集的物证、书证及其他证据材料，经法庭查证属实，可以作为定案的根据。法庭依法不公开特殊侦查措施的过程及方法。”从而在我国首次肯定了技术侦查措施取得材料的证据效力。为了履行我国作为《联合国打击跨国有组织犯罪公约》和《联合国反

① 截取通讯是秘密监察的一种特殊表现形式。相对于其他秘密侦查措施而言，由于它对公民隐私权侵害的现实威胁更大，因此审批和监督程序更加严格。关于该条例，参见邓立军：《秘密侦查法治化的现代典范——香港〈截取通讯及监察条例〉》，载《中国刑事法杂志》2008年第5期。

腐败公约》的缔约国义务，满足司法实践中打击危害国家安全犯罪、恐怖活动犯罪、黑社会性质的组织犯罪、重大毒品犯罪及贪污贿赂犯罪的需要。2012 年修改《刑事诉讼法》在第二编第二章“侦查”中专门增加第八节“技术侦查措施”，以 5 个条文规定了技术侦查制度，其内容包括技术侦查、诱惑侦查和控制下交付三种技术侦查措施。2018 年再次修改《刑事诉讼法》根据职务犯罪管辖的改变而对适用范围作了适当调整。

二、技术侦查措施的实体限制

技术侦查措施是一把“双刃剑”，它可能是犯罪分子的“克星”，也可能是公民权利的“灾难”。在使用上稍有不慎，它们就可能严重侵犯相对人的人身、财产、隐私，乃至尊严。[①] 因此，美国、德国、俄罗斯、日本、加拿大、法国等国家都有刑事诉讼法专门章节或特别法规定监听等技术侦查措施手段，用来打击一些重大、复杂犯罪，同时又规定了严格的适用条件、适用程序和救济措施。从各国（地区）立法规定来看，他们主要从实体限制和程序控制两个方面对技术侦查措施进行法律规制，从而努力实现侦查需要与人权保障的动态平衡。《意大利刑事诉讼法典》第三编第三章第四节将“谈话和通讯窃听”作为收集证据的方法之一，主要内容包括对窃听的限制、作出窃听决定的前提条件和形式、窃听的执行、材料的保存、材料在其他诉讼中使用和对使用的禁止六个方面。《阿尔巴尼亚刑事诉讼法》第四编第三章也将“对谈话和通讯的监控”作为取得证据的一种方式，主要内容也包括对许可的限制、准许监控的决定、监控行动、文件的保存、监控结果在其他诉讼中的应用和使用的禁止六个方面。在实体限制方面，主要包括三个方面。

（一）适用范围

技术侦查措施作为一种特殊侦查手段，具有扩张性和侵权性，只能适用于法律规定的特殊类型案件，而不具有普遍适用性。从各国（地区）立法规定来看，技术侦查措施主要适用于两类犯罪：一是重罪，即性质严重的犯罪；二是组织

---

① 例如，2011 年 7 月 8 日，英国首相卡梅伦宣布，将成立独立调查委员会对即将关张的《世界新闻报》的一系列“窃听”丑闻进行调查。伦敦警察局透露，背景复杂的《世界新闻报》“窃听”了众多名人、政治家、军人，甚至“伦敦地铁爆炸案”遇难者家属的电话。受害者可能多达 4000 人。世界舆论大哗。监听一旦失控或被利用，不仅嘲弄了新闻的伦理，而且挑战了公民隐私的底限。

化、技术化、隐秘化的特殊类型的犯罪。前者反映出被害权益的重大性，针对这类犯罪采用技术侦查措施足以抵消因侵害公民隐私权而带来的负面影响；后者由于其犯罪行为的特点，给侦查机关的侦查带来重重困难，侦查机关采用一般侦查措施常常收效甚微甚至无效，如果不采用技术侦查或其他秘密侦查措施，实在难以发现犯罪、侦破案件。这时，技术侦查措施的适用必须遵循最后手段原则。为此，各国（地区）采取列举、概括或两者相结合的方式明确限制了技术侦查措施的适用范围。根据美国1968年《综合犯罪控制与街道安全法》第3条规定，秘密监听只能适用于间谍罪、叛国罪、劳动敲诈罪、谋杀罪、绑架罪、抢劫罪、敲诈勒索罪、贿赂政府官员罪、赌博罪、贩毒罪、伪造罪等严重犯罪案件。[①]《法国刑事诉讼法典》第100条规定，在重罪或轻罪案件中，如果可能判处的刑罚为二年或二年以上的监禁刑，预审法官认为侦查有必要时，可以命令截留、登记和抄录经电讯渠道发送的通信。《意大利刑事诉讼法典》第266条采取列举和概括相结合的方式将窃听的适用范围限制为六类犯罪：一是根据该法第4条规定依法应判处无期徒刑或五年以上有期徒刑的非过失犯罪；二是根据该法第4条规定依法应判处五年以上有期徒刑的妨碍公共管理的犯罪；三是涉及麻醉品和精神刺激药物的犯罪；四是涉及武器和爆炸物的犯罪；五是走私犯罪；六是利用电话实施的侮辱、威胁、骚扰或干扰他人的犯罪。《阿尔巴尼亚刑事诉讼法》第221条规定，对谈话或电话通讯或其他形式的无线电通讯进行监控，需要满足以下条件之一才被允许：（1）将被处以不少于五年的有期徒刑的故意犯罪；（2）涉及武器、爆炸物、麻醉品、违禁品的犯罪；（3）通过电话进行的侮辱和恐吓犯罪。我国香港特别行政区《截取通讯及监察条例》第3条规定，截取通讯只能针对法定最低刑为七年以上监禁的罪行实施，秘密监察只能针对法定最低刑为三年以上监禁或者罚款不少于100万港元的罪行实施。此外，我国《澳门刑事诉讼法典》第172条和第175条也采用列举和概括相结合的方法对技术侦查措施的适用范围作了规定，技术侦查措施只适用于：（1）可能判处三年以上有期徒刑的犯罪；（2）贩卖麻醉品的犯罪；（3）禁用武器、爆炸装置或材料又或相类似装置或材料的犯罪；（4）走私罪；（5）通过电话实施的侮辱罪、恐吓罪、胁迫罪及侵入私人生活罪。但禁止对嫌犯与其辩护人之间的谈话或通讯进行截听及录音，除非

① See John N. Ie'rdico. J. D. Criminal Procedure. West Publishing Co., 2006, p. 356.

法官有理由相信该等谈话及通讯为犯罪对象或犯罪元素。

我国《国家安全法》和《人民警察法》没有限制“技术侦查”的适用范围。从司法实践来看，技术侦察被作为一种常规侦查手段普遍地随意采用，大有“逢案必用”的趋势。从湖南省中部某基层公安机关秘密侦查使用情况来看，2007年立案1583起，适用电话查询的达到975起，占到62%。为此，学界早就提出建议。陈光中教授主持的《刑事证据法专家拟制稿》《刑事诉讼法再修改专家建议稿》和徐静村教授主持的《刑事诉讼法（第二修正案）学者拟制稿》都采用列举的方法，明确可以采用技术侦查措施的案件范围。[①] 根据《刑事证据法专家拟制稿》和《刑事诉讼法再修改专家建议稿》建议，可以采用技术侦查措施的案件仅限于具有严重社会危害性的犯罪即重罪，具体种类包括危害国家安全犯罪，走私犯罪，伪造货币或者有价证券犯罪，贿赂犯罪，走私、贩卖、运输、制造毒品犯罪，组织、领导、参加黑社会性质组织犯罪，组织、领导、参加恐怖组织犯罪以及其他严重危害社会公共安全的犯罪。《刑事诉讼法再修改专家建议稿》关于案件范围的表述与《刑事证据法专家拟制稿》基本相同，只是减少了“贿赂犯罪”一类犯罪，而增加了“其他法定最低刑为三年以上有期徒刑的犯罪案件”这一概括规定。《刑事诉讼法》对技术侦查的适用范围进行了明确限制，分为三种情况，适用主体包括公安机关和检察机关，但执行主体只有公安机关：一是公安机关管辖的危害国家安全犯罪、恐怖活动犯罪、黑社会性质的组织犯罪、重大毒品犯罪或者其他严重危害社会的犯罪案件；二是人民检察院管辖的利用职权实施的严重侵犯公民人身权利的重大犯罪案件；三是追捕被通缉或者被批准、决定逮捕的在逃的犯罪嫌疑人、被告人。笔者认为，立法规定的这三种情况与联合国公约及域外国家（地区）规定的技术侦查的适用范围基本一致，这些犯罪本身对社会危害大，犯罪嫌疑人通常反侦查能力强，侦查机关收集证据难度大，如果不使用技术侦查和秘密侦查手段，不能及时地发现犯罪和打击犯罪。但是，立法使用“重大”“其他严重危害社会”此类模糊的术语，而没有明确可能判处刑罚的年限，在实践中可能引起不同理解，从而造成技术侦查的滥用。此

① 参见陈光中主编：《中华人民共和国刑事证据法专家拟制稿》，中国法制出版社2004年版；陈光中主编：《中华人民共和国刑事诉讼法再修改专家建议稿与论证》，中国法制出版社2006年版；徐静村主编：《中国刑事诉讼法（第二修正案）学者拟制稿及立法理由》，法律出版社2005年版。

外，无论是《国家安全法》《人民警察法》还是《刑事诉讼法》，都没有明确规定技术侦查的种类，也没有专门法律对之作出规定，这也极易引起适用上的混乱。另外，《刑事诉讼法》第153条规定，为了查明案情，在必要的时候，经公安机关负责人决定，可以由有关人员隐匿其身份实施侦查。但是，不得诱使他人犯罪，不得采用可能危害公共安全或者发生重大人身危险的方法。对涉及给付毒品等违禁品或者财物的犯罪活动，公安机关根据侦查犯罪的需要，可以依照规定实施控制下交付。但是没有明确其他秘密侦查措施的适用范围。笔者主张借鉴法国、意大利和我国香港地区的做法，在采用概括方式规定技术侦查措施的适用范围时，根据不同类型犯罪的社会危害性和不同技术侦查措施的特点，规定可能判处刑罚的具体年限，同时取消“其他严重危害社会”这类“口袋式”规定，从而使技术侦查措施的适用范围法定化、具体化，使用符合重罪原则和最后手段原则。

（二）适用条件

技术侦查措施与常规侦查不同，其适用必须满足一定的条件。从域外立法规定来看，技术侦查措施的适用必须满足两个标准：一是措施必要，二是合理怀疑。换言之，技术侦查措施作为一种补充手段，只能在确有必要的情况下，对高度犯罪嫌疑人、被指控人以及有证据证明与被指控人存在密切关联的其他人员实施。严禁对无关联的人员尤其是被害人、证人采用技术侦查措施。欧洲人权法院在一些判例中，对通讯监听的标准作了要求，包括通讯监听应由国内法予以规范。批准实施通讯监听需要遵循下列标准：第一，侦查涉及严重犯罪；第二，常规的侦查方式已被尝试，未获成功，情况表明，如不试着采用秘密监听手段，侦查将不可能获得成功；第三，必须有理由相信，该措施的使用将可能导致对监听对象的逮捕和定罪，或者对恐怖主义行为的预防；第四，该措施的采用必须具有适宜性，批准实施秘密侦查的官员应当确信，实施秘密监听对隐私权的侵犯程度与被监听的犯罪的严重程度相适应。① 《英国通讯截获法》规定，截获通讯必须基于以下三项目的之一：（1）维护国家安全；（2）防止和侦查重大犯罪；（3）维系联合王国经济的稳定。《德国刑事诉讼法典》第100条c就明确包含了这些条件，规定特殊侦查措施的适用必须是“在采取其他方式进行侦查将成果甚微或

① 参见熊秋红：《秘密侦查之法治化》，载《中外法学》2007年第2期。

者难以取得成果的情形”。而且使用技术手段窃听、录制非公开言论必须是在有一定事实使得某人具有实施了该法第 100 条 a 所规定的某种犯罪行为嫌疑，并且采用其他方式不能或者难以查清案情、侦查被指控人的居所。但德国禁止侵犯公民最隐秘的隐私，即使是为了侦查严重犯罪，也不允许在一对夫妻的床下面安装窃听器。《意大利刑事诉讼法典》第 267 条第 1 项规定，实行窃听必须“存在重大犯罪嫌疑并且为进行侦查工作必需”。根据《俄罗斯联邦刑事诉讼法典》第 186 条第 1 项规定，只有有足够的理由认为，犯罪嫌疑人、刑事被告人和其他人的电话和其他谈话可能含有对刑事案件有意义的内容，才能在严重犯罪和特别严重犯罪案件中允许监听和录音。我国香港特别行政区《截取通讯及监察条例》第 3 条规定了适用截取通讯或秘密监察的四个条件：一是目的合法，即执法部门请求进行截取通讯或秘密监察的目的必须是为了防止或预测严重罪行或者保障公共安全，除此之外，均不得申请实施截取通讯或秘密监察行动。二是必须存在合理怀疑，即执法部门必须存在合理的根据，怀疑犯罪嫌疑人曾涉及、正涉及或相当可能涉及需要防止或预测的有关特定严重罪行或者构成或会构成对公共安全的有关特定威胁的任何活动的情况下，才能授权实施截取通讯或秘密监察。三是必须遵循必要性原则，如果执法部门能够合理地通过侵扰程度较低的其他手段来达到实施截取通讯或秘密监察所要达到的目的，就不能启动截取通讯或秘密监察程序。四是必须遵循相称性原则，执法部门请求进行截取通讯或秘密监察必须考虑两个方面问题：（1）通过截取通讯或秘密监察所要达到的目的与防止或预测有关特定严重罪行或为保障公共安全免受有关特定威胁的迫切性或严重程度之间的关系；（2）通过截取通讯或秘密监察所要获取资料的重要程度与行动目标之间的关系。我国《澳门刑事诉讼法典》第 172 条规定，适用电话监听必须有理由相信实施该措施对发现事实真相或在证据方面属于非常重要，并且由法官审查批准。

相比较之下，我国《国家安全法》《人民警察法》及《刑事诉讼法》都将技术侦查的适用条件规定为“根据侦查犯罪的需要”，将秘密侦查的适用条件规定为“为了查明案情，在必要的时候”，过于笼统。虽然《刑事诉讼法》作为国家基本法律，不可能对每一种技术侦查措施的适用条件作出明确规范，但是，借鉴域外国家（地区）做法，根据各种技术侦查措施的特点进行细化分类，在《刑事诉讼法》中将其共通性条件作出明确规范，使之符合侦查法治原则、必要性原则和比例原则的要求，从而将“侦查需要”具体化。此外，技术侦查措施所采用的具体手段和实施的侦查范围应严格限制在与侦查目的有关的内容上，收集的证据材料范围应仅限于与指控内容有关联。陈光中教授主持的《刑事证据法专家拟制稿》和《刑事诉讼法再修改专家建议稿》将“监听通讯”的适用条件规定为“使用其他侦查手段难以取得证据或者有重大危险”。徐静村教授主持的《刑事诉讼法（第二修正案）学者拟制稿》将技术侦查行为分为“一般技术侦查行为”和“特殊技术侦查行为”，前者主要是公安机关内部设立的技术侦查部门对收集到的与案件有关的物证进行检验，而后者的适用条件是“采用一般侦查行为难以查明案件事实”。

（三）侵权救济

由于技术侦查措施通常都是在当事人不知晓的情况下实施的，并且没有第三人在场见证，因此，为了防止技术侦查措施手段的实施人员歪曲或篡改原意或原貌，在技术侦查措施手段实施结束时，当事人应当被告知采取技术侦查措施的有关情况，以便于其核对情况是否属实并提出异议，主张损害赔偿，申请排除非法证据等，从而为其辩护做准备。为此，各国（地区）立法在对技术侦查措施进行程序设计的同时，都规定了一系列补救措施，包括告知、异议和赔偿等，以便对公民隐私权进行救济。而我国法律在这方面仍然是一片空白，这既不利于实现侦查程序中人权保障的目的，也无法抑制技术侦查措施权的滥用，亟待立法进一步完善。

1. 告知

在技术侦查措施实施完毕后，侦查机关应当将采取技术侦查措施的有关情况通知当事人，使其知情。这既是为了保障当事人的知情权，实现侦查程序的正当性，又是为了保障犯罪嫌疑人、被告人的辩护权，防止庭审突袭现象。《德国刑事诉讼法典》第 101 条第 1 款规定，一旦对侦查目的、公共安全、他人人身或者生命以及派遣的侦查员的继续使用不会构成危险的时候，应当将采取的措施通知当事人。《意大利刑事诉讼法典》第 268 条也规定，对窃听的执行情况应立即通知当事人的辩护人，辩护人可以得到有关材料的副本，并且要求转录磁带上的录音。《阿尔巴尼亚刑事诉讼法》第 223 条第 4 项规定，对谈话和通讯监控完成后，辩护律师和被害人的律师应当马上被通知，对于法庭书记官保管的监控记录、录音带连同对监控行动的命令、批准、评价及延长的文件，律师有权检查并收听录音。法庭在对检察官和辩护律师进行听证后，有权决定对于那些被禁止使用的录音和记录的内容予以删除。我国《澳门刑事诉讼法典》第173条第3项和第4项规定，嫌犯及辅助人，以及谈话被监听的人都有权查阅有关技术侦查笔录，以便能完全了解笔录与录音内容是否相符，并可以缴费获取笔录中有关资料的副本。但法官认为有损侦查或预审目的的除外。

2. 异议

如果当事人对其实施技术侦查措施提出不服，可以向侦查机关、检察机关提出异议，要求有关机关进行复议。如果技术侦查措施的适用确属非法，或者采用的手段违反必要性原则或比例原则的要求，复议机关应当撤销技术侦查措施的实施，原来的技术侦查措施行为自始无效。《日本关于犯罪侦查中监听通讯的法律》第23条规定了告知通讯的当事人，第26条规定了当事人对监听通讯声明不服的救济机制。

3. 赔偿

对于非法进行的技术侦查措施对当事人合法权利造成损害的，当事人可以对相关人员或国家机关提起诉讼，并获得相应的赔偿。具体来说，对于技术侦查措施实施过程中的相关人员，如侦查人员、协助人员，由于其个人原因，故意造成当事人人身权利、财产权利受到损害的，可以对相关人员提出民事赔偿请求；对于国家机关工作人员在行使职权过程中造成的不法侵害，当事人可以提出国家赔偿请求；同时，对于过失损害当事人合法权益的情况，也应当纳入到国家赔偿的范围之内。这可以说是对违法实施技术侦查措施的一种实体性制裁。《日本关于犯罪侦查中监听通讯的法律》第30条规定了对违法监听通讯侵害公民通讯秘密行为的处罚。根据《德国基本法》第19条第4款规定，只要公民认为其人权在侦查过程中受到侵犯，都可以向法院控诉申请赔偿。因此，故意违反法律规定实施技术侦查措施而侵犯公民权利的警察都会受到惩罚甚至法律制裁（尽管司法实践中很少发生）。陈光中教授主持的《刑事诉讼法再修改专家建议稿》第209条规定了违法监听通讯的赔偿，即“公安机关违反法律规定或者相应的技术规范，致使当事人和相关人的合法权利遭受损害的，应当承担赔偿责任”。徐静村教授主持的《刑事诉讼法（第二修正案）学者拟制稿》第226条第2款也规定：“侦查人员违法采取特殊技术侦查行为，侵害当事人和相关人员的合法权益的，应当承担相应的法律责任。”

三、技术侦查措施的程序控制

（一）审批程序

为了保证技术侦查措施作为一种“不得已之恶”，只能在“不得已”的情况下使用，防止侦查机关动辄实施技术侦查措施行为而侵犯公民隐私权，各国（地区）都规定了比较严格的审批程序，原则上实行司法审查制度，由中立的法官或法院加以审查和授权。在法定的紧急情况下，不经法官或法院审批也可以自行实施某些技术侦查措施，但事后必须在法定期间提交法官或法院予以认可，否则已经进行的技术侦查措施无效。《德国刑事诉讼法典》第100条b、《意大利刑事诉讼法典》第267条、我国《澳门刑事诉讼法典》第172条，以及《日本关于犯罪侦查中监听通讯的法律》第3条等均对此作了明确规定。根据1998年修改后的《德国刑事诉讼法典》规定，对住宅的监听必须由3名法官组成合议庭审查批准，并且监听适用的犯罪类型远远少于电讯监视的范围。而且一般不允许对律师或医生的办公室进行监听。英国对监听实行行政审批机制。根据英国2001年《侦查权力规则》规定，当警察需要采取有计划的直接秘密监听时，应当由职务不低于警察局长的警官书面批准，并应当确定监听的时间。在住宅及车辆中秘密安放技术装置的入侵式监听，只能适用于最严重的犯罪，由主管警官批准，并且还需要一名监听委员会委员的核准，该委员通常由退任的高级法官担任。《阿尔巴尼亚刑事诉讼法》对审批程序的规定更加完善。根据该法第222条规定，对于被法律所允许的并且对于继续调查监控必不可少的案件，法院可以根据检察官或被害人的请求准许进行监控。如果检察官有事实根据认为，监控的迟延可能对调查带来严重的损害，他可以主动下令采取行动，并且马上向法院通报。通报的时限最迟不得超过24小时，在法官知晓检察官的决定后24小时内，通过一个合理的决定对检察官的行动作出评价；如果法官在法定时限内没有作出决定，那么，监控行动必须停止，监控的结果也不得被采用。我国香港特别行政区《截取通讯及监察条例》对截取通讯和秘密监察实行“两级授权机制”，并且将秘密监察分为第1类监察和第2类监察。凡是截取通讯和“第1类监察”由“小组法官”负责授权，而“第2类监察”推行行政授权机制。

我国《国家安全法》《人民警察法》及修改后的《刑事诉讼法》都规定实施

技术侦查必须“经过严格的批准手续”，实施秘密侦查经县级以上公安机关负责人决定，并由公安机关执行，但并没有明确审批机关及批准程序。[①] 在侦查实践中，技术侦查措施基本上都是侦查机关自行审批、自我授权。以湘中某基层公安机关为例，技术侦控的审批程序是：由县级公安机关主管刑侦的负责人签字后，报市、州一级公安机关的主管刑侦负责人审批，然后交技术部门具体实施。而电话查询、秘密搜查、秘密辨认、秘密拍照、录像等技术侦查的使用，都是由县级主管刑侦负责人审批，再由本局刑侦部门具体实施。据统计，在2002年至2007年间，本局审批的数量分别为67、78、144、263、703和1225起，分别占当年实施技术侦查案件数的70%、53%、58%、56%、60%和66%，而市级审批的数量分别为29、70、105、208、471和634起，分别占当年实施技术侦查措施案件数的30%、47%、42%、44%、40%和34%。[②] 大部分技术侦查措施都是由本级公安机关批准实施的，缺乏有效的监督。因此，笔者认为，《刑事诉讼法》有必要将“经过严格的批准手续”进一步细化。结合我国现行刑事司法体制，人民检察院作为国家专门的法律监督机关，对刑事诉讼实行法律监督，负责审查批准逮捕，因此，笔者主张目前建立中国式司法审查制度，确认检察机关作为技术侦查措施的审批机关，但执行仍然由公安机关负责。具体来说，对于公安机关申请实施技术侦查措施的，应当事先报同级检察机关审查批准；对于检察机关申请实施技术侦查措施的，应当事先报上级检察机关审查批准。在延误就有严重影响侦查工作危险的紧急情况下，公安机关可以不经审批实施某些技术侦查措施，但必须在24小时内报审批机关审查确认，否则技术侦查措施行为无效。检察机关审批的重点是采取技术侦查措施的理由是否合理和必要，不必进行专门的调查或听证，只须根据有关法律进行书面审查并作出直接的决定，以提高效率；检察机关决定批准的，应当采用书面形式，明确规定采取技术侦查措施的种类、适用对象和适用期限等。此外，人民检察院审查批准逮捕和审查起诉时，也应当对技术侦查措施的合法性和必要性进行审查。人民检察院对技术侦查措施的合法性和必

① 根据《刑事诉讼法》第4条规定，国家安全机关依照法律规定，办理危害国家安全的刑事案件，行使与公安机关相同的职权。因此，国家安全机关依法办理由其管辖的危害国家安全的案件时，也有权决定并实施技术侦查措施。

② 参见周雄哲：《秘密侦查应用现状的调查与思考——以湘中某基层公安机关为例》，载《湖南行政学院学报》2008年第3期。

要性有疑问的，可以要求公安机关作出解释，或者退回补充侦查。

（二）监督程序

各国（地区）对技术侦查措施实施的监督主要是限制其有效期和延长的次数，以及定期报告制度等。《意大利刑事诉讼法典》第267条第3项规定，窃听的时间不得超过15日，到期必须申请法官重新审批才能继续实施。如果适用条件一直具备，法官可以附理由地命令将此期限延长，但每次延长的时间也不得超过15日。《阿尔巴尼亚刑事诉讼法》第222条第3项规定，监控的命令应该说明监控所采取的方式和时限，监控的时限不得超过15天，法院可以决定再延长15天。《英国通讯截获法》规定，监听令状的有效期为2个月，必要时可以再延长2个月。但内政大臣认为没有必要继续监听时，可以立即停止。《德国刑事诉讼法典》第100条b规定特殊侦查措施的有效期最长为3个月，如果适用条件继续存在，法官可以准许对期限延长，每次不得超过3个月。《俄罗斯联邦刑事诉讼法典》第186条第5项规定进行电话和其他谈话监听和录音的期限最长6个月，如果没有必要再采取这项措施，侦查员在该刑事案件审前调查结束之前可以决定撤销。我国香港特别行政区《截取通讯及监察条例》规定法官授权和行政授权技术侦查的期限都是3个月，在期限届满前，有关执法部门人员可以申请续期。但如果授权续期的次数超过5次，专员在向行政长官提交的年度报告中必须列明。此外，该《条例》不仅设置了一个独立的监督机构——截取通讯及监察事务部门，专门从事截取通讯及监察的监督工作，而且规定执法部门必须进行定期检讨自己的制度。《日本关于犯罪侦查中监听通讯的法律》第29条要求政府每年向国会报告请求和签发监听令状的件数、与该请求及签发相关的罪名、作为监听对象的通讯手段的种类、实施监听的器件、实施监听中通话的次数等，从而对技术侦查的实施进行监督。

我国《刑事诉讼法》第151条将技术侦查的有效期规定为3个月，自签发之日起计算。对于不需要继续采取技术侦查措施的，侦查机关应当及时解除；对于复杂、疑难案件，期限届满仍有必要继续采取技术侦查措施的，经过批准，有效期可以延长，每次不得超过3个月。“这就意味着只要批准了对一个公民的秘密录音、秘密录像或者手机定位，3个月内可以每天24小时监控你，而且可以无限期延长，时间次数不受限制，容易导致权力的滥用”。[1] 而且这里继续使用“复杂、疑难案件”此类非法定的模糊术语，也没有对不同技术侦查措施的有效期限加以区分，也很可能导致技术侦查适用普遍化、随意化。而立法根本就没有规定秘密侦查的有效期限。因此，笔者认为，立法在明确规定技术侦查措施适用条件和审批程序的基础上，应当进一步明确，技术侦查措施的有效期限一般是3个月，在3个月期限届满前7天，如果实施技术侦查措施的条件继续存在时，应当重新申请并获得批准后，才能继续实施。而且借鉴日本、我国香港地区的做法，建立定期报告制度，要求各级人民检察院检察长每年向同级人大作工作报告时，必须详细说明该院批准实施技术侦查措施的情况。如果对同一相对人实施技术侦查措施批准延期的次数超过5次，检察长应当在年度工作报告中列明。

（三）材料处理

技术侦查措施的结果必须以笔录或录音、录像等材料形式固定下来，才能在诉讼中使用。虽然这些材料内容有的与查明案件事实、查获犯罪嫌疑人有关，有的与之无关，但都可能涉及侦查相对人及相关人员的隐私，因此，各国（地区）立法对技术侦查措施所获得材料的处理都作了明确规范，包括材料的保存、销毁、保密等，从而最大限度地减少技术侦查措施对公民隐私权的侵犯。根据《意大利刑事诉讼法典》第269条规定，窃听的笔录和录音应当完整地保存在作出窃听决定的公诉人那里。除该法第271条第3款规定外，录音材料应保存到判决不再可能受到上诉之时，但诉讼不再需要有关材料时，关系人为了维护其隐私权，可以申请曾经批准或认可窃听工作的法官将其销毁。销毁必须在法官的监督下进行，并制作笔录。《德国刑事诉讼法典》第100条b第6项和第100条d第1项规定，一旦追诉不再需要以技术侦查措施获得的材料时，执法部门应当在检察院的监督下不迟延地将它们销毁，并且对销毁情况制作笔录。《阿尔巴尼亚刑事诉讼法》第224条规定，终审裁判生效后，除非它们被禁止使用，对谈话和通讯的监控所取得的记录和录音带应该保存在作出监控行动命令的检察官的办公室。但是当这些文件显然不必要时，利害关系人可以请求将其销毁，销毁在法官指挥下进行。我国香港特别行政区《截取通讯及监察条例》规定，订明授权的申请及相关事宜的记录应当保存在各执法部门的中央档案室。执法部门的首长必须作出

[1] 参见陈瑞华：《刑事诉讼法修正案之隐忧》，载《南方周末》2011年9月1日。

安排，确保受保护成果（截取成果和秘密监察成果）的使用应当局限于必要的最小限度内，而不得任意扩散。当保留受保护成果并非对订明授权的有关目的属于必要时，应当尽快销毁该等成果。此外，《俄罗斯联邦刑事诉讼法典》第186条第7项和第8项、我国《澳门刑事诉讼法典》第173条第1、2项也对技术侦查所获得材料的处理作了规定。

我国《刑事诉讼法》第152条也对技术侦查措施材料的处理作了规范，主要包括三个方面的内容：一是程序法定原则，即采取技术侦查措施，必须严格按照批准措施的种类、对象和期限执行。二是保密原则，侦查人员对于采取技术侦查措施过程中知悉的国家秘密、商业秘密和个人隐私，应当保密。另外，如果公安机关依法采取技术侦查措施，有关单位和个人应当配合，并且对有关情况予以保密。三是销毁规定，即对于采取技术侦查措施获取的与案件无关的信息和事实材料，必须及时销毁。但对材料的保存和销毁材料的监督没有明确。笔者认为，一旦立法将技术侦查措施的审批权赋予检察机关，公安机关实施技术侦查措施获得有关材料后，至迟应在2个工作日内将其传送给作出批准的检察机关。检察机关认为该材料或材料的某些部分没有证据价值的，应当及时决定在其监督下销毁，并且制作笔录，利害关系人也可以提出销毁请求。至于其余材料的保存，可以由实施技术侦查措施的公安机关负责。阿尔巴尼亚、俄罗斯和美国的做法值得借鉴。《俄罗斯联邦刑事诉讼法典》第186条第8项规定，保管应排除他人放听和复制的可能性，保证材料完好和技术上适于重复播放，包括在法庭上重复播放。《美国法典》第2518条第8款规定："监听到的内容应尽可能记录在磁带上或其他记录媒体上。记录方式应当能够保护记录不被编辑或改动。"

（四）证据效力

《联合国反腐败公约》第50条第1项明确要求各缔约国允许法庭采信由特殊侦查手段所取得的证据。各国（地区）立法也对技术侦查措施所获得材料的证据效力作了明确规定，主要包括两种方式：第一种方式是明确规定依照法定条件和程序实施的技术侦查措施所取得的材料可以在诉讼中使用，具有证据能力。第二种方式是明确禁止技术侦查措施所取得的材料在其他诉讼中使用或者禁止使用在某些情况下所取得的材料，除此之外，材料具有证据能力。意大利和德国采用第二种方式。《意大利刑事诉讼法典》第191条第1项规定了严格的非法证据排除规则，凡是在违反法律禁令的情况下（包括违法采取技术侦查措施）所取得的证据，都不能在诉讼中使用。该法第 270 条和第 271 条分别规定了“在其他诉讼中使用有关材料”和“对使用的禁止”。根据这两条的规定，除非窃听材料对于查明某些必须实行当场逮捕的犯罪来说是必不可少的，否则窃听所取得的材料不得在其他诉讼中使用。关于违法窃听所取得证据的排除，第 271 条规定了两种情形：第一，如果窃听是在法律允许的情况以外进行的，或者没有遵守该法第 267 条和第 268 条第 1 款和第 3 款规定，则产生于上述窃听活动中的材料禁止使用。第二，如果窃听的对象是该法第 200 条第 1 款所列举的人员因为其职务或职业原因而了解的事实时，则除非上述人员已经对这些事实做过陈述或以其他方式进行过传播，产生于对这些人员谈话或通讯的窃听材料禁止使用。对于这些违法窃听活动所取得的材料，法官可以在诉讼的任何阶段和审理中决定将其销毁，除非它们构成犯罪的物证。《德国刑事诉讼法典》第 100 条 b 第 5 项和第 100 条 d 第 2 项规定，对于技术侦查措施手段所获得的个人情况信息，只有在处理分析时发现了为查明该法第 100 条 a 所规定的某一犯罪行为时，才允许用在其他形式诉讼程序中作为证据。我国香港特别行政区《截取通讯及监察条例》对“电讯截取成果”的证据能力作了详细规定，严格限制任何电讯截取成果在任何法院进行的任何法律程序中采信作为证据，除非它被用来证明有人已经犯有某“有关罪行”。这里的“有关罪行”，是指非法披露任何电讯截取成果或非法披露任何电讯截取成果的任何资料所构成的任何罪行。我国《澳门刑事诉讼法典》第 113 条第 3 项也规定，未经有关权利人同意，通过侵入他人私人生活、住所、函件或电讯所获得的证据无效，法律另有规定的除外。

由于 1996 年《刑事诉讼法》没有将技术侦查和其他秘密侦查列为法定侦查措施，学者对技术侦查措施所取得材料证据的效力存在争议。主要有三种观点：第一种观点认为，技术侦查属于侦查措施的一种，是《国家安全法》和《人民警察法》规定的法定侦查手段，我们不能因为其手段特殊而否定其材料的证据能力，因此，技术侦查所获得的材料能够直接作为证据使用。第二种观点认为，由于《刑事诉讼法》对特殊手段获取证据的证明能力没有任何规定，因此，通过技术侦查手段所获得的材料，只能在分析案情时使用，而不能进入审判程序作为证据使用。第三种观点认为，通过技术侦查手段获取的证据材料具有证明效力，但由于技术侦查方式的特殊性，其材料如果作为证据在审判中使用，必须经过一个证据转化过程，将其转化为犯罪嫌疑人、被告人供述和辩解或证人证言。这是大多数学者的观点，也是我国目前司法实践中常用的方法。这种复杂的证据转化过程不仅无法保证技术侦查所获得的材料都转化为法庭证据，严重影响诉讼效率，而且容易诱发刑讯逼供等非法取证现象。因此，《刑事诉讼法》从两个方面对技术侦查材料的证据效力作了规范，一方面，第152条第3款规定，采取技术侦查措施所获取的材料，只能用于对犯罪的侦查、起诉和审判，不得用于其他用途，明确限制材料的使用范围；另一方面，第154条明确规定，依照本节规定采取技术侦查措施所收集的材料具有证据能力，即依照本节规定采取侦查措施（包括技术侦查和其他秘密侦查）所收集的材料在刑事诉讼中可以作为证据使用。这样有利于避免复杂的证据转化过程，从而提高侦查机关控制犯罪的能力，纠正侦查活动过于依赖犯罪嫌疑人口供的定势。但前提是立法进一步明确技术侦查和其他秘密侦查的适用范围、适用条件和适用程序等，同时增设程序性制裁机制，规定凡是未经依法批准，采取技术侦查措施所收集的证据，不具有证据能力，应当予以排除，从而真正实现技术侦查措施的法律规制。[①] 同时，为了保护秘密侦查员等有关人员，防止因公开的证据调查而危及其人身安全，《刑事诉讼法》第154条还规定秘密侦查员的特殊作证方式，即对于通过实施技术侦查措施所收集的证据，如果使用该证据可能危及有关人员的人身安全或者可能产生其他严重后果的，应当采取不暴露特定人员真实身份、技术方法等保护措施，必要的时候，可以由审判人员在庭外对证据进行核实。但是，该规定允许审判人员在庭外核实采用技术侦查措施所获取的证据，却没有规定相应的程序保障措施，包括要求控辩双方当事人到场等，就可能脱离三方组合的庭审空间，背离《办理死刑案件证据规定》第4条所规定的证据质证原则，存在司法恣意的可能性。《审判中心改革实施意见》第13条作了一定补充，规定："采取技术侦查措施收集的证据，当庭质证可能危及有关人员的人身安全，或者可能产生其他严重后果的，应当采取不暴露有关人员身份、不公开技术侦查措施和方法等保护措施。法庭决定在庭外对技术侦查证据进行核实的，可以召集公诉人、侦查人员和辩护律师到场。在场人员应当履行保密义务。"这样，允许公诉人、侦查人员和辩护律师到场，基本保证了庭外核实证据程序的正当性，但仍然禁止被告人、被害人或其诉讼代理人到场，有剥夺被告人质证权和被害人参与权的嫌疑。此外，《刑事诉讼法》第

① 参见兰跃军：《严格排除非法证据若干问题》，载《湖南社会科学》2018年第4期。

152 条第 3 款规定，采取技术侦查措施所获取的材料，只能用于对犯罪的侦查、起诉和审判，不得用于其他用途。这里的“犯罪”仅限于批准实施技术侦查措施时所涉嫌的犯罪，还是指所有构成犯罪的行为，也需要立法进一步明确。否则，可能导致材料使用范围无限制扩大，不利于保障相对人隐私权。《阿尔巴尼亚刑事诉讼法》第 225 条规定，只有在对已经被强行拘捕的罪犯进行调查所必需的时候，才可以在其他诉讼过程中使用已经取得的监控结果。而且在这种情况下，监控的记录和录音应该被移交给其他的法官。该法第 226 条还规定了“使用的禁止”，明确规定在以下两种情况下，监控的结果不能被使用：（1）不是为了法律所规定的案件而制作的；（2）监控过程没有遵守本法有关规定。法院应当命令将不能使用的监控文件予以销毁，除非这些文件中含有实在证据。在德国，通过电话窃听取得的任何谈话都会录制在录音带上，只要符合允许电讯监视的情况，录音带就可以在审判中作为证据使用。但这些录音带有时也会揭示一些不允许使用电讯监视的犯罪，或者是由犯罪嫌疑人以外的人所实施的犯罪。德国法认为，只要这种“偶然的发现”与《德国刑事诉讼法典》第 100 条 a 以及第 100 条 b 第 5 款规定的犯罪有联系，也可以作为证据使用。[①]

四、毒品犯罪侦查中的控制下交付[②]

控制下交付是随着毒品犯罪组织越来越严密、分工越来越细致、涉及地域越来越广泛，以及由此带来的侦查难度越来越大的情况下所应运而生的一种新的侦查措施，它在加强跨地区、跨国境公安机关合作，打击跨地区、跨国境毒品犯罪方面呈现出重要价值。该措施已得到国际社会缉毒组织的认可，被列入诸多国际条约之中，并被广泛使用。我国《刑事诉讼法》第 153 条第 2 款[③]规定了该措施，主要适用于涉及给付毒品等违禁品或者财物犯罪侦查，对于公安机关在跨地区、跨国境毒品犯罪侦查中实施控制下交付提供了法律依据。但该措施在毒品犯

---

① 参见［德］托马斯·魏根特：《德国现代侦查程序与人权保护》，刘莹译，载孙长永主编：《现代侦查取证程序》，中国检察出版社 2005 年版，第 341 页。

② 这部分与上海市公安局宝山分局缉毒警察应建洪硕士合作完成。原文载《犯罪研究》2016 年第 6 期。

③ 该款规定：“对涉及给付毒品等违禁品或者财物的犯罪活动，公安机关根据侦查犯罪的需要，可以依照规定实施控制下交付。”

罪侦查实践中暴露出诸多问题，亟待研究解决。

（一）毒品犯罪侦查中控制下交付的性质

1. 控制下交付是集多种侦查手段为一体的混合型侦查措施

《刑事诉讼法》将“控制下交付”设置在第二编第二章第八节“技术侦查措施”之中，从语言逻辑上说，它应当属于技术侦查措施中的一种，具有技术侦查措施的性质。然而，该节随后又对“技术侦查”和“控制下交付”的适用程序、适用范围进行了进一步说明。前者适用于危害国家安全犯罪、黑社会性质的组织犯罪、恐怖活动犯罪、重大毒品犯罪或者其他严重危害社会的犯罪案件、重大的贪污、贿赂犯罪案件以及利用职权实施的严重侵犯公民人身权利的重大犯罪案件、追捕被通缉或者批准、决定逮捕的在逃的犯罪嫌疑人、被告人等；后者适用于涉及给付毒品等违禁品或者财物的犯罪活动。如果忽视这部分内容在形式逻辑上存在的错误，仅从规定的实质内容上看，技术侦查和控制下交付属于并列关系，互不隶属，不能单纯地将控制下交付视为一种技术侦查措施。事实上，从“控制下交付”实际执行方式与执行过程的角度来说，应当是集多种侦查手段为一体的混合型侦查措施。也就是说，毒品犯罪侦查中控制下交付在实际执行过程中，往往会使用化妆侦查、行踪监控、通信监控、密搜密捕等一系列侦查措施，是对诸多侦查措施的综合使用，从而适时了解监控下的毒品及涉案人员的动向情况。基于此，毒品犯罪侦查中控制下交付可以被视为集多种侦查手段为一体的一种独立的混合型侦查措施。它与诱惑侦查一样，属于我国刑事诉讼法规定的技术侦查措施或秘密侦查之一，而不是狭义上的技术侦查。

2. 控制下交付处于侵犯个人财产所有权与隐私权的边缘

《物权法》第 4 条规定：“国家、集体、私人的物权和其他权利人的物权受法律保护，任何单位和个人不得侵犯。”财产权与生命权、自由权一样，属于公民基本人权范畴。毒品犯罪侦查中控制下交付是对邮寄、携带中的毒品等违禁品或者毒资进行跟踪监控，无论是在人货分离还是在人货一体的情况下，侦查人员仅仅在暗中监控毒品、毒资、涉案人员的走向，而不会影响到相关物品的占有权与使用权，因此就不存在侵犯个人财产所有权问题。而如果是对控制下交付的毒品或毒资进行了部分甚至全部替换，使原本由涉案人员所持有的非法或可疑货物转换至（密搜密取）侦查机关手中，从而失去了占有、使用、收益与处分的权利，由此就产生个人财产被侵犯的问题。[1] 另外，隐私权同样是公民享有的一项基本人权。美国学者艾伦·威斯汀认为："个人隐私权主要包括离群独处权、亲密交往权、隐藏身份权、保留隔离权四个方面的内容。"[2] 简而言之，隐私权既有公民个人想要隐匿而不愿让外人知道的私人信息的权利，也有自我控制和决定个人生活的权利。[3] 毒品犯罪侦查中的控制下交付如果是在人货分离状态下，仅仅监控毒品、毒资的走向，并不会涉及侵犯公民隐私权问题。而如果是在人货一体的状态下，则需要对毒品和涉案人员进行同时监控，包括涉案人员的经过路线、停留地点、接触对象甚至交谈内容、行为活动等，从而就必然会在一定程度上侵犯其隐私权。由此看出，控制下交付作为一项集多种侦查手段为一体的混合型侦查措施，在部分控制下交付措施中或多或少存在一定的侵犯个人财产所有权与隐私权的问题，而其作为一项强制性侦查行为，则要求相关部门必须设置严格的实施程序，提高控制下交付的规范性水平。

3. 控制下交付的合法性基础

当前，毒品犯罪侦查中控制下交付侦查在面临因监控失败而带来毒品流失、毒品被销赃以及侵犯个人财产所有权与隐私权等诸多问题的情况下，仍然被侦查人员广泛使用，并被赋予合法性，主要基于两个方面的合法性基础。一方面，当前毒品犯罪活动呈现出团伙化、家族化、集团化、国际化的发展趋势，规模越来越大，犯罪手法也越来越多样，传统的侦查措施很难有效应对当前毒品犯罪现状，由此为毒品犯罪侦查人员带来了诸多挑战。而控制下交付不仅使侦查人员由以往的被动侦查转化为主动侦查，由人赃俱获即可收网转化为以"物"为线索，顺藤摸瓜，对整个毒品犯罪网络予以彻底打击；更重要的是，它可以借助国际缉毒法中对控制下交付的相关规定，加强与其他国家主管当局的沟通与交流、配合与协助，从而对跨境毒品运输与交易行为实施监控和抓捕，更进一步加强了对毒品犯罪行为的打击面。这就决定了控制下交付在毒品犯罪侦查活动中不可或缺的重要价值，成为其合法性基础之一。

另一方面，公共利益优先原则成为毒品犯罪侦查中控制下交付的另一个重要

---

① 参见刘梅湘：《论控制下交付的法律性质》，载《中国人民公安大学学报》2014 年第 3 期。

② Alan Westin, Rrivacy and Freedom. New York: Atheneum, 1968, p. 31.

③ 关于刑事诉讼中"隐私"和"隐私权"及其保护，参见兰跃军：《侦查程序被害人权利保护》，社会科学文献出版社 2015 年版，第 12 ~ 15 页。

合法性基础。公共利益是不同于国家利益、团体利益、社会利益、共同利益的一个概念，是指一定社会条件下或特定范围内不特定多数主体利益相一致的方面。[①] 基于公共利益作为大多数个体利益的代表在潜移默化中成为制定规章制度、处理社会或团体关系的一个重要原则，即公共利益优先原则。德国评价法学派代表人物巴尔多鲁在《国法大全》中将它描述为："法律的目的就在于以赋予特定利益优先地位，而他种利益相对必须作一定程度退让的方式来规整个人和团体、少数和多数之间的被类型化的利益冲突，而公共利益优先原则无疑被诸多立法者所接受、认可并在潜移默化中遵循。"[②] 当前，毒品犯罪侦查中控制下交付虽然存在一定的道德风险，甚至存在侵犯个人财产和隐私的法律风险，但是为了大多数公众利益考虑，很多侦查人员仍然会选择此种侦查措施，而且很多国家的法律制度也赋予了这一侦查措施的合法性，使其成为一项正当的侦查行为。

（二）毒品犯罪侦查中控制下交付的特征

1. 侦查主体表现出"一方主导、多方参与"

毒品犯罪侦查中控制下交付虽然是由特定的侦查机关发起的，但在实际执行过程中却潜移默化地调动了诸多侦查主体的共同参与，如在一国之内所实施的控制下交付活动则往往由不同地区的多个侦查机关、邮电部门、海关部门、电信部门以及交通管理部门共同参与完成。在不同国家间实施控制下交付则涉及多个国家的诸多侦查机关、海关部门、邮电部门、电信部门以及交通管理部门等。各个部门都在某一侦查机关的统一领导下，对目标毒品、毒资或者涉案人员进行适时监控活动，从而使毒品犯罪侦查中控制下交付的侦查主体表现出"一方主导，多方参与"的特点。

2. 侦查对象具有"流动性"

毒品犯罪侦查中控制下交付是在侦查人员掌握了一定的毒品运输或交易线索，发现了毒品、毒资、涉案人员之后，并不立即扣押违禁品或者对涉案人员实施抓捕，而是让其按照犯罪分子所预先设计的线路、运输方式、交易方式而处于正常的流动之中，以此实现顺藤摸瓜的目的。在此情况下，无论是特定的毒品与毒资，还是涉案人员都处于动态变化之中，由此造成了毒品犯罪侦查中控制下交

---

① 参见赵文：《公共利益的历史演变与实现路径》，载《中共省委党校学报》2012 年第 5 期。

② ［德］巴尔多鲁：《国法大全》，中国法制出版社 2014 年版，第 72 页。

付侦查对象表现出“流动性”特征。这也大大增加了侦查人员的侦查难度，既需要调动多方力量参与，也需要多样化的侦查措施和先进的侦查技术，更需要侦查人员具有丰富的侦查经验、灵活的应变能力等，才可以尽可能保证控制下交付万无一失。

3. 侦查过程具有“以物找人”

毒品犯罪侦查中诱惑侦查的对象是具有犯罪动机、即将实施犯罪或已经在实施犯罪的“人”，通过诱导其犯罪的方式来搜集可靠的诉讼证据，将其绳之以法，是典型的“以人取证”的侦查过程。而控制下交付的对象是被邮寄、托运、携带的毒品、毒资之类的“物”（如果是人货一体，也会对犯罪分子实施监控），从而观察毒品运输与交易过程中的相关人员来确定犯罪对象，实现对该毒品犯罪网络的彻底打击，是典型的“以物找人”的侦查过程。这是控制下交付所表现出的最具个性的特征，同时也是此种侦查措施的核心价值所在。

4. 侦查方法具有“多样性”和“隐蔽性”特征

控制下交付在实际执行过程中，往往会使用化妆侦查、行踪监控、通信监控、密搜密捕等一系列侦查方法，是对诸多侦查方法的综合使用，从而适时了解监控下的毒品及涉案人员的动向情况。这充分彰显了毒品犯罪侦查中控制下交付所使用侦查方法的多样性。不仅如此，毒品犯罪侦查中控制下交付是在暗中进行的，只有不为涉案人员所察觉才能保证监控下的毒品能够按照其预先设定的运输路线与交易方式来实施，由此才能搜集到可靠的证据、了解整个犯罪过程所有的涉案人员。基于此，毒品犯罪侦查中控制下交付所采用的侦查方法具有隐蔽性的特征。

5. 侦查结果具有“机会与风险并存”

侦查人员采用控制下交付虽然可能使其掌握更多的犯罪信息、抓捕所有的涉案人员，将该毒品犯罪网络一网打尽；但同时也面临较大的风险，监控过程中稍微出现一些破绽或不可控的突发事件，便极有可能造成毒品流失或被销赃等。这不仅无法实现预期的侦查目标，而且因此对社会造成严重的危害，甚至遭致人们对侦查机构侦查能力、破案能力的质疑。从这个角度来说，毒品犯罪侦查中控制下交付所产生的侦查结果表现出机会与风险并存的特征，从而对侦查人员的侦查方式、决策能力、侦查经验与应变能力提出极大挑战。

（三）毒品犯罪侦查中控制下交付存在的主要问题

我国虽然加入了一系列有关毒品犯罪侦查中控制下交付的国际条约，并制定了诸多国内法律法规和规范性文件，而且在国内外展开了诸多控制下交付侦查实践活动，取得了一系列重大缉毒成果，但也存在一系列亟待解决的问题，影响毒品犯罪侦查中控制下交付的合法性、规范性与高效性，需要引起我们足够的重视。具体来说，当前我国毒品犯罪侦查中控制下交付存在的主要问题包括四个方面。

1. 缺乏明确、规范的程序性规定

法律程序主要包括权力主体、实施条件、决定程序等内容，不仅可以约束适用法律者的权利，促使其进行理性选择和实施，而且是法律适用结论妥当性的前提，是立法需要重点关注的一个问题。当前我国毒品犯罪侦查中控制下交付缺乏明确、规范的程序性规定，《刑事诉讼法》仅仅作了原则性规定，赋予公安机关实施控制下交付的权力，明确了权力主体，但并没有说明控制下交付的实施条件与决定程序。即便是《公安机关办理刑事案件程序规定》《办理死刑案件证据规定》《毒品案件侦查协作规定》《关于禁毒的决定》《关于实施刑事诉讼法若干问题的规定》《公安机关禁毒业务工作规范》和《公安机关缉毒民警执勤行为规范》等，或多或少都涉及了国内公安机关在进行跨区域、跨国境联合办案、联合侦查的权力主体、实施条件与决定程序，但仅仅对控制下交付的实施提供了一定的辅助、协调、指导与规范，并未对毒品犯罪侦查中控制下交付的实施条件与决定程序进行详细说明。不仅如此，联合国《禁止非法贩运麻醉药品和精神药物公约》《全球行动纲领》《加强国际合作以处理世界性毒品问题的措施》《打击跨国有组织犯罪公约》，以及《关于加强禁毒合作的谅解备忘录》《禁毒国际合作协议》《边境地区禁毒合作议定书》《关于禁止非法贩运和滥用麻醉药品和精神药物的合作协议》等国际条约也仅仅规定了毒品犯罪侦查中控制下交付的概念、适用方式与适用范围，呼吁各国加强控制下交付侦查合作，但未详细说明此项措施的实施条件与决定程序。这使控制下交付的执行具有较大的模糊性，什么情况下可以执行，依据什么样的程序来执行都没有明确，很多情况下都是由侦查人员依据案情需要和个人经验而作出相应的决定。这提高了侦查人员的工作灵活性，但也因为侦查人员办案经验与法律修养参差不齐的原因而带来了控制下交付应用条件不当、应用程序不合理的问题，轻则造成区域间、跨国间公安机关的误解，重则造成控制下交付侦查活动的失败，从而造成毒品流失、被销赃或涉案人员漏网等后果，对社会造成严重的危害。基于此，如何为控制下交付建构起一套系统、明确、规范的法律程序成为立法亟待解决的一个问题。

2. 缺少对控制下交付执行过程的监督

有效的监督是保证权力能够规范使用的基本前提。当前，诸多法律制度赋予公安机关在毒品犯罪侦查中实施控制下交付措施的权力，但并没有设置相应的监督机制，完全由公安机关自行决定和实施，无须中立的第三方批准和监督，更没有相应的责任追究机制。这种缺乏严格监督、约束和追责的权力很容易产生以下问题：一是大大降低了公安机关对控制下交付进行理性选择和规范使用的意识，很容易在没有经过深思熟虑或者没有任何顾虑的情况下随意选择和实施控制下交付，由此提高了控制下交付的风险，可能造成整个毒品犯罪侦查工作的失败。二是毒品犯罪控制下交付的高度集权而缺乏有效监督和严格追责的问题，很容易造成部分侦查人员"唯成功是从"，或者基于强烈的立功心理，为了达到侦查目的而不惜严重侵犯犯罪嫌疑人的个人财产所有权、隐私权甚至自由权，或者故意放纵一些原本可以及时制止的违法犯罪活动，在诉讼程序上违背侦查法定原则，甚至出现故意引诱犯罪嫌疑人犯罪等，由此呈现出一系列违法侦查行为。这虽然不会被追究责任，但会损害法律尊严，甚至遭到犯罪嫌疑人反告或者影响到所获取证据的有效性，从而影响到毒品犯罪案件的处理和公安机关的形象与声誉等。这是当前毒品犯罪侦查中控制下交付所面临的又一亟待解决的问题。

3. 证据制度不完善，不利于公民权利的保护

毒品犯罪侦查中控制下交付虽然表现出良好的侦查效果，同时也存在因监督缺失问题而带来部分侦查人员不按规范甚至不合法使用此项措施的问题，从而侵犯犯罪嫌疑人的合法权益。当前我国法律并没有为犯罪嫌疑人提供专门的救济途径。《公安机关办理刑事案件程序规定》第 264 条①在维护控制下交付侦查过程的隐蔽性、保障侦查人员的安全性方面具有重要意义，但既没有明确规定证据运用和证明标准，也没有规定举证形式，甚至在一定程度上剥夺了犯罪嫌疑人了解

① 该条规定："公安机关依照本节规定实施隐匿身份侦查和控制下交付收集的材料在刑事诉讼中可以作为证据使用。使用隐匿身份侦查和控制下交付收集的材料作为证据时，可能危及隐匿身份人员的人身安全，或者可能产生其他严重后果的，应当采取不暴露有关人员身份等保护措施。"

证据内容、来源渠道、来源方式的知情权，即便觉得其中有一些不合理、不合法甚至伪造证据之类的问题，也会因为缺少有关的救济途径而无法进行有效辩护。这是当前毒品犯罪侦查中控制下交付第三个需要解决的问题。

4. 侦查人员控制下交付的规范意识、技术水平与业务能力有待提高

毒品犯罪侦查中控制下交付的成功实施很大程度上有赖于侦查人员是否拥有规范的控制下交付侦查意识、先进的技术手段以及高水平的侦查能力，三项因素缺一不可。目前由我国公安部、各省公安厅联合其他国家警方开展控制下交付而破获的毒品犯罪案件比较多，但国内各市或各县公安人员则因为控制下交付侦查意识的规范性不足，所拥有的侦查技术落后以及侦查能力有限等，很少能够积极、主动地展开控制下交付，很多情况下为了万无一失而提前实施收网行动，然后将毒品进行一定的置换，对犯罪嫌疑人进行一定的说教之后，促使其继续按照其预先设定的或者警方所设定的运输路线、交易方式，引诱其他犯罪嫌疑人落网。这种本应由控制下交付而展开的侦查活动向诱惑侦查的转换，虽然降低了毒品流失或者被销赃的风险，但在潜移默化中降低了案件成功率。

（四）毒品犯罪侦查中控制下交付的完善

由于我国台湾地区毒品犯罪的不断增多，以及以台湾地区为过境地的毒品犯罪日益严重，使得加强禁毒合作变得尤为迫切，这促使台湾地区 2003 年修正“毒品危害防治条例”，增加第 32 条之一和第 32 条之二,① 增设了控制下交付的有关规定。为了使控制下交付的运作程序进一步细化，台湾地区“行政院”2004 年和 2005 年分别制定“侦办跨国性毒品犯罪入出境协调管制作业办法”和“海关执行毒品控制下交付作业要点”两个法令，为实施控制下交付提供了较为明确、具体的操作规程。② 台湾地区这一通过行政法令完善控制下交付实施程序的

---

① 第 32 条之一规定：“为侦办跨国性毒品犯罪，检察官或刑事诉讼法第二百二十九条之司法警察官，得由其检察长或其最上级机关首长向最高法院检察署提出侦查计划书，并检附相关文件资料，经最高法院检察署检察总长核可后，核发侦查指挥书，由入、出境管制相关机关许可毒品及人员入、出境。前项毒品、人员及其相关人、货之入、出境之协调管制作业办法，由行政院定之。”第 32 条之二规定：“前条之侦查计划书，应记载下列事项：一、犯罪嫌疑人或被告之年籍资料。二、所犯罪名。三、所涉犯罪事实。四、使用控制下交付调查犯罪之必要性。五、毒品数量及起迄处所。六、毒品及犯罪嫌疑人入境航次、时间及方式。七、毒品及犯罪嫌疑人入境后，防制毒品散逸及犯罪嫌疑人逃逸之监督作为。八、侦查犯罪所需期间、方法及其他作为。九、国际合作情形。”

② 关于我国台湾地区控制下交付的研究，参见邓立军：《台湾地区的控制下交付研究》，载《中国人民公安大学学报（社会科学版）》2012 年第 5 期。

做法值得我国大陆借鉴。针对当前我国毒品犯罪侦查中控制下交付的立法规定、实践现状及存在的主要问题，结合我国台湾地区和欧美国家控制下交付实施情况，笔者认为，我国应从四个方面完善毒品犯罪侦查中控制下交付制度。

1. 建构系统、完善的控制下交付实施程序

建构系统、完善的控制下交付实施程序，既能大大提高公安机关实施此项侦查措施的规范性与合理性，又能迅速获得其他地区、其他国家警方的接受，提高侦查效率与侦查质量。目前，通过刑事诉讼法来详细界定毒品犯罪侦查中控制下交付的实施程序不太现实，笔者认为，可以借鉴我国台湾地区的做法，通过行政法规规章的形式加以补充。例如，在公安部《公安机关刑事案件程序规定》中对公安机关管辖的案件实施控制下交付的实施程序作出明确规定。具体来说，毒品犯罪侦查中控制下交付的实施程序应包括三个方面。

第一，根据台湾地区“毒品危害防制条例”第 32 条之一，我国台湾地区控制下交付目前仅适用于跨境毒品犯罪。该条例第 2 条规定“毒品指具有成瘾性、滥用性及对社会危害性之麻醉药品与其制品及影响精神物质与其制品。”条例依据其成瘾性、滥用性及对社会危害性将其分为四级，其品项如下：第一级主要包括海洛因、吗啡、鸦片、古柯碱及其相类制品。第二级主要包括罂粟、古柯、大麻、安非他命、配西汀、潘他唑新及其相类制品。第三级主要包括西可巴比妥、异戊巴比妥、纳洛芬及其相类制品。第四级主要包括二丙烯基巴比妥、阿普唑他及其相类制品。借鉴我国台湾地区的做法，并参考联合国《打击跨国有组织犯罪公约》和《禁止非法贩运麻醉药品和精神药物公约》的相关规定，我国应确定毒品犯罪侦查中控制下交付的适用范围，即非法或可疑的麻醉药品、精神药物、麻黄碱、醋酸酐、麦角新碱丙酮、麦角胺、邻氨基苯甲酸、麦角酸、乙醚、1 苯基—2—丙酮、苯乙酸、伪麻黄碱、哌啶以及以上所列物质可能存在的盐类，确定生产、制造、提炼、配制、提供、兜售、分销、出售、以任何条件交付、经纪、发送、过境发送、运输、进口或出口以上所列非法或可疑物的犯罪嫌疑人。

第二，确定控制下交付的适用条件。一是发现了毒品却没有见到携毒人员或者无法获知毒品运输与交易背后的操纵人员，需要以此为线索展开进一步的调查；二是除了控制下交付，没有其他更合适的侦查手段来有效破获整个毒品犯罪案件；三是侦查人员要具备丰富的侦查实践经验，具有较高的技术水平，而且对控制下交付的毒品运输与交易方式有一定判断，对毒品的走向有一定保障，尽可

能避免被犯罪分子销赃，更不能再次流入社会。

第三，启动、实施和完成控制下交付的程序，主要包括：（1）启动准备。首先明确特定案件是否存在实施控制下交付的必要性，诸如毒品数量大、网络广或者只有借此机会才能查出幕后操控者等，则具有实施控制下交付侦查的必要性；二是明确毒品途经国或者目的国是否参与了《国际禁毒公约》，如果没有参与，则需要分析其现有禁毒法律内容，如果规定一旦发现毒品必须立即收缴，则无法启动控制下交付；三是分析我国与该国之间的外交关系，是否存在联合实施控制下交付的可能性；四是分析是否存在现有联系机制或者常规合作渠道，以前有没有展开相关的控制下交付活动；五是要考虑到对交付毒品的可控性、侦查人员的安全等因素。（2）联系程序。即不同地区或不同国家之间实施控制下交付的请求程序，地区间的请求程序包括公安机关之间的沟通、上级部门的协调等，国家间的请求程序包括领事途径、外交途径、中央机关途径、司法机关直接联系途径等。可以参照公安部制定的《毒品案件侦查协作规定》的要求，将不同地区、不同国家之间实施毒品犯罪侦查中控制下交付的请求程序设定为“各地公安机关发现异地毒品犯罪线索而需要实施控制下交付的，必须及时向异地公安机关通报，重要情报线索同时报告上一级公安机关。异地公安机关必须配合展开控制下交付”，“跨省（自治区、直辖市，下同）侦办毒品案件而需要实施控制下交付的，必须先报本省省级公安机关禁毒部门同意，并由本省省级公安机关禁毒部门向协作地省级公安机关禁毒部门通报案情、交流意见，同时报公安部禁毒局备案”，“侦办跨国、跨境的毒品案件（不含没有护照的邻国边民制贩毒品案件），需与国外、境外警方开展控制下交付的，须呈报公安部主管部门批准或备案，必要时，由公安部禁毒局直接组织协调”。（3）执行程序。即在被请求地区或被请求国同意开展控制下交付之后，首先应联系交付对象通过路径上所涉及的管理部门，使其在监控下能够正常流通，避免突发事件的出现；其次在交付对象入境之前，由请求机关或请求国负责实施监控，而入境之后，应由被请求机关或被请求国展开监控，遵循该国法律法规；整个控制下交付过程都是在保密状态下进行，收网时机应确定在搜集充足的犯罪证据、掌握了全面的犯罪人员，或者存在暴露风险而有可能造成毒品流失、被销赃或者犯罪分子逃脱的情况下，也可以实施收网。（4）移交程序。对于犯罪嫌疑人可以采用引渡程序或者遣返、驱逐出境的方式移交给控制下交付侦查的请求国，而对于查获的赃物、赃款或者其他违禁品，如果预先制定了协议，按照协议规定处理，原则上应移交给请求国，但请求国应支付被请求国一定的协助执行费用。

2. 建立控制下交付的监督机制

控制下交付作为一项特殊的侦查措施，除了要制定严格的实施程序外，还必须建构一套系统的监督机制，由此规范公安机关的侦查行为，提高侦查过程的合法性与合理性。基于此，建构系统的监督机制是控制下交付规范实施的另一重要保障。英国和丹麦规定，公安机关必须在获得中央机关的授权之后，在其监督之下才能启动和实施控制下交付。澳大利亚建立了逐级报告制度，实现对控制下交付过程的严格监督与有效制约。① 我国台湾地区对控制下交付的申请经过了两道批准程序，控制下交付的实施是一种行政令状的控制机制，并加强对控制下交付的执行机关、协助执行机关及其法定职责的法律规制，② 作为司法审查的一种例外。侦查人员认为侦办跨国毒品案件确有实施控制下交付的必要性，首先，必须经过检察长核准或者司法警察的最上级机关首长核准。然后，再向“最高法院检察署检察总长”提出“侦查计划书”。“侦查计划书”实质是台湾地区各级检察署检察长或者其最上级机关“最高法院检察署”提出准备实施控制下交付的一个申请书。“最高法院检察署检察总长”在收到上述主体的申请和“侦查计划书”之后，经过审查认为符合实施控制下交付条件的，核发“侦查指挥书”，有关机关才可以实施控制下交付。这种“侦查指挥书”实质上就是一种批准文书。如果“最高法院检察署检察总长”经审查后认为所递交的“侦查计划书”不符合有关条件而不核发“侦查指挥书”，申请主体则无法开展控制下交付。

结合我国台湾地区和其他国家的经验，我国对毒品犯罪侦查中控制下交付的监督可以从三个方面展开：一是建立侦查工作上报制度，即负责实施控制下交付工作的侦查机构要向自己的上级部门适时汇报实施控制下交付的侦查目的、侦查安排、启动准备、联系程序、执行过程，以及交付程序等各个环节的内容，从而获得上级部门的适时监督。二是赋予检察院和法院对控制下交付过程的监督权力，既可以提高控制下交付过程的规范性，又能够从起诉的角度强化对毒品犯罪

---

① 参见马忠红：《澳大利亚的“控制下交付”》，载《云南警官学院学报》2003 年第 3 期。

② 台湾地区“侦办跨国性毒品犯罪入出境协调管制作业办法”第 7 条、第 8 条和第 9 条规定了控制下交付执行机关的法定职责，该办法第 6 条和“海关执行毒品控制下交付作业要点”第 2 条规定了控制下交付协助执行机关的法定职责。

中相关证据的收集与转化，增强证据收集过程的规范性，提高证据在诉讼中的有效性。三是详细说明毒品犯罪侦查中控制下交付有可能存在的违规甚至违法行为，并设定明确的行政责任与刑事责任追究机制，进一步增强侦查人员的规范意识，提高毒品犯罪侦查中控制下交付的合法性与合理性。

3. 完善控制下交付的证据制度和救济机制

我国台湾地区侦查机关在控制下交付的实务中非常注意保守侦查机密，这是确保控制下交付获得成功的首要前提条件，否则不仅会导致控制下交付的失败，还极可能因此危及侦查人员及其线人的身家性命。我国立法在赋予控制下交付所获取证据的有效性和隐蔽使用权利的基础上，将侦查人员在控制下交付过程中通过电子或其他监视形式、特工行动获取的证据，或者在违禁品上做记号、标记或者掺杂记号物等手段而获取的证据进行进一步说明，并加以合法化，从而使控制下交付过程中能够有效的保全、固定和记录相关证据内容。与此同时，立法也应对控制下交付过程中所获取的“不合法证据”或者“证据禁用与权衡”问题进行详细说明，明确说明毒品犯罪侦查中控制下交付所禁止采用的不合法、不规范的证据获取手段，如果违背证据取得的禁止性规定，所取得的证据应予以排除，必要时还应当追究侦查人员的行政责任或刑事责任。此外，法律还应给予当事人一定救济权限，在完成控制下交付活动后，应将具体的侦查过程、侦查方式以及由此所获取的侦查资料告诉当事人，并明确说明其有权提出证据无效的意见，可以向法院起诉侦查人员（因个人原因而侵犯当事人人身自由权、财产权或隐私权），或者起诉公安机关（因公安机关不当侦查方式而侵犯当事人人身自由权、财产权或隐私权，或者获取非法证据）等。这不仅可以保障当事人的合法权益，而且能够大大提高侦查人员实施控制下交付的规范意识，提高控制下交付的实施质量。

4. 加强对侦查人员控制下交付侦查能力的培训

毒品犯罪侦查中控制下交付不仅呈现出鲜明的技术性特征，而且涉及一系列的启动、联系、执行与移交程序，以及在此过程中应当注意的法律问题等，是一项十分专业的工作。当前，面对跨地区、跨国境毒品犯罪越来越猖獗的现状，我国公安机关应加强对毒品犯罪侦查人员，尤其是基层毒品犯罪侦查人员控制下交付侦查能力的培训。培训方式应按照从上至下展开，即由公安部发起，采用推荐人员培训的方式，首先对国家级侦查人员进行培训，然后对省级侦查人员展开培训，最后再由省级公安机关对市级、县级侦查人员培训。一方面使其深刻认识到控制下交付的基本形式和核心价值，提高对此种侦查措施重要性的认识；另一方面要重点培训其对控制下交付的适用对象、适用条件、实施程序、证据适用，以及所应当注意问题的认识，使其能够根据特定案件实际情况和自身侦查经验与侦查能力情况，灵活决定是否需要实施控制下交付，以及如何规范展开控制下交付，从而保障控制下交付能够顺利完成，并由此获得有效的证据。我国公安机关应提高对这一工作的重视。

第十章　电子数据及其运用

随着科技与司法实践的发展，2012 年《刑事诉讼法》首次确认了电子数据的证据地位，与视听资料同列为一类证据。本章分析电子数据证据的理论基础和发展，并阐述在司法实践中如何对电子数据证据进行收集、审查和判断。

一、电子证据时代的到来①

网络和电子技术迅速发展，人们获得信息的手段也发生了革命性的变化，电子文件也作为传递信息、记录事实的重要载体融入到人们的工作、生活当中，一旦发生民事纠纷或刑事案件，电子证据就成为了不可或缺甚至是举足轻重的证据。何家弘教授认为，“就司法证明方式的历史而言，人类曾从‘神证’时代走入‘人证’时代；又从‘人证’时代走入‘物证’时代。也许，我们即将走入另一个新的司法证明时代，即电子证据时代。”② 早在 13 年前他就提出了“我们即将走入电子证据时代”的命题，那么 15 年后的今天，我们是否已经走入了电子证据时代？笔者认为，简单地按照科学技术的发展速度来回答这个问题是不全面的，电子证据给司法证明制度带来巨大改变的同时，我们也面临着立法上的缺失和制度中的漏洞，因此，只有电子证据规则的完善，电子证据的收集、保全、审查、判断、运用等都有法可依、有据可循，我们才能自信地说，我们已经迎来了一个新的时代。

① 该部分内容由樊崇义教授与李思远博士合作完成，原文《论电子证据时代的到来》，载《苏州大学学报（哲学社会科学版）》2016 年第 2 期。

② 何家弘主编：《电子证据法研究》，法律出版社 2002 版，第 4 页。

（一）互联网时代的社会变革

自2008年中国成为世界上网民最多的国家开始，互联网对于中国社会的影响已经走入一个新的时代，仿佛一夜之间，人类的生活方式、生产方式、工作方式等都发生了颠覆性的变化，信息对于民众来说变得触手可及，经济发展中网络科技所占的比重越来越大，通信方式也由过去的依靠一根电话线到现在的超时空智能方向发展。但同时，互联网对我国社会发展带来的负面影响也不容忽视。

1. 信息大爆炸

央视最近推出的大型纪录片《互联网时代》中提到，1994年4月20日国务院批准中国成为第七十七个接入世界互联网的国家，经过短短二十年的发展，中国已经迅速成为世界级网民大国，中国网民从1996年的4万到2013年突破5.64亿，而现在，每天会有接近一半的中国人通过智能手机上网浏览信息，可谓“坐地日行八万里，纵横时空瀛海威”。

美国数学家，控制论的创始人诺伯特·维纳曾说过：“信息就是信息，不是物质，也不是能量。不承认这一点的唯物论，在今天就不能存在下去。”① 笔者当然承认唯物论，但同时我们也不得不承认，人类进入丰裕时代后，信息是可以等同于食物甚至紧迫于食物的需求，其同样可以带给我们能量。获取信息的便捷化使得信息能够迅速地被每一个网民浏览，互联网带来的信息大爆炸使得每一个网民不再是受众，而是主体，他们在一个前所未有的情绪出口里参与这个国家的大喜和大悲，为邓玉娇、徐玉玉、于欢等呐喊，为汶川灾区加油，为冤假错案呼喊，对政府行为监督，沉默的大多数得以发声，少数派意见也不至湮灭，互联网时代使得信息对每一个人来说都变得触手可及，“刑在官府，威不可测”的局面早已不复存在。

信息大爆炸和通信工具的发展也是分不开的。从“周幽王烽火戏诸侯”到“飞鸽传书”，从人类历史上第一部电话到如今的网络即时通信工具，如今的中国有接近一半的人每天都在使用智能手机与他人沟通，人类的通信工具、通信方式已经不再局限于传统意义上的人对人。如果是在古代，普通老百姓想要见到国家领导人比登天还难，而在2009年和2010年，时任国务院总理温家宝都通过官方主办的网站，跟网友进行在线访谈交流。与此同时，聊天室、BBS和论坛等平

---

① 参见戴士剑，刘品新主编：《电子证据调查指南》，中国检察出版社2014年版，第42页。

台为人们进行信息交流提供了便利，微博、微信、微视频等各种新兴媒体也迅速将触角伸向了社会的各个阶层、各个领域，在这个时代，每个人不仅可以轻易成为信息的接收者，也可以成为信息的发布者，既可以“点对点”交流，也可以“点对面”沟通。

2. 生活走向多元化

互联网走进千家万户，从最初的电话拨号上网到如今的光纤入户，中国的普通老百姓的生活随着互联网的普及也在悄然发生着变化，人们的工作、交往、消费都已经与以前大为不同。

通过互联网，足不出户就可以觅得一份属于自己的工作。2012 年及 2013 年中国作家富豪榜网络作家之王得主唐家三少，原名张威，是一名“80 后”，本身是法律专业的他，由于热爱写作，便开始尝试成为一名网络作家。他越过了传统通过出版社进行的编辑、出版、发行等所有环节，一步迈到了喜欢他的读者面前，如今张威在网络上拥有上千万稳定的读者，收益高达三千多万，从而在中国作家中名列前茅。

通过互联网，交往也可以变得便捷而广泛。QQ、MSN、微博、微信等平台的产生，人们的交往方式也变得多样化，以婚恋为例，随着大量“剩男”“剩女”的产生，如果通过传统交友、介绍、相亲的方式完成婚姻这一人生大事来说可能略显羞涩，但借助网络平台，可以很快寻觅到适合自己的另一半。2014 年 1 月 10 日，百合网联合中国人口福利基金会共同发布《2013 年中国人婚恋状况调查报告》的相关数据显示，注册会员达到七千五百万的百合网，在 2013 年中国单身人士择偶的途径通过婚恋网站交友的比例已经达到 71.2%。

通过互联网，轻点鼠标就可以完成一笔笔消费。以淘宝网为典型代表的购物网站，几乎可以覆盖人们生活的方方面面，小到家用锅碗瓢盆，大到各种机械设备，均可以通过网络进行交易，这其中不仅节省了诸多额外费用，网络消费的便捷化也刺激了人们的消费欲望。2014 年淘宝网举行的“双十一”活动，在短短两分钟内交易额突破 10 亿元人民币，38 分钟 28 秒交易额突破 100 亿元人民币，全天交易额突破 600 亿元人民币，轻松刷新世界单日狂购纪录。① 被人们冠以

① 参见罗娟：《2014 年淘宝双十一交易额 600 亿元阿里市值超 3000 亿美元》，http：//www.qianzhan.com/analyst/detail/220/141111-7e3ba183.html，最后访问日期：2014 年 11 月 18 日。

"疯狂购物"的"双十一"活动的背后，正是一个个普通老百姓通过点击鼠标，购买自己心仪的商品，才使得网络电商们又一次刷新了纪录。

3. 经济与互联网紧密联系

从1999年我国第一家电子商务企业成立，到如今的互联网消费走进千家万户，中国人开始了利用网络对生产、销售、库存和服务等环节进行操控，短短十几年间，以淘宝网为代表的电商已经将每一个中国网民纳入到买家或卖家的可能性中，阿里巴巴招股书显示，2014财年（截至3月31日），支付宝的总支付金额达到了6230亿美元，约合38720亿元人民币。按照一年365天，日均支付量达106亿元人民币。①

与此同时，互联网金融行业也如雨后春笋般迅猛发展，互联网支付、P2P（个人对个人）网络借贷、众筹融资、大数据金融、信息化金融机构、互联网金融门户、互联网货币等互联网金融服务热潮席卷全国。互联网金融的发展，可以分为三个阶段：第一阶段，1995—2003年，其标志是美国安全第一网络银行作为世界上第一家网络银行在1995年10月成立，网络银行、网络证券以及网络保险等网上金融行业如雨后春笋在全球范围内快速发展。我国也不例外，1997年招商银行推出了国内第一家网上银行。第二阶段，2001—2012年，在该阶段新兴的互联网金融企业和传统的金融机构呈现交融发展的新面貌，利用互联网科技，传统金融行业拓展网上业务，互联网金融企业也利用独有的技术优势进军传统金融业，该阶段最大的变化是互联网企业利用电子商务、社交网络、移动支付、大数据、云计算、搜索引擎等新技术形式将其业务范围渗透到金融领域。第三阶段则是2012年至今，整个互联网金融行业走向繁荣发展，传统的金融机构如银行、证券、保险等与互联网企业相互深度渗透、交叉发展。传统金融机构纷纷进行互联网金融改革的同时，互联网企业则是全面涉足互联网金融业，互联网金融逐渐成为传统与现代金融业主攻的制高点。②

但互联网企业在推进互联网经济发展和金融创新的同时，与互联网金融相关的漏洞和风险也不容人们小觑，第三方支付、网络借贷、众筹融资等金融服务目前都缺乏完整有效的法律、法规进行约束，而诸如网络诈骗、网络洗钱、网络非

① 刘夏：《招股书"泄密"：支付宝日均支付超百亿》，载《新京报》2014年6月26日第B10版。
② 参见刘英，罗明雄：《互联网金融模式及风险监管思考》，载2013年第43期。

法集资、网络恐怖等网络犯罪也早已层出不穷。为此，2017 年6 月，中央全面深化改革领导小组第 36 次会议审议批准设立杭州互联网法院，使司法主动适应互联网发展的大趋势，为维护网络安全、化解涉网纠纷、促进互联网和经济社会深度融合等提供司法保障。

4. 网络科技也是一把“双刃剑”

互联网带给中国人在生活方式、思维方式乃至价值观的改变，犹如孵化了一个新的社会，然而，我们在感受互联网所给予的众多有益变化的同时，互联网这把“双刃剑”也带给了我们前所未有的挑战，人肉搜索、网络诽谤、网络攻击以及网络谣言等网络侵权侵害着人们的民事权利，网络盗窃、网络诈骗、网络洗钱、网络恐怖等网络犯罪危害着人民和国家的安全。

2006 年 10 月 16 日，一名叫李俊的湖北武汉年轻人编写了一种经过多次变种的蠕虫病毒“熊猫烧香”，2007 年 1 月初开始肆虐网络，通过下载的档案文件对计算机程序和系统进行严重破坏。超过千家的企业和政府机构遭到“毒王”李俊制造的病毒攻击，同时由于浏览量的巨大，多家著名网站遭到攻击后使得病毒的扩散范围变得非常广，给企业和个人带来了重大的损失。2007 年 9 月 24 日，湖北省仙桃市人民法院公开审理了备受社会各界广泛关注的被告人李俊、王磊、张顺、雷磊破坏计算机系统罪一案，四被告分别获刑。2013 年6 月病毒制造者张顺和李俊再次利用网络进行犯罪活动，二人伙同他人开设网络赌场，再次获刑。①

“枪械无罪，有罪的是扣动扳机的人。”“AK－47 之父”卡拉尼什科夫面对人们热议枪支犯罪时如是申辩，诚然，钢枪既能保家卫国、维护正义，也能够杀害无辜、引发罪恶，关键看对其该如何利用。技术是中性的，互联网也是那把无罪的“枪”。但当今时代，AK－47 并非每个人所必需，互联网却逐渐和人们的生活密不可分，人们已经迈进了互联网时代，但网络时代也无法避免民事纷争和刑事犯罪，并且网络使得在出现纷争后的取证、举证变得更加困难，对于案件事实的查明及最后的定分止争与定罪量刑，合理有效地利用电子信息技术甚至能发挥奇效。

在 2004 年轰动全国的云南大学生马加爵杀害 4 名同学的案件中，电子信息侦查技术就已经发挥过重大作用。2004 年 2 月 23 日下午 1 时 20 分，昆明市公安

① 参见戴士剑，刘品新主编：《电子证据调查指南》，中国检察出版社 2014 年版，第 18～19 页。

局接到报案，称云南大学学生公寓内发生凶杀案，经侦查该校学生马加爵有重大犯罪嫌疑。在向全国发布重金悬赏通缉的同时，专案组的专家使用电子技术手段，对马加爵出逃前使用过的电脑内被格式化的硬盘进行了恢复性处理，里面的电子数据表明，马加爵在出逃前三天基本都在浏览海南省三亚市的旅游、交通等信息，根据这一重要线索，警方立即将侦查的重点由全国转向三亚，很快便于2004年3月15日将马加爵抓获归案。[①]

当今世界，电子信息已经成为物理世界不可分割的重要部分，无处不在的信息技术默默地记录了各种各样的痕迹。如果对此运用得当，不仅在电子取证侦破案件、查明犯罪事实等方面能出奇制胜，而且在某些情况下电子证据甚至能重建犯罪现场，发挥其“沉默的现场知情人”的作用。

刘某系北京某广告公司员工，2011年10月底，他受公司指派为公司客户於某删除互联网上的有关负面信息。刘某在删除中国会计视野网上的一则信息时，因无法联系到网管，遂向覃某支付人民币800元，指使其对该网站实施网络攻击。覃某采用发送垃圾网络数据包占用网络资源、阻塞网络带宽的方式对该网站攻击，致使该网站瘫痪十几个小时。之后，刘某联系网站主办方，以对方删除信息为条件停止攻击。12月8日因涉嫌破坏计算机信息系统，刘某、覃某被上海市公安局青浦分局羁押。在侦查取证环节，侦查部门利用软件对相关证据进行了鉴定，还通过对两人的QQ聊天记录、被攻击服务器等进行远程取证，并对服务器日志文件进行数据固定及关联分析，还原了“犯罪现场”。庭审中，法院采纳了电子取证所得证据，认为被告人刘某、覃某的行为均已构成破坏计算机信息系统罪，分别判处两人有期徒刑5年。[②]

（二）电子证据时代命题的提出

人类社会的发展，始终和生产力的发展水平密切相关，作为人类上层建筑之一的司法制度，其产生与发展也是与生产力的发展密切相关。就司法证明方式而言，人类经历了神示证明、人证证明和物证证明三个时代，随着计算机、网络以及信息技术的高速发展，一个新的证据时代命题得以提出。

---

① 参见戴士剑，刘品新主编：《电子证据调查指南》，中国检察出版社2014年版，第20页。

② 参见顾一琼：《电子证据还原“犯罪现场”》，载《文汇报》2012年9月5日第12版。

1. 神示证明时代

作为人类发展史上最古老、最原始的一种证据制度，神示证据制度产生于生产力水平低下的奴隶社会时期，是神证时代证据制度的重要组成内容和具体表现形式。神示证据制度，即凭借神的各种启示来判断诉讼中是非曲直的一种证据制度。其产生的原因，一方面是当时的生产力极其落后，人类在大自然面前力量微弱，不能战胜自然中的诸多困难，由人类意识所产生的神明被描述成威力巨大、无所不能，从而使人畏惧和依赖。另一方面则是因为当时的统治者以神明的名义维护其统治，作为掌握国家政权的统治阶级首先将自己描绘成神明的崇拜者，借助一种虚构的身份，同时利用人们的愚昧无知以及被误导的宗教迷信，用所谓神明的旨意来断狱决讼，借以维护和巩固自己的统治地位，保护统治阶级的利益。

神灵本身是不存在的，而是人类在遇到当时的自然环境和社会环境出现的难以解释的问题时虚拟出来的唯心抽象物。出于对大自然的畏惧，人们认为神灵能够洞悉世间的一切，一些罪行虽然能够在人类面前蒙蔽过关，但却逃不过神灵的察觉，对于诉讼中出现的真伪不明，人们自然也就更加信赖神明的裁断。神示证据制度中的神意表示方式，包括对神宣誓法、水审、火审、决斗、卜筮、十字型证明等，可以看出，这些方法都是以愚昧和迷信为基础，自然无法对案件事实进行准确查明，所以在现在看来，神示证据制度是十分荒诞不经的，但是在那个生产力水平极为低下的历史时代，它的存在对于断狱决讼有着一定的积极意义。

神示证据制度的长久存在，首先是历史发展的必然，囿于当时低下的生产力水平，采用神明进行裁断也是人们的无奈之举，虽最终不能完全查明案件事实，甚至在查明了事实的案件中也都是巧合而并非科学的，但却有助于提高人类司法判决的权威，从而有利于维护社会的稳定秩序。其次部分的神示证明方式也有助于查明案件事实，如让人在一定时间内吞下定量的干面包的考验方法，由于人在紧张的时候唾液分泌会减少，口腔也会干燥，这就会影响吞咽面包的速度。此外，一些占卜类的方法如卜筮法、十字形证明法等还是具有 50% 的概率正确性可能的。最后从历史发展的角度来看，这种并不科学的司法证明方式虽然有着种种的弊端，但在法律的适用过程中其对人们一般行为的引导和规范，还是值得肯定的，这种司法证明方式是人类走向理性证明方式的前奏。

2. 人证证明时代

随着生产力水平的不断提高和社会环境的变化迁移，以及知识界怀疑论的日益增长，古老的神证时代于12世纪末开始淡出历史舞台，取而代之的是以“人证”为主的一个新的司法证明时代。在神示证据制度终结的同时，出现了两大法系的分野，欧洲大陆实行了所谓的“纠问式”诉讼制度，英国则形成以陪审制为核心的“对抗式”诉讼制度。

欧洲天主教于1215年率先推行纠问式诉讼，到了16世纪，纠问式诉讼已经在德国、法国、意大利等国得到了完全的确立。伴随纠问式诉讼制度产生的还有法定证据制度，即对各种证据的证明力以及证据运用规则进行预设。在法定证据制度中，审判法官运用证据的基本职责只是对证据进行加减的数学运算。“这套规则可以概述如下：……（4）无论多么可靠，一个证人证言只能构成半个证明，而且其本身永远不足以作为判决的依据。（5）如果除证人证言之外还有另外半个证明，那就足以作为判决的依据。其他可以构成半个证明的证据如下：①通过刑讯获得的供述，由此可见，在已有半个证明的情况下就可以对被告人刑讯逼供了……”[①] 由此可见，法定证据制度对口供的运用预设是“另外半个证明”，与证人证言的半个证明结合起来就能形成判决的根据，因此臭名昭著的“合法刑讯”以获取口供在欧洲大陆盛行一时，口供的重要性也可见一斑。口供最终还是从被告人那里获得，因此，口供的本质其实还是“人证”。

而以英国为代表的陪审制核心的对抗制诉讼，则逐渐完成了由“知情陪审团”向“不知情陪审团”的过渡。最初的“知情陪审团”与现代意义的陪审团是不同的，它是由12名了解案情的当地居民所组成，他们出庭就其所了解的案件情况向法庭陈述，说是“知情陪审团”，其身份作用倒是和现代意义上的证人更为类似，但是由于法庭在裁判之前应该取决于“知情陪审团”的意见，所以“知情陪审团”便具有证人和裁判者双重身份。早期的“知情陪审团”是怎样了解案情的并不重要，其可以是现场的观察者而直接得知，也可以是由他人处转述而来的，都可以作为判决的依据，除非有人能够证明其来源不可靠进行推翻。由此可见，为否定神明裁判而出现的早期陪审制，也是主要依赖“人证”的司法证明方式来查明案情的，在这种陪审制度下，甚至都是不需要任何的证据规则的。

---

① 何家弘：《司法证明方式和证据规则的历史沿革——对西方证据法的再认识》，载《外国法译评》1999年第4期。

由于初期的“知情陪审团”并不排斥传闻证据，也就产生了知情陪审员对案情一知半解、知识不足等种种弊端，在审判实践中需要证人来提供证人证言的情况也越来越多，陪审团成员对于案件情况的了解与否也变得不再重要，后期随着陪审制的不断完善，对案情不允许事先得知成了组成陪审团的基本要件，组成“不知情陪审团”来保证陪审团成员对于案件没有形成事先的偏见。陪审制日益完善的同时，也是证人制度和与证人相关的证据规则日益丰富的一个过程，传闻证据规则、证人资格规则、强制作证规则、证言豁免权规则等都在这一时期得以完善，这些证据规则在本质上还是围绕着证人作证来展开的。

无论是纠问式诉讼制度中采用的“口供至上”，还是早期知情陪审团成员证人和裁判者身份的合二为一，抑或是不知情陪审团对证人作证的依赖，都体现出在这一时期对于“人证证明”这一司法证明方式的重视和广泛采纳，“人证证明”在人类刚刚走出蒙昧与迷信的神示证据时代后的很长一段时间内都发挥了重要作用。

3. 物证证明时代

历史发展到 18 世纪，欧洲发生了资产阶级民主革命，确立了资本主义制度，对西方国家的社会精神生活、政治法律制度和物质生活制度都进行了变革，同时，人类在 18 世纪 60 年代迎来了第一次工业革命，生产力水平得以大幅提高，科学技术也迅速发展，这也就从经济基础和上层建筑两个方面推动了物证证明时代的产生和发展。但在 18 世纪以前，名目繁多的各种物证虽然在司法证明活动中发挥着重要的作用，但却长期处于分散发展的状态，体系性和规模性的优势并未凸显。随着科学技术的长足发展，物证在司法活动中的作用越来越明显，人类司法证明活动进入以物证为主要载体的物证证明时代。这主要体现在以下两个方面：

一是法医学的新发展为科学证明案件事实提供了有效的手段。在 18 世纪以前，法医学主要靠肉眼观察为主要手段，得出的结论虽然直观但是不够科学。但到了 19 世纪以后，随着显微镜的出现和广泛应用，以及采用化学分析的方法进行检验技术的发展，法医学开始了长足的发展。19 世纪初，英国首先在大学开设了法医学课程，德国和奥地利等国家也开设了名为“国家医学”的法医学学科。同时，各个国家的法医学著作如雨后春笋般出现于人们的视野，如法国人马里·德维热的《法医学·理论与实践》、德国人约翰·路德维希·卡斯佩的《司法验尸》和《法医学实用手册》、法国人亚历山大·拉卡圣的《法医学论文集》等，这些法医学著作在推动物证证明向体系化、规模化发展方面起到了重要作用。

二是包括人体测量和指纹、足迹、牙痕、声纹、唇纹鉴定在内的人身识别技术也极大地推动了物证证明的发展。这其中以人体测量和指纹鉴别技术运用最为广泛。人体测量法始于1879年的法国，一名叫阿方斯·贝蒂隆的巴黎警察局职员根据当时的医学、人类学和统计学的研究成果，提出了按照人体骨骼长度来对人身进行识别的设想，并成功地运用于司法实践之中。这是人类历史上第一次系统地运用科学方法进行人身识别，为证明案件事实提供了科学依据。与此同时，欧洲和美国的科学家以及犯罪学家对指纹鉴别技术的研究也日臻成熟，在识别和认定犯罪嫌疑人身份方面，指纹鉴别能够发挥重大作用，且误差较少。可以说，指纹技术在司法领域的广泛应用是司法证明发展史上的一次重大革命。①

此外，尤其值得一提的是20世纪80年代出现的DNA遗传基因鉴定技术，产生了司法证明活动的又一次革命，许多过去依靠人证无法定案甚至定成了冤假错案的情况，通过该技术都有了新的结论。随着科技含量的提高，人们也转变观念，从以人证为主的司法证明方式逐渐为以物证为主所取代，这一时期行为科学、心理科学以及其他科学原理都得以运用。

4. 电子证据时代

随着20世纪以来计算机、网络科技、数字技术以及智能手机等的问世和普及，电子证据在世界各国的司法证明活动中的作用日益突出，一个崭新的命题“电子证据时代”得以提出。相对于物证时代的“科学证据”而言，我们迎来的电子证据时代中的电子证据恐怕就应该称为“高科技证据”了。因为无论在广度还是深度上，电子证据的科技含量都大大超出了一般物证的水平，电子证据既具有海量存储性、高速流转性、自动生成性等优点，同时也具有易毁损、易变更等脆弱特性。电子证据在我国立法中取得合法地位之后，开始大规模地正式介入案件，为司法证明方法和手段的进步提供了更为广阔的领域，在越来越多的案件中发挥着前所未有的作用。

央视大型纪录片《互联网时代》中提供的数据，2013年，中国破获网络犯

① 参见何家弘主编：《电子证据法研究》，法律出版社2002年版，第4页。

罪案件17万起，直接经济损失约2300亿元，受害者接近三亿人，平均每分钟就有600人被侵害。2012年，网络犯罪让美国损失了207亿美元，710万网民成为受害者，平均每人损失290美元。2013年，全球每10人中就有一人成为网络诈骗的受害者，可统计的网络犯罪使全球个人用户蒙受直接损失达1130亿美元，每天有50万人因此被侵害。人类步入互联网时代之后，利用互联网进行的犯罪呈倍增趋势，网络犯罪看似是无形的，但是电子证据的功能正是将互联网上人类用肉眼看不到的蛛丝马迹收集、固定下来，利用大数据的优势，这些证据甚至能够得以长期的记录和保存。那些利用互联网进行犯罪的人，在某一时刻洋洋自得，以为自己的行为不会被人发觉，然而“魔高一尺道高一丈”，计算机、数字技术、互联网、大数据、云储存等一个又一个新名词的出现，使得犯罪分子在网络中的行为看似无痕，但却已经被悄然保存，其中发挥至关重要作用的，正是带着一副崭新面孔来到我们身边的电子证据。

15年前何教授提出了“我们即将走入电子证据时代”的命题，而现在，我们“刚刚走入电子证据时代”。电子证据时代初期，琳琅满目的高新科技甚至超高科技令人应接不暇，在飞驰的科技发展速度面前，我们的法律制度显然是落后了。我国2012年《刑事诉讼法》和《民事诉讼法》虽最早将电子数据作为一种新的证据种类确立了合法地位，但相关电子证据规则却零散不堪，没有一个系统的取证、举证、质证、认证操作规范，在司法实践中不得不参照既有的证据规则进行收集、保全、审查、判断和运用，在某些经验缺乏的司法机关，对于电子证据不会用、不敢用、不能用，从而使得一些新兴案件的办案质量大打折扣，电子证据应有的作用也不能得以完全发挥。2014年11月1日十二届全国人大第十一次会议表决通过了关于修改《行政诉讼法》的决定，2015年5月1日起开始实施的《行政诉讼法》在第33条也增加了电子数据为新的证据种类，至此，三大诉讼法在电子证据的立法方面形成了一致，但是电子证据借助科技发展的快速性与法律自身滞后性的冲突却不得不引起我们的注意。

电子证据得以萌芽、产生和发展的直接因素是现代科学技术的革命性发展，然而尽管司法证明的发展同科技的革命是分不开的，但其发展却并不是能够自动更新的，何况目前更为明显的是，我们在电子证据相关的制度上是落后的。与其被动等待，不如主动出击。人类社会在经历了农业文明时代、工业文明时代以后，正在进入一个数字文明时代，中国作为一个文明古国，在工业文明时代落后了，但是在数字文明时代我们恰逢其时，我们必须抓住这个机会，抢占互联网时代的先机。[①]

（三）电子证据的独立地位

目前，世界上将电子证据单独列为一项诉讼证据的国家不多，我国在《刑事诉讼法》《民事诉讼法》修改和2014年《行政诉讼法》修改中将其作为一项独立的证据纳入立法之后，不得不说是一项重大突破。但值得注意的是，虽然现行三大诉讼法赋予了电子证据独立的证据地位，但是对于电子证据同其他传统证据的一些区别，并未进行明确辨析，现行主流诉讼法教材以及证据学教材对这个问题提及的也不多。在明确电子证据独立地位的同时，将其与传统证据典型的书证、视听资料等进行对比，有利于我们对该种证据的理解和运用。

1. 电子证据与书证

书证，是指以文字、符号、图画等形式所表达的思想内容来证明案件真实情况的书面文件或其他物体。[②] 在依靠其思想内容来反映案件事实这一方面，电子证据与书证有着一定的契合，因而有主张对书证的“书面”作广义的理解，电子方式存储的数据信息应当划分到广义的书证领域；另外，几乎所有的电子数据在输出的时候都可以转化为纸张打印的方式予以呈现，一旦以纸质物进行输出，其便更加符合书证的所有特征。因此，明确电子证据和书证的区别，对于电子证据的正确定位，是有所裨益的。

首先，二者的介质（依附载体）不同。书证的依附载体可以是多种多样的，如甲骨文中的动物壳类、骨头等，古代竹简所使用的竹片，以及现代各种各样的纸张，甚至布匹、塑料、陶瓷等也都能成为书证的载体。而电子证据的载体则较少，其数据信息必须以数字或模拟信号的形式存在于载体之上，并且通过一定的电子设备才能够得以呈现，介质主要有磁性介质或光电介质。

其次，二者的证明方式有所不同。虽然和书证相较，电子证据也是以其内在思想内容来反映数据信息，但是书证一般是以文字、符号等对案件情况进行记录，并不能对案件原貌重现，而有些电子证据借助多媒体的技术，以视频、音频、动画等复合形式呈现在人们面前的时候，其直观性远非书证能比。因而也正

① 烨泉：《好莱坞艳照门，互联网规律你不懂》，载《法制日报》2014年9月5日第7版。

② 卞建林：《证据法学》，中国政法大学出版社2002年版，第72页。

如学者所言，电子证据“并不是单纯的以文字和符号来表达思想或者行为内容，而是独立地反映了案件的部分或全部的真实情况和法律事实，不仅静态地反映了待证事实，而且动态地说明了待证事实的现实情景”。[①]

再次，二者的证明力不同。传统书证一般有着实在的载体，如记录在纸张上的书证，其原始真实程度就较高，即使被篡改或者伪造，也容易被发觉，因而具有较强的证明力。但琳琅满目的电子证据由于其高科技性，通过系统内部进行修改、伪造而表面上不留痕迹，即使是发现了想要取证一般也会面临一定的技术难题，有些情况下还需要聘请专业的技术人员进行检验，若存储介质遭到破坏或丢失，电子证据的证明力则会大打折扣。

最后，二者的物质特性不同。相较于普通书证的实态性，电子证据呈现更多的无形性，这是因为电子证据本身是无法阅读的，如果不借助一定的电子设备将数据进行输出处理，电子证据将还停留在 0 和 1 组成的二进制数据记录的层面，这也就很难反映案件的事实。因此，对于电子证据的收集、调取、封存、保管、鉴别等也就提出了更高的要求，可以毫不夸张地说，电子证据因为其对于现代信息技术和安全措施的依赖所产生的物质特性，足以说明其不同于传统书证的独立性格。

2. 电子证据与视听资料

视听资料，是指以录音、录像、电子计算机以及其他高科技设备储存的信息证明案件情况的资料。[②] 电子证据在出现之初，曾一度与视听资料予以混同，甚至被视作视听资料的组成部分，如最高人民检察院在 1996 年颁行的《检察机关贯彻刑事诉讼法若干问题的意见》第 3 条第 1 款规定，“视听资料是指以图像和声音形式证明案件真实情况的证据。包括与案件事实、犯罪嫌疑人以及犯罪嫌疑人实施反侦查行为有关的录音、录像，照片、胶片、声卡、视盘、电子计算机内存信息资料等。”从中不难看出，当时的司法解释是将“电子计算机内存信息资料”这一类电子证据视作视听资料的。诚然，电子证据与视听资料都是科技发展的产物，电磁感应等原理和相关的技术手段是二者存在和发展的根本，但是正是因为如此，对两者才更加有区分之必要。

① 常怡：《民事诉讼法学》，中国政法大学出版社 1996 年版，第 162 页。

② 樊崇义主编：《刑事证据法原理与适用》，中国人民公安大学出版社 2001 年版，第 235 页。

首先，二者的表现形式不同。视听资料的表现形式较为单调，一般通过影像或声音，有时以既有影像又有声音的形式出现，而多媒体技术运用于电子证据之后，电子证据的表现形式呈现多元化和复合性，电子证据不仅可以以电子文本的形式展现在人们眼前，还可以集文本、动画、图片、音频、视频等于一体，以生动形象甚至是“昨日重现”的方式来呈现案件情况。不仅如此，电子证据中的一些诸如电子聊天记录、电子数据交换、电子签章等显然无法划归到视听资料的领域内，在这个层面，将电子证据独立于视听资料更是实践之必须。

其次，二者的产生机理不同。电子证据更多是通过二进制对输入的数据信息进行智能处理而产生的，而视听资料则主要是通过对模拟信号进行机械处理而产生的。正如有学者指出，视听资料主要为录音、录像资料，其信息的存储以及传输等也都采取电子运动手段。录音、录像采取模拟信号方式，其波形连续；而在计算机等数字设备中，以不同的二进制数字组合代表不同的脉冲，表达不同信号，信息的存储、传输采取数字信号，其波形离散、不连续。二者的实现、表现、存储、转化都不相同。①

再次，二者的技术基础存在差异。从根本上而言，视听资料的实质在于其视听和高科技性，而电子证据的实质则是在于其电子技术性。视听资料目前主要是通过对模拟信号的机械处理而产生，虽然模拟信号技术也是一种电子技术，但随着电子技术的发展，能够达到更为清晰程度的数字化录音录像技术开始运用音像制作，甚至还存在着另外一些技术手段，如红外技术、光子、量子技术，等等。采用这些技术同样可以生成并存储视听资料，因此，电子技术是无法全面涵盖视听资料的技术基础的。

最后，二者的证据形态有差异。电子证据往往具有原创性和同步性，除人为地伪造、变造，电子证据呈现出的往往是案件事实中的原始形态。而视听资料既有在事实发生中同步保存下来的原创性信息，也有事后由执法人员、律师、当事人为保全证据或者固定证据而录制的信息，如刑事诉讼程序中侦查人员讯问时制作的同步录像光盘，民事诉讼程序中债权人为防止债务人赖账而在事后将双方交谈偷偷录音的资料。

综上，电子证据除了有与书证、视听资料有较强的区分之必要的同时，在理

① 于海防、姜沣格：《数字证据的程序法定位》，载《法律科学》2002 年第 5 期。

论界也有将其归类为广义的物证、鉴定意见的说法，但电子证据由于其逐渐走向无形化和虚拟化，这显然不同于传统的物证；同时也不能因为相当部分的电子证据需要鉴定机构进行鉴定就将其归类为鉴定意见，因为如此一来就会出现诸如书证、视听资料、证人证言等证据，在需要鉴别其真伪时就丧失了自身证据属性的逻辑错误。此外，电子证据也没有像“混合证据说”或是“七分说”所主张的那样，成为一种混合证据，而是随着科技的发展，电子证据种类的增多，迅速超出了视听资料的概念范畴，走向了立法中的独立。

3. 电子证据的独立地位与电子证据时代的到来

赋予电子证据独立的证据地位，这不仅给我国司法证明体系带来了机遇，开辟了一块全新的证据研究领域，同时也给我国传统证据规则带来了挑战。电子证据有着诸多不同于传统证据的特性，这就启示我们不能固守传统的眼光来看待这一新生事物。如证据制度中的原始证据优先或原件优先原则，但对于电子证据来说，其是信息依附于存储介质才产生的，其原件应当是指最初生成的及首先固定在原始存储介质上的信息，随后无论采取何种方法取得的信息都是该电子数据的副本，如果一味固守传统的证据规则对电子证据加以考量，将势必导致相当数量的电子证据被排除在案件事实证明之外，也就直接削弱了电子证据应有的功能，影响其在信息社会中的作用。对于电子证据这一新兴证据，我国立法对其收集、采纳、审查、运用等证据规则的规定少之又少，只是零星地体现在若干司法解释当中，导致在司法实践中电子证据应有功能的发挥大打折扣。电子证据的开放性、高速发展性和法律法规的滞后性、有限性是产生此类问题的根源，因此我们必须要遵循认识论的客观规律，尊重电子证据本身所特有的属性，构建真正属于这一新生事物的证据规则。这不仅是认识论客观规律的要求，电子证据自身特性的要求，也是这个时代带来的使命和要求。

毋庸置疑的是，电子证据从其萌芽、产生到在我国司法活动中发挥重要作用，都是和现代科学技术的革命分不开的。然而技术的革命并不能自动带来司法证明时代的改变，只有我们在充分认识到电子证据重要性的基础上，进行制度的改变，法律的完善，构建科学的电子证据规则体系，使得电子证据合法、合理、充分地被运用，实现电子证据应有的功能和作用，我们才能自信地说，我们迎来了一个新的司法证明时代的春天——电子证据时代！

二、电子数据的概念、特征和价值

（一）电子数据的概念

电子数据是我国2012年《刑事诉讼法》修改中首次引入的证据种类，与视听资料同列为一类证据，反映其科技属性。《刑事诉讼法》第50条第2款规定：“证据包括：（一）物证；（二）书证；（三）证人证言；（四）被害人陈述；（五）犯罪嫌疑人、被告人供述和辩解；（六）鉴定意见；（七）勘验、检查、辨认、侦查实验等笔录；（八）视听资料、电子数据。”第54条第2款规定：“行政机关在行政执法和查办案件过程中收集的物证、书证、视听资料、电子数据等证据材料，在刑事诉讼中可以作为证据使用。”该条款也把电子数据与物证、书证、视听资料作为客观证据之一。

在长期的理论界与实务界讨论中，电子数据概念有许多的表述，如“电子证据”“计算机证据”“数据电文”“数字证据”，等等。各自所表达的内涵与外延均有所不同。“电子证据”，是指以电子形式存在的，能够作为证据使用的一切材料及其派生物；或者说，借助电子技术或电子设备而形成的一切证据。① “计算机证据”指直接来源于案件的以数字形式表现出来的能够证明案件真实情况的一切材料。②“数据电文”则源于联合国国际贸易委员会所通过的《电子商务示范法》，引入到我国的电子签名的法律之中，指以电子、光学、磁或者类似手段生成、发送、接收或者储存的信息。③

从词源而言，电子数据来源于英文的“Electronic Data”。美国的《统一交易法》侧重对“电子（Electronic）”进行定义，该法第2条规定，电子，是指技术上具有电子、数字、磁性、无线、光学、电磁或类似功能。而联合国国际贸易委员会所通过的《电子商务示范法》侧重于“数据电文（Data Message）”，该法第2条规定，数据电文，是指经电子、光学或其他类似方法，包括但不限于电子资料交换、电子邮件、电报、电传或电子复制等所产生、传递、接受或存储的资料。因此，综合国外立法以及联合国的国际惯例，电子数据的定义应该采用更为

---

① 参见何家弘：《电子证据法研究》，法律出版社2002年版，第98页。

② 参见张斌：《视听资料研究》，中国人民公安大学出版社2005年版，第184页。

③ 参见《电子签名法》第2条。

广泛的理解，它不仅仅是指通过计算机所产生的数据，而且还应该包括电子、光学、磁性等设备所记载或产生的数据。最高人民法院、最高人民检察院、公安部2016年联合制定《电子数据证据规定》，其第1条分三款明确界定了电子数据的概念与范围，即“电子数据是案件发生过程中形成的，以数字化形式存储、处理、传输的，能够证明案件事实的数据。电子数据包括但不限于下列信息、电子文件：（一）网页、博客、微博客、朋友圈、帖吧、网盘等网络平台发布的信息；（二）手机短信、电子邮件、即时通信、通信群组等网络应用服务的通信信息；（三）用户注册信息、身份认证信息、电子交易记录、通信记录、登录日志等信息；（四）文档、图片、音视频、数字证书、计算机程序等电子文件。以数字化形式记载的证人证言、被害人陈述以及犯罪嫌疑人、被告人供述和辩解等证据，不属于电子数据。确有必要的，对相关证据的收集、提取、移送、审查，可以参照适用本规定”。该定义和范围是我国目前对电子数据概念和范围的规范性定位。

（二）电子数据的特征

电子数据与其他证据种类相比，具有很多特殊性，如高科技性、内在无形性、外在形式多样性、传播快捷性、信息与载体的可分离性、设备依赖性、易破坏性等特点。

1. 高科技性

电子数据往往以现代高科技手段为依托，不但以计算机、网络为主要载体，而且以光学、电磁等高科技含量技术为其展现，使其拥有与传统证据无法比拟的高科技含量。而且随着高科技的进步，其载体更新换代，电子数据的表现形式也日新月异。电子数据作为证据的收集、审查与判断及其使用，同样也离不开高科技设备。因此，电子数据具有高科技性。

2. 内在无形性

电子数据存在于无形之中，模拟的电子数据是通过信息中某些特征价值来记载电子信息内容，而数字的电子数据则表现为0与1两个二进制数字，需要通过计算机语言和程序等技术加以展现，并不如传统证据书证那样具有文字符号可以由人类直接识别。

3. 外在形式多样性

电子数据通过计算机等介质展现在人们面前，具有复合性与多样性，几乎覆盖了传统的证据种类。电子数据既可以通过打印技术打印到纸张上成为传统的书证，也可以通过多媒体播放成为视听资料，既可以以光盘形式成为物证，也可以通过电话记录成为当事人陈述和证人证言，甚至可以通过数码相机技术成为现场电子勘验检查笔录。

4. 传播快捷性

传统证据只能在物理空间中传播，如当事人交接的物证、书证的摘抄与复印。而电子数据则在虚拟空间中传播，通过互联网技术，信息资料立刻可以传递到世界的各个角落。

5. 信息与载体的可分离性

电子数据以数字的形式存储于各种电子介质之中，但是其记载的信息不是与其载体密不可分，不同的载体完全可以复制转载同一信息内容的电子数据。这与传统的物证、证人证言与其载体密不可分有区别。

6. 设备依赖性

电子数据如果不通过专门的电子设备，无论多么形象，只能停留在各种电子储存介质之中，无法为人们所识别。电子数据反映的信息只有依靠特定的系统并通过相应的程序解码，使用打印、屏显等方式才能显现。这与传统的书证、物证不需要借助其他设备便可以为人们所感知有很大差别。

7. 易破坏性

电子数据除了人为的篡改或操作失误而导致信息遭到破坏外，计算机的硬件以及软件的故障也可能导致电子数据的灭失。电子数据的处理往往快捷又迅速，行为人能够在极短的时间内对电子数据实施篡改与毁灭。而网络的传播又可以为电子数据的截取与篡改提供条件。这与传统书证、物证具有相对稳定性存在明显的差别。

8. 可恢复性

在删除、修改的文件上，通过一定技术可以实现恢复。而在某些情况下，计算机可以按照例行的程序自动追踪和挽救一些信息，系统可以将文档加以恢复。同时对于计算机硬盘中的数据信息的被修改、删除都可以通过技术手段检测和恢复。对于传统书证、物证而言，一旦原件被毁，则无法复原。

（三）电子数据的证据价值

证据制度面对现代科技发展的被动性回应，是科技与法律矛盾运动、相互融合的极好例证。纵观人类整个历史，每次重大技术进步都会在刺激生产力提升的同时促进法律制度的调整、进步与完善。[①] 纵观人类司法证明的历史，我们可以看到证明方法曾经有过两次重大的转化：第一次是从以“神证”为主的证明方法向以人证为主的证明方法转化；第二次是从以人证为主的证明方法向以物证为主的证明方法转化。[②] 第二次转变源于18世纪，并于19世纪获得长足进展，到20世纪则基本完成。它是随着科技进步、各种以人身识别为核心物证技术的层出不穷而逐步推进的。继笔迹鉴定法、人体测量法和指纹鉴别法之后，足迹鉴定、牙痕鉴定、声纹鉴定、唇纹鉴定等技术也不断地扩充着司法证明的“武器库”。特别是20世纪80年代出现的DNA遗传基因鉴定技术，更给司法证明方法带来了一次新的飞跃。我们生活的时代是一个信息技术飞速发展的时代。20世纪信息技术已经渗透到人类生活的许多角落，21世纪这种渗透仍在加剧。毫无疑问，承认电子数据的证据地位并因地制宜地确立起符合本国特色的电子证据规则，正是人类社会自信息技术诞生和应用以来的一大潮流。而且这个过程远未结束。中国显然不能置身于“依靠电子证据解决纠纷”的程式之外，必须要对电子证据的法律问题予以规范。任何漠视电子证据问题的想法，都将不利于中国法制建设事业的发展。[③] 目前在一些科学发达的西方国家，物证已经在各种司法证明手段中占据首位，成为继“口供”之后的“证据之王”。反观我国，由于历史原因，办案活动中一直有着明显的以人证为主的观念，突出表现为“口供情结”，目前尚处于从以人证为主转向以物证为主的过渡阶段。

电子数据是随着信息技术的广泛应用而登上司法证明舞台的。信息技术使当今演变成物质世界、能源世界与信息世界三大世界并存的时代，使在传统的“人证”“物证”之外又冒出了一种新的证据——“电子证据”。而且这种新证据在解决信息世界纠纷时往往具有举足轻重的作用。我们即将走入另一个新的司法证明时代，即电子证据时代。无论这一断言能否实现，我们都必须认识到，电子证据势必在司法证明的舞台上发挥巨大作用。[④]

① 参见张斌：《视听资料研究》，中国人民公安大学出版社2005年版，第25页。

② 参见何家弘：《中国证据法学前瞻》，载《检察日报》1999年9月2日第6版。

③ 参见刘品新：《中国电子证据立法研究》，中国人民大学出版社2005年版，第67页。

④ 参见蒋平、杨莉莉编著：《电子证据》，清华大学出版社、中国人民公安大学出版社2007年版，第76页。

三、电子数据证据规则[①]

我国三大诉讼法将电子数据作为一项独立的证据种类，这给我国传统证据规则带来了冲击。纵观我国现有法律法规，对于电子证据的收集、保全、审查、判断、运用等方面证据规则的规定，仍旧散落在部分法律条文及相关司法解释当中。多数学者都承认我们迎来了电子证据时代，但“有立法，无规则”已经成为制约电子证据发挥其应有作用的最大瓶颈。实践中司法机关不得不参照既有的证据规则，常常会出现“不会用、不敢用、不能用”的现象，导致相当数量的电子证据被排除在案件事实证明范围之外，不利于案件事实真相的查明和作出公正的裁决。对于电子证据的运用，除了要遵循证据的真实、完整、合法等基本规则，还要结合电子证据自身特点对其规则进行完善。

电子证据时代的到来使得电子证据成为三大诉讼法证据种类的一个重要组成部分，电子证据的本质是电子数据，即电子信息。无处不在的信息技术默默记录着各种各样的痕迹，在侦查、审查起诉、审判中有需要的时候，经过取证、举证、质证、认证等程序，看似不起眼的信息痕迹摇身一变即可成为能够发挥奇效的电子证据，在诸多场合能够发挥其“沉默的现场知情人”的作用。有学者曾对电子证据如此展望：“电子证据即将成为证据之王的大趋势，很可能宣告电子证据时代的来临，这将是侦查观念与证据制度的历史飞跃！”[②] 但长期以来我国刑事诉讼中将电子证据混同于视听资料，《刑事诉讼法》将二者并行列举，这种法律定位不利于突出电子证据自身特点应对现实中的困难和挑战，也不利于从理论上完善电子证据的规则。电子证据规则的缺失，使诸多的电子证据被挡在了证据大门之外，其应有的功能和作用难以充分发挥，这也是目前我国刑事诉讼中电子证据研究停滞不前的重要原因所在。

（一）我国电子证据立法定位分析

电子证据在我国立法中取得正式的法律地位，经历了一个从无到有的过程，对比修改后的三大诉讼法，发现对于电子证据在立法中的定位有所不同。《民事

① 该部分内容由樊崇义教授与李思远博士合作完成，原文《论我国刑事诉讼电子证据规则》，载《证据科学》2015 年第 5 期。

② 参见戴佳：《为反贪装上技术与信息的“双翼”》，载《检察日报》2011 年 12 月 3 日第 1 版。

诉讼法》和《行政诉讼法》都将电子证据单独列为证据的一个新的种类，而《刑事诉讼法》则是将电子证据与视听资料并列规定于证据的种类。从表面上来看似乎差异不大，三大诉讼法都同时规定了电子证据与视听资料，但仔细推敲其中《刑事诉讼法》第50条对于证据种类之规定，“证据包括：……（五）犯罪嫌疑人、被告人供述和辩解；……（七）勘验、检查、辨认、侦查实验等笔录；（八）视听资料、电子数据。”从中可以看出，采用这种并行列举的方式进行描述的，都是具备较为相似的证据属性和表现形式的，如“勘验笔录”和“检查笔录”，都是有关机关对人身、场所或物品进行仔细查验后作出的笔录。这种电子证据并列于视听资料的立法定位，难免让人心生疑虑，电子证据与视听资料的关系究竟如何？这归根结底还是要从立法的历史中寻找答案。

20世纪60年代至80年代，刚刚崭露头角的信息与电子技术并不发达，信息技术的应用一般也仅限于录音、录像、电话、传真等，用视听材料就差不多可以概括信息技术产生的证据类型。① 虽然随后计算机在我国开始运用，但直到1994年4月20日国务院批准中国成为第77个接入世界互联网的国家之前，实践中出现的计算机证据并不是十分复杂，所以也将此阶段的计算机证据视为视听资料的一部分。② 在我国第一部诉讼法即1979年《刑事诉讼法》中，并未出现视听资料的说法，直到1982年《民事诉讼法（试行）》才首次规定了视听资料为新的证据种类，并将录音、录像、计算机存储资料等都划归其中。③ 最高人民检察院在1996年颁行的《检察机关贯彻刑事诉讼法若干问题的意见》第3条第1款规定，“视听资料是指以图像和声音形式证明案件真实情况的证据。包括与案件事实、犯罪嫌疑人以及犯罪嫌疑人实施反侦查行为有关的录音、录像，照片、胶片、声卡、视盘、电子计算机内存信息资料等。”从“电子计算机内存信息资料”中可以看出，我国司法机关将当时的电子证据归入到视听资料范畴中。2002年4月1日生效的《最高人民法院关于民事诉讼证据的若干规定》第22条规定：“调查人员调查收集计算机数据或者录音、录像等视听资料的，应当要求被调查人提供有关资料的原始载体。”从中可以看出，最高人民法院通过该条文将民事

---

① 参见杨红蕾：《对电子证据引发的法律问题的探讨》，中国政法大学2013年硕士毕业论文。

② 参见万江心：《互联网思维：推开另一扇窗》，载《现代企业文化》2014年第4期。

③ 参见花秀艳：《浅析电子证据的法律地位及认定》，载《信息网络安全》2011年第3期。

诉讼中的视听资料作了扩大化解释，把电子证据涵盖其中，以解决实际运用中发现的立法空白，此举虽然混同了电子证据和视听资料的特征及范围，但也获得了理论界及实务界的支持，在当时不失为权宜之策。

诚然，这种权宜之计在当时解决了电子证据师出无门的问题，将当时所出现的电子证据视为视听资料，就要了解视听资料的法律定位。视听资料是采用现代技术手段，将可以重现案件原始声响、形象的录音录像资料和存储于电子计算机的有关资料和其他科技设备提供的信息，用来作为证明案件真实情况的资料。[①]虽然将视听资料规定为一种独立的证据形式可以说是我国证据立法上的一项创举，但在立法的过程中对于视听资料的范围，学者们进行了长时间的争论，最终学者们的意见虽然仍旧不尽相同，但大都赞同视听资料包括录音资料、录像资料、计算机存储资料和其他音像证据等。囿于当时科学技术水平，对于电子证据的定位，不仅理论界存在着视听资料说，实务界和立法中也未将电子证据同视听资料明确区分，而是直接将现实生活中经常出现的电子证据认定为视听资料的组成部分。

但随着信息技术电子技术的突飞猛进，电子证据的存储方式从单一地依赖计算机主机发展到各种电子介质，不仅包括计算机主机，还涉及智能手机、PDA（Personal Digital Assistant，掌上电脑）、数码相机、移动存储设备等电子设备以及网络系统。电子证据与视听资料虽在一定范围上存在着交叉，但电子证据的范围随着科技的进步已经远远超出了视听资料这种证据所能涵盖的范围。无论是理论界的物证说、书证说、视听资料说还是混合证据说，都未能阻挡电子证据走向独立证据的脚步，独立证据说作为一张最新的思潮，以“任何一种传统证据都无法将电子证据完全囊括进去”的敏锐意识，推动了三大诉讼法对于电子证据独立地位的认同。[②] 虽然我国2012年《刑事诉讼法》第50条新增了“电子数据”的证据种类，这在我国理论界也被视为电子证据在刑事诉讼法中获得独立地位的标志，但该种将电子证据与视听资料并行列举的方式难免让人心生疑虑，电子证据的范围越来越大，几乎所有的传统证据都可以有电子的形式，如电子证人证言、

① 樊崇义主编：《证据法学》，法律出版社2013年版，第233页。

② 参见沈德咏、宋随军主编：《刑事证据制度与理论（中）》，人民法院出版社2006年版，第829页。

电子书证、电子笔录等，而视听资料的范围则呈逐渐萎缩之势，甚至有主张认为“视听材料的实质其实就是电子证据的雏形”[①]。因此，明晰电子证据的立法定位，必须要认识到其与视听资料在本质上的不同：

其一，电子证据的范围与视听资料的范围有着明显区别。视听资料主要是指以声音、图像等可听、可视资料所反映的内容来证明案件事实的证据，故而有着“音像证据”的说法。[②] 而电子证据不仅包括计算机存储设备中的静态电子数据，还包括在计算机或网络中处理的动态电子数据；不仅包括计算机数据，也包括PDA、智能手机、数码相机、移动存储设备等电子设备内存储的数据和利用网络云端技术储存的数据。并且随着时代的发展，电子证据存储介质的种类肯定还会增加，并且会朝着网络化、智能化、虚拟化的方向发展，而这些都远非视听资料的范围所能涵盖的。

其二，电子证据的表现形式与视听资料有着明显区别。无论是存储于实物介质诸如计算机硬盘、智能手机、数码相机、移动存储设备还是存储于虚拟终端的电子数据，利用现代信息技术，可以表现为文本、图形、动画、音频及视频等多种媒体信息，有些电子数据甚至能同时具备多种表现形式，并且能在这些表现形式中进行自由切换。相较之下，视听资料的表现形式就比较单一，一般只能是声音或图像，如录像带、录音带、电影胶卷、微型胶卷、电子计算机存储的数据和资料等，一般是通过其记录的声音或影像对案件情况进行部分或者全部的单纯再现。

其三，电子证据混同于视听资料在证明力方面有着明显缺陷。我国2012年《民事诉讼法》第71条规定：“人民法院对视听资料，应当辨别真伪，并结合本案的其他证据，审查确定能否作为认定事实的根据。”可以看出，在我国视听资料是一种“间接证据”，只有与其他证据综合起来才能确定其证明力，将电子证据视为视听资料不利于电子证据在诉讼中充分发挥证据的作用。[③] 如果按照视听资料说将电子邮件等计算机存储资料认定为视听资料，而又无其他证据相互佐证，即使该电子邮件真实、全面、可靠，也仍然会因其间接证据的证明力不足而

---

① 杨红蕾：《对电子证据引发的法律问题的探讨》，中国政法大学2013年硕士毕业论文。

② 许康定：《电子证据基本问题分析》，载《法学评论》2002年第3期。

③ 常怡，王健：《论电子证据的独立地位》，载《法学论坛》2004年第1期。

被排除在可采证据范围之外。①

实践中至今仍存在着将电子资料混同于视听资料予以提交的做法，甚至有“电子视听证据”的说法。② 亦有主张“用电子数据取代视听资料；而原来隶属于视听资料中的电影胶片等少部分证据其实是书证的特殊表现形式，故可以直接归为书证”。③ 可见视听资料说对于电子证据独立研究的影响之深，这种将电子证据与视听资料并行列举的立法定位对于实践操作中可能会造成误解，毕竟我们不能期待每位法律适用者都是电子证据方面的专家。从理论层面来看，不将电子证据从视听资料的影响中分离，不利于对于电子证据的运用规则进行研究，若将电子证据仍置于传统证据的视野下，其应有的特殊规则必定会被忽视，如同何家弘教授所言，电子证据是“最新也最具开发潜力的科学证据”，④ 那么对它的研究我们更不能抱着仅仅用传统证据规则就能将其约束的思维方法，因为“事物的发展是没有止境的，理念的内涵是没有止境的，作为理念化身的法的发展也应该是没有止境的。”⑤

无论是从信息技术发展的角度来看，还是从证据制度的完善角度来看，《刑事诉讼法》将电子证据与视听资料并行列举都不如《民事诉讼法》和《行政诉讼法》将电子证据单独列举更为明确。笔者认为，对于我国刑事诉讼中电子数据的定位，应当参照《民事诉讼法》和《行政诉讼法》的做法，将电子数据同视听资料分开单列，即使目前《刑事诉讼法》并未对其进行单列，在我们实践操作和理论研究的过程中，也应当认识到电子数据“单纯从理论思维模式来看，理论研究也不能一味地迁就于僵化的法条，因为这样会使理论研究故步自封、缺乏活力”。⑥ 因此，对于电子数据的理论研究也不可过于僵化，电子数据不仅有别于视听资料，与其他传统证据也有着很大的不同，从立法上对电子数据进行单独

---

① 参见刘显鹏：《电子证据的性质探析——以与视听资料之比较为视角》，载《兰州学刊》2013 年第 5 期。

② 墨九：《录音录像等电子视听证据的法律效力》，http：//law. shangdu. com/b/a/falvzhishi/falvanjian/2012/0315/33383. html，最后访问日期：2015 年 6 月 28 日。

③ 杜鸣晓：《论电子数据与视听资料之混淆》，载《上海政法学院学报（法治论丛）》2015 年第 1 期。

④ 何家弘主编：《刑事诉讼中科学证据的审查规则与采信标准》，中国人民公安大学出版社 2014 年版，第 1 页。

⑤ 周帼：《论黑格尔 <法哲学原理> 中的法治思想》，载《法制与社会》2008 年第 9 期。

⑥ 刘广三主编：《刑事证据法学》，中国人民公安大学出版社 2007 年版，第 248 页。

定位，不仅能够帮助我们根据电子证据的特点应对其在运用中所面临的困难与挑战，更有利于我们从理论层面构建和完善属于电子数据的运用规则。

（二）电子证据取证及证明力方面所面临的新挑战

电子证据的出现给证据种类注入了新鲜血液，也给我国的刑事诉讼和证据学理论研究带来了新的困难与挑战。这些困难和挑战，集中体现在对电子证据搜查、扣押等刑事取证程序方面，以及对电子证据证明力之客观性、完整性、合法性等基本属性的审查判断上。

1. 电子证据取证所面临的新挑战

在刑事诉讼中，电子证据多和网络犯罪结合在一起，给取证工作带来的困难及挑战主要有以下几个方面：

第一，案件更加不易察觉。互联网如同一把“双刃剑”，在飞速改变人们生活方式、提高人民生活水平的同时，网络盗窃、网络诈骗、网络洗钱、网络恐怖等网络犯罪也在潜滋暗长。这些案件和信息技术结合起来，具有极强的隐蔽性，看似是与常人无异的敲打键盘、点击鼠标的行为，其背后可能是在实施犯罪行为。加之电子数据本身就具备脆弱性、易修改性等负面特性，在海量的信息面前，除非是遭受了较为严重损失，否则一般难以发现犯罪案件。[①] 哪怕是在被人察觉后如果及时销毁罪证，犯罪事实也同样很容易被掩盖。虽然在现代信息技术的帮助下，电子证据可以发挥其“沉默的现场知情人”的作用，侦破“看似无痕，实则有迹”的网络犯罪案件成功率也颇高，但也要建立在发现了犯罪行为的基础之上。但许多非法行为，犯罪人可以对犯罪证据进行隐蔽性处理，如变更文件名，将合法文件与非法文件混为一体，或者在非法文件中嵌入一些与案件无关的普通文件等，这一方面对侦查机关的电子侦查能力提出了新的挑战，另一方面也要求侦查机关在仔细侦查案件的同时应尽可能减少对公民、单位合法权益的侵犯。[②]

第二，案发现场更加难以确定。给电子证据取证带来的另一困难是网络犯罪中案发现场的问题，与传统犯罪中有形的案发现场不同，网络犯罪的案发现场既可以是有形的，也可能是虚拟的，甚至是无形的。有形现场诸如计算机操作间、

① 参见刘蜜：《电子数据取证的法律规制》，载《湖北警官学院学报》2014 年第 12 期。

② 皮勇：《刑事诉讼中的电子证据规则研究》，中国人民公安大学出版社 2005 年版，第 114 ~ 115 页。

机房、终端设备室、计算机通信线路等给电子证据的取证工作带来的困难还相对较小一些，可以借助犯罪行为留下的物理痕迹和相关网络痕迹；而虚拟现场诸如网络聊天室、网络论坛、博客、微博客、微信等的取证则基本依赖于网络痕迹，无形场所诸如电磁辐射区的取证，则需要更高水平、更为专业的技术才能完成取证工作。此外，有时网络犯罪的发现地或者结果地未必就是作案地，而案发的作案地或者说真正的犯罪现场有时也难以发现，这也给案件的调查取证工作带来了更多的障碍。①

第三，需要更高水平的专业知识。电子证据的取证工作与其说是纯粹司法工作，不如说是“高科技辅助办案”的一项工作。电子证据取证工作对于侦查人员的技术要求以及相关信息设备掌握的熟练程度要求较高，这就需要经过专业培训的司法侦查人员来完成。一般来说，在经过高强度的信息技术专业培训后，再配备性能良好的专业工具，通常所见的电子证据取证工作也能够顺利完成。但电子证据背后的信息技术是不断发展和变化的，这也给侦查人员提出了一个又一个新的挑战。以电子证据的常见载体——存储介质为例，在存储介质未被犯罪人恶意破坏或是以外损毁的情况下，在现场通过专业的数据拷贝设备就能完成取证工作。但如果存储介质发生严重故障，如硬盘坏道、电机损坏以及视频监控设备遭人为破坏等，即使是已经很先进的数据拷贝设备也会束手无策，这时就需要根据故障的具体情况来选择修复硬盘或镜像文件，甚至开盘操作了。而要实现这类故障存储介质的电子证据取证，就必须借助专业的技术、专业的设备、专业的操作环境（开盘需要在百级无尘室内进行），这样才能保证电子证据取证的完整性、安全性以及高效性。这无疑是我国涉及电子证据相关案件取证工作面临的一大挑战。

第四，需要更多的复合型人才。与网络犯罪等高科技犯罪作斗争，既是司法上的斗争，也是技术上的较量。但从现有警察、检察官队伍的信息技术与应用技能水平上来看，让普通的侦查、司法人员去和高科技犯罪作斗争，显然是力不从心的。目前我国也存在着专业的网络警察，但一方面网络警察仍然还是一支年轻化的缺少网络电子证据取证经验的队伍，对其电子证据的取证水平还有待提高；

---

① 马筱彧：《新刑诉法下论电子证据》，http：//www. jcrb. com/xztpd/2014zt/201403/NVCGZW/YXJ/201403/t20140312_1345506. html，最后访问日期：2015 年 4 月 23 日。

另一方面计算机网络知识，更新换代的速度非常快，网络警察想要赢得“魔高一尺”还是“道高一丈”的斗争，必须定时进行学习和培训以保持技术的先进性。此外，由于目前立法中对于网络犯罪等的管辖规定仍不够细致，在侦查实践中往往会造成不同警种甚至是不同单位之间的“单兵作战”或是“相互打架”的现象，其实在网络犯罪的侦查取证工作中，不仅多警联动、联合作战，甚至需要聘请计算机专业人员、财会专业人员等一同前往才能完成这项复杂又新颖的工作。

2. 电子证据证明力方面所面临的新挑战

何家弘教授曾经指出，“在取证、举证、质证、认证这四个司法证明的基本环节中，认证无疑是最关键的环节。诚然，没有取证、举证和质证，认证就会成为无本之木和空中楼阁。但是归根结底，取证、举证、质证都是为认证服务的。离开认证这个环节，司法证明就成了一句空话，司法证明的任务就无法完成。”① 电子证据在完成取证工作之后，虽然也要经历举证和质证两个环节，但由于电子证据本身的技术特性，对其认证和传统证据有着很大的不同，而其面临的困难和引起的争议也往往产生于认证阶段，在该阶段，电子证据审查判断所面临的问题主要体现在证明力方面。

第一，电子证据的真实性问题。不同于传统证据的“耳听为虚，眼见为实”的认知观，我们通常既无法用肉眼来判断电子证据是否真实，也不能从电子证据本身入手判断其是否真实。传统证据的认知观里，我们都赞同“耳听”得来的证据为“传闻证据”，而“眼见”的证据则应该属于“原始证据”，但在电子证据面前，一切都不能被直接感知，必须要借助相应的显示或打印设备才可以。由此，电子显示或打印设备所呈现的电子证据，是不是真实的证据，则是电子证据这一新型证据所不得不面对的一个问题。

电子数据通常是以电磁或光信号等物理形式存在于各种存储介质上的，因此电子证据易被篡改且不容易留痕迹。技术越发达，伪造的可能性越大，对其真实性也就更加难以确定，稍不留神，这看似功能强大的电子证据就会被人为地更改为“伪证”。首先，电子证据的主体认定难，电子证据还容易产生与犯罪主体相分离的情形，犯罪嫌疑人经常以“该电脑被人借用”“该手机在案发时已丢失”等为自己抗辩，使得收集的电子证据更是真伪难分。其次，电子证据的内容可能

---

① 何家弘主编：《刑事审判认证指南》，法律出版社 2002 年版，第 1 页。

是丰富多样的，带来了对内容认定的困难。电子证据多数情况下不同于传统的物证、书证等，传统物理鉴定如笔迹、指纹鉴定等对电子证据也无可奈何。

第二，电子证据的完整性问题。电子证据的组成部分是信息，而信息虽然无处不在，但却不可见、不直观、不可捉摸，同时又十分复杂和广博，很难全面触及，因而电子证据的完整性同样是影响证据认定的一个重要因素。由于电子证据本身就具有信息分散性的特征，在收集的过程中难免会出现是否完整的认定问题，毕竟证据的收集要做到全面无遗漏，而不是选择性的收集或是部分收集。目前我国立法中没有关于电子证据完整性的明确规定，参照联合国国际贸易法委员会第 85 次全体大会通过的《电子商务示范法》第 8 条第 3 款之规定，电子证据的完整性，是指“数据电文的内容保持完整和未予改动”。虽然只有寥寥数字，但是在电子证据完整性的认定上要面临的困难似乎并不比电子证据真实性认定少。

电子证据的完整性和真实性之间是相辅相成的关系，完整性的缺失直接影响其真实性，因而电子证据完整性认定所面临的困难在本质上也是电子证据背后科技发展的无限性和法律规定的有限性之间的冲突。法律不是科技，但是法律离不开科技。电子证据是以“比特”的形式存在的，该存在形式就是非连续的，即易篡改、增减等。[①] 若某一电子证据在形成后遭受过增加、删减等情况势必会影响对其完整性的判断，哪怕该证据在真实性认定上已经没有问题，但其完整性的缺失进一步影响该证据的证明力。一方面，电子证据和现代网络技术上的特性使得能够起到证明作用的电子证据容易分散到不同地域的网络犯罪现场；另一方面，电子证据的虚拟性和无形性使得其容易被篡改、删减和伪造又不易被发现。这些都是电子证据在完整性问题上面临的困难和挑战。

第三，电子证据的合法性问题。电子证据的合法性在刑事诉讼中主要涉及电子证据的搜查、扣押等措施的实施过程中，有没有侵害犯罪嫌疑人或其他第三人等的合法权益，以及对侵犯了他人合法权益收集到的电子证据该如何认证的问题。我国《刑事诉讼法》在第 136 条规定：“为了收集犯罪证据、查获犯罪人，侦查人员可以对犯罪嫌疑人以及可能隐藏罪犯或者犯罪证据的人的身体、物品、住处和其他有关的地方进行搜查。”虽然《公安机关办理刑事案件程序规定》第

① 参见董杜骄：《电子证据的概念、特征及其研究意义》，载 http：//www. law - lib. com/hzsf/lw_view. asp？ no = 1064，最后访问日期：2015 年 5 月 2 日。

205 条、第 210 条以及《人民检察院刑事诉讼规则》第 175 条、第 189 条对该规定进行了重申，但对于电子证据的合法性问题却鲜有提及。

众所周知的是，电子证据往往与网络是分不开的，如果侦查人员搜查的计算机系统是多人共享或是联网的，这其中便既会有犯罪嫌疑人的电子数据，同时也会有他人的数据，甚至会有涉及他人隐私或者是商业秘密的电子数据。如何在有效开展电子证据取证工作的同时避免侵犯他人合法权利之间达成平衡，则是电子证据必须要考虑到的一个问题。① 因为如果在取证的过程中完全禁止侦查人员对他人电子数据的搜查是不可行的，电子数据的分散性使得非法数据常混于合法数据，很难完全剔除，有些数据被剔除后会使关键证据出现断裂、无法识别等情况；另外，忽视和侵犯犯罪嫌疑人及第三方案外人的合法权益显然与现代法治精神、刑事诉讼惩罚犯罪与保障人员并重的司法理念不符，侦查机关随意侵犯他人权益所造成的损失还可能会面临被诉问题。

（三）我国刑事诉讼中的电子证据规则的完善

证据乃诉讼之灵魂，一国证据制度的完善程度，直接影响到该国诉讼制度的文明和理性程度。② 如今摆在我们面前的远比视听资料复杂千倍万倍的电子证据，可喜的是，我国三大诉讼法都通过修改的方式解决了这一新兴证据的法律定位问题，但同时令人忧虑的是，电子证据的运用规则仍不够完善，实践中不断有检察官、法官咨询对于电子证据如何才能有效、全面地运用的问题，“电子数据技术无限性与法律有限性的冲突”不断凸显。③ 法律也要适时吐旧纳新，与时俱进，同时，相应的规则的完善，才能为司法实践保驾护航。电子证据作为诉讼证据的一个种类，具有证据的普遍性与特殊性，因此在电子证据的运用方面，除了要与书证、物证、视听资料等证据形式一样，在经法定程序查证其真实性、完整性、合法性属实，才可以成为认定事实的根据遵循证据之外，还要注意电子证据由其自身特性衍生出来的特殊采信、运用原则。④《电子数据规定》第 2 条明确规定，侦查机关应当遵守法定程序，遵循有关技术标准，全面、客观、及时地收集、提取电子数据；人民检察院、人民法院应当围绕真实性、合法性、关联性审

① 戴士剑，刘品新主编：《电子证据调查指南》，中国检察出版社 2014 年版，第 205 页。
② 沈德咏，宋随军主编：《刑事证据制度与理论（上）》，人民法院出版社 2006 年版，第 5 页。
③ 毋爱斌：《电子数据真实性如何认定》，载《人民法院报》2014 年 7 月 4 日第 2 版。
④ 洪丹：《电子证据时代效力为王》，载《南方日报》，2015 年 2 月 5 日第 2 版。

查判断电子数据。

1. 介质优先原则

电子证据的存储介质，是存储电子数据和信息的载体，目前人们较为熟悉的有软盘、光盘、DVD、硬盘、闪存、U 盘、CF 卡、SD 卡、MMC 卡、SM 卡、记忆棒（MemoryStick），并且随着信息技术的进步，电子证据存储介质的种类必定会越来越多。[①] 电子证据的本质是存储于一定介质的电子信息和数据，虽然利用现代的信息技术，信息和数据可以在不同介质之间进行传输、互换，但是对于电子证据的存在来说从根本上还是要依赖存储介质。在美国，各法院已经普遍认同电子证据的存储介质相当于传统取证中的“容器”。[②] 存储介质的特性一定程度上决定了电子证据的特性，电子证据才得以隐身于极其微小的空间内，如指甲盖大小的 SD 卡内就可以存放大量的电子证据，掌握了这样一块小小的 SD 卡就可能掌握了查明案件事实的关键证据。对于存储介质的固定、保全等不仅能确保获得原始的电子证据，而且还能保留部分电子证据的应用环境，对后续电子证据的提取、出示等都有关键作用。因此，对于存储介质的收集、审查等工作直接影响到电子证据的证据资格和证明力大小，在电子证据运用规则中坚持介质优先原则，《电子数据规定》第 5 条明确要求采用该条规定的六种方法中的一种或多种对作为证据使用的电子数据加以保护，以保持电子数据的完整性。其第 8 条和第 9 条对电子数据的收集、提取原始存储介质的规定体现了这一要求。具体来说，要做到以下几个方面：

第一，在电子证据收集、保全等调查取证工作中，应首先尽可能地收集和保全与电子证据相关的存储介质，以免介质出现损毁、灭失等情况下电子证据再也无法收集。2014 年 5 月 4 日最高人民法院、最高人民检察院、公安部《关于办理网络犯罪案件适用刑事诉讼程序若干问题的意见》中指出，收集、提取电子数据，能够获取原始存储介质的，应当封存原始存储介质，并制作笔录，记录原始存储介质的封存状态，由侦查人员、原始存储介质持有人签名或者盖章；持有人无法签名或者拒绝签名的，应当在笔录中注明，由见证人签名或者盖章。有条件

① 参见百度百科：《存储介质》词条，http：//baike. baidu. com/link？ url = GdIFRI5klYPNGGTkh_qHzIca – G0DCkJw1nsJldQuKYD8KKlOsvdrfKZ9AdgIfaclMnZ8JKZxAX_dj5yBMMsixq，最后访问日期：2015 年 5 月 3 日。

② 戴莹：《刑事侦查电子取证研究》，中国政法大学出版社 2013 年版，第 122 页。

的，侦查人员应当对相关活动进行录像。因此，对于存储介质的封存，不可一味采取同于传统实物证据的封存方式，而完全可能是“技术活”，随着科技的不断进步，电子证据的存储介质也变得越来越小、越来越精密，操作不当，有可能就会前功尽弃。在存储介质的封存、固定工作中，主要面临着何时封存、如何封存、在何处封存的问题。以手机为例，一般来说，将手机放入屏蔽袋后送往实验室便视为完成了扣押、封存工作。但如果在手头没有屏蔽袋的情况下，则应当视情况而定，如果是出于防止手机数据受到污染和干扰的考虑，需要将手机关机或调成飞行模式；如果有些手机关机或调成飞行模式后数据会丢失或删除，则应当现行提取信息后采取封存措施。①

对于收集后电子证据的保全，也与传统书证、物证等的保全方式不同，传统证据一般只需要完成在规定地点的封存、登记就可以了，但是电子证据的保全却完全不同，仅仅对电子证据完成物理方式的封存、登记还并不可靠，仍然会给人们带来对其真实性和完整性的质疑。因此，采用合理的方式对电子证据保全，也有利于完善后期对其审查、判断等工作。笔者认为，可以参考戴士剑、刘品新在《电子证据调查指南》一书中提到的用指纹签名的方式对电子证据进行保全。

指纹签名，指的是数字指纹签名，不同于传统意义上的物理指纹。数字指纹，也成为数字签名和数字摘要，是信息安全领域一个重要的技术和概念，有很多种，最简单和最好理解的就是 MD5 数字摘要。其特点是它代表了数据的特征，如果数据发生改变，数字签名的值也将发生变化。不同的数据将得到不同的数字签名。这样的签名成为哈希函数或哈希值（HASH），是将任意长度的数字信息变换成固定长度的短消息，类似于一个自变量是数字信息的函数，这也是其名称的由来。MD5 适用 128 位的二进制信息来作为原始信息的指纹，也就是对所有原始信息进行运算，最终得到一个 128 位的信息，作为其指纹。在此基础上，电子证据理想的保全方式为：在勘查和扣押电子证据时，即对电子证据进行物理实体和电子证据的保全工作，如采用取证专用拷贝机对原始载体中的信息进行完全一样的复制并生成数字指纹，并将这个数字指纹与物理实体一起进行记录，所生成的指纹三方保存，扣押方一份，被扣押方一份，独立第三方一份，并要求被扣押方对此进行签字确认。这样做之后，所有的分析鉴定工作都在复制件上进行，而

① 参见戴士剑，刘品新主编：《电子证据调查指南》，中国检察出版社 2014 年版，第 80 页。

且复制件可以多次复制，通过指纹签名可以保证其完全一致，从而保证其是原始信息。这样做就彻底解决了电子证据的鉴定问题，至少有以下几点好处：其一，原件能完全固定，不会对原件造成任何破坏和污染；其二，三方持有原件指纹，任何一方改变原始信息都可查；其三，只在复制件上操作，复制件可以复制成多份供不同的鉴定机构进行分析；其四，任何鉴定过程和结果都可复现，鉴定机构之间可以进行对比和验证，比书证鉴定还方便。[①]

第二，在电子证据的审查、判断工作中，也要对存储介质进行审查判断，存储介质一旦出现伪造、损毁、破坏等情况，其储存的电子信息也会受到直接的影响。首先，要审查判断存储介质来源的程序是否合法。我国《刑事诉讼法》第52条第1款规定："审判人员、检察人员、侦查人员必须依照法定程序，收集能够证实犯罪嫌疑人、被告人有罪或者无罪、犯罪情节轻重的各种证据。严禁刑讯逼供和以威胁、引诱、欺骗以及其他非法方法收集证据，不得强迫任何人证实自己有罪。"因此，法定的收集主体为审判人员、检察人员和侦查人员，而对于辩护律师的调查取证行为，其并非为法定的主体，但辩护律师在办案过程中获得的证据也应当依法提交给审判人员、检察人员或侦查人员。同时，法定主体在收集过程中必须依照法定程序，该申请搜查证的就不能无证搜查，该办理扣押手续的就不能无证扣押。

其次，要审查判断存储介质是否完整。随着存储介质的日益多样化，司法实践中对其要求也越来越高，证据如果不完整，势必会影响其真实性的认定，同时由于电子数据以无形方式存在，计算机存储等使用磁性介质，存储内容易被修改且不会留下痕迹，因而鉴定较为困难。[②] 完整性审查是从电子证据的整体连贯性角度出发，包括三项任务：一是电子证据本身记载内容的完整性审查；二是负载电子证据内容信息的完整性审查；三是电子证据依附系统的完整性审查。[③] 对于自生成后内容一直保持完整的电子证据，其客观性要大于内容不够完整的电子证据。目前在司法实践中饱受诟病的侦查人员在收集、调取证据时受一味打击犯罪思想的影响，往往侧重于有罪和罪重证据的收集，而忽视无罪或者罪轻的证据，

① 参见戴士剑，刘品新主编：《电子证据调查指南》，中国检察出版社2014年版，第209—215页。
② 毋爱斌：《电子数据真实性如何认定》，载《人民法院报》2014年7月4日第2版。
③ 王俊：《电子证据证明力认定的展开》，载《福建警察学院学报》2011年第2期。

这点在电子证据相关工作中更容易操作。但从反面来看，只要做好存储介质的完整性审查与判断，利用现代科技，对于证据缺失、部分收集的情况的发现也并不难，甚至在很大程度上比传统证据更容易发现，从而也能够借此对侦查人员的取证行为起到督促作用。

再次，要对存储介质的真实性进行审查判断。审查电子证据存储介质的真实性，应当按照存储介质收集、固定的步骤，从以下三个方面展开：一是存储介质的来源，主要看存储介质是如何形成的。存储介质有时需要依赖一定的设备和系统，这时就要审查形成的设备、系统是否可靠，在其形成过程中设备、系统是否处在正常、稳定的状态之中。二是存储介质的固定保全，结合不同存储介质的特点，固定、保全该介质要及时、有效，采用前文所述指纹签名形式保全的，要对一式三份的指纹签名审查。三是存储介质的移送和提交，如前文提到过的手机，在移送和提交的过程中就一定要注意屏蔽、关机或是调成飞行模式，否则就可能造成手机内储存的电子数据被干扰、污染。

需要指出的是，无论制定多么严谨的证据规则，同时又采用多么先进的取证设备，都是无法预测现场情况的复杂还是简单。如常见的对计算机相关犯罪的取证，到达现场后对于处在开机状态的计算机是正常关机，还会直接断电拿走主机，抑或是保持开机状态？这些都不是我们刑事诉讼法或是证据相关立法制定具体的规则所能规范的，而是要根据现场情况以及电子证据取证需要才能确定。2016 年 9 月出台的《电子数据证据规定》也考虑到了存储介质与电子证据相分离，或是存在实在无法获取存储介质的情形。具有下列情形之一，无法获取原始存储介质的，可以提取电子数据，但应当在笔录中注明不能扣押原始存储介质的原因、原始存储介质的存放地点或者电子数据的来源等情况，并计算电子数据的完整性校验值：（1）原始存储介质不便封存的；（2）提取计算机内存数据、网络传输数据等不是存储在存储介质上的电子数据的；（3）原始存储介质位于境外的；（4）其他无法扣押原始存储介质的情形。

2. 义务提供原则

义务提供原则，是指掌握电子证据的单位、组织和个人在人民法院、人民检察院和公安机关依法收集、调取证据的过程中，有及时、全面提交涉案电子证据的义务。电子证据的义务提供原则，包括两层含义，一是电子证据和其他传统证据一样，有可能掌握在任何的单位或个人手中，这些单位和个人的义务来源是其刚好掌握了和案件有关的电子证据；二是法律、法规规定的电子证据的第三方保存部门，如网络服务提供商，其义务来源则是法律的规定。这两种情况在我国立法中都有着明确规定，《刑事诉讼法》第54条第1款规定："人民法院、人民检察院和公安机关有权向有关单位和个人收集、调取证据。有关单位和个人应当如实提供证据。"第137条也规定："任何单位和个人，有义务按照人民检察院和公安机关的要求，交出可以证明犯罪嫌疑人有罪或者无罪的物证、书证、视听资料等证据。"《民事诉讼法》第67条第1款规定："人民法院有权向有关单位和个人调查取证，有关单位和个人不得拒绝。"《行政诉讼法》第40条也规定："人民法院有权向有关行政机关以及其他组织、公民调取证据。"同时，我国在多部法规、规章中规定了特定的第三方对于电子数据信息有保存和提供的义务，如国务院发布的《互联网信息服务管理办法》第14条；2011年1月8日开始实施的《互联网上网服务营业场所管理条例》第23条；信息产业部发布的《互联网电子公告服务管理规定》第14条、第15条等都有相似规定，互联网信息服务提供者和互联网接入服务提供者、互联网上网服务营业场所经营者应当记录上网用户的上网时间、用户账号、互联网地址或者域名、主叫电话号码等信息，记录备份应当保存60日，并在国家有关机关依法查询时予以提供。《电子数据证据规定》第3条也规定，人民法院、人民检察院和公安机关有权依法向有关单位和个人收集、调取电子数据。有关单位和个人应当如实提供。由以上可以看出，不仅有关机关可以依据法律规定调取电子证据，而且法律规定的单位、组织、个人也有向有关机关提供与本案相关的电子证据的义务。

对于传统证据的收集、保全来说，第三方通常只起到见证的作用，但是电子证据的调查取证工作很多时候离不开第三方的支持和参与。收集、保全电子证据的重要性和复杂性一方面推动了电子证据相关调查取证措施的完善发展，如今许多国家和地区都在不断增加用于电子证据调查取证的高新技术设备；另一方面理论界和实务界也越来越重视其他掌握电子证据的单位或个人的义务提供原则，尤其当电子证据掌握在第三方手中的时候，命令其及时提交具有天然的优势：

第一，可以减少侦查中的技术障碍，提高侦查效率。电子数据的产生、存储、传输、访问等都要依赖移动的技术设备和技术措施，有些单位、组织或者个人出于生产经营、安全保障等目的，会适用特殊的存储、处理设备和技术措施，尤其技术性非常强、数据量非常大的单位，不具备信息分类、信息提取技术的侦查人员很难在短时间内克服大量的技术障碍，即使聘请了行业专家，相比第三方主动提供来说，也要花费较多的时间。① 例如，像“亚马逊公司”等在网络销售上开展业务的同时，都会如实记录消费者每次购物的各种记录，包括个人身份和户名情况等。如果侦查人员需要这些信息，就可以要求网络销售商（其实就是网络服务提供商）代为获取和提供，然后送交警方拿到实验室进行数据分析就可以了。② 这要比侦查人员自己花时间去收集目标数据效率高得多，哪怕是没有任何信息技术操作基础的侦查人员也能独立完成。

第二，能有效减少对合法权益的侵害，最大程度保障人权。我国现行法律已经确认了公民对于电子数据享有所有权、使用权、隐私权等合法权益，电子证据的分散性特性又使得在调查取证过程中经常出现涉案证据与他人合法数据混杂、难以区分的情况，如侦查人员搜查的计算机系统是多人共享甚至联网的，则其中既会存储犯罪嫌疑人的电子数据，也会存储其他无关人员的电子数据，特别是会存储有关他人隐私或商业秘密的电子数据等，如果强行对难以区分的电子数据全部搜查、固定等极有可能会妨碍他人的正常生产经营活动。而适用电子证据的义务提交原则，由有关单位和个人利用自己的技术、设备、信息等优势，及时移交有关的电子数据，则会最大程度地保护他人的合法权益。而且责令有关单位、个人和其他第三方义务提供有明确的法律规定，能免除有关单位、个人和其他第三方对于法律责任的担忧。

第三，能够避免烦琐的司法程序，及时获取涉外的电子证据。随着互联网国际化的发展和应用，许多现代企业、跨国公司集团都在使用国际互联网进行生产经营活动，我国国内民众完全可以轻易获得国外网络服务商提供的网络服务，而有些单位、个人和其他第三方的电子数据则会存放在国外的网络服务系统中。人民法院、人民检察院和公安机关要收集这类存放在域外的电子证据，必须要按照我国和电子证据所在国的司法协助协定，按照法定程序向他国提出请求，由他国司法机关采取搜查、扣押措施提取所需的电子证据。③ 但如果按照义务提供原则，由有关单位、个人或其他第三方采用合法的手段提取相关的电子数据，然后

---

① 参见皮勇：《网络安全法原论》，中国人民公安大学出版社 2008 年版，第 641 页。

② 戴士剑，刘品新主编：《电子证据调查指南》，中国检察出版社 2014 年版，第 206 页。

③ 皮勇：《网络安全法原论》，中国人民公安大学出版社 2008 年版，第 642 页。

提交给人民法院、人民检察院和公安机关，就可以避开烦琐的涉外司法程序和法律障碍。

虽然法律规定有关单位、个人和其他第三方有提交电子证据的义务，但并不是人民法院、人民检察院和公安机关向他们送达了有关的法律文书就可以坐享其成的。应当注意的是，虽然有关单位、个人和其他第三方作为电子数据的掌握者、保管者能够在第一时间接触到相关数据，但他们往往因为缺乏收集证据所必需的法律知识和能力，会造成电子证据完整性和真实性的缺失，从而影响电子证据的证明力。因此，司法人员在要求有关的单位、个人和其他第三方履行提交义务的同时，还要进行必要的引导，以保证获取的电子证据的完整性、真实性，维护电子证据的证明力。最后需要注意的是，当有关机关要求法律规定的单位、个人或其他第三方履行这种义务时，应当以该方现有技术所能达到的最高程度为限，而不应提出超出其现有技术水平的要求，勉为其难。

3. 技术鉴定原则

对电子证据进行技术鉴定，是关系到电子证据证明力大小的一项重要司法活动。技术鉴定原则就是指由于电子证据本身的专业性、复杂性、脆弱性、易修改性，在必要的时候要进行技术鉴定，以技术鉴定的方式来减少电子证据专业性带给法律人士的困扰。司法机关在审查判断电子证据的内容时，有时单凭人的感官无法查明真伪，必须要寻求具有专门知识的人进行技术支持。同时，和电子证据有关的案件大多会留下比较多的信息或痕迹，无论有多高明的伪造和伪装手段，也不可能面面俱到，更难逃过利用科技设备所作的鉴定。[①]《电子数据证据规定》第23条规定，对电子数据是否完整，应当根据保护电子数据完整性的相应方法进行验证。该条规定了六种方法。对于电子证据的技术鉴定，有时会对一个案件起到决定性的作用。例如，某检察院在办理被告人杨某涉嫌的强奸一案中，案件一审因其年龄存在争议被退回补充侦查。检察技术部门调取了杨某户籍所在地计生部门信息系统中的电子数据，经过深入分析检验，最终查明杨某出生日期存在修改的事实，从而认定其为应承担刑事责任人，最终为法院的定罪量刑提供了无可辩驳的证据。电子证据非常容易被删改，但即使经过删除、粉碎或格式化的处

① 曾晓东：《浅析电子证据在新刑事诉讼法中的运用》，http：//www.chinacourt.org/article/detail/2013/07/id/1037428.shtml，最后访问日期：2015年7月2日。

理，曾经保存的数据和嫌疑人的操作痕迹总会留下一些蛛丝马迹。① 本案中就是委托专业人员使用专门的工具、利用专门技术对电子证据进行技术鉴定，在必要的时候借助专业机构，提高证据的证明力。②

最高人民检察院自2009年开始开展电子证据检验鉴定工作，并于2009年4月下发了《人民检察院电子证据鉴定程序规则（试行）》，对于电子证据以及电子证据鉴定有了明确的规定，“电子证据鉴定是指人民检察院司法鉴定人根据相关的理论和方法，对诉讼活动中涉及的电子证据进行检验鉴定，并作出意见的一项专门性技术活动。”目前最高人民检察院司法鉴定中心制定了针对电子证据检验鉴定的八个方法即数据擦除方法、电子证据一致性认定检验方法、复制件制作方法、电子证据数据恢复检验方法、电子证据条件搜索检验方法、电子证据解密检验方法、移动电话检验方法、移动电话SIM卡检验方法，作为开展实验室检验鉴定工作的指导规范。③ 电子证据检验工作是技术领域的新课题，专业性强，不同案件的具体检验和思维方法可能还存在差异，但笔者结合理论和实践中的经验和做法，总结了电子证据技术鉴定的主要规律，认为电子证据的技术检验工作应当主要涵盖以下几个方面：

（1）认定电子数据的存在。依据所处的环境不同，电子数据的存储介质也不同，如果电子数据存在于单机介质中，所处的就是一个封闭的系统，来源就会比较单一，一般会集中于单机的硬盘、光盘乃至内存等存储介质中，技术要求也就相对简单；如果存在于开放性的网络系统中，由于电子数据的高速流转，电子数据的来源可能就相对不太确定，可能分散于网络的各个角落，这时首先就需要认定电子数据是否存在，以及存在的位置等。

（2）检验电子数据、信息的来源。通过分析的数据、信息的生成方法、传播渠道、时间信息等来认定电子数据、信息的最初来源，该鉴定工作对于案件的调查、取证有着较大的作用。如认定网上某个信息是否为某个特定的犯罪嫌疑人制作、传播的，可以通过上传人的IP地址（包括静态IP地址、动态IP地址）、上网账号、密码及相关登记资料进行鉴定，通过关联点分析网上活动轨迹及信息

① 韩索华，何月：《检察机关电子证据检验鉴定实证研究》，载《法学杂志》2011年第11期。
② 参见洪丹：《电子证据时代效力为王》，载《南方日报》2015年2月5日第2版。
③ 韩索华、何月：《检察机关电子证据检验鉴定实证研究》，载《法学杂志》2011年第11期。

内容，研判行为人的网络行为、个性特征，从而帮助锁定犯罪嫌疑人。[①]

（3）认定电子数据、信息的量。在有些案件的办理过程中，通过网络传播的电子数据和信息的量直接关系到罪与非罪的问题，如果量达不到法定的标准，则要将其明确排除出犯罪案件的范围。典型的如通过网络制作、贩卖、传播淫秽物品的案件，通常需要对淫秽物品的量进行鉴定分析，才能确定是否需要继续追求犯罪嫌疑人的刑事责任。[②]

（4）认定电子数据的真实。电子数据具有易修改、易伪造等特点，稍有不慎，经过伪造、变造过的电子数据就会和其他的证据出现鱼目混珠的情况。但利用现代的技术设备来发现被修改、伪造后的电子数据留下的蛛丝马迹，已经并不十分困难，这也是电子证据技术鉴定工作的一项重要内容，对提交的电子证据的真实性进行鉴定，及时剔除伪造、变造的电子证据，保证侦查、审查工作沿着正确的方向延伸。《电子数据证据规定》第22条规定，对电子数据是否真实，应当着重审查以下内容：①是否移送原始存储介质；在原始存储介质无法封存、不便移动时，有无说明原因，并注明收集、提取过程及原始存储介质的存放地点或者电子数据的来源等情况。②电子数据是否具有数字签名、数字证书等特殊标识。③电子数据的收集、提取过程是否可以重现。④电子数据如有增加、删除、修改等情形的，是否附有说明。⑤电子数据的完整性是否可以保证。

（5）认定信息的同一性和相似性。在有些案件中，需要对信息的同一性或相似性进行检验和鉴定，典型的如知识产权类的案件，需要对有关的电子数据、信息进行比对分析，以确定是否侵犯了他人的知识产权。

（6）重构犯罪现场或案件。电子证据相较其他传统证据最大的优点就是能够最真实地还原案件事实、重构犯罪现场，因此有着“沉默的现场知情人”之称。借助犯罪嫌疑人操作电子设备在系统中留下的痕迹，利用电子数据的恢复、解密技术对案件事实、犯罪现场进行复原，电子证据这个“沉默的现场知情人”就能告诉我们它所记录的各种各样的信息。犯罪现场重建的功能不仅在侦查阶段有助于破获案件，在法庭审理阶段也能起到证明案件事实过程的重要作用。《电子数据证据规定》第16条规定，对扣押的原始存储介质或者提取的电子数据，

① 参见戴士剑、刘品新主编：《电子证据调查指南》，中国检察出版社2014年版，第311页。
② 参见戴士剑、刘品新主编：《电子证据调查指南》，中国检察出版社2014年版，第38页。

可以通过恢复、破解、统计、关联、比对等方式进行检查。必要时，可以进行侦查实验。

需要注意的是，由于目前我国对于鉴定程序的规定还比较严格与复杂，在司法实践中，常常会遇到基层办案机关将出现的电子证据检验鉴定方面的问题向省、市级办案机关鉴定中心委托鉴定，中间办理手续与提交移送等所花费的时间会影响到在第一时间调取证据，而集中到省、市级办案机关鉴定中心的大量电子数据，如果逐一进行镜像分析，也需要花费大量时间，有时会贻误战机。因此，未来电子证据技术鉴定的发展方向就应该朝着两个方向努力：一是利用大数据的优势，通过建立云计算架构，实现电子证据的远程提交、传输、鉴定等，以减少中间各道程序所带来的时间上的花费。二是对于无法远程提交后进行鉴定的电子证据，则需要在基层建立更多有资质的电子证据检验鉴定机构，以适应基层办案机关电子证据案件数量日益增加的迫切需要。

在大数据无处不在的今天，对于电子证据的鉴定也应当与时俱进，及时进入“云时代”。2014 年以来，最高人民检察院技术信息研究中心正在倾力搭建检察机关电子证据云平台，试图为检查技术工作的战略转型开辟出一条路径。这个富有建设性的平台的思路是：采用云计算架构，在最高人民法院司法鉴定中心构建大规模高性能的电子证据分析鉴定平台，实现对电子证据的快速镜像和取证分析；引入大数据理念，构建电子证据管理平台，实现对海量电子证据的存储、归档和快速查询检索，通过数据的碰撞发现线索，为职务犯罪侦查指明方向。当然，建设中的这个云平台还会为侦查监督、审查起诉、控告申诉乃至民行检察工作等提供服务。一个并不遥远的场景是，通过云计算架构，基层检察机关只需通过简单的客户端软件即可接入这个平台，实现电子证据的远程取证和分析鉴定。因无须往返移交设备或者介质，取证与鉴定将更加经济、安全和高效。①

4. 私权保护原则

无论是对电子证据的搜查还是扣押、固定、封存，都会发生公权力与犯罪嫌疑人或其他第三方权利的激烈碰撞。与其他传统证据不同的是，电子证据由于其海量储存性、高速流转性、分散储存性等，在办案过程中常常出现涉案证据与公民合法存储数据混同的现象，如果只考虑侦查活动的需要，不仅犯罪嫌疑人的隐

① 参见戴士剑、刘品新主编：《电子证据调查指南》，中国检察出版社 2014 年版，第 1～2 页。

私权等得不到保障，其他第三方甚至广大公众的隐私权等也会面临被侵犯的危险；如果只强调对公民隐私权等的保护，就要求搜查的对象尽可能地限制在和犯罪嫌疑人直接相关的物品上，这将会导致难以搜查到犯罪证据。如被扣押的计算机设备关系到公民正常工作生活或者经营单位的正常运行，采取扣押措施保护计算机数据就可能会侵犯他人的合法权利，这其中既可能会涉及隐私权的问题，也可能会涉及财产权的问题。因此，既要有效、及时获取涉案的电子证据，又要充分地保障公民的基本权利，就需要针对电子证据的特点采取相应的特殊保护措施。

如何解决搜查电子证据过程中的权利保障问题，是世界各国刑事程序立法不能回避的问题。不同国家的处理有不同倾向，有的国家（如德国、法国等）注重对犯罪的打击，倾向于确保有效搜查犯罪证据；有的国家（如美国、英国等）则更关注公民权利的保障，对电子证据的搜查规定了严格的限制。但是，无论是大陆法系国家还是英美法系国家，它们都反对片面强调单个方面，不允许以漫无边际的数据搜索代替对特定案件犯罪证据的搜查，也不允许公民的隐私权等凌驾于国家刑事司法权之上。① 由于对于电子证据的调查取证等是不经当事人同意而秘密地截获其计算机等相关通信、储存数据的调查措施，在一定程度上会影响人们的通信自由和隐私权，人们多把它视作和通信监听措施相同或相似的刑事强制措施，这种忧虑也是不无道理的。因为一旦确立了电子证据实时收集措施的立法，司法当局就获得了像适用望远镜和显微镜一样监视社会的能力，在不用于打击犯罪时，这种监视的权力依然存在，可能导致对市民社会的永久监控。②

因此，坚持电子证据运用过程中的隐私权保护原则，就要做到收集和保全电子证据时“有限性”与“完整性”之间的权衡。有国际权威的计算机调查专家国际协会公布的《电子检验程序》特别强调，“基于各种原因的制约，检验员要对介质上所有数据实施彻底检验常常得不到授权或者不可能、不必要、不可行。这时，检验员就只能进行有限制检验”。③ 这实际上是确立了电子证据收集和保全的“有限性”原则。虽然我国目前电子证据立法中并未明确规定“有限性”

---

① 参见皮勇：《网络安全法原论》，中国人民公安大学出版社 2008 年版，第 653 页。
② 参见皮勇：《网络安全法原论》，中国人民公安大学出版社 2008 年版，第 676 页。
③ 刘品新主编：《电子取证的法律规制》，中国法制出版社 2010 年版，第 43 页。

的原则，但其实各项强制措施都有着范围确立的问题，只是在电子证据的收集和保全中更为明显。《刑事诉讼法》第136条规定："为了收集犯罪证据、查获犯罪人，侦查人员可以对犯罪嫌疑人以及可能隐藏罪犯或者犯罪证据的人的身体、物品、住处和其他有关的地方进行搜查。"《高检规则》第220条重申了该规定，并在第234条予以细化，"在侦查活动中发现的可以证明犯罪嫌疑人有罪、无罪或者犯罪情节轻重的各种财物和文件，应当查封或者扣押；与案件无关的，不得查封或者扣押"，《公安机关办理刑事案件程序规定》第217条、第222条也有着类似规定。这表明，对于电子证据的搜查也应该限于"犯罪嫌疑人以及可能隐藏罪犯或者犯罪证据的人的身体、物品、住处和其他有关的地方"，对于与案件无关的电子证据，"不得查封或者扣押"。例如，对于侦查一起盗用拨号上网的案件，就不可能授权对犯罪嫌疑人房间内所有的抽屉进行搜查；同样，为了调查网络赌博案件，那么搜查证也不应该授权对该计算机所有的用户文件、系统文件、删除文件都进行搜查。《电子数据证据规定》第4条确立了保密原则，明确规定，电子数据涉及国家秘密、商业秘密、个人隐私的，应当保密。

但另一方面，由于电子信息的不可见、不直观、不可捉摸，同时又十分复杂和广博，很难全面触及，如果收集不完整可能需要进行二次取证或导致取证失败，电子证据的完整性同样是制约电子证据发挥作用的一个重要因素。因此，在电子证据收集和保全过程中坚持"有限性"的同时还要兼顾其"完整性"，既要顾及犯罪嫌疑人或第三方隐私权乃至传统财产权的保护，也要全面、有效、完整地收集和保全涉案的电子证据。

电子证据较之传统证据，其高度的专业性让诸多的法学界人士望而却步。正如何家弘教授所说，与其被动地跟着走，不如主动地追着跑。[①] 对于这样一种新兴证据，我们法学界人士所要做的不是回避问题，而是要迎难而上，积极应对。电子证据的规则，应当严格做好从收集、保全到审查、判断、运用各个阶段的工作，在严格审查电子证据"三性"的基础上，还应该坚持介质优先、义务提供、技术鉴定、私权保护等原则。步入了电子证据时代并不意味着电子证据是万能的，对于任何一种都不可迷信其作用之大，还要对电子证据进行综合的考量，不可忽视传统证据与电子证据的结合，无论是收集、保全还是审查、判断，都不能

---

① 何家弘主编：《电子证据法研究》，法律出版社2002年版，第2页。

重电子证据轻传统证据，抑或是重传统证据轻电子证据，而是要善于利用不同证据的特点和优点，有机结合，为刑事诉讼的正常进行保驾护航。

四、电子数据的种类和表现形式

（一）电子数据的种类

电子数据按照不同的视角可以有不同的分类。

1. 按照生成的技术，可以分为通信技术、计算机技术、网络技术、电视电影技术而产生的电子数据

现代通信技术应用所产生的电子数据包括电报电文、电话录音、传真资料等。计算机技术所产生的电子数据包括单独计算机文件、数据库、日志文件等。网络技术所产生的电子数据包括电子邮件、电子公告牌记录、电子聊天记录、电子数据交换、电子报关单、智能交通信息卡资料等。电视电影技术所产生的电子数据包括影视胶片、光盘资料等。

2. 按照证明作用的不同，分为主体数据、辅助数据与电子数据所在系统环境的数据

这种分类主要针对电子合同、电子邮件等记载了法律关系发生、变更或灭失的计算机电子数据。所谓主体数据，是指电子合同、电子邮件的正文，它记载了当事人是否以及怎样从事法律行为，是各种不同的法律事件和行为存在的主要依据，如电子文档的正文。所谓辅助数据，是指计算机系统环境中以及证据获取过程中产生的能够证明主体数据原始性和完整性的各种数据，电子数据本身的生成、存储、传递、修改过程中而生成的记录，如电子文件的属性信息。所谓系统环境电子数据，是指电子数据所存在的硬件和软件环境，指某一电子数据在生成、存储、传递、修改过程中所依靠的电子设备环境。这三种电子数据所起的证明作用不同，电子数据本身主要用于证明法律关系，是主要证据；附属信息证据以形成证据保管链条的方式用于证明数据电文证据的真实可靠，表明每一数据自形成到最后，每一环节都有据可查；系统环境的数据则用于在庭审或鉴定时显示数据电文的证据，以确保该数据电文以其原来面目展现在人们的面前。

3. 按照运行环境不同，分为封闭系统的电子数据和开放系统的电子数据

所谓封闭系统的电子数据，是存在于独立一台计算机系统或者多台以局域网

方式连接的计算机系统之内的电子数据。其特点是计算机系统不向外界开放，用户人数特定，用户群相对固定，即便多台计算机同时介入数据交换过程，借助监测手段也可以迅速跟踪查明电子数据的来源。开放系统的电子数据则存在于由多台计算机组成的广域网、城域网和校园网系统，开放系统用户人数不特定、用户群也不固定。区分封闭系统与开放系统的意义在于确定电子数据的调查路径：封闭系统的相对人是确定的，案发后可以直接查找到行为人；而开放系统的相对人是不固定的，必须先查找到相关的计算机，才能对应找到行为人。此外，封闭系统中的电子数据以计算机本身存储的数据为主，开放系统中的电子数据主要体现为网络服务器所存储的数据。

4. 按照携带信息的方式，可将电子数据分为模拟式电子数据与数字式电子数据

模拟式电子数据是通过信息中的某些特征的具体数值或量来记载电子信息的内容，如固定电话所录制的各种通话记录。数字式电子证据是通过信号的离散状态的各种可能组合所赋予各种数值或其他信息的方法来承载电子信息的内容。模拟式电子数据与数字式电子数据的区别在于：（1）数据在逻辑的存在形态不同，模拟所记录的数据是以连续态存在的，数字则以离散态存在的；（2）数据在转移时变化不同，模拟在复制时存在一定损耗，数字在复制时没有区别；（3）数据的编辑特征不同，对模拟进行编辑比较困难，容易留下痕迹，数字的改变不容易发现。

5. 按照储存的方式不同，分为储存于计算机系统的电子数据和储存于其他电子记录系统的电子数据

存储于计算机系统的电子数据，是指数据是人为输入或计算机系统自动生成的，采用电磁技术或者光存储等现代计算机存储技术存储于计算机特写介质上，并且能够通过计算机真实地再现其记录内容的证据，如电子文档、电子邮件、多媒体资料等。而存储于其他电子记录系统中的记录数据则是指存储于其他类似的电子记录系统之中的电子数据，如手机的短信、数码相机中的照片等。

6. 按照电子数据与其存在的载体间的关系可分为电子设备原生成的电子数据、仅用于该电子设备存储的电子数据和由该电子设备生成并存储的电子数据

电子设备原生成的电子数据，是指完全由电子计算机等设备自动生成的，其完全基于计算机设备内部命令进行而产生的，如计算机程序自行运算所得的电子

数据；仅用于该电子设备存储的电子数据，指存在的电子设备仅仅是其载体而并非其生成源，如刻录的光盘；由该电子设备生成并存储的电子数据指计算机等设备录制信息后，再根据内部指令自动运行而得到的电子数据，如智能卡刷卡时，读卡机在比较所输入信息基础上所生成的记录。

（二）电子数据的表现形式

由于电子数据的高科技性，对其表现形式根据其存在的技术环境特征分为两大类：一类是与通信和计算机技术有关的电子数据，如电子数据交换、电子公告信息系统、智能卡中的信息、手机存储信息（短信记录、录像图片、录音）、电报电传等；另一类是与视频、影像有关的电子数据，如数字录像机获得的录像等。由于电子数据本身所依赖的技术上的不断更新，以列举方式难以穷尽。但是，实践上往往以列举方式来确定电子数据的形式，如《办理死刑案件证据规定》第29条规定："对于电子邮件、电子数据交换、网上聊天记录、网络博客、手机短信、电子签名、域名等电子证据……"以下仅以常见的电子数据形式作介绍。

1. 电报、电传或传真

电报、电传或传真在《合同法》第11条作出了规定，而联合国《电子商务示范法》第2条把电报、电传或传真作为数据电文中的一类。早在1839年，电报诞生，这是运用电子手段进行商务活动的开始。电报、电传或传真与现代的电子数据交换相比，具有以下的特征：（1）电报、电传或传真的对象是人，在格式上要求并不严格，即使内容所表达的事实不完整甚至有个别地方不清楚，只要大致意思明白，也能被人们理解。（2）电报、电传或传真的信息获取方式具有人为色彩，需要人为操作才能完成。而现代电子数据交换则是双方应用程序系统，并没有人工操作的痕迹。

2. 电子数据交换

电子数据交换（EDI，Electronic Data Interchange）是按双边或多边协议在两个或两个以上的贸易伙伴之间，将按标准规范化和格式化的经济信息通过电子数据网络，在计算机系统之间进行自动交换和处理。按照联合国《电子商务示范法》第2条的定义："电子数据交换指依据协定的信息结构标准，而实现信息从计算机到计算机电子化传递。"它通过计算机网络，将贸易、运输、保险、银行和海关等行业信息，利用一种国际公认的标准格式，完成各有关部门或者公司、企业之间的数据交换与处理，实现以贸易为中心的全部过程。电子数据交换诞生于美国，在20世纪60年代，其主要功能是在两个商业伙伴之间通过计算机进行电子交易。70年代数字通信技术加快了电子数据交换技术的应用范围，到80年代其国际化使其应用进入了一个新的发展阶段。现代电子商务的核心是电子数据交换的电子交易，我国于1999年3月通过《合同法》对EDI作出规定，2004年8月通过的《电子签名法》则专章作出规定。法律的规定，使EDI赋予传统合同新的形式，具有如下特征：（1）由于电子合同是面向EDI这一数据信息的，具有一定的固定格式，因此EDI也是具有国际标准的；（2）EDI信息传递以及拟定电子合同过程无须人工干预，EDI信息的发送者和接受者都是计算机的应用系统，能自动处理传送来的数据。

3. 电子邮件（Electronic Mail）

电子邮件（Electronic Mail）或简称为E-mail，是通过电子通信网络邮寄的函件，是人们使用互联网进行信息传递的一条主要途径，它以互联网协议为基础，使互联网上的任何两个地址之间都可以借助一种邮件系统软件而互换电子信件。在法律上，我国的《合同法》与联合国《电子商务示范法》加以确认，美国于1997年通过电子邮箱保护法案（Electronic Mailbox Protection Act of 1997）和1998年通过的电子邮箱使用者保护法案（Email User Protection Act of 1998）。司法实践中，电子邮件也应用较广。我国于1996年发生的薛某诉张某电子侵权案被称为国内首例涉及电子邮件的侵权诉讼案。

4. 电子货币（Electronic Money）

电子货币是以金融化网络为基础，以商用电子化机具和各类交易卡为媒介，用电子计算机技术和通信技术的手段，以数据电文形式存储在银行的计算机系统中，并通过计算机网络系统以电子信息传递形式实现流通和支付功能的货币。电子货币的具体表现形式有三种：储值卡（Stored Value Card）、智能卡（Smart Card）和数字现金（Pigtail Cash）。数字现金是通过数字记录、集中控制和管理的现金，即“电子钱包”数字现金，其开发的无条件匿名电子现金支付系统，是一种相对安全的电子交易系统。在目前信用卡犯罪日益猖獗的情况下研究电子货币作为电子证据的价值无疑具有重要意义。

5. 电子签章（Electronic Singnature）

电子签章，是指以电子形式存在、依附在电子文件并与其逻辑相关，可用以辨识电子文件签章者身份，表示签章者同意电子文件内容的签章方式。电子签章的主要目的是利用技术手段对数据电文的发件人身份作出确认以及保证传递文件内容未被篡改和解决事后发件人否认已发送或已收到信息等问题。电子签章的主要技术原理是在每份数据电文发出时会随附一个长度通常为128byte的资料摘要，该资料经过“密码”换算后表现为一串杂乱无章的数字，实际上代表了发件人身份信息。运用密匙对该资料摘要进行解密换算后就可确认发件人的身份。电子签章可作为证明数据电文的辅助证据使用，既可以证明数据电文本身的内容是否真实可靠，又可以辨别数据电文的制作者与发送者身份是否适当。

立法上，2001年12月12日联合国通过的《电子签字示范法》第2条提出：“电子签章指在数据电文中，以电子形式所含、所附或在逻辑上与数据电文有联系的数据，和与数据电文有关的任何方法，它可用于识别数据电文有关的签字持有人和表明此人认可数据电文所含信息。”我国《电子签名法》第2条第1款规定：“本法所称电子签名，是指数据电文中以电子形式所含、所附用于识别签名人身份并表明签名人认可其中内容的数据。”

6. 电子公告系统信息（Bulletin Board System，BBS）

电子公告系统信息是网络用户用来交换信息的场所，其作用相当于日常生活中的公告牌，可细分为电子布告牌、电子白板、电子论坛与留言板等。BBS通过网络由提供BBS系统的主机来实现信息的公布，即由一个主机来运行BBS系统，网上用户使用某些软件来访问主机上的BBS系统，阅读各类文章，发布信息，进行各种交流。BBS信息服务具有如下特点：（1）准入资格的不同造成可以获得的信息真实度不同。有些BBS要求发布信息的用户需要经过注册，但有些BBS不必注册，用户的注册资料真假难以确定。（2）信息发布自由。任何一个有权用户都可以在BBS上发布信息，并且该信息可以被任何一个有权访问该BBS的人浏览到。（3）发布的信息可控。即BBS服务的提供者在技术上有能力删除、修改用户发布的信息的内容。（4）在一般情况下，用户发布信息的时间与其发布信息时所用的计算机的互联网地址是可知的。

7. 手机短信息

手机短信息目前成为人们日常生活中用于交流信息、表达感情的重要载体。其不仅给人们的生活带来巨大便利，在一些打击涉及技术的刑事犯罪过程中它成为确认有关情况的重要线索。在手机短信息的收发过程中存在着三方当事人，即短信息发送人、短信息服务提供商（sp）和短信息的接受人。短信息发送人将编辑好的短信息发送出去，通过 sp 的短信息平台，将可识别的文本转化为电磁信号传送到接收人的手机，当接收人打开短信息，电磁信号又转化为可识别文字。在我国司法实践中已经被用于证据证明案件事实。

值得注意的是，《电子数据证据规定》第 1 条第 1 款界定电子数据概念后，第 2 款规定，电子数据包括但不限于下列信息、电子文件：（1）网页、博客、微博客、朋友圈、帖吧、网盘等网络平台发布的信息；（2）手机短信、电子邮件、即时通信、通信群组等网络应用服务的通信信息；（3）用户注册信息、身份认证信息、电子交易记录、通信记录、登录日志等信息；（4）文档、图片、音视频、数字证书、计算机程序等电子文件。该规定根据电子数据的表现形式，将电子数据分为四类。同时，该条第 3 款还补充规定，以数字化形式记载的证人证言、被害人陈述以及犯罪嫌疑人、被告人供述和辩解等证据，不属于电子数据这一证据种类。

五、电子数据的收集与审查判断

《电子数据证据规定》第 2 条明确规定了电子数据收集和审查判断的基本原则，即“侦查机关应当遵守法定程序，遵循有关技术标准，全面、客观、及时地收集、提取电子数据；人民检察院、人民法院应当围绕真实性、合法性、关联性审查判断电子数据。”该规定第二部分（第 7 条至第 17 条）规定了“电子数据的收集与提取”，第三部分（第 18 条至第 21 条）规定了“电子数据的移送与展示”，第四部分（第 22 条至第 28 条）规定了“电子数据的审查与判断”。

（一）证据裁判主义与电子数据相关证据规则的建立

基于电子数据作为证据在司法实践中的大量出现，规范电子数据作为证据收集、提取、保存、审查判断的证据规则的建立与完善之必要性也凸显出来。从宏观上来看，在这样一个电子化、信息化的时代，法律规范作为法律的主要表现形式，也必须集中体现人类社会文化发展的最新和最高成果，因此，将电子证据纳入范围是法律规范现代化的要求。从证据制度层面上来看，这也是证据裁判主义的召唤。证据裁判主义要求，对事实的认定必须依据证据作出，没有相应的证据是不能认定事实的。在涉及电子数据的案件中，对相关事实的判断也是必然建立在对电子数据进行收集、审查、提取、保存鉴定的基础之上的，而这又是以确定电子数据的取证、举证、质证、认证规则为前提的，因此，建立并不断完善电子数据的一系列规则是坚持证据裁判主义的必然要求。

证据裁判主义要求，作为认定事实的依据必须具有实际存在的客观性、与案件事实的关联性和按照正当程序获得的合法性。电子数据作为证据虽然在形态上有虚拟性和无形性的特点，但它也是客观存在的。现在的立法上已经确立了电子数据的独立法律地位，法庭则不得以某一证据是电子形式为由而否定其可采性。关联性规则进一步对具有客观性的证据作出了限制，即并非一切客观事实都可作为证据，只有与案件有关联性的客观事实才可作为证据。凡当事人提交的电子数据能够对证明案件事实产生一定的实质性影响的，法庭应当认定其具有关联性。合法性规则要求，所有取得的证据必须在形式上、来源上遵从法律的规定，即使是满足客观性、关联性的电子数据，也可能因为与诉讼制度的公正、秩序等价值追求不相符而被人为加以排除。比如，通过窃录方式获得，通过非法搜查、扣押等方式获得，通过非法软件获得的证据可能会因为程序不合法而失去证据能力。

从证据裁判主义与自由心证的关系上，电子数据的证据规则的完善还应着眼于相应的证据采纳和采信规则的完善。由于证据裁判主义作为事实认定的方法需要通过自由心证的方式实现其目的，但该原则在相应规范证明力规则支持下也可以弥补事实裁判者心证过程中可能产生的任意性的缺陷。因此，自由心证可以说是证据裁判主义得以实现的路径，而证据裁判主义又从一定程度上克减了自由心证所可能出现的任意性。在这种互动关系过程中，电子证据规则的完善还需要关注如何评价电子证据证明力大小，并与相应证据采纳规则相结合，才能形成完整的电子证据规则体系，体现证据裁判主义应有之义。正如我国台湾地区学者蔡墩铭所言，今日刑事审判不应再只重自白，而应重视物证，尤其借科学应用之时代，而所谓证据裁判主义，于今日法科学应用之时代，应改称为科学证据裁判主义。[①] 就电子数据而言，需要建立如下的证据规则体系：在电子数据的证据能力问题上，建立电子数据的真实性规则、关联性规则、合法性规则、最佳证据规则、传闻规则；在证明力问题上，应建立真实性认定和推定规则、完整性认定和推定规则、证明力大小规则等。

① 参见蔡墩铭：《刑事证据法论》，台湾地区五南图书出版公司1997年版，第316页。

（二）电子数据的证据能力

一般认为，证据能力是一个来源于大陆法系国家的概念，其含义是能够作为证据进行法庭调查，可以作为事实认定的资格。在英美法系国家，证据能力这一概念并不罕见。在整个英美证据法中，居于基础和核心地位的证据法概念是证据的可采性。所谓证据的可采性，是指证据必须符合法律所规定的条件能够被允许提交给法庭。英美证据法的传闻证据规则和最佳证据规则是采纳电子数据作为证据的主要障碍。依传闻证据规则，证人以外的人明示或者默示的事实主张及在没有证人作证的情况下，向法院提出的书面材料上的事实主张，都属传闻证据，不能被采纳为证明其所主张的事实的真实性的证据。电子数据由于计算机自动处理存储，计算机不可能作证，因此，计算机的记录信息只能被视为传闻证据。依最佳证据规则，只有文件的原件才能作为书证被法院采纳。对电子数据而言，最原始的形式是存储于存储介质中的电子数据，无法被人识别。只有通过屏幕显示或输出文件才能为人识读，因此，电子数据不是原件，也不能作为最佳证据为法院所采纳。依据我国证据学的观点，某一证据必须具有真实性、关联性与合法性才能作为定案的依据，因此，电子数据也必须经过“客观性（或真实性）、关联性、合法性”的检验。《电子数据证据规定》第 22 条、第 23 条和第 24 条分别规定了电子数据真实性、关联性和合法性的审查判断标准。

1. 电子数据真实性认定

所谓证据真实性，是指用于证明案件事实的证据必须在形式上是真实的，完全虚假或者伪造的证据不得被采纳。《电子数据证据规定》第 22 条规定，对电子数据是否真实，应当着重从以下 5 个方面进行审查：（1）是否移送原始存储介质；在原始存储介质无法封存、不便移动时，有无说明原因，并注明收集、提取过程及原始存储介质的存放地点或者电子数据的来源等情况。（2）电子数据是否具有数字签名、数字证书等特殊标识。（3）电子数据的收集、提取过程是否可以重现。（4）电子数据如有增加、删除、修改等情形的，是否附有说明。（5）电子数据的完整性是否可以保证。同时，第 28 条规定，电子数据具有下列情形之一的，不得作为定案的根据：（1）电子数据系篡改、伪造或者无法确定真伪的。（2）电子数据有增加、删除、修改等情形，影响电子数据真实性的。（3）其他无法保证电子数据真实性的情形。具体分析，主要包括：

（1）电子数据的来源、形成、制作过程及设备情况等正常，无被修改破坏情况。一般来说，由第三方，如网络服务商来存储记录或转存的电子证据具有中立性，在诉讼中的证据效力高于来源于当事人双方的举证。有关事实和行为发生时留下的电子证据效力较以后专为诉讼的目的而形成电子证据更为真实。对于自相矛盾、内容前后不一致或不符合情理的电子数据，应当谨慎对待，不可轻信。

（2）电子数据的内容是否真实。从国内外实践来看，解决电子数据的真实性主要通过五种方式，即自认可方法、推定方法、证人具结方法、专家鉴定方法以及电子签名方法。凡是通过任何一种方式检验的，则认为该电子数据经过了鉴证，应认定该电子证据为真实，而被许可采纳。①自认可方法。通过自认可方法对证据的真实性予以确认。提交法庭的某一电子数据总是对一方当事人有利，而对另一方当事人不利的。如果其所针对的那方当事人未对真实性问题提出异议，甚至明确表示认可的，则该电子数据属于双方均认可，法庭予以采纳。②推定方法。电子数据的准确性在很大程度上取决于计算机系统的准确性。对于纯粹由计算机生成的电子数据，只要不出现系统错误、软件问题或未授权侵入等外在因素，则其真实性有了基本保障。如果举证责任方能够初步证明，无正当理由相信电子数据在运行中出现了差错，并且在所有关键时刻该计算机系统处于正常状态或者非实质异常的状态，则推定该电子数据具有真实性。③证人具结方法。一些电子数据是由计算机自动生成或由其处理生成，但在其产生过程中也存在一定的人为因素。由于这些人能力和身份独特，他们不仅拥有查明电子数据是否属实的专业知识和经验，而且拥有查明电子数据是否属实的机会，因此他们通常是适合的证人，他们作出的具结是充分的印证，可以证明电子数据的真实性。④专家鉴定方法。现在的计算机系统经常会感染病毒，要识别哪些数据被感染或遭到恶意破坏或篡改，需要借助计算机取证技术。从事这项技术的专家不仅能够识别出入侵所留的痕迹及其他电子数据，而且能够处理各种技术争议，然后以容易理解的方式向法庭解释和汇报。对于适格的专家依法作出的电子证据的真伪鉴定意见，一般予以确认。⑤电子签名方法。由于电子书证与传统书证本质的差别，导致了二者签名方法不同。电子签名或其他安全程序有口令、密码、数字加密、生物特征识别等。对于附有电子签名或附加其他适当安全程序保障的电子书证，在没有其他相反证据的情况下，推定其为真实。

（3）电子数据关联性认定。证据的“关联性”，是指证据必须与待证明的案件事实或其他争议事实具有一定的联系，即指证据必须与案件事实有本质性的联系且对案件事实有证明作用。在审查电子数据时，应查明电子数据反映的事实同案件事实有无联系，只有与案件有关事实具有实际上或逻辑上联系的电子数据才能作为定案的证据。事实材料与案件之间应该有多大程度上的关联性才能认为"关联性"予以采信，大多数国家都没有明确的标准，因此对"关联性"的界定，没有立法上的量化标准，只有在司法实践中依靠人们的"经验法则、生活常识、直观判断、逻辑推理"等进行判断。因此，是否有关联以及多大程度上的关联，属于审判人员内心确认的自由裁量标准。事物与事物之间联系的紧密程度是不同的，性质上也有区别。关联性同证据的证明力有机地联系在一起，展示了事实材料作为刑事诉讼证据的价值；表明事实材料与案件事实之间的联系性越强，其证明力也就越强，反之则越弱。目前学术界大都对电子数据的关联性表示认可。电子数据的形成都是实时的，通过严格的收集、保存和提取程序，避免使其失真的因素出现，其一经形成便始终保持最初、最原始的状态，能够客观地反映案件真实的本来面貌。由于计算机处理的数据是大量的，因此其日常工作的输出结果也是大量的，虽然其中有很多都与诉讼事实有关，但是只有那些与诉讼事实有本质上的联系、能够有效地证明事实的数据才具有证据力。这就必须对与诉讼事实有关的诸多数据进行选择与取舍，而要保证重整之后的数据与诉讼事实具有本质上的联系，也必须保证重整方法和过程的客观科学性和合法性，只有紧密围绕事实严格按照操作程序进行的重整才能符合这一要求。《电子数据证据规定》第23条要求对电子数据的完整性进行验证，就是审查判断其关联性。该条规定，对电子数据是否完整，应当根据保护电子数据完整性的相应方法进行验证：①审查原始存储介质的扣押、封存状态；②审查电子数据的收集、提取过程，查看录像；③比对电子数据完整性校验值；④与备份的电子数据进行比较；⑤审查冻结后的访问操作日志；⑥其他方法。该规定第25条还就犯罪嫌疑人、被告人与存储介质的关联性认定作出专门规定，即认定犯罪嫌疑人、被告人的网络身份与现实身份的同一性，可以通过核查相关IP地址、网络活动记录、上网终端归属、相关证人证言以及犯罪嫌疑人、被告人供述和辩解等进行综合判断。认定犯罪嫌疑人、被告人与存储介质的关联性，可以通过核查相关证人证言以及犯罪嫌疑人、被告人供述和辩解等进行综合判断。

（4）电子数据合法性认定。要使电子数据获得证据资格，还需要判断其合法性。并非所有与案件联系的客观真实的电子数据都可以作为证据，它必须通过法定程序纳入诉讼才具有证据资格。认定证据的合法性，主要考察收集主体是否合法以及收集过程是否合法。收集主体是否合法不仅要考虑是否以合法的身份收集，还要考虑审查制作、收集和提取证据人员的计算机操作水平及其相关资格。收集过程是否合法，要看审查司法机关在收集和提取证据过程中是否遵守有关法律的规定。另外，还要看审查电子证据是以秘密方式还是以公开方式收集和提取的，以秘密方式提取的证据是否获得合法授权，违反法定程序收集的证据，其虚假的可能性比合法收集的证据要大得多，不宜作为证据。因此，在审查电子数据时，要了解证据取得的背景、收集手段以及取得的程序，是否违背了法定的程序和要求，这样有利于判明证据的真伪程度。《电子数据证据规定》第 24 条规定，对收集、提取电子数据是否合法，应当着重审查以下内容：①收集、提取电子数据是否由二名以上侦查人员进行，取证方法是否符合相关技术标准；②收集、提取电子数据，是否附有笔录、清单，并经侦查人员、电子数据持有人（提供人）、见证人签名或者盖章；没有持有人（提供人）签名或者盖章的，是否注明原因；对电子数据的类别、文件格式等是否注明清楚；③是否依照有关规定由符合条件的人员担任见证人，是否对相关活动进行录像；④电子数据检查是否将电子数据存储介质通过写保护设备接入到检查设备；有条件的，是否制作电子数据备份，并对备份进行检查；无法制作备份且无法使用写保护设备的，是否附有录像。同时，第 27 条将电子数据作为一种实物证据，规定了瑕疵证据补正规则，即电子数据的收集、提取程序有下列瑕疵，经补正或者作出合理解释的，可以采用；不能补正或者作出合理解释的，不得作为定案的根据：①未以封存状态移送的；②笔录或者清单上没有侦查人员、电子数据持有人（提供人）、见证人签名或者盖章的；③对电子数据的名称、类别、格式等注明不清的；④有其他瑕疵的。具体来说，审查判断电子数据的合法性，主要包括：

一是取证主体的合法性。公诉案件中收集有罪电子数据的责任由侦查机关承担。在现代刑事诉讼中，除自诉案件以外，犯罪证据的收集都是由代表国家的侦查机关进行的。自诉案件中的电子数据可以由当事人申请公安机关收集。取证人员的合法性。电子数据的取证主体要合法，取证人员也必须具备调查取证资格，取证人员必须是法定人员，即侦查人员、检察人员，或经过证人、被害人同意的辩护律师。但由于电子数据是高科技的产物，一般的取证人员很难具备相关的专业知识，因此，被授权具有电子数据取证资格的计算机专家、第三方机构在案件需要的情况下也可以作为合法的取证主体。

二是取证程序的合法性。在我国刑事诉讼中，对违反法定程序擅自进入他人计算机或网络系统中获取的电子数据不承认其证据能力，这种观点不利于我国电子证据的收集。仅仅因取证程序上的小的瑕疵而让重大犯罪失去定罪条件，未免顾此失彼。在司法实践中，对电子证据应从其自身要素去审查，对瑕疵不合法的电子数据在征得异议人同意后允许补正，不应受排除非法证据规则的限制。对以明显违法，情节严重的非法行为获得的电子证据，基于利益平衡原则可以考虑排除其证明力。以非法手段获取的证据其使用是有害的，因为它会鼓励侦查人员的违法行为，纵容对公民隐私、住宅和人身等权利侵犯。目前，由于我国对电子数据侦查手段、侦查技术和侦查人员素质落后，国家专门机关可能无法收集到足以证明案件真实情况的电子数据，为追究和打击犯罪，侦查人员可能会采取刑讯逼供等方法获取电子数据的来源和路径，这种方法显然违法，其所获得的电子数据应予以排除。许多国家在侦查过程中都使用过秘密侦查手段，但很多国家都是在刑事诉讼法中明确规定秘密侦查手段的种类、方法、令状的获得、令状的签发权限等，以防止警察任意采用秘密侦查手段侵犯公民的隐私权。而目前，《刑事诉讼法》已明确增加技术侦查措施，但是种类以及内容并不完整，对于电子数据的获得还可以使用电子邮件检查、网络监控、电子跟踪、卫星定位等手段，这些手段法律都应该加以明确。对于违背宪法和严重违反法律，用非法技术侦查手段而获得的电子数据，不能作为定案依据。

2. 电子数据的认定与最佳证据规则

在传统证据法观念上，只有对原件真实性不存在怀疑的情况下，才可以采纳复制件。而电子数据在运用时具有一定的特殊性，如原件容易缺失、难以取得，因此，电子数据的复制件规则就显得更为重要，但也应同一般证据的复制件采纳标准有所不同。如菲律宾2001年的《电子证据规则》第4条规定："如果某一文件在同一时刻或前后不久就同一内容执行两份或更多副本，或者该文件是通过与原件相同的印模、或者使用同一字模、或者通过机械或电子的再录制、或者通过化学复制方法、或者通过其他能正确复制原件的相应技术而形成的复制件，则对该复本或复制件均应视为原件的相当物。尽管如此，但如果出现以下情况，则复本或复制件不享有同原件同等程度上的可采性：(a) 对原件的真实性提出实质性怀疑的；或者 (b) 从具体情况来看许可复本以代替原件将导致不公平或不公正的。”

在我国司法实践中，对于电子数据的最佳证据规则作出如下的理解：由于目前从硬盘收集电子证据的许多工具都存在程序错误，从而导致实践中只能复制一部分数据。此外，用于检验计算机电子证据的许多工具也存在程序错误，从而导致基础数据的析取结果存在错误。因此，为确保电子证据是对原始数据的精确复制，应当提交原始数据，而原始数据都存在于特定的可移动存储介质之中，故在司法实践中，电子证据的原始数据泛指包含原始数据的可移动存储介质。基于观察和阅读的方便，在司法实践中，通常将电子证据的相关信息打印出来，向法庭提交打印件。这种表现形式的电子证据与物证、书证的复印件类似，故同样适用最佳证据规则。对当庭提交的体现为打印件形式的电子证据，应当审查电子证据存储磁盘、存储光盘等可移动存储介质是否与打印件一并提交。[①]《电子数据证据规定》第10条规定，由于客观原因无法或者不宜依据该规定第八条、第九条的规定收集、提取电子数据的，可以采取打印、拍照或者录像等方式固定相关证据，并在笔录中说明原因。这里的“客观原因”需要从严掌握。

3. 电子数据的认定与传闻证据规则

传闻证据规则是英美法系证据法的一项重要规则，与大陆法系的直接言词原则相对应。所谓传闻证据规则，是指法院不承认庭外陈述（out - court statements）可以作为证明其所涉事实的真实性的证据。由于传闻证据规则不一定都是口头的，同样适用于书面材料，因而它无疑会对计算机打印出来的文件带来重大的法律障碍。如果书面材料的书写者不能就其内容出庭作证，该书面材料即不能作为证据被采纳。但凡是数据，如发票输入计算机后，由于以计算机输出书面材料提交，原来的信息已几经转手，即开发票的人、编码人（编码人不一定是开票人或受雇佣的人）和计算机。计算机处理信息时可能把它转变，人们是不能对计算机进行反讯问的，因此，英美证据方面的立法、学说及判例均认为，计算机输出的书面材料属于传闻证据。当然，对于传闻证据规则，英美证据法也是承认有很多例外的。尤其是第二次世界大战以后，通过判例确定下来的这种例外更是越来越多。英国1968年制定的《民事证据法》包括关于证据的一般规则以及关于计算机输入文件的具体规定。该法第2条规定“第一手”传闻证据可以被采

① 参见张军主编：《刑事证据规则理解与适用》，法律出版社2010年版，第230页。

纳。凡是输入数据者对数据亲自知道，或者在执行职务时从亲自知道者那里获悉这些数据的，该计算机输出书面材料可以采纳为证据。换言之，由掌握第一手情况的人制作的文件，即使他本人不到庭，也可被采纳为证据文件所陈述事实的证据，只要所载事实本来可采纳口头证据。根据该法的定义，“文件”的范围很广，既包括“音碟、磁带、声槽以及其他载录声音或其他数据的可复制形式”，也包括“胶卷、底片、磁带以及其他可录可视可复制形式”。所以，计算机输出的书面材料乃至计算机硬件中储存的记录都可以纳入。美国的判例法向来也承认传闻规则是存在例外的，其中最重要的一个例外则是所谓的“商务记录例外”(business record exception)。该例外后来被纳入1965年的《统一证据规则》，并被大多数州略加修改后采用为州法。所谓商务记录包括企业、自由职业、营业性或非营业性的行业或机关的数据。商业记录的可靠性是通过长期的商业经验证明的，即一贯的校对、正规性、持续性以及因此产生的准确习惯。加上商人依赖这些记录进行业务，职员为保持他的工作必须作正确的记录。因此，商务记录数据不须书写者的证言就能被采纳为证据。其条件是：第一，它可反映出某人亲自知道的情况；第二，它是在正常的商业过程中，在其完成之时或稍后作出的；第三，该项商业活动正常情况下均作出记录。关于“商业”，该条的定义十分广泛，包括企业、专业或职业自由者，以及各种营利或非营利的机构、协会，等等。这些例外后来又在1980年的《美国联邦证据规则》中得到了认可。美国由于其证据规则中商务记录例外的灵活性和广泛性，因而没有以立法规定计算机输出文件的可采纳性。而且根据美国联邦立法当局修改的《联邦诉讼规则》之规定，上述例外适用于“不问使用什么样的存储方法”的数据。依官方解释，这是指以计算机存储的数据。

电子数据包括一部分陈述形式的证据，如电子形式的备忘录、报告、记录或数据汇编。显然，这些证据也要遵循传闻证据规则，即电子证据的相关证人或知情人原则上必须出庭作证。《电子数据证据规定》第6条明确规定，初查过程中收集、提取的电子数据，以及通过网络在线提取的电子数据，可以作为证据使用。

（三）电子数据的证明力

电子数据证据能力解决的是电子数据是否作为证据，是法律问题。而电子数据证明力则是指电子数据与其他形式的证据相比较时所体现的证明力大小的问题，它不仅是个法律问题，而且是一个事实与逻辑的问题。证据仅有证据能力是不够的，因为证据能力只证明该证据有作为证据的资格，至于该证据能否证明案情，能在多大程度上证明案情，则取决于证据的证据效力，即证明力。证据的证明力决定于证据同案件事实的客观内在联系，及其联系的紧密程度。一般来说，直接来源于案件事实、与案件事实存在着直接的内在联系的证据，其证明力比较大；反之，其证明力就较小。电子数据证明力，关键在于对电子数据可靠性和完整性的认定以及建立证明力大小的规则。

1. 电子数据的可靠性认定

可靠性，是指电子数据的真实程度。在对电子数据进行可靠性认定的时候，必须认定证据本身的真实程度以及该证据所证明的事实的真实程度。电子数据的证明力与其可靠性或真实程度密不可分，可靠性认定的目的就是为了判断证明力的大小。

电子数据可靠性认定的方法，除了从证据本身入手进行直接认定的方法外，还可以采用从计算机系统入手进行间接推定的方法。

（1）直接认定的方法。某一证据要保证其可靠性，必须在其运行的各个环节都有辅助证据加以证明，即构成链条。因此，对电子数据可靠性进行直接认定则应对电子数据运行的各个环节进行审查。

①电子数据生成环节。在电子数据的生成环节要着重考虑作为证据的数据电文是怎样形成的，如数据电文是否在正常业务中按常规程序自动生成或人工录入的，自动生成数据电文的程序是否可靠；由人工录入数据电文时，录入者本身是否具有合法资格，是否按照严格的操作规程、采用可靠的操作方法合法录入。生成或录入电子数据的系统是否被非法人员控制，系统的维护和调试是否处于正常控制下；该电子数据所依赖的计算机系统或其他类似设备，在电子数据生成时是否处于正常运行状态，若在该时刻不处于正常运行状态，该事实是否影响电子记录的真实性；电子数据生成所处的环境是否对电子数据存在潜在的危害；对电子数据是在正常业务中制作的还是为诉讼目的制作的，前者的可靠性要高于后者。

②电子数据的存储环节。在该环节要考虑作为证据的数据电文是如何存储的。包括存储数据电文的方法是否科学、合法，存储数据电文的介质是否可靠，存储数据电文者是否公正、独立，存储数据电文时是否加密，所存储的数据电文是否会遭受未经授权的接触，所存储的数据电文是否被改动，数据电文是由不利

方存储的还是有利方存储或是中立的第三方存储的，不利方存储的数据电文的可靠性最高，第三方存储的数据电文的可靠性次之，有利方存储的数据电文的可靠性最低。

③电子数据的收集环节。在该环节主要考虑作为证据的数据电文是由谁收集的，收集主体与本案有无利害关系。另外，是不是经公证机关获得的电子数据的可靠性较高；收集电子数据的方法（如备份、打印）是否科学、可靠；收集者在决定对数据电文进行重组、取舍时，所依据的标准是什么，所采用的方法是否科学、可靠，所经历的过程是否客观、合法。司法机关在收集电子数据的过程中是否遵守了法律的有关规定；司法机关以秘密方式收集电子数据时是否经过授权，是否符合法定的秘密取证程序等。

④电子数据的传送环节。该环节主要考虑传输介质的可靠性，传输时所用的技术手段工具及方法是否科学、可靠，传输数据电文的网络运营商是否公正、独立，数据电文在传输过程中有无加密措施，数据电文的内容是否被改变，有无可能被非法人员截获等。

⑤电子数据在上述各环节是否被删改过。即要分析用作证据的电子数据是否伪造、是否被人变造。由于电子数据是以电磁等物理信号存储各种信息的，而对电磁信号的删改又没有痕迹，一般人很难判断出电子数据是否存在被改动的事实。因此，需要聘请专门的技术人员对电子数据进行鉴定，然后根据鉴定意见来判断。

（2）间接推定的方法。间接推定法是认定电子数据真实性的侧面认定方法，即将电子数据可靠性的认定转移为对其他因素可靠性的认定，通过对其他因素可靠性的认定来推定某一电子数据具有可靠性的做法。它属于推定的方式。从国外立法来看，借助计算机系统的真实性和运行过程的正常来认定电子数据的真实性。间接推定电子数据可靠性的方法主要包括：

①通过认定某一电子数据所依赖的计算机系统具有可靠性，而推定该电子数据具有可靠性。如新加坡《1998 年电子交易法》规定：“计算机输出物在以下情况下具有可采性：(c) 能够证明，没有正当理由相信该输出是不正确的，并且有正当理由相信所有关键时刻该计算机系统是正常运行的。”

②通过认定某一电子数据是由对其不利的一方当事人保存或提供的，而推定该电子数据具有可靠性。自认是诉讼的一方当事人在审判前作出的陈述，在该陈

述中当事人承认有助于反驳本方当事人主张或辩护的事实，或有助于证明对方当事人主张或辩护的事实。如果该电子数据由不利方当事人保管或提供，该电子数据可以作为这一方当事人的自认而推定属实。

③通过某一电子数据是在正常的业务活动中生成并保管的，而推定该电子数据具有可靠性。如美国1986年判决的合众国诉斯奈德一案中，联邦第十巡回法庭认为，“商业记录例外基于准确性的推定，并且与推定是一致的。因为信息是有规律的活动的一部分，由那些在精确的习惯中受到培训的人保管，并且通常被证明没有错误。而准确性正是国家商业活动所要求的。”①

2. 电子数据的完整性认定

电子数据的完整性是考虑电子数据证明力的一个特殊指标，传统证据（书证除外）是很少采用这一标准的。早期的南非《1983年计算机证据法》尚没有“完整性”用语，而使用该词则在联合国国际贸易发展委员会的《电子商务示范法》，此后加拿大《1998年统一电子证据法》、印度《1999年信息技术法》和菲律宾《电子证据规则》相继使用该术语。它主要包括电子数据本身的完整性以及电子数据所依赖的计算机系统的完整性。证据的完整性不同于证据的可靠性。如果对电子数据的内容进行了篡改，则该证据丧失了可靠性。如果对电子数据进行增加或删减，则该证据仍具有可靠性，不具备完整性，但不具备完整性的电子数据不一定丧失了可靠性。只有具有完整性的电子数据才具有足够强的证明力。对电子数据完整性的认定主要是看该证据所载明的内容是否遭受了非必要的增加或删减。这就需要一个可进行比对的电子数据原件样本，或者需要当事人事先约定的“完整性标准”，以便进行验证。如果当事人提交的电子数据自形成之时起，其内容一直保持完整和未予改动，则视为具有完整性；对电子数据的内容进行的必要添加，并不影响其完整性。如果当事人就所涉电子数据的记录和保存约定了相关的标准、程序、方法或管理，则在认定其是否完整时，应当遵守这些标准、程序、方法或惯例。

国外的电子证据在立法上采用间接推定方法来认定完整性。推定条件包括：（1）所依赖的计算机系统或其他类似设备，在所有关键时刻均处于正常运行状态；（2）所依赖的计算机系统或其他类似设备，在所有关键时刻虽不处于正常

① 转引自何家弘主编：《证据的审查认定规则示例与释义》，人民法院出版社2009年版，第338页。

运行状态，但其不正常运行的事实并不影响电子记录的完整性；（3）由对不利方当事人进行记录和保存的电子数据；（4）由当事人以外的第三方在正常的业务活动中记录和保存的电子数据，而且该第三方不受任何一方当事人的影响。

3. 电子数据的证明力大小的规则

就同一事实存在若干份电子数据作为证据时，一般按照如下规则来判断其证明力。

（1）经公证获得的电子数据，其证明力一般大于非经过公证而获得的电子数据。公证取证是诉讼当事人为了以后进行诉讼的需要，请求公证处通过公证的方式，预先将某些证据确定下来的方法。涉及电子数据的公证，除了一些传统公证手段外，出现了“网络公证”的新手段。公证保全是为收集保存互联网上的电子数据提供一条有效的手段。基于公证处处于特殊性质和中立的地位，我国法律对公证取得的证据承认其预决效力当然适用于电子证据。

（2）在正常业务活动中留存的电子证据，其证明力一般大于为诉讼目的而制作的电子数据。以制作时间不同，电子数据可以分为在正常业务活动中留存的电子数据与为诉讼目的而制作的电子数据。前者是在正常业务活动中留存的电子数据，即各种主体在业务活动中，按照业务惯例而作出的，用于保全信息的电子数据，如银行在营业厅拍摄的监控录像、电子商务企业对日常运营制作的电子账本、电子发票等；后者是为诉讼目的而制作的电子数据，即诉讼各方为保全诉讼证据的需要而录制的电子数据。前者往往拥有可靠的信息来源、电子存储设备和完善的规章制度保障，其形成通常经过系统的核对，且为人们在实际业务中所信赖，因此一般可推定其属实；而后者难以杜绝制作者为胜诉目的而进行人为选择甚至造假的可能性，因此其证明力弱于前者。

（3）由不利方保存的电子数据的证明力最大，由中立的第三方保存的电子数据的证明力次之，由有利方保存的电子数据的证明力最小。依照由谁来保管及对谁有利的标准，电子数据可以分为由不利方保存的电子数据，由中立的第三方保存的电子数据和由有利方保存的电子数据。第一种和第三种主要是由当事人自己保存的，第二种则由 ISP 服务商、EDI 服务中心等中立的第三方保存。这些主体由于身份不同，他们同案件的利害关系也不同，这就导致他们对证据的处理可能完全不同。从情理上来看，当事人往往会隐匿对自己不利的证据，而第三方则可能较为客观地保管证据。相比而言，凡是某一电子数据由对其不利的那一方当事人所保管的，则其证明力要大些，或可以直接推定其真实可靠。因为假如该电子数据是不可靠的，那么保管它的那一方当事人从维护自己的利益出发，肯定会举证反驳。反之，凡是某一电子数据由对其有利的那一方当事人所保管的，则此人处于对计算机系统的熟悉及便利条件，更容易伪造或变造电子数据，因此其证明力最小。至于由第三方保管的电子数据，因为比较客观，所以证明力居中。

（四）司法实践中电子数据的收集与审查判断

1. 电子数据的收集

在司法实践中，侦查机关为了规范计算机犯罪现场勘验和电子证据检查工作，确保现场勘验、检查质量，公安部制定了《计算机犯罪现场勘验与电子证据检查规则》。该规则规定了计算机犯罪现场勘查的程序与方法。如该规则第 27 条规定："电子证据检查包括：（一）检查、分析电子证据中包含的电子数据，提取与案件相关的电子证据。（二）检查、分析电子证据中包含的电子数据，制作《电子证据检查笔录》描述检查结论。"第 28 条规定："从电子证据中提取电子数据，应当制作《提取电子数据清单》，记录该电子数据的来源和提取方法。"第 33 条规定："《现场勘验检查工作记录》、《远程勘验工作记录》、《电子证据检查工作记录》应当加盖骑缝章后由至少两名勘验、检查人员签名。《现场勘验检查工作记录》应当由至少一名见证人签名。"为了确保电子数据作为证据的合法性和真实性，还应当在电子证据的制作、存储、传递、获得、收集、出示等环节建立完整的证据保管链条，并由相关人员签名或者盖章。

值得一提的是，2016 年 9 月出台的《电子数据证据规定》首次提出了对电子数据的冻结，第 11 条指出，具有下列情形之一的，经县级以上公安机关负责人或者检察长批准，可以对电子数据进行冻结：（一）数据量大，无法或者不便提取的；（二）提取时间长，可能造成电子数据被篡改或者灭失的；（三）通过网络应用可以更为直观地展示电子数据的；（四）其他需要冻结的情形。"冻结"可谓是电子数据收集、取证程序中的一大创新，也是为了适应千变万化的司法需求所作出的新规定。具体到冻结的方法，第 12 条第 2 款指出，冻结电子数据，应当采取以下一种或者几种方法：（一）计算电子数据的完整性校验值；（二）锁定网络应用账号；（三）其他防止增加、删除、修改电子数据的措施。《电子数据证据规定》第 11 条和第 12 条规定与此基本一致，其中，第 11 条规定了冻结电子数据的四种情形，即具有下列情形之一的，经县级以上公安机关负责人人或者检察长批准，可以对电子数据进行冻结：（1）数据量大，无法或者不便提取的；（2）提取时间长，可能造成电子数据被篡改或者灭失的；（3）通过网络应用可以更为直观地展示电子数据的；（4）其他需要冻结的情形。第12条规定了冻结电子数据的程序和方法，即冻结电子数据，应当制作协助冻结通知书，注明冻结电子数据的网络应用账号等信息，送交电子数据持有人、网络服务提供者或者有关部门协助办理。解除冻结的，应当在三日内制作协助解除冻结通知书，送交电子数据持有人、网络服务提供者或者有关部门协助办理。冻结电子数据，应当采取以下一种或者几种方法：（1）计算电子数据的完整性校验值；（2）锁定网络应用账号；（3）其他防止增加、删除、修改电子数据的措施。

2. 电子数据的审查判断

《办理死刑案件证据规定》中对电子数据的审查提出如下的原则和重点审查的内容。第29条规定："对于电子邮件、电子数据交换、网上聊天记录、网络博客、手机短信、电子签名、域名等电子证据，应当主要审查以下内容：（一）该电子证据存储磁盘、存储光盘等可移动存储介质是否与打印件一并提交；（二）是否载明该电子证据形成的时间、地点、对象、制作人、制作过程及设备情况等；（三）制作、存储、传递、获得、收集、出示等程序和环节是否合法，取证人、制作人、持有人、见证人等是否签名或签章；（四）内容是否真实，有无剪裁、拼凑、篡改、添加等伪造、变造情形；（五）该电子证据与案件事实有无关联性。对电子证据有疑问的，应当进行鉴定。对电子证据，应当结合案件其他证据，审查其真实性和关联性。"

对于电子证据审查判断的五个要点，主要考虑到：有的电子证据的介质形式比较好提取，如存放于移动硬盘上的电子文件。但有的往往难以提取，如存于电脑中的电子邮件，其介质在提供邮件的网络服务器上。我们通过电子证据认定案件事实，往往是从介质上将相关信息提取出来，此过程涉及一些人为操作和技术因素，因此要求明确该电子证据形成的过程及制作、传递、提取人。电子证据的一个重要特点就是容易被篡改，而且被篡改后一般情况下很难被发现，往往需要技术鉴定手段才能识别。① 根据上述司法实践的总结，电子数据内容的审查，应

① 参见杨迎泽、张红梅主编：《刑事证据适用指南——以两个〈规定〉为中心》，中国检察出版社2010年版，第139页。

当与案件事实具有关联性，否则就无助于证明案件事实。在实践中，特定的存储介质之中可能存储着海量的电子信息，其中只有部分电子信息与案件事实有关。同时，由于各种主客观的原因，电子数据存在着各种伪造、变造的可能性，因此，应当结合案件其他证据，审查其真实性和关联性。在实践中，对电子数据的审查，应当重点听取电子证据制作者、提取者、见证人的证言，同时结合该电子证据的鉴定意见、被告人供述和被害人陈述，综合评断该电子证据的真伪和证明价值。正是由于计算机和网络形成的电子数据具有内在的复杂性，很容易产生混淆甚至误读。因此，对于电子数据，不仅需要重视通过鉴定的手段确定其具有真实性，而且需要重视结合案件其他证据，综合评估其真实性及其所具有的证明价值。《电子数据证据规定》第 17 条规定，对电子数据涉及的专门性问题难以确定的，由司法鉴定机构出具鉴定意见，或者由公安部指定的机构出具报告。对于人民检察院直接受理的案件，也可以由最高人民检察院指定的机构出具报告。具体办法由公安部、最高人民检察院分别制定。同时，第 26 条规定了鉴定人出庭作证制度和专家辅助人制度，即公诉人、当事人或者辩护人、诉讼代理人对电子数据鉴定意见有异议，可以申请人民法院通知鉴定人出庭作证。人民法院认为鉴定人有必要出庭的，鉴定人应当出庭作证。经人民法院通知，鉴定人拒不出庭作证的，鉴定意见不得作为定案的根据。对没有正当理由拒不出庭作证的鉴定人，人民法院应当通报司法行政机关或者有关部门。公诉人、当事人或者辩护人、诉讼代理人可以申请法庭通知有专门知识的人出庭，就鉴定意见提出意见。对电子数据涉及的专门性问题的报告，参照适用前三款规定。

第十一章　证人、鉴定人、侦查人员出庭作证制度

证人、鉴定人、侦查人员出庭作证是庭审顺利进行和实现庭审实质化的重要保障制度，对于查明案情、核实证据、正确判决具有重大意义，是以审判为中心的刑事诉讼制度的应有之义。然而，上述三类人员在司法实践中出庭难的现象很普遍。《刑事诉讼法》修改和有关规范性文件始终关注该问题，规定了关键证人出庭的条件，设立了强制证人到庭制度和证人作证补偿制度，完善了证人、鉴定人保护制度，设立了专家辅助人出庭制度，合理界定侦查人员出庭的范围和条件。通过一系列制度的设计和完善，力图破解上述三类人员出庭难问题。本章分析上述三类人出庭难的原因以及其出庭的重要意义，结合《刑事诉讼法》的条文规定来分析研究三类人员出庭作证制度。

一、证人、鉴定人、侦查人员出庭难的原因分析

证人、鉴定人、侦查人员出庭难的现象具有共性的传统文化、诉讼结构、诉讼价值、诉讼体制等方面的原因，各自又有不同的因素，以下分别予以分析。

（一）证人出庭难的原因

1. 传统文化影响

中国传统社会人缘、地缘关系紧密，人们之间交往重亲情、友情，证人怕惹是非、求安稳，怕作证后被当事人打击报复而不愿意出庭作证。从现实社会看，我们所生活的社会是一个熟人的社会，像邻里关系、同学关系、朋友关系，等等。由于中国人工作生活的圈子相对封闭、稳定，让一个证人在一个熟人社会中指证一个人犯罪，他会受到很大的心理压力。证人一旦出庭作证，就会被他的亲友所恨，朋友所怨。中国文化可称为“和合”文化，“万事和为贵”“和气生财”

"家和万事兴"就是这种文化的真实写照。而打官司、出庭作证必然会损害"与人为善"的交际规则。而儒家又强调"无讼"，孔子曾说"听讼，吾犹人也，必使无讼"，"贱讼、耻讼"的儒家思想在人们心中一直占据正统地位。在这种文化背景下国人会讨厌打官司，不愿意出庭作证。

2. 证人的权利义务失衡

1996年《刑事诉讼法》只是规定"凡是知道案件情况的人，都有作证的义务"，但对于证人的权利没有明确的规定，如经济补偿权、侦查阶段的保密权、人身及其家属的保护权都没有明确规定。证人只承担作证的义务，不享受权利，导致证人作证不但要蒙受一定的经济损失，而且还要承担人身以及财产安全的风险。

3. 证人不履行作证义务没有制裁措施

世界上几乎所有国家都明确规定了证人不出庭作证的法律后果。如《德国刑事诉讼法》第51条规定："依法传唤而不到场的证人要承担由于应传不到造成的费用。对他同时还要科处秩序罚款和不能交纳罚款时科以秩序拘留。"英美法国家多以"藐视法庭罪"来规定证人不出庭的法律责任。而我国《刑事诉讼法》修改前只是作出笼统的规定："证人作证，审判人员应当告知他要如实地提供证言和有意作伪证或者隐匿罪证要负的法律责任。"既没有规定证人拒绝出庭所带来的法律后果，也没有对不如实作证等该承担何种法律责任进行规定，更没有作出如何对证人不出庭以及不如实作证该怎样处理的程序性规定。

4. 缺乏强制到庭制度

《美国联邦刑事诉讼规则》规定法庭向证人作证发出传票，"证人无正当理由未按照被送达的传票执行，可以被视为蔑视签发传票的法院"。《英国刑事诉讼法》规定，证人无正当理由拒绝到庭作证，可以签发逮捕令，必要时以藐视法庭罪论处。《法国刑事诉讼法》规定，证人无正当理由拒绝到庭作证，由司法警察强制拘留到庭并处以罚款。《德国刑事诉讼法》规定，证人不论有否拒证权均有出庭作证的义务，无正当理由拒绝作证的，可以强制其到庭作证，也可以处1000马克罚款或6个星期以下的拘禁。《日本刑事诉讼法》规定，证人受传唤而无正当理由未到庭的，处以5000日元的罚金或拘留。而我国一直没有强制到庭制度，导致证人即使不到庭，法院也没有强制措施。

5. 对证人作证行为规定不统一

2012年《刑事诉讼法》第60条规定：凡是知道案件情况的人，都有作证的义务。第52条规定，人民法院、人民检察院和公安机关有权向有关单位和个人收集、调取证据。有关单位和个人应当如实提供证据。第41条规定，辩护律师经证人或者其他有关单位和个人同意，可以向他们收集与本案有关的材料，辩护律师经人民检察院或者人民法院许可，并且经被害人或者其近亲属、被害人提供的证人同意，可以向他们收集与本案有关的材料。前一条规定了证人有向公检法机关作证的义务，而后一条则规定了证人有拒绝向律师作证的权利。此外，《刑事诉讼法》第190条还明确允许在庭审中宣读未到庭的证人的证言笔录，这又为证人不出庭作证提供了法律依据。

6. 证人保护制度过于原则

我国一直缺乏有效的证人保护措施，面对证人遭恐吓的行为，难以为证人出庭作证提供有效的保障，使得证人出庭的心理障碍难以消除。“没有一种法律制度有正当理由能强迫证人作证，而在发现证人作证受到侵害时又拒绝予以救济。采用一切可行的手段来保护证人是法庭的职责。否则，整个法律诉讼就会一钱不值。”[①] 1996年《刑事诉讼法》在第49条、85条对于证人保护作了一般原则性的规定，实践上出现种种问题，表现在：（1）保护的范围偏窄，只侧重于证人及其近亲属的保护。而被害人作为当事人，了解案件的真实情况，能够为指控犯罪提供关键的信息，因此也经常成为犯罪嫌疑人、被告人予以恐吓的对象。因此，排除对被害人及其近亲属的保护，必然会使被害人及其近亲属参与指控犯罪的积极作用难以有效发挥。[②]（2）缺乏保护的措施。《刑事诉讼法》没有规定证人如何申请保护，对其采取何种保护措施。（3）保护分工不明确。《刑事诉讼法》虽然规定了人民法院、人民检察院和公安机关应当保障证人及其近亲属的安全，但是对于各机关的职责的具体落实缺乏具体、明确的规定，各机关在不同的诉讼阶段分别承担哪些职责也没有明确的规定。

7. 对诉讼效率追求阻却了证人出庭

证人不出庭作证有可能会妨碍司法公正的实现，但它却暗合于诉讼效率的提高，特别是在我国许多法院都把结案率多少作为评价一个法官工作能力的重要标

① ［英］丹宁：《法律的正当程序》，李克强等译，龚祥瑞校，群众出版社1984年版，第22页。

② 参见樊崇义主编：《刑事诉讼法实施问题与对策研究》，中国人民公安大学出版社2001年版，第273页。

准，提高诉讼效率对法官具有极大的影响。证人不出庭，法官只进行书面审可以减少许多审判环节如质证、反质证、主询问、反询问等。诉讼环节的节省有助于加快审判的进程。如果证人不出庭，法官可以减轻许多工作量和额外的负担。诸如对证人发传票、安排对证人进行保护之类的事务，早日结案，提高诉讼效率。对诉讼效率的价值追求阻却了证人出庭制度的实施。从某种意义上来说，法官、公诉人不期待证人出庭。

（二）鉴定人出庭难的原因

1. 鉴定人出庭作证制度缺乏

鉴定人出庭作证制度的内涵不仅在于强调鉴定人必须出庭作证，更重要的是要对鉴定人的定位、鉴定意见开示、鉴定人出庭的启动、质证询问规则、证据采信标准、对应出庭而不出庭的鉴定人的制裁和对鉴定人的保护等作出明确的规定，而在这方面我国的制度建设几乎是一片空白。这种制度的缺乏所带来的直接后果就是对鉴定人出庭作证没有拘束力。在审判实践中，尤其在刑事案件的侦查阶段第一次做鉴定时，不会委托给社会专业机构进行司法鉴定，而由公安、检察机关内设的鉴定机构从事该项工作。出具鉴定意见的鉴定人员一般不会出庭，审判人员对这些机关的鉴定意见也非常信任，基本是直接采信作为定案根据。

2. 鉴定人出庭作证的权利与义务失衡

《刑事诉讼法》对鉴定人出庭作证的法律规范中，仅规定了鉴定人需要履行义务、承担的责任，却没有对其权利进行保护。鉴定人出庭需要误工，需要支付交通费，还要花费精力和时间做庭前的准备。如果鉴定机构属于司法系统的，该鉴定机构愿意配合法院工作，则从其办案经费中列支。但是，如果鉴定机构属于社会机构，则面临无人负担而导致鉴定人难以出庭。而且，对鉴定人的保护制度缺乏。刑事案件中，特别是暴力犯罪案件、黑社会犯罪案件，鉴定人出庭，鉴定人及其近亲属的人身安全没有列入保护范围，使鉴定人出庭存在心理障碍。

3. 庭审模式制约鉴定人出庭

在案卷笔录中心主义的影响下，法官对鉴定意见采用放任的态度，不加审查，直接采纳为定案的依据。对于有争议的多份鉴定，往往认为鉴定机构行政级别高或以最后一个鉴定机构的鉴定意见效力高作为标准来采信。同时，担心鉴定人出庭影响庭审的效率，往往不通知鉴定人到庭，由控方宣读鉴定意见而代替质证过程。即使鉴定人出庭，由于控辩双方缺乏相关的专业知识而对鉴定意见的质证也限于感性认识的层面，对于鉴定意见的关联性和客观性几乎无法得到质证，难以形成对鉴定人有效的交叉询问，使质证流于形式。

（三）侦查人员出庭难的原因

1. 文化因素

我国传统的诉讼文化也制约着侦查人员出庭。首先，特权本位文化。我国古代文化的核心是官本位，官员享受诸多特权，包括不出庭作证的特权。侦查人员属于司法官员系列，从内心中觉得不应该出庭作证，否则有失官体。其次，无讼文化。我国古代文化一直倡导和为贵，不鼓励人们诉讼，上公堂被认为是很不光彩的事情。受传统文化的影响，侦查人员不愿意出庭。

2. 心理因素

我国的侦查人员，代表国家行使侦查权，有权询问证人、讯问犯罪嫌疑人。证人首先向侦查人员作证，然后才向检察官和法官作证。侦查人员出庭，无异于自降身份，由国家权力执行者降为普通的诉讼参与人。让侦查人员从国家权力的行使者转变为国家权力下的证人，并且还要接受律师的质询，这让侦查人员心理上难以承受。

3. 诉讼模式

我国目前刑事诉讼模式，按照公检法分工负责、互相配合，互相制约的原则，形成了侦查中心主义的线形诉讼结构。“线形结构存在某些内在机能缺失，因为它是依靠公权力来实现诉权保护和社会保护，和一切公共权力行使可能产生的问题一样，容易发生一种异化。在公权力自身运行的过程中，其自大甚至腐败都难以避免，这需要民主性措施，如诉权（刑事诉讼的辩护权）的确认和强化来予以制约。同时线形结构成为实际的刑事司法结构，诉讼成为一种行政性程序，诉讼本身具有的公正性特征就基本丧失了。”① 因此，侦查人员处于线形结构的首端和源头，要侦查人员出庭接受各方的质询，无疑从侦查程序的源头开始进行质疑，这为线形结构所难容。

4. 庭审模式

从审判实践来看，法官仍旧以书面审理为主，在多数情况下，连证人也普遍不出庭作证，侦查人员更少出庭作证。在以“笔录为中心”情况下，法庭认可

① 参见龙宗智：《相对合理主义》，中国政法大学出版社 1999 年版，第 104 页。

侦查程序中的讯问笔录，使侦查人员出庭没有必要。为提高诉讼效率，应付“诉讼爆炸”，避免庭审的拖延，法官一般不要求侦查人员出庭。同时，由于没有强制到庭制度，即使法官通知侦查人员出庭，也有可能找不到原来的侦查人员，即使找到当时的侦查人员，也不一定能记起当初侦破案件的情形，侦查人员个人不愿意出庭。即使法院通知，侦查人员所在的单位也可能不愿意其出庭，以免影响其工作，对于法院通知也可能不予理会。检察官也不希望侦查人员出庭作证，以免在律师的质询下暴露出取证中的不足，影响公诉的证据被采纳。因此，庭审的主导方法官以及主要控诉方，均不希望侦查人员出庭，则很难推动侦查人员出庭。

5. 诉讼利益

在刑事诉讼中，侦查人员所追求的诉讼利益主要在于破案和抓获犯罪嫌疑人，只要侦破了案件，抓获了犯罪嫌疑人，案件顺利地移送起诉，其诉讼利益已经达到。但是，如果侦查人员出庭，则有可能导致侦查工作成果遭到否定和质疑，而且也影响到单位的声誉。同时，侦查人员出庭，也影响到其他正常的侦破案件的精力，特别对于警力资源非常紧张的现实情况下，办案单位也不愿意派出侦查人员出庭作证。

二、证人、鉴定人、侦查人员出庭作证的作用和意义

（一）证人出庭作证的作用和意义

1. 有利于保障当事人特别是被告人的诉讼权利

《刑事诉讼法》规定，证人证言必须在法庭上经过公诉人、被害人和被告人、辩护人双方讯问质证、听取各方证人的证言并且经过查实以后，才能作为定案的根据。如果证人不出庭，被告人以及辩护人根本没有机会进行质证，严重损害了其诉讼权利。从公正性上来看，证人出庭率低，不利于当事人特别是被告人利益的保护，证人不出庭作证，被告人质询证人证言就无法实现，这显然对被告人是不公平的，是对案件诉讼程序化、审判公正性极大挑战。

2. 有利于查明案件真实情况

法官单靠单方面证言往往难以判断证人证言的真实性，只有在证人出庭作证的情况下，通过控辩双方对证人的询问，才能对案情有较为全面的了解。如果证

人不出庭，对于证言中的矛盾之处就很难查清，审判人员也很难避免出现认定事实上失误和作出错误的判断。案件事实必须靠证据来发现和证实，而证人证言与被害人陈述、被告人供述相比，因其是与案件没有直接利害关系的人所作出，具有较强的客观性而受到诉讼各方的重视。而一旦证人不出庭接受诉讼双方的质询，就会不利于发现案件事实、查明案件事实、证实案件事实、揭示案件的客观真实，并且会使法院居中裁判的功能难以实现，审判难免会出现不公正、不合理的现象。

3. 有利于保证证言的真实性

由于各种原因，证人提供的证言有可能与真实情况不相符。如果其到庭作证，通过控辩双方的交叉询问，可以最大限度地减少证人的主观性，从而减少作伪证的可能性。

（二）鉴定人出庭作证的作用和意义

1. 鉴定人出庭有利于解决重复鉴定、多头鉴定问题

重复鉴定问题一直是司法鉴定中的顽疾，现实中不必要的重复鉴定泛滥，导致办案效率低下，诉讼成本增加，鉴定的中立性、客观性受到公众的猜疑，既影响到鉴定制度的权威性，也使人民法院的判决处于不稳定状态，从而影响到司法的权威性。鉴定人出庭则在一定程度上解决该问题，因为无论是法官还是诉讼参与人对鉴定意见不理解、不信任是最主要的原因。而鉴定人出庭，接受各方的质询，由鉴定人当庭说明从接受委托到鉴定意见出具的整个过程，对鉴定方法、步骤和鉴定意见进行通俗易懂的讲解和阐述，并解答当事人的疑问。鉴定人出庭作证可以消除当事人对鉴定意见公正性的疑虑，同时对于法官而言，不仅清楚了鉴定意见产生的过程及依据，对鉴定意见的证明能力能够心中有数，而且也了解了当事人对鉴定意见的态度及意见，有利于法官对鉴定意见的采信。而且通过鉴定人出庭，鉴定人解释自身鉴定意见过程和揭示其他鉴定意见矛盾所在，可以解决同一案件多次鉴定、多头鉴定的问题，保证了鉴定意见的最终效力，有效地防止因诉讼当事人基于司法鉴定而引起反复缠诉现象。

2. 鉴定人出庭有利于案件的审理

鉴定意见因其专业性和科学性，一般不容易被非专业人员所真正理解，法官和当事人所能看到的只是最终的结论性表述，对于鉴定方法、步骤、鉴定过程中的关键点和其中的逻辑则往往难以把握。而只有通过鉴定人出庭，才能把上述过

程生动地加以展示。同时，通过鉴定人出庭，在多方参与，通过鉴定人当庭对各方质疑的回应，才能使法官可以充分地了解鉴定方法、步骤，理解鉴定意见的真实意思，从而形成自己的内心确信。通过对鉴定人的交叉询问，使诉讼各方对鉴定意见形成过程有了清晰的了解，排除了对鉴定的疑虑，减少重复鉴定的概率，促进了诉讼效率的提高。

3. 鉴定人出庭有利于提高鉴定人的责任心和素质

鉴定人如果不出庭，则鉴定人的鉴定资格和鉴定过程得不到应有的检验，另外，鉴定人是否受到外界的影响，不通过当面询问、考察鉴定人是很难查明的。对鉴定人而言，出庭作证是很大的挑战，他必须认真研究受委托的鉴定问题，为出庭进行充分的准备，以便就自己的鉴定意见接受各方的反复询问和来自当事人所聘请专家证人的质询。鉴定人的出庭作证对于鉴定人的职业道德和专业水平进行考验和监督，提高了鉴定的透明度和公信力。在出庭作证的压力之下，鉴定人对其鉴定活动的责任感必然大大加强，其素质也逐步提高。

（三）侦查人员出庭作证的作用和意义

1. 侦查人员出庭有助于保障人权

无论是大陆法系国家的直接言词原则、英美法系的传闻证据规则，还是联合国《公民权利和政治权利国际公约》，无不将被告人的对质权作为基本的人权。因此，在刑事诉讼中，赋予被告人在法庭上向对方证人进行质证的权利，既是衡量世界各国审判程序是否公正的重要尺度，也是世界各国普遍承认的一项基本人权。刑事被告人有权在庭审中对那些证明其实施了犯罪行为的人提出质疑和质问。侦查人员作为控方的支持者，当然也不能例外。侦查人员出庭一方面可以满足被告人的质证权，确保被告人直接面对于己不利的证人；另一方面，“一个人在对自己利益有着影响的判决制作之前，如果不能向法庭提出自己的主张和证据，不能与其他各方及法官展开有意义的辩论、证明和说服等，就会产生强烈的不公正感，这种感觉就源于他的权益受到裁判者的忽视，他的道德主体地位遭到了法官的否定，他的人格遭到了贬损。”① 因此，侦查人员出庭与被告人对质，可以提高被告人在法庭审判过程中的参与性，使其感受到他的道德主体地位得到确认，他的人格尊严受到尊重，对裁判的结果在心理上产生一种满足感，从而彰

① 陈瑞华：《刑事审判原理论》，北京大学出版社1997年版，第63页。

显程序公正。

2. 侦查人员出庭有助于发现案件真相

侦查人员出庭能够确保刑事诉讼证据中最重要的收集者和制作人向法庭阐明证据的证明能力和证明力。对法官而言，他多了一条多角度、多方位认识和了解案件事实的渠道，避免产生对被告人不利的预断、偏见等心理缺陷，从而对案件作出更为客观、公正的裁判。对公诉人员而言，他也多了一条提高控诉证据的证明力和证明能力以及反驳辩护方的途径，从而确保控诉的成功。就辩护而言，他也多了一条对控诉证据展开辩驳的良机，以便发现控方证据的漏洞之处，从而积极地影响裁判朝着对自己有利的方向发展。因此，侦查人员出庭，必然使证据的质证更加全面、客观，提高质证的效果，从而更加清楚地查明案件事实真相。

3. 侦查人员出庭有助于抑制侦查人员的非法取证行为

由于侦查人员出庭作证，会受到控辩双方的交叉询问。因此，侦查人员的非法取证行为往往在庭审过程中得到暴露，从而使侦查人员处于比较尴尬的境地，甚至遭到旁听人员的指责。侦查人员为了防止在庭审中出现上述比较难堪的局面，避免由于非法取证而被追究法律责任，以及其通过艰苦的侦查活动才获得的证据免遭法庭排除，从而导致侦查工作前功尽弃，就会在以后的调查取证过程中尽量采取合法的手段，或者是平时多加注意学习法律知识，钻研侦查业务，培养严格执法、依法办事的良好习惯。同时，通过出庭作证，无形之中增进了对法律知识的了解，从而帮助他们认识到在侦查过程中应当注意如何收集证据，避免非法取证。

4. 侦查人员出庭有助于完善司法体制

构建侦查人员出庭制度有助于改善目前我国警检机关相互独立、分离的状况，使警检机关真正地形成“共同体”关系。首先，侦查人员通过在法庭上的作证活动能够使其深刻地认识到他的使命绝非侦破案件那么简单，他的命运与检察机关的起诉活动息息相关，因而有责任对检察机关的控诉活动继续给予配合、协助。其次，检察官在庭审当中通过目睹警察的作证活动，能够及时发现警察在作证或侦查过程中存在的缺陷，为确保控诉成功，他也有义务进行相应的指导，无疑会大大提高警察的侦查工作实效。最后，有助于完善警法关系，促使侦查中心主义向审判中心主义转变。一方面，警察经常作证可以使警察真正地成为“法庭的公仆”，增强警察为庭审服务的观念，从而有助于法庭确立“最终裁判者”

的地位和保障法官在庭审中居于核心的地位。另一方面，通过程序性制裁机制的建立，有助于贯彻非法证据排除规则，从而使警察的侦查行为被纳入法院司法审查的调控之中。

5. 侦查人员出庭有助于提高诉讼效率

在我国刑事庭审过程中，被告人及其辩护人常常辩称警察有刑讯逼供等非法取证行为而要求排除非法证据。面对这种辩护理由，检察机关因为证据并非自己收集，加上警察又不出庭与其当庭对质，所以公诉人在这种情况下往往无法对此予以回应。但为了确保司法公正和履行法律监督职能，公诉人又不能对此一概不予理睬。这往往迫使法官宣布延期审理，以查清警察是否有非法取证行为。但检察机关对警察的刑讯逼供等非法取证行为的调查往往由于碰到各种阻力或者取证困难而无功而返。而辩方有时为了保护自己的合法权益却不依不饶，这就常常导致案件久拖不判。这既有违司法公正，也不利于司法效率。而一旦侦办案件的警察出庭作证，在很大程度上就能当庭解决上述问题而不必延期审理，从而提高司法效率。

6. 侦查人员出庭有助于解决被告人当庭供述和庭前供述之间的矛盾

当前，被告人翻供问题是我国刑事司法实践中长期存在的一种极为普遍的现象，也是亟待解决的热点问题。然而，我国的立法与司法解释对翻供问题都缺乏相关的操作规范，导致司法人员在庭审当中遇到被告人翻供问题往往难以作出恰当的处理。如果警察能够出庭作证与被告人对质，以证明被告人庭前供述的自愿性或合法性，无疑能够有效地查明翻供与否的事实真相。

7. 侦查人员出庭有助于加强侦查机关的建设

首先，有助于纠正警察的特权思想。如果警察能够像其他证人那样经常出席法庭进行宣誓作证，接受控辩双方的交叉询问，久而久之，就能强化警察为法庭服务的观念，淡化警察的优越感，弱化警察在角色转换过程中形成的心理反差，平衡警察自身的心态，从而促使警察逐步纠正其特权思想。其次，有利于维护警察的形象。在刑事庭审过程中，如果被告人常常辩称警察有非法取证或者刑讯逼供的行为，而警察又经常不出庭进行有针对性的解释，长此以往，势必给法官、律师甚至旁听人员造成不良印象，从而影响警察的形象。相反，如果警察能够出庭作证，对被告人的辩解作出积极的回应，不仅能消除人们对警察的怀疑，甚至可以消除人们对警察的责难，而且能够维护警察在人们心目中光明磊落、秉公执法的良好形象。最后，构建警察作证制度有助于提高警察的素质。一方面，警察为了避免在出庭作证时出现难堪的局面，他就会想到平时多注意学习法律知识、研究侦查业务；另一方面，警察出庭作证，可以使他们对于刑事庭审有较为直观的了解和认识，从而帮助他们提高侦查阶段的证据意识和取证水平。

三、《刑事诉讼法》对证人、鉴定人、侦查人员出庭作证制度的完善

《刑事诉讼法》多次修改促进了证人、鉴定人、侦查人员出庭制度的完善，是民主与法制的一大进步，具体体现在以下几个方面：

（一）完善证人出庭作证制度

1. 明确了证人出庭作证范围

证人出庭需要很多条件和制度配合，如果让所有证人出庭，我国的司法资源难以承受。为了达到公平与效率的平衡，法律修改了证人出庭的条件。《刑事诉讼法》第192条第1款规定："公诉人、当事人或者辩护人、诉讼代理人对证人证言有异议，且该证人证言对案件定罪量刑有重大影响，人民法院认为证人有必要出庭作证的，证人应当出庭作证。"证人出庭条件有两个：（1）证人证言对案件定罪量刑有重大影响，并且公诉人、当事人或者辩护人、诉讼代理人有异议的。这是基于控辩双方态度，以及证人证言的作用。并不是控辩双方只要有异议，证人都要出庭，而是需要证人证言达到对案件定罪量刑有重大影响的程度。该条件是实质性条件，是证人出庭的必要条件。（2）人民法院认为证人有必要出庭作证的。人民法院是庭审的控制者和主导者，如果法官也认为需要证人出庭作证，则证人必须出庭。这是证人出庭的充分条件，同时赋予法院对证人出庭作证的自由裁量权。只有这些条件的结合，证人才符合应当出庭的情况。这样，证人是否出庭作证的决定权其实控制在法院手里。《审判中心改革意见》第12条将证人应当出庭作证的条件简化为两个方面：一是公诉人、当事人或者辩护人、诉讼代理人对证人证言有异议的；二是人民法院认为该证人证言对案件定罪量刑有重大影响的。但仍然赋予法院以决定权。

此外，推进以审判为中心的诉讼法制度改革，构建以审判为中心的刑事诉讼制度新格局，必须贯彻直接言词原则，建构传闻证据规则，明确传闻证据的例外情形，这就要修改《刑事诉讼法》第195条规定，严格限制书面证言在庭审中使

用，从而促使更多证人出庭作证。

2. 完善证人、被害人、鉴定人的保护制度

证人、被害人、鉴定人的保护是各国及地区刑事诉讼领域普遍关注的问题。其中证人保护，尤为值得关注。为了强化证人保护，美国、英国、德国、加拿大等国家都制定了专门的证人保护法。为避免公开审判给证人带来潜在的危险，许多国家和地区在重大案件中采取证人匿名的制度。如《德国刑事诉讼法典》第68条第2款规定，在询问证人过程中，“告诉住所可能导致证人或者其他人员遭到危险的，证人可以不回答住所问题，而是告诉他的工作或者公务地址或者其他可以传唤的地址。审判长在庭审中可以许可证人不回答问题。”第3款规定：“公开证人身份、住所或者居所可能给证人或者其他人员的生命、身体或者自由造成危险的，可以许可证人不回答个人问题或者只告诉以前的身份。但证人在审判中应当说明以何身份了解到陈述的事实。证明证人身份的文件由检察人员保管。只有在危险消除时，才能纳入本案的案卷。”又如我国台湾地区“证人保护法”规定了应受保护证人身份数据暴露的处理方式，在制作笔录或文书时，证人的身份应“以代号为之”，不得记载证人之年籍、住居所、身份证统一编号或者护照号码以及其他足以识别其身份之资料；证人之签名“按指纹代之”；载有证人真实姓名等足以识别其身份的资料，需另卷封存保管。[①] 除了上述对证人身份保密的常规措施之外，为确保证人在出庭作证时不泄露身份，许多国家和地区还规定了特殊的作证方式。如《英国1984年警察与刑事证据法》规定了八项特殊的作证措施，具体包括：“向被告遮蔽证人，但不能阻止证人与法官或陪审团等人相互看见；通过现场视频连线的方式提供证据；秘密给出证据；除去假发和法官袍；以庭前证人谈话的录像记录作为主要证据；以证人在接受交叉询问和再询问时录像记录作为证据；通过中介询问证人；提供必要的手段协助与证人交流。”再如我国台湾地区为避免在刑事诉讼中诘问证人或对质时，使证人身份暴露，规定证人在审判时可以蒙面变声、变像、视频传送或采取其他适当隔离措施。

我国的刑事诉讼对于证人保护也在不断完善过程之中，1996年《刑事诉讼法》第49条规定：“人民法院、人民检察院和公安机关应当保障证人及其近亲属的安全。对证人及其近亲属进行威胁、侮辱、殴打或者打击报复，构成犯罪的，

---

① 参见何家弘主编：《证人制度研究》，人民法院出版社2004年版，第172页。

依法追究刑事责任；尚不够刑事处罚的，依法给予治安管理处罚。”《办理死刑案件证据规定》第16条第2款规定：“证人出庭作证，必要时，人民法院可以采取限制公开证人信息、限制询问、遮蔽容貌、改变声音等保护性措施。”而《刑事诉讼法》在证人保护方面进一步完善，第64条规定：“对于危害国家安全犯罪、恐怖活动犯罪、黑社会性质的组织犯罪、毒品犯罪等案件，证人、鉴定人、被害人因在诉讼中作证，本人或者其近亲属的人身安全面临危险的，人民法院、人民检察院和公安机关应当采取以下一项或者多项保护措施：（一）不公开真实姓名、住址和工作单位等个人信息；（二）采取不暴露外貌、真实声音等出庭作证措施；（三）禁止特定的人员接触证人、鉴定人、被害人及其近亲属；（四）对人身和住宅采取专门性保护措施；（五）其他必要的保护措施。证人、鉴定人、被害人认为因在诉讼中作证，本人或者其近亲属的人身安全面临危险的，可以向人民法院、人民检察院、公安机关请求予以保护。人民法院、人民检察院、公安机关依法采取保护措施，有关单位和个人应当配合。”《审判中心改革意见》第12条第2款提出健全证人保护工作机制，对因作证面临人身安全等危险的人员依法采取保护措施。《审判中心改革实施意见》第14条规定，根据案件情况，证人可以实行远程视频作证。第16条进一步完善了作证保护制度，即证人、鉴定人、被害人因出庭作证，本人或者其近亲属的人身安全面临危险的，人民法院应当采取不公开其真实姓名、住址、工作单位和联系方式等个人信息，或者不暴露其外貌、真实声音等保护措施。必要时，可以建议有关机关采取专门性保护措施。其完善之处，体现在如下的几个方面：

（1）所涉案件类型明确化。危害国家安全犯罪、恐怖活动犯罪、黑社会性质的组织犯罪、毒品犯罪是对于证人、被害人和鉴定人遭受打击报复最严重和最多的四类案件，因此，法律明确四类案件中所涉及的证人、被害人以及鉴定人予以重点保护。

危害国家安全犯罪，是指危害国家主权、领土完整和安全，分裂国家、颠覆人民民主专政的政权和推翻社会主义制度的犯罪行为，是我国《刑法》中规定的危害性最大的一类犯罪。《刑法》第102条至113条规定了各种危害国家安全的行为；恐怖活动犯罪，是指因信奉恐怖主义而实施的犯罪行为，是我国参与国际反恐怖主义斗争的产物。2001年12月29日，全国人民代表大会常务委员会通过的《刑法修正案（三）》对恐怖活动犯罪进行了规定；黑社会性质的组织犯罪是国际上最为严重的犯罪之一，是有组织犯罪最为典型的一种形式。在我国，黑社会性质的组织犯罪在某一区域或行业范围内，称霸一方，严重破坏社会经济秩序，危害人民群众的人身、财产安全，具有极大的社会危害性，《刑法修正案(八)》对《刑法》第294条关于黑社会性质组织犯罪进行了修改，并对其定罪和量刑作出修订，加大打击的力度；毒品犯罪，是指涉及毒品的犯罪，我国《刑法》规定，走私、贩卖、运输、制造、非法持有毒品均为犯罪行为。毒品犯罪除了毒害吸毒者本人及其家庭外，还会诱发其他犯罪，导致社会治安的恶化。毒品交易助长了犯罪的集团化，与跨国组织犯罪集团关系密切，影响国家政治安全的维护和巩固，社会危害性极大，是我国刑法重点打击的犯罪类型，我国除了《刑法》规定外，还有大量司法解释对毒品犯罪予以打击。《刑事诉讼法》所列的四类犯罪都是严重危害性的犯罪，犯罪分子对证人、被害人以及鉴定人的报复可能性最大，因此，法律对四类犯罪案件中所涉及的证人、被害人以及鉴定人予以重点保护。

（2）保护对象明确化。主要的对象是证人、被害人和鉴定人三类人，其范围包括本人及其近亲属。因为上述三类人群最容易为犯罪分子所打击报复，而且还波及其近亲属，因此把这三类人及其近亲属作为保护对象。

（3）保护措施具体化。首次规定了具体的保护措施，包括四项具体的措施以及作为兜底条款的其他措施。第一，“不公开真实姓名、住址和工作单位等个人信息”，目的是为了保护证人在作证期间不受到不正当的干扰。在审判过程中，采用“隐名作证”的方式，证人在证词中使用化名或隐去真实姓名和住址，由办案人员向法庭说明使用化名或隐去真实姓名的原因和必要性。即便审判结束后，人民法院作出判决时，对于案件中需要保密的证人的姓名、身份等个人信息也应当隐去，确保证人在诉讼后也不会受到不当干扰。第二，“采取不暴露外貌、真实声音等出庭作证措施”，审判阶段，如果有必要，则在法庭作证时采取不暴露外貌、真实声音的措施，以使证人的真实相貌和声音不被被告人及其利害关系人认出而遭致报复。第三，“禁止特定的人员接触证人、被害人及其近亲属”，对于特定人员，虽然没有列举，主要指犯罪嫌疑人以及其利益关系人，而且是对证人、被害人及其近亲属存在威胁的具有一定关系的人员。禁止接触，主要源于禁止令制度。《刑法修正案（八)》新增了对判处管制、宣告缓刑的犯罪分子，人民法院可以根据犯罪情况，同时禁止其在管制执行期间、缓刑考验期内“从事特定活动，进入特定区域、场所，接触特定的人”。最高人民法院、最高人民检察院、公安部、司法部联合发布的《关于对判处管制、宣告缓刑的犯罪分子适用禁止令有关问题的规定（试行）》中明确提及禁止令问题。通过禁止令制度，制止特定的人员对证人、被害人及其近亲属的接触，可以避免对证人的影响。第四，“对人身和住宅采取专门性保护措施”，对证人、被害人及其近亲属的报复往往是针对其人身和住宅，因此，一方面是不公开其姓名和住所的消极保护，另一方面则应该对其人身和住宅进行专门性保护。第五，对于其他保护措施，未能一一列举，只要对保护证人有利，均可以采用。

（4）保护程序明确化。一方面，当发现证人、鉴定人、被害人及其近亲属人身安全面临危险时，相关部门应该主动采取措施来保护，这是对相关司法机关的义务要求；另一方面，自身或者其近亲属的人身安全面临危险时，证人、鉴定人、被害人也可以向司法机关提出保护的申请，这是赋予证人、鉴定人、被害人的权利。只有双方的权利和义务两个方面相结合，才能构成证人保护体系和程序。

（5）执行保护措施主体明确化。法律规定人民法院、人民检察院、公安机关具有此义务，同时也规定了在上述机关采取保护措施的时候，有关单位和个人也有配合的义务。

通过新增的对证人、被害人、鉴定人的保护规定，给证人、鉴定人、被害人的出庭以信心，使他们可以安心出庭，不再受威胁。

3. 证人作证的经济补助制度

《刑事诉讼法》第65条规定：“证人因履行作证义务而支出的交通、住宿、就餐等费用，应当给予补助。证人作证的补助列入司法机关业务经费，由同级政府财政予以保障。有工作单位的证人作证，所在单位不得克扣或者变相克扣其工资、奖金及其他福利待遇。”《审判中心改革意见》第12条提出建立证人、鉴定人等作证补助专项经费划拨机制。《审判中心改革实施意见》第16条也明确规定，人民法院应当建立证人出庭作证补助专项经费机制，对证人出庭作证所支出的交通、住宿、就餐等合理费用给予补助。

（1）明确了补助的范围。从公平原则出发，证人作证的经济补偿确有必要。它既是对证人作证行为的一种激励，更是证人履行作证义务的有力保障。因此，许多国家都有这方面的规定，如《韩国刑事诉讼法》第168条规定：“被传唤的证人依照法律规定，可以请求旅费、津贴和住宿费。”

对于证人因履行作证义务而产生的交通、住宿、就餐等合理费用以及误工损失，应当给予补助。证人作证义务包括方方面面，如开庭时到庭作证，还有为配合司法机关调查取证而导致的支出，等等。证人作证支出的交通费、住宿费、餐费，应以普通公民的住、行、食为基础的差旅费报销标准，根据证人的远近、交通状况、生活水平决定，以“实际支出”为原则。其误工补贴，则以证人的直接损失为限度。

（2）补助的经费保障。“对证人作证的补助列入司法机关业务经费，由同级政府财政予以保障。”证人作证是对国家履行义务而非对当事人履行义务，证人作证的目的从根本上来说是帮助国家司法机关探询事实真相，其补偿理应由国家来承担。因此，由司法机关代表国家来给予证人补助。鉴于我国目前司法经费还是依赖于同级人民政府，因此，由同级人民政府的财政来予以保障。根据《审判中心改革意见》和《审判中心改革实施意见》规定，应当建立作证补助专项经费划拨机制。

（3）明确证人所在单位的义务。“有工作单位的证人作证，所在单位不得克扣或者变相克扣其工资、奖金及其他福利待遇。”证人除了国家应该给予相应的补助外，所在单位应该给予支持。如果证人因履行作证义务而导致单位变相克扣其工资、奖金及其他福利待遇，则严重影响证人作证的积极性。因此，法律也规定证人单位的义务，从另外一个层面给予证人出庭经济上支持。

4. 建立证人强制到庭制度

《刑事诉讼法》第 193 条规定：“经人民法院通知，证人没有正当理由不出庭作证的，人民法院可以强制其到庭，但是被告人的配偶、父母、子女除外。证人没有正当理由拒绝出庭或者出庭后拒绝作证的，予以训诫，情节严重的，经院长批准，处以十日以下的拘留。被处罚人对拘留决定不服的，可以向上一级人民法院申请复议。复议期间不停止执行。”这是我国首次确立了强制证人出庭作证和近亲属不适用强制到庭制度。《审判中心改革意见》第 12 条第 2 款提出要完善强制证人到庭制度。

（1）建立了强制作证制度。《刑事诉讼法》规定证人有出庭作证的义务。经人民法院通知，证人没有正当理由不出庭作证的，人民法院可以强制其到庭。人民法院采取的强制措施包括强制传唤等。

（2）规定了近亲属作证豁免制度。对于被告人的配偶、父母、子女这三类人，不适宜用强制到庭作证制度。基于我国传统文化“亲亲相隐”制度，规定配偶、父母、子女这三类直系亲属不适用于强制到庭制度，符合我国一般的亲情伦理。值得注意的是，不适用强制到庭的制度，并非作证权的豁免，并非排除其作证的义务，因为我国规定证人有作证的义务。而且，如果被告人的配偶、父母、子女作为证人主动揭发被告人的犯罪行为和愿意提供证言，这种“大义灭亲”行为，则法律并无禁止，司法机关应当许可。也就是说，我国立法规定的这种作证豁免制度仅是作证但免予强制出庭，而不是免予作证。

（3）规定了强制措施。对于证人没有正当理由拒绝出庭或出庭后拒绝作证，则人民法院可以采取拘留的强制措施。具体程序是，先予以训诫，督促证人出庭作证。情节严重的，经院长批准，处以 10 日以下的拘留。被处罚人对拘留决定不服的，可以向上一级人民法院申请复议。复议期间不停止执行。

（二）完善鉴定人出庭作证制度

《刑事诉讼法》明确了鉴定人出庭的范围和不出庭的法律责任。第 192 条第 3 款规定：“公诉人、当事人或者辩护人、诉讼代理人对鉴定意见有异议，人民法院认为鉴定人有必要出庭的，鉴定人应当出庭作证。经人民法院通知，鉴定人拒不出庭作证的，鉴定意见不得作为定案的根据。”《审判中心改革实施意见》第 15 条规定的鉴定人出庭作证条件与此一致。同时，《刑事诉讼法》首次吸收英美法系的专家证人制度的合理因素，促进了鉴定人出庭。第 197 条第 2 款规定：“公诉人、当事人和辩护人、诉讼代理人可以申请法庭通知有专门知识的人出庭，就鉴定人作出的鉴定意见提出意见。第 3 款规定：“第二款规定的有专门知识的人出庭，适用鉴定人的有关规定。”

1. 明确鉴定人出庭的范围

为了节约司法资源，鉴定人并非所有案件都要出庭。只有在一定的条件下，鉴定人应当出庭作证。首先，控辩双方对鉴定意见有异议的。作为鉴定意见，是证据种类之一，属于言词证据，应该经过双方进行质证，方可作为证据使用。如果控辩双方均认可，则没有必要让鉴定人出庭来解释。只要有一方有异议，则应该让鉴定人出庭。其次，人民法院认为鉴定人有必要出庭的。人民法院是居中裁判者，证据最终认定方，如果其觉得鉴定意见有疑问，为了达到法官的内心确信，也可以行使其职权，通知鉴定人出庭。该规定其实又将鉴定人出庭作证的决定权赋予法院。

2. 明确鉴定人不出庭的法律责任

虽然《刑事诉讼法》没有对鉴定人采取强制到庭的制度，但是如果鉴定人不出庭作证，其同样需要承担法律责任。其法律后果有两个方面：一是鉴定意见遭到排除。经人民法院通知，鉴定人拒不出庭作证的，鉴定意见不得作为定案的根据；二是鉴定人因不依法履行出庭作证义务，依法承担法律责任。2005 年 2 月 28 日《全国人大常委会关于司法鉴定管理问题的决定》第 13 条第 2 款规定：鉴定人或者鉴定机构有下列情形之一，由省级人民政府司法行政部门给予停止从事司法鉴定业务三个月以上一年以下的处罚；情节严重，撤销登记：……经人民法院依法通知，拒绝出庭作证的。

3. 建立专家辅助人制度

根据《刑事诉讼法》的规定，“公诉人、当事人和辩护人、诉讼代理人可以申请法庭通知有专门知识的人出庭，就鉴定人作出的鉴定意见提出意见。……有专门知识的人出庭，适用鉴定人的有关规定。”

这是我国首次在刑事诉讼领域引入专家辅助人制度的合理因素。专家辅助人制度是大陆法系国家实行的制度。对于鉴定人的鉴定意见，控辩双方因为不是专业人员，其所提出的意见限于一般感性认识。因此，法律赋予其有权利可以聘请具有专门知识的人对鉴定意见提出意见。该制度是吸收了大陆法系的专家辅助人制度而设立，而且符合我国的国情。一方面，有专门知识的人定位在类似于鉴定人，法律赋予了有专门知识的人既可以有针对鉴定意见提出意见的权利，同时程序上也赋予了有专门知识的人相当于鉴定人的诉讼地位；另一方面，该专家辅助人为控辩双方申请，是否允许出庭则由法院所决定。引进有专门知识的人出庭，有利于打破鉴定人专业知识的垄断和对法官的影响。通过专家辅助人制度的引入，使专家辅助人与鉴定人在庭上交锋，可以使鉴定意见的辩论更加丰富，有利于解决多次鉴定的问题。在刑事诉讼中，建立专家辅助人制度将会促使鉴定人出庭，有利于提高鉴定工作的效率和质量，有利于促进鉴定机构的市场化运作，有利于保障当事人的诉讼权利，增加审判透明度，提高法院的公信度和裁判的准确性，更有利于司法公正。在保存现行鉴定制度总体格局的前提下，辅以专家辅助人制度的设立和运行，通过二者的互动共同保障司法人员准确认定案件事实，实现司法公正。

（三）完善侦查人员出庭作证制度

《刑事诉讼法》明确了侦查人员出庭作证的范围和程序。第59条第2款规定："现有证据材料不能证明证据收集的合法性的，人民检察院可以提请人民法院通知有关侦查人员或者其他人员出庭说明情况；人民法院可以通知有关侦查人员或者其他人员出庭说明情况。有关侦查人员或者其他人员也可以要求出庭说明情况。经人民法院通知，有关人员应当出庭。"第192条第1款规定："公诉人、当事人或者辩护人、诉讼代理人对证人证言有异议，且该证人证言对案件定罪量刑有重大影响，人民法院认为证人有必要出庭作证的，证人应当出庭作证。"第2款规定："人民警察就其执行职务时目击的犯罪情况作为证人出庭作证，适用前款规定。"

1. 侦查人员出庭作证的范围

（1）对证据收集的合法性说明情况。在司法实践中，法院对于侦查人员出庭说明证据合法性的问题采取既支持也相当慎重的态度。在侦查人员出庭问题上，《非法证据排除规定》第7条中对被告人审判前供述取得合法性问题，也提到需要侦查讯问人员出庭。该条规定："经审查，法庭对被告人审判前供述取得的合法性有疑问的，公诉人应当向法庭提供讯问笔录、原始的讯问过程录音录像或者其他证据，提请法庭通知讯问时其他在场人员或者其他证人出庭作证，仍不能排除刑讯逼供嫌疑的，提请法庭通知讯问人员出庭作证，对该供述取得的合法性予以证明。……经依法通知，讯问人员或者其他人员应当出庭作证。"根据该规定，公诉人应首先向法庭提供讯问笔录、原始的讯问过程录音录像或者其他证据，提请法庭通知讯问时其他在场人员或者其他证人出庭作证，仍不能排除刑讯逼供嫌疑的，才能提请法庭通知讯问人员出庭作证，对该供述取得的合法性予以证明。也就是说，法庭穷尽其他方法仍不能排除刑讯逼供嫌疑的情况下，侦查人员才应当出庭。[①]

（2）作为目击证人出庭。《刑事诉讼法》第192条第1、2款规定："公诉人、当事人或者辩护人、诉讼代理人对证人证言有异议，且该证人证言对案件定罪量刑有重大影响，人民法院认为证人有必要出庭作证的，证人应当出庭作证。人民警察就其执行职务时目击的犯罪情况作为证人出庭作证，适用前款规定。"

---

① 参见张军主编：《刑事证据规则理解与适用》，法律出版社2010年版，第324页。

而有学者主张根据警察目击犯罪事实的不同情况，而应该作为不同身份出庭。首先，如果警察在非执行职务期间目击了案件情况，那么警察与普通的证人作证并没有什么区别，此时目击犯罪事实发生的警察应当以目击证人身份出庭作证。其次，如果警察在接受侦查任务之前就目击了犯罪事实的发生，那么该警察不能再接受侦查任务，而应当适用回避的规定，以普通证人的身份出庭作证。再次，如果警察在执行职务过程中目击了自己正在办理的刑事案件的事实情况，如某警察在调查盗窃案件的过程中，正好目击了犯罪嫌疑人窝赃或销赃的情况，那么该警察应当以警察证人的身份出庭作证，而不能再以普通证人身份出庭作证了。最后，如果警察在接到举报或者受案以后赶赴犯罪现场，就很可能亲身经历或者亲眼目睹犯罪行为发生的全部或者一部分，实践中公安机关通常会将此案交由该警察负责侦查，那么该警察也可以就其目击的案件情况出庭作证。①

2. 侦查人员出庭作证的程序

《刑事诉讼法》第59条规定："……人民法院可以通知有关侦查人员或者其他人员出庭说明情况。有关侦查人员或者其他人员也可以要求出庭说明情况……"因此，侦查人员就证据的合法性出庭有两种情形：一为法院通知其出庭；二是其主动要求出庭。而在司法实践中，如果侦查人员主动要求出庭作证，则法庭是采取支持和优先采用的方式。主要理由是：（1）讯问人员作为第一线工作人员，他们对案件事实的接触是最及时的，对取证行为是否合法的事实的记忆也是最清晰的。因此，其主动出庭，更有利于查明案件事实。（2）讯问人员出庭作证有利于维护被告人的对质权。（3）讯问人员出庭有利于提高诉讼效率。如果讯问人员无法出庭与被告方对质，往往会导致法庭宣布休庭，调查核实证据，或者由检察机关补充侦查，无疑将增加诉讼成本，延长诉讼周期，不利于诉讼效率的提高。（4）讯问人员出庭有利于预防和制止刑讯逼供行为。在讯问人员不出庭作证的情况下，即使辩护方当庭揭露讯问人员的刑讯逼供行为，也很难进行查证，这样也就难以对刑讯逼供行为进行有效的控制和预防。②

而作为目击证人出庭时，则适用修改后的《刑事诉讼法》第192条第1款的规定："……且该证人证言对案件定罪量刑有重大影响，人民法院认为证人有必

① 参见王超：《警察作证制度研究》，中国人民公安大学出版社2006年版，第158页。

② 参见张军主编：《刑事证据规则理解与适用》，法律出版社2010年版，第324～325页。

要出庭作证的，证人应当出庭作证。”根据该规定，当侦查人员作为目击证人时，如果其证言对于定罪量刑有重大影响，而且公诉人、当事人或辩护人、诉讼代理人有异议的，那么侦查人员就应当出庭。或者人民法院认为有必要时，侦查人员也应当作为目击证人出庭。如果作为目击证人出庭，其应当适用普通证人的约束，包括适用强制到庭制度。

四、鉴定意见的审查与运用规则[①]

鉴定意见，也就是鉴定人针对案件专门问题所提供的意见。在《刑事诉讼法》修改之前，此种意见被称为“鉴定结论”。很明显，称鉴定人所提供意见为“结论”，也意味着只要鉴定人具有相应资格，其意见就应当作为定案根据，法官没有选择余地。在这种情况下，对于鉴定人所提供意见的采纳，在刑事诉讼程序方面实际并无什么争议，有争议的主要是鉴定人的资格问题。《刑事诉讼法》吸收了2005年全国人大常委会通过的《关于司法鉴定管理问题的决定》中的提法，将“鉴定结论”改为“鉴定意见”。这一修改虽然只有两字之差，却充分地体现了立法对鉴定人所提供意见的基本态度的改变，[②] 不再将其作为理所当然应当采纳的证据，而是赋予法官选择权。[③] 这一修改虽然恢复了鉴定人所提供意见的本来面目，符合诉讼规律，但也为刑事司法带来一个亟待解决的问题：应当根据什么标准来决定鉴定意见的采纳与否？对此问题，《刑事诉讼法》并无明确规定。《办理死刑案件证据规定》第23条、第24条与《高法解释》第84条、第85条虽然有所规定，但从其内容来看，实际与刑事诉讼法修改以前的实践做法并无实质区别，大多是一些形式性审查要求。

鉴定意见作为一种广义的证人证言，这是所有国家刑事司法不可缺少的证据种类，英美国家称为专家证人意见证据，大陆法系国家一般就称为鉴定书或鉴定意见，鉴定意见的采纳问题因而也是各国刑事司法均面临的问题。但是，由于不同国家刑事诉讼法对专家证人或鉴定人的诉讼地位的定位不同，英美法系国家将

---

① 本部分由樊崇义和吴光升合作完成。原文《鉴定意见的审查与运用规则》，载《中国刑事法杂志》2013年第5期。

② 孙振：《质证“鉴定意见”破除对证据的盲从》，载《检察日报》2013年3月29日，第3版。

③ 参见陈瑞华：《鉴定意见的审查判断问题》，载《中国司法鉴定》2011年第5期。

其定位于诉讼双方辅助人，而大陆法系国家一般将其定位为法官辅助人，[①] 以及英美法系国家实行对抗制诉讼、陪审团审判，而大陆法系国家实行非对抗制诉讼、职业法官主导审判等原因，英美法系国家向来重视专家证人意见证据可采性的规范，自初步确立专家证人意见证据可采性规则的 1782 年的 Folkesv. Chadd 案以来，[②] 其立法与司法实践已有二百余年的历史，且目前仍处于不断发展之中；而大陆法系国家有关此问题的立法与理论则相对比较稀少。另外，目前国内有关英美国家专家证人意见证据规则的论述，基于原始资料的限制，大多不是很全面，无法让人对此证据规则有一个全面的了解。出于此因，以下从英美国家，尤其是美国专家证人意见证据规则的起源与发展的评述入手，对我国鉴定意见的审查与运用规则问题进行分析，并提出一些构建与完善此规则的想法。

（一）英美国家专家证人意见证据规则的起源与发展

对于专家证人意见证据规则，虽然目前英美国家均有明确规定，但从历史发展脉络来看，只有美国的发展情形很明确。基于此因，以下以美国作为主线进行论述，最后再简要介绍其他英美法系国家的现有规定。

1. 规则的起源

证人只能就亲身感知的案件事实作证，这是一条源自中世纪的古老规则。如英国著名大法官柯克在 1622 年的一个判决中指出：“证人不应该用他‘认为’或者‘自己相信’这样的字眼。”[③] 但对于专家证人，却是一个例外。在那些需要特殊技术或技能的领域，那些通过学习或实践获得该领域专业知识的证人，他们提供的意见证据具有可采性。如英国法官桑德斯（Saunders）在 1554 年巴克利案（Buckley v. Rice Thomas）中曾言：“如果在我们的法律中出现有关其他科学或专业领域的问题，我们一般都求助于有关科学或专业领域的帮助。”[④] 但据英国 1975 年特纳案（R v. Turner）所称，专家证人意见证据规则是由曼斯菲尔德勋爵（Lord Mansfied）在 1782 年的福克斯案（Folkes v. Chadd）中所确立：科学

① 参见吴光升：《鉴定人：一个亟待合理定位的诉讼角色》，载《中国司法》2008 年第 12 期。

② 杜春鹏、李尧：《英国专家证人制度对完善我国司法鉴定人制度之借鉴》，载《证据科学》2012 年第 6 期。

③ ［美］约翰 · W · 斯特龙主编：《麦考密克论证据》，汤维建等译，中国政法大学出版社 2004 年版，第 26 页。

④ 转引自齐树洁主编：《英国证据法》，厦门大学出版社 2002 年版，第 596 页。

人员在其科学领域内，可以根据已被证明的事实提供意见；[①]“凡是有关科学的问题，不能传唤其他证人”。[②] 由于历史渊源的原因，美国在专家证人意见证据态度上，在很长时间内采取了类似于英国普通法的做法，只要涉及超出法官或陪审团知识能力范围的事项，一般都需要取得专家证人的意见。

2. 弗赖标准

专家证人意见证据进入法庭，在有助于陪审团准确认定案件事实的同时，也带来一种错误采信专家证人意见证据，进而错误认定案件事实的风险：一些专家意见证据在陪审团面前呈现一种绝对确定的光环，而外行的陪审团成员却缺乏刺破此光环的方法。[③] 尤其是面对新科学领域的专家证人意见证据时，这种风险更大。另外，由于专家证人往往是由诉讼双方所聘请，“既然是一方当事人挑选和准备，而且又是由该当事人支付费用的，其为该方当事人作证也就在所难免了”，[④] 缺乏科学依据的专家证人意见证据也因此防不胜防。如美国学者彼得·哈伯就曾认为：那些被法庭常规性认可具有可采性的专家意见，坦率地讲，实际是一些极其缺乏可信性的假话。[⑤] 可以说，司法实践迫切需要一种合理过滤专家证人意见证据的机制，但长期以来却缺乏一个恰当的判例解决此问题。[⑥] 正是在这种情况下，弗赖标准应运而生。

该标准并非美国联邦最高法院的杰作，而是华盛顿哥伦比亚特区上诉法院在1923年弗赖案（Frye v. United States）[⑦] 中所确立。该案认为，无数案例表明，专家或有熟练技能的证人所提供的意见，只有在所调查事项属于未有经验之人无法根据其形成正确判断时，才具有可采性。因为调查事项带有一种需要具备先前

---

① R v. Turner［1975］QB 834.

② 转引自［英］理查德·梅：《刑事证据》，王丽、李贵方等译，法律出版社2007年版，第196页。

③ John D. Borders, Fit to be Fryed: Frye v. United States and the Admissibility of Novel Scientific Evidence, 77 Ky. L. J. 849（1989）. p. 853.

④ ［美］米尔健·R·达马斯卡：《漂移的证据法》，李学军等译，中国政法大学出版社2003年版，第106页。

⑤ Henry F. Fradella, Lauren O'Neill, Adam Fogarty, The Impact of Daubert on Forensic Science, 31 Pepp. L. Rev. 323（2004）. p. 325.

⑥ Frye V. United States , 293 F. 1013（D. C. . Cir 1923）.

⑦ 在该案，被告人弗赖（Frye）的律师请求提出专家证人对被告人进行心脏收缩压测谎，以此证明被告人无罪，理由是血压会受到受测试对象情绪变化的影响，有意识的欺骗或说谎、隐匿事实或有罪，随着受测试对象对被发现的恐惧，将导致收缩压呈曲线形式升高。但控诉方提出异议，法院也支持了该异议。被告人以审判法院错误拒绝专家证人对被告人进行测试为由提出上诉。

习性、经验或研究才能掌握的科学、艺术或商业特点。如果案件所涉及问题未处于普通经验或常识范围，而是需要特别经验或特别知识，则精于特定科学、艺术或商业领域的证人所提供的意见具有可采性。只是一个科学原理或发现何时越过试验性阶段与可论证性阶段之间那条线，却难以确定。在此灰色地带中，那些可作为证据使用的原理应当得到认可，在法庭主动认可那些源于公认科学原理或发现的意见证据的可采性时，这些作为意见证据基础的科学原理或发现应当在所属领域充分确立，并得到普遍接受性（general acceptance）。[①]

根据该标准，专家证人意见证据要获得可采性，除了要求具有相关性与有助于陪审团认定争议事实外，还要求该意见证据所依据的科学原理与技术必须获得所在特定领域的普遍接受性。[②] 为了确定某个专家意见证据是否具有可采性，法庭必须解决两个问题：一是确定该专家证人意见所属科学领域；二是确定该专家证人意见所依据的科学原理是否获得该领域的普遍接受性。但这两个问题的解决并非易事。首先，很多科学技术并不能划入某单一学科或专业领域，选择恰当的评价领域很成问题，而且也直接影响到其可接受性的评价；其次，普遍接受性是一个模糊概念，它面临一个如何进行准确判断的问题：多少相关专家同意了才算具有普遍接受性？在实践中，对于后一问题，一般是可通过检查科学出版物、司法裁决与实际应用，或者通过其他科学家出庭作证来证明。[③] 另外，该标准要求所涉及科学原理或技术必须在相关领域具有普遍接受性，这也就意味着那些具有可信性，但却基于新科学技术的专家意见证据难以具备可采性。这是很不合理的，在一些涉及新科学技术领域的案件中，有可能导致剥夺被告人的辩护权。[④] 对此，著名证据法专家麦考密克教授就曾评论：普遍接受性是一个很高的标准，将其作为司法认知（taking judicial notice of）的条件是恰当的，但作为证据可采

---

① Frye V. United States, 293 F. 1013 (D. C.. Cir 1923).

② John D. Borders, Fit to be Fryed: Frye v. United States and the Admissibility of Novel Scientific Evidence, 77 Ky. L. J. 849 (1989). pp. 858 ~ 859.

③ Lisa Gonzalez, The Admissibility of Scientific Evidence: The History and Demise of Frye v. United States, 48 U. Miami L. Rev. (1993). pp. 374 ~ 375.

④ Lisa Gonzalez, The Admissibility of Scientific Evidence: The History and Demise of Frye v. United States, 48 U. Miami L. Rev. (1993). p. 376.

性标准却不恰当。[①]

也正是因为这些问题，虽然该标准出来以后，就被很多联邦与州法院所采纳，但也有不少联邦与州法院并不采用弗赖标准，而采用其他标准。如有的采用相关性标准（relevancy standard），即将以新科学技术为依据的专家证人意见证据作为其他证据看待，如果具有相关性，且不会导致损害公正、误导陪审团与造成诉讼迟延，该专家证人意见证据就具有可采性。[②] 另外还有人提出，应当通过建立专家特别法庭来决定新科学专家意见证据的有效性与可信性。[③]

3. 道伯特标准

1975 年美国联邦国会制定《联邦证据规则》，该规则第 702 条规定："如果科学、技术或其他专业知识有助于事实裁判者理解证据或决定争议事实，一个因知识、技能、经验、训练或教育而具备专家资格的证人，就可以意见形式作证，否则就不能够。"根据该规定，专家证人意见证据只要具备以下三个条件，就具有可采性：一是据以作出意见证据的依据必须是科学、技术与专业知识；二是该意见证据有助于事实裁判者理解证据或决定争议事实；三是专家必须具有这些知识而属于合格的专家。[④] 该规则对专家证人意见证据的可采性要求显然不同于弗赖标准，它似乎支持的是一种相关性标准。[⑤] 通过此标准的专家证人意见证据虽然还有可能因为其证明价值超过它可能导致的不公正、误导或迷惑陪审团的危险，因而不符合该规则第 403 条而被排除，但其可采性要求明显低于弗赖标准。根据美国联邦最高法院咨询委员会（the advisory committee）对该条规定的解释，

---

① John D. Borders, Fit to be Fryed: Frye v. United States and the Admissibility of Novel Scientific Evidence, 77 Ky. L. J. 849 (1989) . p. 861.

② see Giannelli, The Admissibility of Novel Scientific Evidence: Frye v. United States, a Half – Century Later, 80 Colum. L. REV. (1980) . p. 1204.

③ John D. Borders, Fit to be Fryed: Frye v. United States and the Admissibility of Novel Scientific Evidence, 77 Ky. L. J. 849 (1989) . p. 871.

④ Jason Lee Holly, Why the Daubert Standard Should Apply To Both Expert Opinions Based Upon "Technical" Or "Other Specialized Knowledge" And To Expert Opinions Based Upon "Science" Or A "Scientific Method", 30 Cumb. L. Rev. 247 (1999/2000) . p. 248.

⑤ Lisa Gonzalez, The Admissibility of Scientific Evidence: The History and Demise of Frye v. United States, 48 U. Miami L. Rev. 371 (1993) . p. 377.

这种放低标准的目的在于扩大陪审团的信息来源。①

由于联邦证据规则所确定的可采性标准不同于弗赖标准，不可避免地产生如此问题：联邦证据规则标准与弗赖标准是何种关系？是取代了弗赖标准，还融合了弗赖标准？这问题对各州法院也许没有太大影响，由于不受联邦证据规则的拘束，它们完全可以自由选择一种可采性标准，但对联邦法院系统来说，由于受联邦证据规则的拘束，它们不得不在其中选择一个立场。为此，有些联邦法院以联邦证据规则并非所有普通法证据规则的法典化，因而未在其中明确规定的应当继续有效为由，主张弗赖标准未被联邦证据规则新标准所取代；有些联邦法院则以联邦证据规则未明确要求专家证人意见证据具有普遍接受性为由，认为弗赖标准已被联邦证据规则新标准所取代。② 这种争议导致各联邦法院与各州法院在决定专家证人意见证据是否具有可采性时，标准不一。如联邦第三巡回法院在 1985 年道因案（United States v. Downing）中就拒绝采用弗赖标准，而坚持采用一种可信性进路分析专家证人意见证据的可采性，并宣称这是一种介于广泛自由与保守之间的意见证据分析方式。按此进路，在决定专家证人意见证据是否具有可采性时，应当考虑三个因素：一是所采用流程或技术的稳固性与可靠性；二是采用该证据所具有的侵越、混淆与误导陪审团的可能性；三是所提供科学技术或检验结果与案件争议事实之间的联系。③

为解决上述争议问题，并明确一个专家证人意见证据的可采性标准，美国联邦最高法院在 1993 年道伯特案（Daubert v. Merrell Dow Pharmaceuticals, Inc.）④中对普通法专家证人意见证据可采性标准进行了梳理，并提出一个新的专家证人

---

① Jason Lee Holly, Why the Daubert Standard Should Apply To Both Expert Opinions Based Upon "Technical" Or "Other Specialized Knowledge" And To Expert Opinions Based Upon "Science" Or A "Scientific Method", 30 Cumb. L. Rev. 247 (1999/2000). p. 248.

② See John D. Borders, Fit to be Fryed: Frye v. United States and the Admissibility of Novel Scientific Evidence, 77 Ky. L. J. 849 (1989). pp. 873 ~ 874.

③ See United States v. Downing, 753 F. 2d 1224 (3d Cir, 1985).

④ 该案的基本情形是，原告道伯特（Jason Daubert）与舒勒（Eric Schuller）是具有先天性缺陷的幼儿，他与其父母起诉梅尔·道医药公司（Merrell Dow Pharmaceuticals, Inc.），诉称他们的先天缺陷是由于他们母亲在怀孕期间服用了被告销售的抗呕吐处方药盐酸双环胺的结果。在审判过程中，被告提出简易裁判动议，因为原告缺乏任何可采的证据，并提交了医师和流行病学家作出的认为该处方药未具有造成人类先天缺陷的风险的证言。原告针对被告提出的专家证据，提出 8 位专家证人的证言，这些证言的结论是，该处方药能够导致先天缺陷。地区法院以原告提出的专家证人证言未具有弗赖标准要求的普遍接受性为由，裁定其不具有可采性。原告上诉后，联邦第九巡回上诉法院维持了原判。

意见证据可采性标准，即所谓的道伯特标准。在该案，联邦最高法院全体法官一致认为，弗赖标准已经被联邦证据规则新标准所取代，理由有三：一是联邦证据规则第 702 条已经明确了科学证据的要求，但并未将普遍接受性作为可采性条件；二是从联邦证据规则的立法过程来看，并未提及弗赖标准；三是弗赖标准的普遍接受性要求与联邦证据规则所体现的自由要旨不符，因为后者的总体目标是允许更多意见证据进入法庭。[①] 该案在否定弗赖标准后，提出了一种专家证人意见证据可采性的新标准，即相关性与可信性标准。为确保这种相关性与可信性，该案要求事实审法官应当承担守门人的职责，即在该证据被提交陪审团之前，事实审法官应当对该专家证人意见证据的论证与方法是否具有科学的正确性、该论证与方法能否正确适用于争议事实进行一个初步评估。法官进行这些评估时，首先要决定该专家证人是否具有足够的专家证人资格；其次是决定专家证人意见证据所依据的科学原理与研究是否具有可信性。该案要求地区法院在决定此可信性时，应当综合考虑以下因素，但不能将其任一因素予以绝对化：一是该科学知识能否被检验或已经被检验；二是该理论或技术是否已经受同行审查与发表；三是该技术是否具有已知或潜在的可错率，该可错率是否在可接受范围内；四是该科学技术是否具有普遍接受性。[②]

将道伯特标准与联邦证据规则第 702 条相比较，可发现该标准实际只解决了以科学知识为基础的专家证人意见证据的可采性问题，而对于第 702 条规定的以技术或其他专门知识为基础的专家证人意见证据的可采性问题，并未提供明确答案。大法官伦奎斯特（William H. Rehnquist）在道伯特案的不同意见中也认为，道伯特标准是否适用于以技术或其他专门知识为基础的意见证据，是存在疑问的。[③] 这也导致下级法院在是否将此标准适用于其他专家证人意见证据时存在困惑。另外，道伯特标准要求地区法院承担起专家证人意见证据可采性的守门人职责，但地区法院在此问题上到底有多大自由裁量权，却未见明确规范，因而也影响上诉法院对地区法院有关专家证人意见证据裁判的审查尺度。

为解决以上问题，联邦最高法院又接连在两个案件就道伯特标准进行一定阐

---

① See Craig Hunter Wisnom, Science in Evidence: The Effect of Daubert v. Merrell Dow On Arizona's Frye Rule, 36 Ariz. L. Rev. 1057 (1994). p. 1065.

② See Daubert v. Merrell Dow Pharmaceuticals, Inc. 509 U. S. 579 (1993).

③ Daubert v. Merrell Dow Pharmaceuticals, Inc. 509 U. S. 579 (1993).

述，可视为道伯特标准的组成部分。第一个案件是1997年的通用电气公司案（General Electric Company v. Joiner）。在该案，由于考虑到道伯特标准赋予了地区法院专家证人意见证据可采性的守门人职责，联邦最高法院认为上诉法院应当采取一种宽松的审查标准，而非严格的审查标准，以尊重地区法院的自由裁量权；[①] 第二个案件是1999年的库姆欧案（Kumho Tire Company, Ltd. v. Carmichael，也有人译为“锦湖轮胎”案）。在该案，联邦最高法院认为，道伯特标准也适用于以技术或其他专门知识为依据的专家意见证据，一个重要理由是，联邦证据规则第702条不仅仅适用于科学知识，也适用技术或其他专门知识，而在科学知识与技术以及其他专门知识之间进行区分几乎是不可能的。另外，该案认为道伯特案所列举的审查科学原理或研究是否具有可信性的因素也适用于技术或其他专门知识的可信性审查。[②]

4. 修正后联邦证据规则标准

正如一些美国学者所说的，弗赖标准与道伯特标准之争，实际就是一个应当由谁来决定专家证人意见证据可采性的问题：是由不懂科学的法官呢？还是由不懂法律的专家？[③] 弗赖标准要求所依据科学原理或技术在特定领域具有普遍接受性，实际就是将专家证人意见证据是否具有可信性的最终决定权赋予了特定领域最有资格胜任此职责的专家。[④] 从弗赖标准转向道伯特标准，实际也就是将专家证人意见证据可采性的决定权从专家之手转移到法官之手。根据道伯特标准，专家证人意见证据所依据的科学、技术与其他专门知识具有普遍接受性，仅仅是判断该意见证据是否具有可信性的一个选择因素。如果这些意见证据的基础符合其他可信性因素，即使不具有普遍接受性，该意见证据也具有可采性。这明显扩大了具有可采性专家证人意见证据的范围。同时，法官并不精通专家证人意见证据所涉及的科学知识，道伯特标准赋予法官相当的自由裁量权，势必会造成一些不具有可信性的专家证人意见证据进入法庭。如美国联邦最高法院咨询委员会在第

---

① Gen. Elec. Co. v. Joiner, 522 U. S. 136 (1997).

② Kumho Tire Co., Ltd. v. Carmichael, 526 U. S. 137 (1999).

③ Pamela J. Jensen, Frye Versus Daubert: Practically the Same? 87 Minn. L. Rev. 1579 (2003). p. 1581.

④ Richard Nahas, Daubert v. Merrell Dow Pharmaceuticals, Inc. Requiem for Frye: The Supreme Court Lays to Rest the Common Law Standard for Admitting Scientific Evidence in the Federal Courts, 29 New Eng. L. Rev. (1994). pp. 99 ~ 100.

702条的法条注释中指出，在道伯特案后，采纳专家证人意见证据成为一种原则，而拒绝专家证人意见证据则成为一种例外。

由于道伯特标准实际是以联邦证据规则第702条为基础的，为避免上述问题严重化，美国联邦在2000年对联邦证据规则第702条进行了修改，对专家证人意见证据的可采性作了一些较为严格的限制。修改后的第702条规定："如果科学、技术或其他专业知识将有助于事实审判者理解证据或确定争议事实，凭其知识、技能、经验、训练或者教育具备专家资格的证人，可以通过意见或其他方式作证，如果：1. 证言基于充分的事实或数据；2. 证言是可靠原理与方法的结果；3. 证人忠实地将该原理与方法运用于案件事实。"2011年，美国联邦又对此条款进行了修改，但实质性内容未有改变。

比较2000年修改前后的联邦证据规则第702条可发现，修改前的第702条实际只关注两点：一是有关科学、技术或其他专业知识本身是否有助于事实裁判者；二是提供意见证据的专家证人是否属于具备这些知识的合格专家。至于专家证人意见证据所依据的事实是否充分，专家证人是否恰当地将专业知识运用于案件事实，则未给予应有规范。这实际是建立在此前提假设基础上的：合格的专家证人会忠实地运用有效的专业知识分析案件事实。这是一种善的人性假设。但现实情况却非如此，而是"专家证人是一种被雇佣的枪手"，① 所提供意见证据极具偏向性。为避免这种道德风险，修正后的第702条从意见证据所依据事实以及专家证人运用专业知识分析案件事实的过程两个方面强化了意见证据的可信性保障。目前，根据第702条及其他相关条文，刑事案件的专家证人意见证据只有具备以下条件时，才具有可采性：一是作证对象方面，根据修正后第704条规定，专家证人意见证据不能针对被告人是否符合被指控犯罪构成要件要素的精神状态或条件，这些事项只能由事实裁判者认定；二是相关性方面，专家证人的科学、技术或其他专业知识有助于事实裁判者理解证据或确定争议事实，且根据第403条，该专家证人意见证据的证明价值未被其可能造成的公正损害、混淆争点、误导陪审团、不当拖延等所严重超过；三是可信性方面，除需该专家证人所依据的原理和方法具有可靠性，且该专家证人因知识、技能、经验、训练或教育而具备

① See George Vallas, A Survey of Federal and State Standards for the Admission of Expert Testimony on the Reliability of Eyewitnesses, 39 Am. J. Crim. L. 97 (2011). p. 110.

相关领域的专家资格外，还需该意见证据基于充分的事实或数据，是专家证人将科学原理和方法可靠地运用于这些事实或数据的结果。

正如某些批评家所说的，专家证人意见证据的采纳，有可能成为传闻证据渗入法庭的“后门”，因而有可能影响到联邦宪法所保障的被告人对质权。① 但是，专家证人意见证据的可采性问题，毕竟不是美国联邦宪法所直接关注的问题。为此，虽然美国联邦最高法院已通过道伯特案、库欧姆案等对此问题作了明确规定，但这些规范与联邦证据规则一样，它只能约束联邦法院系统，而对各州法院不具有约束力。正因为如此，直到目前，虽然已有很多州参照联邦证据规则第705条，通过立法对专家证人意见证据的可采性问题进行了明确规定，也有很多州法院采纳了道伯特标准，但是仍然有不少州拒绝采用道伯特标准，而是继续使用弗赖标准或其他标准。据统计，到2011年为止，在某种程度上采用道伯特标准的有31个州，在某种程度上继续使用弗赖标准的则有哥伦比亚特区与14个州，佐治亚、犹他、威斯康星与弗吉尼亚4个州则使用其他标准。②

5. 其他英美法系国家的现有规定

专家证人意见证据的可采性规则虽然源于英国普通法，但从目前来看，英国似乎直到现在也没有形成一个类似于美国弗赖标准或道伯特标准的统一标准。根据2002年英国上诉法院裁决的达拉案（R v. Dallagher），英国关于专家证人意见证据可采性的裁决，不仅要参考1994年的斯特拉德威克与梅里案（R. v Strudwick and Merry），还应参照其他案件，特别是1995年的克拉克案（R. v Clarke）。按达拉案的说法，前一案件的做法类似于美国的弗赖标准；后一案件的做法类似于美国联邦证据规则第702条规定。在克拉克案中，上诉法院认为，刑事司法应当充分考虑现代犯罪侦查技术，如果陪审团没有专家证人的帮助就无力判断某些事实的，就应当允许专家证人向其提供意见，以帮助其理解该证据；哪些证据可提交陪审团审查，并没有固定种类；在证据法上排斥科学新技术与新发展带来的好处，是完全错误的。③ 从此可看出，英国并无统一标准，但却倾向于比较宽松

---

① See Julie A. Seaman, Triangular Testimonial Hearsay: The Constitutional Boundaries of Expert Opinion Testimony, 96 Geo. L. J. 827 (2008). p. 836.

② George Vallas, A Survey of Federal and State Standards for the Admission of Expert Testimony on the Reliability of Eyewitnesses, 39 Am. J. Crim. L. 97 (2011). p. 113.

③ R v. Dallagher, [2002] All ER (D) 383 (Jul).

的可采性标准，只要相关问题涉及专业技术，法官或陪审团需要取得专家证人的帮助，该专家证人意见证据就具有可采性。①

在加拿大，关于专家证人意见证据的可采性，并没有一个统一审查标准。一般来说，对于这种意见证据，法庭首先是运用传统的排除规则与专家意见规则，然后根据特定的政策原因决定其是否具有可采性。在司法实践中，专家证人意见证据只要具备以下条件，就具有可采性：一是与争议事实具有相关性；二是该专家证人具有相应的资格；三是采纳专家证人意见证据具有必要性，即相关信息似乎超出了法官或陪审员的经验与知识范围；四是不存在排除规则适用的情形。美国弗赖标准所要求的普遍接受性，虽然可作为评估某个专家证人意见证据的科学依据是否具有可信性时的一个因素，但并非专家意见证据具有可采性的前提条件。②

（二）我国有关鉴定意见审查与运用的现状

1. 相关规范现状

专家证人意见证据一直是我国刑事诉讼法的重要证据种类。只是此前一直称为鉴定结论，直到2005年全国人民代表大会常务委员会《关于司法鉴定管理问题的决定》才将其称为“鉴定意见”。此后，2010年“两高三部”通过的《办理死刑案件证据规定》以及2012年修改的刑事诉讼法也将“鉴定结论”改称“鉴定意见”。对于这一修改，很多学者认为其意义重大。如陈瑞华教授认为，从“鉴定结论”到“鉴定意见”，具有深刻法律意义：它表明鉴定人所提供的意见仅仅是一种证据材料，而不是作为定案根据的“结论”；这种意见不是唯一的，法庭有权对其进行否定性判断。③

将鉴定结论改为鉴定意见，并赋予法庭审查与判断权，虽然符合刑事诉讼规律，但也为刑事司法带来一个难题：如何决定鉴定意见的取舍？如果没有一套合理的规范，将鉴定结论改为鉴定意见的立法目的就难以达到，只不过是将原来存在的问题从鉴定程序转移到法庭审判程序而已。对此问题，《关于司法鉴定管理问题的决定》与《刑事诉讼法》并未作具体规定，《办理死刑案件证据规定》对死刑案件鉴定意见的法院审查内容进行了明确规定，并规定了不得作为定案根据

---

① 参见［英］理查德·梅：《刑事证据》，王丽、李贵方等译，法律出版社2007年版，第196页。

② R. v. Blanchard, 456 A. P. R. 316, 146 Nfld. & P. E. I. R. 316 (1994).

③ 陈瑞华：《鉴定意见的审查判断问题》，载《中国司法鉴定》2011年第5期。

的鉴定意见情形。2012 年 12 月出台的《高法解释》以《办理死刑案件证据规定》为基础，也对鉴定意见的审查与运用进行相应规定。但比较两者具体内容，基本上大同小异。目前已有规定内容大致如下：

首先，关于鉴定人的资格。根据目前已有规定，出具鉴定意见的鉴定人应当具备以下条件：一是具有与所申请从事的司法鉴定业务相关的高级专业技术职称；二是具有与所申请从事的司法鉴定业务相关的专业执业资格或者高等院校相关专业本科以上学历，从事相关工作 5 年以上；三是具有与所申请从事的司法鉴定业务相关工作 10 年以上经历，具有较强的专业技能。但是，虽具备以上条件，但因故意犯罪或者职务过失犯罪受过刑事处罚的，受过开除公职处分的，以及被撤销鉴定人登记的人员，不得从事司法鉴定业务。鉴定人从事鉴定业务，一般应当从属一个鉴定机构。但对案件中的专门性问题需要鉴定，却没有法定司法鉴定机构，或者法律、司法解释规定可以进行检验的，也可以指派、聘请有专门知识的人进行检验，检验报告可以作为定罪量刑的参考。

其次，法院对鉴定意见的审查内容。根据《高法解释》，应当重点审查以下内容：一是鉴定机构和鉴定人是否具有法定资质；二是鉴定人是否存在应当回避的情形；三是检材的来源、取得、保管、送检是否符合法律、有关规定，与相关提取笔录、扣押物品清单等记载的内容是否相符，检材是否充足、可靠；四是鉴定意见的形式要件是否完备，是否注明提起鉴定的事由、鉴定委托人、鉴定机构、鉴定要求、鉴定过程、鉴定方法、鉴定日期等相关内容，是否由鉴定机构加盖司法鉴定专用章并由鉴定人签名、盖章；五是鉴定程序是否符合法律、有关规定；六是鉴定的过程和方法是否符合相关专业的规范要求；七是鉴定意见是否明确；八是鉴定意见与案件待证事实有无关联；九是鉴定意见与勘验、检查笔录及相关照片等其他证据是否矛盾；十是鉴定意见是否依法及时告知相关人员，当事人对鉴定意见有无异议。

再次，明确规定了不得作为定案根据的鉴定意见。根据《高法解释》，鉴定意见具有下列情形之一的，不得作为定案根据：一是鉴定机构不具备法定资质，或者鉴定事项超出该鉴定机构业务范围、技术条件的；二是鉴定人不具备法定资质，不具有相关专业技术或者职称，或者违反回避规定的；三是送检材料、样本来源不明，或者因污染不具备鉴定条件的；四是鉴定对象与送检材料、样本不一致的；五是鉴定程序违反规定的；六是鉴定过程和方法不符合相关专业的规范要求的；七是鉴定文书缺少签名、盖章的；八是鉴定意见与案件待证事实没有关联的；九是违反有关规定的其他情形。

最后，规定了鉴定人出庭作证的要求。根据《刑事诉讼法》及《高法解释》规定，公诉人、当事人或者辩护人、诉讼代理人对鉴定意见有异议，法院认为鉴定人有必要出庭的，鉴定人应当出庭作证。经法院通知，鉴定人拒不出庭作证的，鉴定意见不得作为定案的根据。对没有正当理由拒不出庭作证的鉴定人，法院应当通报司法行政机关或者有关部门。为保障鉴定人出庭作证的效果，《刑事诉讼法》第197条还规定，公诉人、当事人和辩护人、诉讼代理人可以申请法庭通知有专门知识的人出庭，就鉴定人作出的鉴定意见提出意见。

从以上规定的审查内容与不得作为定案根据的鉴定意见种类来看，我国有关鉴定意见的立法与司法解释重点关注的是以下几个方面：一是鉴定人的资质问题；二是检材的问题；三是鉴定是否符合规定程序与方法问题；四是鉴定意见文书问题；五是鉴定意见与案件事实的关联性问题。从这些关注点可以看出，与目前英美国家专家证人意见证据规则相比，相同点在于都重视意见主体的合格性与意见证据的相关性，不同点在于英美国家除关注前述两个内容外，特别重视意见证据的可信性，而我国更多的是重视形式要件是否齐备。因为不管是对检材的要求，鉴定意见文书的要求，还是对鉴定程序、鉴定过程与方法的要求，实际都只是要求其是否符合相关的鉴定技术规范。虽然我国已经制定了很多不同行业或不同技术问题的鉴定技术规范，但这些规范内容未必就是科学合理的，完全遵守这些技术规范，并不当然地就能得出具有可信性的鉴定意见。司法实践中之所以出现就同一个争议存在不同鉴定意见的问题，与此不无关系。但目前已有立法与司法解释却未关注此问题，尤其对鉴定意见所依据的科学、技术原理或方法是否具有可信性未给予应有关注。另外，这些审查要求是建立在有关鉴定意见存在相关技术规范的基础之上的，对于那些还未制定相关技术规范，但又不得不依靠鉴定意见的问题，很难适用。

鉴定意见作为一种法定证据种类，与其他证据种类一样，相关性与可信性是其基本要求，我国刑事诉讼立法与司法解释未对决定鉴定意见是否具有可信性的基本因素即鉴定意见所依据的科学、技术原理或方法给予应有关注，反映出两个问题：一是虽然已将鉴定结论改为鉴定意见，但将鉴定人所出具意见视为结论的习惯或观念并未得到相应改变。因为只关注鉴定人的资质、鉴定过程是否符合规定程序以及鉴定意见文书是否符合形式要件，实际防范只是不具备资质的人出具的鉴定意见、诉讼一方或鉴定人故意弄虚作假等情形，对于那些不存在鉴定人资质、鉴定意见文书形式要件齐备，但鉴定所依据的科学原理、方法还存在问题、或者虽然鉴定过程符合规定流程，但该流程未必合理而导致鉴定意见不可信的情形，却难以有效防范。这实际是盲目崇拜科学，对人性之恶未有充分认识的一种表现。司法实践中出现多头鉴定、重复鉴定的问题，其根源主要在于此方面。二是鉴定意见的审查模式还停留于鉴定人不出庭的职权主义审判模式。从《高法解释》对鉴定意见的审查内容来看，有相当部分在于鉴定意见文书的形式要件是否齐备，其目的在于确定鉴定意见文书是否存在造假的问题。很明显，只有鉴定人不到庭作证的情形下，才会存在这种问题。而这种情形实际是以前《刑事诉讼法》不重视证人、鉴定人出庭的职权主义审判模式的一个重要结果，与我国刑事诉讼法发展方向不相符合。

正是因为我国刑事诉讼立法与司法实践长期以来对鉴定意见形式要件的重视程度要远远高于鉴定意见的可信性因素，鉴定意见虽冠以鉴定结论的名称，却公信力严重不足，多头鉴定、重复鉴定现象严重，有些案件还因此成为社会公众聚焦的对象。如 2005 年湖南黄静案，湘潭市公安局和湖南省公安厅的法医检验认为，黄静是因心脏疾病导致急性心肺功能衰竭而死，属于正常死亡；而被害人家属聘请南京医科大学所做的鉴定意见认为，心肺功能衰竭的说法证据不足，黄静是非正常死亡，中山大学法医鉴定中心的鉴定意见也认为不足以确定自然死亡，最后法院指定最高人民法院鉴定中心作出的鉴定结论是："被鉴定人黄静在潜在病理改变的基础下，因姜俊武采用较特殊方式进行的性活动促发死亡。"[①] 2009 年胡斌案亦存在类似问题，公安机关交警部门先是认定当时的车速为"70 码"，后因网民强烈异议，公安机关重新请社会鉴定机构作出事故时行车时速在 84.1 公里到 101.2 公里之间的鉴定，但仍不被众多网民所信任。《办理死刑案件证据规定》与《高法解释》有关鉴定意见的审查判断规范虽然因实施时间不长，现在还很难对其效果作出准确评价，但因前述缺陷，对于以上多头鉴定、重复鉴定，鉴定意见公信力低的问题，这些规范措施显然也无能为力。因为在这些鉴定意见中，鉴定人的资质与鉴定意见的形式要件皆不存在问题，如果仅仅按上述规

① 吴革：《黄静案拷问下的程序正义》，载《法制日报》2007 年 7 月 13 日。

定作为审查判断标准，这些鉴定意见皆可作为定案根据。

2. 相关理论研究现状

我国在鉴定意见方面存在诸多问题，这是理论界的共识。从目前有关论述来看，理论研究重点主要集中于以下几个方面：

一是鉴定人与鉴定机构的规范问题。据有些学者统计，目前各地司法鉴定机关和鉴定人仍然存在良莠不齐的现象：2010 年法医类、物证类、声像资料类执业司法鉴定人中，博士、硕士、大学本科、大学专科、中专以下学历的人员分别占总人数的 3.5%、9%、68.5%、16.2% 和 2.8%；执业司法鉴定人中具有正高、副高、中级、初级职称的人员分别占总人数的 24.8%、41%、29.3%、3.8%。2010 年在司法鉴定执业监督管理中，省级司法行政机关接到的对本行政区内法医类、物证类、声像资料类司法鉴定机构和司法鉴定人投诉举报共计 1322 件。① 为解决此类问题，学界提出了不少完善建议。就鉴定机构而言，有人认为，应当建立司法行政部门统一管理，司法行政部门直属的鉴定机构、侦查机关所属的鉴定机构、社会鉴定机构三类并存的司法鉴定机构制度框架；② 另有人认为，在中国，将公安机关、检察机关内设的鉴定机构全部转变为社会中介机构，这是非常危险的，也是不切实际的，应当将侦查机关内设鉴定机构变成独立的国立司法鉴定机构，使其摆脱侦查机构的直接控制，而改由司法行政机关实施行业化的管理。③ 对于鉴定人的资质问题，大多数人主张加强对鉴定人的管理，设立鉴定人名册，实行鉴定职业资格准入制度。④

二是鉴定意见的质证问题。对此问题，比较统一的主张是，鉴定人应当出庭作证，以接受诉讼双方的质证，通过庭审判断鉴定意见的正确与否，鉴定人无正当理由拒不出庭的，其所作的鉴定意见不能作为认定案件事实的证据。⑤ 为保证鉴定人出庭作证的有效性，有人提出应当建立与完善专家辅助人制度，诉讼双方

---

① 李禹、陈璐：《2010 年度全国法医类、物证类、声响资料类司法鉴定情况统计分析》，载《中国司法鉴定》2011 年第 4 期。

② 陈俊生、包建明、吴何坚：《论司法鉴定机构及其设置》，载《中国司法鉴定》2010 年第 4 期。

③ 陈瑞华：《鉴定意见的审查判断问题》，载《中国司法鉴定》2011 年第 5 期。

④ 齐树洁、洪秀娟：《英国专家证人制度改革的借鉴与启示》，载《中国司法》2006 年第 5 期。

⑤ 参见潘广俊：《司法鉴定意见争议评价机制研究——以浙江省司法鉴定管理模式为视角》，载《证据科学》2012 年第 5 期；杜春鹏、李尧：《英国专家证人制度对完善我国司法鉴定人制度之借鉴》，载《证据科学》2012 年第 6 期。

可聘请有关专家作为专家辅助人，协助审判、判断鉴定意见。①

三是鉴定程序的启动问题。对此问题，有人主张进行以下改革：一是取消检、警的鉴定启动决定权，明确法官是享有鉴定决定权的唯一主体。二是赋予控辩双方鉴定启动申请权，并以申请作为启动鉴定程序的必经步骤，未经申请，法官只能就双方的证明责任行使释明权，并不能主动启动鉴定程序。三是完善有关救济程序的规定，申请人对法院决定不服的，有权向上一级法院请求司法救济。② 但也有人主张，除司法机关有权启动鉴定程序外，当事人也有权启动鉴定程序。③

四是英美国家科学证据可采性标准介绍与借鉴问题。目前国内学界对英美国家科学证据，即专家证人意见证据的可采性规则，实际已有不少介绍，只是对该规则的深层问题进行深入分析的并不多，即使有所分析，也大多止于分析该规则与陪审团审判、对抗制诉讼的基本联系。④ 有些学者在介绍这些规则之后，虽然也对该规则的可借鉴性进行了讨论，但真正结合我国刑事诉讼框架提出建设性对策的并不多。如有人认为，我国应当建立科学证据可靠性审查规则，将科学证据原理和方法的科学可靠性确立为科学证据采纳标准。⑤ 该观点所主张的标准实际只是美国专家意见证据可采性的标准之一，对于我国适用该标准可能面临的问题，以及如何在我国适用该标准，该观点却缺乏深入分析。⑥

不可否认，鉴定人与鉴定机构的资质问题是影响鉴定意见是否具有可信性的一个重要因素，鉴定人出庭作证也是保障鉴定意见具有可信性的重要措施，而鉴定程序的启动问题，虽然与鉴定意见的可信性并无直接联系，但也应当是司法鉴

---

① 参见胡铭：《公案、鉴定意见与刑事诉讼法修改》，载《江苏行政学院学报》2012 年第 4 期；杜春鹏、李尧：《英国专家证人制度对完善我国司法鉴定人制度之借鉴》，载《证据科学》2012 年第 6 期。

② 齐树洁、洪秀娟：《英国专家证人制度改革的借鉴与启示》，载《中国司法》2006 年第 5 期。

③ 参见胡铭：《公案、鉴定意见与刑事诉讼法修改》，载《江苏行政学院学报》2012 年第 4 期；杜春鹏、李尧：《英国专家证人制度对完善我国司法鉴定人制度之借鉴》，载《证据科学》2012 年第 6 期。

④ 参见王继福：《美国科学证据可采性标准的变迁及对我国的启示》，载《山东社会科学》2010 年第 2 期；张君周：《论法官对科学证据的审查——以美国法官的看守职责为视角》，载《法律科学》2008 年第 6 期；刘晓丹：《科学证据可采性规则研究》，载《证据科学》2012 年第 1 期。

⑤ 刘晓丹：《科学证据可采性规则研究》，载《证据科学》2012 年第 1 期。

⑥ 这种介绍英美国家科学证据可采性规则或审查标准后，未就我国如何借鉴这些标准进行深入分析的论述比较多。另参见王继福：《美国科学证据可采性标准的变迁及对我国的启示》，载《山东社会科学》2010 年第 2 期；张君周：《论法官对科学证据的审查——以美国法官的看守职责为视角》，载《法律科学》2008 年第 6 期。

定的一个重要问题，因为直接关系到当事人的举证权问题，对犯罪嫌疑人、被告人来说，还关系到其辩护权的行使问题。但很明显，在将鉴定结论改为鉴定意见后，最需要研究的是如何控制法官有关鉴定意见是否具有可信性的自由裁量权问题，因为将鉴定结论改为鉴定意见，从另一个角度来看，也就意味着赋予了法官是否采纳鉴定意见的权力。而这种自由裁量权，显然非规范鉴定人与鉴定机构，以及要求鉴定人出庭作证就能解决问题的。黄静案就充分地说明了这个问题，2006 年的邱兴华案也从侧面说明了这个问题，因为是否启动鉴定程序，实际涉及的也是一个如何控制法官对待鉴定意见态度的问题。要想控制法官在此问题上的自由裁量权，关键是确定一些衡量鉴定意见是否具有可信性的标准，或者确定一些考虑鉴定意见是否具有可信性时应当考虑的因素。这个问题是英美国家专家证人意见证据规则长期以来研究的问题，而如前所述，我国学界虽然对此问题也有一些论述，但大多只是一些介绍性论述，对于如何结合我国刑事诉讼制度，吸取英美国家专家证人意见证据规则的合理因素，以完善我国鉴定意见的审查与运用规则，却缺乏深入研究。因此，就我国目前来说，如何解决司法实践中鉴定意见的审查与运用问题，最重要的是如何借鉴英美国家专家证人意见证据规则，确定一个审查判断鉴定意见是否具有可信性的标准。

（三）鉴定意见审查与运用规则的构建与完善

1. 关于英美国家专家证人意见证据规则的可借鉴性问题

有人认为，英美专家证人制度是建立在当事人主义诉讼模式、传闻证据与交叉询问规则基础上的，具有诉讼不经济、诉讼迟延与诉讼不公正的缺陷，而我国缺乏专家证人制度生存的制度基础、缺乏专家证人制度运作的诉讼机制、专家证人制度的固有缺陷无法克服，为此主张我国司法鉴定体制改革更多的应当参考和借鉴大陆法系鉴定人制度的做法，只有在某些方面确有必要才可吸收英美法系专家证人制度中的合理因素。[①] 专家证人制度虽然不等同于专家证人意见证据规则，但两者之间具有密切联系：因为专家证人属于诉讼双方的辅助人，专家证人意见具有很大的虚假可能性，因而才需要专家证人出庭接受质证；专家证人制度不仅仅是一个专家证人聘任与出庭作证的问题，还包括专家证人意见证据的审查

① 邓晓霞：《论英美法系专家证人制度的基础与缺陷——兼论我国引入专家证人制度的障碍》，载《中国刑事法杂志》2009 年第 11 期。

与运用问题。拒绝专家证人制度，实际也就意味拒绝专家证人意见证据规则。大陆法系国家之所以意见证据规则不发达，与此不无关系。

任何制度都只是所属制度体系的一部分内容，其有效运作离不开该制度体系的其他内容，或者其存在就是其他制度运作的必要条件。确实，正如达马斯卡教授论及英美国家证据法的制度背景时所认为的："审判法庭的构成、诉讼程序的集中化以及当事人对诉讼活动的强有力影响……侵蚀这三大支柱中的一个，英美证据法上最具有特色之可采性规则的理论基础都会被严重削弱。"① 英美国家有关专家证人意见证据的规则，也是一种可采性规则，它是英美国家陪审团审判、对抗制诉讼以及庭审中心化的产物：由于陪审团审判，有关案件事实的裁决并不需要说明理由，陪审团是否采信了不该采信的专家证人意见证据，往往无从监督；由于对抗制诉讼，聘请何人作为专家证人，往往是由诉讼双方决定，"当事人往往出于自身诉讼利益的考虑，往往不是为了澄清争执事项去找最佳的鉴定人，而是为他的案件找最佳的证人"，② "美国的专家证人就像律师手中的萨克斯管，律师想吹出什么调就能吹出什么调"，③ 这种专家证人的意见证据往往具有偏向性，需要在提交陪审团裁决之前加以过滤；由于庭审中心化，排除传闻证据，专家证人需要亲自出庭作证，而不能提交一纸书面的专家意见了事。而在我国的刑事审判中，合议庭既负责事实认定，也负责法律适用，刑事裁判需要说明判决理由；庭审模式实行的是一种职权主义模式，是否启动鉴定程序的决定在于公安司法机关，而公安司法机关负有客观公正履行职责的义务，在理论上不存在英美国家那种鉴定人各自为诉讼一方出具偏向性专家意见的情形；庭审中心化并未确立，传闻证据规则并未建立，鉴定人可基于合理理由不出庭。从这些方面来看，完全按英美国家专家证人意见证据可采性规则改造我国鉴定意见的审查与运用规范，确实没必要性，而且也难以操作。

但是，从前述英美国家专家证人意见证据规则起源与发展过程可以看出，它虽然属于一种可采性规则，却与英美国家证据法的其他很多可采性规则不同，它

---

① 米尔健·R·达马斯卡：《漂移的证据法》，李学军、刘晓丹译，中国政法大学出版社2003年版，第176页。

② 汪建成、吴江：《司法鉴定基本理论之再检讨》，载《法学论坛》2002年第5期。

③ 转引自徐静村、颜飞：《通过程序弥合程序的鸿沟——论科学证据对刑事审判的挑战与应对》，载《中国司法鉴定》2009年第2期。

的最终目的在于保证专家证人意见证据的相关性与可信性，而非基于程序正当要求保障被告人的程序性权利。从这点来讲，英美国家专家证人意见规则是实体性保障规则，而非类似于非法证据排除规则之类的程序性保障规则。该规则实际包含两部分内容：一是有关专家证人意见证据本身的内容，如专家证人意见证据是否具有相关性以及意见证据所依据科学原理、方法是否具有可靠性、意见证据是否有充分事实依据、意见证据是否为专家证人将科学原理或方法正确适用于充分事实依据的结果等方面；二是有关审查判断专家证人意见证据途径的内容，如专家证人意见证据应当何时提出、通过何种具体方式进行判断等方面。前者涉及专家证人意见证据的审查角度问题，后者涉及专家证人意见证据的审查方式问题。很明显，只有后者才是英美国家陪审团审判、对抗制诉讼等刑事诉讼基本框架所决定的特色制度，才存在一个不同法律制度之间的契合性问题，而前者属于专家意见或鉴定意见本身的问题，只要将专家意见或鉴定意见作为一种证据种类，都会面临该问题，同时也应当从以上所论及的方方面面进行审查判断。我国刑事司法鉴定制度改革的目标也在于保障鉴定意见具有可信性与相关性，从而保障刑事司法的公正性。因此，虽然囿于刑事诉讼基本框架，英美国家审查判断专家证人意见证据的途径也许不完全适合我国刑事诉讼，但该证据规则有关专家证人意见证据的审查角度却很值得我国借鉴，我国也应当从这些审查角度来规范鉴定意见的审查与运用。本文以下部分先借鉴英美国家专家证人意见证据规则的审查角度，简述我国鉴定意见应当审查的内容，然后再结合我国刑事诉讼模式，简述审查判断鉴定意见的途径。参照某学者的说法，前者可称为鉴定意见的内部性规则，后者可称为鉴定意见的外部性规则。①

2. 鉴定意见的内部性规则

本文所说的鉴定意见的内部性规则，也就是指审查判断鉴定意见时所应当审查的内容与遵循的标准，其目的旨在为鉴定意见的审查判断与运用提供一个分析框架与判断标准。从鉴定意见的内部结构来看，鉴定意见是鉴定人利用自己所掌握的科学原理或方法，借助一定设备或仪器，按规定的流程或方式，对有争议的

① 有学者认为，科学证据可采性标准分为内部性标准与外部性标准两部分，内部性标准，是指科学证据的科学有效性（科学原理与方法）、可靠性、相关性，而外部性标准是指科学专家的可信性。从其内容来看，其实讨论的也主要是鉴定意见的审查与判断问题。参见张南宁：《科学证据可采性的认识论反思与重构》，载《法学研究》2010 年第 1 期。

事实或物品进行分析，然后提出的分析判断意见，以助事实裁判者裁决纠纷。从此内部结构来看，鉴定意见能否作为定案根据，决定性因素有：一是鉴定意见与争议事实是否具有相关性，可称为相关性规则；二是鉴定意见所分析的问题是否超出了法官的知识范围，可称为必要性规则；三是鉴定人所利用的科学原理或方法是否可靠，可称为可靠性规则；四是鉴定人是否严格按规定的或应有的流程或方式分析争议事实或物品，可称为合规性规则；五是鉴定人用以分析判断的事实或物品是否符合要求，可称为充分性规则；六是鉴定人是否掌握了鉴定所要求的科学原理、方法与操作规程，可称为适格性规则。

（1）相关性规则。该规则要求的是鉴定意见必须与争议案件的解决具有内在联系。在英美国家，专家证人意见证据的相关性受一般证据相关性的约束。如美国，根据联邦证据规则第 401 条，所谓证据相关性，也就是具备以下条件：一是该证据具有与没有该证据相比，使得某事实更可能存在或者更不可能存在的任何倾向；二是该事实对于确定诉讼具有重要意义。同时，该规则第 403 条规定，如果相关证据的证明价值被以下一个或多个危险所严重超过，则法院可以排除该证据：造成不公正损害、混淆争点或误导陪审团、不当拖延、浪费诉讼时间或者不必要地出示重复证据。为此，专家证人意见证据即使符合该规则第 702 条规定，有助于事实审判者理解证据或确定争议事实的，也可能因为第 403 条规定而不具有可采性。这也就是说，就专家证人意见证据而言，具有能够帮助事实审判者理解证据或确定争议的属性，并非相关性规则的全部，它还存在一个证明价值与其他价值的权衡问题。在我国，根据《刑事诉讼法》第 48 条："可以用于证明案件事实的材料，都是证据"，以及最高人民法院《解释》，鉴定意见与案件待证事实存在关联性，也应当是鉴定意见的基本要求。但是否鉴定意见具有关联性就一定可作为定案根据，却值得进一步探讨。本文认为，可借鉴美国联邦做法，在鉴定意见的证明价值相对于其所可能造成的诉讼迟延时，也可否定其作为定案根据的能力，或不批准启动鉴定程序。

（2）必要性规则。该规则是要求在刑事审判中，只有争议问题确需鉴定意见时，该鉴定意见才可作为定案根据。该规则一方面在于限制鉴定程序的启动，避免诉讼一方通过鉴定程序拖延诉讼；另一方面也在于限制法官随意采信鉴定意见。具体而言，包括两个方面的要求：

一是只有在争议问题已经超出作为法官应当掌握的知识范围时，才可使用鉴定意见；如果争议问题在法官常识和经验范围内，则属于法官判断分析的范畴，该鉴定意见不具有必要性。对于这一点，美国联邦证据规则第704条有最终争议（ultimateissure）之限制，即在刑事案件中，专家证人不得就被告人是否存在构成被指控犯罪要素的精神状态或条件提供意见，这些事项只能由事实审判者认定。该规定的目的在于防止专家证人篡夺事实审判者的裁决权。但是，完全禁止专家证人就最终争议发表意见，在很多刑事案件是不切实际的。为此，这种限制在英国早已被打破，专家证人可就最终争议提供专家意见。[①] 在我国，被告人是否具有责任能力，直接关系到被告人的危害行为是否构成犯罪，按以上标准，可谓最终争议。但是，我国司法实践中鉴定人就此问题提供鉴定意见的并非少数事例，对鉴定人所能提供鉴定意见的范围进行如此规定，并无必要。

二是争议问题超出法官应当掌握的知识范围的，应当根据鉴定意见进行裁决，而不能由法官自充专家直接进行裁决。对于这一点，英国普通法有明确规定。如英国上诉法院在1991年的一个案件中就明确批评了一位法官将自己视为辨认笔迹方面的专家，来对比被告手写笔迹样本的做法。[②] 在我国，这个问题似乎并未引起足够的重视与质疑。如邱兴华案，该做精神病鉴定而未做鉴定，实际就属于此类问题。为保障被告人的辩护权，保障当事人的举证权，应当明确规定，对于超出法官知识范围的争议问题，应当通过鉴定予以解决。按此要求，对于通过将有关专家作为陪审员，从而排斥鉴定意见的做法，也应当加以禁止。因为这实际是将鉴定人与法官合而为一，在篡夺合议庭其他法官裁决权的同时，也侵害了当事人的举证权。

（3）可靠性规则。可靠性，在此是指鉴定意见所依据的科学原理、方法具有真实性属性，每次把同一科学原理或方法应用到相同事物时得到同样结果。对此要求，学界已经达成共识。从前述英美国家专家证人意见证据可采性规则的发展过程来看，问题在于如何判断该科学原理或方法具有可靠性，美国弗赖标准与道伯特标准之争，在很大程度上就是可靠性判断标准之争。对此问题，我国学界有人提出，应当从科学的不确定性、可再生性、因果关系和错误率四个方面来判

① ［英］理查德·梅：《刑事证据》，王丽、李贵方等译，法律出版社2007年版，第193页。
② ［英］理查德·梅：《刑事证据》，王丽、李贵方等译，法律出版社2007年版，第197页。

断是否具有可靠性。[①] 另外有人认为，审查是否具备科学可靠性的标准应当包括：一是鉴定意见依赖的原理、技术和假设是否已被充分、正确地检验；二是该原理、方法和技术是否取得同行审查和出版，如果存在同行审查，该原理、方法和技术在科学团体中被认为正确的程度；三是该原理、方法和技术适用的错误率。[②] 将第二种观点与美国道伯特标准比较，其实就是该标准所要求考虑的可靠性因素。而第一种观点的不确定性、可再生性等概念，比较抽象，操作性不强。美国弗赖标准有点过严，而道伯特标准则有点过宽，完全移植这些标准，显然不恰当。如何制定一个具体而具有可操作性的标准，美国法学家迈克·考米克提出的分析科技证据可采性的几种应考虑的因素颇值得参考：一是使用该技术的潜在错误率；二是控制该技术应用的标准；三是该技术特征的防护措施；四是该技术被该领域科学家接受的程度；五是提出推理的性质和范围；六是该技术及其结果可以被清楚和简洁地描述和解释；七是法庭和陪审团可核实基础资料的程度；八是其他专家检验和评估该技术的有效性；九是该证据在该案全部证据中的证明价值；十是该案中使用该技术的注意事项。[③]

（4）合规性规则。这是对鉴定过程的要求。按此要求，鉴定人进行鉴定时，必须按已有技术规范所规定的流程与方式，将科学原理、方法应用于争议问题。这一问题，除涉及鉴定人是否按规定流程进行鉴定外，还应当包括有关检材的收集与保存等是否符合规定程序的问题。对于这一问题，最高人民法院《解释》已有明确规定：法院审查鉴定意见时，必须审查鉴定程序是否符合法律、有关规定，审查鉴定的过程和方法是否符合相关专业的规范要求。问题是，对于有关技术规范规定的流程与方式的合理性，如果诉讼一方提出异议，法院能否有权对其加以审查？从我国目前有关鉴定的技术规范来看，大多由有关行业所制定或起草，这些行业在制定或起草此类技术规范时，难免出于部门利益而作出一些不合理的规范。因此，在诉讼一方对此提出异议时，应当允许法院审查这些规定流程或方式的合理性，并以此决定是否将鉴定意见作为定案根据。

（5）充分性规则。这是对鉴定意见所依据事实或检材所提出的要求。鉴定

---

① 参见张南宁：《科学证据可采性的认识论反思与重构》，载《法学研究》2010 年第 1 期。

② 刘晓丹：《科学证据可采性规则研究》，载《证据科学》2012 年第 1 期。

③ 参见王继福：《美国科学证据可采性标准的变迁及对我国的启示》，载《山东社会科学》2010 年第 2 期。

意见是科学原理或方法应用于有关事实或检材的结果，事实不充分或检材不符合规定要求，鉴定意见就可能与客观事实不符。为此，2000 年修正后的美国联邦证据规则第 702 条特别增加了这一要求。最高人民法院《解释》也规定了此要求：鉴定意见应当审查检材的来源、取得、保管、送检是否符合法律、有关规定，与相关提取笔录、扣押物品清单等记载的内容是否相符，检材是否充足、可靠；对于送检材料、样本来源不明，或者因污染不具备鉴定条件的鉴定意见，以及鉴定对象与送检材料、样本不一致的鉴定意见，不得作为定案根据。这种检材充分性要求，除了数量与质量的要求外，还有合法性要求，即检材或事实的取得符合法律规定，其本身具有可采性。美国联邦证据规则与道伯特案并未涉及此类证据的可采性问题，因而有可能导致未具有可采性的证据也被作为专家证人意见证据的事实基础，从而使专家证人意见证据成为非法证据进入法庭的“后门”。因该问题，专家证人意见证据目前已引起美国有关学者的宪法性关注。[1] 对此问题，虽然最高人民法院《解释》也明确规定应当审查检材的取得是否合法，但对于建立在非法取得检材基础上的鉴定意见，能否作为定案根据，却未作明确规定。对此类鉴定意见一律加以排除，显然不现实。就目前而言，根据此类证据属于实物证据还是言词证据，分别根据《刑事诉讼法》第 56 条规定进行处理，是比较恰当的做法，即对于以非法言词证据作为鉴定意见基础的，该鉴定意见不能作为定案根据；对于以非法收集物证、书证作为鉴定意见基础的，在不能补正或者作出合理解释时，该鉴定意见也不得作为定案根据。

（6）适格性规则。这是要求鉴定人必须具备相关鉴定所要求的资质。鉴定意见归根结底还是鉴定人的一种主观分析意见，该意见是否符合客观事实，鉴定人是否确实掌握相关鉴定所需要的科学原理、方法与操作规程，对鉴定意见能否作为定案根据具有决定性的意义。正因如此，我国学界与实务界历来强调鉴定人的资质问题，学界已有相当论述。基于此，本文不再赘述，在此仅强调注意我国学界与实务界在此问题上的两种不当倾向：一是不当强调鉴定人的学历。如很多学者在讨论我国的鉴定人问题时，常常有意无意地以鉴定人的学历作为评价标

---

① See Julie A. Seaman, Triangular Testimonial Hearsay: The Constitutional Boundaries of Expert Opinion Testimony, 96 Geo. L. J. 827 (2008) . p. 843.

准。[①] 其实，鉴定人是否具备资质，重点不在于其学历高低，而在于其是否确实掌握了相关科学原理、方法与操作规程。正是出于此因，英美国家在专家证人的资质问题上，学历，即教育，并不是唯一的。根据联邦证据规则第702条，除了教育以外，通过其他方式掌握知识、技能、经验的，也可作为专家证人。为此在审查鉴定意见时，应当避免以鉴定人学历确定其鉴定意见的可信性程度。二是不当强调鉴定人所属鉴定机构的级别或权威性。在司法实践中，很多人认为，鉴定机构级别或权威性越高，其鉴定人所做的鉴定意见越具有可信性。其实，鉴定机构的权威性并不完全等同于鉴定人的可靠性。为此在审查鉴定人资质时，重点审查其是否具备相应的资质，而无必要审查其所属鉴定机构的级别与权威性，更不能想当然地认为鉴定机构级别越高，其可信性越强。

3. 鉴定意见的外部性规则

鉴定意见的外部性规则，主要是指应当通过何种程序来审查鉴定意见是否符合前述内部性规则的规则。这种规则与各国刑事诉讼基本框架密切相关，不同国家应当有所不同，具有很强的本土性。结合我国情况，至少应当建立以下外部性规则，以保障鉴定意见的相关性与可靠性：

（1）鉴定人出庭作证规则。在我国，由于合议庭将事实认定与法律适用合而为一，鉴定意见的审查目的在于确定其能否作为定案根据。这种审查目的不同于英美国家专家证人意见的可采性审查目的，它实际既包含可采性审查目的，也包含了证明力或证明价值的审查目的。为此，没有必要像英美国家那样在庭前决定鉴定意见的采纳问题，完全可安排在法庭调查与法庭辩论阶段决定该问题。但是，以书面方式审查鉴定意见是否具有相关性与可靠性，显然难以达到目的，应当通过鉴定人出庭作证的方式，由诉讼双方通过质证方式进行审查。对此，《刑事诉讼法》也有所规定："公诉人、当事人或者辩护人、诉讼代理人对鉴定意见有异议，人民法院认为鉴定人有必要出庭的，鉴定人应当出庭作证。经人民法院通知，鉴定人拒不出庭作证的，鉴定意见不得作为定案的根据。"根据这一规定，鉴定人出庭作证并非原则，只有在诉讼双方对鉴定意见有异议，且法院认为鉴定人有出庭必要的，才存在鉴定人出庭问题。而对鉴定人哪些情况下可以不出庭作

① 参见李禹、陈璐：《2010年度全国法医类、物证类、声响资料类司法鉴定情况统计分析》，载《中国司法鉴定》2011年第4期。

证，法律却没有规定，最高人民法院《解释》也未见相关规定，这无疑给法官不恰当使用自由裁量权留下了空间。只要诉讼双方均有异议就要求鉴定人出庭作证，完全排斥法官对鉴定人是否出庭的决定权，显然也不合理。可行的做法应当是赋予法官一定的决定权，但应当尽量明确鉴定人可以不出庭的情形。

（2）专家辅助规则。鉴定意见涉及专门性问题，该意见涉及何种科学原理、方法，该意见又是如何从这些原理、方法中推演出来的，这不仅超越了法官的知识范围，也超越了绝大部分当事人与辩护人、诉讼代理人的知识范围，由当事人及其辩护人、诉讼代理人对鉴定人进行质证，其困难性可想而知。我国长期以来存在的鉴定人不出庭问题，与此不无关系。新《刑事诉讼法》第192条借鉴域外专家辅助人制度，规定公诉人、当事人和辩护人、诉讼代理人可以申请法庭通知有专门知识的人出庭，就鉴定人作出的鉴定意见提出意见，法庭对于上述申请，应当作出是否同意的决定。该规定对于帮助法官审查判断鉴定意见无疑具有积极作用。但其对于提高诉讼双方针对鉴定人的质证能力方面到底有何效果，恐怕不能抱过多期望。这是因为，虽然该条规定，有专门知识的人的出庭问题，适用鉴定人的规定，但有专门知识的人显然不同于鉴定人，它实际只是法官的辅助人，而非诉讼双方的帮助人，为此其能否从不同角度针对鉴定人进行质证，不无怀疑。为达到提高质证能力的目的，将这种有专门知识的人定位为诉讼双方的帮助人，也许更为恰当。

（3）采信理由公开规则。我国不同于英美国家陪审团审判，合议庭对事实的裁决应当说明理由。为提高法院采信鉴定意见的透明度，应当要求法院判决公开其某个鉴定意见是否作为定案根据的理由。一方面有利于促使法官谨慎采信有关鉴定意见；另一方面也有利于加强鉴定意见运用的监督，保证法院所采信鉴定意见具有相关性与可靠性。

第十二章　专家辅助人制度的构建

《刑事诉讼法》第 197 条吸收英美法系专家证人制度的合理因素，确立了专家辅助人制度。立法虽然把专家辅助人表达为“具有专门知识的人”，同时也限定于出庭“就鉴定人作出的鉴定意见提出意见”，是对鉴定人出庭作证制度的补充，但是，可以看出我国刑事诉讼程序融合大陆法系的鉴定人制度和英美法系的专家证人制度的立法价值取向。本章介绍了专家辅助人制度的概况、历史渊源以及利弊分析，如何构建符合我国国情的专家辅助人制度。

一、专家辅助人制度概念和特征

（一）专家辅助人制度概念

一般来说，我国的专家辅助人制度被认为是借鉴了英美法系国家的专家证人制度，因此有必要对英美法系国家专家证人的概念进行介绍。对于专家证人这一概念，英美国家有许多不同的定义。如美国《布莱克法律词典》对专家证人的定义是：“专家证人是指因具有专家资历而被许可通过其对所附问题的解答而帮助陪审团认识那些一般证人无法说明的复杂或技术问题的证人。”《美国联邦证据规则》第 702 条对作为专家证人的专家资格作了概括性的要求，即一个人如果要以专家身份进入司法程序，必须在知识、技能、经验、训练或教育等方面具有优于常人之处。澳大利亚 1995 年的《联邦证据法》第 79 条规定，如果某人基于训练、研究或者经验而具备专门知识，则该人全部或者主要基于其专门知识所提出的意见证据不适用意见证据规则。由此可见，英美法系对于专家证人的概念没有统一，但是，对于专家的要求并不严格，只要其在该领域里具备优于常人的能力，便能以专家身份就该领域的法律问题发表意见，法庭也关注其在该领域的能力，很少理会该能力如何形成。

对于专家辅助人这一概念，理论界和实务界也有着不同的看法。所谓“专家”，我国《现代汉语词典》所下的定义是“对某一门学问有专门研究的人；擅长某项技术的人。”美国《布莱克法律大词典》的解释是“经过学科科学教育的人或者掌握有从实践中获得的特别或专门知识的人，他或她形成的意见可能有助于事实裁判者。”我国立法虽然明确规定了“有专门知识的人”可以出庭“就鉴定人作出的鉴定意见提出意见”，但却未对这个概念进行进一步细化界定。实践中，对于专家辅助人具体该如何定位，实务部门的做法也是各具特色。对于专家辅助人，应当从“专家”和“辅助人”两个方面正确理解，“专家”即在某一领域具备特殊知识或专业知识的人员，而“辅助人”则是指辅助查明案件事实的人，是诉讼的辅助人而非专家的助手。基于这两个基本要素，专家辅助人应当是指在某一专业领域方面具有专门的知识或经验，为了充分保护当事人的合法权益，依据自身的专业知识，就诉讼中涉及的专业性问题作出自己的判断，发表自己的见解，帮助审判者对案件事实进行准确认定的人员。①

（二）专家辅助人与专家证人、鉴定人比较

专家辅助人制度是具备我国诉讼特色的一种制度，不同于英美法系国家的专家证人，这主要表现在英美法系国家的法律规定专家证人与一般证人同样适用证据法的规定，而我国的专家辅助人并非证人，不具备证人的身份。同时，英国和美国的法律也承认专家证人和普通证人之间有所区别。因而他们在适用法律规则上也有所差异。但是，英国和美国的法律认为专家证人和普通证人之间的区别仅在于其掌握的知识不同，二者的陈述无论是在逻辑学上还是心理学上，无论是在诉讼地位上还是在法律意见上，都没有本质的差异。因此，专家证人在诉讼活动中的地位应当与证人相同，适用于证人的诉讼规则一般也适用于专家。专家证人出庭所作的证言称为“专家意见”，又称为意见证据，属于证人证言的特殊形式，并不是独立的证据形式。英美法系国家对专家证人的定性是证据方法，专家证言是证据资料，是裁判者认定事实的基础。专家证人发表意见的作用在于对涉及专业领域的证据材料进行解读，将难以为裁判者理解的证据资料转化为容易为

① 李尧：《如何理解新刑诉法中的“专家辅助人”条款》，载《人民公安报》2012 年 8 月 19 日第 3 版。

裁判者理解的证据资料。专家证人所发表的意见并非理所当然地为裁判者所接受，只有经过交叉询问检验的专家证言才能成为裁判者认定事实的根据。

1. 专家辅助人与专家证人之比较

在英美法系，专家证人与一般证人都是当事人引入的，以提供证言的方式向法庭作证，是法院查明案件所需要的证据形式，也是帮助裁判者了解案件事实的人。专家辅助人制度在我国刚刚起步，专家辅助人虽然能够出庭，但并不是以证人的身份参与诉讼。

两者存在明显区别，主要表现在以下几个方面：

（1）二者的诉讼地位不同。英美法系国家的专家证人制度经过长期的发展已经十分成熟，专家证人被视作证人的一种，在法庭上也设有专门的“专家证人”席位。专家证人的诉讼地位不会因为其具有某个领域的专家身份而被法庭高看一眼，而是像普通证人一样需要出庭接受交叉询问，能否经受庭审中交叉询问的考验，甚至在很大程度上会影响专家证人的权威以及专家证据的证明力，而专家证人也正是通过运用这种交叉询问的规则更加全面地揭示案件事实。因此，从诉讼地位的角度看，专家证人等同于普通证人，二者之区别，一方面在于专家证人具备普通证人不具备并且庭审中亟须的专业知识或实践经验，另一方面则在于专家证人可以更换，而普通证人由于亲历性的要求则不能更换。

对于专家辅助人的诉讼地位究竟该如何界定，目前我国存在着理论及实践的差别。专家辅助人在我国显然不是证人，因为“大陆法系国家的证人不同于英美法系国家宽泛的证人，也不同于理论上的‘人证’，其特指除了当事人以外的了解案件情况向司法机关陈述亲身感知事实的第三人”，[①] 我国对于证人的规定也是如此。目前我国《民事诉讼法》和《刑事诉讼法》都规定了“具有专门知识的人”出庭制度，但并没有规定专家辅助人出庭后的诉讼地位，有学者在律师、法官、鉴定人等法律工作者群体中进行实证调研后发现，实践中对专家辅助人的诉讼地位存在较大分歧，其中36.8%的受访者认为其“类似鉴定人”，32.7%的受访者认为其“类似证人”，20.9%受访者认为其是“独立的诉讼参与人”，

---

① 郭华：《鉴定人与专家证人制度的冲突及其解决——评最高院有关专家证人的相关答复》，载《法学》2010年第5期。

8.2%的受访者认为其“类似辩护律师”。[①] 在我国刑事诉讼专家辅助人出庭第一案中，刘良教授在接受采访时也表示“专家辅助人有一点点律师的色彩”。[②]

（2）专家证人意见和专家辅助人意见是否具备证据资格。专家证人是英美法系国家的法定证据之一，而专家辅助人意见在我国还不是证据，尚未被赋予证据资格，这是厘清专家证人和专家辅助人区别的核心问题。在英美法系国家，专家证人就是证人，能够出庭作证，专家证人的意见被称作专家证据，它和普通证人证言这一证据种类在本质上区别并不大，是因为再通过交叉询问等方式完成质证程序后，才有可能获得法官的采信。[③] 在《布莱克法律词典》中，专家证据（expert evidence）这一词条直接标注的是见“证据”词条。[④] 但和普通证人相比，专家证人参加诉讼是因为其在专家领域的特长、知识或经验，能辅助法庭和陪审团查明案件事实，而普通证人参加诉讼则可能是因为其是案件的目击者、知情者、卧底等，能够对法庭和陪审团查明案件事实起到不可或缺的辅助作用。专家证据本质上属于意见证据，但其之所以能够具备证据资格进入庭审，是因为专家证人根据其特长、知识和经验作出的意见或推断，是意见证据规则排除的例外，英美法系国家将证人的陈述分为事实陈述和意见陈述，专家证人拥有意见陈述的权利，他们“可以其所拥有的来自于具体案件事实之外的知识来作证”，因而在经过充分质证后可以被法庭采纳。[⑤]

目前在我国司法实践中，将专家辅助人混同于专家证人的说法屡见不鲜。目前我国专家辅助人意见尚不具备证据资格，搞清楚这个问题，是对专家辅助人制度进行理解和研究的关键。最高人民法院副院长黄尔梅在介绍新《刑事诉讼法》司法解释时明确指出，有专门知识的人所发表的意见是一种类似于鉴定意见的主观判断，但其不具有鉴定意见的形式要件，不能将其等同于鉴定意见或划归为鉴定意见的范畴；所发表的意见是就案件所涉及专门性问题进行评论、判断，而不

---

① 潘广俊，陈喆，胡铭：《专家辅助人制度的现状、困境与改善建议——以浙江省为例的实证分析》，载《证据科学》2014年第6期。

② 刘长：《中国式专家证人出庭公家不再垄断司法鉴定话语权》，载《南方周末》2013年7月4日。

③ 参见李尧：《如何理解新刑诉法中的“专家辅助人”条款》，载《人民公安报》2012年8月19日第3版。

④ 转引自胡铭：《专家辅助人：模糊身份与短缺证据——以新<刑事诉讼法>司法解释为中心》，载《法学论坛》2014年第1期。

⑤ 参见胡铭：《鉴定人出庭与专家辅助人角色定位之实证研究》，载《法学研究》2014年第4期。

是就案件的客观事实进行陈述，所以也不属于证人证言。有学者曾针对专家辅助人意见的法律属性在律师、法官、鉴定人等法律工作者群体中进行过实证调研，调研结果显示，赞同专家辅助人意见为“一种质证方式”的比重最高，占34.1%，赞同“可以作为鉴定意见”的比重为33%，赞同为“证人证言”的比重占27.9%，认为应当属于“其他”的则占4.3%。[①] 因此，可以看出，虽然专家辅助人意见在形式上是以“意见”的方式作出的，类似于我国的鉴定意见，实践中有部分专家辅助人同时具有司法鉴定人的身份，但按照我国诉讼法的规定，专家辅助人意见并不属于鉴定意见或是证人证言，亦不等同于英美法系国家的专家证据，专家辅助人意见并不属于证据材料的范畴，而应当定位于“质证意见”或是“证据弹劾”，[②] 对其采信与否，需要法官通过自由裁量和自由心证来进行考量。专家辅助人意见的重要意义不在于是否能成为新的证据种类之争，而在于对我国弊端重重的司法鉴定在庭审中形成质证与抗衡，也是我国诉讼由强职权主义模式走向对抗制诉讼的重要体现。

（3）二者启动、决定权不同。英美法系国家的专家证人制度有着悠久的历史，专家证人亦是当事人之间对抗与博弈的产物。随着知情陪审团逐渐被不知情陪审团所取代，在面对日益多样的案件类型时陪审团的专业知识显得越来越匮乏，法庭就开始传唤具有专门知识的人出庭作为专家证人迈向证人席。但由于18世纪后当事人之间的对抗因素不断增多，当事人及律师开始占据了法庭上的主导权，同时作为案件审理者的法官也完成了向中立裁判者角色的转变，越来越多的当事人和律师开始聘请具有专门知识的人作为自己的证人。19世纪中期以后，专家之战拉开了帷幕，之所以称为“专家之战”，是因为此时的专家证人的当事人倾向性越来越强，法庭上专家证据越来越多，专家之间针锋相对的情况也越来越多，甚至聘请并传唤有利于己方、忠于一方当事人的专家证人出庭作证成了“现代专家证据规则的基础”。[③] 由此可见，专家证人在英美法系国家经历了

---

① 参见潘广俊、陈喆、胡铭：《专家辅助人制度的现状、困境与改善建议——以浙江省为例的实证分析》，载《证据科学》2014年第6期。

② 目前学界有关于专家辅助人意见是“弹劾证据”的说法，但笔者认为，既然连证据资格都不具备，何来“弹劾证据”之谈？但就其功能而言，确实能够起到弹劾“鉴定意见”这一法定证据的作用，因而可以称之为是“证据弹劾”。

③ 参见罗芳芳：《从“科学的代言人”到“当事人的枪手”——专家证人历史沿革与我国现实考察》，载《证据科学》2013年第4期。

由法庭负责传唤到当事人聘请传唤的一个过程，换句话说，启动专家证人出庭作证是当事人的权利，聘用专家证人的启动不需要征得司法机关同意，如取得司法令状等，而完全取决于当事人自己的决定。法院在干预某个专家证人能否出庭的问题上，更多的是通过庭前证据开示对专家证人的资格审查，毕竟在当事人主义诉讼模式下，如果其聘请、传唤了不合格的专家证人并由此产生了不利后果，也由当事人来承担，中立的裁判者也不宜过多干预。除此之外，法院还拥有对专家证人的启动权，在英美法系国家法庭有权在其认为必要的任何时候决定依职权启动聘用专家证人程序，并且不需要征得当事人的同意。①

我国的专家辅助人则不同，当事人有启动权，公诉人有启动权，但最终决定权都在法院手中，也就是说，当事人和公诉人可以申请专家辅助人出庭作证，但专家辅助人最终能不能出庭，还要法院说了算。从自由裁量权的司法权属性需要的角度出发，将专家辅助人的出庭决定权赋予法院，其实也并无不妥，但关键是该如何界定专家辅助人有无必要出庭的标准。在有关学者进行的关于鉴定人出庭作证的调研中发现，凡是法院通知鉴定人出庭作证的，鉴定人基本上都出庭了，这也可能是鉴定人考虑了司法的权威以及自身行业的特殊性的原因。② 但无论是鉴定人惧于法院的权威抑或是顾虑自身职业之特殊，都可以看出法院决定权对其出庭影响之大。因此，法院决定权的“一票否决”威力之大也就可见一斑，在现代刑事诉讼中，任何人在面临对己不利的鉴定人时要求有效对质，乃是人性本能之反应，笔者认为，出于正当程序和司法透明的考虑，若法院认为专家辅助人无出庭之必要，应当以书面形式充分说明未损害被告方对质权的理由，在以后的立法中，也应赋予当事人对该书面决定申请复议的权利。此外，我国有权启动专家辅助人出庭的仅限于公诉人和当事人，目前立法中尚未规定法院有主动聘请、传唤专家辅助人出庭作证的权力，虽然《高法解释》第87条规定法院可以指派、聘请有专门知识的人进行检验，在后续的庭审中也可以通知检验人出庭作证，但检验人毕竟不同于专家辅助人，不可类推扩大。

2. 专家辅助人与鉴定人比较

（1）性质不同。大陆法系的鉴定人具有两重性质：其一，鉴定人是一种证

---

① 参见汪建成：《专家证人模式与司法鉴定模式之比较》，载《证据科学》2008年第1期。

② 参见胡铭：《鉴定人出庭与专家辅助人角色定位之实证研究》，载《法学研究》2014年第4期。

据方法，鉴定意见是证据资料。由于大陆法系国家采用职权主义的诉讼模式，事实裁判权掌握在裁判者手中，法官根据自由心证原则来判断事实，排除鉴定意见中的结论性意见，所以，大陆法系国家没有明确禁止鉴定意见中出现结论性意见。其二，鉴定人是法官的助手，遇到法官无法解释的问题时，鉴定意见对法官产生极大影响，尽管鉴定意见要经过法庭询问，而毕竟鉴定人是法院聘请的，在主观上法官会倾向于自己的判断，更信任自己聘请的鉴定人意见。英美法系国家对专家证人的定性是证据方法，专家证言是证据资料，是裁判者认定事实的基础。专家辅助人发表意见的作用是帮助裁判者对涉及专业领域的证据资料进行解读，以便裁判者理解。然而，专家辅助人所发表的意见是有限的，他们不能就证据资料作出结论性意见，如果专家辅助人发表了此种结论，则被视为对裁判者裁判权的篡夺。对专家意见只有经过法庭质证才能为法官采信，作为裁判者认定事实的依据。在特殊情况下，专家辅助人也可以获得事实上的裁判权，英国的裁判委员就是这种具有裁判权的人，他们往往对案件事实发表结论性的意见，只要当事人对该裁判委员的询问没有发现其证词的漏洞，法官则以其结论作为最后的结论。因此，可以认定英美法系的专家辅助人的主要性质是证据方法。

（2）资格不同。大陆法系国家中，国家对鉴定人的资格规定较为笼统，只要求鉴定人在鉴定事项的领域具有较高的学识和经验。而在另一些国家，设立具有法定资格的鉴定机构，诉讼鉴定人一般都从这些机构中选出。尽管成文法没有对鉴定人资格作出具体要求，但实践中，那些法定鉴定机构的成员是成为鉴定人的必要条件。在大陆法系国家，鉴定人一般是由法官指定，而当事人无权聘请，只可提出申请，最终是否聘请鉴定人由法官决定。在英美法系国家，专家证人一般由当事人自行聘请，利用专家证人的专业知识在法庭上提供有利于自己的专家意见，以配合律师共同的努力，增强自己胜诉的机会，这种诉讼倾向性，使得英美法系国家的专家证人制度一直为学界所诟病，这在我国的专家辅助人制度中，也会或多或少的存在。由于英美法系国家采用当事人主义的诉讼模式，在专家证人的资格上没有具体的规定。因此，在法庭上辩论，双方当事人首先要就专家证人的资格问题进行交叉询问，从而暴露对方专家证人的资格瑕疵，以阻止对方当事人的专家证人作有利的证言。我国目前并未对专家辅助人的任职资格作出明确规定，实践中也经常会出现由专门司法鉴定人担任的情况，如有的专家既是具备正式资格的法医，但在接受当事人委托后，也可以专家辅助人的身份出庭。

（3）诉讼地位不同。大陆法系国家中，法律把鉴定人与证人区分开来，有的国家将鉴定人作为法官的助手或辅助人，有的国家甚至把鉴定人定位为“科学法官”。而在英美法系国家，专家证人与普通证人一样都是证人，都是通过提供证人证言的方式向法庭作证。但是在我国，专家辅助人在立法中的表述为“具有专门知识的人”，接下来对于专家辅助人的资格如何认定、应当具有哪方面的专业知识、是否具备诉讼地位等，我国《刑事诉讼法》并未进一步规定，专家辅助人不具有明确的诉讼地位，有的学者进而认为专家辅助人具有的仅仅是“模糊身份”。

（4）可采性规定上不同。大陆法系国家对鉴定人的鉴定意见的可采性没有作出具体的系统的规定。对于鉴定人的资格、鉴定意见的相关性及合法性等问题的判断完全由法官自由裁量。而英美法系国家对于专家证人的可采性规定则丰富得多，得益于其数百年的判例积累和发展，形成了一套指导性规则，帮助法官和陪审团从专家的资格、专业领域、所依据的原理和方法等方方面面对专家证人证言进行判断。在我国，鉴定人所作出的鉴定意见是法定证据之一，具备明确的证据资格，但是专家辅助人所提出的意见并非法定的证据，这也被有的学者称为“短缺证据”。①

（三）专家辅助人的特征

虽然专家辅助人在我国并未被视为独立的证人，但专家辅助人出庭向鉴定意见提出意见，有助于加强对鉴定意见的充分质证，使得庭审的实质化运行增强。专家辅助人不仅不具备证人身份，而且在审判活动中参与诉讼也有别于一般证人：

1. 专家辅助人作证内容的科学性

对于一般证人作证的要求是，他们必须只陈述他们所知道的第一手资料并且只能就事实提供证言，即他们不可以提供意见、推论或者结论。对于一般证人的作证内容，强调客观性、真实性，而不要求其作证内容的科学性。

专家辅助人作证内容具有科学性，是区别于一般证人作证内容的显著特点。专家虽然以意见形式作证，但专家可以站在证人席上论证或阐述与案件有关的科学原则或其他原则，以便事实审理者把这些原则适用于事实上。虽然，在如何运

① 胡铭：《专家辅助人：模糊身份与短缺证据——以新<刑事诉讼法>司法解释为中心》，载《法学论坛》2014年第1期。

用科学原则或其他原则，并与案件事实相结合的过程中，尖锐的批评者认为据此得出的专家证言只是一种假定问题，是法庭运用证据中的一大忌讳。但是，不管如何，只要诉讼参与各方相信法官在通过专家阐述能够作出必要推论的前提下，应当承认这种意见形式是不可缺少的。

对于专家辅助人的作证内容，虽然是以意见或判断形式提供的，但需要特别强调的是，在强调科学性的同时，不能放弃客观性和真实性。美国《1999 年统一证据规则》702（a）之（4）规定，专家证言需建立在充分、可靠的事实与数据的基础上，据此强调专家意见所依据的基础应具备的客观性，不能因为证据形式是意见或判断而忽视这一点；该规则（a）之（5）进一步规定专家在作证时已经将这些原理或方法可靠地应用于案件的事实，这又是在强调客观、真实或数据基础的同时，要求专家在得出结论时充分运用科学性的原则，从而使两者有机地结合起来。

2. 专家辅助人参与诉讼的独立性

专家辅助人参与到诉讼的活动中，其职责是对案件中所涉及的专门性问题，向法庭提供其个人的意见或建议，这是一种认识的活动，认识活动一旦受到个人情感、利益、好恶的影响驱使后，其所作的结论就会偏离正确轨道。因此，专家证人必须进行独立的思考，不应受任何机关或个人意志所左右。即使是在由多人共同参与鉴定的情况下，各参与鉴定的专家辅助人之间就最终形成的结论性意见，应当相互独立，在意见不一或对共同结论有保留时，每一名专家均可以保留自己的意见，并说明保留的理由。

在英美法系国家的专家证人制度中，受传统的对抗制诉讼模式的影响，专家证人和律师一样，是当事人重要的诉讼武器，依当事人指示就技术问题提出意见并服务于委托人。尽管是提供所谓的“科学”证据，但事实上专家意见一般皆对委托人有利。许多学者主张，在对抗制下，专家证人由一方当事人指示并承担费用，经常无意识，甚至有意识倾向性地提供支持一方当事人的证词。美国学者兰贝恩将专家证人喻为“萨克斯风”，律师演奏主旋律，指挥专家证人这种乐器奏出令律师倍感和谐的曲调。由于专家证人依赖学识和经验而取得基本信念，并受年龄、性别及道德背景影响，故对专家证人交叉询问之目的，就在于揭示其偏见。改革后的英国民事诉讼，将专家证人定位为对法院拥有优先职责，即专家证人应立足于客观事实，运用科学知识，促进法院发现客观真实，故不应有所谓原告的或被告的专家，专家是法院的专家，独立于委托当事人。

在我国，刚刚起步的专家辅助人制度面临着同样的问题，或者可以说，不仅产生不久的专家辅助人制度面临着这个问题，自2005年国家允许社会鉴定机构进入司法鉴定领域后，司法鉴定行业也面临着如是问题。虽然现在这个问题在我国的专家辅助人身上体现得并不突出，但这很大程度上是因为当前我国的专家辅助人机构不多，从事辅助人行业的专家也不多，因此谈这个问题也称不上为时过早。在目前我国对专家辅助人的身份角色法律定位仍然比较模糊的情况下，专家辅助人有时被认为具有类似于律师的角色：接受了当事人的委托，当事人给付报酬和费用等，理所当然要站在当事人的立场讲话。这种看起来是一种顺理成章的逻辑，其实正是专家辅助人主观偏向性的体现。此外，专家辅助人为了赢得案源和报酬，也极有可能会出现预先承诺的现象，这也会在无形之中增加专家辅助人的主观偏向性。

3. 专家辅助人作证方式的灵活性

作为外行证人，根据直接言词原则，一般应当由证人亲自出庭作证，而专家则根据案件的具体情况，并视法律规定及法庭的指令选择不同的作证方式，具体如下：（1）控辩双方在庭前已就专家证据的内容、结论达成一致意见，则专家可不出庭作证，由委托一方在庭审中向法庭宣读书面意见即可；（2）专家对受托事项制作专家意见报告后，未能达成一致意见的，持不同意见的专家应当同时出席法庭，接受交叉询问；（3）控辩双方对专家证据持有异议，且专家证据结论是一致的情况下，可由形成该专家证据的数名专家共同推选其中的一人代表出庭，或由接受委托的鉴定机构指定其中一人代表出庭，接受交叉询问。

我国立法中，由于并未明确规定专家辅助人出庭的作证方式，而是笼统地规定了可以“就鉴定人作出的鉴定意见提出意见”，专家辅助人出庭的方式也较为灵活，这体现在专家辅助人出庭后的席位问题上，有的专家辅助人有专门的席位，有的专家辅助人出庭后没有专门的席位，而只能由法警搬来的一张椅子；有的专家辅助人出庭后和当事人即律师坐在一起，有的专家辅助人出庭后则坐在证人席。

二、域外专家辅助人制度的考察

一般认为，我国的专家辅助人制度是在借鉴英美法系国家的专家证人制度基础上产生的，对于该制度的学习与把握，应当建立在对英美国家专家证人制度的基础之上，本节也对专家证人制度进行了较为系统的介绍，有助于对专家辅助人制度的理解。

（一）历史渊源

早在罗马法时期，法官就经常传唤那些博学者到法庭上，就一些物理规律或现象给法官作出解释。16 世纪中期，英国的桑德斯大法官曾经说过："如果在处理法律问题的过程中出现了其他科学或职业中的特殊问题，我们通常都会从这些科学或职业中寻找帮助。这种做法对我们这一行业来说是一个可敬的也是值得提倡的做法，因为这样做显示了我们重视除我们自己行业以外的所有专业知识，并且鼓励它们的运用。"① 到了中世纪前后，世界各国越来越重视专业知识在法庭审判中的运用。在现代意义上的专家证人制度出现以前，具有专门知识的人主要以两种方式参与法庭审判：作为"特别陪审团"成员或者作为法庭顾问。在长期发展的过程中，专家参与诉讼的身份也从法庭顾问、陪审员到证人等不断发生变化。到了 18 世纪末，随着普通法的不断规范，专家也就被基本固定在证人席上了。并且随着司法程序中的对抗性因素不断增加，双方当事人的证明责任不断加重，同时他们控制诉讼证明的手段和权利也日益增加，开始出现了由双方当事人各自聘请专家证人的做法。到了 19 世纪，法庭审判中经常出现针锋相对、意见相左的专家证人。这也是现代专家证人制度的萌芽。现代意义上的"专家证人"（Expert Witness）这一名称首次使用是在 1851 年，美国最高法院在一个案件的审理中使用了这一说法。到了 19 世纪末，随着英美法系国家之间不断地交流和借鉴，各国在法庭专家的使用上形成了大致相似的制度，现代意义上的专家证人制度也就产生了。

（二）域外的专家证人制度概述

1. 专家证人的主体制度

（1）专家证人的资格。在英美国家，一个人要作为专家证人在法庭上就某一专门性问题发表自己的意见，首先必须得到法庭对其专家资格的认可。对于专家证人的资格，英美国家强调其所具有的知识以及所提出的意见对法庭事实裁判是否有帮助，并且将这一问题交给主审法官自由裁量。《美国联邦证据规则》中

① 周湘雄：《英美专家证人制度研究》，中国人民公安大学出版社 2004 年版，第 16 页。

规定："如果科学、技术或其他专门知识可以帮助事实裁判者理解证据或对争点作出裁决，那么一个通过其自身的知识、技术、经验、培训或教育而有资格成为专家的人可以以意见的形式作证。"这也就意味着，专家证人不一定需要是某一领域的学术权威，也不局限于受过正规的教育或培训。那些没有受过正规教育或培训，但通过自己的工作经验而获得知识或技能的人，同样可以成为专家证人。该专家可以没有在该专业知识领域内获得任何形式的执照，可以不是某学术团体的成员，可以没有出版过与该专业领域相关的著作，可以不是该领域内杰出的执业者。只要在法庭上，提出专家证言的一方当事人能够证明本方专家在案件争点所涉及的领域拥有足够的科学、技术或其他专门知识，能够对法庭在发现案件真相方面有所帮助，那么，该专家证人就会被允许在法庭上就涉及的问题提出自己的专家证言。

当然，专家资格的认定规则在各国有所差异，但总体而言，近年来呈现出两种明显的趋势：一是放宽对专家证人获得其知识的途径的要求。传统的普通法对专家证人获得知识的途径的规定比较严格，没有接受过正规教育或培训的人很难成为专家证人。而近年来，英美法系国家则放宽了这一标准，不再强调专家证人必须经过正规教育或培训。对专家证人获得其专门知识的途径的审查往往成了影响其证言证明力的因素，但是不会影响专家证言的证据能力。二是对专家资格的审核日趋严格。随着科学技术的发展，可以使用专家证言的领域越来越多，各个专业知识领域的划分也越来越细，法庭对各个领域的专家的资格的审核也越来越严格。专家证人必须是案件争点所涉及的领域内的专家，只要所涉及的问题超出了专家证人的专业知识范畴，该专家也就不会被允许在法庭上提供专家证言。

（2）专家证人的选任。在司法实践中，专家证人的选任方式，一般而言，主要有两种：一是由当事人自主选择。在对抗制的诉讼模式下，控辩双方平等对立，法官居中裁判。在整个诉讼过程中，诉讼程序的推动通常是由控辩双方自行进行，法官只是根据法律的规定在一方提出申请时作出是否接受的判断。在通常情况下，控辩双方在进行诉讼准备时，如果发现案件所涉及的有关问题需要运用科学、技术或其他专业知识加以解释或证明，就可以直接委托专家证人进行鉴定。同时，如果对对方所提出的证据存在疑问，也可以聘请专家进行鉴定。鉴定意见如符合己方的主张，就可以使己方的主张更具有说服力，增加胜诉的机会；如得到与对方所提出的证据相反的鉴定意见，还可以削弱对方的主张，达到使裁判者对对方的主张产生怀疑的目的。因此，专家容易在诉讼中成为一方当事人所聘请的“枪手”，在作证时以一种有利于聘请方的形式提出意见，而不是公正地站在科学的立场上。这很可能造成诉讼延迟，诉讼费用高昂，而法庭面对相互对立且矛盾的专家证言也常常无从下手，难以取舍。二是选任专家证人的方式由法院指定。当事人自己选任专家证人的方式存在种种弊端，引发了对中立专家证人的需要。许多国家纷纷规定了法院指定专家证人的权力。《美国联邦证据规则》中第706条规定：“专家证人的产生方式有两种，当事人委托和法院指定。法院得依职权或当事人的申请作出仲裁，说明不应指定专家证人的原因，并得要求当事人提出人选。法院得指定当事人一致同意的专家证人，并得指定自己选择的专家证人。非经专家证人的同意履行职责，法院不得对其进行指定。对于指定这样的证人，法院应以书面形式告知其应当履行的义务，该文书的副本应由法院书记官存档。对于这样指定的证人，如对事实作出判定应告知各方当事人。任何一方当事人都可以在法庭外向其提问并录下证言。法院或任何一方当事人都可反询问他。”这种方式，可以避免在第一种方式下产生的专家证人之间的“专家之战”，从而避免诉讼不必要的拖延。人们也更信赖由法官任命的专家，认为他们更为公正中立。虽然由法院任命的专家证人在实践中被证明切实、有效，但大多数法官仍然拒绝行使主动任命专家证人的权力。因为他们认为，这样做与传统的对抗制诉讼模式不符，在审理中可能会出现许多难以预见的问题。而许多律师也反对这种做法，认为只任命一位共同的专家证人，没有任何相反的意见，将导致法官的判决过分依赖于专家的意见证言，变法官审理为专家审理。

（3）专家证人的责任。英美国家在立法上几乎没有对专家证人法律责任进行规定。因为根据相关规定，专家证人具有证人的法律地位。普通法传统地认为证人是帮助法庭实现正义的“法庭之友”，因此应该对他们的作证行为赋予法律上的免责权，以鼓励他们在法庭上无所顾忌地说出自己所知道的事实。这一传统自然地被扩展适用到专家证人身上。但是专家证人又不同于一般的证人，他不仅要对法庭负责，同时因为其受雇于当事人，也要对当事人负责。正因为其地位的特殊性，人们对专家证人能否保持客观公正的怀疑从来就没有间断过。而事实上，在各种因素的诱使下，实践中专家证人严重不负责任、甚至故意弄虚作假的现象也时有发生。因此，随着专家证人制度的发展，专家证人的免责权被限制为“有条件的免责权”，并规定了专家证人应负法律责任的情况。

民事责任方面，大部分英美国家的专家证人无论是在刑事诉讼还是在民事诉讼中，对于其在审判过程中所提供的证言都享有免于任何形式的民事责任的权利。这也是普通法长期以来的一贯规定。其主要理由就是鼓励专家证人大胆地提出公正的和真实的证言而不用担心万一自己的证言出现错误而会被追究法律责任。在美国，只要专家证人的证言与案件事实具有相关性，他就能获得民事责任的豁免权。但是，自 20 世纪 80 年代初美国出现追究专家证人的民事责任的案例起，英美法系国家对专家证人法律责任的改革开始打破这一惯例。如果当事人自己聘请的专家证人因工作不力而造成了自己的损失，那么当事人可以追究专家证人的民事法律责任。当事人聘请专家证人为其服务实际上是一种合同行为。专家证人在提供专家服务的过程中如果不能很好地履行合同中规定的义务，没有达到当事人的预期目标，也就违反了合同的约定，应当承担违约责任。因此，英美各国均允许当事人向自己聘请的专家证人追究责任。但是，对当事人和己方专家证人合同所约定的事项也有所限制。当事人不得与专家证人约定专家服务的效果，如约定专家证言必须为法官所采信或者约定当事人必须胜诉等。而且，美国的许多判例，专家证人在接受当事人聘请，为其提供专家证言的整个过程中，如果因为专家证人没有尽到合理的注意义务而给当事人造成了损失，也应当对当事人承担责任。

专家证人的刑事责任，主要是由其在法庭上的作证行为所引起的，包括程序性责任和伪证罪责任。其中，最主要的也是目前被讨论最多的是伪证罪责任。所谓伪证罪责任，即专家证人在出庭作证时故意提供虚假的证言。英美法系国家在此问题上基本达成了共识即只有专家证人故意地误导法庭时，才可能被追究伪证罪的责任。然而要想证明专家证人在作证时是否故意欺骗或误导法庭是非常困难的。实践中以伪证罪对专家证人提起诉讼的情况是极为少见的。这主要是因为要以伪证罪追究专家证人的刑事责任，首先必须证明其行为达到了追究刑事责任的标准。而由于要区分专家证人在法庭气氛的压力下所犯的无意识的错误和有意的欺骗并不是程序性的责任，主要是专家由于违反诉讼程序而引起的责任，如无正当理由拒不到庭作证、在法庭上不遵守法庭纪律等。而对于此种责任，各国法律的规定都很细致、清楚，也没有什么争议。至于庭审前专家在收集资料、准备专家证言的过程中故意使用虚假的文件或数据，对于这一问题人们虽然也有争议，但是总体上还是倾向于不予追究。

就目前来看，对于专家证人的法律责任的追究主要就是对其在庭审中的伪证罪的追究，而这种案例很少发生。英美法系国家中，人们对专家证人能否保持客观公正的怀疑就从来没有间断过。各国学术界和实务界对应不应该追究的问题也存在着激烈的争论。无论主张还是反对追究专家证人法律责任的人，都有着比较充分的理由。但是，就整体的发展趋势而言，英美法系国家越来越倾向于肯定专家证人的法律责任的做法。以美国为例，越来越多的州主张应该对专家证人加以法律责任的约束，以提高其专家证言的客观性和可靠性。因为如果完全没有法律责任来对专家证人进行威慑，那么专家证言的客观性确实难以保证。而如果加强专家证人的法律责任，将有效地提高鉴定意见的准确性和客观性。因此，随着专家证人在诉讼中出现的频率越来越高，也随着他们对法庭审判的影响力越来越大，英美法系国家有可能以更严格的法律责任来约束专家证人的行为。

（4）专家证人的义务。《美国联邦证据规则》规定：专家证人的根本任务是“用其专业知识帮助事实裁判者理解证据”。美国 March Cresswell 法官对专家证人的义务作出了一个比较准确的总结，认为：第一，交给法庭的专家证言应当是专家的独立成果，它的内容和形式不应被当前诉讼的紧急情况所影响；第二，专家证人应当像法庭的独立助理一样帮助法庭，他有责任在其专业领域内向法庭提供客观的、无偏见的意见；第三，法院的专家证人不应当充当律师的角色；第四，专家证人应当向法庭一并陈述，支持专家证言的事实或假设，不支持专家证言的事实或假设；第五，专家证人应该清楚什么样的事项超出了自己的专业领域；第六，如果没有足够的数据让专家形成正确的意见，那么，专家应当向法庭陈述这种缺陷，并且应当告诉法庭意见的成立是有条件的；第七，如果通过专家证言的交换，专家证人改变了自己对重要事项的看法，专家证人应当毫不犹豫地通过法定代表通知对方当事人，并且在适当的时候通知法庭；第八，在交换专家报告的同时，所有与专家证言有关的物证和书证都应当被提供给对方当事人。①

从上述有关专家义务的规则，在现代英美国家，专家证人的义务和职责发生了重要的转变，法庭也强化了对专家证言的管理。传统的英美证据法认为，专家证人是当事人的证人，是向当事人提供服务的。而最近的趋势认为，专家证人的服务对象应当是法庭。与之相适应，法官也一改消极、被动的态度，积极、主动

① 参见齐树洁主编：《民事司法改革研究》，厦门大学出版社 2000 年版，第 464 页。

地加强了对专家证言的管理。这种转变有利于克服专家证人的偏向性，保证专家证人的独立性和客观性。

2. 专家证人证言的质证

（1）专家证言的庭前开示。专家证言开示首先可以使诉讼双方当事人全面了解对方所掌握的与案件有关的信息和知识，从而为庭审制定完善的攻防战术，提高庭审质证的质量和效率。其次，由于任何与案件有关的案件信息都应该向对方当事人进行开示，其专家意见的错误和弱点通常会被对方当事人在庭审中充分展示到事实裁判者面前，因此可以在一定程度上抑制双方专家的偏向性意见，使案件的解决建立在事实和证据的基础上，帮助事实裁判者正确地作出判断。再次，通过专家证言开示，可以大大加快案件的解决效率，缩短诉讼过程，从而减少当事人的诉讼成本，也可以为法院节约诉讼资源。

专家证言的开示是所有证据开示种类中最为复杂、技术性要求最高、资源耗费最多的一种证据开示。专家证言的开示不但包括对该证言本身的了解，而且包括对形成专家证言的过程和理由等诸多因素的了解，同时还包括对提出该专家证言的专家的资格、资历等因素的了解。正因如此，专家证言开示程序一般都会持续一段时间，在一些复杂的案件中，这种证据开示甚至可以持续几年。因此，英美国家不断地对其证据开示制度进行改革和完善，以提高证据开示的效率，避免诉讼的过分迟延。

（2）专家证言开示的强制性。英国《1984 年警察与证据法》第 81 条第 1 款规定："刑事法院规则可以规定条款（a）要求在法院进行诉讼的任何当事人向对方或其他当事人开示其打算在诉讼中出示的专家证言。"《1998 年民事诉讼规则》第 35 条规定："未开示专家报告的当事人，在开庭审理时不得使用未开示的专家报告，也不得传唤专家证人以言词方式作证，除非获得法院的允许。"其目的是为了限制口头专家证言的使用，防止庭审突袭，以便涉及专业性或较复杂的专家证言在交叉询问中得以去伪存真，另一方面也是为了避免审判过分延迟，增加不必要的诉讼成本。

（3）专家证言开示的内容。英美国家的证据开示分为非正式的证据开示和正式的证据开示。在正式的证据开示之前，犯罪嫌疑人或被告人的辩护律师往往会与控方律师进行多次非正式的会面或交流，在此期间控辩双方可能会进行非正式的证据开示。如果控辩双方在非正式的证据开示中顺利地向对方开示了自己所掌握的证据，那么他们很可能不再向法庭请求进行正式的证据开示。而如果控方不接受辩方的非正式证据开示的要求，那么，辩方就只能向法院提出申请，或者向控方递交正式的书面证据开示要求，启动正式的证据开示程序。

专家证言开示的内容，不仅包括专家对本案的研究和准备情况、专家证言的基础、推论、对其推论的解释，还包括该专家的背景、职业及其收费情况、出版的著作和以前曾经提供过的专家证言。通过这一程序，双方当事人能够充分了解专家证人，全面完善己方的专家证言并针对对方的专家证言有所准备，从而为在法庭上对专家证言进行有效的质证奠定基础。

(4) 专家证言开示的程序。专家证言的正式开示需要当事人向对方当事人递交正式书面要求或向法院提交书面的申请才能启动。在开示程序正式启动后，双方均向对方提供己方专家证人与律师之前一起准备的证据开示的专家报告及相关材料。当事人对于对方当事人指任的专家证人以书面形式提出的专家报告，在专家报告送达后的规定时间内可以以书面形式提出问题，但不得超出专家证人提供的专家报告内容的范围。书面询问一般包括以下几个方面的内容：该专家将对什么问题发表专家证言、专家的结论和观点以及这些结论和观点的依据、专家的资历，等等。书面询问一般只能提出一次，否则专家证人有拒绝回答的权利，但对方同意或申请法院许可的例外。双方当事人开示专家证言后，专家证人对证言中的重大事项改变意见的，应当将改变的意见适时告知对方当事人和法庭。

(5) 专家证言的质证程序。专家证人和普通证人在英美法系国家的法律中一般不作区分，在诉讼地位和程序性权利上也基本相同。在法庭上，专家证人与普通证人一样要宣誓或郑重声明，接受对方的交叉询问，且询问规则相同，适用于普通证人的质证程序也适用于专家证人的质证程序。

专家证言的质证是通过对专家证人进行询问来完成的。这种询问程序对发现真实具有重要的方法论意义。专家证言的询问程序包括直接询问和交叉询问程序。直接询问也被称为主询问，是传唤方当事人对自己所传唤的专家证人进行的询问。在直接询问中，一方当事人及律师为了证明己方提供专家证人所作出的证言的真实可靠性，可以从以下几个方面进行论证：一是从询问专家证人的专业知识水平、技能、丰富的工作经验和阅历以及受到过的良好教育与训练等方面来使事实审理者对专家证人的专家资格、技能和经验加以信任。二是专家证人在对其专家证言简要说明后，由律师着重询问作为专家证言的理论根据以及检测、实验结果。对此，专家证人可以借助详细的论述、有关文献资料以及幻灯机、图示等来论证自己的结论。三是由于专家证人对案件情况本身没有直接的感性接触，其作为分析、判断的信息资料均为间接性取得，因此，可以在鉴定中允许使用传闻证据。交叉询问是由对方当事人就专门性问题对专家证人提出质疑，是质证程序的核心。在交叉询问中，对专家证人的攻击或质疑主要涉及专家证人的专家资格、意见取得的根据、公正立场或意见的准确性以及他们的调查能力等方面。质疑方法常常有两种：一是在有关领域发表过的与专家证人意见相对立的权威性材料。在这种情况下，专家证人将面临着律师采用该专业领域公开发表过的权威性著作中与其意见相对立的材料对他进行询问。二是在对专家证人的直接询问中提出一个改变事实的假设性问题。在这种情形下，询问律师常常会省略一些可靠的事实。从规则上而言，这在对方律师的询问中是被允许的。

3. 专家证人证言的采信

专家所出具的专家证言通过质证程序能否被最后采信为专家证据自然是当事人最为关心的问题。而作为证据，首先需要审查的是证据的证据能力，也就是可采性问题。审查证据的可采性是法官的责任。在涉及专家证人的案件中，法官的这种功能就更为重要，因为专家证言对案件的审理结果一般都具有极为重要的影响，甚至是决定性的影响。同时，专家证人又具有极高的专业性和复杂性，而陪审团是由普通民众组成的，他们不仅对专家证言的专业知识没有透彻的理解，而且对专家证言的法律特性和法律限制也没有太多的了解，因此，他们需要经验丰富、熟悉法律的审判法官来对专家证言的可采性进行判断，从而筛选出陪审团可以接触的专家证言。法官对于专家证言的可采性审查是通过双方律师在法庭上对专家证人的交叉询问来完成的。审查的内容包括专家资格、专家证言的意见基础是否成立、专家证言所涉及的专业知识领域是否允许提出专家证言、专家证言所涉及的知识是否属于普通知识、专家证言是否应对由法庭裁决的待决问题发表意见等。①

① 参见［美］米尔建·R·达马斯卡：《漂移的证据法》，李学军等译，中国政法大学出版社 2003 年版，第20页。

三、专家辅助人制度优缺点评析

（一）专家辅助人的优点

之所以要借鉴专家证人制度建立我国的专家辅助人制度，这与专家证人制度之所以在英美法系国家能够得到广泛应用，并不断地发展，和它自身所具有价值分不开。专家辅助人制度的优点具体体现如下：

1. 可以充分保障当事人的合法权益

专家辅助人制度有着完善的质证、认证环节，能很好地揭露专家证人的偏向性，以便裁判者基于案件事实作出正确的判断，有效地保护当事人的合法权益。专家辅助人不仅必须要向法庭公开自己的专业意见，而且还要在审判时出庭作证，在法庭上以言词的形式对自己的专业意见进行解释，并接受相关人员的发问。专家辅助出庭能够限定案件争议焦点，防止“证据突袭”和专家辅助人根据当事人的需求而随意更改自己的专业观点。交叉询问制度，能够保证专家意见得到全面审查。通过庭审中的交叉询问，专家证人向法庭详细介绍案件中专门性问题的实质，从而帮助他们作出正确的判断。同时交叉询问制度还能将一方专家的立场和观点一一呈现在裁判者面前，而且还能使对方律师有机会指出专家证言中的错误和不足之处，从而使裁判者对专家证言有一个全面的认识，使其能做到“兼听则明”，不至于被专家证人带有偏向性的观点所误导。

2. 体现了程序公正的要求

专家辅助人制度体现了程序公正的要求。专家辅助人的选任、专家辅助人程序的启动、专家辅助人的传唤、对专家辅助人证言的质证等，当事人都能掌握一定的主动权，而且整个诉讼程序都离不开当事人的参与。尤其在民事诉讼当中，双方当事人均享有平等的权利，处于平等的诉讼地位。同时，专家辅助人制度具有较高的公开性。专家辅助人的资格要受到直接审查或交叉询问，这要求在法庭上公开进行；在交叉询问时双方当事人及其律师可以要求专家公开其意见所依据的事实和数据。

3. 有利于证据调查的彻底性和全面性

专家辅助人制度由当事人自己决定是否聘请专家证人，并承担由此带来的后果，法官对此保持中立。任何一方当事人为了使自己赢得诉讼，都竭尽全力来发掘有利于自己的证据。同时，任何一方当事人还会尽量发现对方所提供的证据中的缺陷，以维护自己的权益。通过双方当事人之间的竞争、抗辩，可以促进证据调查的整体质量和效率的提高；借助双方当事人的相互制约机制，更加全面、彻底地揭示相关证据事实，从而将案件事实的方方面面都能详细地展现在法庭面前。这种证据调查使双方当事人具有更高的积极性，同时也使得证据调查更加彻底。

4. 有利于确保专家的工作质量

专家辅助人受雇于一方当事人，往往能够促使他们在工作中小心谨慎，尽量提高工作的质量。因为一旦专家因自己的工作失误而导致当事人遭受损失，就有可能被当事人追究法律责任。同时，对于许多职业专家而言，如果他们不在工作中尽职尽责，则有可能在今后丧失被聘请的机会。而且作为专家自身而言，一旦其专业观点在法庭上被其他专家打败，对其本人在专业界的形象、名声以及自尊心都会有所损害。因此，专家辅助人都会在工作过程中尽自己的最大努力，从而在客观上提高了其工作质量。另一方面，从英美国家的专家证人制度中可以看出，英美国家对专家证人的管理主要是通过各行业自律进行，从而确保了专家证人的独立性。也因为专家证人完全独立于司法机关，从而有效地确保了专家证人能够基于案件事实在其专业领域向法庭提出客观、无偏见的意见。

（二）专家辅助人的弊端

专家辅助人制度发端于专家证人制度，而专家证人制度发展了数百年，与当事人主义诉讼模式相适应，形成了一套完整的制度体系，在英美国家的诉讼历史中发挥了重要的作用。随着社会的发展，司法实践的深入，各行各业的专家纷纷走上法庭，就案件中有争议的专门性问题发表意见，成为当事人赢得诉讼的重要因素。但该制度所累积的缺陷和存在的矛盾也逐步显现，如缺乏中立和客观、专家证人的滥用、诉讼的延迟和诉讼成本的提高等。

1. 专家难以中立与客观

在英美法系国家，专家证人的职责在于帮助法院解决纠纷，专家证人必须向法庭提供客观的、无偏见的意见。如根据英国的诉讼法规定："在其专业知识范围内为法庭提供帮助是专家证人的义务，并且这一义务比专家证人对任何给予他指示或报酬的人的义务都还要重要。"尽管英美法系各国一再强调专家证人的立场应当是中立的，专家证言应当是客观的，但现实却恰恰相反。专家证人的最大缺点，也是人们对其抨击最激烈的方面，就是专家证人的立场难以保持中立。“至于专家证人，既然是一方当事人挑选和准备的，而且又是该方当事人支付费用的，其为该方当事人作证也就在所难免了。”① 在英美法系国家，专家证人被普遍认为是律师手中的枪，是唯利是图的人，是聘请方当事人诉讼权利的维护者。

专家证人难以保持其中立地位的原因主要有以下两个：第一，对抗制诉讼文化是造成专家证人丧失其中立性的主要原因。在对抗制的诉讼文化之下，双方当事人基于平等的诉讼地位相互竞争，以实现个人利益的最大化。法官或陪审团则居中裁判，维护社会的公平和正义。而专家证人的身份却十分尴尬。一方面，法律要求专家证人保持中立的立场，基于案件事实提供客观、公正的专家意见，帮助法庭发现案件真实。另一方面，专家证人由当事人选任，为当事人提供服务。当事人必然希望他所聘请的专家证人发表具有权威性的对自己有利的证言，从而增加胜诉的机会。而且随着专家证人制度的发展，在英美法系国家产生了许多职业专家证人。这些职业专家证人通常以担任诉讼当事人的专家证人业务作为其主要收入来源。专家证人在诉讼中所表现出来的倾向性自然也就越来越严重，毕竟这是一个赖以谋生的职业，没有当事人希望其所聘请的专家证人仅仅站在中立的立场，而不为自己的利益服务。第二，对抗制的诉讼模式造成的另外一个问题是，当事人在寻找专家的时候，只找最合适的专家，而不一定是最好的专家。而所谓最合适的专家，则不仅要求该专家的观点要对自己最有利，而且其还应该掌握在法庭上的技巧，以便在法庭上充分表达自己的观点，最大可能地掩饰自己观点中的漏洞。因此，许多专家证人在上庭之前都会接受律师的“培训”，甚至社会上还有一些专门的培训课程，例如，英国专家协会为专家证人开设了一系列的培训课程，以教授“专家”们如何从一个纯粹的专家转变为专家证人。在培训中，由律师列举一些常见的交叉询问的问题，并告之专家证人，这些问题当中所隐含的“陷阱”，教授专家证人如何发现并且躲避这些“陷阱”。许多经过培训后的专家证人都懂得如何应对交叉询问，即使自己的专家证言中确实存在漏洞，专家证人也能通过学到的技巧将漏洞被发现的可能性降到最低。本来交叉询问是

---

① ［美］米尔建·R·达马斯卡：《漂移的证据法》，李学军等译，中国政法大学出版社 2003 年版，第 106 页。

对专家证人证言进行去伪存真的重要手段。这种手段的有效之处在于，由具有丰富法庭经验的律师通过询问各种问题来发现专家证人证言中的漏洞，从而检验出其证言的真伪。因为在尖锐的交叉询问下，只有真正经得起考验的专家证言才能不出现漏洞。由于专家证人在庭前接受了培训，学会了用技巧掩饰自己证言中的漏洞，交叉询问的效能也就大打折扣。也正因如此，交叉询问对专家证言的客观性和合理性保障大大削弱，从而更加难以保证专家证人的中立性。①

2. 专家辅助人的滥用

为了赢得诉讼，当事人想方设法地寻找对自己有利的证据，包括聘请有威信和有名望的专家。有些当事人不惜成本，同时聘请数位专家辅助人来为自己服务，这在一定程度上造成了专家辅助人的滥用。专家辅助人的滥用导致了诉讼成本上升和诉讼周期的拖延等一系列问题。

3. 造成诉讼迟延

从专家辅助人的选任、专家意见的准备和开示以及法庭质证的整个过程来看，这都是一个拖沓而复杂的过程。有的案件仅证据开示就可以花费好几年。在诉讼中，任何一方当事人都可能聘请不止一个专家，这无疑更加延长了整个诉讼的时间，使诉讼效率变得低下。

在对专家辅助人的使用中，最易导致诉讼过分迟延的程序主要有以下两个：一是专家意见的开示程序。根据英美法系国家的规定，未被开示的专家意见，不能在庭审中作为证据使用。因此，专家证言开示可以说是双方专家的第一次交锋。在证据开示的过程中，双方律师会向法庭以各种理由提出动议，为己方的准备工作争取更多的时间。而专家为了使自己的观点被法庭充分了解，也防止因为专家意见的不完善而受到当事人的追究，都会尽可能地完善其专家证言。此外，在双方交换专家意见后，也会花费大量的时间来研读对方冗长的专家报告，认真回答针对专家意见的询问，修改、完善自己的专家意见。以上种种程序，都会花费大量的时间。当任何一方当事人聘请的专家众多时，证据开示程序就会更加的冗长。二是法庭询问程序。法庭询问包括以展示专家意见为目的的直接询问和以攻击专家证言为目的的交叉询问。在直接询问中，由于专家意见所涉及的问题专业性极强，且各个问题之间具有关联性，专家在出庭时通常会对其证言所涉及的

① 参见徐继军：《专家证人研究》，中国人民大学出版社2004年版，第7页。

全部内容进行概括性的解释，然后再在己方律师的引导下对其中的重点问题进行详细解释，这无疑需要花费大量时间。交叉询问也同样冗长。双方专家所提出的相对立的观点多如牛毛，双方律师为了彻底粉碎对方的专家证言，对对方专家穷追猛打、吹毛求疵，对任何薄弱环节和可抨击之处都不放过。因此，有专家出庭的案件中，双方律师都将会花费大量的时间在询问专家上，使庭审变成了一个漫长而缺乏实效的过程。①

4. 诉讼成本的提高

对抗制专家证人制度不仅造成了诉讼的过分延迟，也大大增加了诉讼成本，这个问题同样也存在于专家辅助人制度。造成高昂诉讼费用的原因有三个：(1) 诉讼时间的拖延。正因为诉讼时间的过分冗长，诉讼效率的低下，造成了司法资源的大量浪费，诉讼成本大大提高。(2) 对抗制的专家证人制度实际上导致了证据上重复调查。在诉讼中，双方当事人享有平等的权利去调查有关的证据。而事实上，作为专家意见基础的事实和材料在很大程度上是重合的。但由于调查的双方立场是对抗而非合作的，这就必然导致双方无法分享其所调查到的基础事实，而只能各方自行去调查取证。这无疑也就使得双方在证据上进行重复调查。这种重复调查，不仅费时费力，浪费经济资源和人力资源，而且也必然增加诉讼成本。(3) 专家费用的上涨是导致诉讼费用高昂的直接原因。随着科学技术的进步，专家证人在案件中的作用越来越重要，专家证人的收费也就持续上涨。而且专家证人的计费方式都是按时收费，其工作时间越长，收费就越高。

四、我国构建专家辅助人制度的必要性和可行性

(一) 目前鉴定制度存在的问题使引进专家辅助人制度成为必要

目前的鉴定模式不符合程序公正的要求，具体表现在：(1) 与程序公正中应坚持的公开、公平、民主原则不相符。在鉴定启动权完全由法院掌握的情况下，这样得出的鉴定意见纯属法院与鉴定部门之间的行为，对于当事人来说，完全没有体现其自身意志和有效参与，既是不民主的，也是不公开的，不能排除其中的不公正因素，这种“暗箱操作”下的鉴定，很难使当事人信服。(2) 鉴定

① 参见季美君：《专家证据制度比较研究》，北京大学出版社2008年版，第214页。

人不出庭，当事人有疑问而无处发问，可能有误的鉴定意见直接被法官接纳成为定案依据，可以说这本身就已经严重违反了程序公正的基本要求。

因此，在刑事诉讼中建立专家辅助人制度，允许当事人聘请专家辅助人出庭作证，就专门性问题提供意见，就由于当事人自有知识的缺陷而无法真正进行质证的专门性问题展开充分辩论，平等地采用攻击与防御的正当手段，使当事人真正参与到整个诉讼过程中，从而确保程序性主体地位和证明权的实现，保障控辩双方对抗的格局，体现正当程序的价值，最大限度地实现程序正义和再现案件真实。

将专家辅助人制度引入刑事诉讼，不仅关系到案件事实的正确认定和法律的正确适用，而且也关系到诉讼程序是否能够及时终结。有些案件可能涉及专门性问题但又缺乏物质性的检材而难以进行司法鉴定，而不同证人因“意见证据规则”不能对此作出判断，法官对此也因知识的局限束手无策，因此可能造成案件因果关系不明、事实难以查清。这种情况下，就可能出现诉讼时限拉长、案件久拖不决的问题，这是对被告人合法权利的严重侵犯。因此，针对案件中存在专门性问题但又无法鉴定的情形，通过专家意见来及时确定因果关系，查清案件事实，提高诉讼效率，防止案件久拖不决。

此外，被告人、被害人在专家的帮助下对专门性问题进行质证和辩论，对其息诉服判，防止不必要的上访和申诉，终结诉讼程序有积极意义。我国现行鉴定体制下，刑事鉴定的决定权被认为是司法机关的一项重要职权，虽然《刑事诉讼法》和有关司法解释都赋予当事人申请鉴定的权利，但法庭仍然掌握着最终的决定权。如果法庭作出了否决当事人申请鉴定的决定，当事人只能服从，而不能自己聘请鉴定人并要求法庭予以传唤，也不能像其他有关部门提出异议或申请司法救济。由于当事人程序参与权利过小，加之鉴定人一般都具有较强的官方色彩，在司法的社会公信力不高的情况下，只要鉴定意见对一方不利，不利的一方必然会怀疑鉴定的公正性，可能引发申诉或上诉，影响诉讼效率。建立专家证人制度，允许当事人聘请专家出具专家意见则可以打消上述疑虑，使当事人对司法可能存在的不信任、不满通过专家论证得以排解与宣泄，从而息诉服判，既保证了诉讼的社会效果，又提高了诉讼效率。

（二）专家辅助人制度引进可行性分析

随着法律理论研究及外国法律交流的深入，我国法律理论界和实务界也逐渐接受专家证人的概念。在民事和行政诉讼中已经出现专家证人的概念范畴。最高人民法院于2002年4月1日开始实施的《关于民事诉讼证据的若干规定》第61条规定，当事人可以向人民法院申请由一至二名具有专门知识的人员出庭就案件的专门性问题进行说明。人民法院准许其申请的，有关费用由提出申请的当事人负担。审判人员和当事人可以对出庭的具有专门知识的人员进行询问。经人民法院准许，可以由当事人各自申请的具有专门知识的人员就有关案件中的问题进行对质。具有专门知识的人员可以对鉴定人进行询问。2002年10月1日实施的《关于行政诉讼证据若干问题的规定》第48条规定，对被诉具体行政行为涉及的专门性问题，当事人可以向法庭申请由专业人员出庭进行说明，法庭也可以通知专业人员出庭说明。必要时，法庭可以组织专业人员进行对质。当事人对出庭的专业人员是否具备相应的专业知识、学历、资历等专业资格有异议的，可以进行询问。由法庭决定其是否可以作为专业人员出庭。专业人员可以对鉴定人进行询问。我国2012年《民事诉讼法》第79条规定，当事人可以申请人民法院通知有专门知识的人出庭，就鉴定人作出的鉴定意见或者专业问题提出意见。《刑事诉讼法》第197条第2款规定，公诉人、当事人和辩护人、诉讼代理人可以申请法庭通知有专门知识的人出庭，就鉴定人作出的鉴定意见提出意见。这几项规定在司法领域明确了在诉讼中可以引入专家辅助人，并且通过专家辅助人对鉴定人员就案件的专业问题进行质询，有助于摆脱目前鉴定意见主宰法庭的局面，为鉴定意见在庭审中接受质证提供可能，使之真正成为证据法意义上的证据。虽然专家辅助人制度目前规定较为简单，但也是我国诉讼法中有关证据制度规定上的重大突破，为诉讼中引入专家辅助人提供了法律依据，保障诉讼当事人权利的真正实现，也使法院在对抗竞争的鉴定程序运作中查清案件事实，有利于法院裁决的公正。理论界对于是应引入专家辅助人制度，还是对原有鉴定制度进行修改，有着较长时间的争论。在对国内外、不同法系之间专家证人与鉴定人经过多年的研究、分析与比较后，现在大多数学者均认为应引入专家证人制度建立我国的专家辅助人制度，而不应只是对原鉴定制度补充修改。应该结合中国的国情，从英美法系的专家证人制度和大陆法系的鉴定人制度中取长补短，构建具有中国特色的专家辅助人制度。对专家辅助人的聘请、选任权，专家证言的可采性，专家证人的资格审查，专家辅助人的权利义务及作证方式等制度作出具体规定，弥补我国刑事立法上的空白，应对司法实践的迫切需要。

五、我国构建刑事专家辅助人制度的意义

实践中的客观需要和专家辅助人制度自身的灵活性，使其已经具备了一定的生命力，在实践中发挥出巨大的作用，这更加证明了在我国建立专家辅助人制度的必要性。在我国刑事诉讼中，构建符合我国实际的专家辅助人制度，具有如下意义：

（一）专家辅助人制度有利于确保证据的客观性

2005年《全国人大常委会关于司法鉴定管理问题的决定》出台之前我国的鉴定机构大致可分为两类：一类是公安机关根据自己工作需要而设立的专门鉴定机构，其中公安部门的鉴定机构几乎可以覆盖所有的刑事案件中所遇到的痕迹鉴定、文件鉴定、毒化鉴定、生物物证鉴定、法医鉴定和其他鉴定；另一类是经授权建立的专门性和兼职性的鉴定机构。在这一类鉴定机构中，一些鉴定机构分布在各大学的法学院、法律系、侦查系或侦查技术系等，它们是经司法部批准成立的物证鉴定机构，这些鉴定机构除承担正常的教学、科研任务外，还接受公安司法鉴定部门、当事人及其律师的送检请求。从目前所起的作用来看，它们是对公安司法鉴定部门的一种必要补充。在司法审判实践中，在某些特殊情况下当案件遇到需要鉴定的专门性问题，上述有关的法定鉴定机构不能解决时，可以由法院邀请其他部门或单位中掌握和熟悉该专门知识领域的专家进行鉴定。这种鉴定体制导致鉴定机关和鉴定人缺乏独立性和完整性，且以行业划界、条块分割，使职责难辨。这种状况不利于使之成为能够独立承担民事责任的专家机构。在刑事案件中表现尤为明显，形成了我国司法实践中“自侦自鉴”、“自检自侦”和“自审自鉴”的现象，影响了鉴定的客观性、公正性，也不利于犯罪嫌疑人和被害人权利的保护。

专家辅助人是以自己的身份接受当事人的聘请，以自己的名义出具证言，向法庭出庭作证。如果证言被证实是虚假的，专家将接受法律的制裁。而他们作为专家的资格，可以通过双方当事人的质证、辩论来确保。将作证的责任落实到具体的个人，在客观上有利于保证向法庭提交专业性知识的水平，确保证据的客观性。

（二）专家意见的可采性规则可以明确法官的审查标准

在我国司法实践中，尚未形成对鉴定意见的辨别和审查标准。鉴定意见作为

法定证据形式之一，其鉴定内容的客观性和准确性高低是由特定鉴定技术和与之相关的主客观条件所决定的，而不能以鉴定机构的级别来确定，更不能按照鉴定机构的等级来决定鉴定意见对案件事实认定所具有的证据上的强弱与取舍，这种做法既不符合审查证据的客观标准，也在适用上于法无据。如果在认定案件上只侧重于鉴定级别的高低，而置鉴定意见内容是否准确、可靠于不顾，那么，在诉讼实践中将是非常有害也是违背诉讼证据法理念的。

由于纠纷的解决可能涉及许多复杂的专业问题，即使在有专家辅助人参与的情况下仍然可能难以为外行人士的法官所理解和把握，所以，英美法系国家在历史的发展中通过判例的形式形成了对专家证言独特的审查标准，包括“Frye”标准（《美国联邦证据规则》第702条的标准）。我国可以借鉴这些标准，结合我国的实际形成审查专业性知识的特殊标准，帮助法官形成自己的独立判断，使审判权独立于科技权，也使案件的审理反映出法律对科学的理解和掌握。

（三）专家辅助人制度是对鉴定人制度的有效补充

专家辅助人与鉴定人是分别顺应不同的诉讼模式而产生的，两者虽然均基于科学知识、经验及技能而以专家身份出庭作证，其证言或出具的意见、报告应符合科学、真实的要求，但因两者在启动、选任与报酬上的不一致，使两者服务对象的侧重点不同，导致诉讼中的地位及性质存在较明显的差异。

因为我国受大陆法的影响比较深，2012年两大诉讼法修改之前，在审理案件时涉及专门问题需要专家提供意见时，只设立了鉴定意见，并无专家意见。证人证言是指以自己的亲身经历感知进行作证的普通证人提供的证言，并不包括专家意见。而我国关于司法鉴定的法律规定同样简单而笼统，也无相应的制约措施。根据我国《民事诉讼法》的规定，法院在审理案件涉及专门问题需要专家提供帮助时，完全由法院指定鉴定人，排除当事人的委托。对于鉴定人是否具备鉴定的能力，也由法院判断；该鉴定人能否保持中立，公正地出具鉴定意见，在我国法律中，除回避权加以限制外，没有任何的约束。对于错误鉴定，只产生了不被采纳的效果，而无刑事、经济甚至资格上的制裁措施。而最高人民法院在2002年施行的《关于民事诉讼证据的若干规定》中的“具有专门知识的人员”和《关于行政诉讼证据若干问题的规定》中的“专业人员”均属于专家证人的范畴。

在法院审理涉及比较深奥复杂或工作量大的专门性问题的案件时可委托鉴定

机构进行鉴定。而在司法实践中，很多简单的专门性问题的判断及咨询，无须委托鉴定，只须当事人直接提供专家意见或法院向有关专家进行咨询即可。对于那些缺乏鉴定客体而无法鉴定但又存在专门性问题的案件来说，单一的鉴定意见已难以满足司法实践的需要，需要专家证人予以补充。

在刑事诉讼中，建立专家辅助人制度将会促使鉴定人出庭，有利于提高鉴定工作的效率和质量，有利于促进鉴定机关的市场化运作，有利于保障当事人的诉讼权利，增加审判透明度，提高法院的公信度和裁判的准确性，更有利于司法公正。在保存现行鉴定制度的总体格局的前提下，辅之以专家辅助人制度的设立和运行，通过二者的互动共同保障司法人员准确认定案件事实，实现司法公正。

六、构建和完善我国的刑事专家辅助人制度

《刑事诉讼法》第 197 条规定："公诉人、当事人和辩护人、诉讼代理人可以申请法庭通知有专门知识的人出庭，就鉴定人作出的鉴定意见提出意见。第二款规定的有专门知识的人出庭，适用鉴定人的有关规定。"一般认为，根据该条规定，我国已经初步确立了专家辅助人制度，其作用在于对鉴定人的鉴定意见作出评价。这对于构建并完善我国刑事专家辅助人制度起到突破性作用。《电子数据证据规定》第 26 条根据电子数据证据的专业性，规定了鉴定人出庭作证和专家辅助人制度，即公诉人、当事人或者辩护人、诉讼代理人对电子数据鉴定意见有异议，可以申请人民法院通知鉴定人出庭作证。人民法院认为鉴定人有必要出庭的，鉴定人应当出庭作证。经人民法院通知，鉴定人拒不出庭作证的，鉴定意见不得作为定案的根据。对没有正当理由拒不出庭作证的鉴定人，人民法院应当通报司法行政机关或者有关部门。公诉人、当事人或者辩护人、诉讼代理人可以申请法庭通知有专门知识的人出庭，就鉴定意见提出意见。对电子数据涉及的专门性问题的报告，参照适用前三款规定。完善我国专家辅助人制度，仍需要明确如下几个问题：

（一）专家辅助人的性质

在我国的证据种类中，并没有专家辅助人意见这一证据种类，也没有如英美法系国家那样明确该类证据是证人证言。因此，"有专门知识的人"出庭所发表的意见应该属于何种证据种类，会引起一定的争议。有学者认为，专家辅助人不

属于鉴定人，也不能被现有证人概念所概括。[①] 但笔者认为，根据法律规定，有专门知识的人出庭的目的在于对鉴定人的鉴定意见提出意见，其定位应该属于鉴定意见的补充或是反对。如果法官对专家证人针对鉴定意见所提出的相反观点予以采纳，则直接构成对鉴定意见的否定。因此，从效力来看，其相当于鉴定意见的种类。而且，《刑事诉讼法》第 197 条第 4 款也规定了有专门知识的人出庭，适用鉴定人的有关规定，在程序上也认可了有专门知识的人与鉴定人有相同的诉讼地位，而不是证人之列。因此，根据法律的规定，可以推论出我国有专门知识的人的性质相当于鉴定人，其所提出的意见，相当于鉴定意见。

（二）专家辅助人的资格条件

我国法律规定的“有专门知识的人”，相当于专家辅助人。而专家辅助人是为当事人就某一领域的专门性问题提供专家意见的人，因此，专家辅助人必须具备一定的资格，不是任何人都可以作为“专家”参加诉讼的。一方面，专家辅助人要与鉴定人一样是“具有专门知识的人”；另一方面，为维护当事人的合法权益，保障诉讼的顺利进行，法律要求当事人聘请专家出庭必须向人民法院申请并经审查同意。专家辅助人在诉讼中是为一方当事人服务的，其职责是对专门性问题作出说明和解释，因而从有利于保护当事人的诉讼权利和增强其诉讼能力角度出发，对专家辅助人的资格要求应当有别于鉴定人。作为“专家”不一定要受过高等教育或具有较高的专业技术水平，只要他对案件中某个问题具有一般人不具有的专门知识和经验。受教育程度可以为一个人提供作为专家的基础，但是基于经验的特殊技能或知识也能使一个人成为某个领域的专家，并不要求一定是在鉴定机构和鉴定名册中的人，这要比鉴定人更加灵活。

英美证据法规定，在诉讼中，当某证人被作为专家证人提出证言时，该证人就实质问题作证之前，一般应由对方律师就该证人接受专业训练或获得专门技能等相关问题提问，以揭示其专门知识的有无，确认其专家的资格。而我国则是采用有专门知识的人出庭审批制方式，为了防止未经认定的、不合格的专家的“意见”对审判人员产生误导，法庭应当在专家辅助人发表意见之前，先行由法官对其资格加以确认，才能允许其出庭作证。专家辅助人还必须由法官审查认定其具备一定的专家条件。由于专家是由当事人自己选任，一般而言，当事人为赢得诉

① 参见邵劭：《论专家证人制度的构建》，载《法商研究》2011 年第 4 期。

讼通常都会选择那些专业水平高、经验丰富、名声大的专家出庭。法官对专家资格进行审查时，主要是形式上而非实质上的审查。主要应从以下几个方面进行审查：(1) 专家应当具有与案件有关的某一特定领域或行业直接相关的专门知识、技能或经验。法官应当关心的是其是否是事实上的专家，至于其知识是如何获得的则无关紧要。实践中应避免只重名望、资格证书等形式而不重客观实际的偏差。(2) 专家应当具备良好的职业道德。一个具有不良道德记录的人所陈述的意见很难使他人相信其真实可靠性，因而法庭必须审查其职业道德品质，以往诉讼中是否有过故意的虚假意见等。(3) 专家的资格认定应当在庭审中经过具体的认证程序。

(三) 明确规定专家辅助人的选任程序

我国法律规定控辩双方可以向法庭申请具有专门知识的人出庭，但没有规定该具有专门知识的人应由谁来选任和聘请。

1. 控、辩双方委托专家辅助人

在刑事诉讼中当事人有权聘请专家辅助人，任何一方当事人对鉴定意见有异议，都有权申请法院通知鉴定人出庭，同时有权另行聘请专家辅助人对出庭的鉴定人就涉及的专门性问题进行询问。公诉机关也应当享有聘请专家辅助人的权利，公诉机关肩负着指控犯罪的职责，对被告人一方提出的鉴定意见的异议或者其所聘请的专家辅助人对鉴定意见有疑问，赋予公诉机关聘请专家辅助人的权利，是控辩平等原则的必然要求。

2. 法院指定专家辅助人

法院指定专家到庭作证只是少数，且不受当事人、公诉机关意志的约束。法院指定专家主要适用于两种情况：(1) 非常复杂的案件，当事人双方不能或难以获取有关事实的；(2) 当事人应当委托专家但均未委托，法院认为有必要委托的。法院指定专家应当优先考虑控辩双方均认可的专家。

(四) 明确规定专家辅助人的权利和义务

1. 专家辅助人的权利

为了确保刑事专家辅助人顺利参与到刑事诉讼活动中，为法庭提供全面、可靠的专业知识，世界各国的法律都规定了专家辅助人应当享有的相应的诉讼权利。

(1) 取得必要的检材和样本的权利。检材和样本是专家证人完成鉴定等工作的基础材料。缺乏基础材料，专家辅助人就无法完成对委托事项进行分析、判断和总结，从而无法得出科学的、确定性的专家意见。规定专家证人享有该项权利的意义在于：因为无论是受当事人委托，还是由司法机关委托或指定，从事鉴定等工作的专家辅助人，其性质是中介人或者中介机构，不具有采取强制措施的能力。因此，需要从立法的角度保证其能获得必要的检材和样本。对于受当事人委托担任专家证人的，需要从相关执法机关、金融部门、医院等事业单位调取检材及样本，在实践中则存在困难，然而从设立专家辅助人制度的终极目标来看，专家辅助人的作用并不局限于帮助委托他的一方当事人，更重要的在于帮助事实审理者辨别是非。据此，立法的出发点应保证一切参与诉讼的专家辅助人均能全面收集基础材料。

（2）询问证人、被害人、被告人的权利。赋予专家辅助人这项权利的目的在于，专家辅助人能获取除检材和样本以外的相关信息或资料，从而能让专家证人收集足够的、全面的资料完成其受托业务，为法庭提供全面、准确和科学的专家意见。该项权利不仅仅适用于专家辅助人在庭审过程中有权对证人、被害人、被告人进行必要的询问，而且还适用于其形成专家意见报告的过程中。当然，这种权利可能会受到一定的限制，在特定的情形下需征得专门机关的同意。

专家证人所依靠的事实或数据必须限于书面的检材和样本，而不能依据证人证言等言词证据。理由是言词证据未经法庭查证属实，不能作为定案的证据。但是，如果专家证据所依据的数据或事实，包括所引用的言词证据与法庭查明的事实相吻合，加之所运用的推理原则正确、合理，即能反映其证明力的大小，则允许专家辅助人采取言词证据作为其作出专家意见报告的基础材料之一。这与赋予专家辅助人的证据能力并不矛盾。

（3）获得报酬权利。专家辅助人以其知识、经验、技能等为案件所涉及专业问题出具专家意见，有权获得与该案中所涉及专业问题的难易程度、分析所需相关仪器设备情况，其实际付出的时间、精力等相适应的报酬。参照《最高人民法院关于民事诉讼证据的若干规定》第 61 条规定：当事人可以向人民法院申请由一至二名具有专门知识的人员出庭就案件的专门性问题进行说明。人民法院准许其申请的，有关费用由提出申请的当事人负担。刑事专家辅助人的报酬也应该由所聘请的当事人来承担。

（4）拒绝参与诉讼的权利。专家对当事人的违法和无理要求可以拒绝，对于当事人严重侮辱专家的人格和声誉的，可以解除委托关系，拒绝当事人利用自己的专业知识辅助其诉讼。

2. 专家辅助人的义务

刑事专家辅助人在享有一定诉讼权利的同时，还应履行相应的义务，专家辅助人的诉讼义务至少应当包括：科学严谨地提供专家意见；全面收集与受托业务有关的基础材料；如实制作专家意见报告；在约定的期限内完成受托业务；出庭作证；作证期间依法如实回答法庭及其他诉讼参与人所提出与受托业务有关问题，作出合理解释；保守其在收集基础材料过程中所获取的国家秘密、案件秘密、商业秘密；保守有关个人隐私的义务等。

（五）专家辅助人意见的开示

我国引入专家辅助人的目的在于对鉴定意见提出意见，因此，在庭审之前，应该把专家意见向鉴定人予以开示，避免"证据突袭"。而作为鉴定意见，控方的诉讼资料已经在审查起诉阶段，通过辩护律师的阅卷权为被告人所知悉，如果被告人需要聘请专家辅助人对该鉴定意见提出意见，那么也应该在开庭前为公诉方所了解，以便公诉方决定是否聘请专家辅助人以强化鉴定意见。同时，为了克服英美法系专家证人因证据开示而导致的诉讼程序拖延，法律应该进一步规定相关专家证人意见开示的程序和限制。

（六）专家辅助人意见的采信标准

专家辅助人提供的意见证据，即专家证人对案件中某一专门性问题作出的判断性意见对法官没有约束力，是否会被采纳为定案的根据由法官决定。《美国联邦证据法》第 702 条规定，具备可采性的专家意见的一般构成要件有四个：（1）主体要具备专家证人资格；（2）作用要有助于事实审理者理解证据或确定争议事实；（3）形式包括意见形式和其他形式；（4）要确保所谓"科学的、技术的或其他专门知识"是可靠的。在 Daubert v. Merrell Dow Pharmaceuticals, Inc. , 509U. S. 579（1993）一案的裁决中，美国联邦最高法院根据《联邦证据规则》的科学原理，设定了审判法院据以确定专家意见基础的具体标准。在最高法院作出 Daubert 一案的裁决之前，美国司法实践适用的"Frye"规则，根据该规则，只有建立在"被相关的科学共同体所广泛接受"的科学方法基础之上的专家证言才具有可采性。而 Daubert 规则则要求审判法官依照以下四个要素确定专家证言是否达到"科学知识"的要求：（1）对原理或技术的评估；（2）同行复核以及该原理或技术的公开发表；（3）特定科学技术已知或潜在的错误率；（4）该原理或技术被共同体所“广泛接受”。

我国引入专家辅助人的目的在于打破鉴定意见垄断法庭的局面，而在采信专家辅助人方面更多的是与鉴定意见相互比较，看谁更令人信服。比较时考虑遵循以下原则：首先，专家意见与鉴定意见之间所依据的数据和手段的合理性。随着科学技术的发展，鉴定意见或专家意见所利用的技术辅助手段和方法越来越多，这就涉及手段和方法的合理性问题。对于手段和方法的采信标准法庭宜采用普遍接受原则，即利用的手段或方法要为世人所普遍接受。其次，专家辅助人意见的中立性和合理性。既然专家证人为当事人一方所聘请，其立场在一定程度上偏重于所聘请方，其所提出的意见往往会针对对方意见加以剖析和攻击。法官在这种相互攻防之中考虑其中立性和合理性。最后，综合采信原则。无论是鉴定意见还是专家意见，均应结合全案情况综合考虑决定是否采纳或采纳多少。法院对鉴定意见和专家意见的采信与否在于该意见反映案件的真实性、科学性程度。司法实践中，存在多次鉴定和多头鉴定的问题，引入了专家辅助人，也要避免鉴定人与专家辅助人比权威、比级别的现象，法官应该树立信心，拥有对鉴定意见和专家意见的证明价值进行审查判断的最终权力，根据其调查和辩论，审查意见本身的科学性和真实性，并结合全案证据综合评估鉴定意见或专家意见的证明价值。

第十三章　行政执法证据向刑事证据的转化

《刑事诉讼法》确立了行政证据向刑事证据转化。第54条第2款规定："行政机关在行政执法和查办案件过程中收集的物证、书证、视听资料、电子数据等证据材料，在刑事诉讼中可以作为证据使用。"上述规定在证据转化种类上，侧重于实物证据的转化，对于言词证据则没有作出列举，体现了我国对行政证据向刑事证据转化的慎重态度。本章从两者的比较来分析行政执法证据向刑事证据转化的相关理论和适用的相关规则。

一、行政执法证据和刑事证据的比较

行政执法证据和刑事证据都具有证据的合法性、关联性和客观性等一般属性，但是这两种证据在收集的主体、收集的程序和审查标准上存在很大的差异。分析其中的差异，对实现行政执法证据向刑事证据转化有帮助。

（一）收集的主体不同

行政执法证据是行政执法机关或行政执法人员在行政执法的过程中收集的能够证明案件情况的事实。刑事证据是指司法机关依照法定程序收集的，用来证明案件真实情况的一切事实。目前，我国的行政执法机关主要包括金融监管部门、工商行政管理部门、税务部门、质量监督、环境保护、卫生行政管理部门等。在行政执法过程中，行政机关具有收集证据、审查证据和认定证据的权力。刑事证据由法律明确规定的拥有刑事侦查权的侦查机关和侦查人员收集。根据《刑事诉讼法》的规定，目前只有公安部门、检察院、法院等司法机关及其工作人员享有收集刑事证据的权力，辩护律师从侦查阶段开始享有有限的调查取证权。

（二）收集的程序不同

行政执法机关调查和收集行政证据的程序往往体现效率性的原则，往往要当场根据收集的证据作出决定，即使不当场作出也不允许拖延时间。刑事证据的收集要严格依据《刑事诉讼法》和公检法机关的办案要求和流程，在价值追求上体现的是打击犯罪和保障人权的统一，因此，在收集程序上对程序要求更为严格。

（三）收集的目的不同

行政执法机关收集行政证据的目的是为了查清案件事实，为自己作出的具体行政行为提供依据。因为行政的基本原则之一是效率原则，执法人员不可能如司法人员一样按照司法程序进行长时间的调查取证和进行证据的质证才予以认定。在行政执法过程中，行政执法机关经常需要当场作出决定。而司法机关收集刑事证据的目的有两方面：一方面要查明犯罪事实，另一方面则要保证无罪的人不受刑事追究。

（四）审查的方式不同

在行政执法过程中，行政机关不仅具有收集证据的权力，而且具有审查证据和认定证据的权力。由于执法主体和相对人之间缺乏对等的抗辩机制，同时缺乏应有的公开透明度，所以行政证据的审查有时难以确保公正与客观。而刑事诉讼中，强调的是程序与实体并重，所有的证据都应当在法庭上出示，由当事人当庭质证，未经质证的证据，不能作为认定案件的依据，因此，具有较高的公开性和公正性。同时，由于行政证据从收集到认定的时间短于刑事证据，导致其真实性和程序性方面的要求都低于刑事证据。

（五）证明标准不同

在行政执法过程中，行政机关不仅具有收集证据的权力，而且具有审查证据和认定证据的权力。在行政程序中，行政执法机关可以作出赋予行政相对人权利、剥夺行政相对人权利和对行政相对人间的纠纷进行裁决的行为，在这些行为中，行政机关的证明标准不同。行政机关作出的行政处罚和行政强制措施等行为应该采用比较严格的证明标准，而作出行政许可和行政裁决等行为采取比较宽松的标准。因此，我国行政证据的证明标准根据不同的情况，选择适用排除滥用职权标准、优势证据标准和排除合理怀疑的标准。在刑事诉讼中，因为案件涉及人的生命、自由、财产等宪法性权利，其证明标准最为严格。根据《刑事诉讼法》的规定，公检法机关在审查刑事证据时，都要求达到“事实清楚，证据确实、充分”的标准。在行政执法证据与刑事证据证明案件事实的程度上，前者更接近法律真实，后者更多的是强调客观真实，如果行政证据达不到刑事证据的标准，则要注意收集其他证据来进行相互引证和补强。

（六）证明对象不同

行政执法证据的目的在于证明客观的违法行为是否存在以及造成了何种后果，从而为行政执法行为提供事实根据，强调对客观因素的把握。“由于行政违法一般都是比较轻微的违法行为，加上行政法注重行政效率原则，因此一般只要行为人实施了违法行为就视为其主观过错，不必再深究其主观因素了，法律另有规定的除外。”① 在行政执法中，行政主体作出具体行政处罚时，其证据要证明的对象是行政相对人违反行政法律法规的事实，侧重于其客观违法行为及后果；而在刑事司法中，强调的是“主客观一致”的犯罪行为，司法机关在追究犯罪嫌疑人或被告人的法律责任时，其证据要证明的对象是其违法犯罪事实，不仅包括其犯罪行为，而且还包括其犯罪意图、动机以及造成的影响等。

因为行政执法证据和刑事证据之间存在差异，因此，在对于行政执法证据向刑事证据转换的问题上，理论上存在以下三种观点：

1. 反对说

认为行政执法机关收集的材料均不能作为刑事证据使用，而必须由司法机关重新收集、调取后方可使用。理由是行政执法证据与刑事证据由于主体、程序以及证明标准的不同，根据《刑事诉讼法》第 50 条、第 52 条规定，只有公检法三机关才有收集、调取刑事证据的权力。而行政执法机关收集的证据是行政机关依据行政法律、法规，由行政执法人员收集的，不符合刑事证据主体和程序合法的要求。

2. 赞成说

认为行政执法机关收集的材料经司法机关依法交接和调取后，均可直接作为刑事证据予以使用，理由是证据的合法性依据不仅仅包括刑事诉讼法，也应包括国家的行政法律和法规；公民可以向司法机关提供证据材料，行政机关当然可以向司法机关提供证据材料。

3. 折中说

对于行政执法部门收集的证据应根据不同的情况区别对待。对于行政执法部

---

① 罗豪才主编：《行政法学》，北京大学出版社 2000 年版，第 274 页。

门先行提取的物证、书证、视听资料可以直接作为刑事证据使用；而对于行政执法部门收集的证人证言、被害人陈述、涉嫌犯罪的行为人的供述等言词证据，由于收集主体和程序不符合刑事诉讼法的规定，因此，不能直接作为司法机关刑事证据使用，而必须重新讯问、询问，方可作为指控犯罪嫌疑人、被告人涉嫌犯罪的证据。

上述三种学说体现了不同的价值取向，肯定说过于宽泛，全部实现转化，容易造成行政权对司法权的冲击；否定说过于机械，不适用于我国目前的国情；折中说则较为科学与客观，目前立法上采纳该观点。

二、行政执法证据向刑事证据转化的价值

《刑事诉讼法》在立法上确认了行政执法证据向刑事证据转化，具有以下意义。

（一）有利于加强行政执法与刑事司法的衔接

《行政处罚法》第22条规定："违法行为构成犯罪的，行政机关必须将案件移送司法机关，依法追究刑事责任。"2001年《国务院关于整顿和规范市场经济秩序的决定》提出："加强行政执法与刑事执法的衔接，建立信息共享、沟通便捷、防范有力、查处及时的打击经济犯罪的协作机制，对破坏市场经济秩序构成犯罪行为的，及时移送司法机关处理。"但在实践中，由于种种原因，"有案不移""有案难移""以罚代刑"的现象时有发生，既放纵了犯罪，破坏了社会主义市场经济秩序，又侵犯了国家的刑罚权，造成执法与司法的不统一。[①] 如果行政执法证据在法定的条件下可以比较顺畅地向刑事证据转化，则从证据范畴，有利于加强行政执法与刑事司法的衔接。

（二）有利于提高诉讼效率

公正与效率是司法所追求的目标。没有效率的司法就难以保障有效的公正，"迟来的正义是非正义"。及时处理案件不仅有利于案件的处理，而且有利于充分保证公平的实现。在刑事案件中，如果建立有效的机制，可以及时把行政执法证据转化成刑事证据，则可以大大地提高诉讼效率。

---

① 参见甄贞、闫俊瑛：《完善行政执法与刑事司法衔接机制研究》，载《刑事诉讼法修改与诉讼监督》，法律出版社2011年版，第409页。

（三）有利于降低诉讼成本

发动一次刑事诉讼程序会耗费大量的司法资源，对于有限的司法资源应如何合理利用，是当今司法界的难题。如果通过合理机制，把行政执法证据转化成为刑事证据，则可以从降低取证成本的角度来大大降低诉讼成本。对于行政执法机关收集的实物证据，司法机关再按照刑事诉讼法的规定对其反复进行取证就容易造成司法资源的浪费。在刑事案件中，如果能够对行政执法机关在查处违法案件中所收集的证据进行充分利用，就可以减少司法部门的重复取证行为，节约司法资源。如实物证据形成之后，具有不可再生的特点，当办案人员对其进行提取后，其外部形态、存在状态等都会发生改变。如果行政执法主体已经对其进行提取，那么司法机关再进行重复提取或反复处理，不仅没有必要，有时候还不可能，这样不仅使得刑事追诉成为一种极其机械的活动，而且使得司法资源被白白浪费。

（四）符合发现犯罪的客观规律

行政执法中的涉罪案件与一般刑事案件不同，经行政机关处理的案件一般是经济违法案件，行政机关从接到举报或者自行发现违法行为后，一般需要经过收集证据、审查证据，并基于证据事实对一般违法案件进行相应的处置，如果发现案件可能涉嫌犯罪，则还需要移交侦查机关办理。然而，从发现案件到处理案件到发现犯罪会是一个周期较长的过程。在行政违法频繁的形势下，侦查机关不可能随时会同行政执法机关针对所有案件进行联合执法。实际情况下，则由行政执法机关在案发后单独进行案件现场勘查，收集行政证据，并将行政证据作为证据线索移交给侦查机关，再由侦查机关再次取证。但是有些证据在一次性固定之后难以再次进行提取，如果这些证据不能有效转化成为刑事证据，那么势必会影响案件移交后，司法机关及时有效地对涉嫌犯罪的行为人依法追究刑事责任。如非法传销案件，非法传销人员来自全国各地，行政机关对其行政处罚后，无权羁押，如果此类案件涉及刑事诉讼，那么在移送时，这些人早已四散到全国各地，侦查人员再找其作证往往已不现实，有的证据甚至再也无法重新提取。[1] 因此，完全否定行政执法主体收集行政证据转化为刑事证据，将会放纵犯罪。

---

① 参见张彩荣、毋光栋：《浅析行政执法与刑事司法衔接中的证据转换》，载《检察实务》2006 年第 12 期。

（五）有利于打击犯罪

当前，行政执法主体查处的行政犯罪案件呈递增趋势，而案件处理却存在“实际发生多，查处少；行政处理多，移送司法机关追究刑事责任少；查处一般犯罪分子多，追究幕后操纵主犯少；判缓刑多、判实刑少”的现象。[①] 由于行政执法中发现的犯罪案件的证据具有专业性强、隐蔽性强、易灭失、获取滞后、空间跨度大等特征，导致侦检机关办案时面临取证难、侦破难的问题。相反，经济犯罪涉及面广，往往与经济违法行为有密切的联系，而行政执法机关在进行管理或查处违法行为中常常第一时间接触这些经济犯罪，他们会在第一时间收集到一些非常有价值、能够证明犯罪的事实和证据，如果不予以采纳，将导致放纵犯罪。当前的形势严峻，而我国的司法资源有限，只有加强司法机关与行政执法部门的合作，对后者所收集的证据加以充分利用，才能更好地打击犯罪，维护社会的稳定与和谐。

（六）有利于解决取证难的障碍

目前的犯罪案件，尤其是经济犯罪案件的直接证据以言词证据居多，易变且不稳定，大多表现为证人证言和犯罪嫌疑人的供述，间接证据复杂且缺乏连贯性。由于利害关系的存在，多数情况下，关键证人不愿意作证，犯罪嫌疑人拒不供述，依靠直接证据突破案件非常困难。而能够证明经济犯罪的间接证据中，书证大多为犯罪手段所掩盖，犯罪嫌疑人作案后往往隐匿、销毁、涂改账册，使获取间接证据变得异常复杂。如经济犯罪案件的书证，往往分散于大量的账册之中，需要查阅大量的凭证、票据、资料方能获取，专业性非常强，查证难度大；物证多为种类物，赃款经常会与犯罪嫌疑人的其他合法收入混在一起而无法分清；赃物具有不确定性，即使通过搜查等手段收集到，也无从辨认，并且去向多元化，便于转移和隐匿，难以查清。[②] 因此，发现证据难，收集证据难，固定证据难，证据效力低，成为经济犯罪侦查中重点问题。通过行政执法机关和司法机关联合办案，借助行政执法程序，可以进行证据的收集以及利用行政程序的证据进一步查找犯罪的线索，在一定程度上解决取证难的问题。行政执法主体在日常

① 参见李和仁：《形成打击经济犯罪的合力——建立行政执法与刑事执法相衔接工作机制座谈会述要》，载《人民检察》2003 年第 12 期。

② 参见王常松、李霞：《审计证据转化为刑事诉讼证据的可行性研究》，载《审计研究》2006 年第 2 期。

经济管理及查处经济违法行为的过程中，必须收集行政程序证据，在这些方面具有较大的便利和优势，如果能够对这种取证的便利条件加以利用，则有事半功倍之效。

（七）有利于确保案件质量

当今社会各行业分工很细，司法部门面对纷繁复杂、特点各异的案件时，对案件事实的认定就会出现较大的出入。在办理各类专业性极强的行政犯罪案件时，也会涉及各项专业性问题，而行政执法人员在各自的专业管理领域，无疑有得天独厚的优势——他们是该方面的专家。法官是适用法律问题的专家，但在事实问题上并不一定比行政执法人员强，更为重要的是行政执法人员在很多情况下能够亲自看见或感知案件事实，应当比较准确。行政执法中出现的大量专业性问题只有具有专业知识的行政执法人员才能解决，要收集涉及专业性知识的证据，对公安机关和检察机关来说显然不是强项。依靠行政执法机关中的专业人员来协助收集，是确保证据可靠性和质量的要求。

三、行政执法证据向刑事证据转化的适用范围①

我国 1979 年和 1996 年《刑事诉讼法》及其司法解释都没有规定行政执法证据与刑事证据转换问题，但《刑法》第 402 条规定了徇私舞弊不移交刑事案件罪，要求行政执法机关必须将那些依法应当追究刑事责任的案件移交公安司法机关。为此，《刑事诉讼法修正案草案》一稿第 51 条第 2 款增加规定："行政机关在行政执法过程中收集的物证、书证等证据材料，经过司法机关核实，可以作为证据使用。"这样，行政执法中取得的物证、书证等证据材料，允许在刑事诉讼中采纳。该规定得到公安、检察机关的一致赞同。这意味着行政处罚证据在刑事诉讼中的法律地位得以明确，对侦查机关的影响很大。第一，在刑事审判中，很多案件从行政执法中转化而来。现实中，行政执法机关往往"大权在握"，处于惩治违法犯罪的第一线。但由于刑事诉讼和行政诉讼的权利义务不同，行政执法机关掌握的大量违法犯罪一手材料不能作为刑事案件的证据被采用，需要侦查机关重新收集整理，无疑造成侦查机关人力物力的巨大浪费。第二，有望消除以往

① 该部分由兰跃军教授撰写。

由于侦查机关重新取证存在的隐患，即犯罪嫌疑人很可能在行政执法后消灭或者隐藏涉案物证、书证。但是，除物证、书证外，哪些证据还属于可转换的范围，即该款中“等证据材料”如何界定，成为各界争议的问题。陈卫东教授认为，物证、书证与证人证言、犯罪嫌疑人陈述不同，物证、书证具有很强的客观性，不因调取证据的执法机关不同而发生改变。但他对该款规定也提出了自己的担心，在“行政机关在行政执法过程中收集的物证、书证等证据材料”中，行政机关收集的录音、视频资料、行政机关作出的鉴定意见和处罚结论是否属于可以被侦查、审判机关采纳的证据？草案中并没有明确规定。而来自基层公安、检察机关工作人员的呼声更强烈：行政执法机关面临的社会经济环境本来就很复杂，如果不能以立法的形式明确哪些证据在刑事诉讼中不能使用，恐怕实践中混乱的局面难以免除。[①] 立法者显然意识到这一点，考虑到视听资料、电子数据这两类证据的客观性也比较强，往往不因取证主体不同而发生改变，所以在修正案草案二稿中增加“查办案件”的情形[②]和“视听资料、电子数据”这两类证据，并且取消了“经过司法机关核实”一句，规定：“行政机关在行政执法和查办案件过程中收集的物证、书证、视听资料、电子数据等证据材料，在刑事诉讼中可以作为证据使用。”

对于该款中的“等”字，有学者认为，这里的“等”字应当做“等内等”理解，即在刑事诉讼中可以作为证据使用的，仅仅包括条文中明确列举出来的物证、书证、视听资料、电子数据这四种证据，而不包括《刑事诉讼法》第50条中列举的其他证据。也就是说：证人证言、鉴定意见、勘验、检查等笔录这几种证据不能直接作为刑事诉讼证据使用。这里不提被害人陈述和犯罪嫌疑人供述、辩解这两种证据，是因为行政机关不可能获得这两种证据。[③] 笔者对此持不同意见。立法采用列举的方式明确规定物证、书证、视听资料、电子数据这四种实物证据，因为它们客观性、稳定性比较强，证据信息在短时间内很难改变，只要是

---

① 参见《刑事诉讼法证据制度重修：亮点多争议大》，载人民网2011年9月14日。最后访问时间：2019年5月25日。

② 《刑事诉讼法修正案草案》最初只规定了“行政执法”一种收集证据的情形，讨论刑事诉讼法修正案草案一审稿时有的部门提出，我国监察部门对于国家工作人员违法违纪案件也有权进行调查，但此种查处行为并非“行政执法”。立法部门后来在草案中加入的“查办案件”的情形，主要是针对这种情形。

③ 参见《行政执法证据作为刑事诉讼证据使用几个问题初探》，载新华网2012年5月23日。最后访问时间：2019年5月25日。

依法取得，一般就可以直接移送至刑事诉讼中作为证据使用。但这并不否定其他证据材料的转换，“等证据材料”应当包括除刑事诉讼所特有的被害人陈述、犯罪嫌疑人供述、辩解、辨认、侦查实验等笔录以外的所有证据材料，包括言词证据和勘验、检查笔录、询问笔录、会议记录等笔录类证据。证人亲笔证词、被告人亲笔供词等，因系当事人本人亲自书写，只要被告人自己确认，也可以直接提交供法庭使用。对于行政执法机关出具的鉴定意见、扣押清单等，如果其系行政执法机关在法律规定的范围内依法定程序收集的证据，可以提交司法机关作为证据材料使用。而对于证人证言、被害人陈述、犯罪嫌疑人或被告人供述和辩解这一类调查笔录，特别是对证人所作的询问笔录等，这类证据材料在获取时难以排除提取人的主观因素，不同人提取可能会出现不同的内容，具有相当的不确定性。所以，对于此类证据只要有条件重新提取的，原则上要求重新提取后才可以使用，这样也有利于法庭审理、质证的顺利进行。在重新提取不可能的情况下，如果该调查笔录对案件定罪量刑确实很重要，也可以确认其证据能力，直接将其拿到法庭质证，结合其他证据判定是否予以采信。① 事实上，早在2011年初，最高人民法院、最高人民检察院、公安部联合出台的《关于办理侵犯知识产权刑事案件适用法律若干问题的意见》就明文规定，行政执法部门依法收集、调取、制作的物证、书证、视听资料、检验报告、鉴定结论、勘验笔录、现场笔录，经公安机关、人民检察院审查，人民法院庭审质证确认，可以作为刑事证据使用。笔者认为，修改后的刑事诉讼法实施后，至少行政机关依法制作的勘验笔录、现场笔录可以作为刑事证据使用。因为有相当一部分勘验笔录、现场笔录如果统一由司法机关重新制作，不仅会在很大程度上增加侦查机关的负担，而且实际上因为时过境迁，重新收集此类证据，既不现实也不可能。当然，并非任何行政执法证据都可作为刑事诉讼证据使用。《关于办理侵犯知识产权刑事案件适用法律若干问题的意见》规定：“行政执法部门制作的证人证言、当事人陈述等调查笔录，公安机关认为有必要作为刑事证据使用的，应当依法重新收集、制作。”《刑事诉讼法》第52条第1款规定：“审判人员、检察人员、侦查人员必须依照法定程序，收集能够证实犯罪嫌疑人、被告人有罪或者无罪、犯罪情节轻重的各种证据。”行政执法部门所作的证人证言，原则上应当由侦查机关重新收集、制作笔

---

① 参见《刑事诉讼中转化与使用行政执法机关移送的证据》，载《人民法院报》2011年7月13日。

录后才能转换为刑事证据。但依据《刑事诉讼法》第 54 条第 2 款规定，刑事诉讼过程中侦查机关也没有必要自缚手脚，完全排除行政机关收集的证人证言的效力。在特殊情形下，仍然可以利用行政机关收集的证人证言。如有的证人作证以后下落不明或是失去作证能力、死亡等，无法再找其当面核实。侦查机关应对行政机关调查程序进行严格审查，尤其注意审查行政执法证据与犯罪嫌疑人供述、书证、物证等是否能形成完整的“证据链”。此类证据经过侦查机关、公诉机关的严格审查，再在法庭上经过公诉人、被害人和被告人、辩护人双方质证并且查实以后，也应该作为定案根据。[①] 对此，《公安机关办理刑事案件程序规定》第 60 条、[②]《高检规则》第 64 条第 1 款、第 2 款、第 3 款，[③] 以及《高法解释》第 65 条第 1 款作了一定补充，[④] 不仅扩大了可以转换使用的证据种类，而且明确了证据转换程序和适用主体，进一步增强了该制度的可操作性。

四、各类行政执法证据向刑事证据转化的适用规则

《刑事诉讼法》第 50 条规定了八类证据：物证；书证；证人证言；被害人陈述；犯罪嫌疑人、被告人供述和辩解；鉴定意见；勘验、检查、辨认、侦查实验等笔录；视听资料、电子数据。按照其外在表现形式、内容及证明效力等方面划分成两大类：实物证据和言词证据，并分别进行了阐述。

（一）实物证据的转化规则

实物证据的客观存在不受人的意志支配，不会因收集程序和方法的不同而改

---

① 参见《刑事诉讼中如何使用行政执法证据》，载《检察日报》2012 年 8 月 20 日。

② 根据该规定，公安机关接受或者依法调取的行政机关在行政执法和查办案件过程中收集的物证、书证、视听资料、电子数据、检验报告、鉴定意见、勘验笔录、检查笔录等证据材料，可以作为证据使用。

③ 根据该条规定，行政机关在行政执法和查办案件过程中收集的物证、书证、视听资料、电子数据证据材料，应当以该机关的名义移送，经人民检察院审查符合法定要求的，可以作为证据使用。行政机关在行政执法和查办案件过程中收集的鉴定意见、勘验、检查笔录，经人民检察院审查符合法定要求的，可以作为证据使用。人民检察院办理直接受理立案侦查的案件，对于有关机关在行政执法和查办案件过程中收集的涉案人员供述或者相关人员的证言、陈述，应当重新收集；确有证据证实涉案人员或者相关人员因路途遥远、死亡、失踪或者丧失作证能力，无法重新收集，但供述、证言或者陈述的来源、收集程序合法，并有其他证据相印证，经人民检察院审查符合法定要求的，可以作为证据使用。

④ 根据该条规定，行政机关在行政执法和查办案件过程中收集的物证、书证、视听资料、电子数据等证据材料，在刑事诉讼中可以作为证据使用；经法庭查证属实，且收集程序符合有关法律、行政法规规定的，可以作为定案的根据。

变性质。因此，《刑事诉讼法》第54条规定行政执法机关在办案中收集的物证、书证、视听资料、电子数据等实物证据，在刑事诉讼中可以作为证据使用，肯定了该部分证据的证明能力。只要司法机关核实其取证程序具有合法性，可确认其证据地位。

1. 物证

物证是指能够证明案件事实的一切物品和痕迹。凡是对查明案件事实有意义的一切物品和痕迹，都是物证。物证是以其外部形状、物质特性、存在的情形来证明案件事实的。随着科学技术的不断发展，可以作为证据使用的物品和痕迹也在逐步扩大。物证主要有如下特点：（1）物证具有现实存在性。作为案件事实信息的载体，物证是实际存在的物品。诉讼的所有参与人都能够实实在在地感知这一物品的存在。（2）物证蕴含案件事实信息。物证之所以可用于案件事实证明，就在于物品中存储有案件某些事实的信息。这些案件事实信息包括物品的存在状态、外部特征等物理属性，以及物品的物质结构等化学属性。物品的存在状态，主要是指作为物证的物品存在的位置、时间和空间等；物品外部特征则包括该物品及物品上痕迹的形状、颜色、质量、新旧程度等物理特性；物质结构是指物品的化学元素、成分及其物质组成结构。物证所拥有的案件事实信息是完全脱离于人的主观意志的客观存在。这些物品本身拥有的某种物质属性的信息或者是案件事实对物品造成的某种改变而遗留的信息，是在信息形成之初就由作为载体的物品接受并存储下来。一旦这些信息形成，就不受人的主观控制。正是由于案件事实信息的客观属性，物证才能够作为客观可靠的证据用以证明案件的待证事实。（3）物证中的案件事实信息具有可识别性。物证中蕴含的事实信息还应当能够为人们所识别。识别该信息的手段有多种，有些信息仅凭肉眼观察等自然手段就能够直接辨认，另一些信息则需要通过专业手段进行提取，如通过化学药剂提取附在纸上的指纹痕迹。正是由于不同时代的技术手段不同，不同个体认知水平不同，导致人们识别物证的程度也不同。但是，在同一时间、空间状况下，基于正常人的水平识别同一物证的结论应当是大体一致的。正是因为物证具有客观的、外化的可靠性使得其受外界影响较小，证据转化过程中其可靠性的变化也较小，因此，只需完善调取手续便可以转化为刑事证据。

2. 书证

书证是指以文字、符号、图形等所表示的思想和记载的内容对案件起证明作用的文件或其他书面材料。[①] 凡是对证明案件事实有意义的具有思想内容的一切书面材料，都是书证。书证是以一定的物质材料作为载体的书面材料。由于书证所具有的这种物质属性，所以它与物证有一定的相同之处。从广义上讲，书证也属于物证的范畴。但是，从狭义上说，书证和物证是不同的，他们的主要区别在于：物证是以其外部特征、物品的物质以及存在的情况来证明案件事实的；而书证则以文字、符号、图画等所表达的思想内容来证明案件事实。作为证据的某种文件，如果用它所表达的思想内容来证明案件事实，而它的外部特征、存在情况与案件事实无关，它就是书证，而不是物证；如果用它的外部特征和存在情况来证明案件事实，而它所表达的思想内容与案件事实无关，它就是物证，而不是书证；如果某种文件所表达的思想内容、它的存在情况、外部特征都能证明案件事实，这种文件就具有物证和书证两种属性。

由于书证相对于物证更容易遭到篡改、涂改和伪造，使得审查判断书证的真实性存在一定难度。因此，确保书证的真实性显得尤为重要。学理上一般就书证的真实性将其分为两类，一类是书证的形式真实性，主要是指书证应当在制作上或形成上是真实的。形式真实要求文书需要有明确的名义人且确是其所为的证明方式。另一类主要是指书证的实质真实性，主要是要求文书材料内容上乃是名义人真实的意思。文书必须同时具备形式真实和实质真实才是对诉讼有意义的证据。

一般而言，书证的真实性判定需要通过法官、鉴定人基于经验、专门知识、习惯等对证据材料进行识别、对比并分析盖章或内容是否存在涂改、增删、伪造、变造等痕迹，以此审查、判断文书是否真实。但是也正因为事实判断有赖于人们生活经历、专门知识、习惯、价值观等因素，加之文字或其他符号本身在不同语境下具有较强的易变性，如果不以书证的原件进行直观感受，发生误差的概率比较大。因此，立法上为防止主观任意性过大，不得不对书证的审查方式采取一刀切的手段，即通过最佳证据规则明确加以限定。在保障书证真实性问题上，我国诉讼法予以采纳。如《高法解释》第 53 条规定，收集、调取书证应当提交原件。只有在取得原件确有困难时，才可以是副本或者复制件。《民事诉讼法》第 68 条规定，书证应提交原件，提交原件确有困难的，可以提交副本、节录本。

---

① 参见樊崇义主编：《刑事诉讼法学》，中国政法大学出版社 1997 年版，第 203 页。

此外，各行政部门程序对书证的采用也基本采取相同的态度。如《药品监督行政处罚程序规定》第20条规定："……调取原件、原物确有困难的，可由提交证据的单位或者个人在复制品上签字或者加盖公章，并注明'与原件（物）相同'字样或者文字说明。"《工商行政管理机关行政处罚程序规定》第26条、《中国银行业监督管理委员会行政处罚办法》第20条、《出入境检验检疫行政处罚程序规定》第19条等都有类似规定。因此，行政执法程序中书证与《刑事诉讼法》采用书证问题上，采取比较一致的规定，而且书证形成后，是不依赖人的主观意志的转移而客观存在的一种证据，并不因取证主体的不同而不同，行政执法的证据转化为刑事证据上书证不存在太多障碍。

3. 视听资料与电子数据

视听资料是指采用现代化的技术手段，利用录音资料、录像资料和存储于电子计算机中的有关资料以及其他科学技术设备所储备的电子信息资料证明案件事实的证据。[①] 电子数据是指具有电子、数字、磁性、无线、光学、电磁或类似功能的设备所产生、传递、接受或存储的用于证明案件事实的材料。电子数据是《刑事诉讼法》新规定的证据种类，从视听资料中发展出来的新的证据类型，但与视听资料属于同一证据种类，都是科技证据种类。视听资料具有以下特点：(1) 具有较强的直观性。视听资料能以原声原貌再现一定的法律行为或案件事实。它可以静态或动态地反映人或物的外形特征以及行为的发生、发展全貌，形象逼真、直观。(2) 具有动态性和连续性。视听资料能够反映案件真实情况在一定时间范围持续的声响和形象，再现案件事实发生的动态过程。(3) 具有较强的客观性。视听资料具有高度的科学技术性，决定了它的信息载体能够准确记录、储存和反映有关案件的各种情况。和其他证据相比，它在记录、存储和反映案件事实情况的过程中，受各种主客观因素的影响而失真的可能性较小。(4) 容易被伪造并且很难被发现。视听资料是用科技手段制作的，所以能比较容易地采用科技手段加以篡改；并且在篡改、伪造后，凭人的感官往往难以发现。而电子数据具有高科技性、内在无形性、外在形式多样性、传播快捷性、信息与载体的可分离性、设备依赖性、易破坏性等特点。视听资料与电子数据由于其具有客观性，故不因收集主体的变化而产生变化。因此，行政执法证据中的视

① 参见樊崇义等编著：《视听资料研究综述与评价》，中国人民公安大学出版社2002年版，第10页。

听资料经过一定的审查程序可以直接转化为刑事证据。

（二）言词证据的转化规则

言词证据易受到人的主观意志支配和客观环境影响，本身具有不稳定性和不确定性。对同一事实，不同的人员取证，可能会获得不同内容的证据，相同的人员在不同的环境下取证，可能会出现不同的结果。因此，《刑事诉讼法》并没有明确规定言词证据可以实现转化，反映出立法机关对该类证据转化问题的慎重态度。因此，行政执法机关在行政程序中收集到的证人证言等言词证据，原则上不能直接转化为刑事证据。对于行政执法部门移送的犯罪案件，司法机关必须根据《刑事诉讼法》的规定，依照法定程序讯问犯罪嫌疑人和询问证人、被害人，重新收集言词证据。但是，对于言词证据的转化问题在学理上并不一定全盘否定，需要根据不同证据种类加以分析其转化的相关规则，为继续完善证据转化作参考。

1. 证人证言

证人证言是指证人将自己所知道的有关案件的事实情况向司法机关所作的陈述。证人证言是证人直接或间接了解有关案件的情况。如果证人不能说明所知情况的确切来源，而只是证人的估计、猜测或道听途说的消息，则不能作为证人证言，而只能作为司法机关调查案件的线索。证人证言的可靠性受传闻证据所限制，传闻证据的特征在于法庭对于不能到庭的人证进行有效质证，则予以排除。

行政执法机关在执法过程中所收集的证人证言，原则上不能直接转化为刑事证据。司法机关在办理行政执法机关移送的犯罪案件时，必须根据《刑事诉讼法》的规定，依照法定程序询问证人，重新收集言词证据。但是，作为行政程序收集的证人证言，在下列情况下，则可考虑转化为刑事证据。

（1）经过行政听证程序或行政诉讼程序确认的证人证言。听政程序、行政诉讼程序与刑事诉讼程序一样，是一系列主体要素、客体要素、方式要素、时空要素共同作用下形成的一个场所，在该场所下，各主体通过各种步骤、行为程序、方式推进和完成庭审。在该场所下所作的证人证言具有较高的可信性。我国行政处罚程序是依照当事人申请而举行的听证制度。听证程序由非案件调查人员主持，当事人享有委托代理人、申请回避等权利。听证程序的推进方式采取调查人员以言词形式提出违法事实，当事人则予以申辩和质证的模式。听证完成后依照法律制作笔录，对于证人在听证程序中的笔录证据具有较高的可靠性。如果该案件进入了行政诉讼程序，那么在行政诉讼程序中证人证言也需要经过法庭质证，也应该具有高度的可靠性。因此，经过了行政听证和诉讼程序的证人证言可以转化为刑事证据。

（2）证人在特殊情况下作出的证词。如证人意识到将要死亡情况下作出的证词。“因为在这些场合，说谎的动机俱已消失，最强烈的说实话的念头充斥大脑；法律认为，在如此严肃、庄重的场合会产生一种责任，这种责任与在法院进行积极宣誓所承担的责任是相同的。”① 需要说明的是，在这种特殊情况下，也并非绝对。如将死的人诬告其宿敌就很难确定其可靠性。

（3）联合执法时检察官在场时所作的证言。作为行政执法与刑事司法衔接机制的创新，不少检察院与行政机关推行检察官提前介入执法活动。在该制度下，检察官参与到联合执法的专项打击行动中。如果当行政执法主体收集证人证言时，检察官在场并签字确认，那么该项证人证言应当可以转化成刑事证据。

（4）有完整的视听资料印证的证人证言。行政执法机关主体瑕疵性，足以对证人证言可靠性提出挑战，但如果有完整的视听资料进行补强，则可最大限度保障证人证言的可靠性。视听资料具有直观、稳定和综合反映能力，使司法人员能够全面、直观地对证人作证时的语态、神情、背景加以综合评判，因此可以转化成刑事证据。

（5）证人亲笔写的证词。对于证人自己亲笔写的证言，司法机关在审查该亲笔书写是出于其本意，没有“刑讯逼供或威胁、引诱、欺骗以及其他非法的方式收集证据”的情形，应该承认其效力，转化成刑事证据。

2. 被害人陈述

被害人陈述是指刑事被害人就其受害情况和其他与案件有关的情况向公安机关所作的陈述。被害人陈述在刑事诉讼中对查清案件事实有重要意义。由于被害人是犯罪行为直接侵害的对象，因此一般对案件事实了解得比较详细、具体。被害人与犯罪分子大都有过直接的接触，他们不仅了解犯罪的时间、地点、手段、过程、后果，而且还了解犯罪分子许多具体情况。这些情况，使被害人陈述对公安司法机关判断案件性质，确定侦查方向和重点，收集核实其他证据，有重要作用。但由于被害人与案件有直接利害关系，其可能会夸大事实、虚构情节、推卸

① 参见龙宗智：《刑事庭审制度研究》，中国政法大学出版社 1999 年版，第 266 页。

责任，等等，因此应慎重加以采纳。而行政执法证据中往往体现为受害人作为举报人向行政机关所作的举报陈述，既可能为个人，也可能为被害的单位。被害人陈述自己的受害过程，主要受自己主观的认识影响，而不受办案部门不同的影响。同时，被害人举报时，除了陈述外，往往附有书证和物证，如诈骗的被害人所提供汇款凭证等，可以相互印证。因此，在行政执法证据向刑事证据的转化过程中，被害人的陈述相对稳定，经过一定的司法程序，可以实现转化。

3. 犯罪嫌疑人、被告人的供述和辩解

《刑事诉讼法》中规定的犯罪嫌疑人、被告人的供述和辩解是指犯罪嫌疑人、被告人在刑事诉讼过程中，就与案件有关的情况，向侦查人员、检察人员和审判人员所作的陈述，即通常所说的口供。在我国刑事诉讼中，对任何一种形式的证据都未明文规定其证据效力，唯有口供例外。《刑事诉讼法》第55条规定："……只有被告人的供述，没有其他证据的，不能认定被告人有罪和处以刑罚……"这也是"重证据重调查研究，不轻信口供"原则的具体体现。由于犯罪嫌疑人、被告人在刑事诉讼中的特殊地位，决定了口供这种证据的复杂性，其内容往往真假混杂，虚假的可能性很大。所以，在没有其他证据印证的情况下，很难作为有罪判决的唯一依据，而必须有其他证据予以"补强"，这也是英美证据法上的"口供补强规则"。

对于行政执法机关收集的犯罪嫌疑人的陈述是否具有证据能力，主要受口供任意性原则制约。口供任意性是指具有证据能力的口供必须是犯罪嫌疑人、被告人基于自由意志和正常智力作出的。如果口供是犯罪嫌疑人或被告人受外界施加的物理强制或精神强制而不得已作出的，该项口供则不能使用。现代国家大都将反对强迫自证其罪作为刑事司法的基本原则并加以规定，甚至上升为宪法原则。如美国的供述的任意性成为美国宪法第十四修正案所规定的正当程序的一项要求。我国的《刑事诉讼法》通过一系列程序规定保障供述的自愿性，如对违法收集口供予以禁止。

而行政执法采集的行政违法人陈述的任意性比侦查机关要高。主要有三方面原因：（1）正常的自然人往往不会承认不利于自己的事实，除非其确实经历过该事实。英美证据法的"当事人理论"也认为，既然作为当事人的被告作出与对方诉讼主张不矛盾的供述，就没有理由拒绝之作为证据。（2）从收集主体角度来看，行政执法主体相对比侦查主体的手段有限。一般情况下，在手段宽松情况下自由地陈述的可靠性高于受到物理或精神压制下所作出的供词。由于侦查讯问活动是在秘密情况下进行，而被羁押犯罪嫌疑人基于其诉讼地位和处境，很难对侦查机关的讯问进行抵御。而行政执法主体的强制性手段有限，难以从物理上和精神上对违法行为人造成压迫，当事人陈述不自愿的情况比较少。因此，违法行为人向行政执法主体作出不利于己的陈述基本是基于自由意志的产物。(3) 从程序角度来看，行政执法程序与侦查程序所提供保障差别不大，主要强调调查人员身份、人数、笔录核对等方面的要求。因此，对于行政执法程序中收集到的违法行为人承认其犯罪事实的口供，经过合法程序审查，应该可以转化为刑事证据。而如果犯罪嫌疑人在行政执法机关调查期间作出有罪供述，而在侦查机关调查以后却推翻其原来的供述，除了对形式上和内容上的合法性和真实性审查外，还应当审查与之相衔接或相互印证的其他证据，只有在事实和主要情节能够得到印证，并出于当事人的真实本意，没有以非法方法收集证据的情况下，才能进行证据转换。

4. 鉴定意见

鉴定意见是指鉴定人根据司法机关的要求，运用自己的专门知识，对案件中的某种专门性问题进行鉴定之后所作的书面结论。鉴定制度是大陆法概念，鉴定人在出具鉴定意见后，需要出庭接受询问。英美法系中，没有鉴定制度，而有专家证人制度，专家证人与普通证人一样适用于传闻证据规则，需要出庭接受交叉询问。

按照传闻证据理论，鉴定人如果不出庭作证，所作的笔录形式的鉴定意见应该予以排除。但是，目前我国对传闻形式的鉴定意见并不加以排除。《高法解释》第123条规定："……鉴定人经人民法院传唤或者通知未到庭，不影响开庭审判的，人民法院可以开庭审理。"因此，在传闻证据规则不完善的情况下，如果把行政执法过程中鉴定意见也全部转化为刑事证据，将导致证据的可靠性下降。但考虑到鉴定意见的特点，应该在转化过程中比普通证人证言宽松一些。行政执法中鉴定意见的特点体现在：

(1) 从体制上来看，我国鉴定体制是一套"多元制"的鉴定体制。鉴定机构层出不穷，主要有两类：一是由公安机关、检察机关内部设立的司法鉴定机构和司法行政管理部门管理的社会司法鉴定机构、公办科研、院校单位。二是由行政机关、行业组织等经法律法规授权设立的对该行业的专门问题进行鉴定的机构。前者除公检机关外，均依照市场化原则进行鉴定，其业务范围具有广泛性，但因为其受制于市场竞争，其鉴定意见往往质量不高，容易造成错案。而后者主要是依据法律授权对本行业的专门问题作特殊鉴定，其鉴定意见权威性一般更高。司法机关在办理案件时，往往倾向于公检机关设立的鉴定中心，这类机构具有公办性质，一般具有较高的可靠性。如果行政执法过程中的鉴定意见由这类机构作出，则进入诉讼过程中，司法机关再次聘请该类机构作鉴定的必要性不大。其理由在于，往往一个地区此类相同级别、相同权威性的机构很少，司法机关可选择余地不大，进入诉讼过程中通常也会聘请该机构作鉴定，属于重复鉴定。而且，该类机构出于对自身的权威性考虑，不会出具前后不一致的结论。

（2）从违法后果来看，与普通证人向行政机关与司法机关作虚假证言差异较大的法律责任后果不同，鉴定机构一直受到严格的法律管制，因此其故意作出明显违背事实的虚假结论的可能性较小。如《全国人民代表大会常务委员会关于司法鉴定管理问题的决定》第 13 条第 2 款规定："鉴定人或鉴定机构有下列情形之一的，由省级人民政府司法行政部门给予停止从事司法鉴定业务三个月以上一年以下的处罚；情节严重的，撤销登记：（一）因严重不负责任给当事人合法权益造成重大损失的；（二）提供虚假证明文件或者采取其他欺诈手段，骗取登记的；（三）经人民法院依法通知，拒绝出庭作证的；（四）法律、行政法规规定的其他情形。"

（3）鉴定意见具有非唯一性，不设门槛予以采纳风险较大。鉴定意见是由专门人员就检材以其专门知识，用专门手段作出的鉴别、判断，但是由于不同人士自身专业水平、价值观、法律修养等存在差异，因此作出的判断可能存在较大的偏差。行政机关内部或下属的鉴定机构、人员用于行政程序，其水平可以胜任，但是对于刑事程序高标准的证明要求未必可以达到。因此，对行政程序中的鉴定意见不加审核的采纳，风险比较大。

而在实践中，尤其经济犯罪案件，专业性强，绝大多数属于数额犯，所以对于经济案件的犯罪数额和犯罪情节的认定主要依靠鉴定意见。如对走私犯罪的认定需要对偷逃税额进行鉴定；对生产伪劣产品犯罪的认定需要对产品质量进行鉴定；对商业贿赂案件进行认定需要进行审计鉴定；对假钞案件的认定需要对货币真伪和数额进行鉴定，等等。在我国目前的司法鉴定体制下，侦查部门为了侦破案件的需要而进行的司法鉴定则完全由公安机关来决定，能够出具鉴定意见的也只能是侦查机关内部的经过司法行政机关审核通过并予以登记、编入鉴定机构名册并予以公告的鉴定机构。其他的行政机关如海关、工商、税务、审计等部门没有鉴定的资格，出具的报告也不是司法鉴定意见。侦查机关目前能鉴定的大多数是传统的法医鉴定、精神病鉴定等，往往不能进行司法会计鉴定、资产评估、产品质量鉴定等其他方面的鉴定。而这些又是司法实践中大量需要的，因此，侦查机关往往大量运用行政执法机关的鉴定报告来定案。由于行政执法机关的鉴定报告，带有很重的追究行政相对人违法责任的主观色彩，缺乏鉴定机构的中立性，其出具的鉴定报告的公正性受到质疑。因此，在证据转化过程中，司法机关应对鉴定报告的真实性进行审查，并对其鉴定过程中的一些问题进行询问，发现可疑的情况或与案件不相符合的时候应该委托其他没有作出处理决定的行政执法机关重新鉴定。同时，对于行政执法机关出具的鉴定报告还要补充一些程序上的手续，如向行政执法机关出具鉴定委托书，重新制作形式严格的鉴定意见，等等。

5. 勘验、检查笔录

勘验、检查笔录是指办案人员对与案件有关的场所、物品、人身、尸体进行勘验、检查时，所作的文字记载。对于行政执法机关所作的现场检查笔录是否可以转化，应当首先明确勘验、检查笔录的证据性质及其特点。目前，学术上对勘验、检查笔录是属于实物还是言词证据存在一定的争议。有学者认为，勘验、检查笔录是办案人员在勘验、检查过程中对所观察的情况的客观记载，也属于实物证据之列。也有学者认为，虽然勘验、检查笔录具有一定的物质表现形式，在内容上不带有具体办案人员的意见和判断，但实质上是具体办案人员对有关实物证据感知、记忆和表述的结果，是一种在内容上需要通过人的陈述、报告或者其他特殊行为发挥证明功能的证据，证据属性应该为言词证据。域外对于勘验、检查笔录究竟属于实物证据还是言词证据，各国的区分是不一致的。在德国、意大利、日本、法国等大陆法系国家，一般多将勘验、检查笔录纳入书证的范围。而在英美法系国家，则对勘验、检查以其记录方式不同采取区分的态度。在美国，对侦查机关所作的文字记录一般是受到传闻证据规则限制，原则上应当予以排除。只有在例外情形下，才能作为证据使用。而对于侦查机关在勘验、检查时制作的现场图、拍摄的照片、录像带等，则认为是“示意证据”，被纳入实物证据的范畴。因此，勘验、检查笔录应区分不同记录方式而采取不同分类方法。拍照、录像等手段制作的勘验、检查笔录，应当作为实物证据处理，而以文字、绘画等方式制作的勘验、检查笔录作为言词证据。但是，即使其作为言词证据也应该比一般的言词证据效力高，因为勘验、检查笔录携带的证据信息是对案件中的客观事物进行固定而非像询问笔录等是对人证的固定，其传闻性较小；而且，其固定手段虽然存在一定程度的失真性，但是由于是对客观事物的描述，其失真程度是有一定的限制的。鉴于我国在证据转化的规定上没有把勘验、检查笔录明确在实物证据转化之列，因此也将其列入言词证据转化之列。

一般来说，对于勘验、检查笔录中的实物证据，在处理证据转化时，可以使用前文中所提到的实物证据转化规则，即原物可以转化。但对于勘验、检查笔录中像言词证据的证据则应采取较一般言词证据宽松，但比一般实物证据严谨的规定。

附：言词证据采信规范化实证研究[①]

广东省佛山市南海区人民法院课题组

言词证据，是指以人的言词陈述形式表现出来用以证明案件事实的各种证据。一般认为，它包括犯罪嫌疑人、被告人供述和辩解（俗称“口供”）、被害人陈述、证人证言、鉴定意见。作为最原始和最常用的证据种类，言词证据是“能说话的证据”，在诉讼证明中广泛使用，具有举足轻重的地位。但是，因为言词证据是“办案人员以外的人对案件事实的陈述，它已不再完全是客观的‘事实’，而是经过提供证据的人的头脑‘加工’过的事实。在这些过程中必然会受到各种自然因素、社会因素和人的主观因素等影响，从而使言词证据产生可塑性和易变性的特点。这也是言词证据的弱点”。正基于此，言词证据在司法实践中更容易成为控辩双方在法庭上争论的焦点，也是法庭采信证据需要重点解决的问题。从某种意义上说，司法实践中出现的各种冤假错案，主要是由言词证据采信出现问题所引起的。因此，言词证据采信规范化是庭审证据规范化的首要课题。

一、被告人供述与辩解采信的规范化

（一）口供与补强

《刑事诉讼法》规定，刑事诉讼全过程原则上必须有被追诉人（犯罪嫌疑人、被告人）在案，而且被追诉人不享有沉默权，被告人在庭审中必须首先接受公诉人的讯问，这样，被告人供述与辩解就成为司法实践中使用最频繁的证据之一，也是言词证据中危险性最大的证据。《刑事诉讼法》第55条规定了“口供补强规则”，即“对一切案件的判处都要重证据，重调查研究，不轻信口供。只

① 该项目是樊崇义教授主持的重大课题——“刑事证据规范化实证研究”的子课题之一，兰跃军、潘少华参与指导该课题研究讨论。

有被告人供述，没有其他证据的，不能认定被告人有罪和处以刑罚；没有被告人供述，证据确实、充分的，可以认定被告人有罪和处以刑罚。证据确实、充分，应当符合以下条件：（一）定罪量刑的事实都有证据证明；（二）据以定案的证据均经法定程序查证属实；（三）综合全案证据，对所认定事实已排除合理怀疑。”根据该规定，口供作为一种直接证据，其证明力必须得到其他有独立信息来源的证据的补强，它本身不能作为定案的唯一证据。因此，如何对被告人供述与辩解进行采信就成为司法实务中的一个焦点和难点。本部分从直接证据只有被告人供述的前提出发，分三种情况探讨该类证据在庭审中的采信，以及相关案件的定案问题，希望对司法实践有所裨益。

本部分相关案例选取于我院2006年至2010年的所有刑事案件（其中，2006年全年收案数为2250件；2007年全年收案数为2205件；2008年全年收案数为1764件；2009年全年收案数为1639件；2010年全年收案数为1976件），相关统计数据不仅可以反映该法院的相关情况，而且可以作为全国法院审判情况的一个参考。本部分主要从三个方面研究如何认定被告人口供以及如何适用“口供补强规则”：

1. 直接证据只有一名被告人口供，而没有其他证据补强的采信

（1）相关案例统计。经统计，在我院2006年至2010年所有案件中，直接证据只有一名被告人的口供而没有其他证据补强的案件共19件。这主要分为三种情况：第一，从被告人供述的内容来看，被告人通常会从其本人在共同犯罪中的作用、部分事实是否成立和事情的起因等方面进行辩解。例如，关于被告人在共同犯罪中所起的作用方面，被告人通常会辩解自己在共同犯罪中起次要作用，是从犯或者是被胁迫参与犯罪的（胁从犯）。这种情况主要出现在抢劫类案件中。例如，（2006）南刑初字第130号被告人肖某某抢劫案、（2007）南刑初字第1336号被告人熊某某抢劫案等。对于该类案件，往往由于同案犯无法归案，而又没有其他证据予以印证，因此，对于被告人的这种辩解意见通常得不到法院的支持，根本无法采信。第二，关于部分事实是否成立方面，被告人通常会辩解公诉机关指控的部分事实或者全部事实不成立，但被告人又无法提供相关证据予以证实，而公诉机关所提供的证据足以证实指控的事实，因此，法院对被告人的相关辩解也不予采纳。这种情况主要出现在毒品类案件中。例如，（2006）南刑初字第1672号被告人李某某贩卖毒品案、（2008）南刑初字第739号被告人陈某某

运输毒品案、（2009）南刑初字第121号被告人蒋某某贩卖毒品案。第三，关于事实的起因方面，被告人通常会辩解被害人对本案的发生有一定的过错，或者案件是由被害人引发、被害人先动手、被告人是正当防卫等，但又不能提供相关证据证实，故法院不予采纳。这种情况主要出现在故意伤害案件中。例如，（2006）南刑初字第1556号陈某故意伤害案、（2006）南刑初字第1578号白某某故意伤害案、（2007）南刑初字第607号郭某某故意伤害案、（2007）南刑初字第1473号林某某故意伤害案、（2009）南刑初字第597号熊某某故意伤害案等。当然，在司法实践中，被告人辩解的内容可能不仅仅基于以上三类。但是，无论何种辩解，如果直接证据只有一名被告人供述，没有其他证据印证，法院通常不予采纳。具体情况分析如下：

a. 按照被告人供述的内容分类：

（a）被告人在共同犯罪中所起的作用（例如：从犯、胁从犯等）	5件
（b）部分事实是否成立	9件
（c）事情的起因	5件

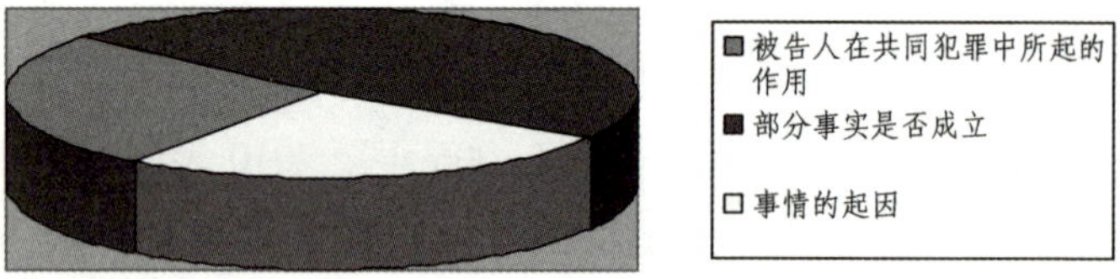

b. 按照所涉及的罪名分类：

（a）抢劫罪	5件
（b）毒品类案件	5件（其中，贩卖毒品罪3件、非法持有毒品罪1件、运输毒品罪1件）
（c）故意伤害罪	4件
（d）盗窃罪	1件
（e）破坏电力设备罪	1件
（f）绑架罪	1件
（g）职务侵占罪	1件
（h）贩卖淫秽物品牟利罪	1件

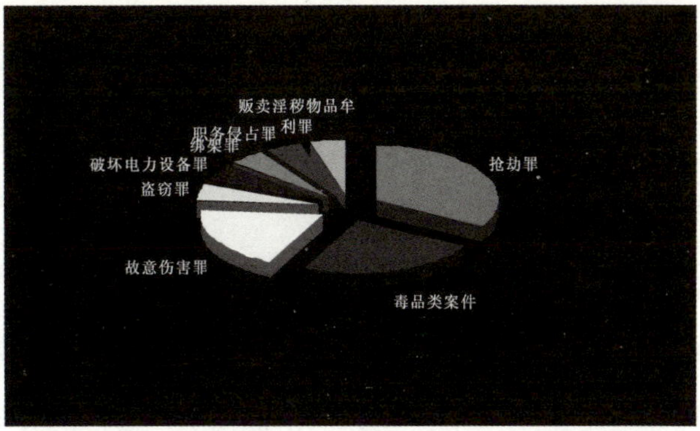

在上图中，抢劫罪、故意伤害罪、毒品类案件所占的比例较大，占总数的58%左右，这也与这些案件在本地所占比例较大的基本情况一致。

c. 按照案件年份分类：

2006 年	7 件
2007 年	6 件
2008 年	4 件
2009 年	5 件
2010 年	3 件

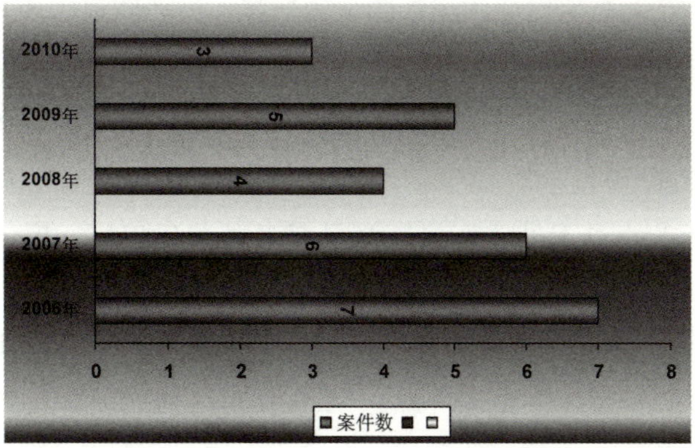

（2）采信标准。根据《刑事诉讼法》第55条规定以及“孤证不能定案”的证据规则，只有被告人供述，而没有其他证据补强的情况下，法院不得认定被告人有罪和处以刑罚。在上述案件中，由于只有被告人供述，因此，法院通常不予采信。

2. 直接证据有多名被告人口供，而没有其他证据补强的认定

（1）相关案例分析。

①（2006）南刑初字第 1945 号被告人向某某等四人抢劫案。主要案情：四被告人结伙抢劫一过路人。因为只有四名被告人在侦查阶段的供述，而没有其他证据印证，法院未予认定。

②（2009）南刑初字第 327 号被告人吴某某等二人盗窃案。主要案情：两被告人盗窃货车柴油。在侦查阶段，两被告人均对共同出资购买汽车改装后实施盗窃柴油的行为作了一致的供述，包括具体的出资比例、盗窃的大致地点、具体的分工、销赃对象、获利情况等，而且供述内容基本一致，相互吻合。故一审法院采纳了两被告人在侦查阶段的供述。但本案上诉后，二审法院认为本案只有共犯口供而没有其他证据补强，因此，不能对被告人定罪处罚。

③（2010）南刑初字第 307 号被告人黄某某等三人抢劫案。主要案情：三被告人结伙抢劫一对情侣。虽然三被告人均对该抢劫事实作了供述，且抢劫地点、所抢得的手机的颜色和牌子的供述均一致，但由于没有其他证据予以印证，故法院未予认定。

④（2010）南刑初字第 1761 号被告人曾某某等四人非法生产军用标志案。主要案情：四被告人结伙伪造武装部队车辆号牌。虽然四被告人均一致供称是被雇佣参与犯罪，但是并没有其他证据予以印证，故法院未予认定。

另外，还有很多被告人翻供的案件也基本属于这一类，将在下文的“矛盾与排除”部分作详细分析。

（2）采信标准。对于虽然直接证据只有多名共犯口供，但同案犯口供间能够相互吻合的，是否可以认定和如何认定？实务界有不同的做法。因为《刑事诉讼法》第 55 条规定“被告人的供述”中的“被告人”是指单一被告人，还是包括共犯和同案犯，立法规定并不明确。《全国法院审理毒品犯罪案件工作座谈会纪要》规定，“有些毒品犯罪案件，往往由于毒品、毒资等证据已不存在，或者被告人翻供，导致审查证据和认定事实困难。在处理这类案件时，仅凭被告人口供依法不能定案。只有当被告人的口供与同案其他被告人供述吻合，并且完全排除诱供、逼供、串供等情形，被告人的口供与同案人的供述才可以作为定案的证据。”该规定是否可以适用于其他案件尚无明确的司法解释。虽然《办理死刑案件证据规定》第 34 条规定：“根据被告人的供述、指认提取到了隐蔽性很强的物

证、书证，且与其他证明犯罪事实发生的证据互相印证，并排除串供、逼供、诱供等可能性的，可以认定有罪。”但是，该条规定要求以其他证据来印证被告人供述。这就导致司法实践中对同案犯口供、共犯口供的性质及其证明力产生不同理解。一种意见认为，共犯口供也属于被告人供述与辩解，应适用《刑事诉讼法》第53条之规定，以证据不足作“疑罪从无”处理；例如，（2006）南刑初字第1945号被告人向某某等四人抢劫案、（2009）南刑初字第327号被告人吴某某等二人盗窃案和（2010）南刑初字第307号被告人黄某某等三人抢劫案等。另一种意见则认为，共犯口供也是证据之一，多名被告人的有罪供述在主要犯罪情节上基本一致，能够相互印证，且可以排除刑讯逼供所取得的被告人供述的情况下，可以作为定案的证据。例如，在（2009）南刑初字第327号被告人吴某某、黄某某盗窃案中，两被告人均对共同出资购买汽车改装后实施盗窃柴油的行为作了一致的供述，包括具体的出资比例、盗窃的大致地点、具体的分工、销赃对象、获利情况等均基本一致。而且可以排除两被告人的供述系非法取得的可能性。故一审法院采纳了两被告人在侦查阶段的供述。但本案上诉后，二审法院认为本案只有共犯口供而没有其他证据补强，因此，不能对被告人定罪处罚，从而将本案发回重审。因此，鉴于审判实务界存在上述两种意见的争论，笔者建议最高人民法院就《刑事诉讼法》第53条规定的共犯口供的证明力出台相关司法解释予以明示，以便统一司法实践。

3. 虽然直接证据只有被告人口供，但有其他证据补强的认定

（1）相关案例说明。鉴于该类案件数比较多，这里不宜一一列举，故选取了比较具有代表性的案例进行论述。其中，犯罪预备类的案件属于该类型中比较典型的案件；另外的案件主要是选取几件进行分析。

①犯罪预备类。2006—2010年共计58件案例。

（a）按照案件年份分类

年　份	案件数	占当年案件数比例
2006年	8件	0.4%
2007年	22件	1%
2008年	14件	0.8%
2009年	12件	0.7%
2010年	2件	0.1%

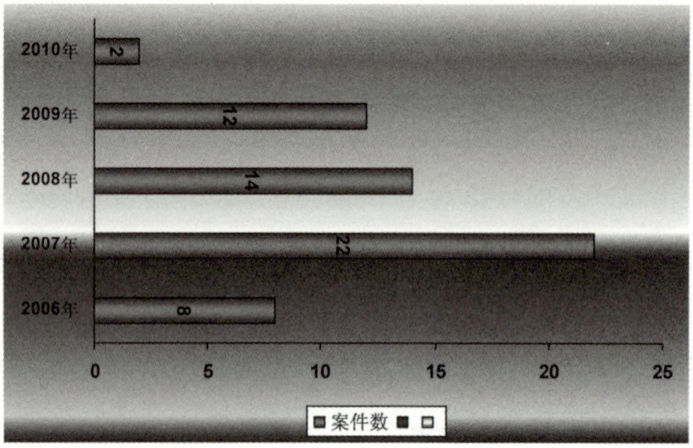

（b）按照所涉及的罪名分类

罪名	案件数	占所有犯罪预备类案件比例
抢劫罪	48 件	83%
盗窃罪	7 件	12%
破坏电力设备罪	2 件	3%
敲诈勒索罪	1 件	2%

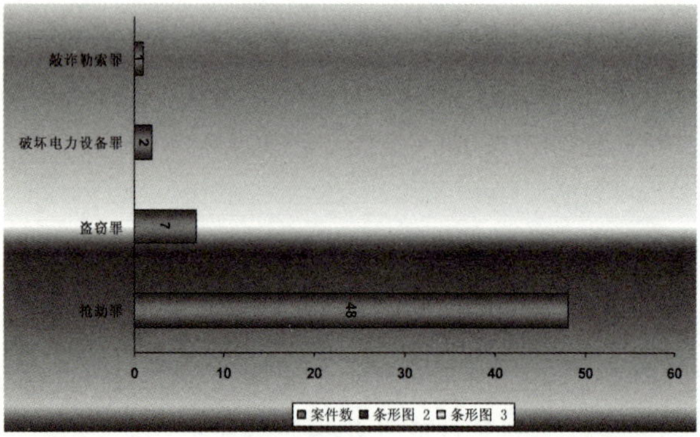

在犯罪预备类案件中，抢劫罪案件占该类案件的 83%，所占比例比较大。由于该地区公安机关大力开展打击“双抢”（抢劫、抢夺）的活动，大大遏制了大批抢夺、抢劫案件的发生，使犯罪行为制止于预备阶段。在这类案件中，虽然直接证据只有被告人供述与辩解，但是有当场起获的作案工具等间接证据予以印证，因此，对于这类案件，法院通常予以认定。

②其他类案件（说明：鉴于该类案件的数量并不是特别多，故笔者选取了其中 7 件比较有代表性的案例进行分析）。

案例 1：（2008）南刑初字第 207 号被告人何某某破坏电力设备案。主要案情：被告人何某某盗挖电线。被告人何某某在侦查阶段一直稳定供述其盗挖电缆的经过，其供称的盗挖电缆的手法、使用的工具及该作案手法可能造成电缆断口的情况与被盗电缆埋藏于地下及照片显示被盗电缆的断口情况相吻合，而从其自行车上起获的电缆的特征、长度与被害单位的报案陈述也相吻合，因此，法院对被告人在侦查阶段的供述予以采信，从而认定被告人的行为构成了破坏电力设备罪。

案例2：(2008) 南刑初字第483号被告单位佛山市南海沙头家明实业有限公司、被告人李某某犯虚开增值税专用发票案。主要案情：被告人通过为虚开的增值税专用发票办理虚假支付手续，之后，被告单位家明公司凭借上述增值税专用发票向税务机关抵扣税款626152.69元。在本案中，虽然直接证据只有被告人的供述，但是，有其他单据及相关证人证言予以印证。最终，法院认定了指控的犯罪事实。

案例3：(2008) 南刑初字第2102号被告人邝某某破坏电力设备案。主要案情：被告人盗剪电线。被告人在侦查阶段一直稳定供述其于2007年4月11日凌晨在上述路段的祠堂门口盗剪了红色胶皮电线的详细经过，依据其供述在其住处亦起获了赃物及部分作案工具，可见被告人在侦查阶段的供述与其他证据相互印证，真实可信。并且，公诉机关出示的看守所入仓健康检查笔录及向侦查人员所作的调查笔录能够排除侦查人员非法取证的可能性，进一步提高了被告人在侦查阶段供述的可信性。因此，法院采纳了被告人的供述。

案例4：(2010) 南刑初字第866号被告人黎某学等三人盗窃案。主要案情：被告人黎某学等三人结伙盗窃货车。被告人黎某学在侦查阶段一直稳定供认与被告人林某鹏、林某强一起去盗窃一辆货车，且其所称案发当天下雨，被告人林某鹏、林某强两人共撑一把雨伞去作案，被告人林某鹏、林某强盗窃得手后开车回肇庆，并叫其送衣服到肇庆给他们等细节，与被害人的陈述、被害人提供的失窃地点附近的监控录像、违章系统信息（显示被盗车辆于2009年8月11日5时4分3秒在肇庆市境内路段因违章冲红灯被抓拍）、三被告人的通话清单反映的通话时间、通话地等均能相互吻合、相互印证，能够形成一条完整的证据链，足以证实本案三被告人实施了盗窃行为。最终，法院认定了指控的事实。

案例5：(2010) 南刑初字第1164号被告人段某某过失致人死亡案。主要案情：被告人段某某为殴打门卫何某某，在驾驶叉车撞开封闭的铁门时，将准备开门的被害人撞死。公诉机关指控被告人的行为构成了故意伤害罪，但被告人辩称其主观方面并无故意，只是过失，针对控辩双方的意见，本案的争议焦点是被告人在案发时的主观方面是间接故意还是过失的问题。首先，从认识因素方面来看，经查，在被告人与门卫何某某在铁门处发生争吵时，有人过来劝阻，可以证实争吵当时铁门后是有人的。争吵完后，被告人从走出铁门到返回隔壁驾驶叉车撞铁门的时间间隔约为 3 分钟。虽然铁门是关闭的，被告人从外面无法看到铁门后面是否有人，但是，被告人应当预见到在如此短的时间内在铁门处劝架的人可能尚未离开。因此，从认识因素来讲，被告人应当预见到门后可能有人及其撞门行为的危害后果，但是由于其疏忽大意没有预见到。其次，从意志因素来看，经查，从监控录像反映，被告人在驾驶叉车撞门前曾拿一根木棍上车。监控录像反映的内容与被告人所供述的内容一致。即被告人撞门的目的不是为了直接撞死或者撞伤门卫何某某，而是为了撞开铁门后持木棍报复何某某。也就是说驾驶叉车撞死被害人更加不是被告人的主观目的。而且，发现撞到被害人后，被告人立即对被害人实施了抢救，且打电话报警，这也反映出撞死被害人并不是被告人主观上追求的结果。也就是说，从意志因素来看，被告人对撞死被害人的危害后果不仅不是希望和放任，而且是反对和排斥的。综上所述，被告人应当预见自己驾驶叉车撞门的行为可能会导致危害后果的发生，但是，由于其疏忽大意而没有预见到。因此，被告人的行为应定性为过失致人死亡罪。最后，法院采信了被告人的供述，认为公诉机关指控被告人的行为构成故意伤害罪有误，予以变更。

案例 6：（2010）南刑初字 1920 号被告人黎某某等二人贩卖毒品案。主要案情：被告人黄某某搭载被告人黎某某去贩毒。根据两被告人在侦查阶段的供述，两被告人一起吸食毒品海洛因后，被告人黄某某明知黎某某将装有“白粉”的两只手套放在自己的外套衣袋里且要去贩卖毒品的现场还搭载黎某某到贩毒现场并在楼下等候接应。另外，还有公安机关出具的抓获经过、扣押物品清单、刑事化验检验报告书、手机通话清单、尿液检验记录等证据予以印证，以上证据足以证实被告人黄某某和黎某某在主观上有共同贩毒的故意。从而，法院采纳了两被告人在侦查阶段的供述，并认定两被告人的行为均构成了贩卖毒品罪。

案例 7：（2010）南刑初字第 1678 号被告人陈某某等二人制造毒品案。主要案情：被告人陈某某购买了原材料及制毒工具在一宾馆内进行毒品的加工和配制。被告人王某某明知被告人陈某某制造毒品，仍然出资帮被告人陈某某购买了制毒工具——真空泵，且垫付了部分房费。事后，被告人王某某从被告人陈某某处获得被告人陈某某制造的毒品。虽然，本案的直接证据只有两被告人在侦查阶段的供述以证实两被告人具有制造毒品的行为，但是，公安机关出具的抓获两被告人的经过及起赃经过的证明、刑事化验检验报告书反映，公安人员抓获两被告人时，从两被告人居住的房间内起获了大量的不同种类、不同性状的毒品及制毒工具，且制毒工具上还残留少许的毒品，其中部分毒品的含量还较高。因此，法院认定两被告人的行为构成了制造毒品罪。

（2）采信标准。虽然上述案件的直接证据只有被告人供述，但是，可以通过适用证据补强规则而予以认定。例如，被告人供述的犯罪情节与现场勘验、相关鉴定报告等其他证据吻合，非被告人亲身经历根本不能够作出如此供述的，且能够排除侦查机关有刑讯逼供、诱供可能的，或者当场从被告人处起获作案工具、赃物等，该类案件是可以认定被告人有罪的。如果被告人供述反复且有重大矛盾，或者发现侦查机关在证据收集过程中存在明显违法的，则不能认定被告人有罪。

（二）矛盾与排除

虽然《刑事诉讼法》在第55条规定了“重证据、重调查研究、不轻信口供”的原则，但囿于现阶段刑侦技术的限制，在司法实践中，口供对于认定案件事实仍然起着至关重要的作用。然而，由于从被告人被侦查机关采取强制措施，到被移送至检察机关审查起诉，直至最后被诉至法院，往往都要经过一段较长的时间（一般是三四个月），而在此期间，侦查机关、公诉机关都会对犯罪嫌疑人、被告人进行讯问，从而形成多份讯问笔录。在这么长的一段时间及这么多次的讯问中，被告人的思想认识往往不可避免地会受到各种因素的影响而发生变化，这种变化所产生的直接后果反映到笔录中，就是口供内容的不稳定。鉴于口供在目前庭审证据的运用中仍然起着重要的作用，因此，研究如何排除口供的矛盾，以及如何利用口供定案，在司法实践中具有重要意义。

本部分以实际案例为研究对象，通过对所选取案例中出现有矛盾的口供的概率，口供存在矛盾的原因、特点，排除口供矛盾的方法等内容进行统计、分析和归纳，从中找出如何排除口供的矛盾以定案的规律性做法，从而为刑事庭审证据规范化改革提供一条思路。

1. 研究对象

考虑到研究结果的时效性问题，本部分所研究的样本选自南海区法院 2008 年至 2010 年已经生效的案件，选择的方式是特定性与随机性相结合。所谓特定性，是指为保证所选取的案例能够全面反映南海区法院近三年刑事案件中出现有矛盾口供的实际状况，对每一年所选取案例的数量作确定性安排；所谓随机性，是指为保证研究结论的客观性，对各个年份内的案件选择是任意的、无指向性的。

根据上述方法，本部分共选择了我院 2008 年至 2010 年审结的 100 个已生效案件作为研究对象，其中 2008 年 33 件、2009 年 33 件、2010 年 34 件。

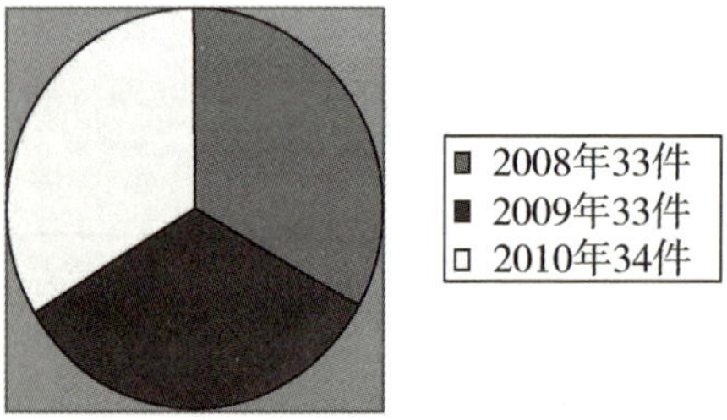

在这 100 个案件中，适用简易程序审理的案件有 23 件（其中口供存在矛盾的案件有 3 件），适用普通程序审理的案件有 77 件；而在第二类案件中，适用普通程序简化审（即被告人自愿认罪的案件）的方式审理的案件有 49 件（其中被告人口供存在矛盾的案件有 7 件）；适用简化审以外的普通程序案件有 28 件（其中被告人口供存在矛盾的案件有 21 件）。

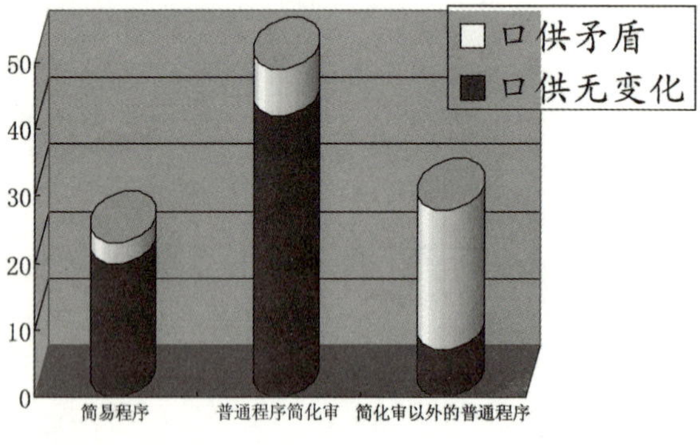

上述三类案件的比例与南海区法院 2008 年至 2010 年每年适用简易程序、普通程序简化审方式以及简化审以外的其他适用普通程序的案件比例基本相符，由此保证本报告研究结论的代表性。

2. 口供存在矛盾的案件分布情况及特点

通过对所选 100 个案例的口供内容进行甄别和分类统计，我们发现，在侦查、审查起诉至庭审三个阶段的讯问中，口供不存在矛盾的案件有 69 件，口供存在矛盾的案件有 31 件。

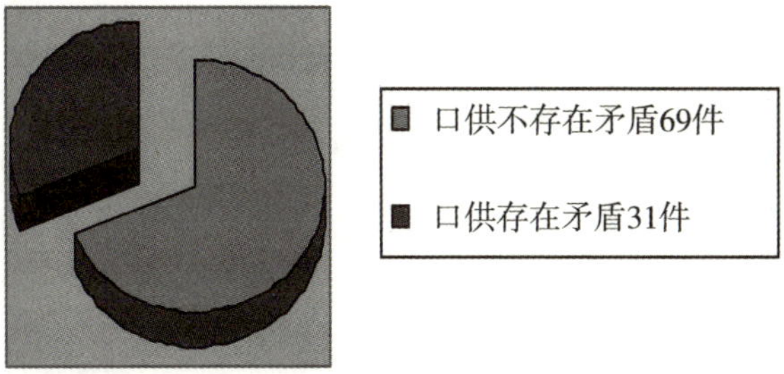

对于口供存在矛盾的案件，以其庭审口供是否认罪来划分，庭审完全自愿认罪的案件有 13 件，庭审不认罪或作罪轻辩解的案件有 18 件。

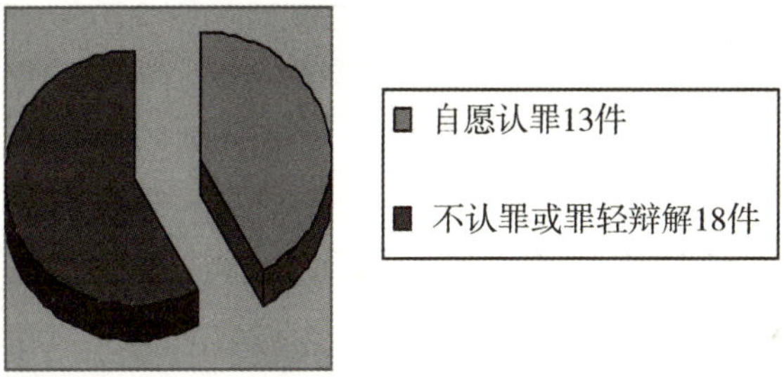

以其口供出现矛盾的阶段来划分，在侦查阶段、审查起诉阶段口供就存在矛盾的案件有 22 件，直至庭审口供才出现变化的案件有 9 件（在该部分案件中，庭审前辩解无罪而庭审时自愿认罪的案件有 4 件，庭审前认罪而庭审时翻供的案件有 5 件）。

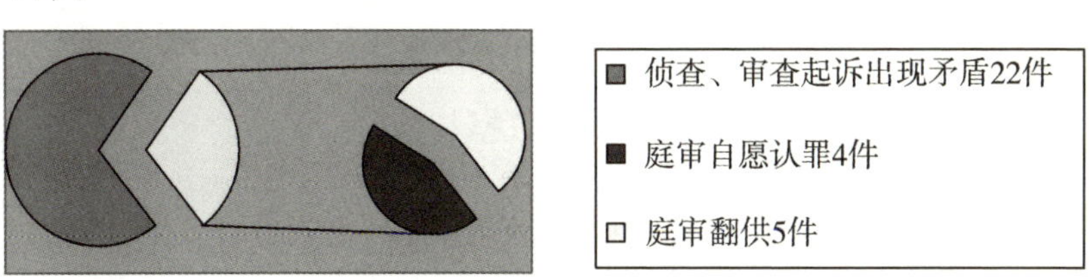

从上述数字来看，口供存在矛盾的案件具有以下特点：

（1）在司法实践中，被告人口供存在矛盾的情况不在少数，而在这类案件中，被告人不认罪或者作罪轻辩解的案件又占大多数。由于被告人口供能够直接反映案件事实，因此，探索如何排除口供的矛盾，以及如何将口供与其他证据结合起来认定案件事实，对审判实践具有重大意义。

（2）被告人在侦查、审查起诉阶段口供就存在矛盾的案件与在庭审中口供才出现变化的案件数基本持平，这一方面说明被告人庭审翻供率比较高，法官在庭审中对被告人进行讯问的结果对定案仍有重要影响；另一方面也提醒法官在运用被告人口供进行定案时，需要结合被告人在诉讼不同阶段口供出现变化的原因来决定取舍。此外，值得注意的是，庭审前辩解无罪而庭审时自愿认罪的案件在审判实践中也有一定的数量。由于庭审口供是被告人直接面对法官作出的，基本可以排除逼供、诱供等可能性，被告人在侦查、审查起诉阶段否认犯罪事实，为何到了庭审阶段反而作出不利于自己的供述呢？其中原因值得我们进一步分析。

3. 口供出现矛盾的原因分析

我们要决定对存在矛盾的口供的取舍，首先应对被告人作出有矛盾的口供的原因有所了解。根据被告人在庭审中是否自愿认罪，可将被告人作出有矛盾的口供的原因分为两种类型：

（1）对于被告人在庭审中自愿认罪的案件，其口供前后不一的原因主要有：

①经过庭审举证、质证，被告人认识到案件的证据确实、充分，在“自愿认罪可以得到酌情从轻处罚”的司法政策引导下，被告人承认公诉机关所指控的犯罪事实。

在本报告所选取的13件被告人自愿认罪的案件中（后面的数据也选自该13个案件），由于该原因认罪的案件有3件（该数据是根据庭审笔录中被告人在法庭调查阶段不认罪，而到了法庭辩论阶段才认罪统计出来的）。

②被告人所犯罪名属于轻罪，被告人了解了相关法律规定后，考虑到宣判刑不会太重，所以，权衡利弊后承认指控的犯罪。

由于该原因认罪的案件有10件（该数据是调研人员结合审判经验、对被告人心理的了解、案件所适用的程序，以及判决结果等因素分析确定的，因为在该10个案件中，被告人的宣告刑期全部在4年有期徒刑以下，且其中有3件是适用简易程序审理，有7件适用普通程序审理）。

（2）对于被告人在庭审作无罪或者罪轻辩解的案件中，结合被告人所作的解释及其趋利避害的心理影响、出现有矛盾的口供的阶段等因素分析，口供存在矛盾的原因大致有以下几种：

①受到刑讯逼供。在本报告所选取的口供存在矛盾，且庭审作无罪或者罪轻辩解的18个案件中（以下的数据也选取自该18个案件），被告人声称自己受到刑讯逼供而导致口供出现矛盾的案件有6件。

②讯问人员没有如实记录其口供。被告人声称庭审前的讯问笔录并非其真实意思表示，讯问人员没有让其看清笔录内容就让他们签名的案件有2件。

③串供。该原因是调研人员结合案件被告人的人数、被告人口供的具体内容、口供发生变化的阶段及相应的羁押场所、有否辩护人等因素分析得出的，该类案件有1件，被告人在庭审中未对其口供存在矛盾的原因作出解释。

④被告人所犯罪名属于重罪，可能宣告刑期超出被告人的心理预期。该原因是调研人员结合被告人在庭审中的表现、案件性质、口供出现变化的阶段等因素分析得出的。该类案件有6件，全部是被告人在庭审中翻供的案件，且所涉罪名分别是破坏电力设备罪、转化型抢劫罪。

⑤其他。该类案件有3件。

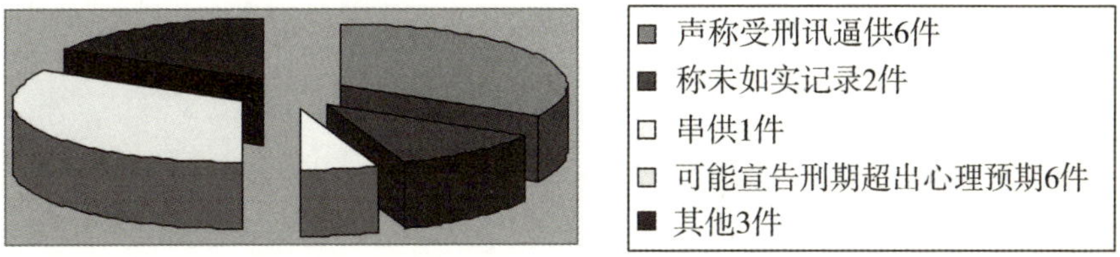

4. 存在矛盾的口供的认定情况

对于存在矛盾的口供，法官客观上只有两种选择：一是采纳被告人的部分口供；二是不采纳被告人的任何口供。在本报告所选取的31件被告人的口供存在矛盾的案件中，法官最终采信了被告人部分口供的案件有24件，没有采信被告人任何口供的案件有7件。

（1）对于第一种情形，法官采信的理由主要有以下几种：

①被告人的部分口供有其他证据予以证实。该类案件有19件。其中：

a. 被告人的部分口供有被害人陈述或者证人证言等证据予以印证的案件有6件

在（2009）南刑初字第1020号被告人王某强抢劫一案中，公诉机关指控：2009年4月2日5时许，被告人王某强伙同“小刚”“小罗”（均另案处理）携带液压剪等作案工具到佛山市南海区桂城某美食店门口，正在盗窃停放在该处的一辆女装摩托车（车牌号码粤 Y5J×××，经鉴定价值人民币 2035 元）时，被治安队员通过摄像头监控发现，并及时赶到对三人实施抓捕，王某强为抗拒抓捕，手持弹簧刀划伤先后上前围捕的两名治安队员（经鉴定均属轻微伤），后被多名治安队员合力将其抓获，起获弹簧刀、液压剪、螺丝刀等作案工具并在现场起获未被盗走的摩托车并发还被害人。对于上述指控事实，被告人王某强一直承认其与同伙盗窃的经过，但对于有否持弹簧刀拒捕的事实，被告人王某强的供述存在反复。在第一份供述中，王某强称被抓获时手上拿着一把弹簧刀且该刀已经打开，但他在逃跑过程中只是拿着刀逃跑，没有拿弹簧刀威胁治安队员；在第三至五份供述中，王某强承认逃跑过程中曾持刀对治安队员挥舞，并先后划伤了两人。在庭审中，王某强又否认持刀拒捕，而称将刀拿在手上只是为了扔掉。由于本案两名受伤的治安队员均一致证实其二人先后上前对被告人进行抓捕时，被告人均持弹簧刀挥舞以抗拒抓捕；一名目击证人也反映当他到达现场时看见被告人持刀向一名治安队员比划以抗拒抓捕，亦印证了治安队员的陈述；而被告人在侦查阶段第三至第五份供述中所陈述的整个案发经过与两名被害人的陈述及同案人张某刚的供述均相吻合，故法庭最终采信了被告人该项供述内容，认定了被告人王某强盗窃后当场使用暴力抗拒抓捕的事实。

b. 被告人的部分口供有书证、物证或者视听资料等证据予以印证的案件有 3 件

在（2008）南刑初字第 207 号被告人何某某破坏电力设备一案中，公诉机关指控：2007 年 10 月 11 日 8 时许，被告人何某某携带“丁”字形翻镐、编织袋等作案工具骑自行车窜至佛山市南海区里水镇某路口，使用翻镐挖土后，将埋在路边的路灯供电电缆盗出。得手后，何某某将电缆装入编织袋内携赃逃离现场。15 时许，何某某骑自行车运送电缆销赃途中，被巡逻的治安队员人赃并获。就上述事实，被告人何某某在侦查阶段基本供述了其盗挖电缆的经过，其供称的盗挖电缆的手法、使用的工具及该作案手法可能造成电缆断口的情况与被盗电缆埋藏于地下及照片显示被盗电缆的断口情况相吻合，而从其自行车上起获的电缆的特征、长度与被害单位的报案陈述也相吻合，因此，虽然被告人在庭审中翻供，法庭最终仍然采信了其有罪供述，认定了指控事实。

c. 被告人部分口供既有被害人陈述或者证人证言等证据，又有书证、物证或者视听资料等证据予以印证的案件有 10 件

在（2010）南刑初字第866号被告人林某鹏等三人共同盗窃一案中，公诉机关指控：2009年8月11日凌晨4时许，被告人林某鹏、林某强、黎某学三人经密谋后，来到佛山市南海区某住宅附近，由被告人黎某学负责望风，被告人林某鹏、林某强负责偷车，把杨某某停放在此处的一辆车牌为粤Y牌白色五十铃轻型厢式货车（经鉴定，被盗汽车价值人民币51920元）盗走。破案后未能起获赃物发还失主。就上述犯罪事实，被告人黎某学在侦查阶段一直稳定供认伙同被告人林某鹏、林某强密谋盗窃后，由林某鹏、林某强动手，其负责看风，共同盗走一辆小货车的事实，但庭审中却予以翻供。对此，由于被告人黎某学在侦查阶段所称案发当天下雨，被告人林某鹏、林某强两人共撑一把雨伞去作案，被告人林某鹏、林某强盗窃得手后开车回肇庆，并叫其送衣服到肇庆给他们等细节，与被害人陈述、被害人提供的失窃地点附近的监控录像（内容显示在2009年8月11日凌晨4时5分有两人共用一把雨伞到案发现场，4时15分有一辆货车被开走）、违章系统信息（显示被盗车辆于2009年8月11日5时4分3秒在肇庆市境内路段因违章冲红灯被抓拍）、三被告人的通话清单（显示被告人黎某学、林某强、林某鹏三人的手机在2009年8月10日晚至次日均有频繁的通话联系，且在8月11日凌晨4时之前的通话地点为佛山，5时之后的地点则到了肇庆）高度吻合、印证，并且监控录像、违章系统信息、通话清单等均属于客观证据，可信度高，与其他言词证据相结合，完全能够形成一条完整的证据链，足以证实本案三被告人实施了本案的盗窃行为，故法庭最终采信了被告人黎某学在侦查阶段的口供。

②根据“疑点利益归于被告人”的原则。该类案件有5件（注：常见于被告人供认有罪，但对于涉及量刑的一些犯罪情节供述前后存在矛盾的案件）。

在（2009）南刑初字第988号莫某某贩卖毒品一案中，公诉机关指控：被告人莫某某为达到以贩养吸的目的，于2008年8月至2009年3月，利用手机作为联系工具，多次将毒品海洛因，以每包50元至240元不等的价格贩卖给吸毒人员，其中贩卖海洛因5克给吸毒人员张某某，贩卖海洛因51克给吸毒人员梁某某，贩卖海洛因3.9克给吸毒人员钟某某。后公安人员在西樵镇某酒店门口将正准备交易毒品的被告人莫某某抓获，并在其身上搜出毒品海洛因4小包（经鉴定净重1.1克）、注射针筒20支、人民币733.5元以及作案工具手机两部。对于上述事实，被告人莫某某在侦查阶段供认共向吸毒人员张某某、梁某某、钟某某贩卖毒品海洛因约30克，而在庭审时，被告人莫某某却辩解仅贩卖了毒品海洛因

12～13 克给吸毒人员梁某某。对此，因仅有吸毒人员梁某某指认被告人向其贩卖毒品海洛因 51 克，没有其他证据予以印证，故法庭最终从“疑点利益归于被告人”的原则出发，就低不就高，依被告人莫某某供认的 12 克认定该部分毒品贩卖数量。

（2）对于第二种情形，法官没有采信的理由有以下几种：

①被告人口供没有任何证据予以印证，且与其他证据相互矛盾，而相对的证据却确实充分。该类案件有 5 件。

在（2010）南刑初字第 642 号被告人青某茗盗窃案中，公诉机关指控：2008 年 7 月 21 日 12 时 30 分许，被告人青某茗伙同肖某武（另案处理）密谋盗窃后，携带液压剪、螺丝刀等工具去到佛山市南海区某住宅，合力用工具撬开房门入室盗窃，盗得金手镯两对、金戒指三只、数码相机一部（共价值人民币 15138 元）以及铂金项链一条、现金人民币 2000 元、钱包一个（内有身份证一张）。2009 年 11 月 12 日，公安机关将被告人青某茗抓获。对于上述事实，被告人青某茗虽然承认参与了盗窃，但对于其在盗窃过程中的具体行为，以及所盗得的财物，被告人多份供述均不一致。在第一份供述中，被告人青某茗称他与同伙均在大厅翻找财物，之后同伙入房找财物时，他就到外面望风去了，后来同伙背着一个公文包和小纸箱下来，他问同伙是什么东西，同伙说是手提电脑；在第二至四份供述中，青某茗称进入住宅后就直接从大厅进房间偷东西，他和同伙各自进一个房间翻东西，但他没有找到什么值钱的东西，之后同伙就叫他到外面看风。同伙背着黑色公文包并拿着一个小纸箱下来时他问同伙是什么，同伙说是手提电脑，但当时没让他看，他不知道箱子里到底装了什么东西，事后他也没问同伙盗得什么财物。在第五份供述中，青某茗称实施盗窃的住宅是一厅三房，三个房间他都进去过，也翻动过房里的东西。同伙拿着纸盒下楼后，他曾打开盒子看了一下，看见里面有一部数码相机，当时还用手摸过肖某武的衣袋，没有摸到东西。在庭审中，被告人辩称其只盗得数码相机一部，没有盗得金饰及现金等物品。那么关于本案被盗物品的认定，由于失主对于失窃物品的种类、数量、存放位置，尤其是金饰的重量、价格、购买时间、地点等，均能予以详细描述，并且其所述失窃物品的存放位置与案发现场勘查记录反映的现场被盗痕迹能够相互对应，其称存放金饰的首饰盒上亦提取到被告人的指纹。而被告人青某茗在侦查阶段中对于自己有否进入房间翻找东西、事后是否看到同案人盗得的财物等问题的供述前后不一，没有任何证据予以印证，且其在第一份供述中称没有进入房间翻找东西，第二至四份供述中称仅进入一个房间翻找东西等，与手印鉴定书反映在两个房间的物品上均提取到被告人青某茗的指印情况相矛盾；此外，被告人青某茗与同伙在失主的住宅内分别翻找物品，失窃物品中的金饰及现金、钱包等物又细小易藏，现其同伙在逃，亦不能排除其同伙私吞部分赃物的可能性，由于被告人青某茗与同伙是共同入室盗窃，因此，二人应对失窃的全部物品共同承担责任。为此，法庭最终对失主陈述的被盗物品种类及价值均予以采信，对被告人青某茗的口供均不予采纳。

②被告人的口供明显不可信或者不符合常理，而相对的证据确实充分。该类案件有 2 件。

在（2010）南刑初字第 1388 号贺某某强奸案中，公诉机关指控：2010 年 5 月 2 日 4 时许，被告人贺某某在回出租屋途中发现被害人李某平酒后神志不清醉卧在地，于是将被害人带回其暂住的租住屋内，强行与李某平发生了性关系。李某平清醒后立即逃回不远处其大哥李某均家里并将该事告知其大哥大嫂，随即其大哥大嫂带领治安队员找到贺某某的出租屋并将贺某某抓获，同时在贺某某的出租屋内也找到了被害人李某平遗留在床上的皮包。对于上述事实，被告人贺某某在侦查阶段第一、二份供述中称案发当日他在村口发现被害人睡在地上，且身旁散落手袋、手机、钥匙等物后，曾问她是哪家的，对方未回答，且身上散发强烈酒味，他担心对方出事，就将被害人背回自己的出租屋，放在自己床上休息，并把她的手袋放在桌上，然后自己就去大厅地上铺了竹席睡觉了，未与对方发生性关系，也未脱该女子衣服摸她胸部、阴部。在第三、四份供述中，贺某某称自己将被害人放在床上睡觉后，自己还到外面找摩托车钥匙，找了 20 多分钟没有找到才回去睡觉，且补充反映在背被害人回出租屋前还曾去篮球场找治安队员“散水”和打电话给治安队员“阿仁”叫他们过来处理，但他们一个以为他开玩笑，一个称没空，都没有过去。在第五份供述中，贺某某又称他发现被害人后，先将她扶回自己出租屋，然后再打电话给治安队员“阿仁”，“阿仁”说没空过来，他才又去找到另一名治安队员“散水”，但“散水”以为他说谎，没有过去。同时，在侦查阶段的所有供述中，贺某某均称自己不认识该名女子，也没有与该女子发生性关系。而到了庭审阶段，被告人贺某某又辩称自己与被害人之前认识，被害人是自愿与其发生性关系的。对此，因被害人反映其被强奸，并在逃离现场后立即将该事告诉了其大哥大嫂，而证人李某均、万某葵的证言均证实了该点，并且物证照片、法医学人体损伤程度鉴定书、案发现场勘查记录等证据均一定程度上印证了被害人称被强奸时裤子被扯坏、自己因反抗而将左手撞伤，以及皮包遗留在被告人出租屋的床上等细节，法医学 DNA 鉴定书亦证实被害人与被告人发生了性关系。此外，与被害人李某平一起找到贺某某出租屋的证人陈某辉（治安队员）称看见被害人时被害人的情绪很激动，亦反映出被害人事后的状态符合被强奸后的正常反应。再者，综合被害人陈述、证人李某均、万某葵的证言以及被告人贺某某在侦查阶段的供述可知，被害人与被告人在事前互不相识，因此被害人称被强奸的说法符合常理，更真实可信。而与此相反，被告人在侦查阶段否认与被害人发生性关系，并详细描述了他将被害人背回自己住处后的行为，同时也承认不认识被害人，而在庭审中却称与被害人事前认识，被害人自愿与其发生了性关系，供述前后矛盾，明显不可信，且从被害人、被告人的年龄、职业、文化程度等个人背景，以及被害人已经有男朋友这些情况来看，被告人称被害人是自愿与其发生性关系的说法也明显不符合常理。为此，法庭最终没有采信被告人的任何供述，而根据被害人陈述认定了被告人强奸的事实。

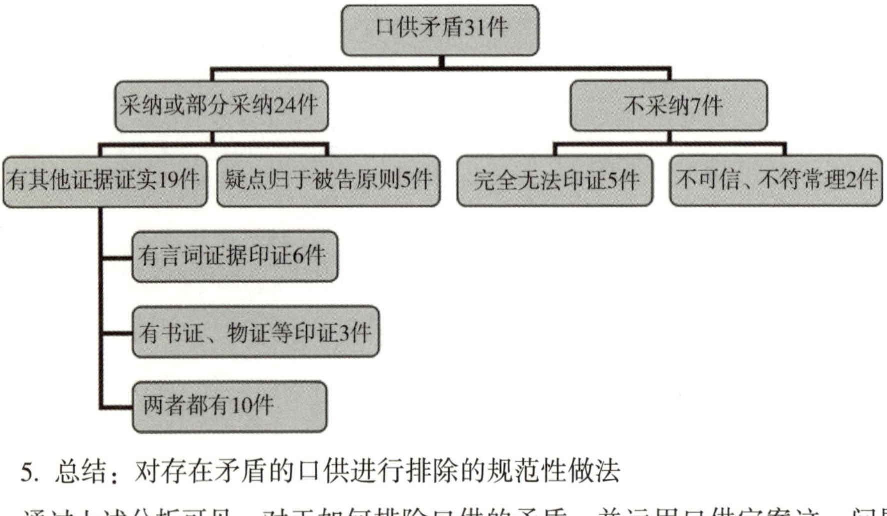

5. 总结：对存在矛盾的口供进行排除的规范性做法

通过上述分析可见，对于如何排除口供的矛盾，并运用口供定案这一问题，实践中有以下一些规范性做法：

（1）将被告人存在矛盾的口供与其他证据进行比较分析，对于得到有其他证据相印证的那部分口供，应优先考虑予以采纳。

（2）在优先考虑采纳有其他证据相印证的部分口供的同时，还要结合该部分口供取得的阶段、讯问地点、讯问人员，以及被告人作出有矛盾的口供的可能原因等因素来综合判断其真实性，并需注意排除刑讯逼供、串供等可能性，从而作出最后的认定。

（3）如果被告人口供与其他证据均不能吻合印证，则需要充分考虑其他证据能否唯一性地指向一个犯罪事实，如果可以，则不采纳被告人的任何口供，而认定其他证据确实的事实；如果不能，则需根据“疑点利益归于被告人”“疑罪从无”的原则来决定是否采纳被告人口供及如何采纳被告人口供，并进而解决“罪与非罪”“此罪与彼罪”“罪轻或罪重”等问题。

（4）如果被告人相互矛盾的口供分别有一定的证据予以印证，则需要比较证据之间的证明力并运用自由心证来进行认定。一般来说，在比较证据之间的证明力时，应遵循客观证据优于主观证据；直接证据优于间接证据；在同种类证据尤其是言词证据中，无利害关系的被害人陈述、证人证言的证明力高于有利害关系的被害人陈述、证人证言的证明力等原则。同时，还要结合常理性分析来综合判断各类证据的可采性，从而作出最后的认定。

（三）刑讯逼供与排除

1. 相关立法规定

（1）《刑事诉讼法》第52条规定：“审判人员、检察人员、侦查人员必须依照法定程序，收集能够证实犯罪嫌疑人、被告人有罪或者无罪、犯罪情节轻重的各种证据。严禁刑讯逼供和以威胁、引诱、欺骗以及其他非法方法收集证据，不得强迫任何人证实自己有罪。必须保证一切与案件有关或者了解案情的公民，有客观地充分地提供证据的条件，除特殊情况外，可以吸收他们协助调查。”

（2）《高法解释》第61条规定：“严禁以非法的方法收集证据。凡经查证确实属于采用刑讯逼供或者威胁、引诱、欺骗等非法的方法取得的证人证言、被害人陈述、被告人供述，不能作为定案的根据。”

（3）《办理死刑案件证据规定》和《非法证据排除规定》的相关内容。

2. 有关司法案例（共14个）

（2007）南刑初字第2046号刑事判决、（2007）南刑初字第720号刑事判决、（2008）南刑初字第1254号刑事判决、（2008）南刑初字第2102号刑事判决、（2009）南刑初字第186号刑事判决、（2009）南刑初字第487号刑事判决、

（2009）南刑初字第 495 号刑事判决、（2009）南刑初字第 669 号刑事判决、（2009）南刑初字第 1257 号刑事判决、（2010）南刑初字第 927 号刑事判决、（2010）南刑初字第 967 号刑事判决、（2010）南刑初字第 1083 号刑事判决、（2010）南刑初字第 1808 号刑事判决、（2011）南刑初字第 44 号刑事判决。

在上述案例中：

（1）被告人入仓体检时身上有伤的案例有 7 个：（2007）南刑初字第 2046 号刑事判决、（2007）南刑初字第 720 号刑事判决、（2009）南刑初字第 186 号刑事判决、（2009）南刑初字第 1257 号刑事判决、（2010）南刑初字第 927 号刑事判决、（2010）南刑初字第 1083 号刑事判决、（2010）南刑初字第 967 号刑事判决。

（2）被告人入仓体检时身上无伤的案例有 7 个：（2008）南刑初字第 1254 号刑事判决、（2008）南刑初字第 2102 号刑事判决、（2009）南刑初字第 487 号刑事判决、（2009）南刑初字第 495 号刑事判决、（2009）南刑初字第 669 号刑事判决、（2010）南刑初字第 1808 号刑事判决、（2011）南刑初字第 44 号刑事判决。

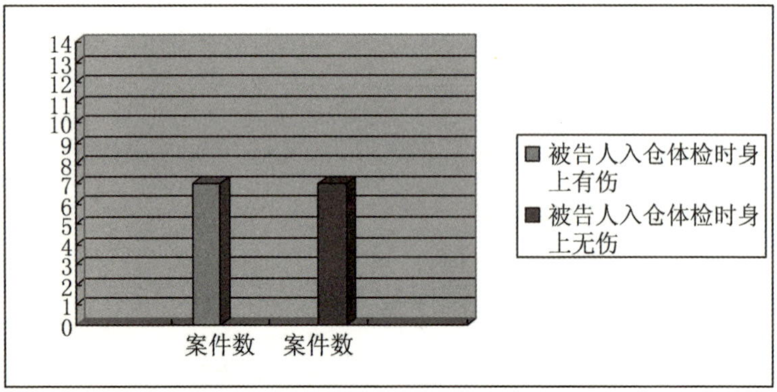

（3）有讯问录音录像资料的案例有 3 个：（2009）南刑初字第 495 号刑事判决、（2009）南刑初字第 186 号刑事判决、（2010）南刑初字第 967 号刑事判决。

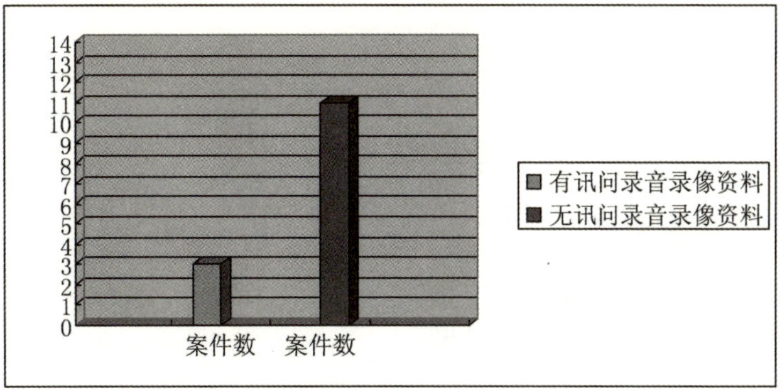

（4）公安机关和侦查人员出具书面材料证明没有刑讯逼供的案例有 4 个：（2007）南刑初字第 2046 号刑事判决、（2007）南刑初字第 720 号刑事判决、（2008）南刑初字第 2102 号刑事判决、（2009）南刑初字第 186 号刑事判决。

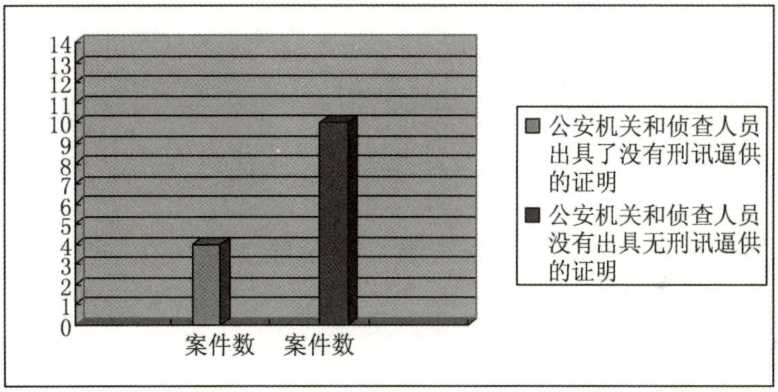

（5）有相关证据证实被告人的伤情是怎样形成的案例有 4 个：（2007）南刑初字第 720 号刑事判决（被告人在侦查阶段的供述中提到伤是怎样来的）、（2009）南刑初字第 186 号刑事判决（公安机关出具证明反映被告人的伤是被告人在拒捕的过程中形成的）、（2009）南刑初字第 1257 号刑事判决（公安机关出具证明反映被告人的伤是被告人在拒捕的过程中形成的）、（2010）南刑初字第 967 号刑事判决（公安机关出具证明反映被告人的伤是被告人在拒捕的过程中形成的）。

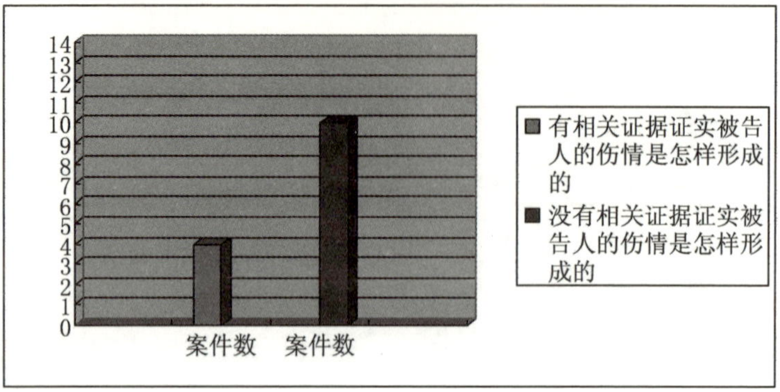

（6）通过被告人在侦查阶段的供述本身作为其中一个原因来认定是否存在刑讯逼供的案例有5个：（2009）南刑初字第186号刑事判决（多名同案被告人在很多细节上所作的供述并不能完全吻合）、（2009）南刑初字第487号刑事判决（多名同案被告人在很多细节上所作的供述并不能完全吻合，其中还有被告人作无罪辩护）、（2009）南刑初字第495号刑事判决（多名同案被告人在很多细节上所作的供述并不能完全吻合）、（2009）南刑初字第669号刑事判决（多份供述在很多细节上并不能完全吻合）、（2009）南刑初字第1257号刑事判决（多名同案被告人在很多细节上所作的供述并不能完全吻合）。

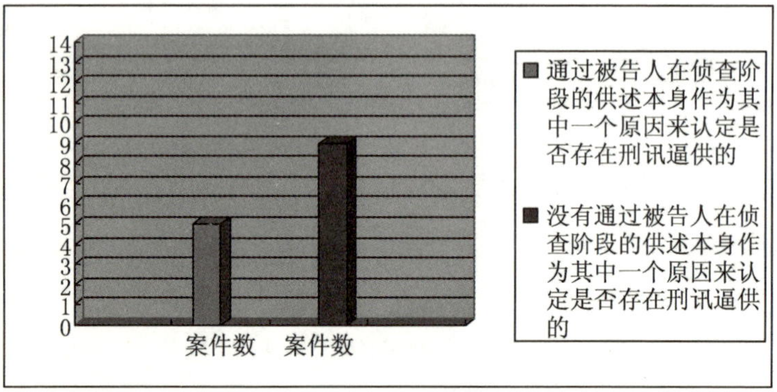

（7）被告人在侦查阶段的供述没有作为定案根据的案例有3个：（2007）南刑初字第2046号刑事判决、（2010）南刑初字第927号刑事判决、（2010）南刑初字第1083号刑事判决。

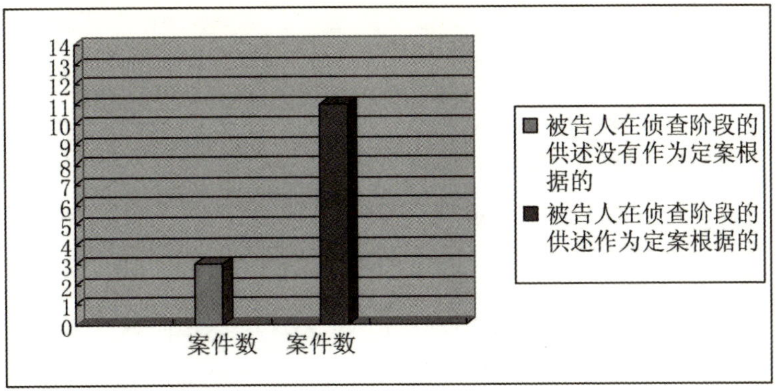

被告人入仓体检时身上有伤的案例	7 件
被告人入仓体检时身上无伤的案例	7 件
有讯问录音录像资料的案例	3 件
公安机关和侦查人员出具证明没有刑讯逼供的案例	4 件
有相关证据证实被告人的伤情是怎样形成的案例	4 件
通过被告人在侦查阶段的供述本身作为其中一个原因来认定是否存在刑讯逼供的案例	5 件
被告人在侦查阶段的供述没有作为定案根据的案例	3 件

3. 采信标准

一般来说，被告人被抓获后首先是羁押在派出所，刑事拘留后才被送往看守所羁押。实践中，被告人提出在看守所内被刑讯逼供的情况较少发生，一般都发生于羁押在派出所期间。被告人及其辩护人在法庭审理过程中提出被告人在侦查阶段的供述是在受到刑讯逼供的情况下作出的，一般要求被告人及其辩护人提供涉嫌刑讯逼供的人员、时间、地点、方式、内容等相关线索或者证据，法庭应当通过建议公诉机关以补充侦查的方式进行调查，核实是否存在刑讯逼供的情况，但在绝大多数情况下，被告人及其辩护人均无法提供相关线索或者证据，在这种情况下，法庭可以要求公诉机关提供讯问笔录、原始的讯问过程录音录像或者其他证据，向看守所调取被告人入仓体检表，通知讯问时其他在场人员或者其他证人出庭作证，让侦查机关和讯问人员提供相关的说明材料，必要时通知讯问人员出庭作证（实践操作过程中，讯问时侦查人员、其他在场人员或者其他证人出庭作证的情况基本上还没出现，一般来说意义也不大，因为根本就不会有人说自己对被告人实施刑讯逼供了)。在对上述证据进行质证、辩论后，法庭可以结合被告人在侦查阶段的供述等全案证据，区分情况作出以下不同的处理：

第一，被告人在被刑事拘留后送看守所羁押进行入仓体检时，入仓体检表上反映被告人身上有伤情，首先就需要核实该伤情是如何形成的。如果从被告人的讯问笔录中或者其他证人证言或者是公安机关和侦查人员出具的证明中可以明显反映被告人的伤情是在被抓获的过程中因为抗拒抓捕而形成的，或者是被告人自残所造成的，或者是群众殴打所致等，那么，即使该入仓体检表上反映被告人身上有伤情，也不能得出是刑讯逼供所造成的结论；如果根据全案证据都无法看出被告人的伤情是如何形成的，在这种情况下，即使侦查机关和侦查人员出具了证明，且有审讯时的录音录像资料，也不能排除被告人的伤情是刑讯逼供所造成的可能性，对于被告人在侦查阶段的供述应当非常慎重，一般不宜作为定案的根据。

第二，被告人在被刑事拘留后送看守所羁押进行入仓体检时，入仓体检表上反映被告人身上没有伤情，被告人及其辩护人又未能提供相关的线索或者证据，而侦查机关和侦查人员出具了相关的证明，或者侦查人员、其他在场人员出庭作了证，同时有审讯时的录音录像资料予以佐证，在这种情况下，被告人在侦查阶段的供述是否是在受到刑讯逼供的情况下作出的确实很难查清楚，《非法证据排除规定》规定了对于被告人在侦查阶段的供述可以进行质证，在庭审当中，当被告人或辩护人纠缠于此时，可以引导被告人或辩护人就其他问题进行辩论，这个问题法庭已经知道了，不需要再进一步进行调查，庭后可以结合案件相关证据，从下面几个方面对被告人供述的来源合法性进行综合判断，一般可以作为定案的根据：

(1) 被告人供述形成的时间。例如，被告人的供述形成的时间早于被害人的报案陈述，那被告人供述的可信度就非常高，据此也可以排除侦查人员刑讯逼供的可能性。

(2) 被告人供述的稳定性。例如，被告人的供述是非常不稳定的，一些细节和全案证据所反映的案发经过也不能吻合；在共同犯罪中，多名被告人之间的供述在一些细节上不能吻合等，据此也可以看出侦查人员刑讯逼供的可能性不大。

(3) 被告人的有罪供述是否是在看守所作出的，如果是在看守所作出的，侦查人员刑讯逼供的可能性也不大。

二、被害人陈述采信的规范化

被害人陈述是《刑事诉讼法》第50条所规定的八类法定证据之一，也是刑事诉讼实践中最常见的一种诉讼证据，它与犯罪嫌疑人、被告人供述和辩解、证人证言、鉴定意见共同构成了传统意义上的言词证据。因此，在研究言词证据采信规范化问题时，被害人陈述采信规范化是不可或缺的组成部分。

所谓被害人陈述，是指遭受到犯罪行为直接侵害的人将其遭受犯罪行为侵害的事实、知道的有关犯罪嫌疑人或被告人的情况等向公安司法机关所作的陈述。从庭审采信的视角出发，与被告人供述、证人证言等证据类型相比，被害人陈述具有如下特征：（1）稳定性，被害人陈述的内容通常是比较稳定的，在一份陈述的前后或多份先后的陈述中，被害人对于案件事实的陈述往往比较一致，这与被告人供述经常出现反复、矛盾甚至翻供形成鲜明对比；（2）直接性，作为犯罪行为的直接经历者，大多数被害人往往都感知了被告人犯罪的全过程，与被告人进行了直接的、正面的接触，因而其对案件事实的陈述往往更为直接、具体、全面，这是证人证言所无法比拟的；（3）不可替代性，被害人是被犯罪行为直接侵害的特定人，故其身份是特定的，不可替代，特别是在审判实践中，有很多案件的直接证据只有被告人供述和被害人陈述，而没有其他证据，即我们通常所说的“一对一”类型案件，在这种情况下，被害人陈述的内容成为反映案件事实全貌的基础，陈述内容能否与被告人供述印证以及印证的程度成为定罪量刑的主要依据；（4）及时性，在实际案例中，大部分被害人都是在感知到自己的合法权益遭受犯罪行为侵害后的第一时间向公安司法机关进行报案，作出了报案陈述，绝大部分刑事案件往往也是在被害人的报案后才启动侦查程序的，被告人供述则是在公安机关经过一定时间的侦查而抓获被告人之后才获得的，故相比起来，被害人陈述内容在及时性上占得先机，因此在之后庭审的采信过程中占据优势；（5）真实性，基于直接经历了犯罪行为实施的全过程，并在第一时间向公安机关作出了陈述，被害人往往对案件事实具有清晰、全面和较普通证人更为准确的记忆，这也决定了被害人陈述在庭审采信中往往具有较高的真实性和可信度。当然，司法实践是纷繁复杂的，不同案件的不同情况也决定了并非所有的被害人陈述都能够保持稳定、直接、及时特别是真实的特点，司法实践中有时也会遇到由于种种复杂原因，被害人没有及时报案，或陈述内容不稳定，或在陈述中有意无意地夸大、缩小客观事实，甚至还有被害人故意部分或全部捏造事实，谎报案情。正基于以上原因，法官在庭审中如何客观、准确地对不同的被害人陈述进行采信，去粗取精，去伪存真，对查清案件事实、作出公正判决显得尤为重要。而进行被害人陈述采信的规范化实证研究，对解决上述问题乃至对我国司法审判中的庭审规范化无疑是大有裨益的，这也是我院课题组在完成了第一阶段“被告人供述与辩解采信规范化研究”之后开展本阶段课题研究的目的所在。

为了使本课题研究成果对以后的司法实践更具指导性和参考性，课题组选取了更具时效性的研究对象，即2010年1月至2011年6月佛山市南海区人民法院审结的刑事案件。同时，与第一阶段课题研究方法一致，本课题主要立足于实证研究方法，通过阅卷随机抽取了86件案例作为样本，并对样本案件进行分析归类，统计总结，以期形成被害人陈述采信的规范性做法。

（一）被害人陈述的类型分析

我国刑事法学者从不同角度将被害人陈述划分为多种类型，如事实性陈述与非事实性陈述、证据性陈述与非证据性陈述、口头陈述与书面陈述、庭审陈述与庭外陈述等。鉴于本课题立足于实证研究，对于理论上的成果不作过多阐述，而主要从司法审判实践出发，通过对实际庭审中影响采信的因素进行分析，从而将被害人陈述分为以下类型：

一是根据被害人的自然情况进行分类：

（1）按被害人的年龄分为未成年被害人陈述和成年被害人陈述。其中，未成年被害人陈述12件，成年被害人陈述74件，分别占总数的13.95%和86.05%。

（2）按被害人的性别分为男性被害人陈述和女性被害人陈述。其中，男性被害人陈述51件，女性被害人陈述35件，分别占总数的59.3%和40.7%。

（3）按被害人的文化教育水平分为文盲、初级教育水平和高等教育水平。其中，被害人是文盲的共有3件，受过初级教育的66件，享受过高等教育的被害人陈述有17件，分别占总数的3.49%、76.74%、19.77%。

年龄		性别		文化水平		
未成年	成年	男性	女性	文盲	初级	高等
12	74	51	35	3	66	17

二是根据案件性质区分为：侵犯人身权益类案件、侵犯财产类案件和其他案件。抽样统计中，侵犯人身权益类案件达55件，占总案例的63.95%，具体包含：故意伤害案件21件，强奸案件30件，其他人身损害案件4件；侵犯财产类案件为29件，占总案例的33.72%，具体包含：盗窃案件10件，抢劫案件15件，其他财产案件4件；除了上述人身和财产两大类案件外，还有其他类型案件2件，主要是寻衅滋事类型。

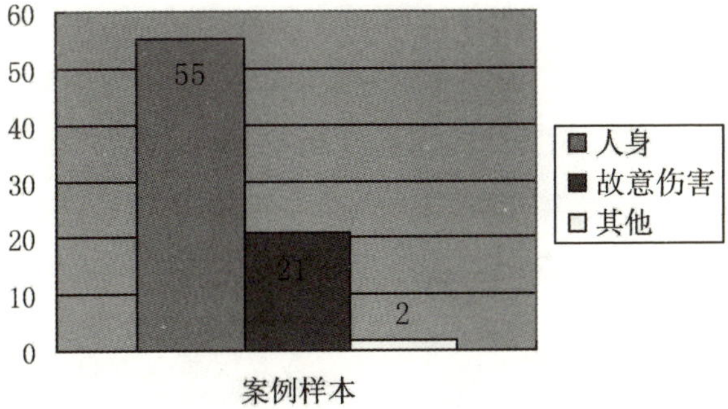

三是根据被害人陈述内容进行分类：

（1）从被害人陈述与被告人供述是否一致的角度可区分为：与被告人供述一致的被害人陈述和与被告人供述矛盾的被害人陈述。抽样统计中，与被告人供述一致的35件，占总案例的40.7%；与被告人供述不一致的51件，占总案例的59.3%。

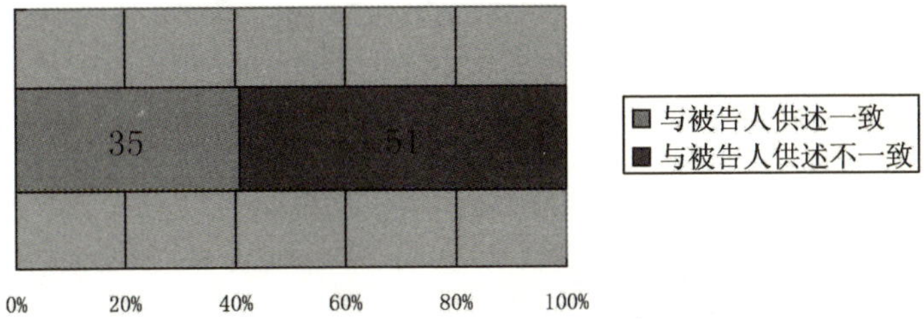

（2）从被害人陈述内容的清晰度可区分为：肯定具体的被害人陈述和模糊片面的被害人陈述。抽样统计中，被害人陈述内容肯定具体的共73件，占总案例的84.88%；被害人陈述内容模糊片面的仅13件，占总案例的15.12%。

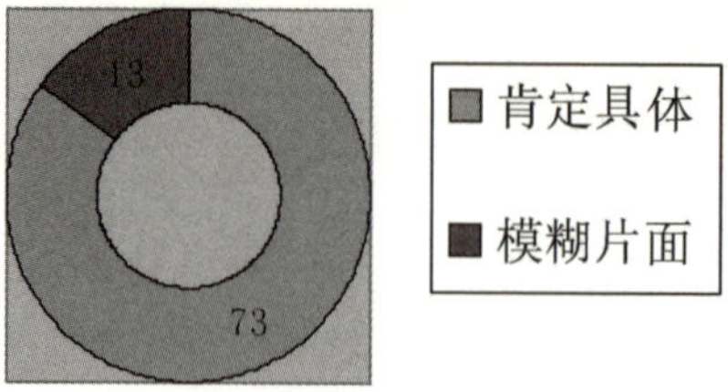

四是根据被害人庭审中是否出庭可区分为：出庭的被害人陈述和未出庭的被害人陈述。样本案例中，案件庭审中被害人出庭的较少，仅 7 件，占总案例的 8.14%；而大部分案件中，被害人均未出庭进行陈述，抽样统计中有 79 件属此类型，占总案例的 91.86%。

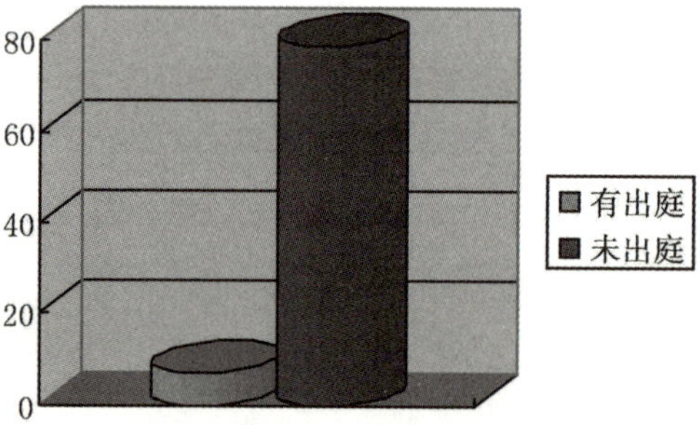

五是根据被害人陈述次数可区分为：被害人仅有一次陈述和被害人作出多次陈述。这一划分类别在抽样统计中得出的两类结果水平相近，分别为 45 件和 41 件，各占总案例的 52.33%和 47.67%。

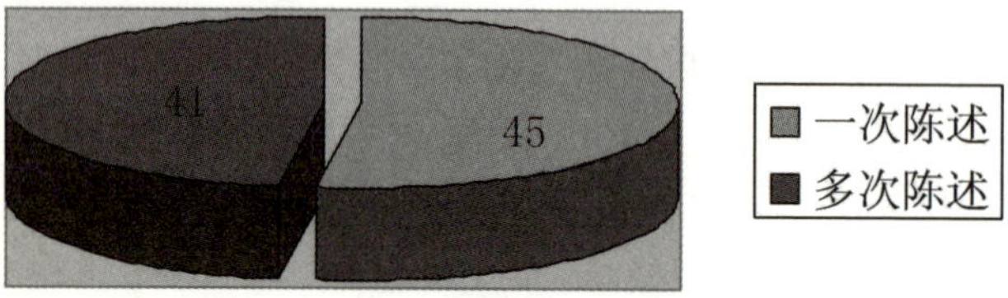

六是根据被害人陈述的稳定性区分为：一直稳定的被害人陈述与前后不一致的被害人陈述。抽样统计中，一直稳定的被害人陈述案件达 72 件，占总案例的 83.72%；前后不一致的被害人陈述为 14 件，占总案例的 16.28%。

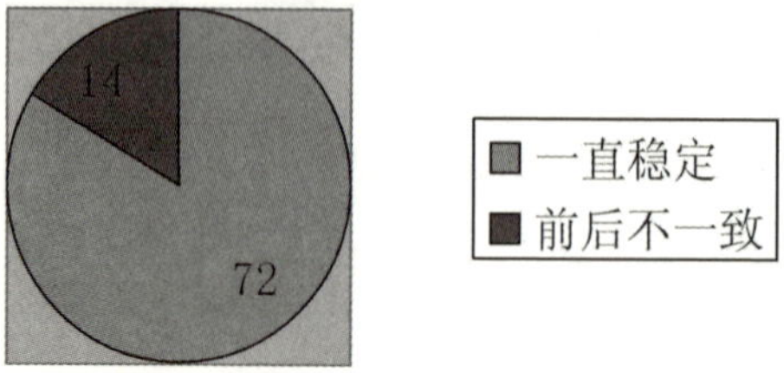

七是根据被害人案发前与被告人的关系可区分为：与被告人相识的被害人陈述和与被告人陌生的被害人陈述。抽样统计中，与被告人相识的为 35 件，占总案例的 40.7%；与被告人陌生的 51 件，占总案例的 59.3%。

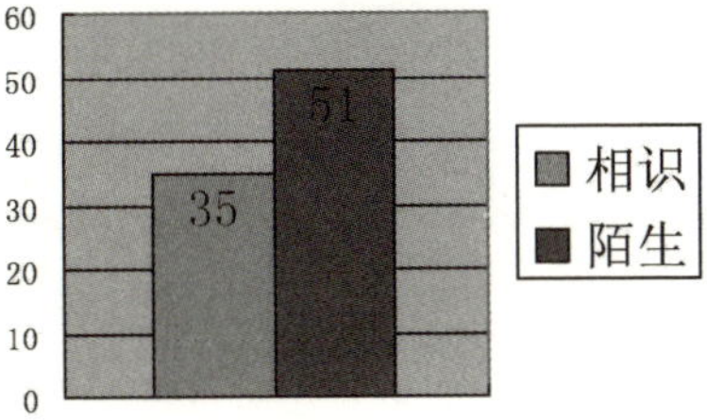

八是根据被害人报案时间早晚可区分为：案发后及时报案的被害人陈述与迟延报案的被害人陈述。抽样统计中，被害人及时报案的为 60 件，占总案例的 69.77%；迟延报案的 26 件，占总案例的 30.23%。

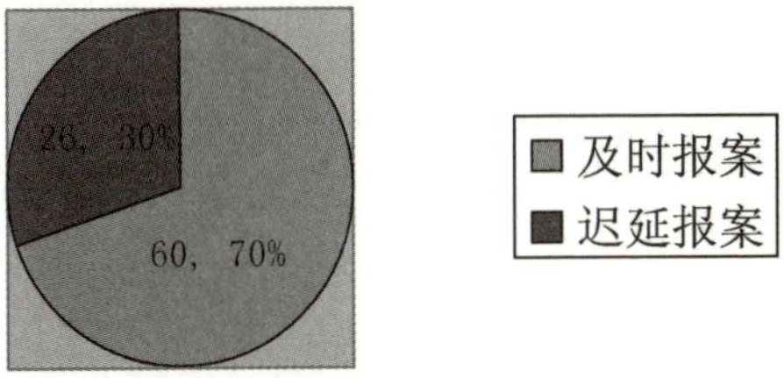

九是根据被害人是否直接与被告人有接触可区分为：与被告人有直接接触的被害人陈述和与被告人未接触的被害人陈述。抽样统计中，与被告人有接触的为 76 件，占总案例的 88.37%；与被告人未接触的 10 件，占总案例的 11.63%。

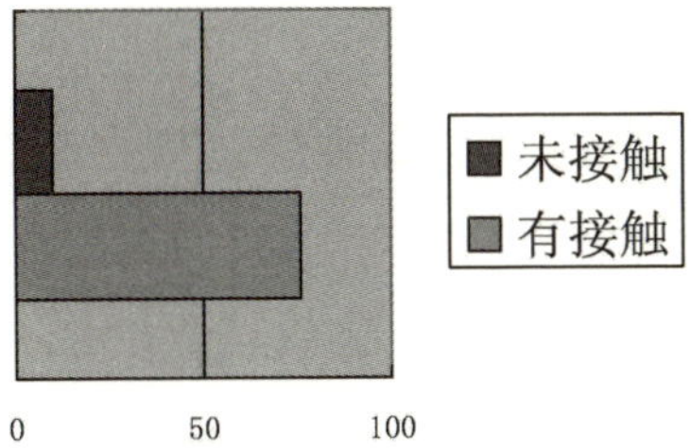

通过上述类型分析，我们发现：第一，与被告人一样，绝大多数被害人都是成年男性，仅仅具有初级及以下教育水平，这与犯罪学研究结果是一致的。第二，在作出陈述的被害人中，侵犯人身权益的案件占较大比重。这些被害人应当成为司法保护的重点和我们重点研究的对象。第三，从抽样统计看，绝大部分被害人遭受犯罪侵害后都及时报案；有的被害人只作过一次陈述，有的被害人作过多次陈述，且陈述内容肯定、具体、一直比较稳定，但这些陈述绝大多数都是在庭外作出的，被害人出庭作证陈述比例很低。第四，在司法实践中，虽然大部分被害人案发前都不认识被告人，而且绝大部分被害人与被告人有过直接接触，但大部分被害人陈述与被告人供述不一致甚至矛盾。

（二）被害人陈述采信的规范化做法

1. 被害人陈述的矛盾与排除

在司法审判中，被害人陈述的内容明显虚假，即我们平常所说的“报假案”是很少的，绝大多数案件中被害人陈述都得到庭审采信。但囿于被害人的主观性以及自身利害关系的影响等原因，大部分被害人陈述中或多或少地存在瑕疵或矛盾，这也导致了实际案例中被害人陈述全部能得到庭审采信的也不在多数，大部分被害人陈述往往需要办案法官分析陈述内容，找出陈述中的矛盾，并加以排除，而后方可作为案件定罪量刑的依据。所以，被害人陈述的矛盾与排除是被害人陈述采信过程中极为重要的一环。

在司法实践中，被害人陈述的矛盾与排除主要体现为以下四个方面：

（1）在同一案件中，被害人只有一份报案陈述，且与被告人供述存在矛盾的。这是司法实践中对被害人陈述进行庭审采信时最为常见的一种类型。也正是这种最基本的矛盾类型，体现了被害人陈述采信最基本的原则和做法，即结合案件其他证据对被害人陈述内容进行认定，看有无其他证据可以印证。有其他证据能够印证的则予以采信，有部分事实可以得到印证的则部分采信，如没有任何证据可以印证的，一般不予采信。在本课题的抽样统计案例中，本类案件共有 45 件，占总案例的 52.33%。

案例 1：（2011）南刑初字第 123 号被告人杨某某、李某某二人抢劫一案。本案中，公诉机关指控两被告人多次伙同他人利用卖淫女引诱被害人到出租屋嫖娼，并对被害人实施抢劫。在本案的多宗抢劫事实中，第一宗指控事实为：2010 年 4 月 2 日 22 时许，被告人杨某某伙同四名男子和一名卖淫女（均另案处理）密谋后，利用该名卖淫女向被害人肖某某招嫖，将肖某某诱至佛山市南海区桂城石肯秋阳坊桂元路二巷 6 号出租屋内。之后，杨某某等人手持砍刀冲进房内，将被害人左手及左脚部位砍伤，抢走步步高 I6 移动电话一台、现金人民币 220 元。经法医鉴定，被害人肖某某损伤程度为轻伤。对于该宗抢劫事实的指控，被告人杨某某予以否认，辩称没有参与过该宗抢劫，而公诉机关就该宗指控提供给法庭的证据则只有被害人肖某某的报案陈述及辨认笔录、涉案财物估价证明、法医学鉴定书、案发现场的勘查笔录及照片。被告人杨某某等人对被害人肖某某实施抢劫的事实只有被害人肖某某的陈述和辨认笔录，没有其他证据印证。在被告人杨某某对此予以否认的前提下，现有证据无法确实、充分地证实杨某某等人实施了抢劫被害人肖某某的事实，故法院在庭审采信时，根据事实存疑有利于被告人的原则，对该宗抢劫的被害人陈述未予采信，对该宗指控不予确认。此外，本案的其他几宗抢劫事实，公诉机关提供的证据既有几名被害人的报案陈述，也有两名被告人的有罪供述相印证，同时还有其他鉴定意见、勘查记录及照片等书证物证予以佐证，法院在庭审时对被害人陈述予以采信，并结合其他案件证据对两被告人的抢劫事实予以确认。

需要特别提出的是，佛山市南海区人民法院位于我国珠三角区域腹地，基于当地经济发达的地域特点，法院辖区内“两抢一盗”案件多发，涉案金额往往较大。在很多盗窃犯罪案件中，就被盗财物金额，被害人陈述与被告人供述经常出现不一致。“报多供少”已经成为本地区盗窃犯罪的一个显著特点，故对该类型案件被害人陈述中报案金额如何采信有很强的现实指导意义。样本案例中共有盗窃案件 10 件，而具有“报多供少”特征的就有 4 件，占盗窃案件的 40%，占总案例的 4.65%。

案例 2：（2010）南刑初字第 2009 号被告人姜某某盗窃一案。公诉机关指控：①2010 年 5 月 20 日 15 时许，被告人姜某某伙同李某某（另作处理）经合意盗窃后，由姜某某驾驶粤 J305Z8 号牌摩托车搭载李某某驶至佛山市南海区大沥镇新风路路口一家 mini 店铺门口路边。其后，由姜某某驾车接应，李某某利用作案工具钻头将被害人李梦某停放在该处的一辆雅阁小汽车的车窗玻璃砸烂，进而盗走李梦某的黑色挂包一个（内有现金人民币 350 元等物）。得手后，两人逃离现场。②2010 年 5 月 23 日 12 时许，被告人姜某某伙同黄某某（另案处理）经合意盗窃后，两人驾驶上述摩托车驶至大沥镇民富路 2 号杭富人家门口。其后，由黄某某驾车接应，姜某某利用作案工具钻头将被害人陈必某停放在该处的一辆红色越野车的车窗玻璃砸烂，进而盗走陈必某的黑色挂包一个（内有现金人民币 35000 元、诺基亚 6760S 型移动电话一部等物品）。得手后，两人逃离现场。破案后，被盗财物均无法起回。被告人姜某某对公诉机关的指控基本无异议，但辩称在第二宗盗窃中仅盗得现金人民币 10080 多元，并非 35000 元。经过法庭审理，对于第二宗盗窃中盗得的现金数额，公诉机关提供的证明被告人盗得现金为人民币 35000 元的证据，仅有被害人陈必某的报案陈述，并无其他直接或间接证据可以佐证，但被告人归案后供称盗得现金为人民币 10080 多元，前后二者存在矛盾，根据事实存疑有利于被告人的原则，法院在庭审采信时并未采信被害人关于盗窃金额的陈述，而是结合被告人供述认定被告人在第二宗盗窃中盗得现金为人民币 10080 元。

（2）同一案件中，被害人有多份陈述，其陈述前后稳定一致，但与被告人供述存在矛盾的。抽样统计中，本类案件共有 9 件，占总案例的 10.47%。对于这类案件，因被害人的多次陈述都能前后印证，内容一致，往往都能得到其他书证、物证等证据印证，虽然与被告人供述有所矛盾，但基本上都可以得到庭审的采信而作为定罪量刑的证据。

案例 3：（2010）南刑初字第 642 号被告人青某某盗窃一案。本案的争议焦点在于被盗物品的种类及价值，公诉机关指控的内容为被告人青某某共盗得金手镯两对、金戒指三只、数码相机一部（共价值人民币 15138 元）以及铂金项链一条、现金人民币 2000 元、钱包一个（内有身份证一张）。被害人高某某在 2008 年 7 月 22 日的报案陈述内容为："2008 年 7 月 21 日下午 5 时 30 分许，我回到位于西樵镇高街西 138 号 503 房的家中，发现被人盗窃。经检查，被盗物品有：足黄金手镯两对（每对重约 20 克，购入价为 4500 元，共 9000 元）、足黄金戒指三只（每只重约 5 克，购入价为 1000 元，共 3000 元）、铂金项链一条（购入价 650 元）、富士 Finepixv10 数码相机一部（价值 2000 多元）、钱包一个（内有梁某某身份证一个及现金 500 元），另有现金 1500 元。上述物品中金饰是放在杂物房的衣柜旁的一个木箱里的首饰盒中，数码相机是放在床头柜的抽屉里，钱包是放在主人房书桌的抽屉中，除钱包内的现金外，其他现金是放在书桌抽屉里的一些利是封中。此外，上述金饰是我于 2007 年 2 月在西樵影剧院对面购买的，数码相机是 2007 年 10 月在佛山市百花广场附近购买的。" 2010 年 3 月 3 日，被害人再次向侦查机关作出陈述，其陈述中关于被盗物品名称、数量、价值及购买地点等内容与之前的报案陈述均比较吻合，前后一致。而被告人的多份供述前后矛盾，辩称其只盗得数码相机一部，没有盗得其他金饰及现金等物品。在庭审采信中，法院认为被害人高某某在失窃后，能及时报案，对于失窃物品的相关细节记忆准确，案发后的多次陈述中，对于失窃物品的种类、数量、存放位置，尤其是金饰的重量、价格、购买时间、地点等，均能详细予以描述，前后吻合，且其所述失窃物品的存放位置与案发现场勘查记录反映的现场被盗痕迹能够相互对应，其称存放金饰的首饰盒上亦提取到被告人的指纹，有手印鉴定书佐证；而被告人青某某在侦查阶段中对于自己有否进入房间翻找东西、事后是否看到同案人盗得的财物等问题的供述前后不一，且其在第一份供述中称没有进入房间翻找东西，第二至四份供述中称仅进入一个房间翻找东西等，与手印鉴定书反映在两个房间的物品上均提取到被告人青某某的指印的情况亦相矛盾，为此，本院对于被害人多次陈述内容均予以采信，从而对公诉机关指控的被盗物品种类及价值均予以认定。

（3）同一案件中，被害人的多份陈述前后并不稳定，甚至会出现矛盾。抽样统计中，本类案件共有 14 件，占总案例的 16.28%。

案例 4：（2010）南刑初字第 1577 号被告人黄××故意伤害一案。本案的争议焦点在于被告人黄××在被害人被伤害当天是否在案发现场。公诉机关指控，2009 年 1 月 22 日 19 时许，被告人黄××及三名不知名男子（均另案处理）至佛山市南海区里水镇麻奢上边村祠堂附近，向袁××催收赌债。袁××打电话让其儿子袁×腾赶回。袁×腾与被害人高××一同赶到，与黄××等人因赌债问题发生争执。黄××打电话纠集十余名男子，用拳脚围殴高××、袁×腾、袁××。治安队员闻讯赶到，黄××等人逃跑。治安队员展开围捕，在麻奢小学附近，抓获一名形迹可疑的男子，并打电话通知袁××来辨认。此时，袁××的战友何××赶到，要求带走被治安队员控制的男子，与袁××私下解决此事，并驾车搭载该男子到上边村小组办公室附近。治安队员驾车跟随前往。高××、袁×腾、袁××亦赶到。何××与袁××就是否能带走被治安队员控制的男子发生争吵。其间，五六名男子驾乘小汽车赶到，与被治安队员控制的男子持刀追砍高××、袁××，致高××受伤，后逃离现场。经鉴定，高××系受钝性及锐性暴力作用致腹部、肢体部软组织损伤及胰腺破裂，属重伤九级伤残。公诉机关据以指控 2009 年 1 月 22 日被告人黄××在案发现场的证据只有被害人高××、证人袁×腾、袁××的指认。被害人高××共作出两份陈述，第一份陈述形成于 2009 年 1 月 24 日 16 时至 17 时，地点位于里水派出所，但根据证人袁×腾、袁××的证言，高××在案发后即被送往里水医院治疗后转往南海医院住院治疗且伤情严重，而被害人本人于第二份陈述中也证实其于案发的次日（2009 年 1 月 23 日）即在南海医院做手术，2009 年 1 月 24 日没有去里水派出所做笔录。因此，被害人作出第一份陈述的时间与其实际情况相矛盾，本院在庭审采信时对于其第一份陈述来源存疑；同时，被害人在第二份陈述中曾指认被公诉机关“另案处理”的男子李××是案发当场讲“最窜就是他，打他”的那个人，但是在本案的开庭审理中，被害人陈述表示被告人黄××才是讲这句话的人，由于被害人前后讲法不一，且该陈述内容事关本案被告人的身份确定，导致其指认被告人黄××的陈述及辨认笔录的真实性无法确认，本院在采信时对于其之前的被害人陈述未予采纳。再结合证人袁×腾对被告人黄××多次辨认结果均不吻合，证人袁××关于案发的具体过程，包括来收债男子的人数、收债男子有无动手追打其与高××等细节与其他证人证言均不能相互印证，本院对于被害人的陈述内容均未予以采信。

案例5：(2010) 南刑初字第1314号被告人游××强迫卖淫一案。公诉机关指控，被告人游××以到广东当酒店服务员为借口，将被害人寇某某、刘某某从湖北襄樊诱骗到佛山市南海区，后被告人游××伙同全××（另案处理）使用言语恐吓、限制人身自由等强制方法迫使二被害人分别卖淫并收取二被害人卖淫所得。本案的争议焦点在于被告人游××有无强迫两被害人卖淫。关于这一焦点，被害人寇某某的陈述中一直予以肯定被告人强迫卖淫的事实；但被害人刘某某曾作出多次陈述，并且前后有所矛盾，在本案被告人的辩护人向公安机关提交的录音录像资料中，被害人刘某某陈述其是自愿卖淫的，被告人并未强迫她，但之后，在公安机关出具的询问被害人刘某某的录音录像资料中，被害人刘某某则反映被告人的辩护人向公安机关提交的录音录像资料中其所说的话都是假话，并对被告人游××强迫其卖淫的事实予以了确认，其陈述内容为：到了大约5月初的一天，我一个人在荆门的大街上见到我同学的一个朋友韩××，他请我吃饭。在一家小餐馆坐下不到10分钟，先后又来了五六个人，其中有两个是女的，那些男人中，有一个是被告人游××的儿子田××、有几个是田××的亲属，还有一个是田××的父亲，他们叫我替田××的母亲说好话，说我卖淫不是被她强迫的，我不同意。他们劝说我配合他们制作录音录像，我还是不同意。韩××对我说：“我们外面还有一帮人，你不配合，我就不能保证你全家的安全了，就算你要回家，不知道你能不能回得去。”我听了这番话就害怕了，同意配合他们。当时，除了韩××对我说这些话，田××和其父亲也说过类似的话。当天晚上，他们你一言，我一语，教我如何回答他们在制作录音录像时的提问。第二天，韩×

××等人带着我坐汽车到了佛山黄岐一间叫“红土地”的湘菜馆开了一间房间，房间内有田××及其父亲、韩××、“小伍”、“权叔”等人。他们请了一个照相馆的人来制作录音录像，“小伍”、韩××、田××及其父亲、“权叔”坐在录像拍不到的地方，我按照他们教的，回答了他们的提问。我在录音录像里说不是被强迫的话都是假话，这些都是他们教我这样说的，如果我不这样说，我怕他们害我及我的家人。在本案的庭审采信中，法院结合被害人寇某某的报案陈述及辨认笔录、案发现场的勘查笔录及照片、公安机关出具的抓获经过等证据对被害人刘某某关于被告人强迫其卖淫的陈述予以了采信，对于被告人辩护人提供给侦查机关的被害人刘某某的陈述，因该份陈述系受到被告人家属逼迫，是被害人在非自愿的情况下作出的，应属于虚假陈述，故未予采信。

(4) 同一案件中，多名被害人有多份陈述，其陈述存在矛盾的。抽样统计中，本类案件共有12件，占总案例的13.95%。

案例6：(2010) 南刑初字第1813号被告人唐××抢劫一案。公诉机关指控被告人参与三宗抢劫事实：①2009年9月的一天中午，被告人唐××和几名同伙(均另案处理) 去到平洲平北长林村桥头的榕树下，持刀威胁在此赌博的被害人王××、林××、吕××等人，劫取赌桌上的现金人民币约3000元。②2010年2月22日中午，被告人唐××和几名同伙（均另案处理）去到长林村桥头旧祠堂对面路边，持刀威胁在此赌博的被害人林××、王××、吕××等人，劫取赌桌上的现金人民币约1000元。③2010年3月15日中午，被告人唐××和几名同伙（均另案处理）去到长林村桥头旁边的杂货店门口，持刀威胁在此赌博的被害人王××、林××、吕××等人，劫取赌桌上的现金人民币约4000元。被告人辩称在第一宗抢劫指控中，他当时只是参赌人员，因有人发生争执，大家就纷纷从赌桌上拿钱，他也从赌桌上拿回了自己的赌资，没有实施抢劫；在第二、三宗抢劫指控中，他均不在现场。对于第一宗抢劫，公诉机关提供的三名被害人的陈述及两名证人证言均一致指认被告人唐××参与了该宗抢劫，且各人对于案发经过及细节的描述均相吻合，故法院在庭审采信时对第一宗抢劫予以了确认。对于第二宗抢劫，被害人林××有两次陈述，一次陈述为：“我刚放下钱准备去拿牌时，突然有四名男青年手持开山大砍刀走上来，什么话也没讲，其中一人将桌面上的钱全部扫成一堆后拿起来就走了”；另一次陈述却是：“当时我和王××、吕××还有八九个本地村民在平北长林村打扑克牌赌博时，唐××带了三名东安仔前来，没有拿工具，二话没说将台面上的约1000多元赌资拿走”；被害人吕××陈述为：“我和王××、林××等玩扑克赌博。后陈××带了三个老乡走路过来，没有拿刀，其中一名东安仔将台面约1000元赌资拿走”；被害人王××陈述为：“我和吕××、林××及几个村民在平北长林村桥头附近的旧祠堂门口赌钱，唐××带了两三个‘马仔’过来，将台面上约1000元现金抢走”；另一被害人王××在陈述中则完全未提到第二宗抢劫。故关于该宗抢劫指控有无发生、被告人唐××有无参与、抢劫之人有无持刀等关键事实，几名被害人的陈述都是相互矛盾的，且没有其他证据可以印证，法院在庭审采信时，对于第二宗抢劫的被害人陈述未予以采信。对于第三宗抢劫，因被害人王××明确报称：“唐××没有参与该次抢劫”；而被害人林××在明确指认被告人唐××参与了第一、二宗抢劫的同一份陈述中虽然提到了第三宗抢劫的事实，却并未指认被告人唐××参与了该宗抢劫；证人李××在证言笔录中没有明确唐××参与了该宗抢劫，而在辨认笔录中亦只反映唐××是2010年2月22日参与抢劫的男子，故法院在庭审采信时，综合现有证据分析，对于被害人王××反映被告人唐××没有参与第三宗抢劫的陈述予以采信。

2. 被害人陈述的补强

被害人由于身受其害，与案件处理结果存在利害关系，而且其陈述是经过主观思维整理才作出的，导致其陈述内容或多或少地存在矛盾，这就决定了它同其他言词证据一样，在庭审采信时存在共同弊病，即证明力相对薄弱。所以在庭审采信时，往往需要基于其证明力不足而对其进行补强，以加强其证明效力。这也是司法审判中采信被害人陈述时的经常做法。

（1）直接证据与间接证据的补强。证据补强最常见于强奸等性犯罪案件中，此类案件能直接证实被告人犯罪事实的证据并不多，往往只有被害人陈述，这种情况下就亟须其他相关物证、书证及证人证言的补强，通常庭审采信时，对于有助于增强被害人陈述证明力的直接证据如证人证言或间接证据如鉴定意见、物证照片等，都予以吸收作为补强证据。

案例7：（2011）南刑初字第807号被告人邓××强奸一案。被害人报案陈述为：“2010年12月2日23时许，邓××打电话叫我去大沥前沿酒城玩，我喝了三瓶左右的啤酒，就叫邓××送我回家。我们上了出租车后，我对司机说去盐步东秀聚龙村，邓××说去联安西瑶村，后来我就睡着了，醒来时发现自己在邓

××家中。邓××把我推倒在房间的床上并强吻我及脱我的衣裤，我拼命挣扎，还用指甲划伤他的后背及咬他的舌头。他很气愤不断骂我，还一只手按着我的上身，一只手按着我的下体，我喊救命，他又按住我的嘴巴，然后强行与我发生了性关系。”本案中，就被害人的报案陈述，公诉机关提供了证人邵×、邵××的证言及邓××的舌头及背部受伤的伤情照片对被害人关于在反抗强奸时用指甲划伤被告人的背部及咬伤被告人的舌头的陈述进行了补强，同时《盐步医院病历信息表》也对被告人因强行与被害人发生性关系致被害人下体受伤予以印证。故庭审采信时，法院对有充分证据补强的被害人陈述予以采信，并据此认定了被告人的强奸事实。

（2）补强的程度。证据补强是司法审判中对证明力薄弱的被害人陈述加强其证明效力的通常做法，但实际操作中，证人证言、物证、书证等证据需对被害人陈述补强到什么程度才可达到补强的效果？这是理论及实务界均有所争议的问题。我院的通常做法是：证据补强只要能达到直接或间接地证明被害人陈述内容的真实性即可，不要求补强证据能独立证明案件的全部事实。抽样统计中，本类案件共有 16 件，占总案例的 18.6%。

案例 8：（2010）南刑初字第 1648 号被告人黄××抢夺一案。公诉机关指控，2010 年 4 月 5 日 17 时许，被告人黄××伙同一男子（另案处理）驾驶一辆粤 T2V856 摩托车，在我区桂城石肯三村招土坊 1 号门前路段，看见被害人梁××颈上带有一条金项链，遂驾车靠近，由黄××伸手抢该金项链，因梁××及时躲闪而未果。黄××与男子即驾车逃离现场，后梁××驾车在石肯沙场附近河堤边再次发现黄××和那名男子，遂与群众一起对两人进行抓捕，黄××持刀和辣椒水威胁、反抗，并跳下河逃跑，后民警赶到现场将黄××抓获。被害人梁××对抢夺金链的过程作出了清晰的陈述：“我看到是两名男子共乘一辆摩托车来抢我的金项链，后座的男子还转过头来看着我，我和坐在后座的男子对视了一阵子，我对他的印象非常深刻。两名男子驾驶的摩托车是一辆红色太子型男装摩托车，坐在后座的男子年约 34 岁，身高约 1.7 米，体型偏瘦，留短发，当时身穿一件紫黑色毛衣和一条黑色运动裤，头戴红色头盔。车牌号码：粤 T2V856。”同时经辨认，被害人梁××指认被告人黄××就是在桂城石肯三村招土坊 1 号门前路段坐在一摩托车后座动手抢其金项链的男子。被告人黄××在侦查及庭审阶段一直否认抢夺事实。对于被告人一直否认的抢夺犯罪事实，公诉机关提供了视听资料及两名证人证言对被害人的报案陈述予以了补强，视听资料清晰反映：2010年4月5日17时7分40秒至55秒，在佛山市南海区桂城石肯三村一路段一辆摩托车共乘两名男子，其中坐在摩托车后面的男子伸手抓被害人脖子的金项链，该名男子身穿紫黑色上衣、头戴红色头盔，抢夺过程中保持着伸手抓项链的姿势并转回头看被害人。与被害人一起追赶被告人的证人梁××在证言中也反映“那名男子穿一件黑紫色上衣和一条黑色运动裤，一双白色的球鞋，短头发，他们坐在摩托车上时都是戴红色头盔”，并指认被告人黄××就是被其追赶的男子。综上，视听资料以及证人证言都对于被害人陈述的被告人抢夺犯罪的过程及被告人本人的特征等内容达到了直接充分的补强程度，故法院在庭审采信时对于被害人陈述内容予以采信。

(3) 在“一对一”案件中，被告人供述对被害人陈述内容的印证与补强。司法实践中经常会遇到“一对一”案件，即案件中，可以直接证明被告人犯罪事实的证据只有被告人供述和被害人陈述。该类型案件，一旦被告人供述对犯罪事实予以否认，而没有其他强有力的间接证据予以补强的话，仅凭被害人一方陈述被告人的犯罪事实，往往很难被法庭予以采信并因此对被告人定罪量刑；反之，如果直接犯罪事实得到被告人供述和被害人陈述的相互印证，则结合案件中其他相关间接证据，法庭在庭审采信时，就可以对被害人陈述予以采信，从而查明案件的犯罪事实。所以说，被告人供述在一定情况下，也可以成为被害人陈述的一种特别的补强证据。抽样统计中，本类案件共有28件，占总案例的32.56%。

案例9：(2010) 南刑初字第1111号被告人韦××等三人抢劫一案。公诉机关指控，2010年2月5日20时许，被告人韦××同周××等人（均另案处理）来到佛山市南海区九江镇沙头工业园康乐缘餐厅，聚集被害人刘××等人用扑克牌赌博。21时许，韦××等人的换牌作弊行为被刘××发现，参赌人员随之离开。韦××等人遂殴打刘××，其中一人还从店内拿起一把菜刀准备殴打刘××，被他人制止。韦××等人将刘××拉出店外继续进行殴打，随后强行将其拉至沙头工业园品香阁酒楼一房间内。被告人韦××等闻讯赶到品香阁酒楼房间，韦××负责在房间门口把守，其他人在房间内继续采用胁迫、殴打的手段，抢走刘××身上的现金人民币500元。本案中，有证人可以证实被告人韦××聚集赌博时被被害人揭穿“出千”行为，并因此而殴打被害人的案发起因，也有证人可以证实被告人等人进入品香阁酒楼房间的事实，但就本案主要犯罪行为——几被告人在酒楼房间内对被害人殴打恐吓并实施抢劫的事实，由于案发于酒楼房间内，除了房间内的被告人等人及被害人以外，并无其他证人证言或物证可以直接证实，被害人陈述中亦反映“我被抢劫时无其他人看见”。这种情况下，被害人关于被几被告人抢劫的陈述内容证明力是相当薄弱的，而本案中，被告人韦××在侦查阶段一直稳定供认其他被告人在品香阁酒楼房间内负责按住被害人的肩膀以控制被害人，而他自己负责把守门口，且过程中有同伙殴打被害人的面部，该供述与被害人陈述的内容一致。同时，其他被告人亦供认他们知道是因为被害人揭穿同伙赌博“出千”的事情而将被害人带到品香阁酒楼，他们后来也去到品香阁酒楼，并且在酒楼房间内有同伙用言语威胁及拍打被害人，致使被害人被迫交出500元。综上可见，被害人的陈述与三被告人供述中关于本案具体抢劫事实的多个细节上均相互吻合、相互印证，三被告人的供述无形中对被害人陈述实现了最好的补强效果。

3. 被害人应当出庭陈述的情形

在我国刑事诉讼中，法律没有明确被害人出庭的法律义务，审判实践中绝大部分被害人都不出庭作证陈述，法庭通常都是将被害人出具的书面材料或办案机关的询问笔录当庭出示，听取各方意见后认定其法律效力。《刑事诉讼法》对被害人出庭之所以没有立法要求，一定程度上是立足于保护被害人免受二次侵害的立场。但对于因被害人不出庭导致其不能直接当庭陈述、其他诉讼参与方也无法对其进行直接询问而产生的弊端，理论与实务界争论不一。从实证研究的角度出发，不论被害人出庭的法律义务免除是否合理，司法实践中确有部分类型案件，其被害人陈述通过矛盾排除和证据补强仍然无法足以采信，而通过传唤被害人出庭进行陈述对于查清案情确有必要的，则应当要求被害人出庭进行陈述。司法解释也在被害人出庭义务这一问题上体现出探索和尝试。《办理死刑案件证据规定》第15条对于证人应当被通知出庭作证的情形予以了明确阐述：“（一）人民检察院、被告人及其辩护人对证人证言有异议，该证人证言对定罪量刑有重大影响的；（二）人民法院认为其他应当出庭作证的。”该规定第17条指出：“对被害人陈述的审查与认定适用前述关于证人证言的有关规定。”根据通知精神，该规定不仅适用于死刑案件审查，而且在其他案件中参照执行。司法实践也体现了这一点：第一，被害人应当出庭陈述的情形之一：人民检察院、被告人及其辩护人对被害人陈述有异议的，该被害人陈述对定罪量刑有重大影响的；第二，被害人应当出庭陈述的其他情形：（1）被害人陈述有矛盾，同时其他证据无法补强的；（2）被害人陈述和被告人供述对案件起因有争议，特别是被害人对案件起因中对其不利的部分有所隐瞒的。抽样统计中，本类案件共有 7 件，占总案例的 8.14%。

案例 10：（2011）南刑初字第 220 号被告人文××故意伤害一案。公诉机关指控，2010 年 5 月 6 日 21 时许，被告人文××伙同七八名男子到佛山市南海区大沥镇沥东荔庄市场被害人陈××的水果档向陈××夫妇索要人民币 5000 元，陈××拒绝，文××等人即上前殴打陈××。在附近吃夜宵的另两名被害人见此，上前拦阻，文××等人转而持水烟管等工具殴打二被害人，致陈××全身多处受伤，耳膜穿孔，经法医鉴定属轻伤。公诉机关认为被告人以非法占有为目的，以暴力、胁迫手段强行劫取公私财物，致一人轻伤，应当以抢劫罪追究其刑事责任。被告人否认曾参与抢劫。辩护人则以证人证言与被害人陈述存在矛盾为由认为本案事实不清、证据不足，不足以认定被告人文××犯抢劫罪。经查，本案被害人陈××的报案陈述中陈述了案发当晚被告人带人来到其水果档突然向其索要人民币 5000 元，在遭到其拒绝后，被告人就发狂对其殴打的事实，但对被告人为何向其索取人民币 5000 元，被害人陈××语焉不详。对于被害人陈××的报案陈述，庭审中被告人及其辩护人均提出异议，认为其反映内容不属实，而法庭在审查该份报案陈述时，对于其中被害人陈述的被告人毫无来由地向其索要人民币 5000 元的案发起因表示存疑，认为无端要钱明显不符合常理。为了查清案件真相，法庭传唤被害人陈××到庭进行了询问，最终被害人陈××在询问时承认其在水果档开赌场，案发当晚，被告人在其水果档内参赌时因怀疑赌博“出千”令其输钱而向被害人陈××索赔 5000 元，后索赔不成而与被害人陈××一方发生打斗并致陈××受伤。被害人陈××的当庭陈述内容与被告人文××供述双方发生争执的原因得到了互相印证，排除了之前报案陈述中的不合理之处，令法庭查明了之前被害人一方有所隐瞒的真实案件起因，最终认定了被告人向陈××索要的是在赌博中输掉的赌资，其主观目的与抢劫罪所要求的“非法占有目的”不同，故法院最终并未认定公诉机关指控的抢劫罪名，但被告人因此事参与打斗致陈××受轻伤，故对被告人以故意伤害罪定罪处罚。

4. 未成年被害人陈述的采信

未成年被害人在司法实践中已经占有一定比例。因为未成年人年龄、认知能力、记忆能力及表达能力均与成年被害人有明显差别，这决定了未成年被害人陈述亦有别于成年被害人陈述，除了具有普通被害人陈述的共同特征外，未成年被害人由于年龄小，遭受不法行为侵害时因惊恐、害怕或客观环境条件的限制，导致其对犯罪事实的体验可能不准确、不全面，其记忆、表达可能不完整、不贴切，从而导致其多次陈述内容容易存在反复性、片段性、分散性、陈述主题不突出、回避主要事实等特点，尤其突出表现在强奸等性犯罪中。这也给庭审采信过程造成了不小的影响。但也正是鉴于未成年被害人这一群体自身的特殊性，和在法律上特别受保护地位，人民法院在审查采信未成年被害人陈述时也应正视未成年被害人陈述中存在的矛盾之处，容忍对案件事实影响不大的瑕疵内容，对未成年被害人陈述的证明效力标准应避免过分严苛，需要保持特别谨慎的态度去采信或否定。

同样，基于未成年被害人年龄幼小、认知表达能力差、记忆模糊和对被告人存在内心恐惧，对其关于犯罪事实陈述的采集和质证方式也应有别于普通被害人。对未成年被害人进行采集陈述时，应由两名案件承办人员（其中至少一名女性）同时进行，采集全程应通知未成年被害人的法定代理人或监护人在场，以保证未成年被害人在不受威胁、引诱、欺骗或诱导的情况下，作出真实的符合客观情况的陈述；办案人员应考虑到被害人的年龄特点，在询问时保持耐心温和的语气，尽量消除被害人的不良情绪，注意使用未成年人可接受的问话方式，记录其陈述时，应注意表达的确切性和全面性，对于犯罪过程较长较复杂或犯罪过程回忆会导致未成年被害人精神痛苦的，可采用分次询问或换角度提问的方式进行。法律保护被害人免受二次侵害的意义对于未成年人来说更为重要，司法解释明确规定未成年被害人无需承担出庭作证的义务，这决定了未成年被害人陈述目前的质证方式也只能是以书面形式加以固定，在法庭审理时代为宣读和出示。对于报案陈述内容片面，确需传唤未成年被害人就案情进行询问核实的，也应避免与被告人在庭审中直接交锋或进行交叉询问，而应采取比较和缓的方式譬如让未成年被害人在有法定代理人或监护人陪同的情况下在另一封闭空间内接受法官的单独询问，从而就庭审中未能查清或被告方有异议的问题作出补充性陈述。当然，法庭在进行庭审采信时，同时还应结合其他证人证言、物证、书证等证据，综合对未成年被害人陈述进行斟酌和采信。最高人民法院、最高人民检察院、公安部、司法部2013年联合印发的《关于依法惩治性侵害未成年人犯罪的意见》对性侵未成年被害人陈述的收集作了规范。该意见第12条规定，公安机关侦查未成年人被性侵害案件，应当依照法定程序，及时、全面收集固定证据。及时对性侵害犯罪现场进行勘查，对未成年被害人、犯罪嫌疑人进行人身检查，提取体液、毛发、被害人和犯罪嫌疑人指甲内的残留物等生物样本，指纹、足迹、鞋印等痕迹，衣物、纽扣等物品；及时提取住宿登记表等书证，现场监控录像等视听资料；及时收集被害人陈述、证人证言和犯罪嫌疑人供述等证据。第14条规定，询问未成年被害人，审判人员、检察人员、侦查人员和律师应当坚持不伤害原则，选择未成年人住所或者其他让未成年人心理上感到安全的场所进行，并通知其法定代理人到场。无法通知、法定代理人不能到场或者法定代理人是性侵害犯罪嫌疑人、被告人的，也可以通知未成年被害人的其他成年亲属或者所在学校、居住地基层组织、未成年人保护组织的代表等有关人员到场，并将相关情况记录在案。询问未成年被害人，应当考虑其身心特点，采取和缓的方式进行。对与性侵害犯罪有关的事实应当进行全面询问，以一次询问为原则，尽可能避免反复询问。第18条规定，人民法院开庭审理性侵害未成年人犯罪案件，未成年被害人、证人确有必要出庭的，应当根据案件情况采取不暴露外貌、真实声音等保护措施。有条件的，可以采取视频等方式播放未成年人的陈述、证言，播放视频亦应采取保护措施。抽样统计中，本类案件共有12件，占总案例的13.95%。

案例11：(2010)南刑初字第1910号被告人王××强奸一案。公诉机关指控，2010年7月初的一天14时许，被告人王××在其租住的位于佛山市南海区九江镇沙头石江江尾村3巷2号0568号出租屋内，以检查身体为由，将在该出租屋大厅内看电视的仅有15岁且智力低下的被害人赵××骗入其房间内，以为赵检查是否来月经为借口，强行与赵××发生性关系。本案的被害人赵××系未成年人，且精神发育迟滞，侦查人员在提取其报案陈述时严格遵守了《刑事诉讼法》的有关规定，在通知其监护人到场的情况下对其进行询问并记录陈述内容，其报案陈述较好地反映了案发的事实情况。当然，其陈述还是存在部分瑕疵，例如具体案发时间记不清楚，只记得大概在2010年7月初，其报案时间较晚为2010年9月10日，距离案发已有两个月左右，但法院在对其陈述进行庭审采信时，考虑到被害人年龄幼小，精神迟滞，且经审查，其报案时间迟延是缘于被害人年幼无知，开始不清楚被告人对其检查是什么意思，直至两个月后其监护人从他人处得知被害人被强奸后询问被害人时，被害人才承认了被强奸的事实并进行报案，故合议庭没有轻易为上述瑕疵所影响而否定被害人陈述内容。然而，被告人从侦查至庭审阶段一直否认强奸的事实，鉴于本案直接证据较少，仅有被害人陈述，为典型的“一对一”案件，为了更加确定本案案发经过，排除侦查阶段受威胁、引诱、欺骗或诱导的可能性，法院依法传唤被害人赵××在其监护人在场陪同的情况下到庭接受询问。为了避免直面被告人会增加被害人的内心恐惧，从而造成二次伤害，法院采取了单独询问的方式。询问过程中，被害人依旧不愿再次回想当时被侵犯的经过，多次陷入痛苦回忆的沉默之中，经过主办法官的耐心开导，不断变换提问的角度和方式，被害人才将当初被侵犯的经过慢慢道出，其当庭陈述内容与报案陈述基本一致。同时，合议庭综合考虑本案其他证人证言及书证物证，发现被害人报案陈述及当庭陈述的多个细节均可以得到相关证据印证，例如，被害人反映被告人王××有使用洗液为其冲洗阴部，当日出租屋内还有“学叔叔”，其被强奸后在大厅看电视时，“学叔叔”从房间出来见到其的细节描述，能够与证人向××、钟××证言相印证；证人钟××的证言反映被害人案发当天的衣着，与被害人陈述相互印证；被害人反映案发时床上铺垫了一张小格子的竹席，能与现场勘验的照片相互印证；被害人反映“学叔叔”在出租屋与王××打过招呼，与证人钟××的证言相互印证；另沙头医院证明书也证实被害人处女膜已破裂，以上证据间的互相印证，都增强了被害人关于案件事实陈述的证明效力，再加上被告人一直否认被害人陈述及相关证人证言，但始终不能提出任何理由或证据反驳，法院在庭审采信中最终对被害人陈述予以采信，并依法认定被告人王××强奸罪名成立。

（三）被害人陈述采信规范化总结与立法建议

通过上述分析，我们认为，有以下十一个方面关于被害人陈述采信的规范化做法可供将来的司法审判实践参考：

（1）被害人陈述与被告人供述存在矛盾的，应结合案件其他证据对被害人陈述内容进行认定，看有无其他证据可以印证，有其他证据能够印证的则予以采信，有部分事实可以得到印证的则部分采信，如没有任何证据可以印证的，一般不予采信。

（2）在盗窃案件中，对于“报多供少”的情形，在没有充分证据能够证实被害人陈述的失窃金额时，一般采取“就低不就高”的做法，以被告人供述的盗窃金额为准。

(3) 被害人有多份陈述时，如能前后印证，内容一致，且能得到其他书证、物证的佐证，虽然被告人予以否认，却无合理依据的，一般应予以采信。

(4) 被害人的多份陈述前后矛盾的，且无证人证言、书证、物证等能予以排除矛盾或互相印证的，一般不予采信。

(5) 对于采集程序明显不合理或不合法的，陈述内容明显不符合一般规律或一般常识的，以及并非被害人本人自愿作出的陈述，应当要求举证方对被害人陈述取得的合法性予以证明，必要时传唤被害人出庭作证，否则不予采信。

(6) 对多名被害人陈述存在矛盾的，应综合考虑案件其他证据，对多份陈述进行分析，总结其中的共同之处和互相印证之处，从而对其中孤立的没有其他证据印证的陈述部分予以排除。

(7) 对被害人陈述进行补强时，所有只要能达到直接或间接地证明被害人陈述内容真实性的证据均可作为补强证据，不要求补强证据能独立证明案件的全部事实。同时，如果没有其他必要证据补强，被害人陈述不能作为认定被告有罪的唯一证据。

(8) 被告人供述与被害人陈述内容中互相印证的部分，可以作为被害人陈述的补强。

(9) 以下情形被害人应当出庭作证陈述：人民检察院、被告人及其辩护人对被害人陈述有异议的，该被害人陈述对定罪量刑有重大影响的；被害人陈述有矛盾，同时其他证据无法补强的；被害人陈述和被告人供述对案件起因有争议，特别是被害人对案件起因中对其不利的部分有所隐瞒的。

(10) 在“一对一”案件中，如果被告人拒不承认犯罪事实，被害人陈述必须有其他间接证据如物证、书证等印证，形成一个完整的证据锁链，才能采信作为定案依据。

(11) 对未成年被害人陈述应保持特别谨慎的态度去采信或否定，允许和正视因未成年被害人自身特点而导致的瑕疵和矛盾的存在。未成年被害人出庭陈述时应避免与被告人的直接交锋或交叉询问，应采取法官单独询问的方式进行；同时，应结合其他证人证言、物证、书证等证据，综合对未成年被害人陈述进行斟酌和采信。

此外，课题组结合研究经验，提出以下两条关于被害人陈述采信规范化的建议：

第一，在现阶段司法实践中，侦查机关对被告人进行讯问时，要求制作全程同步录音录像资料对供述内容加以固定。鉴于被害人第一次陈述即报案陈述具有及时性、被害人对案情记忆更加准确、全面、陈述内容经主观加工可能性小等优点，建议侦查机关在接受报案陈述时，借鉴域外国家（地区）做法，也可以对报案陈述内容以全程同步录音录像的形式加以固定，如此则可以避免在进行书面记录时，因记录人员表述能力、文字功底的不同而导致的记录案情内容片面、遗漏、或与被害人陈述内容有所偏差等缺陷，尽可能从源头上保证被害人陈述内容的客观、真实、全面，从而在之后多次的书面陈述出现矛盾时，可以以第一份报案陈述作为辨别和排除矛盾的参考。

第二，《刑事诉讼法》没有对被害人出庭作证陈述明确要求，由于被害人与被告人有直接利害关系，审判实践中被害人的陈述常常难辨真伪。为确保被害人陈述的真实性，减少书面陈述内容存在威胁、逼迫、诱导等风险，保证被告人及辩护人对被害人陈述享有充分的质证权利，被害人出庭陈述制度存在立法需求，并在地方司法实践中已经有规定。上海市高级人民法院、上海市人民检察院、上海市公安局、上海市司法局共同制定的《关于重大刑事案件证人、被害人、鉴定人出庭的若干意见（试行)》第2条规定：具有下列情形之一，人民检察院、被告人及其辩护人要求被害人到庭作证或质证，合议庭可予准许。必要时，合议庭亦可以依职权直接通知出庭，并告知控、辩双方：（一）对被害人陈述有异议，且该证言、陈述对定罪量刑有重大影响的；……（三）采用威胁、引诱、欺骗等违法手段取得的被害人陈述，影响对被告人定罪量刑的，而侦查机关、检察机关没有提供相关证据或者相关证据不足以排除违法取证的；（四）对被告人是否具有自首、立功及其他对定罪量刑有重要影响的情节，控、辩双方有争议的。基于循序渐进的原理，现阶段可有条件地针对部分应当出庭陈述的情形加以立法规定，主要有：人民检察院、被告人及其辩护人对被害人陈述有异议的，该被害人陈述对定罪量刑有重大影响的；被害人陈述有矛盾，同时其他证据无法补强的；被害人陈述和被告人供述对案件起因有争议，特别是被害人对案件起因中对其不利的部分有所隐瞒的。